最新 EU 民事訴訟法 判例研究 I

野村秀敏・安達栄司 編著

最新EU民事訴訟法
判例研究 I

信山社

はしがき

　1957年のヨーロッパ経済共同体設立条約（いわゆる「ローマ条約」。1958年1月1日発効）に基づいて発足したEECは，1965年の合併条約により，ECSC, EuratomとともにEC（複数形のEuropean Communities=ECs）を構成することとなった。その後，欧州単一議定書を経て，1992年にはヨーロッパ連合条約（いわゆる「マーストリヒト条約」。1993年11月1日発効）によりEUが設立されたが，この条約の下では，EC（= ECs. なお，この条約によりEECは単数形のEuropean Community=ECと改称された）とEUとは厳密には別個の存在であった。さらに，アムステルダム条約（1997年調印，1999年1月1日発効），ニース条約を経て，2007年のリスボン条約（2009年12月1日発効）によってEC（単数形）は消滅し，EUがそれを継承した（なお，ECSCはすでに2002年に消滅していたが，EuratomはEUとは別個の存在として存続している）。

　このように見てみると，EC/EUの歴史は制度の創設・改変・改革のそれであった一面があると言うことができよう。そしてそのことは，法的な側面に即して言えば，そのための立法の歴史であったということを意味していようし，それは，とりわけ初期の段階については強く言うことができよう。しかしながら，物・人・サービス・資本の自由移動を中核とする共同市場（域内市場）の形成というEC/EUの目的から言えば，通貨統合を実現したマーストリヒト条約によってEC/EUの発展は一応の中間段階に達したと言えるのであり，この中間段階以降は，立法とともに，その解釈・運用の側面にも注目されるべき時期に入ってきたと思われる。われわれはこのように考えて，成城大学・今野裕之教授を中心として，1999年4月以降，「国際商事法務」誌上に「EC企業法判例研究」と題して，EC/EU司法裁判所の判例を主としたEC/EU法に関する判例研究を連載してきた。本書はそのうちの民事訴訟法関係の判例研究42編と，編著者2名が別個に発表したEC規則の解説2編を収め，あわせて冒頭に導入的・総論的な書き下ろし論文を付したものである。

　もっとも，民事司法分野に関して言えば，マーストリヒト条約より前にローマ条約を受けた1968年のブリュッセル条約（1973年発効）が存在し，同条約はECの立法の中でももっとも成功したもの（の1つ）と言われていた。そして，同条約に関しては以前から多数のEC司法裁判所の判例が公にされてきた。

v

はしがき

　また，最近では，アムステルダム条約により民事司法分野における EC の規制権限が拡大強化されたことに伴って制定された多くの EC 規則に関する判例も公にされるようになっている。すなわち，この分野では上記の連載開始前からすでに司法過程の時代に入っており，それが最近ますます進展しつつあるとも言えるのであり，そのためもあって，これに関連した判例研究は当該連載のうち 4 分の 1 近くの多数を占めている。このように EU 法全体の中で大きな位置を占める民事司法分野の判例やその位置づけ，それに対する学説等の反応を知ることは，EU における企業等をめぐる法的状況を理解するうえで重要であることは言うまでもない。のみならず，そのことは，この分野の EU 法がわが国の立法論や解釈論にも影響を及ぼしていることからも必要不可欠なことと言えよう（EU 民事訴訟法ないしその判例に関する研究の意義の詳細については，本書第 1 篇第 1 論文を参照されたい）。

　ところで，本書の類書としては，すでに石川明＝石渡哲編『EU の国際民事訴訟法判例』（信山社・2005 年）があるので，同書と比較しての本書の特徴を簡単に述べてみたい。まず第 1 に，同書は EC 司法裁判所等のこの分野の代表的な判例に関する判例研究を集めたものであり，そのために若干古い時期の判例も収録されているのに対し，本書は元になった連載掲載時のその時々における最新の EC/EU 司法裁判所の判例の判例研究を収録しているということがある（それも一因して，両者で重複して取り上げられている判例は 2 件のみである）。本書の書名『最新 EU 民事訴訟法判例研究 I』に「最新」の文字が付されている所以である。また，その元になった国際商事法務誌上の連載はなお継続しており，本書に収録したもっとも新しい民事訴訟法分野の判例研究以降も新たな当該分野に関する判例研究が掲載され続けている。書名に「 I 」の文字が付されているのには，それらの新たな判例研究をとりまとめ，何年か後には「 II 」を出版したいとの希望が込められている。また第 2 の特徴として，上記の類書は 13 名の執筆者の手になるものであるのに対し，本書は民事訴訟法専攻者である編著者 2 名が 80 パーセント以上の部分を執筆しているということがある（100 パーセントではないのは，上記連載中の，国際取引法や民法専攻者による，それぞれの専攻領域と民事訴訟法の交錯領域に関する判例研究も収録したためである）。このため類書には叙述の方法にややバラツキが見られるのに対し，本書の叙述の仕方は比較的統一されている。

　と述べているうちに，本書再校段階で，上記類書の続編である石川明＝石渡

はしがき

哲＝芳賀雅顯編『EUの国際民事訴訟法判例II』（信山社・2013年）が公刊された。この著作と本書との差異も以上に述べたところと概ね異ならない。ただし，本書の長所を1点だけ指摘させていただくと，原稿のとりまとめに時間を要したためであろう，この著作に収録されている判例は最新のものでも2006年のものにとどまるが，本書には2011年の判例まで収録されている（両者で重複して取り上げられている判例は4件である）。ともあれ，類書2冊と本書とで合計80件以上のEU司法裁判所等の判例が取り上げられて詳しく検討されているから，両々相まってEU民事訴訟法全体の問題点がある程度描き出されていると言えるのではなかろうか。

なお，類似と言えば，上記連載と類似のものとして，上記連載開始後間もない時期から東京EU法研究会によるEU法の判例研究が「貿易と関税」誌上に連載され，これも現在に至っている。この連載もその時々の最新の判例を取り上げているが，執筆者は主としてEU法プロパーの研究者であるのに対し，国際商事法務誌上の連載は主として個別分野の各国内法の専攻者の手になるものである。その結果，自ずから取り上げる判例などにそれぞれの特色が現れているように思われるが，民事司法分野の判例は貿易と関税誌上の連載ではあまり取り上げられていない（本書で取り上げられている判例でそちらの連載と重複しているものは，わずか1件にとどまる）。

やや細かくなるが，用語の問題に触れておこう。ここで問題とする国際機構をリスボン条約以後についてはEUと呼称することに問題はありえないが，前述のように，マーストリヒト条約とリスボン条約の間の時期にはECとEUが併存していた。そして，例えばこの間の規則のことをEU規則といっている文献もわが国では散見される。しかし，この時期には，基本的にECのために設置された諸機関がEUの分野（共通外交および安全保障に関する政府間協力と警察および刑事司法協力に関する政府間協力）の任務も担っていたのであり，民事司法に関連した規則もECの機関としての欧州議会と閣僚理事会がECの分野（域内市場と単一通貨）のために制定したものにほかならない。そこで，本書では，厳密にこれをEC規則と表記しており，このことは規則以外の法制度や機関の名称などに関しても同様である（もっとも，中途半端な感は免れないが，マーストリヒト条約以前に関してはEECをECと表記している場合もある。同条約以降の文献でそれらを指すものには，両者を厳密に区別しないものが多いような印象を受けたからである）。ただし，例えばこの国際機構に加盟している諸国のこ

vii

はしがき

とをEC諸国といってもEU諸国といっても間違いとは言えないであろうから，ECとEUとを厳密に使い分けることのできない文脈も多々存在することはお断りしておかなければならない。

　また，国際商事法務誌上の連載においては，ブリュッセル条約のことをEC管轄執行条約と表記していた。これは，ドイツにおいては当該条約のことをBrüssel-Übereinkommenというよりも EuGVÜ と略記することの方が多かったように思われ，後者の訳語としてはそうした方が適切ではないかと考えたためである。ところが，わが国ではこのような（あるいはそれに類似の）訳語は定着せず，ほとんどブリュッセル条約という用語が用いられているので，本書ではその用語に統一した（その後身の規則などについても同様にした）。
なお，連載は10年以上に渡っているために，元の論考発表後に法令の改廃があった部分も相当数ある。そこで，マーストリヒト条約やブリュッセル条約に関しては，それらの引用条文が現在のEU機能条約やブリュッセルⅠ規則の上でどうなっているかを亀甲パーレン（〔　〕）中で簡単に注記した。そのほか，同様の方法で，必要な若干の新規情報を補った点もある。

　本書が成るについては，多くの方々のお世話になった。なかでも，国際商事法務誌上のEC企業法判例研究の連載への参加のお誘いをいただき，EU民事訴訟法関連の判例研究の発表の機会を設けて下さった今野裕之教授に感謝申し上げる。また，同誌掲載の論考を他社から刊行される本書に収録することを許諾下さった国際商事法務研究所にも感謝申し上げる。さらには，安達が連載の比較的初期の頃に発表した判例研究4編（本書第2篇3事件，10事件，16事件，28事件）は数年前に公刊されたその個人論文集（安達栄司『民事手続法の革新と国際化』（成文堂・2006年））に収録済みであるが，それらを本書に再び収録することを許諾下さった成文堂にも感謝申し上げる。最後になるが，本書の出版をお引き受けいただいた信山社と，出版に際していつもと変わらぬさまざまなご配慮をいただいた同社の袖山貴氏，稲葉文子氏にも心から御礼申し上げたい。

2013年2月

　　　　　　　　　立春を過ぎても寒さなお厳しき折りに

　　　　　　　　　　　　　　　　　　　野村秀敏／安達栄司

viii

目　次

はしがき
文献略語表

第1篇　論説篇

1　EU民事訴訟法——その展開と研究の意義 …………………安達栄司…3
2　EUの新しい国際送達規則——改正と新規則の翻訳
　　　………………………………………………………………安達栄司…11
3　EC督促手続規則——ヨーロッパ執行名義取得のための独自の
　　手続の創設 …………………………………………………野村秀敏…33

第2篇　判例研究篇

第1部　総　論

I　弁護士会制度
　1　弁護士会の会則とEC競争法
　　　（①EC司法裁判所2002年2月19日判決〔Case C-309/99〕／
　　　②EC司法裁判所2002年2月19日判決〔Case C-35/99〕）
　　　………………………………………………………………野村秀敏…62

II　ブリュッセルI規則の適用範囲
　2　戦争犯罪による損害の賠償を求める訴えとブリュッセル
　　　I規則（EC司法裁判所2007年2月15日判決）…………野村秀敏…73

III　EC/EU法と加盟国の国内裁判所の権限
　3　ブリュッセル条約における訴訟差止命令の不許容
　　　（EC司法裁判所2004年4月27日判決）…………………安達栄司…83
　4　仲裁合意を貫徹するための訴訟差止命令の可否
　　　（EC司法裁判所2009年2月10日判決）…………………安達栄司…91
　5　EC不公正条項指令と合意管轄条項
　　　（EC司法裁判所2000年6月27日判決）…………………野村秀敏…100

ix

目　次

　　　6　消費者契約における不公正条項規制に関するEC司法
　　　　　裁判所と国内裁判所の関係
　　　　　（EC司法裁判所2004年4月1日判決）……………中村　肇…112
　Ⅳ　その他
　　　7　EC製造物責任指令と訴訟当事者の交替
　　　　　（EU司法裁判所2009年12月2日判決）……………亀岡倫史…126

第2部　管　轄
　Ⅰ　義務履行地
　　　8　ブリュッセル条約における義務履行地と統一売買法
　　　　　（EC司法裁判所1994年6月29日判決）……………桑原康行…142
　　　9　ブリュッセル条約における義務履行地の決定方法
　　　　　（EC司法裁判所1999年9月28日判決）……………桑原康行…151
　　10　契約上の不作為義務違反と履行地裁判籍
　　　　　（EC司法裁判所2002年2月19日判決）……………安達栄司…158
　　11　国際航空運送と義務履行地の裁判籍
　　　　　（EC司法裁判所2009年7月9日判決）………………野村秀敏…166
　　12　製作物供給契約と義務履行地の裁判籍
　　　　　（EU司法裁判所2010年2月25日判決）……………野村秀敏…174
　　13　代理商契約と義務履行地の裁判籍
　　　　　（EU司法裁判所2010年3月11日判決）……………野村秀敏…185
　Ⅱ　不法行為地
　　14　国際物品運送訴訟に関する裁判管轄権
　　　　　（EC司法裁判所1998年10月27日判決）……………桑原康行…196
　　15　契約交渉の破棄における裁判籍
　　　　　（EC司法裁判所2002年9月17日判決）……………中村　肇…205
　　16　消費者団体による予防的差止訴訟の国際裁判管轄
　　　　　（EC司法裁判所2002年10月1日判決）……………安達栄司…218
　　17　企業間の製造物責任事件の国際裁判管轄（不法行為地管轄）
　　　　　（EC司法裁判所2009年7月16日判決）……………安達栄司…227

目　次

Ⅲ　併合管轄
    18　EU の特許権侵害訴訟における国際的併合管轄の可否
        （EC 司法裁判所 2006 年 7 月 13 日判決）……………安達栄司…235
    19　主観的併合に基づく国際裁判管轄のための関連性の要件
        （EC 司法裁判所 2007 年 10 月 11 日判決）…………安達栄司…242
    20　多国籍企業労働者のための国際的（主観的）併合管轄の
        許否（EC 司法裁判所 2008 年 5 月 22 日判決）………安達栄司…251
Ⅳ　消費者事件
    21　「二重目的の」消費者契約における裁判管轄
        （EC 司法裁判所 2005 年 1 月 20 日判決）……………中村　肇…257
Ⅴ　国際的専属裁判管轄
    22　貸別荘への滞在に起因する損害賠償請求訴訟の国際裁判
        管轄権（EC 司法裁判所 2000 年 1 月 27 日判決）………野村秀敏…270
    23　公共企業が締結したデリバティブ契約に先立つ企業の
        機関決議の有効無効を先決問題とする訴訟事件と
        国際的専属裁判管轄の成否
        （EU 司法裁判所 2011 年 5 月 12 日判決）……………安達栄司…278
    24　国際的専属管轄は特許権侵害訴訟事件にも適用されるか
        （EC 司法裁判所 2006 年 7 月 13 日判決）……………安達栄司…287
Ⅵ　訴訟競合
    25　二重起訴の禁止と専属的合意管轄の優先関係および
        迅速な裁判を受ける権利の保障
        （EC 司法裁判所 2003 年 12 月 9 日判決）……………安達栄司…296
Ⅶ　仮の処分
    26　ブリュッセル条約 24 条による仮の処分の命令管轄と
        その執行可能領域
        （EC 司法裁判所 1998 年 11 月 17 日判決）……………野村秀敏…305
    27　証拠保全手続とブリュッセル条約 24 条
        （EC 司法裁判所 2005 年 4 月 28 日判決）……………安達栄司…316

xi

目　次

第3部　外国判決の承認・執行
　Ⅰ　矛盾判決
　　28　販売禁止の仮処分の国際的抵触
　　　　（EC 司法裁判所 2002 年 6 月 6 日判決）……………安達栄司…*324*
　Ⅱ　保全処分の承認・執行
　　29　子の監護に関する保全処分とブリュッセルⅡ改定規則に
　　　　よる承認・執行（EU 司法裁判所 2010 年 7 月 15 日判決）
　　　　………………………………………………………………安達栄司…*332*
　Ⅲ　執　行
　　30　ブリュッセル条約加盟国における執行とドイツ民事訴訟法
　　　　917 条 2 項（EC 司法裁判所 1994 年 2 月 10 日判決）
　　　　………………………………………………………………野村秀敏…*340*

第4部　送　達
　Ⅰ　送達の瑕疵の治癒可能性
　　31　新しい EU の国際送達規則（2000 年 EC 送達規則）に
　　　　おける送達瑕疵とその治癒の可否
　　　　（EC 司法裁判所 2005 年 11 月 8 日判決）……………安達栄司…*348*
　　32　執行宣言手続における送達の欠缺の治癒可能性
　　　　（EC 司法裁判所 2006 年 2 月 16 日判決）……………野村秀敏…*356*
　Ⅱ　送達の方法
　　33　EC 送達規則による複数の送達方法相互の関係
　　　　（EC 司法裁判所 2006 年 2 月 9 日判決）………………野村秀敏…*364*
　　34　EC 送達規則における翻訳要件
　　　　（EC 司法裁判所 2008 年 5 月 8 日判決）………………安達栄司…*372*

第5部　倒　産
　Ⅰ　賃金債権の確保
　　35　EC 指令 80/987 号と加盟国の賃金確保制度
　　　　（① EC 司法裁判所 1997 年 7 月 10 日判決
　　　　〔Joined Cases C-94/95 and C-95/95〕／② EC 司法裁判所
　　　　1997 年 7 月 10 日判決〔Case C-373/95〕）……………野村秀敏…*380*

36 EC 賃金確保指令とドイツの倒産給付金制度
　　　　（EC 司法裁判所 2003 年 5 月 15 日判決）……………野村秀敏…*390*

Ⅱ　国家補助金
　　37 違法な国家補助金受領者の倒産と補助金の返還義務者
　　　　（EC 委員会 2000 年 4 月 11 日決定）………………野村秀敏…*399*
　　38 違法な国家補助金受領者の倒産と補助金の返還義務者
　　　　── SMI 事件のその後
　　　　（EC 司法裁判所 2004 年 4 月 29 日判決）……………野村秀敏…*409*

Ⅲ　EC 倒産手続規則
　　39 EC の国際倒産手続法（2000 年 EC 倒産手続規則）に
　　　　おける管轄権恒定の原則
　　　　（EC 司法裁判所 2006 年 1 月 17 日判決）……………安達栄司…*418*
　　40 EC 倒産手続規則 3 条 1 項における主たる利益の中心
　　　　の決定基準
　　　　（EC 司法裁判所 2006 年 5 月 2 日判決）……………野村秀敏…*425*
　　41 財産混同による倒産手続の拡張と国際倒産管轄権
　　　　（EU 司法裁判所 2011 年 12 月 15 日判決）……………野村秀敏…*436*
　　42 主倒産手続を開始する裁判の承認義務と他の加盟国に
　　　　おける執行処分の禁止
　　　　（EU 司法裁判所 2010 年 1 月 21 日判決）……………野村秀敏…*446*

判例等索引 ……………………………………………………………………*457*

文献略語表

日本語文献

安達・展開	安達栄司『国際民事訴訟法の展開』(成文堂・2000年)
安達・革新と国際化	安達栄司『民事手続法の革新と国際化』(成文堂・2006年)
石川＝石渡編	石川明＝石渡哲編『EUの国際民事訴訟法判例』(信山社・2005年)
石川＝石渡＝芳賀編Ⅱ	石川明＝石渡哲＝芳賀雅顯編『EUの国際民事訴訟法判例Ⅱ』(信山社・2013年)
石川＝櫻井編	石川明＝櫻井雅夫編『EUの法的課題』(慶應義塾大学出版会・1999年)
岡野	岡野祐子『ブラッセル条約とイングランド裁判所』(大阪大学出版会・2002年)
庄司・基礎篇	庄司克宏『EU法 基礎篇』(岩波書店・2003年)
庄司・政策篇	庄司克宏『EU法 政策篇』(岩波書店・2003年)
庄司編・実務篇	庄司克宏編『EU法 実務篇』(岩波書店・2008年)

一論	一橋論叢
AIPPI	A.I.P.P.I.
愛媛	愛媛法学会雑誌
NBL	NBL
関学	法と政治(関西学院大学)
関東学院	関東学院法学
海事法	海事法研究会誌
企業と法創造	季刊企業と法創造(早稲田大学CEO)
九国	九州国際大学法学論集
金判	金融・商事判例
神院	神戸学院法学
工所法	日本工業所有権学会年報
神戸	神戸法学雑誌
甲法	甲南法学
国際	国際法外交雑誌
国際私法	国際私法年報

文献略語表

駒論	法学論集（駒沢大学）
際商	国際商事法務
上法	上智法学論集
ジュリ	ジュリスト
成城	成城法学
西南	西南学院大学法学論集
早比	比較法学（早稲田大学）
早法	早稲田法学
知財フォーラム	知財研究フォーラム
千葉	法学論集（千葉大学）
同法	同志社法学
独協	獨協法学
日法	日本法学
判時	判例時報
判タ	判例タイムズ
阪法	阪大法学
判評	判例評論
比較	比較法研究（比較法学会）
比雑	比較法雑誌（中央大学）
広島ロー	広島法科大学院論集
広法	広島法学
福法	福岡大学法学論叢
法研	法学研究（慶応義塾大学）
法論	法律論叢（明治大学）
北園	北海学園大学法学研究
貿関	貿易と関税
法協	法学協会雑誌（東京大学）
法教	法学教室
法時	法律時報
法セ	法学セミナー
民商	民商法雑誌
立命	立命館法学
労働	日本労働法学会誌
論叢	法学論叢（京都大学）

文献略語表

外国語文献

Geimer, IZPR[3]	Internationales Zivilprozeßrecht, 3. Aufl. (1997)
Geimer, IZPR[4]	Internationales Zivilprozeßrecht, 4. Aufl. (2001)
Geimer, IZPR[5]	Internationales Zivilprozeßrecht, 5. Aufl. (2005)
Geimer/Schütze, EuZVR	Europäisches Zivilverfahrensrecht (1997)
Geimer/Schütze, EuZVR[2]	Europäisches Zivilverfahrensrecht, 2. Aufl. (2004)
Hess	Europäisches Zivilprozessrecht (2010)
Kropholler[2]	Europäisches Zivilprozeßrecht, 2. Aufl. (1987)
Kropholler[5]	Europäisches Zivilprozeßrecht, 5. Aufl. (1996)
Kropholler[6]	Europäisches Zivilprozeßrecht, 6. Aufl. (1998)
Kropholler[8]	Europäisches Zivilprozeßrecht, 8. Aufl. (2005)
MünchKomm/Bearbeiter	Münchener Kommnentar zur Zivilprozessordnung, Bd. 3 (1992)
MünchKomm/Bearbeiter[2]	Münchener Kommnentar zur Zivilprozessordnung, Bd. 3., 2. Aufl. (2001)
MünchKomm/Bearbeiter[3]	Münchener Kommnentar zur Zivilprozessordnung, Bd. 3., 3. Aufl. (2008)
Musielak/Bearbeiter[7]	Zivilprozessordnung, 7. Aufl. (2009)
Nagel/Gottwald[4]	Internationales Prozeßrecht, 4. Aufl. (1997)
Nagel/Gottwald[5]	Internationales Prozeßrecht, 5. Aufl. (2002)
Rauscher/Bearbeiter, EuZPR[2]	Europäisches Zivilprozeßrecht, 2. Aufl., Bd. 1 (2001), Bd. 2 (2006)
Rauscher/Bearbeiter, EuZPR/EuIPR (2010)	Europäisches Zivilprozess- und Kollisionsrecht: EuZPR/EuIPR; EG-VollstrTitelVO, EG-MahnVO, EG-BagatellVO, EG-ZustVO, EG-BewVO, EG-InsVO (2010)
Rauscher/Bearbeiter, EuZPR/EuIPR (2011)	Europäisches Zivilprozess- und Kollisionsrecht: EuZPR/EuIPR; Brüssel I-VO, LugÜbk 2007 (2011)
Schack[2]	Internationales Zivilverfahrensrecht, 2. Aufl. (1996)
Schack[5]	Internationales Zivilverfahrensrecht, 5. Aufl. (2010)
Schlosser, EuGVÜ	EuGVÜ (1996)
Schlosser, EU-ZPR[2]	Europäisches Zivilprozessrecht, 2. Aufl. (2003)

xvi

文献略語表

IIC	Internaional Review of Intellectual Property and Competition Law
InVo	Insolzenz und Vollstreckung
IPRax	Praxis des Internationalen Privat- und Verfahrensrechts
J. C. P. éd. E	Juris-classeur périodique (=Semaine juridique) (édition Entreprise et affaires)
J. C. P. éd. G	Juris-classeur périodique (=Semaine juridique) (édition generale)
J. D. I.	Journal du droit international
JURA	Juristische Ausbildung
jurisPR BGHZivilR	juris PraxisReporte BGH-Zivilrecht
JuS	Juristische Schulung
JZ	Juristenzeitung
KTS	Konkurs-, Treuhand- und Schiedsgerichtswesen
Lloyd's Rep.	Lloyd'List Law Reports
LMCLQ	Lloyd'Maritime and Commercial Law Quarterly
LMK	Kommentierte BGH-Rechtsprechung
Loyola L. A. Int. 'l & Comp. L. Rev.	Loyola of Los Angeles International and Comparative Law Review
L. Q. R.	The Law Quarterly Review
NILR	Nederlands International Law Review
NJW	Neue Juristische Wochenschrift
NJW-RR	NJW-Rechtsprecungs-Report
NZG	Neue Zeitschrift für Gesellschaftsrecht
NZI	Neue Zeitschrift für Insolvenzrecht und Sanierung
O. J.	Official Journal
Rev. crit. dr. internat. privé	Revue critique de droit international privé
Rev. Soc.	Revue des Société
RIW	Recht der Internationalen Wirtschaft
RIW/AWD	Recht der Internationalen Wirtschaft/Außenwirtschaftsdienst des BetribsBeraters
RTD eur.	Revue trimestielle de droit européen
WM	Wertpapier-Mitteilungen
ZEuP	Zeitschrift für Europäisches Privatrecht

文献略語表

Schlosser, EU-ZPR[3]	Europäisches Zivilprozessrecht, 3. Aufl. (2009)
Stein/Jonas/Bearbeiter[2]	Kommnentar zur Zivilprozessordnung, 21. Aufl., Bd. 2 (1993), Bd. 3/1 (1995), Bd. 7/1 (1997)
Thomas/Putzo/Bearbeiter[30]	Zivilprozessordnung, 30.Aufl. (2009)
Zöller/Bearbeiter[19]	Zivilprozessordnung, 19.Aufl. (1995)
Zöller/Bearbeiter[28]	Zivilprozessordnung, 28.Aufl. (2010)
A. C.	The Law Reports. House of Lords and Judicial Committee of the Privity
Am. J. Int. L.	American Journal of International Law
BB	Betriebsberater
BGBl	Bundesgesetzblatt
BGHZ	Entscheidungen des Bundesgerichtshofes in Zivilsachen
BR-Drucks.	Drucksache des Bundesrates
BT-Drucks.	Drucksache des Duetschen Bundestages
BVefGE	Entscheidungen des Bundesverfassungsgerichts
Clunet	Journal du droit international
D.	Recueil Dalloz
DB	Der Betrieb
DMF	Droit maritime français
DNotZ	Deutsche Notar-Zeitschrift
DZWIR	Deutsche Zeitschrift für Wirtschaftsrecht
ECR	European Court Reports
ELR	European Law Reporter
ERCL	European Review of Contract Law
EuZW	Europäische Zeitschrift für Wirtschaftsrecht
EWiR	Entscheidungen zum Wirtschaftsrecht
EWS	Europäisches Wirtschafts- und Steuerrecht
FamRZ	Zeitschrift das gesamte Familienrecht
FD-InsR	fachdienst insolvenzrecht
GPR	Zeitchrift für Gemeinschaftsprivatrecht
GRUR Int.	Gewerblioher Rechtsschutz und Urheberrecht, internationaler Teil
GWR	Zeitschrift für Gesellschafts- und Wirtschaftsrecht

xvii

ZInsO	Zeitschrift für das gesamte Insolvenzrecht
ZIP	Zeitschrift für Wirtschaftsrecht
ZZP	Zeitchrift für Zivilprozess
ZZP Int	Zeitchrift für Zivilprozess International

第1篇　論説篇

1 EU民事訴訟法——その展開と研究の意義[1]

I　EC(EU)とEU民事訴訟法
II　ブリュッセル条約の誕生
III　EU民事訴訟法の拡充
IV　EU民事訴訟法の特徴
V　わが国から見たEU民事訴訟法

I　EC(EU)とEU民事訴訟法

　ヨーロッパ連合（欧州連合，EU）は，現在，ヨーロッパに所在する27の主権国家からなる連合体である。各締約国（加盟国）は，それぞれが独立の主権国家として，独自の司法制度を組織している。民事または商事の紛争処理のための民事裁判権とそのための民事訴訟法も独自に存在する。他方で，EUは，ヨーロッパという単一の市場において，人，物，サービスおよび資本の自由な移動を目的として掲げる。これらの要素の自由な移動が進むと，ヨーロッパという限られた市場の中のことではあるが，各締約国の国境を越える民事紛争が頻発することは容易に想像できる。伝統的に見て，国境を越える民事紛争の処理のためには，原告が訴えを提起する各国の裁判所（国内裁判所）において適用される国際民事訴訟法が重要な役割を果たす。しかし，国際民事訴訟法は，各主権国家の純粋な国内法であり，その規制内容はばらばらである。わずかに訴状等の送達または証拠調べの局面だけ，ハーグ条約により世界的規模での統一化が実現されているにすぎない。

　EU（当初はヨーロッパ経済共同体＝EEC）の創始者たちは，ヨーロッパ市場にかかわる者が自己の私法上の権利を迅速かつ効果的に貫徹でき，それによって法的安定性がもたらされるように，司法の共通基盤の整備にもっとも大きな関心を払ってきた。各締約国の民事手続法に相違があること，またはその内容がまったく知られていないこと，外国人の当事者にとってアクセス上の差別が

---

[1] 本論文について，次の文献を包括的に参照している。吉野正三郎編著『ECの法と裁判』（1992年），とくに第12節「EC民事訴訟法の概念」，芳賀雅顯「ヨーロッパ民事訴訟法の最近の変遷」石川＝石渡編1頁，春日偉知郎「EU民事司法」庄司編・実務篇255頁，Hess, Europäisches Zivilprozessrecht.

あること，外国裁判所の判決を承認・執行するために時間と費用がかかることは，ヨーロッパ市場における効果的な権利保護のための阻害要因になる。1958年のヨーロッパ経済共同体（原始6か国）の創設の直後から，域内における民事訴訟手続を調整するために，EC委員会は立法措置に着手した。

II　ブリュッセル条約の誕生

1957年のヨーロッパ経済共同体設立条約（ローマ条約）の発効直後，1959年10月22日，EC委員会は締約国に対し，ローマ条約220条に基づき（域内）外国判決の承認・執行のための条約を編纂するよう要請した。締約国から選出された専門家グループは，約8年の検討作業を経て，1968年9月27日，ローマ条約とは別の枠組みの国際条約として，裁判管轄と判決執行を規制するブリュッセル条約を誕生させた。同条約は全締約国において1973年2月1日発効した。

ブリュッセル条約の目的は，複数の締約国にかかわる民事紛争に関して，裁判管轄のルールを統一化することによって，締約国の裁判所の間における裁判管轄権の奪い合いまたは押しつけをめぐる紛争を解消すること，先訴優先主義によって訴訟競合問題を規制すること，ならびに外国判決の自由移動（判決承認の容易化）を生み出すことにある。すなわち，国際民事訴訟法学の用語で言えば，国際裁判管轄，国際的二重起訴（訴訟競合）および外国判決の承認・執行に関し，各締約国によって締結される多国間（締約国間）条約の1つとしてブリュッセル条約は位置づけられていた。

ブリュッセル条約は，後述のとおり，ヨーロッパ連合の権限の拡大に伴い，2000年12月22日の理事会規則，すなわち，ブリュッセルI規則としてEC法の体系の中に取り込まれた（2002年3月1日に発効）。

III　EU民事訴訟法の拡充

EU民事訴訟法の中核を形成しているのは，ブリュッセル条約・I規則およびそれらに関するEC/EU司法裁判所の判決からなる判例法である。それらによって裁判管轄と判決の承認・執行に関して法統一が実現したとしても，しかし，それら以外の民事訴訟法の規制領域および裁判所制度（または裁判所（官）の風土・気質）に関しては依然として締約国の国内法おける不統一が顕著であり，ヨーロッパ域内における法廷地漁りの原因にもなっている。ヨーロッパの立法者は，円滑な司法と経済活動を維持するために，民事訴訟分野における法

統一を加速させた。そのきっかけは，1999 年発効のアムステルダム条約である。アムステルダム条約は，ヨーロッパ連合の独立の政策目標として「国境を越える民事訴訟法の統一化」を掲げ，その規制権限をヨーロッパ連合政府の手中に収めた[2]。それからの 10 年間は EU における国際民事訴訟法関連立法が矢継ぎ早に制定された瞠目すべき時代である。その後の改訂も経て，現在，EU 民事訴訟法とは以下の EC 規則等[3]による規律を含んだ概念になっている。

(1) **裁判管轄および裁判の承認・執行の分野**
① 民事及び商事に関する裁判管轄及び判決承認・執行規則 44/2001（ブリュッセルⅠ規則）[4]
② 婚姻事件及び親責任の手続に関する裁判管轄及び判決承認・執行に関する規則 1347/2000（ブリュッセルⅡ規則。現在は，2005 年 3 月 1 日発効の改訂規則，ブリュッセルⅡ改訂規則が通用している。）
③ 扶養事件における管轄，準拠法，裁判の承認と執行及び協力に関する規則 4/2009（EC 扶養規則と略称される。）
④ 争いのない債権に関する EC 債務名義規則 805/2004（EC 債務名義（創設）規則とも略称される。）[5]
⑤ EC 督促手続規則 1896/2006〔本書第 1 篇第 3 論文〕
⑥ EC 少額事件手続規則 861/2007[6]
⑦ EC 倒産手続規則 1346/2000[7]
⑧ EC 調停指令 COM（2004）718[8]

---

(2) 中西康「ブリュッセルⅠ条約の規則化とその問題点」国際私法 3 号 147 頁（2002 年），中西優美子「EU における権限の生成──民事司法協力分野における権限を素材として」国際 108 巻 3 号 31 頁（2009 年）参照。
(3) Schack5, Rdnr. 54a で一覧できる。
(4) 中西康「民事及び商事事件における裁判管轄及び裁判の執行に関する 2000 年 12 月 22 日の理事会規則（EC）44/2001（ブリュッセルⅠ規則）」際商 30 巻 3 号 311 頁，4 号 465 頁（2002 年）。
(5) 春日偉知郎「ヨーロッパ債務名義創設法（「争いのない債権に関するヨーロッパ債務名義の創設のための欧州議会及び理事会の規則」（2004 年 4 月 21 日））について」際商 32 巻 10 号 1331 頁（2004 年）。
(6) 吉田元子「EU 域内における少額請求手続(1)(2・完)」千葉 23 巻 1 号 95 頁，2 号 43 頁（2008 年）。
(7) 貝瀬幸雄『国際倒産法と比較法』163 頁（2003 年），規則の試訳は 179 頁。
(8) 中村匡志「民事及び商事事件における調停の特定の側面に関する 2008 年 5 月 21 日の欧州議会及び理事会指令（欧州共同体 2008 年 52 号）」際商 36 巻 10 号 1309 頁（2008 年）

(2) 司法共助の分野
① EC 送達規則　1348/2000（現在は，2007 年改定版が通用している。）〔本書第 1 篇第 2 論文〕
② EC 証拠調べ規則　1206/2001[9]
③ EC 訴訟費用援助指令　2003/8
④ EC 司法ネットワーク指令　2001/470

IV　EU 民事訴訟法の特徴

　EU 民事訴訟法のルールは，その量および質（とくに判例法の蓄積）の拡充に伴い，国際民事訴訟法に関する地域限定の特別規則というヨーロッパ共同体設立の当初に有していたその性格を変容させている。欧州連合の各締約国の裁判所において適用されるべき民事訴訟法は，国内事件に適用される内国民事訴訟法，欧州域内における国境を越える事件に適用される EU 民事訴訟法，そして第三国とのかかわりを持つ事件に適用される国際民事訴訟法の 3 種類を観念しなければならないようになった。

　EU 民事訴訟法が，伝統的な国際民事訴訟法から離反してきたのは，国際民事訴訟法の中核領域，すなわち，裁判管轄権の国際的分配，訴訟競合の規律，外国判決の承認・執行ならびに司法共助に関して，EU 固有の規定を有していることが最大の理由であるが，その他にも両者を分かつ決定的な要因がある。EU 民事訴訟法をなす各規則は，条文規定だけでなく，標準的書式も定め，その利用を強いることで手続上の言語的障害（翻訳のコスト）を軽減している（例，ブリュッセル I 規則，付属書類 V）。さらに，関係する裁判所が相互に，司法ネットを用いて，自国の上位の司法官庁を介在させることなく，直接に事件についての意見交換をすることが可能である。また，近時の EC 督促手続規則および少額事件手続規則のように，すべての締約国に通用する欧州統一ルールを定める分野も登場している。

　伝統的な国際民事訴訟法は（ハーグ条約が適用される訴状等送達の規律を除けば），各国の固有法であり，国際的に統一されているというのにはほど遠い存在である。例えば各国の国際民事訴訟法が同じ裁判籍（例，義務履行地，不法

　　参照。
(9) 春日偉知郎「ヨーロッパ証拠法『民事又は商事事件における証拠収集に関する EU 加盟各国の裁判所間の協力に関する EU 規則（2001 年 5 月 28 日）』について」判タ 1134 号 47 頁（2004 年）。

行為地）を国際裁判管轄権の原因として定めている場合であっても，その裁判籍は，各国で異なって解釈，適用される。外国判決の承認・執行の要件として，承認国における間接管轄，訴状の適法適時の送達，公序適合性の審査が不可欠である（日本の民事訴訟法118条各号参照）。

それに対してEU民事訴訟法に関しては，その解釈と適用について争いがあれば，ルクセンブルクにあるEC/EU司法裁判所に権威ある解釈論を求めて締約国の裁判所から事件が先行判決手続に付託される[10]。その結果，EU民事訴訟法上の法概念，例えば管轄原因の有無の判断に際して，すべての締約国において統一的に適用されることが確保される（EC/EU法の「自律的解釈」の促進）。EU民事訴訟法，とくにブリュッセル条約・Ⅰ規則の解釈に関して，EC/EU司法裁判所が強調してきたのは，各締約国の司法制度および手続法の等価値性と相互の信頼，外国で行われた訴訟行為の自動的承認，および効果的な権利保護の保障である[11]。EU民事訴訟法は，この間に蓄積されているEC/EU司法裁判所の判例法と一体的に理解されなければならない。

Ⅴ　わが国から見たEU民事訴訟法

わが国においてEU民事訴訟法が最初に注目されたのは，国際私法学においてである。かつて，わが国においては，国際裁判管轄に関する明文規定はなく，条理によって規律されているという理解が支配的であった。そこでの条理の内容を探求するための作業の過程において，ヨーロッパという地域限定のものではあるが，国際裁判管轄と外国判決の承認・執行に関する統一法として姿を現したブリュッセル条約はモデル法の1つとして参照価値があったと考えられる。1968年の最初のブリュッセル条約の発効後，条約加盟国が増加して改訂が行われるたびに，その条文訳または詳細な検討を含む研究が公表されている[12]。

---

(10) 吉野編著・注1前掲29頁，99頁，147頁。
(11) 西賢「欧州国際民事訴訟法条約の解釈」日本EC学会年報2号154頁（1982年）（同『比較国際私法の動向』121頁（2002年）に所収）。
(12) 1968年のブリュッセル条約について，川上太郎「民商事事件の裁判管轄及び判決の承認執行に関するEEC条約」福法21巻3/4号477頁（1977年），岡本善八「わが国際私法事件におけるEEC裁判管轄条約(1)(2)」同法29巻4号1頁（1977年），5号15頁（1978年）。立法経緯を明らかにする公式資料（ジュナール報告書）の翻訳として，関西国際民事訴訟法研究会「民事事件及び商事事件における裁判管轄並びに裁判の執行に関するブラッセル条約公式報告書」際商27巻7号757頁（1999年）〜28巻2号192頁（2000年）。1978年のブリュッセル条約改訂について，翻訳文として，岡本善八「1978年『拡大EEC判決執行条約』」同法31巻2号81頁，3号129頁（1979年）。包括的な

わが国の固有の国際民事訴訟法学に寄与することを目的とする，義務履行地管轄[13]，不法行為地管轄[14]，労働事件管轄[15]，保全事件管轄[16]，離婚事件管轄[17]，国際倒産管轄[18]または外国判決承認要件[19]をテーマとする研究論文は，EC/EU司法裁判所におけるEU民事訴訟法の判例を広範に検討している[20]。2011年5月に成立したわが国の国際裁判管轄法（民事訴訟法3条の2～3条の11）の立法作業の過程においても，ブリュッセル条約・I規則の条文は比較法の資料として逐一参照されてきた[21]。

紹介として，吉野正三郎＝小田敬美「EC民事訴訟法について」判タ732号64頁（1990年）。改訂経緯を明らかにする公式資料（シュロッサー報告書）の翻訳として，関西国際民事訴訟法研究会「民事事件及び商事事件における裁判管轄並びに判決の執行に関するブリュッセル条約公式報告書」際商28巻3号312頁（2000年）～29巻3号360頁（2001年）。

　1996年までのブリュッセル条約改訂について，翻訳文と関連判例の紹介を含む研究として，中西康「民事及び商事事件における裁判管轄及び裁判の執行に関するブリュッセル条約(1)(2・完)」民商122巻3号426頁，4/5号712頁（2000年）。1989年の改訂経緯を明らかにする公式資料（報告書）の翻訳として，関西国際民事訴訟法研究会「1989年スペイン・ポルトガル加入条約（サン・セバスチャン条約）公式報告書」際商30巻5号677頁～7号981頁（2002年）。

(13) 長田真里「義務履行地と国際裁判管轄」阪法46巻2号123頁（1996年）。
(14) 中西康「出版物による名誉毀損事件の国際裁判管轄に関する欧州司法裁判所1995年3月7日判決について」論叢142巻5/6号181頁（1998年）。
(15) 芳賀雅顯「労働事件の国際裁判管轄――ヨーロッパ民訴法における労務給付地の決定問題を中心に――」法論77巻6号145頁（2005年），川口美貴『国際社会法の研究』165頁（1999年）。
(16) 的場朝子「欧州司法裁判所による保全命令関連判断――ブリュッセル条約24条（規則31条）の解釈」神戸58巻2号99頁（2008年）。
(17) 岡野祐子「離婚裁判に関する諸問題――ブリュッセルII bis規則とわが国の関係を中心に」国際私法13号75頁（2012年）。
(18) 石川光晴「ヨーロッパ倒産規則と国際倒産手続の競合(1)(2・完)」嘉悦大学研究論集49巻2号111頁（2006年），50巻1号21頁（2007年）。
(19) 中西康「ブリュッセル条約における手続保障：訴状の送達を中心に」論叢146巻3/4号199頁（2000年），同「ブリュッセルIにおける外国判決承認要件としての公序の機能の部分的変容」谷口古稀祝賀『現代民事司法の諸相』697頁（2005年），安達・展開191頁。
(20) イングランドにおけるブリュッセル条約・I規則およびEC司法裁判所判決の影響という視点から国際民事訴訟法（とくに，裁判管轄と訴訟競合論）を検討するのが，岡野祐子『ブリュッセル条約とイングランド裁判所』であり，ここで参照されるべき研究である。
(21) わが国においては，伝統的に，国際裁判管轄の立法を考えるとき，既存の，わが国が参加していない二国間または多国間条約も広く参照されている。高桑昭「国際裁判管

1 EU民事訴訟法──その展開と研究の意義

　近年わが国を訪問したドイツの民事訴訟法学者が，わが国でする講演のテーマとして，好んでEU民事訴訟法の発展状況を取り上げてきたのは[22]，EU民事訴訟法が，ドイツであれフランスであれEU加盟国である自国の民事訴訟法学にとって最大の関心事であり，その受容（または拒絶）のダイナミックな状況をわが国の同僚たちに伝えたいと考えたからであろう。

　わが国におけるEU民事訴訟法への視座として見逃すことができないのは，EU民事訴訟法が各締約国の国内民事訴訟法の立法，法解釈または法学界に与えた衝撃に注目して，わが国の国内民事訴訟法学説の中で新しい解釈論が提示されていることである。欧州域内の国際的二重起訴を規制するブリュッセル条約21条の適用に際して，規制対象となる後訴事件の請求の同一性をめぐって下されたEC司法裁判所の2つの判例[23]の基準が，訴訟係属（二重起訴禁止）に関するドイツ法の基本的理解とまったく異なっていたことが事の発端である。ドイツの民事訴訟法学説は，その判断基準（＝核心理論）がドイツ法の訴訟物論または重複訴訟論として受容可能かどうか（ドイツ民事訴訟法学がEC法に敗北したか）という視点から，EU民事訴訟法（およびEC司法裁判所）と対峙することになった[24]。このようなEU法がドイツの固有の民事訴訟法学説に与

　　轄に関する条約の立法論的考察」同『国際民事訴訟法・国際私法論集』275頁（2011年。初出1992年）。

(22) ディーター・ライポルド（出口雅久＝水野五郎訳）「民事訴訟における国内法と国際法の相互作用」立命館255号1184頁（1997年），同（出口雅久＝本間学訳）「新ヨーロッパ証拠法」立命館286号155頁（2002年），ペーター・ゴットヴァルト（中野俊一郎＝酒井一訳）「国際裁判管轄の妥当性と実効性：ブラッセル条約の改正について。ヨーロッパにおける裁判の承認・執行のさらなる容易化への道程」甲法41巻1/2号1頁（2000年），同（出口雅久＝工藤敏隆訳）「ヨーロッパ民事訴訟」立命館299号600頁（2005年），同（出口雅久＝本間学訳）「国際民事訴訟法の現状」立命館299号646頁（2005年），ダグマー・ケスター＝ヴァルチェン（勅使川原和彦訳）「国際訴訟法における新たな展開」早比38巻1号277頁（2004年），同（渡辺惺之訳）「民事訴訟法のヨーロッパ化」阪法53巻5号223頁（2004年），ハイモ・シャック（出口雅久＝本間学訳）「ヨーロッパ国際民事手続法の今日的展開と問題」立命館323号91頁（2009年）。

(23) 1987年のGubisch事件判決（Gubisch Maschienenfablik KG v. Giulio Palumbo, Case 144/86, [1987] ECR 4861）と1994年のTatry事件判決（The owners of the cargo lately laden on the board the ship "Tartry" v. the owners of the ship "Maciej Rataj", Case C-406/92, [1994] ECR I-5439）である。両判決は，酒井一「ブリュッセル条約21条の意味における請求権」石川＝石渡編176頁以下，および酒井一「ブリュッセル条約21条の意味における『請求権』と『当事者』，ブリュッセル条約22条における『訴えの関連性』」石川＝石渡編182頁以下で，詳細に紹介と検討がされている。

(24) 越山和広「欧州司法裁判所における訴訟物概念はドイツ法に影響を与えるか」松本

第1篇　論説篇

えた影響は，わが国の民事訴訟法学説において，従来から訴訟物概念の相対化を提唱してきた学説によって積極的に摂取された[25]。このことは，EU民事訴訟法のルールとEC/EU司法裁判所の判例法が，わが国において国際民事訴訟法学のみならず，通常の民事訴訟法学にとっても普遍的な手続法価値を示す1つのモデル法として位置づけられ，研究されるべき対象になっていることを意味するものである。

　EU民事訴訟法は，現在もなおEC/EU司法裁判所の判決が続出していることによって，進展の歩みを止めない。ブリュッセルⅠ規則の規制内容および範囲（仲裁法への拡大）の全面的な見直しの作業もすでに始まっている[26]。本書が，わが国におけるEU民事訴訟法研究の手がかりの1つとして参照されることがあれば幸いである。

（書き下ろし）

［安達栄司］

　博之＝徳田和幸責任編集・民事手続法研究1号83頁（2005年）頁。
[25] 酒井一「重複訴訟論」鈴木(正)古稀祝賀『民事訴訟法の史的展開』265頁（2002年）。
[26] Hess/Pfeiffer/Schlosser, The Brussels I Regulation 44/2001 (2008). このヘス等の報告書の，とくに間接強制に関する改正提案を紹介し，研究する文献として，大濱しのぶ「ブリュッセルⅠ規則における間接強制の規律」石川明＝永田誠＝三上威彦編・オスカーハルトヴィーク先生追悼『ボーダーレス社会と法』125頁，139頁（2009年）がある。2010年12月14日にEU委員会による改正案も公表されている。Proposal for a REGULATION OF THE EUROPEAN PARLIAMENT AND OF THE COUNCIL amending Regulation (EC) No 883/2004 on the coordination of social security systems and Regulation (EC) No 987/2009 laying down the procedure for the procedure for implementing Regulation (EC) No 883/2004, COM/2010/0794.

2 EUの新しい国際送達規則
―改正と新規則の翻訳

I　はじめに
II　2004年10月1日のEC委員会報告書の作成
III　2005年7月EC送達規則の改正提案および欧州議会における修正

【翻訳】
　構成国間の民事又は商事における裁判上及び裁判外の文書の送達（文書送達）に関し，かつ2000年5月29日付け閣僚理事会規則（EC）2000年第1348号を廃止する2007年11月13日付け欧州議会及び閣僚理事会の規則（EC）2007年第1393号

I　はじめに

　1999年5月のアムステルダム条約発効以後，EU域内の国際民事訴訟は構成国に直接適用される各EC（EU）規則によって統一化傾向を強めている[1]。すなわち，従前からの裁判管轄と判決の承認執行に関するブリュッセルI規則[2]に加えて，本稿が対象とするECの送達規則，証拠収集規則[3]，倒産手続規則[4]，人事訴訟事件の裁判管轄と判決承認執行に関するブリュッセルII規則，統一債務名義創設規則[5]等が矢継ぎ早に制定され，発効している。

---

(1) これらの全体像に関して，ペーター・ゴットヴァルト（出口雅久＝工藤敏隆訳）「ヨーロッパ民事訴訟法」立命299号600頁（2005年）。
(2) 中西康「民事及び商事事件における裁判管轄及び裁判の執行に関する2000年12月22日の理事会規則（ブリュッセルI規則）（上）（下）」際商30巻3号311頁，同4号465頁（2002年）。
(3) 春日偉知郎「ヨーロッパ証拠法『民事又は商事事件における証拠収集に関するEU加盟各国の裁判所間の協力に関するEU規則（2001年5月28日）』について」判タ1134号47頁（2004年）。
(4) 安達栄司「ECの国際倒産手続法（2000年EC倒産手続規則）における管轄権恒定の原則」際商34巻8号1073頁（2006年）。〔本書第2篇39事件〕
(5) 春日偉知郎「ヨーロッパ債務名義創設法（「争いのない債権に関するヨーロッパ債務名義の創設のための欧州議会及び理事会の規則」（2004年4月21日））について」際

これらのうちEU域内における国際的な送達と証拠収集に関しては，伝統的には国際統一条約としてのハーグ条約[6]が有効に機能して実務上の必要を十分に満たしていたので，EU固有の立法の意義は比較的乏しいように思われた。しかし，アムステルダム条約によって，司法分野に関してもEUの統一化を強化するという目標が明示されたことから，これらの送達および証拠収集に関してもEUの統一規則を制定することは当然の成り行きだったといえる。内容的にはハーグ条約の経験が随所で影響している。EUの送達規則（以下，EC送達規則という）の最大の特徴は，EU内での文書の送達の迅速化のために，構成国の送達機関の直接の遣り取りおよび郵便等による直接的送達を可能にし，また標準定型書式を導入したことにある。

改正前のEC送達規則はEU構成国間の新しい国際送達規則として2001年5月31日に発効した[7]。その後，各国において本送達規則に基づく送達実務の経験が増加するに伴い，運用上の難点が報告され，とくに8条および14条の問題点が顕著であり，一部の学説から厳しい非難を受けるようになった。

それゆえにEC委員会は，EC送達規則発効直後から本規則適用上の問題点を発見し，改正するための作業を継続的に行ってきた。本稿においては，EC送達規則発効後の一連の動きを紹介した後に，2007年11月13日に公布され2008年11月13日から施行されている新しいEC送達規則の逐語訳を試みる[8]。それによって，ヨーロッパの国際民事訴訟法の近時の動向を伝える資料を提供したい。

〔EC送達規則中には，その実施のために各構成国における国内措置が必要

商32巻10号1331頁（2004年）。これに加えて，EC標準督促手続規則（2006年1896号）が発効している。〔後者に関しては，野村秀敏「EC督促手続規則（上）（中）（下）」際商40巻12号1816頁（2012年），41巻1号79頁，2号240頁（2013年）／本書第1篇第3論文。〕

(6) ハーグ送達条約の解釈問題に関して，安達・展開171頁以下参照。ハーグ証拠収集条約に関して，多田望『国際民事証拠共助法の研究』99頁以下（2000年）参照。

(7) 構成国間の民事又は商事における裁判上及び裁判外の文書の送達に関する2000年5月29日閣僚理事会規則（EC）2000年第1348号。この前身としてEU送達条約が制定されていた（未発効）。EC送達規則はその内容に若干の修正を加えているにすぎない。EUの送達条約については，安達・展開209頁。

(8) 本稿の作成に際して，早稲田大学大学院法学研究科で筆者が担当した「国際民事訴訟法講義」において受講生の種村祐介さん（当時，同大学院修士課程在籍）とともに翻訳・検討した2000年のEC送達規則および2004年EC委員会報告書についての研究成果を広範に参照していることを，ここに付記する。

な規定が若干存在する（2条等）。この国内措置は，ドイツにおいては，2003年11月4日のEC証拠調べ実施法（2004年1月1日施行）によって民事訴訟法第11編に挿入されたその第1章（1067条ないし1071条）[9]によって整備された。本稿では，EC送達規則の関連規定を紹介する際に，その内容もあわせて紹介することとする。〕

II　2004年10月1日のEC委員会報告書の作成

(1)　2002年12月，民事商事に関する欧州司法ネットワーク会合

EUは，司法分野における構成国間の情報交換を可能にするために，2001年5月民事商事に関する欧州司法ネットをインターネットのウエッブサイトとして公式に設置している[10]。2002年12月，この司法ネットに関する第一回会合においてEC送達規則の施行後の経験が議論された。そこでは，本規則の標準書式が利用されないこと，使用言語の規定が誤解されていること，受領拒絶，送達費用の問題が主として議論された[11]。

(2)　2003年7月，EC委員会の公聴会

2003年7月，EC委員会はEC送達規則の適用に関する公聴会を開いた。構成国の代表者および執行を担当する執行官および弁護士等の職業団体の代表者が参加した。そこでは，文書の転達・送達に要する時間，嘱託機関，受託機関，中央機関の実効性，さらには費用に関する有意義な情報交換が行われた[12]。

(3)　2004年5月，EC送達規則の適用に関する委託調査研究書の発表

EC委員会は，本規則の適用によって構成国間の文書の送達が改善・促進されているかに関するアンケート（2003年12月から2004年2月に実施）による調査研究を委託していた。構成国の当局，裁判所，弁護士，送達担当執行官等の職業団体から528件の回答が寄せられた。本調査研究[13]において，EC送達規則が文書の転達および送達を促進し，よってヨーロッパの単一の法域の形成に貢献していると結論づけられていた。

---

(9)　条文訳として，法務大臣官房司法法制部編『ドイツ民事訴訟法典——2011年12月22日現在——』306頁以下（2012年）がある。
(10)　http://ec.europa.eu/civiljustice/index_de.htm
(11)　KOM（2005）305 endg., 2.
(12)　KOM（2005）305 endg., 2.
(13)　http://ec.europa.eu/justice_home/doc_centre/civil/studies/doc/study_ec1348_2000_en.pdf

(4) 2004年4月，文書送達に関する特別委員会

EC委員会は，上記の委託調査研究の結果を検討し，さらにEC送達規則の各構成国における適用状況の情報収集をするために，本規則18条に基づく特別委員会を開いた。

(5) 2004年10月1日，EC委員会報告書の公表

EC送達規則24条は，EC委員会に対し，本送達規則の適用状況に関する報告書を作成して，欧州議会，閣僚理事会，経済及び社会委員会に提出することを義務づけている。EC委員会は，この規定に基づき，上記の一連の検討作業を踏まえて，2004年10月に報告書（KOM (2004) 603）を提出した。

本報告書によれば，EC送達規則は，ハーグ送達条約の時代に比べて，構成国間における文書の送達を格段に向上させ，かつ迅速化させた[14]。それによれば，EU域内における外国送達にかかる時間は，平均して1～3か月であり，一部イギリス，スペイン向けの文書の場合にはまだ6か月程度かかることがある。この迅速化の成果についてEC委員会は，地域の送達当局間の直接交通，郵便による送達の可能性，直接送達の選択肢の存在，ならびに標準書式の導入によるものであると評価している。他方で，本報告書はEC送達規則の適用状況が必ずしも満足の得られるものでないことも指摘する。まず，各国の送達当局が本規則について十分な知識を有しないことがしばしば見られる。次に，司法交通上の水準に達しない規定が複数あると指摘された（とくに11条の費用規定）。

結論として，EC委員会は，EC送達規則の8条（文書の受取り拒絶），11条（送達費用），14条（郵便による直接送達），15条（直接送達），17条（実施規則），19条（被告の不応訴）および23条（通知と公表）の改正を提案した。2005年2月，EC委員会は本報告書に関する公聴会を開き，具体的な改正提案に結びつく検討事項書をとりまとめた。

III 2005年7月EC送達規則の改正提案および欧州議会における修正

2005年7月，EC委員会は，EC送達規則の改正提案を閣僚理事会及び欧州議会に提出した（KOM (2005) 305 endg.）。その後，欧州議会法務委員会がこの提案を検討し，2006年2月2日この改正案を採択した。同年2月14日，欧州

---

(14) KOM (2004) 603, 9.

経済及び社会委員会がこの提案に賛成し，同年7月4日，欧州議会は，EC委員会の改正案について修正動議を付して賛成し，EC委員会に対して修正された改正案を再度提出するよう求めた。これを受けて，2006年12月1日，EC委員会は，新しい改正案を欧州議会及び閣僚理事会に提案した（KOM（2006）751 endg.）。2007年11月13日，新しい2007年EC送達規則が公布された[15]。

EC委員会の改正案は，主として次の事項にかかわる[16]。正式の司法共助による送達方法について，①翻訳の必要性の緩和，②受領拒絶の説明義務の強化，③受領拒絶の場合の送達瑕疵の治癒の可能性，④送達費用の低減，⑤送達の期限および日付けの明確化であり，その他の非公式の直接的な送達方法に関して，受領拒絶の説明義務の強化に加えて，従前構成国に大きく委ねられていた留保条項を廃止して，統一規定としての本規則の性格を明確化したことにある。またその間にEC送達規則の解釈をめぐって構成国で争われ，EC司法裁判所によって明らかにされた問題[17]を反映させることができた改正点もある。

他方で，受領拒絶の説明義務，文書の翻訳，二重送達の場合の基準時という従前から指摘されてきた点ではあるが，今回の改正で十分に対処されなかった問題が残っていること，構成国の国内法に委ねられた規制領域での不統一状態が依然として不安定であること（フランス，ベルギー，ルクセンブルク，オランダの検事局送達および送達瑕疵の治癒の問題点），が今後の課題としてすでに指摘されている[18]。その詳細については，続稿に委ねたい。

【翻訳[19]】

構成国間の民事又は商事における裁判上及び裁判外の文書の送達（文書送達）に関し，かつ2000年5月29日付け閣僚理事会規則（EC）2000年第1348号を廃止する2007年11月13日付け欧州議会及び閣僚理事会の規則（EC）2007年第1393号

---

(15) Amtsblatt Nr. L 324 vom 10/12/2007, 0079-0120.
(16) Roesler/Siepmann, Die geplante Reform der europäischen Zustellungsverordnung, RIW 2006, 512 を，以下主として参照している。
(17) 安達栄司「新しいEUの国際送達規則（2000年EC送達規則）における送達瑕疵とその治癒の可否」際商35巻2号234頁（2007年）〔本書第2篇31事件〕，野村秀敏「執行宣言手続における送達の欠缺の治癒可能性」際商35巻11号1583頁（2007年）〔本書第2篇32事件〕。
(18) Roesler/Siepmann (Fn. 16), 516.
(19) 本稿では，ドイツ語版を主として参照して，翻訳をした。

第 1 篇 論説篇

欧州議会及び EU 閣僚理事会は，
欧州共同体の設立に関する条約，とくに 61 条 c 及び 67 条 5 項 2 号に基づき，
EC 委員会の提案に基づき，
経済及び社会委員会の意見に従い，
欧州共同体設立に関する条約 251 条の手続に従って，
次の考慮事由を述べて，本規則を公布した。

（本規則考慮事由）
(1) EU は，自由，安全及び司法に関し自由な人の移動を保障する 1 つの空間の維持と継続的発展という目標を定めた。この空間の段階的構築のため，共同体は民事上の司法共働の分野において域内市場が円滑に機能するために必要な措置を講じる。
(2) 域内市場の円滑な機能のために，他の構成国内に送達される民事又は商事上の裁判上及び裁判外の文書の転達は，構成国間で改善され促進されなければならない。
(3) 閣僚理事会 1997 年 5 月 26 日の立法によって EU 構成国における裁判上及び裁判外の文書の送達に関する条約を起草し，構成国に対しこの条約を自国の憲法上の手続に従って採択するよう推奨した。この条約は発効しなかった。本条約の交渉の成果は維持されなければならない。
(4) 2000 年 5 月 29 日閣僚理事会は構成国間の民事又は商事における裁判上及び裁判外の文書の送達に関する 2000 年 5 月 29 日閣僚理事会規則（EC）2000 年第 1348 号を採択した。1997 年送達条約の大部分の内容が 2000 年規則に採用されている。
(5) 2000 年 10 月 1 日，EC 委員会は 2000 年 EC 送達規則の適用に関する報告書を取り入れた。この報告書によれば，2000 年 EC 送達規則の適用以来，構成国における文書の転達及び送達は総じて向上し，かつ迅速化されたが，しかしいくつかの規定はまったく不十分にしか適用されていなかった。
(6) 民事上の裁判手続の有効性及び迅速性は，裁判上及び裁判外の文書の転達は直接かつ迅速な方法で構成国によって指定された当局間で行われるということを前提とする。構成国は，唯一の嘱託機関，受託機関，あるいは両方の機能を同時に引き受ける 1 つの機関を 5 年間指名することができる。けれどもこの指名は，5 年毎に更新されうる。
(7) 迅速な転達は，識別可能性及び発送された文書の内容と受託した文書との同一性の要件が守られていることを判断する際，あらゆる適切な手段が用いられることを必要とする。転達の確実性のために，転達される文書は，送達がなされるべき地の公用言語又は公用語の 1 つで，あるいは受託国が認めるその他の言語で記載された定型書式で作成されなければならない。

2 EUの新しい国際送達規則——改正と新規則の翻訳

(8) この規則は，当事者の住所の如何にかかわらず，訴訟手続が係属する構成国における当事者の一方の代理人に対する文書の送達には適用されない。

(9) 文書の送達は，できる限り迅速に，遅くとも受託機関に到達した後1か月以内に行われなければならない。

(10) この規則の効果を保障するために，文書の送達を拒絶する可能性は，例外的な場合に制限されなければならない。

(11) 構成国間における文書の転達及び送達を容易にするために，この規則の付属文書に含まれている定型書式が利用されなければならない。

(12) 受託機関は送達受取人に対し定型書式を用いて，次のことを書面にて教示しなければならない。すなわち，送達受取人は当該文書が自己の理解する言語の1つ，または送達場所の公用語又は公用語の1つで書かれていないとき，1週間以内に当該文書を受託機関に送り返すことができること。この定めは，受取人が自己の受領拒絶権を行使した場合で，後から行われる送達にも適用される。この受領拒絶の定めは，外交官若しくは領事官を通じた送達，郵便局員を通じた送達，又は直接送達に関しても適用される。受領が拒絶された文書の受取人への送達は，送達文書の翻訳が送達受取人に送達されることによって効力を生じさせることができる。

(13) 迅速な転達のために，文書の迅速な送達もその到達後数日内になされなければならない。1か月を経過してもまだ文書が送達されないときは，受託機関は嘱託機関にその旨を知らせる。この期間の経過は，適切な期間内の送達が可能であることが確実な場合は，嘱託機関に申請書が返送されなければならないことを意味するものではない。

(14) 受託機関は，例えば被告が休暇中で自宅にいなかった，又は仕事上の都合で職場にいなかったという理由で，文書の送達が1か月以内に行うことができなかったという場合にも，文書の送達に関して必要なすべての手続を引き続き行わなければならない。しかしながら，嘱託機関は，文書送達の手続を実施するという義務を受託機関が無限に負うことを避けるために，定型書式中に一定の期間を定め，それが経過した後には送達はもはや不必要であるとすることができる。

(15) 構成国間において手続法上の違いがあるので，個々の構成国における送達時点は，異なった基準に従って判断される。そのため，本規則は，この状況の下で，そしてそこから発生しうる困難を考慮して，送達の時点は受託構成国の法に従って定まるとする決まりを定めなければならない。しかしながら，問題となる文書が一定の期間内に送達されなければならないならば，申立人との関係では送達時点は嘱託構成国の法から明らかになる日付が送達の日付としてみなされる。二重日付けに関するこの定めは，ごくわずかな数の構成国にしか存在しない。この定めが適用されるような構成国は，このことをEC委員会に通知し，EC委員会はこの情報をEUの官報で公表し，また閣僚理事会2001年第490号の決定によって設置された民事及び商事に関する欧

州司法ネットにその旨を同時に掲載しなければならない。
(16) 権利の実現を容易にするために，送達に際して公務員又は受託構成国の法によって権限を有するその他の者が関与することによって発生する費用は，この構成国によって相当性及び無差別性の原則によってあらかじめ固定された単一の定額手数料と一致するものでなければならない。単一の定額手数料制の必要は，構成国が相当性及び無差別性の原則を斟酌することを条件にさまざまの種類の送達に関する異なった定額手数料を定める可能性を排除するものではない。
(17) 各締約国は，住所を他の構成国内に有する者に対して文書を配達証明又はそれと同等の証明書の付された書留郵便によって送達させることを自由に定めることができる。
(18) 裁判手続に関与するすべての者は，文書を，受託構成国の公務員，非常勤公務員又はその他の権限を有する者を通じて直接送達させることを，当該受託構成国の法が許すならば，することができる。
(19) EC委員会は，この規則の適法な適用のための情報を記載した提要を作成し，それを民事及び商事の協働に関する欧州司法ネットで利用可能な状態にしなければならない。EC委員会及び締約国は，この情報が最新かつ完全な状態であり，とくに受託・嘱託機関の連絡先情報についてそのようであることを確保するために最善を尽くさなければならない。
(20) この規定に定められている期間及び期限の計算は，期間，日付け及び期限の確定方法に関する1971年7月3日の閣僚理事会規則1971年第1182号の基準によって定まる。
(21) この規則の実施のために必要な措置は，EC委員会に委ねられた実施権限の行使方法の決定に関する1999年6月28日EC閣僚理事会決定1999年第468号に従って発令される。
(22) EC委員会には，付属文書中の定型書式の現代化と技術的修正のための権限が与えられなければならない。この措置はこの規則の本質的ではない規定の変更ないし削除のための一般的射程にかかわる措置だといえるので，それらの措置はEC決定1999年第468号5条aに従って諮問手続において発令されなければならない。
(23) 当事者が構成国の二国間あるいは多国間の条約又は協定，とくに1968年9月27日のブリュセル条約(5)に関する議定書及び1965年11月15日のハーグ条約を締結した構成国間の関係では，本規則が，その適用範囲について同じ範囲を持つ条約又は協定の規定に優先する。構成国が文書の転達の迅速化又は簡素化に向けた条約又は協定を維持し又は締結することは，その条約又は協定が本規則と一致する限り，妨げられない。
(24) この規則に従って送達された情報は，適切に保護されなければならない。この問題は，1995年10月24日の個人情報処理における自然人の保護及び自由な情報交通に関する欧州議会及び閣僚理事会指令1995年第46号，及び

2002年7月12日個人情報処理及び遠距離通信の領域におけるプライバシーの保護に関する欧州議会及び閣僚理事会指令2002年第58号（電子情報通信データ保護指令）により規律されている。

(25) 遅くとも2011年7月1日及びその後は5年ごとに，EC委員会はこの規則の適用を調査し，場合によっては必要な改正を提案しなければならない。

(26) この規則の目標は構成国の限りでは十分に達成することができず，したがってその範囲及びその影響力を考えるならば，共同体の広がりをもって実現されなければならないので，共同体は共同体設立条約5条に定められた補充性原則を遵守して活動することができる。同条にあげられた相当性の原則のゆえに，この規則はその目的の達成に必要な措置の域を出るものではない。

(27) よりわかりやすくまた完全を期するために，2000年のEC送達規則は廃止され，この送達規則によって取って代わられる。

(28) 欧州連合条約，及び欧州共同体の設立に関する条約に付属した連合王国及びアイルランドの地位に関する付属書3条に従い，両国はこの規則の採択及び適用に加わった。

(29) 欧州連合条約，及び欧州共同体の設立に関する条約に付属したデンマーク王国の地位に関する付属書1条及び2条に従い，デンマーク王国はこの規則の採択に加わらない。それゆえ，この規則はデンマーク王国には拘束力を有せず，デンマーク王国に対し適用できない。

（2000年EC送達規則との違い）

本規則の改正に至る経緯および改正点の概要が新しく追加されて，考慮事由は大幅に増加した。

第1章　総則
第1条　適用範囲
(1) 本規則は，民事又は商事に関し，裁判上及び裁判外の文書が，ある構成国から他の構成国へ，送達目的で転達される場合に適用される。本規則は，とくに，税及び関税事件，行政法事件，主権の行使の枠内における作為不作為に関する国家の賠償責任には適用されない。
(2) 本規則は，当該文書の受取人の住所が不明の場合は適用しない。
(3) 本規則にいう「構成国」の概念はデンマーク王国を除くすべての構成国のことを意味する。

（2000年EC送達規則との違い）

2007年規則において，1項2文が追加された。3項も新しく追加された。いずれも送達規則の適用範囲を明確にするための改正である。

> 第2条　嘱託機関及び受託機関
> (1)　各構成国は，他の構成国の一国に送達される裁判上及び裁判外の文書の転達のために管轄を有する公務員，当局又はその他の者を指定し，以下「嘱託機関」とみなす。
> (2)　各構成国は，他の構成国の一国からの裁判上及び裁判外の文書の受託のために管轄を有する公務員，当局又はその他の者を指定し，以下「受託機関」とみなす。
> (3)　構成国は，1つの嘱託機関及び1つの受託機関を指定するか，あるいは両方の任務のための1つの機関を指定することができる。連邦国家，複数の法体系を伴う国家又は自律的な地方公共団体を伴う国家は，複数のそのような機関を指定できる。この指定は5年間有効であり，5年毎に更新される。
> (4)　各構成国は，欧州共同体委員会に以下の事項を通知する：
>   a)　2項及び3項に基づく受託機関の名称及び住所，
>   b)　受託機関が地理的な管轄を有する範囲，
>   c)　文書の受託に関し，受託機関に処理が可能なもの，及び
>   d)　付属書Ⅰの定型書式に使用可能な言語。
> 構成国は，これらの事項に関するあらゆる変更を欧州共同体委員会に通知する。

（2000年EC送達規則との違い）

1項および2項のうち，公務員と当局の順序が逆に規定された。4項d)の付属書が付属書Ⅰであることが明記された。

〔ドイツ民事訴訟法1069条〕

ドイツ民事訴訟法1069条1項は，上記2条1項のドイツの嘱託機関として，裁判上の文書については送達を実施する裁判所を，裁判外の文書については，送達を行う者の住所または常居所がその管轄区域内にある区裁判所等が指定される旨，等を定める。

ドイツ民事訴訟法1069条2項は，上記2条2項のドイツの受託機関として，その管轄区域内で文書が送達されるべき区裁判所が指定される旨，等を定める。

> 第3条　中央機関
> 各構成国は中央機関を指定する。それは以下のことを行う。
>   a)　嘱託機関に情報を与えること，
>   b)　送達目的の文書の転達に関し困難が生じる場合に，解決策を探求すること，
>   c)　例外的に，嘱託機関の要請に基づき，送達の要請書を管轄権限ある受託機関へ転送すること。
> 連邦国家，複数の法体系を伴う国家又は自律的な地方公共団体を伴う国家は，

複数の中央機関を指定できる。

(2000年EC送達規則との違いはない。)
〔ドイツ民事訴訟法1069条〕
　ドイツ民事訴訟法1069条3項は, 州政府が, 法規命令によって, 各州において, 上記3条1文のドイツ中央当局としての権限を有する機関を決定する旨, 等を定める。

第2章　裁判上の文書
第1節　裁判上の文書の転達及び送達
第4条　文書の転達
 (1)　裁判上の文書とは, 2条で指定された機関の間で直接かつできる限り迅速に転達されるものをいう。
 (2)　嘱託—受託機関間の文書, 申請書, 証書, 受領証, 証明書及びその他の書類の転達は, 受託した書類が発送した書類と内容的に正確に一致しており, かつ中に含まれる情報が容易に判別可能である限り, 各々の適切な転達方法で行うことができる。
 (3)　転達される文書には付属書類Ⅰの定型書式に従って作成された申請書が添付される。当該定型書式は, 受託構成国の公用語か, 受託構成国において複数の公用語が存在する場合には, 送達がなされるべき地の公用語あるいは公用語の1つ, 又は受託構成国が容認したその他の言語で記載される。各構成国は, 自国の公用語の他に, 定型書式の記載のために認められる欧州連合の機関の公用語を1つあるいは複数指定する。
 (4)　転達される文書及びすべての書類は, 認証あるいはその他同等の方式を必要としない。
 (5)　嘱託機関が, 10条に従い文書の謄本を証明書とともに返送することを望めば, 嘱託機関は当該正本を2部作成のうえ転達する。

(2000年EC送達規則との違い)
3項について,「欧州連合の公用語」から「欧州連合の機関の公用語」に変更された。

第5条　文書の翻訳
 (1)　申立人は, 彼が転達目的で文書を交付する嘱託機関から, 受取人は8条であげられた言語で記載されていない場合には文書の受取りを拒絶できることについて教示される。
 (2)　申立人は, 後に生じうる管轄裁判所あるいは管轄当局の費用に関する判断にかかわらず, 文書の転達の前に生じうる翻訳費用を負担する。

(2000年EC送達規則との違い)
主語が表現上「手続関係人」から「申立人」に限定された。

> 第6条　受託機関による文書の受理
> (1) 文書の受理後，受託機関は嘱託機関に，できるだけ迅速な手段で，かつ，可能な限りすぐに，しかし，いずれにせよ文書の受理後7日以内に付属書類の定型書式を使用した受理証明を送付する。
> (2) 送達の申立てが転達された情報あるいは書類に基づいて奏功しない場合，欠けている情報あるいは文書を手に入れるために，受託機関はできるだけ迅速な手段で嘱託機関と連絡を取る。
> (3) 送達の申立てが明らかに本規則の適用範囲に含まれない，あるいは不可欠の方式規定の無視のために送達ができないときは，送達要請書及び転達された文書は，受領後直ちに，付属書類Ⅰの定型書式を用いて嘱託機関へ返送されなければならない。
> (4) 送達するための土地的な管轄を有しない文書を受領した受託機関は，申請書が4条3項の条件を満たし，付属書類Ⅰの定型書式の使用の下で嘱託機関に通知する限り，この文書を送達申請書とともにさらに別の構成国内で土地的に管轄を有する受託機関に再送付する。土地的に管轄を有する受託機関は，1項に従い嘱託機関に文書の到達を通知する。

(2000年EC送達規則との違い)
3項の返却に関する規定が整理，簡略化された。

> 第7条　文書の送達
> (1) 文書の送達は，受託構成国の法に従い，または嘱託機関が希望する特別の手続においては，それが受託構成国の法に合致する手続である限り，受託機関により実施され，あるいは指示される。
> (2) 受託機関は，文書の送達をできる限り迅速に，遅くとも到達後1か月以内に実施するために，必要な手続を実施する。文書の到達後1か月以内に送達が行われなかったとき，受託機関は次の手続をとる。
> 　a) 受託機関は，付属書類Ⅰの定型書式に定められ，かつ10条2項に従って交付される証明書を用いて，嘱託機関にこのことを遅滞なく通知する。
> 　b) 受託機関は，さらに，転達機関が特段の定めをしない限り，送達が一定の適切な期間内に実施可能のように見える場合，文書の送達に必要なすべての手続を実施する。

(2000年EC送達規則との違い)
2項が全面的に改正された。送達の実施期間が最長でも受託機関到達後1か月であることが明記され，また受託機関があらゆる手続を試みる義務を課され

た。送達の迅速化を強化する改正である。
〔ドイツ民事訴訟法1068条2項〕
　ドイツ民事訴訟法1068条2項は，その送達が上記7条1項の枠内でドイツの受託機関によって実施され，あるいは指示される文書は，配達証明付きの書留によって送達されうる旨を定める。

第8条　文書の受取り拒絶
(1) 受託機関は付属書類Ⅰの定型書式を使用して，送達される文書が以下の言語で記載されていない場合，又は以下の言語の翻訳が付されていない場合，送達の際に送達文書の受取りを拒絶できること，又は1週間以内に文書を受託機関に送り返すことができる旨を通知する。
　a) 受取人が理解できる言語，又は
　b) 受託構成国に複数の公用語が存在するとき，送達がなされる地の公用語又は公用語の1つ。
(2) 受託機関が，受取人が文書の受取りを1項に従って拒絶したことを通知されたときは，受託機関は10条に基づく証明書を用いて遅滞なく嘱託機関にそのことを通知し，申請書及び文書を，それらの翻訳を依頼するために，返送する。
(3) 受取人が1項に基づいて受取りを拒絶した場合，本規定に従って文書が1項に定められた言語への翻訳とともに受取人に送達されることによって，送達の効力が生じうる。しかし，構成国の法によって，文書が一定の期間内に送達されなければならない場合，申立人との関係では9条によって確定される，最初の文書の送達が行われた日が送達の日として基準になる。
(4) 1項，2項及び3項は，第2節による裁判上の文書の転達および送達にも適用される。
(5) 1項の目的のために次のことが妥当する。すなわち，送達が13条に基づき外交官又は領事官によって，又は14条に基づき官庁又は個人によって行われる場合，外交官若しくは領事官又は送達官庁若しくは送達人は，受取人が文書の受取りを拒絶できること，並びに，受取りを拒絶された文書はこれらの外交・領事官又はこれらの官庁ないし個人に転達されるべきことを，受取人に通知する。

(2000年EC送達規則との違い)
　今回の改正の重点項目の1つがこの受領拒絶権の統一と強化であった。よって，本規定は全面改正されている。具体的には，1項において，受取人が理解できる言語への翻訳のない文書の受領拒絶と，受託機関への返送の権利が追加された。2項には変更はない。3項～5項が受取人の拒絶権強化のために，本

改正によって新しく追加された規定である。

3項は，送達文書の受領拒絶の後に，正式の文書の翻訳が送付されることによって，送達瑕疵が治癒されるとみなされた2005年11月8日のEC司法裁判所の判決[20]の結論を採用した。またそのような治癒が認められる場合であっても，送達申立人にとって期間遵守が問題になるとき，送達の時点は最初の翻訳のない送達が行われた時点が基準になること，すなわち送達時点の二重基準が採用されることも明確になった。

〔ドイツ民事訴訟法旧1070条〕

ドイツ民事訴訟法旧1070条は，2000年EC送達規則8条1項との関連において，名宛人による受領拒絶の旨の表明は，送達とともに開始する2週間の不変期間内になされなければならないとしていたが，2007年規則による同条項の整備に伴い，国境を越える債権の貫徹と送達の改善のための法律によって削除された。

第9条　送達の日付け
(1)　8条にかかわりなく，7条に従ってなされた文書の送達の日付けは，受託構成国の法が基準となる。
(2)　しかしながら構成国の法によって文書が一定期間内に送達されなければならない場合，申立人の関係においてはその構成国の法から明らかになる日が送達の日付けして基準となる。
(3)　1項及び2項は，第2節による裁判上の文書の転達及び送達にも適用される。

(2000年EC送達規則との違い)

2項が定める二重の基準は，送達の申立人にもまた受取人にも利益になる規定である。本改正においてそのことがより明確にされた。

本条の注目すべき改正は，旧規則本条の3項に規定されていた留保条項を全面的に排除したことにある。すなわち，「第3項　構成国は，適切な理由に基づいて，5年の移行期間の間，前2項の適用を排除することができる。本移行期間は，構成国の法体系から生じる理由に基づき，各構成国によって5年毎に更新されうる。構成国は，除外の内容及び具体的な詳細をEC委員会に通知する。」とされていた。この規定は，本項のような送達の二重基準制度を知らない多くの構成国の国内法を考慮して定められて，現に，スペイン，アイルラ

---

[20] 安達・注17前掲で紹介されている。

ンド，リトアニア，マルタ，オランダ，ポーランド，ポルトガル，スロベニア，フィンランド，スウェーデン，連合王国がこの規定の留保宣言を行使していた。しかし，送達ルールの統一化とこのような留保条項は矛盾するとして強く批判されていた。本改正規則は，この批判を入れて，EC 統一法としての性格をより強調することになった。

> 第10条　送達の証明及び送達文書の謄本
> (1) 文書の送達のために行われる措置の処理の後に，付属書類Ⅰの定型書式に対応する証明書が発行される。この証明書は，嘱託構成国に送付される。4条5項が適用される場合は，証明書には送達文書の謄本が添付される。
> (2) 証明書は，嘱託構成国の公用語又は公用語の1つ，あるいは嘱託構成国が認めたその他の言語で発行される。各構成国は，定型書式の記載のために自国の公用語の他に容認した欧州連合の公用語を1つあるいは複数指定する。

(2000年 EC 送達規則からの実質的変更はない。)

> 第11条　送達費用
> (1) 他の構成国からの裁判上の文書の送達に関して，受託構成国の活動のための手数料及び立替金の支払又は償還は，請求されない。
> (2) しかしながら，申立人は，以下のことから生じる立替金の支払又は償還をしなければならない。
>   a) 送達の際，公務員あるいはその他受託構成国の法に従って権限を有する者が関与すること。
>   b) 特別の送達方式が選択されたこと。
> 送達の際に公務員又は構成国の法によって権限を有するその他の私人が関与することによって発生する立替金は，この構成国によって相当性及び無差別性の原則に従いあらかじめ定められた統一的な固定手数料と合致しなければならない。構成国は，それぞれの固定的手数料を EC 委員会に通知する。

(2000年 EC 送達規則との違い)

　1項および2項本文には違いはない。注目するべき改正は，送達費用について定額制（固定制）の原則を本条において明確化したことである。フランスの執行官（huissiers de justice）のように自由業者が送達を担当する構成国では，送達費用の高騰が避けられないために固定化が求められていた。

> 第2節　裁判上の文書の転達及び送達のその他の方法
> 第12条　領事官あるいは外交上の経路を用いた転達
> 　例外的な場合に，各構成国は，2条又は3条に従って指定された他の構成国の機関に，裁判上の文書を送達目的で領事官あるいは外交上の経路を用いて転達することができる。

(2000年EC送達規則からの変更はない。)

> 第13条　外交官又は領事官を通じた文書の送達
> (1)　各構成国は，他の構成国に住所を有する者に対し，外交官あるいは領事官を通じて，強制力を行使することなく直接裁判上の文書を送達させることができる。
> (2)　各構成国は，当該文書が嘱託構成国の国民に送達されるべき場合を除いて，23条1項に従い，そのような送達を自らの領土内では認めないことを通知することができる。

(2000年EC送達規則からの変更はない。)

〔ドイツ民事訴訟法1067条〕

ドイツは，ドイツ民事訴訟法1067条によって，上記13条2項の可能性を利用している。

> 第14条　郵便による送達
> 　各構成国は，配達証明又は同等の証明書付きの書留郵便を用いて郵便機関を通じて，他の構成国に住所を有する者に直接裁判上の文書を送達させることができる。

(2000年EC送達規則との違い)

書留郵便による直接送達は，EC送達規則の直接・簡易化傾向を象徴する送達方式であった。本改正規則は，この郵便送達についてルールの統一化を進めた。すなわち，郵便の形式について，構成国に委ねず，配達証明またはそれと同等の証明書付きの書留郵便によるという単一のルールが導入された。

〔ドイツ民事訴訟法1068条〕

ドイツは，ドイツ民事訴訟法1068条1項によって，上記14条の可能性を利用している。

> 第15条　直接の送達
>   いかなる裁判上の利害関係人も，受託構成国の法が許容する限りにおいて，この受託構成国の公務員又は官吏，あるいはその他権限を有する者を通じて直接裁判上の文書を送達させることができる。

(2000年EC送達規則との違い)

2000年EC送達規則15条2項は，本条の直接送達を自国領域内で許容しないと宣言することを構成国に認めていた。本改正規則においてこの2項を削除したことによって，本送達規則の統一化が前進したと評価できる。現在，多くの構成国（オーストリア，チェコ，連合王国，エストニア，ドイツ，ハンガリー，ラトビア，リトアニア，ポーランド，ポルトガル，スロベニア，スロバキア）がこの公務員等による直接送達を認めていないが，本送達規則が目標とする国際送達の直接・簡易・迅速化のために，EC委員会はそれらの構成国でも導入されることを期待しているようである[21]。

〔ドイツ民事訴訟法旧1071条〕

ドイツ民事訴訟法旧1071条は，本条の直接送達を認めない旨の規定であったが，上記のように，2007年改正規則の実施規定を整備した国境を越える債権の貫徹と送達の改善のための法律によって削除された。

> 第3章　裁判外の文書
> 第16条　転　達
>   裁判外の文書は，他の構成国への送達目的で，本規則に従い転達されうる。

(2000年EC送達規則からの変更はない。)

> 第4章　最終条項
> 第17条　実施規程
>   付属文書Ⅰ及びⅡの定型書式の現代化及び技術的修正のような本規則の非本質的要素を変更するための措置は，18条2項の諮問手続によって発令される。

(2000年EC送達規則との違い)

2000年送達規則にはハンドブックおよび用語集の作成についての規程を含んでいたが，その後の情報提供手段の変化（司法ネットの作成）を理由にして削除された。

---

(21) KOM (2005) 305 endg., 7.

第18条　特別委員会
(1)　欧州共同体委員会は特別委員会によって支援される。
(2)　本項が引き合いに出されるときは，EC決定1999年第468号5条a第1項ないし第4項及び7条が通用する。

(2000年EC送達規則との実質的な違いはない。)

第19条　被告の不応訴
(1)　呼出状又は同等の文書が本規則に従って送達目的で他の構成国に転達されなければならなかったときで，かつ，被告が応訴しなかった場合，裁判所は，以下のことが確認されるまで，手続を中止しなければならない。
　　a)　その文書が，受託構成国の法がその領土内にいる人々に対するそこで発行された文書の送達のために規定する手続で送達されていること，あるいは，
　　b)　その文書が実際に，被告個人に手渡しで交付され，又は本規則において定められている別の手続に従って被告の住居に交付されたこと，かつ，このどちらの場合においても，その文書が被告が防御しうる適切な時期に送達ないし交付されていたこと。
(2)　各構成国は，たとえ送達あるいは交付ないし配達の証明が届かなくても，以下の諸条件が満たされる限り，その国の裁判所が前項にかかわらず紛争を判断できることを23条1項に従って通知しうる。
　　a)　その文書が本規則において規定されている手続に従い転達されたこと。
　　b)　文書の郵送後少なくとも6か月間，裁判所が事案の状況により適切とみなす期間が経過したこと。
　　c)　受託構成国の管轄当局又は機関に要求可能なあらゆる段階をもってしても，証明が得られなかったこと。
(3)　1項及び2項にかかわらず，緊急の場合に，裁判所は仮の措置あるいは保全措置を命じることができる。
(4)　呼出状又は同等の文書が送達目的で本規則に従って他の構成国に転達されたが，出頭しなかった被告に対し判決が下されたときは，裁判所は，以下の諸条件が満たされる限り，不服申立期間に関し，その被告に原状復帰を認めることができる。
　　a)　被告がその過失なく，彼が防御しうる適切な時期にその文書を知ることができなかったこと，かつ，彼が不服申立てをしうる適切な時期にその裁判を知ることができなかったこと，かつ
　　b)　被告の防御が当初から理由がないと思えないこと。
　　不服申立権の回復請求は，被告が裁判を知ってから適切な期間内にのみなされる。
　　各構成国は，23条1項に従い，その通知において指定された期間の満了

後の本請求が許容されない旨宣言することができる。しかしながらこの期間は，少なくとも判決から1年以上でなければならない。
(5) 前項の規定は，人の身分にかかわる裁判には適用しない。

(2000年EC送達規則からの変更は字句の修正を除き存在しない。)

第20条　構成国が締結した条約あるいは協定との関係
(1) 本規則は，その適用範囲に関し，構成国により締結された二国間あるいは多国間の条約又は協定に含まれる規定，とくに1968年のブリュッセル条約に関する議定書Ⅳ条，及び1956年11月15日のハーグ送達条約に優先する。
(2) 本規則は，構成国が文書の転達のさらなる迅速化あるいは簡素化に向けた条約又は協定を維持し又は締結することを妨げない。ただし，それらは本規則と矛盾しないものに限る。
(3) 構成国は次のものを欧州共同体委員会に送付する。
　a) 前項に従い構成国間で締結された条約又は協定の謄本，並びに構成国によって計画されている条約又は協定の草案，及び
　b) これらの条約または協定の各解除通知又は改正通知。

(2000年EC送達規則からの変更はない。)

第21条　訴訟費用援助
　1905年7月17日の民事訴訟条約23条，1954年3月1日の民事訴訟条約24条，及び1980年10月25日の裁判所への（国際的）アクセスの容易化に関する条約13条は，これらの条約の当事国である構成国間の関係では，本規則の影響を受けない。

(2000年EC送達規則からの変更はない。)

第22条　データ保護
(1) 受託機関は，本規則に従って転達された情報―個人情報を含む―を，それらが転達された時の目的にのみ使用することができる。
(2) 受託機関は，自国法の措置によってこのような情報の秘密を保持する。
(3) 1項及び2項は，本規則に従って転達された情報の使用に関し，国内法により関係者に認められる情報請求権に影響しない。
(4) EC指令1995年第46号及びEC指令1997年第66号は，本規則に影響されない。

(2000年EC送達規則からの変更はない。)

第1篇 論説篇

> 第23条　通知及び公表
> (1)　各構成国は，2条，3条，4条，10条，11条，13条，15条，19条に基づく事項を欧州共同体委員会に通知する。
> (2)　EC委員会は，1項に基づき通知された事項を欧州連合の官報に公表する。ただし，送達機関及び中央機関の住所及びその他の問い合わせ先，並びにそれらの地域的管轄区域は公表しない。
> (3)　EC委員会は，1項による事項を含み，かつ電子的方法で処理された提要の作成と改訂を行う。とくに民事及び商事に関する欧州司法ネットを通じて行う。

(2000年EC送達規則との違い)

1項について，各国の留保権が削除されたことで通知する場面が減らされている。

2項について，従前は，単にEC官報で公表すると定めていたのに対して，その後，インターネット上に欧州司法ネットが構築されたことに伴い，提要（ハンドブック）等の情報提供媒体ももっぱらそれに委ねることが本条で定められた。

> 第24条　再検討
> 　欧州共同体委員会は，遅くとも2004年1月1日に，そしてその後5年毎に，欧州議会，閣僚理事会，経済及び社会委員会に対し，本規則の適用に関する報告書を提出する。その際，欧州共同体委員会はとくに2条で指定される機関の効率性や3条(c)及び9条の実務上の適用を留意する。本報告書には，必要に応じて，送達システムの発達に本規則を対応させるための提案が付される。

(2000年EC送達規則との違いはない。)

> 第25条　2000年EC送達規則の廃止
> (1)　EC規則2000年第1348号（EC送達規則）は本規則の適用開始と同時に廃止される。
> (2)　廃止される規則への参照は，付属書類Ⅲの対応一覧表の措置により本規則への参照として扱われる。

(2000年EC送達規則との関係)

本規則の制定に伴い，2000年EC送達規則は廃止されることが明確化されている。

> 第26条　発　効
> 　本規則は，欧州連合官報の公表後20日後に発効する。
> 本規則は，2008年8月13日から施行される23条を除き，2008年11月13日から施行される。

　本規則は，そのすべてにおいて拘束力を有し，欧州共同体の設立に関する条約に従い，構成国に直接適用される。

2007年11月13日　ストラースブールにて
欧州議会の名において
議長　H. G-Poettering
（注は省略）
　　（成城大学法学会編『21世紀における法学と政治学の諸相』（信山社・2009年））
　　　　　　　　　　　　　　　　　　　　　　　　　　　　［安達栄司］

3 EC督促手続規則
――ヨーロッパ執行名義取得のための独自の手続の創設

I　はじめに
II　EC督促手続規則の特徴と手続の流れ
III　EC督促手続規則試訳
IV　発布段階における請求の審理
V　全体的評価――結びに代えて

I　はじめに

　ECは，当初，民事司法協力分野における立法権限を有しなかったが，1997年署名・1999年発効のいわゆるアムステルダム条約によってそれを付与されることとなった[1]。そして，それに基づく1998年以降の閣僚理事会や委員会の一連の活動を受けて，委員会は2002年末に「ヨーロッパ督促手続と少額訴訟の解決をより簡素かつ迅速にするための措置に関するグリーンペーパー」を採択した（後述，EC督促手続規則考慮(1)～(5)参照）。このグリーンペーパーに対しては各方面からさまざまな意見が寄せられたが，最終的には，それらを参酌したうえで，2006年末に，「ヨーロッパ督促手続導入のための欧州議会及び閣僚理事会のEC規則――EC督促手続規則または本規則という」が公布され，2008年12月12日から施行されている。

　以上は，最近のEC/EUにおける国際民事訴訟にかかわる法規の統一化，調和化の流れ[2]の一環であるが，そのような流れの中で制定された多くの規則，すなわち，従来からの裁判管轄と判決の承認執行に関するブリュッセルI規則[3]はもちろん，送達規則[4]，証拠収集規則[5]，倒産手続規則[6]，人事訴訟

---

(1) その間の経緯について，中西優美子「EUにおける権限の生成――民事司法協力分野における権限を素材として」国際108巻3号31頁以下（2009年）参照。
(2) この流れについて，春日偉知郎「EU民事司法」庄司編・実務篇237頁以下参照。
(3) 中西康「民事及び商事事件における裁判管轄及び裁判の執行に関する2002年12月22日の理事会規則（ブリュッセルI規則）(上)(下)」際商30巻3号311頁以下，4号465頁以下（2002年）参照。
(4) 安達栄司「EUの新しい国際送達規則」成城大学法学会編『21世紀における法学と政治学の諸相』277頁以下（2009年）〔本書第1篇第2論文〕参照。

事件の裁判管轄と判決の承認執行に関するブリュッセルⅡ規則，統一執行名義創設規則[7]，少額事件手続規則[8]，扶養規則やADR指令[9]に関しては，その大部分について，すでにわが国に条文訳が存在する。ところが，EC督促手続規則に関しては，ごく簡単な言及を除いては，未だ詳細な紹介や条文訳は存在しないようである。本稿は，まずこの欠を塞ぎ，本規則の概要（特徴と手続の流れ）を紹介し（Ⅱ），条文の試訳を提示する（Ⅲ）。

本規則はさまざまな規定（たとえば，17条2項・21条1項・25条2項——とくに断りのない限り，条文数は本規則のそれを指す）において加盟国の国内法の適用を指示しており，またそうではなくとも，一般的に，本規則に明文の規定がない限り国内法の規定によるとしている（26条）。そこで，各加盟国は本規則を施行するために国内規定を整備する必要が生じえようが，ドイツにおいては，2008年10月30日の国境を越える債権の貫徹と送達の改善のための法律（本規則と同時に施行）によって民事訴訟法第11編に挿入されたその第5章（1087条ないし1096条）が本規則の実施規定となっている。本稿では，本規則の概要を紹介する際に，その要点もあわせて紹介することとする。

ところで，最近制定された規則や指令に関する紹介等は，それぞれの制定後比較的間もない時期に公にされているために，そのそれぞれに対する学説の対応・評価にはあまり及んでいないし，況んや運用の実績報告などはまったくなされていない。本規則に関しても実績報告は見出されないようであるが，現在〔2011年11月〕はその制定から5年，施行からでも3年を経過している時期であるため，その間，すでにそれなりの学説[10]による議論の集積がある。す

---

(5) 春日偉知郎「ヨーロッパ証拠法『民事又は商事事件における証拠収集に関するEU加盟各国の裁判所間の協力に関するEU規則（2001年5月25日）』について」判タ1134号47頁以下（2004年）参照。

(6) 貝瀬幸雄「EU規則（regulation）と日本国際倒産法との比較」同『国際倒産と比較法』163頁以下（2003年，初出2001年）参照。

(7) 春日偉知郎「ヨーロッパ債務名義創設法（「争いのない債権に関するヨーロッパ債務名義創設のための欧州議会及び理事会の規則」（2004年4月21日））について」際商32巻10号1331頁以下（2004年）参照。

(8) 吉田元子「EU域内における少額請求手続(1)(2・完)」千葉23巻1号95頁以下，2号43頁以下（2008年）参照。

(9) 中村匡志「民事及び商事事件における調停の特定の側面に関する2008年5月21日の欧州議会及び理事会指令（欧州共同体2008年52号）」際商36巻10号1309頁以下（2008年）参照。

(10) 多数の雑誌論文があるほか，現在筆者の手許にあるだけでも著書として公刊された

なわち，そこでは，相当数の解釈問題が提示され議論されているが，本稿においては，その中でももっとも激しく争われている問題，すなわち支払命令の発布段階において請求の審理はどの程度厳格に行われるべきかという問題に関する議論状況を紹介する（Ⅳ）。また，それらの学説は本規則全体に対する評価も示しているので，最後に，その評価を紹介したうえで若干の感想を述べてみたい（Ⅴ）。

Ⅱ EC督促手続規則の特徴と手続の流れ

(1) 本規則の第1の特徴は，EU域内における国境を越えた取引のために，争いのない債権の簡易かつ迅速な取立てのための手続として，EC独自の督促手続を創設する点にある[11]。ブリュッセルⅠ規則などの従来のECの立法によると，そのための要件や手続が簡素化されているとはいえ，加盟国の判決の他の加盟国における執行のためには執行国における中間段階の手続（執行宣言手続）が必要とされている。これに対して一歩を進めてこの中間段階の手続を廃止したのが統一執行名義創設規則であるが，そこにおいてもなお，ある加盟国の国内法による執行名義が前提とされ，判決国裁判所によってそれがヨーロッパ執行名義として証明されれば，他の加盟国においてその裁判所がした判決と同様に執行されうるという構成がとられている。本規則はさらに一歩を進め，国内法による執行名義を前提とせずに，最初から督促手続によるヨーロッパ執行名義を取得するための独自の手続を創設するものであり，これによって発布されたヨーロッパ支払命令は，発布裁判所による執行宣言を受ければ，執行国における何らの手続を要することなく，各加盟国（デンマークを除く）に

　　学位論文が3点ある。Kormann, Das neue Europäische Mahnverfahren im Vergleich zu den Mahnverfahren in Deutschland und Österreich (2007); Pernfuß, Die Effizienz des Europäischen Mahnverfahrens (2009); Fabian, Die Europäische Mahnverfahrensverordnung im Kontext der Europäisierung des Prozessrechts (2010).

(11) Ⅱにおける整理は，主として以下の文献を参考にした。Sujecki, Das europäische Mahnverfahren, NJW 2007, 1622ff.; MacGuire, Das neue Europäische Mahnverfahren (EuMVVO): Über das (Miss-)Verhältnis zwischen Effizienz und Schuldnerschutz, GPR 2007, 303ff.; Freitag/Leible, Erleichterung der grenzüberschreitenden Forderungsbetreibung in Europa: Das Europäische Mahnverfahren, BB 2008, 2750ff.; Hess/Bittmann, Die Verordnugen zur Einführung eines Europäischen Mahnverfahrens und eines Europäischen Verfahrens für geringefügige Forderungen, IPRax 2008, 305ff.; Einhaus, Qual der Wahl: Europäisches oder internationales deutsches Mahnverfahren?, IPRax 2008, 323ff.

おいて執行名義として扱われ，執行されうる（少額事件手続規則も同様の構成をとる）。各加盟国の督促手続には相当な差異があり，中にはそれに相当する制度を有しない加盟国もあるために，EC独自のものとしてのヨーロッパ督促手続が創設されたのである（以上につき1条およびそれと同文の考慮事由(12) (9)参照）。

上記のほかでは，ヨーロッパ督促手続のもっとも大きな特徴として，手続の一段階性を指摘することができる。すなわち，ドイツやわが国のそれにおいてそうであるように，督促手続では債務者に二度の不服申立ての機会が与えられる立法例がしばしば見られるのであるが(13)，ヨーロッパ督促手続ではそれは一回しか認められていない。また，ヨーロッパ督促手続は国境を越える民商事事件（その意味につき2条・3条参照）についてしか利用しえないが（2条1項），そのような事件であっても利用を強制されるものではなく，債権者は本手続を利用することも，加盟国の国内法の手続によって執行名義を取得し，従来どおりブリュッセルI規則に従い，他の加盟国におけるその執行を求めることもできる（考慮事由(10)）。

(2) ヨーロッパ督促手続の適用範囲には，すでに言及した点のほかに，契約外の債務関係には適用されない（2条2項d），数額の確定した期限の到来した金銭債権にのみ適用がある（4条）という限定がある。管轄はブリュッセルI規則によるのが原則であるが，消費者事件に関しては相手方である消費者の住所地国にのみ管轄が認められる（6条）。ドイツにおいては，ドイツに国際管轄があるすべてのヨーロッパ督促手続事件をBerlin-Weddingの区裁判所が扱うものとされており（ドイツ民事訴訟法1087条），職分管轄を有するのは司法補助官である（ドイツ司法補助官法20条7号）。考慮事由(12)は，裁判官以外の者にヨーロッパ督促手続事件を扱う権限を認めることを是認している。

手続の流れとしては，まず債権者が，本規則付録の書式を用いて，ヨーロッパ支払命令を求める申立てを行う（7条）。弁護士によることは必要ではない（24条）。申立書には，元本債権・利息債権に関し，その基礎となっている事実関係とともに訴訟物を記載すべきことになっているが（同条1項d），それは非

---

(12) 考慮事由と付録の書式も規則本体と同一の法的な拘束力を有する。Schlosser, EU-ZPR³, MahnVO Einleitung Rdnr. 5.

(13) EU加盟国のどの国が一段階方式と二段階方式のいずれを採用しているかについては，vgl. Grünbuch über ein Europäisches Mahnverfahren und über Massnahmen zur einfacheren und schnelleren Beilegung von Streitigkeiten mit geringem Streitwert, KOM/2002/746 endg., 44.

3 EC督促手続規則——ヨーロッパ執行名義取得のための独自の手続の創設

常に簡潔なもので足り，コード表1，2の中から該当するものを選択し，その番号を所定欄に記入するだけでよい（例えば，コード表1から請求の基礎として〔01 売買契約〕，コード表2から当該債権が理由づけられる事情として〔30 未払い〕を選択する）。申立書中では証拠方法も摘示しなければならないが（考慮事由(14)），単に摘示するだけでよく，それ自体やその写しの添付までは要求されない。申立ては電子的方法によりうるとすることができる（7条5項6項）。ドイツでは，この点も含め，本規則が機械処理によりうるとしている点すべてについてそれを認めている（ドイツ民事訴訟法1088条）。

申立てを受けた裁判所は，一定の形式的要件が満たされているかのほかに，「債権に理由があると見えるか」の審理をする。この審理についても機械処理を認めることができる。「債権に理由があると見えるか」の文言は考慮事由や本規則の他の条文の文言と必ずしも首尾一貫していない面もあり，請求の審理はどの程度厳格に行われるべきかについて大いに争われているが，この点に関する議論は後に詳しく紹介する。

申立てを認容すべき場合は，裁判所は，通常，申立てを受けてから30日以内に付録の書式を使用してヨーロッパ支払命令を発布する（12条1項）。ヨーロッパ支払命令は，国内法に従い，かつ，本規則13条から15条の規定を遵守しつつ，相手方に送達される（12条5項）。13条ないし15条の規定は送達に際して満たされるべき最低限度の基準を示すものであり，それによる送達は相手方による受領証明付きの送達（13条・15条）とそれを伴わない補充的な送達（14条・15条）とに分かれる。いずれにせよ，送達そのものは発布国の国内法の規定によって行われるが，他のEU加盟国での送達が必要となるときはEC送達規則が適用になる（27条。ドイツでは，ドイツ民事訴訟法1089条が，これら2点を確認している）。

申立書の記載事項に欠けている点があるときは，裁判所は申立人にその完成または訂正を促し（9条），従わないときは申立てを却下する（11条1項c）。債権の一部についてのみ発布要件（「債権に理由あると見える」との要件を含む）が満たされているときは，裁判所は申立人に一部金額のみのヨーロッパ支払命令の発布を受諾するか拒絶するかの回答を求め（11条），受諾の場合にはその金額のヨーロッパ支払命令を発布し，回答がない場合または拒絶の回答があった場合には申立てを全体として却下する（10条3項・11条1項d）。却下は「債権に明らかに理由がないとき」にも行われるとされているが（11条1項b），これと「債権に理由あると見える」（8条）との関係は問題である。

第1篇 論説篇

　相手方は，ヨーロッパ支払命令に対し不服を有するときは，その送達後30日以内に故障の申立てをすることができる。弁護士による必要はなく（24条），期間遵守のためには30日以内における発送で足り，不服の理由を述べる必要はない。故障申立ては付録の書式を使用しての書面によるが（16条），電子的方法によることにしてもよい。書面による場合も書式の使用は義務的ではなく（考慮事由(23)），別種の書面によってもよい。適法な故障の申立てがあると，申立人がそれを望まない場合を除いて（7条4項参照），事件は発布国の裁判所での通常手続に移行するが，その移行は発布国の国内法に従って行われる（17条）。ドイツでは，前述のようにBerlin-Weddingの区裁判所がすべてのヨーロッパ督促手続の事件の管轄を有するとされているので，故障があったときは，発布裁判所が相当な期間を定めて申立人に管轄裁判所の名称をあげるように催告し，回答された裁判所に事件を移送する。この場合，ヨーロッパ支払命令の送達とともに，事件は当該裁判所に係属したものとみなされる（ドイツ民事訴訟法1090条）。また，移行の際に必要な細部にわたる具体的な手続に関しては，国内法による督促手続に関する規定が準用される（同1091条）。

　故障の申立てがないときは，発布裁判所は職権で付録の書式を使用しつつヨーロッパ支払命令に執行宣言を付する。故障の申立てのためには申立書の発送で十分であるから，裁判所は，執行宣言を付すためには，16条2項の30日の期間にプラスしてその到達に要する若干の期間を待たなければならない。

　故障申立期間を徒過しても，相手方は，①ヨーロッパ支払命令の送達が14条の補充的な方式でなされ，かつ，相手方の有責性がないのにそれが防御のための措置をとりうるように適時になされなかった場合，または，②相手方が，高権的権力もしくは異常な事情のために有責性なしに故障を申し立てることを妨げられた場合には，発布国の管轄裁判所にヨーロッパ支払命令の再審理を求めることができる（20条1項）。③ヨーロッパ支払命令が発布されたのが，本規則の発布要件に照らして，もしくはその他の異常な事情のために明らかに不当であったときも同様である（同条2項）。ただし，これらの場合，相手方は故障申立てを妨げる事情が消滅した後，遅滞なく再審理の申立てをしなければならない。ここでの申立てについては書式が用意されていない。①の場合，送達によって初めて故障申立期間が進行を開始するのであるから，送達は常に適時であり，それゆえ，文言には反するが，相手方が現実に送達を認識した時点を問題としなければならない[14]。また，20条は一段階方式か二段階方式かの立法論的争いの中で妥協として設けられたもののように思われ[15]，第2の故障

3 EC督促手続規則——ヨーロッパ執行名義取得のための独自の手続の創設

申立てと理解されてはならないから（考慮事由(15)），③の「明らかに不当」の文言は厳格に解釈されなければならない[16]。申立てが適法であっても適時に故障申立てがなされたとみなされるのではなく（ドイツ民事訴訟法1092条4項はこの旨を明示する），ヨーロッパ支払命令の再審理がなされるだけである。再審理の申立てによって自動的に執行が停止等されるわけではないので，執行国の管轄裁判所によるそのための措置が必要である（23条）。

ドイツでは，再審理の手続は決定手続による（ドイツ民事訴訟法1092条1項）。ドイツ法は，本規則23条は執行が発布国（ドイツ）で行われるときには適用にならないとの前提に立ち，その場合について再審の訴えの提起等に伴う執行停止の措置に関するドイツ民事訴訟法707条を準用する（ドイツ民事訴訟法1095条1項。なお，23条が適用になる場合の管轄裁判所等につき，ドイツ民事訴訟法1096条1項2文・1084条1項3項参照）。

執行宣言を付されたヨーロッパ支払命令は，各加盟国においてその法律に従って直接執行されうるが，その翻訳の提出が求められることはありうる（21条）。ドイツ民事訴訟法1093条はドイツでの執行に執行文が不要な旨を，1094条は翻訳は加盟国の1つにおいて権限を認められた者による認証付きのドイツ語訳であるべき旨を定める。

相手方は，①ヨーロッパ支払命令が先行の裁判または支払命令と矛盾するか，②ヨーロッパ支払命令で支払を命ぜられた金額を債務者が支払った場合には，執行国において執行の拒絶の申立てをなしうる（22条。なお，ドイツ民事訴訟法1096条1項1文・1084条1項2項，1096条2項1文・1086条1項は，これらの場合の執行拒絶の申立てに関する管轄裁判所を定める）。文言上②の場合は代物弁済や相殺を含まず，それらの場合には執行国の国内法による請求異議の訴え（ないしそれに相当する手段）が指示される[17]。

---

(14) Fabian (Fn. 10), 219; Hess/Bittmann (Fn. 11), 309; Schlosser, EU-ZPR^3 MahnVO Art. 20 Rdnr.. 3. これに対し，Freitag/Leible (Fn. 11), 2754 は，①の適用の余地はないとする。

(15) Sujecki (Fn. 11), 1625. EC委員会も，当初の立法提案では二段階方式によっていた。Vorschlag für eine Verordnung des Europäischen Parlaments und des Rates zur Einführung eines Europäischen Mahnverfahrens, KOM (2004) 173 endg. 3, 16.

(16) Fabian (Fn. 10), 221; Hess/Bittmann (Fn. 11), 310; Freitag, Rechtsschutz des Schuldners gegen den Europäischen Zahlungsbefehl nach der EuMahn-VO, IPRax 2007, 510.

(17) Hess/Bittmann (Fn. 10), 310; Schlosser, EU-ZPR^3, MahnVO Art. 22 Rdnr. 4.

Ⅲ　EC督促手続規則試訳

ヨーロッパ督促手続導入のための2006年12月12日付け欧州議会及び閣僚理事会の規則（EC）2006年第1896号[18]

欧州議会及びEU閣僚理事会は，
欧州共同体の設立に関する条約，とくに61条cに基づき，
EC委員会の提案に基づき，
経済及び社会委員会の意見に従い，
欧州共同体設立に関する条約251条の手続に従って，
次の考慮事由を述べて，本規則を公布した。

（本規則考慮事由）
(1) 共同体は，自由，安全及び司法に関し自由な人の移動を保障する1つの空間の維持と継続的発展という目標を定めた。この空間の段階的構築のため，共同体はとくに民事上の司法共働の分野において域内市場が円滑に機能するための措置を講じる。
(2) 上記条約65条cによると，(1)の措置は民事手続の円滑な進行に対する障害の除去を含み，必要な場合には，加盟国において妥当する民事法上の手続規定の調和の促進という手段をも用いるものとする。
(3) 1999年10月15日／16日のタンペレ会議の席上で，閣僚理事会は，閣僚理事会と委員会に対し，円滑な司法共働と司法へのよりよいアクセスのために不可欠な観点に関する新規定の作成を求め，かつ，このこととの関連において，明示的に督促手続にも言及した。
(4) 2000年11月30日に，閣僚理事会は，民事及び商事事件における裁判所の裁判の相互の承認の原則の具体化のための措置に関する閣僚理事会と委員会の共同プログラムを公表した。そこでは，特別な，共同体全域で統一的若しくは調和的，特殊な領域——そこには，争いのない債権の取立ても入る——における裁判所の裁判の取得のための手続が考慮に含められている。このことは，ヨーロッパ支払命令に関する作業の迅速な実施を求めている，欧州閣僚理事会が2004年11月5日に承認したハーグプログラムによって更に推し進められた。
(5) 2002年12月20日に，委員会はヨーロッパ督促手続と少額訴訟の解決をより簡素かつ迅速にするための措置に関するグリーンペーパーを採択した。このグリーンペーパーによって，争いのない債権の取立てのための統一的又は

---

[18] 翻訳に際してはドイツ語版を基本としつつ，一部英語版を参照した。

調和のとれた督促手続のありうる目的とメルクマールに関する意見聴取が開始された。
(6) EUの経済関係者にとって，法的な争いの対象ではない未払いの債権の迅速かつ効率的な取立てはきわめて重要である。なぜなら，とりわけ中小企業の存立を脅かし，数多くの職場の喪失について責めを負う支払不能の主要原因の1つが支払の遅延であるからである。
(7) すべての加盟国は，無数の争いのない債権の取立ての問題の解決を試みている。大部分の加盟国は簡素な督促手続の方法によってであるが，各国の規定の内容とその手続の効率性には相当大きな相違がある。そのうえ，それらの現在の手続は，国境を越える事件においては，しばしば法律上あるいは事実上利用しえないこととなっている。
(8) 上記のことに起因する国境を越える事件における効率的な司法へのアクセスの困難と，個々の加盟国において債権者が利用しうる手続法上の手段の機能の差異に基づく域内市場における競争の歪みに鑑みると，債権者と債務者にEU全域での平等な条件を保障する共同体による規律が必要となる。
(9) (本規則の目的) 省略（規則1条1項と同文）
(10) 本規則によって創設された手続は，申立人にとっての追加的な，任意的な選択肢であり，申立人にとっては，従前と同様に，国内法による手続を利用することも自由とする。したがって，争いのない債権の取立てのための国内法による手段は，本規則によって取って代わられるものでもないし，調和させられるものでもない。
(11) 裁判所と当事者間の書面の交換は，手続の進行を容易にし，データの機械的処理を可能にするために，可能な限り，書式を用いて行われるものとする。
(12) どの裁判所がヨーロッパ支払命令を発布する管轄権を有するかの決定に際しては，加盟国は，国民の司法へのアクセスを保障する必要性を十分に考慮に入れるものとする。
(13) 申立人は，ヨーロッパ支払命令発布の申立書中で，相手方が，根拠のある情報に基づいて，故障を申し立てるか当該債権を争わないこととするかを判断しうるようにするために，主張された債権とその理由を明確に引き出しうる情報を与える義務を負うものとする。
(14) その際，申立人は，当該債権の証明のために使用される証拠の摘示も行わなければならない。この目的のために，申立書の書式中に，通常は金銭債権の主張のために提供される，可能な限り網羅的な証拠のリストが含まれるものとする。
(15) ヨーロッパ支払命令発布の申立書の提出は，期限の到来した裁判所費用があるのであれば，その納付とともになされるべきものとする。
(16) 裁判所は，裁判所の管轄の問題と証拠の摘示も含めて，申立書の書式中の記載事項に基づいて申立てを審理するものとする。このことは，裁判所が当該債権に理由があるかの有理性の審理を行い，とりわけ，明らかに理由のな

⒄　申立ての却下に対する上訴は認められない。このことは，しかし，国内法と一致して，同一審級における却下裁判の再審理を認める可能性を排除しない。

⒅　ヨーロッパ支払命令は，相手方に対し，認定された金額を申立人に支払うか，債権を争おうとするときは30日以内に故障申立書を発送しなければならないことを教示するものとする。申立人によって主張された債権の十分な説明とともに，相手方は，ヨーロッパ支払命令の法的な意味と故障の放棄の効果を指示されるものとする。

⒆　加盟国の民事訴訟法，とくに送達規定に差異があるから，ヨーロッパ督促手続の枠内において適用されるべき最低限度の基準を正確かつ詳細に定義することが必要である。とくに，最低限度の基準の遵守に関して，擬制に基づく送達の方式はヨーロッパ支払命令の送達について十分なものとはみなされないものとする。

⒇　13条及び14条にあげられたすべての送達の方式は，送達された書類が受領者に到達したことの絶対的な確実性（13条）か，高度の蓋然性（14条）を与える。

㉑　14条1項a及びbによる相手方自身以外の特定の人への対人的送達は，その特定人がヨーロッパ支払命令を実際にも入手したときにのみ，これらの規定の要求を満たすものとする。

㉒　15条は，例えば法人であるために，相手方自身が裁判所で弁論をなしえず，法定代理人によって代理される状況，および相手方が他人，とりわけ弁護士に当該裁判所手続における代理権を付与した状況において適用されるものとする。

㉓　相手方は，本規則付属の書式を使用して故障を申し立てることができる。裁判所は，しかし，故障を申し立てる旨が明確に表現されている限り，他の方式の書類による故障も考慮するものとする。

㉔　期間を遵守した故障はヨーロッパ督促手続を終了させ，申立人が明示的にその場合には手続が終了する旨を表明したときを除いて，事件を通常訴訟に自動的に移行させるものとする。本規則の目的のためには，「通常訴訟」との概念は，必ずしも国内法の意味には解釈されないものとする。

㉕　故障申立期間の経過後，相手方は，一定の例外的場合において，ヨーロッパ支払命令の再審理を申し立てる権限を有するものとする。例外的場合における再審理は，相手方が債権に対して故障申立ての第2の可能性を有することを意味するものではないものとする。再審理手続の間，債権に理由があるかの問題は，相手方により指摘された異常な事情から生ずる理由の枠内においてのみ審理されるものとする。ヨーロッパ支払命令が申立書の書式中の誤った情報に基づいているという場合は，別の異常な事情である。

㉖　25条による裁判所費用は，例えば，弁護士報酬や裁判所外の官署の送達費

⑵⁷ 加盟国において発布されて執行可能となったヨーロッパ支払命令は，執行の目的のために，執行の追行される執行国において発布されたかのように取り扱われるものとする。加盟国における秩序的な司法に対する相互の信頼のゆえに，1つの加盟国の裁判所だけがヨーロッパ支払命令の発布の要件のすべてが存在するかを判断し，執行国による追加的な訴訟上の最低基準の遵守の審理なしに，支払命令が他の加盟国において執行力を有することが正当化される。本規則の規定，とくに22条1項2項と23条の最低限度の基準にもかかわらず，ヨーロッパ支払命令の執行の手続は，従前と同様に，国内法において規律されたままとするものとする。

⑵⁸ （期間の計算）　省略

⑵⁹ 本規則の目的すなわち争いのない金銭債権の取立てのためのEUにおける統一的で時間がかからず，効率的な手段の創設は，加盟国の平面においては十分には実現されえず，したがって，規則の浩瀚さと影響とに鑑みれば共同体の平面でよりよく実現されうるから，上記条約5条に現れた補充原則と調和した措置をとるべきである。同一条文に現れた比例原則に沿い，本規則はこの目的の達成に必要な程度を越えることはない。

⑶⁰ （委員会による本規則の実施のための必要措置の発布）　省略

⑶¹ （連合王国とアイルランドによる本規則の採用と適用を希望する旨の通告）　省略

⑶² （デンマークの適用除外と本決定への不関与）　省略

第1条　対　象
(1) 本規則は以下のことを目的とする。
 a) 争いのない金銭債権にかかわる国境を越える手続の簡素化と迅速化及びヨーロッパ督促手続の導入による手続費用の逓減

 並びに

 b) これまで承認と執行のために必要であった執行国における中間手続を，その遵守によって不要ならしめる最低限の基準を確定し，加盟国におけるヨーロッパ支払命令の自由な交通を可能とすること。
(2) 本規則は，4条の意味における債権を，加盟国法又は共同体法による他の手続によって貫徹することを申立人の自由に委ねる。

第2条　適用範囲
(1) 本規則は，裁判権の種類を問わず，民事及び商事事件における国境を越える法律事件に適用される。本規則は，とくに，租税及び関税事件，行政法事件及び主権の行使の枠内における作為又は不作為に関する国家責任には適用されない。
(2) 本規則は，以下のことには適用されない。
 a) 夫婦財産制，遺言法を含めた相続法の領域

b）　破産，支払不能の企業又はその他の法人の清算に関する手続，裁判上の和議，和解及び類似の手続
　　　c）　社会保障
　　　d）　契約外の債務関係に起因する請求権，ただし，以下の場合に限る。
　　　　 ⅰ）　当該債務関係が当事者間の合意若しくは債務承認の対象でない場合，又は
　　　　 ⅱ）　当該債務関係が不動産についての共同所有権から生ずる数額の確定した債務に関連していない場合。
　（3）　本規則において加盟国とは，デンマークを除く加盟国を意味する。
第3条　国境を越える法律事件
　（1）　本規則の意味における国境を越える法律事件は，少なくとも当事者の一方が事件の係属した裁判所の加盟国以外の加盟国に住所又は常居所を有するときに存在する。
　（2）　住所は，民事及び商事事件における裁判所の管轄及び裁判の承認と執行に関する2000年12月22日付けEC閣僚理事会規則2001年第44号〔ブリュッセルⅠ規則〕の59条・60条によって定まる。
　（3）　国境を越える事件が何時存在するかの決定の基準時は，本規則に従ってヨーロッパ支払命令発布の申立書が提出された時である。
第4条　ヨーロッパ督促手続
　ヨーロッパ督促手続は，ヨーロッパ支払命令の発布を求める申立書の提出時に期限の到来している数額の確定した金銭債権の取立てに用いられる。
第5条　概念規定
　本規則において，以下の表現はそれぞれ当該各号の意味を有する。
　1．「発布国」とは，ヨーロッパ支払命令が発布される加盟国を意味する。
　2．「執行国」とは，ヨーロッパ支払命令の執行手続が追行される加盟国を意味する。
　3．「裁判所」とは，ヨーロッパ支払命令又はその他の関連事件について管轄権を有する加盟国のすべての官庁を意味する。
　4．「発布裁判所」とは，ヨーロッパ支払命令を発布する裁判所を意味する。
第6条　管　轄
　（1）　本規則の適用のためには，管轄は，共同体法とりわけEC規則2001年第44号のこの点に関する規定によって定まる。
　（2）　しかし，債権が，消費者である者がその者の職業上若しくは営業上の活動以外の目的のために締結した契約に関するものであり，当該消費者が申立ての相手方であるときは，相手方がEC規則2001年第44号59条の意味における住所を有する加盟国の裁判所のみが管轄権を有する。
第7条　ヨーロッパ支払命令の発布を求める申立て
　（1）　ヨーロッパ支払命令の発布を求める申立ては，付録Ⅰによる書式Aを用いて行われなければならない。

3 EC督促手続規則——ヨーロッパ執行名義取得のための独自の手続の創設

(2) 申立書は以下の事項を含まなければならない。
- a) 手続関係人，それがあればその代理人及び申立書が提出される裁判所の氏名，名称及び住所
- b) 元本債権，それがあれば利息，違約金及び費用を含む債権の金額
- c) 利息を主張するときは，利率及び利息が要求される期間。ただし，法定利息が発布国法によって自動的に元本債権に付加されるときはこの限りではない。
- d) 元本債権と，それがあれば利息債権の基礎となっている事実関係の記述を含む訴訟物
- e) 債権の根拠づけのために使用される証拠の摘示
- f) 管轄原因

及び
- g) 3条の意味における法律事件の国境を越える性格

(3) 申立書中では，申立人は，申立人が知るところを隠さず，良心に従って記載した旨を表明し，故意の誤った情報はいかなるものであれ，発布国法による適切な制裁の対象となりうる旨を承認しなければならない。
(4) 申立人は，申立書の添付書類中で裁判所に対して，相手方が故障を申し立てたときに17条の意味における通常手続への移行を拒否する旨を表明することができる。このことは申立人が裁判所に対して後の時点に，しかしいずれにせよ支払命令の発布前に，この旨を表明することを妨げるものではない。
(5) 申立ては，書面又は，発布国おいて適法であり発布裁判所で利用しうる他の——電子的方法を含む——伝達手段によってなされる。
(6) 申立書は，申立人又はそれがあればその代理人によって署名される。申立てが5項により電子的方法によってなされるときは，電子署名についての共同体の枠条件に関する1999年12月13日付け欧州議会と閣僚理事会のEC指令1999年第93号の2条2号に従って署名される。この署名は，これ以外の要件を必要とすることなしに，発布国において承認される。
(7) そのような電子署名は，しかし，発布国の裁判所に，あらかじめ登録され認証された利用者の一定のグループが利用することができ，この利用者の確認が可能である選択的電子伝達システムが存在するときは，そしてその限りで必要ではない。加盟国は，委員会にその種の伝達システムを通知するものとする。

第8条 申立ての審理

ヨーロッパ支払命令の発布を求める申立てを受けた裁判所は，なるべく速やかに，申立書の書式に基づいて，2条・3条・4条・6条及び7条にあげられた要件が満たされているか，並びに債権に理由があると見えるかを審理する。この審理は，機械化された手続の枠内においてなされうる。

第9条　申立書の完成と訂正
(1)　7条にあげられた要件が満たされておらず，債権に明らかに理由がないわけではない又は申立てが不適法ではないときは，裁判所は申立人に申立書を完成し又は訂正する可能性を与える。
(2)　裁判所が申立人に申立書を完成し又は訂正することを求めるときは，そのために，諸般の事情により相当と認める期間を定める。裁判所は，その裁量により，この期間を伸長することができる。

第10条　申立ての変更
(1)　8条にあげられた要件が債権の一部についてのみ満たされているときは，裁判所は申立人に，付録Ⅲによる書式Cを使用して，その旨を通知する。申立人は，裁判所の示した金額のヨーロッパ支払命令を受諾するか拒絶するかの選択を求められる。申立人の回答は，9条2項により裁判所が定めた期間内における，裁判所から送付を受けた書式Cの返送によってなされる。
(2)　申立人が裁判所の提案を受諾するときは，裁判所は，12条に従って，申立人が同意した債権の一部についてのヨーロッパ支払命令を発布する。当初の債権の残部に関する効果は，国内法による。
(3)　申立人が裁判所によって定められた期間内に回答せず，又は裁判所の提案を拒絶するときは，裁判所はヨーロッパ支払命令の発布を求める申立てを全体として却下する。

第11条　申立ての却下
(1)　裁判所は，以下のときは申立てを却下する。
 a)　2条・3条・4条・6条及び7条にあげられた要件が満たされていないとき，
 又は
 b)　債権に明らかに理由がないとき，
 又は
 c)　申立人が，9条2項により裁判所が定めた期間内にその回答を発送しないとき，
 又は
 d)　申立人が，裁判所が定めた期間内に10条による回答をしない若しくは裁判所の提案を拒絶するとき。
 申立人は，付録Ⅳによる書式Dに基づいて，却下理由の告知を受ける。
(2)　申立ての却下に対しては，上訴は認められない。
(3)　申立ての却下は，申立人がヨーロッパ支払命令の発布を求める新たな申立て又は加盟国の法による別個の手続により当該債権を主張することを妨げない。

第12条　ヨーロッパ支払命令の発布
(1)　8条にあげられた要件が満たされているときは，裁判所はなるべく速やかに，かつ，通常はその旨の申立書の提出後30日以内に，付録Ⅴによる書式

Eを使用してヨーロッパ支払命令を発布する。30日の期間の計算に際しては，申立人が申立書の完成，訂正又は変更に要する時間を考慮しない。
(2) ヨーロッパ支払命令は，申立書の書式の写しとともに交付される。ヨーロッパ支払命令は，書式Aの添付書類1と2で申立人が与えた情報を含まない。
(3) ヨーロッパ支払命令中で，相手方は以下のことを告知される。すなわち，相手方は，
　a) 支払命令中にあげられた金額を申立人に支払うことができる，
　又は
　b) 自己へのヨーロッパ支払命令の送達時から30日以内に故障申立書を送付することによって，発布裁判所にヨーロッパ支払命令に対する故障を申し立てることができる。
(4) ヨーロッパ支払命令中で，相手方は以下のことを通知される。
　a) 支払命令は，専ら申立人の情報に基づいて発布され，裁判所による審理の対象とはなっていなかった，
　b) 裁判所に16条によって故障が申し立てられないときは，支払命令は執行可能となる，
　c) 故障が申し立てられると，手続は，発布国の管轄裁判所により，通常民事訴訟の規定に従って更に進められる。ただし，申立人が，この場合には手続を終了させる旨を明示的に申し立てたときはこの限りではない。
(5) 裁判所は，支払命令が相手方に国内法の規定に従って，13条・14条及び15条の最低限度の基準を満足させなければならない方法で送達されることを確保する。

第13条　相手方による受領の証明書付きの送達
　ヨーロッパ支払命令は，送達がなされるべき国の法により，以下の方式で相手方に送達されうる。
　a) 相手方が受領日を記入して受領確認書に署名する対人的送達による方法，
　b) 送達を行った権限ある者が，相手方が書類を受領した又はその受領を不当に拒絶した旨と送達が行われた日付けが記載された文書に署名する対人的送達による方法，
　c) 相手方が受領日を記載して受領確認書に署名し，返送するという郵便を用いた送達による方法，
　d) 相手方が受領日を記載して受領確認書に署名し，返送するという，ファックスやeメールのような電子的送達による方法。

第14条　相手方による受領の証明を伴わない送達
(1) ヨーロッパ支払命令は，送達がなされるべき国の法により，以下の方式でも相手方に送達されうる。
　a) 相手方の私的住所における，相手方と同一の住居に居住する者又はそ

こで就業する者への対人的送達による方法，
　　b） 相手方が自営業者又は法人であるときは，相手方の営業所での，相手方に雇用されている者への対人的送達による方法，
　　c） 相手方の郵便受けへの支払命令の投入による方法，
　　d） 相手方の郵便受けへの寄託した旨の書面による通知とともにする，郵便局又は管轄官庁への寄託による方法。ただし，書面による通知中で，当該書面が明確に裁判所からの通知と表示されるか，又は，通知によって送達がなされたものとみなされて期間の進行が開始する旨が指示されるときに限る。
　　e） 相手方がその住所を発布国に有するときは，3項による証明を伴わない郵便を用いた方法，
　　f） 機械によって作成される送付確認書を伴う電子的方法。ただし，相手方があらかじめ明示的にこの方法による送達に同意したときに限る。
(2) 相手方の住所が確実に知られないときは，本規則の目的のためには1項による送達は不適法である。
(3) 1項a，b，c及びdによる送達は，以下のものによって証明される。
　　a） 送達をした権限ある者によって署名された，以下の事項を含む書面，
　　　　ⅰ） 選択された送達の方式
　　　　　　及び
　　　　ⅱ） 送達の日付けと
　　　　　　及び
　　　　ⅲ） 支払命令が相手方以外の者に送達されたときは，その者の氏名及び相手方との関係
　　　　又は
　　b） 1項a及びbの目的のためには，支払命令が送達された者の受領証明書

第15条　代理人に対する送達
　14条又は15条による送達は，相手方の代理人に対してもすることができる。

第16条　ヨーロッパ支払命令に対する故障
(1) 相手方は，付録Ⅵによる書式Fを使用して，発布裁判所に対してヨーロッパ支払命令に対する故障を申し立てることができ，書式Fはヨーロッパ支払命令とともに相手方に送達される。
(2) 故障の申立書は，相手方への支払命令送達の日から30日以内に発送されなければならない。
(3) 相手方は，故障の申立書中で債権を争う旨を述べるが，そのための理由をあげる必要はない。
(4) 故障は，書面又は，発布国おいて適法であり発布裁判所で利用しうる他の——電子的方法を含む——伝達手段によって申し立てられる。
(5) 故障の申立書は，相手方又はそれがあるときは代理人によって署名さ

れる。故障が4項によって電子的方法で申し立てられるときは，EC指令1999年第93号の2条2号に従って署名される。この署名は，これ以外の要件を必要とすることなしに，発布国において承認される。
(6) （電子署名の不要）省略 （7条7項と同文）

第17条 故障申立ての効果
(1) 16条2項にあげられた期間内に故障が申し立てられるときは，手続は，発布国の裁判所の面前で通常民事訴訟の規定に従い続行される。ただし，申立人が明示的にその場合には手続が終了する旨を表明したときはこの限りではない。

　　申立人がその債権をヨーロッパ督促手続の方法で主張したときは，後続の通常民事訴訟における申立人の地位は国内法によるいかなる措置によっても先取りされることはない。
(2) 1項の意味における通常民事訴訟への移行は，発布国の法に従ってなされる。
(3) 申立人は，相手方が故障を申し立てたか否か，及び，手続が通常民事訴訟として続行されるか否かについて通知を受ける。

第18条 執行力
(1) 伝達のための相当な期間を考慮したうえで16条2項の期間内に発布裁判所に故障が申し立てられないときは，裁判所は，付録Ⅶによる書式Gを使用して，遅滞なくヨーロッパ支払命令に執行宣言を付する。
(2) 1項にかかわらず，執行宣言のための形式的要件は発布国の法規定による。
(3) 裁判所は，申立人に執行力あるヨーロッパ支払命令を送付する。

第19条 執行認可手続の廃止
発布国において執行力を取得したヨーロッパ支払命令は，執行宣言を必要とすることなく他の加盟国において承認かつ執行され，その承認に対する不服申立ては認められない。

第20条 例外的場合における再審理
(1) 16条2項にあげられた期間の経過後，以下の場合に，相手方は発布国の管轄裁判所にヨーロッパ支払命令の再審理を求める権限を有する。ただし，以下の各場合において，相手方は遅滞なく行動することが前提とされる。
　　a)
　　　ⅰ）支払命令が14条にあげられた方式で送達され，
　　　かつ
　　　ⅱ）その送達が相手方の有責性なく，相手方が防御のための措置をとりうるような適時の時になされなかった場合，
　　又は
　　b) 相手方が，高権的権力若しくは異常な事情のために，有責性なしに故障を申し立てることができなかった場合。
(2) 更に，ヨーロッパ支払命令が発布されたのが，本規則で確定された要件

に即して見ると若しくはその他の異常な事情のために明らかに不当であったときは，16条2項にあげられた期間の経過後，相手方は発布国の管轄裁判所にヨーロッパ支払命令の再審理を求める権限を有する。
(3) 裁判所が相手方の申立てを，1項及び2項による再審理の要件がいずれも存在しないとの理由で棄却するときは，ヨーロッパ支払命令は有効なままである。

　裁判所が，再審理は1項及び2項にあげられた理由の1によって正当であると判断するときは，ヨーロッパ支払命令は無効と宣言される。

第21条　執　行
(1) 本規則の規定にもかかわらず，執行については，執行国の法による。

　執行力を取得したヨーロッパ支払命令は，執行国において執行力を取得した裁判と同一の条件の下に執行される。
(2) 他の加盟国における執行のために，申立人は，当該国の管轄執行官庁に対して以下の書類を提出する。
　　a) 発布裁判所によって執行宣言を付され，その真正を証明するために必要な要件を満たしているヨーロッパ支払命令の正本，
　　　及び，
　　b) 必要であれば，執行国の公用語又は——執行国に複数の公用語があるときは——その法規定に従って執行が行われる地の手続言語若しくは複数の手続言語のうちの1への，又は執行国が許容するその他の言語へのヨーロッパ支払命令の翻訳。各加盟国は，EUの機関のいずれの1若しくは複数の公用語を，自国の公用語と並んで，ヨーロッパ支払命令のために許容するかを申告することができる。翻訳は，加盟国の1において権限ある者によって認証される。
(3) 1の加盟国において，他の加盟国で発布されたヨーロッパ支払命令の執行を申し立てる申立人に，外国人としてのその資格又は執行国における住所若しくは居所の不存在を理由として，どのような名称によるものであれ，担保又は供託を求めてはならない。

第22条　執行の拒絶
(1) ヨーロッパ支払命令がある加盟国又は第三国において下された先行の裁判又は支払命令と調和しないときは，以下のいずれにも該当する限りで，相手方の申立てにより，執行は執行国の管轄裁判所によって拒絶される。
　　a) 先行の裁判又は支払命令が同一の当事者間で，同一の訴訟物に関して下されており，
　　　かつ，
　　b) 先行の裁判又は支払命令が執行国における承認に必要な要件を満たしており，
　　　かつ，
　　c) 調和しない旨を発布国の裁判所手続で主張することができなかった。

3 EC督促手続規則——ヨーロッパ執行名義取得のための独自の手続の創設

(2) 執行は,相手方が申立人にヨーロッパ支払命令において認められた金額を申立人に支払ったときは,その限度で同様に申立てによって拒絶される。
(3) 執行国におけるヨーロッパ支払命令の本案自体に関する事後審理は許されない。

第23条　執行の停止又は制限

相手方が20条による再審理を申し立てるときは,管轄裁判所は,執行国において,申立てにより以下のことをすることができる。

 a)　執行手続を保全的措置に制限すること,
  又は
 b)　執行を裁判所が定める担保の提供にかからしめること,
  又は
 c)　異常な事情の下において執行手続を中止すること。

第24条　法的代理

以下の点について,弁護士又はその他の法律専門職による代理は強制ではない。

 a)　申立人にとり,ヨーロッパ支払命令の申立てについて,
 b)　相手方にとり,ヨーロッパ支払命令に対する故障の申立てについて。

第25条　裁判所費用

(1) ヨーロッパ督促手続とヨーロッパ支払命令に対する故障の申立てに加盟国において後続する通常民事訴訟の裁判所費用は,合計して,当該国における先行のヨーロッパ督促手続なしとしての通常民事訴訟の手続費用を上回ってはならない。
(2) 本規則の目的のためには,裁判所費用は裁判所に納付されるべき費用と手数料を含み,その金額は国内法に従って確定される。

第26条　国内訴訟法との関係

本規則中で明示的に規律されていないすべての手続法上の問題は,国内法規定による。

第27条　EC規則2000年第1348号との関係

本規則は,加盟国における民事及び商事事件における裁判上及び裁判外の文書の送達に関する2000年5月29日付けEC閣僚理事会規則2000年第1348号の適用に触れるものではない。

第28条　送達費用と執行に関する情報

加盟国は,一般市民と専門家に対し,とくに2001年5月28日付け閣僚理事会決定2001年第401号により設立されたヨーロッパ司法ネットワークを通じて,以下の情報を提供するように協力する。

 a)　送達費用に関する情報,
  及び
 b)　いずれの官庁が,執行との関連において,21条・22条及び23条の適用について管轄するかの情報。

第29条　管轄裁判所,再審理手続,伝達手段及び言語についての申告

(1) 加盟国は，委員会に対し，2008年6月12日までに，以下の事項を通知するものとする。
　　a) ヨーロッパ支払命令を発布する管轄裁判所
　　b) 再審理手続及び20条の適用について管轄する裁判所についての情報
　　c) ヨーロッパ支払命令に関して認められ，裁判所が使用できる伝達手段
　　d) 21条2項bによって許容される言語
　　加盟国は，委員会に，これらの事項のその後の変更について通知するものとする。
(2) 委員会は，1項によって通知された事項を，EU官報への掲載及び他の適切な手段によって一般にアクセス可能な状態に置くものとする。

第30条 付録の変更
　付録中の書式は31条2項に定められた手続によって更新され，又は技術的な点について調整される。そのような変更は，本規則の規定に完全に沿っていなければならない。

第31条 委員会
(1) 委員会は，EC規則2001年第44号75条により設置された小委員会による援助を受ける。
(2) 本項が援用されるときは，EC決定1999年第468号〔EC委員会に授権された策定権限行使の手続に関する閣僚理事会決定〕8条を考慮しつつ，その5条a第1項ないし第4項及び7条が適用される。
(3) 小委員会は職務規程を定める。

第32条 調査
　委員会は欧州議会，閣僚理事会並びに欧州経済及び社会委員会に対し，2013年12月12日までに，ヨーロッパ督促手続の機能に関する詳細な調査報告書を提出するものとする。この報告書はこの手続の機能の評価及び各加盟国に対する広汎な影響評価を含む。
　この目的のため，かつ，EUにおける模範的な実務が相応に考慮され，よりよい立法の原則が反映されることが確保されるために，加盟国は，委員会に，ヨーロッパ支払命令の国境を越える機能に関する情報を提供するものとする。この情報は，裁判所費用，手続の迅速性，効率性，利用のしやすさ及び加盟国の国内督促手続に関連する。
　委員会報告書には，もしあれば，規則の改正提案が添付される。

第33条 発効
　本規則はEU官報掲載の翌日に発効する。
　本規則は，2008年6月12日から適用される28条・29条・30条及び31条を除いて，2008年12月12日から適用になる。

本規則はそのすべての部分が拘束的であり，EC設立条約に従い，各加盟国において直接適用される。

ストラースブール　2006年12月12日
欧州議会の名において
議長　J. BORRELL FONTELLES
閣僚理事会の名において
議長　M. PEKKARINEN

付録Ⅰ　（ヨーロッパ支払命令の発布申立書）　省略
付録Ⅱ　（ヨーロッパ支払命令の発布申立書の完成と／又は訂正の催告書）
　　省略
付録Ⅲ　（申立人へのヨーロッパ支払命令の発布申立書の変更提案書）　省略
付録Ⅳ　（ヨーロッパ支払命令の発布申立ての却下裁判）　省略
付録Ⅴ　（ヨーロッパ支払命令書）　省略
付録Ⅵ　（ヨーロッパ支払命令に対する故障申立書）　省略
付録Ⅶ　（執行宣言書）　省略

Ⅳ　発布段階における請求の審理

(1)　支払命令の発布段階において請求の審理はどの程度厳格に行われるべきかについて，EU加盟各国の国内法の態度には相当程度の差異が見られる。例えば，ドイツ法のように完全な機械処理が行われる国から，有理性の審理を行うオーストリア法，さらには限定的にではあるが証拠調べを行う書面手続を定めるフランス法やイタリア法がある[19]。そこで，EC督促手続規則の立法者はこの点に関する確定的な態度表明を避けたので，当然予測されたごとく，激しい争いが生じた[20]。以下のような見解が対立している。

第1説は，単なる有理性の審理より厳格な一応の十分な審理（通告された証拠方法によって証明の対象とされた事実が証明されているかの審理）が要求されるとする[21]。理由は，「申立書の書式中の記載事項に基づいて申立てを審理する」との考慮事由(16)の文言にある。

第2説は，有理性の審理（申立書の書式に記載された事実を真実と仮定し，法的な側面に関しては厳格に行われる審理）を要求する[22]。理由は上記の考慮事由

---

(19) Vgl. Hess/Bittmann (Fn. 11), 307; Grünbuch (Fn. 13), 32.
(20) Hess/Bittmann (Fn. 11), 307; Hess, §10 Rdnr. 58.
(21) Rauscher, EuZPR², Einf EGMahnVO Rdnr. 22 ; MünchKomm/Rauscher³, Anhang zu Buch 11 (EG-MahnVO) Rdnr. 16.

⒃等の本規則の文言と債務者保護の観点である。

さらに第3説は，制限的な有理性の審理ないしもっともらしさ（Plausibilität）の審理で十分とする見解である[23]。これは，明らかに理由がない請求の排除を目当てとする。

そのほか，第4説として，本規則の立法者はこの点に関する規律を各加盟国の国内法に委ねたとする見解が主張されており[24]，第5説として，請求は特定されていれば足り，その当否はまったく審理の対象にならないとの考え方もありうるとされる。

(2) 以上のうち第4説は，EC/EUの国際民事訴訟法の統一化・調和化の流れに反するとの批判を受けている[25]。また，第5説は，8条1文の文言と調和しがたいし，債務者保護の観点にも反するものであり[26]，実際にこの立場を主張する論者はいないようである。そして，残りの3つの見解のうちでは第3説がもっとも詳しく自説の根拠を述べているから，次にこの根拠を見てみることとする[27]。

第3説は，まず本規則の文言を検討する。8条1文の「債権に理由があると見えるか」の文言は第2説に有利とも第3説に有利ともとりうるが，同2文が機械処理を認めていることからすると，第3説がとられるべきもののように見える。11条1項bの「債権に明らかに理由がないとき」には申立てが却下されるべきであるとの文言の上からも，同様に考えられる。ところが，考慮事由⒃1文の「理由があるかの有理性の審理を行い」は明白に第2説を指示しており，それに続く「『とりわけ』，明らかに理由のない債権……を排除することを可能とする」との文言も，第2説を示唆しているように見える。しかし，考慮事由⒃2文は「審理は裁判官によって行われなくともよい」と続けており，これは第3説に結びつきやすい。

---

(22) Hess/Bittmann（Fn. 11），307f.; Zöller/Geimer[28], EG-VO EuropMahnverfahren Art. 8 Rdnr. 1.

(23) Kormann（Fn. 10），99f.; Pernfuß（Fn. 10），168ff.; Fabian（Fn. 10），169ff.; Freitag/Leible（Fn. 11），2752; Schlosser, EU-ZPR[3], MahnVO Art. 8 Rdnr. 1ff.; Hess, §10 Rdnr. 58f.; Preuß, Erlass und Überprüfung des Europäischen Zahlungsbefehls, ZZP 122 (2009), 7f.

(24) Sujecki（Fn. 11），1624.

(25) Fabian（Fn. 10），171.

(26) Pernfuß（Fn. 10），161; Hess, §10 Rdnr. 60.

(27) 以下については，前注23掲記文献のうち，とくに，Pernfuß（Fn. 10），172ff.; Fabian（Fn. 10），169ff. による。

このように，EC督促手続規則の文言の多くは第3説に有利であるが，第2説に有利な点もあり，先に指摘したように，第1説も文言を根拠にしている。第3説は，このように言って，文言からは明確な結論は得られず，それは本規則による督促手続の全体的構造ないし仕組みから導かれるとして，この点について以下の点を指摘する。

　まず，本規則制定の目的は，中小企業が支払不能に陥ることを回避するために争いのない債権の迅速かつ効率的な取立てのための手続を創設することにあるから（考慮事由(6)），これにより創設される手続の重点は債権者の利益に置かれていなければならない。第1説や第2説はこのことに反する。証拠摘示義務（単に摘示するだけでよい。7条2項e）は，第1説を排斥し，第2説と第3説を排斥しはしないが，第2説を必然とするものではない。支払命令中の「専ら申立人の情報に基づいて発布され，裁判所による審理の対象とはなっていなかった」との相手方に対する通知（12条4項a）についても同様のことを言える。これに対し，機械処理，裁判官でない者（ドイツでは司法補助官）による審理は第3説にのみ親和的である。申立書の記載事項はきわめて簡単なものでよいとされている点もそうである。

　このように言う第3説が，通説とは言わないまでも，少なくも多数説となっていると言ってよいように思われるが[28]，いずれにせよ規則の改正かEU司法裁判所の判例によって明確な規律がなされることが望まれている[29]。

V　全体的評価——結びに代えて

　(1)　先に指摘したように（II(1)参照），EC督促手続規則はヨーロッパ執行名義取得のための独自の手続を創設するという野心的な立法であると言えるが，少なくともドイツにおいては，その学説上の評価は高いものではない。批判される点の主なものを，以下に指摘しよう。

　第1に，本規則は相当多くの事項を国内法による規律に委ねているが（I参照），当然のことながら，その点がEC/EU法の統一の観点から批判される[30]。不都合な例としては，申立人が申立書に故意に誤った情報を記載した場合の制

---

(28) Rauscher/Gruber, EuZPR/EuIPR (2010), EG-MahnVO Art. 11 Rdnr. 6ff. は，第1説ないし第3説で実際上どれだけの差異があるか疑問であるとするが，結局は，第3説と同様の取扱いをすべきであるとしている。

(29) Fabian (Fn. 10), 177; Hess, §10 Rdnr. 61.

(30) Fabian (Fn. 10), 238; Hess/Bittmann (Fn. 11), 314.

裁の要件や内容が発布国法に委ねられている点（7条3項）や機械化の程度が各加盟国において異なる点があげられるし，発布に際しての請求に関する審理のあり方が国内法に委ねられるならば（先に指摘したようにそう解する学説がある），問題はより一層大きい。

　第2に，それぞれの適用範囲が部分的に重なり合う多数の手続の併存に意味があるのかと批判される。本規則は，簡易かつ迅速に，国境を越えて金銭債権を取り立てる手続を用意している。債権について争いがないならば，統一執行名義創設規則によっても当該債権について執行名義を取得しうるが，本規則においても，争いの対象でない債権が対象となることが予定されている。訴額が2,000ユーロ以下の債権であれば，少額事件手続規則による手続も利用しうる。さらに，国内の執行名義を前提として，ブリュッセルⅠ規則を利用することが相変わらず可能であることも言うまでもない。このような状況は一覧性に欠け，実際の法適用を困難にするものである。そこで，本規則ができた以上，統一執行名義創設規則は重要性を失うのではないかとか[31]，逆に，立法者としては，各加盟国に指令によって国境を越える督促手続に関する国内法を整備することを義務づけ，それによって発布された支払命令に執行名義規則を適用するようにした方がよかったのではないか[32]，と指摘される。

　(2)　以上のほか，それにも増して重大であるのが，本規則は債務者保護の観点を軽視しているとの批判である[33]。この批判説は，まず次のようなことを出発点とする[34]。すなわち，本規則は，債務者による債務の不払いは通常は不当なものであり，債務者が積極的な行動に出ないのはその意識的な選択の結果であるということを暗黙の前提としているが，多くの場合そうであるにしても，それが当てはまらない場合もあることを無視している。債務者が行動に出ないことには，情報不足，外国での手続が過大な負担であること，送達の瑕疵

---

(31) Hess/Bittmann (Fn. 11), 314.
(32) Freitag (Fn. 10), 514.
(33) Pernfuß (Fn. 10), 374f.; Fabian (Fn. 10), 213ff., 239; MacGuire (Fn. 11), 307; Freitag (Fn. 16), 514.
(34) MacGuire (Fn. 11), 307.
(35) もっとも，EC送達規則の適用があるから（27条），その8条により，ヨーロッパ支払命令がその理解しうる言語で書かれていなかったり翻訳が添付されていなければ，相手方はその受領を拒絶する等できるはずであり，その旨，自国の受託機関から通知を受ける。

3 EC督促手続規則——ヨーロッパ執行名義取得のための独自の手続の創設

による審問請求権の侵害といったさまざまな原因もありうるのである。

批判説はさらに続ける。このことを前提とすれば、発布段階における請求の審理について先の第1説やせめて第2説を採用すべきであり、そうしないことには債務者保護を弱めるものとして問題がありうる。しかし、機械処理や非裁判官の職分管轄のためにそれができないのであればその代償措置が必要であろうが、本規則はその点でもっとも重要な二段階方式の審理方式を放棄してしまっている。さらに、国境を越える送達の場合であっても、少なくともに明示的には翻訳の添付は必要とはされていない[35]。そしてその場合も、1回だけの故障申立てのための期間は30日にすぎない。20条の再審理も厳格な要件の下に認められるにすぎない。ヨーロッパ支払命令の書式の上での債務者に対する教示も不十分である（12条3項4項掲記の事項がほぼ条文そのままの文言で記載されるだけである）。たしかに、故障申立ては必ずしも書式を利用していなくとも構わないし、30日の期間の遵守のためには故障申立書の発送で足り、争う理由も述べる必要はないとされている。しかし、これでは、二段階方式の放棄を埋め合わす債務者保護の措置としては不十分である。

要するに、本規則の簡易かつ迅速な債権取立ての手続を設けるという目標は達成されていると言えようが、手続の効率化のために債務者保護がないがしろにされているというのである。各国の督促手続は、ある点では手続の効率性を重視した態度をとっても、別の点では債務者保護を重視した態度をとるというふうに、両者の間でバランスをとることに腐心しているのであるが、本規則は各国の効率性をはかるための規定のみを寄せ集めることになっており、そのような立法例はほかに見られないものであると言われる[36]。そして、請求の審理に関する8条1文の不明瞭な規定をも援用しつつ、本規則の多くの規定は十分に考え抜かれて作成されたものではないとさえ酷評される[37]。

(3) わが国の督促手続も、発布段階における請求の審理に関しては、制限的な有理性の審理という立場を採用している（日民事訴訟法385条1項）。発布権限は書記官に与えられているし（日民事訴訟法382条）、機械処理の可能性もある（日民事訴訟法397条以下）。しかし、わが国の督促手続は二段階方式の審理方式をとっているし、債務者に対する教示もより丁寧なようである[38]。また、ヨーロッパ支払命令には既判力を認める見解が多数のようであるが[39]、わが

---

(36) Pernfuß (Fn. 10), 375; Fabian (Fn. 10), 237.

(37) Fabian (Fn. 10), 219.

(38) 園部厚『書式支払督促の実務（全訂8版）』374頁以下（2010年）参照。

国では支払督促には既判力は認められない（日民事執行法35条2項参照）。これらのことに鑑みれば，わが国の督促手続は債権者の立場（手続の効率性）と債務者保護の見地のバランスを適切にとっていると評価しうるであろう。

　思うに，EC督促手続規則の立法者は，簡易・迅速な債権の取立手続（手続の効率性）という目標に目を奪われるあまり，統一的な手続というもう1つ別個のEC/EU法の目標をないがしろにしつつ，効率性と同様に重要な債務者の保護という観点を無視あるいは少なくとも軽視するという誤りを犯してしまったと思われる。木を見て森を見ないの類，あるいは急ぎ過ぎての勇み足といっては言い過ぎであろうか。

（国際商事法務40巻12号／2012年，41巻1号・2号／2013年）

［野村秀敏］

---

(39) Vgl. Pernfuß（Fn. 10), 351ff.; Freitag, Anerkennung und Rechtskraft europäischer Titel nach EuVTVO, EuMahnVO und EuBagatellVO, Festschrift für Kropholler, 759ff. (2008)

第2篇　判例研究篇

第1部 総論

I 弁護士会制度

1 弁護士会の会則と EC 競争法

EC 司法裁判所 2002 年 2 月 19 日判決：① [2002] ECR I-1577,
② [2002] ECR I-1529

(① J. C. J.Wouters, J. W. Savelbergh and Price Waterhouse Belastingadviseur BV v. Algemene Raad van de Nederlandse Ordre van Advocaten, intervener: Raad van de Balies van de Europese Gremeenschap, Case C-309/99, ② Criminal proceedings against Manuele Arduino, third parties: Diego Dessi, Giovanni Bertolotto and Compania Assicuratrice RAS SpA, Case C-35/99

〔事実の概要〕

1 【①事件】 オランダで弁護士として活動しているWとSは，それぞれアメリカに本拠を置く世界的な巨大会計事務所であるアーサー・アンダーソンとプライス・ウォーターハウス（双方とも，いわゆるビッグ・ファイブの1つである）傘下のオランダ事務所に参加し，そのパートナーの一員となることを意図した。そして，その旨それぞれロッテルダム，アムステルダム地区弁護士会に通告したところ，双方の地区弁護士会の理事会とも，そのような組合（共同事務所）のパートナーとなることはオランダ弁護士会の会則である「弁護士と他の職能集団に属する者との協働に関する規則（1993年）（以下，協働規則という）」4条[(1)]に違反して許されないと決定した。オランダ弁護士会の総評議会も，Wらの不服申立てを棄却した。

そこで，Wらはこの棄却決定を不服としてアムステルダム地方裁判所に出訴して総評議会の決定のEC法違反を主張したが，同裁判所はWらの訴えを一部不適法却下し，一部を棄却した。

Wらが第二審かつ最終審である最高裁判所に上告したところ，最高裁判所は却下部分を維持したが，棄却部分が正しいかは共同体法の解釈にかかっているとし，手続を停止したうえで先行判決を求めて次の問題を EC 司法裁判所に付託した。すな

---

(1) 同規則4条によると，弁護士は一定の要件の下において他の職能集団に属する者と組合（共同事務所）を設けることができるが，そのためにはオランダ弁護士会総評議会の承認を得なければならない。そして，この承認は，公証人，税理士，弁理士に関しては与えられるが，会計士に関しては与えられない扱いになっている。①判決判決理由第17節・第18節・第22節参照。

わち，問題とされたのは，競争制限的行為の禁止を定めた EC 条約 85 条（〔本稿発表時の〕現行 81 条〔現在は EU 機能条約 101 条となっている〕）等の EC 競争法規定が弁護士会の会則に適用になるか，なるとしたらそれに対する違反が存在するか，協働規則 4 条は開業の自由を定めた EC 条約 52 条（現行 43 条〔EU 機能条約 49 条〕），サービス移動の自由を定めた EC 条約 59 条（現行 49 条〔EU 機能条約 56 条〕）に違反しないか，である。

2 【②事件】 Ａは，イタリアにおいて，交通事故を起こして刑事訴追を受けたが，被害者Ｄはこの刑事手続に付帯私訴を提起して参加した。ピネローロ区裁判所は，大臣デクレにより認可された弁護士報酬規定の下限を下回った金額をＡからＤに償還されるべき付帯私訴の訴訟費用額と定めた。

上訴を受けた破毀院（最高裁判所）は費用額の確定の点に関して同区裁判所の判決を破棄し，事件を第一審に差し戻した。

同区裁判所は，上記の弁護士報酬規定が EC 条約 85 条（現行 81 条〔EU 機能条約 101 条〕）にいう競争制限的協定であるかについてイタリアの国内裁判所の判例が分かれていると指摘して手続を停止し，先行判決を求めてこの問題を EC 司法裁判所に付託した。

〔判　旨〕
【① 判　決】

1. オランダ弁護士会のような組織によって発せられた 1993 年の協働規則のような弁護士と他の自由業従事者との間の協働に関する規則は，EC 条約 85 条 1 項（現行 81 条 1 項〔EU 機能条約 101 条 1 項〕）の意味における事業者団体の決定とみなされるべきである。

2. オランダ弁護士会のような組織によって発せられた 1993 年の協働規則のような国内規定は，EC 条約 85 条 1 項に違反しない。なぜなら，その規定は，それに必然的に伴う競争制限的な効果にもかかわらず，当該加盟国における秩序に見られるように，弁護士職を秩序的に遂行するために必要であると，当該組織が合理的に観察して認識しえたからである。

3. オランダ弁護士会のような組織は，EC 条約 86 条（現行 82 条〔EU 機能条約 102 条〕）の意味における事業者でも事業者集団でもない。

4. EC 条約 52 条および 59 条（現行 43 条および 49 条〔EU 機能条約 49 条および 56 条〕）は，弁護士と会計士との組合を禁止する 1993 年の協働規則のような国内規定の妨げとはならない。なぜなら，この規定は，合理的に観察すると，当該加盟国における秩序に見られるように，弁護士職を秩序的に遂行するため

に必要であるとみなされえたからである。

【② 判 決】

加盟国が弁護士の職能代表者の提案に基づき，その職能集団の構成員の給付に関する上限・下限を伴った報酬規定を認可する措置を法律または規則の形式で発することは，この国家の措置が1933年11月23日の立法デクレ1578号に定められているような手続でなされる限り，EC条約5条および85条（現行10条および81条〔EU機能条約101条。5条（現行10条）の対応規定はない〕）に違反しない。

◆ 研　究 ◆

1　弁護士会の会則とEC競争法の関係

弁護士活動もEC法の影響を受けざるをえないが，従来問題とされてきたのは，開業の自由とサービス給付の自由との関係であった[2]。これに対し，ここで取り上げる2つの判決はこの点にも関係があるが，むしろ主として問われているのは，弁護士会の会則とEC競争法，とくにEC条約81条（事件当時は85条であるが，すでに判決時にアムステルダム条約による改正によって81条になっていた。以下では，改正後の条数を掲げる〔EU機能条約では101条となっている〕）との関係である。そして，同条1項は，競争制限的な事業者間のすべての協定や事業者団体の決定を禁止している。したがって，同条1項は直接には事業者（団体）の協定等に適用され，事業者（団体）ではない国家の規則には適用されないから，それが弁護士会の会則に適用になるか否かの問題については，当該会則を国家規則といいうるか，すなわち，その制定過程に国家がどのようにかかわるかが決定的に重要となる。このかかわりようは，無論，国によって一様ではないから，問題となっている国ごとに具体的に見てみる必要がある。

2　オランダ弁護士会の会則とイタリア弁護士報酬規定の制定手続

オランダ弁護士会の会則[3]は，弁護士法の授権に基づきオランダ弁護士会の会則制定会議が制定し，その発布とともに拘束力を持つ。同会議は，地区弁護士会により選ばれ，「弁護士職が適切に遂行される」よう規律する規則の制

---

[2] この点については，吉野正三郎「ECにおける弁護士活動の法規制」松下満雄編『EC経済法』254頁以下（1993年）参照。

[3] オランダ弁護士会の会則を含め，オランダ法の関係規定については，①判決判決理由第3節 - 第23節参照。

定を任務とする弁護士からなる。同会議は，会則制定に際し，とくに公益に配慮するようには義務づけられていない。同会議は制定された会則を司法大臣に通告しなければならない。会則は，違法であるか公益に反する場合には，国王の布告によって効力を停止され，または取り消されることがある。しかし，司法大臣への通告や事後的な取消しの可能性にもかかわらず，発せられた会則は，実際に効力の停止・取消しを受けるまでは拘束力を有したままである。

以上に対し，イタリアの弁護士報酬規定[4]は，地区弁護士会から選ばれた弁護士からなり，司法大臣の監督下にある全国弁護士評議会によって起草され，当該大臣の認可を受けて初めて効力を発する。根拠法である1933年法によると，全国弁護士評議会には，弁護士の給付に対する報酬額の確定基準（上限と下限付き）の案を作成し，2年ごとに改訂する役割が与えられている。司法大臣は，認可に先立ち，大臣間価格委員会の意見と国家評議会の鑑定意見を聴取しなければならない。確定基準は訴額と事件を扱った裁判所のランク，刑事事件では手続期間に準拠する。この基準に従い，裁判所が具体的事件における報酬額を決定する。ただし，特別な事情があれば，上限・下限を越えてこれを決定することができる。

3 【①判決】の判決理由とそれに対する批判

以上を前提として，まず①判決を取り上げる。
(1) 同判決は，最初に，弁護士はEC競争法の意味における事業者であることを確認する[5]。事業者とは経済活動を行うすべての統一的組織を，経済活動とは特定の市場で物もしくはサービスを提供するすべての活動を意味するからである。この点については，学説等からとくに異論はないようである[6]。

ドイツ政府等は，その構成員である弁護士の活動と弁護士会の活動とを区別し，後者が構成員の経済的利益のために活動する場合には事業者団体とみなされるべきであるが，公益活動との関連ではそのように考えられるべきではないと主張した。そして，弁護士会の会則は弁護士のサービスの適切な給付を配慮

---

(4) イタリアの弁護士報酬規定を含め，イタリア法の関係規定については，②判決判決理由第3節－第12節参照。
(5) ①判決判決理由第45節－第49節。
(6) Vgl. Henssler, Satzungsrecht der verkammerten Berufe und europäisches Kartellverbot, JZ 2002, 984. これは①判決を機縁とする論文であるが，この論文や以下の注に掲げる文献以外に①②判決を機縁とする雑誌の巻頭言的な文献として，Möschel, Der EuGH zum Verhältnis von Standesrecht und Kartellrecht, RIW 2002, Heft 1, S. 1.

するという公益的目的を追及しているから，その制定行為は後者の活動と性格づけされるべきであるというのである[7]。

①判決は，EC委員会によっても主張されていたこの見解を排斥し，オランダ弁護士会はEC条約81条1項の意味における事業者団体であるとする[8]。同判決がそう解する理由は，弁護士会はその遂行が経済活動である職業の規律のための機関として活動するという点にある。そしてその際，会則制定会議が弁護士によってのみ構成されており，構成員の選定に国家の官庁が影響を与えることができないこと，会則制定会議は，1993年の協働規則のような会則制定に際してとくに公益に配慮するようには義務づけられていないこと，他の職種の者との組合禁止が弁護士の態度に対して有する影響に鑑みれば，そのような禁止が経済生活との関連性をまったく欠いているとはいえないことを指摘している。

このうちの第2の指摘に対しては，会則が公益に反するときは取り消される可能性があるから，制定会議も会則制定に際して公益を考慮しなければならないことを無視しているとの批判がある。また，第1の指摘に対しては，弁護士の独立性，その自治の重要性に鑑みると，そのような指摘は意外であるとの反応がある[9]。もっとも，第1の指摘に関しては，このような反応をする論者自身が競争法の観点からは適切かもしれないと述べているし，第2の指摘がなされたのは，発せられた会則が，実際に効力の停止・取消しを受けるまでは拘束力を有したままであることが重視されてのことかもしれない[10]。

①判決は，弁護士会が公法上の組織であることは，それが事業者団体かの問題との関係では何の意味も有しないとしつつ，ドイツ政府の意見に従い，ここでの関連では2つの場合が区別されるべきであるとする[11]。すなわち第1の場合においては，国家は，法制定権能の職能団体への委譲に際し，公益基準と団体の会則制定にあたり遵守されるべき本質的原則を指示し，最終判断権を留保する。この場合には，職能団体により作成された規則は国家規則の性格を保

---

(7) ドイツ政府等のこの主張については，vgl. Lörcher, Anwaltliches Berufsrecht und europäisches Wettbewerbsrecht, NJW 2002, 1092.（①②判決を機縁とする論文である。）

(8) ①判決判決理由第58節，第61節－第64節。

(9) Lörcher（Fn. 7），1092.

(10) ドイツモデルとの関連でなされたものであるが，Henssler（Fn. 6），986 は，無効な規定であっても，取り消されるまでに実際に従われてしまえば競争制限的な効果が生じてしまうことを指摘する。

(11) ①判決判決理由第58節，第69節－第71節。

持し，EC 条約の事業者にかかわる規定に服しない（留保システム）。他方，このような指示と留保が欠けている第 2 の場合においては，職能団体によって発せられた規則は，それのみに帰せしめられる。この場合には EC 条約 81 条 1 項が適用され，当該団体は会則を EC 委員会に通告しなければならない。EC 委員会は，EC 条約 81 条 3 項によって，包括的な適用免除規則を定める可能性を有する（授権システム）。

上記の区別は①判決によって新たに導入されたものである。しかし，とくに留保システムに関しては曖昧な点が残されているとの指摘があるが[12]，それはともあれ，①判決は，オランダのシステムは授権システムに属し，それゆえ，オランダ弁護士会によって発せられた協働規則は，EC 条約 81 条 1 項の意味における事業者団体の決定とみなされるべきであるとする（①判決判旨第 1 点）。

(2) 次に問題になるのは，当該の協働規則が競争制限的なものであり，加盟国間の通商に影響を与えるおそれのあるものかである。この点について，①判決は，弁護士と会計士との共同組合（共同事務所）は複雑かつ国際的な領域で活動する依頼者の経済的・法的需要によりよく応えることができるということを指摘しつつ問題を肯定する[13]。

にもかかわらず，①判決は，競争制限が他の市場外在的な公益の保護のために必要であり，それがその限りで相当であるときは許されるとの趣旨の理由で，協働規則は EC 条約 81 条 1 項に違反しないとする[14]。考慮されたのは，会計事務所の世界は，弁護士事務所の世界と異なり，強い寡占状態によって特徴づけられているとの事情である。共同組合を認めることにより弁護士事務所の大規模化が進むと利益相反の禁止という弁護士職に特有の職業的要請が危うくされるという趣旨であろう[15]。また，弁護士の独立性も重視し，弁護士とは異なり，オランダの会計士はそのような職業的要求に服していないと指摘する[16]。これは，会計士が同一組合に所属する弁護士が関与していた事件にかかわることになれば，弁護士の独立性が損なわれるおそれがあるとの趣旨と思われ

---

[12] Henssler (Fn. 6), 985f. この見解は，残された曖昧な点を具体的に検討している。後述，本文 5 (1) 第 3 段落参照。

[13] ①判決判決理由第 81 節，第 86 節 – 第 89 節。

[14] ①判決判決理由第 91 節 – 第 94 節。

[15] Römermann/Welllige, Rechtsanwaltskartelle – oder: Anwaltliches Berufsrecht nach den EuGH-Entscheidungen Wouters und Arduino, BB 2002, 636.（①②判決を機とする論文である。）

[16] ①判決判決理由第 102 節・第 103 節。

る[17]。そして，とくに重視されたのは，オランダの会計士は，弁護士とは異なって守秘義務を負っていない点である[18]。

結局，協働規則は競争制限的ではあるが，弁護士職の秩序的な遂行の確保のために必要であるから，EC条約81条1項に違反しないことになる（①判決判旨第2点）。

もっとも，①判決自身も懐疑的に指摘しているところであるが[19]，上記のうち会計士の世界が寡占状態にあるとの点が一律に弁護士と会計士との共同組合を禁止する理由になるかには疑問がありうる。共同組合の規模によって判断すれば足りるとも考えうるからである。守秘義務の点に関しても，会計士は同一組合の弁護士が扱った事件を引き受けえないことにすればよいだけであるとの指摘がある[20]。それは確かにそうであるかもしれないが，それでは，弁護士と会計士の共同組合を認めることのメリットが失われてしまうのではなかろうか。それはともあれ，①判決は競争制限的な決定等であっても，種々の実質的考慮によってEC条約81条1項違反ではない例外がありうることを認めているが，このような手法を認めると例外に歯止めがかからなくなるのではないかとの批判がある[21]。そして，そうなると，EC司法裁判所は，1項の適用除外を認める同条3項のEC委員会の権限を犯す事になるのではないかというのである。

（3）EC条約82条1項（改正前86条1項〔EU機能条約102条1項〕）は，一人の事業者または複数の事業者からなる集団による共同市場における支配的地位の濫用行為を禁止している。そこで，協働規則の制定がこの濫用行為に該当するかが問題になりえ，その前提として，オランダ弁護士がこの条文の意味における事業者または事業者集団であるかが問われる。

①判決[22]は，まず，弁護士会自身は経済活動を行わないから事業者ではないとする。次に，オランダで登録された弁護士は，それらの間の競争関係が消滅してしまう程に市場で同一歩調をとるような緊密な結合関係にないから，事業者集団ともいえないとする。弁護士の職は集中の乏しさ，大きな多様性，強

---

(17) Römermann/Welllige (Fn. 15), 636.
(18) ①判決判決理由第104節。
(19) ①判決判決理由第94節。
(20) Römermann/Welllige (Fn. 15), 636f.
(21) Römermann/Welllige (Fn. 15), 637.
(22) ①判決判決理由第113節－第115節。

い競争関係によって特徴づけられており,十分な構造的な結びつきが欠けているから,EC 条約 82 条 1 項の意味における集団的な支配的地位の所持者とはみなされえないというのである。結局,オランダ弁護士会は事業者でも事業者集団でもない(①判決判旨第 3 点)。

(4) ①判決[23]は,最後に,協働規則が営業の自由,サービス給付の自由を定める EC 条約 43 条および 49 条(改正前 52 条および 59 条〔EU 機能条約 49 条および 56 条〕)に対して違反することもないとする(①判決判旨第 4 点)。たしかに,同判決によると,国家法ではないオランダ弁護士会の会則にも EC 条約の当該規定は適用になる。しかし,EC 条約 81 条 1 項との関連ですでに指摘した弁護士の独立性の保持,守秘義務の確保という観点はここでも同様に当てはまり,弁護士と会計士の共同組合の禁止は弁護士職の秩序的な遂行のために必要であるのである。

4 【②判決】の判決理由とそれに対する評価

次に取り上げるのは,②判決である。

同判決は,まず,一般論として以下のことを確定する[24]。すなわち,問題の報酬規定は EC 条約 81 条 1 項の意味において加盟国間の通商に影響を与えるおそれのあるものである。同条は,直接には事業者の行為にのみ適用されるが,EC 条約 10 条(改正前 5 条〔EU 機能条約には対応規定はない〕)は,加盟国に同条約の目的を危うくするおそれのある措置をとるべきではないことを義務づけているから,加盟国は,法律とか規則とかの形式を問わず,事業者について妥当する競争規定の実効性を奪うような措置をとるべきではないことになる。他方,加盟国が職能団体にサービス給付についての報酬規定の作成を委ねても,それだけで自動的に,最終的に公布された報酬規定が国家規則の性質を失うということにはならない。職能団体の構成員が,報酬基準の作成に際し,自己が代表する分野の事業者や事業者団体の利益のみならず,公益や他の分野の事業者の利益,当該サービス給付の需要者の利益をも考慮する法律上の義務を負った利害関係人から独立した専門家と見られうる場合には,それは国家規則の性質を失わない。

そのうえで,②判決[25]は,先に紹介したイタリアの弁護士報酬規定作成手

---

[23] ①判決判決理由第 120 節 – 第 122 節。
[24] ②判決判決理由第 33 節 – 第 37 節。
[25] ②判決判決理由第 38 節 – 第 44 節。

続においては，明示的には全国弁護士評議会が公益を配慮する義務を負わされていないことを指摘する。これは，同評議会が公益の代表者であるとの理由では制定された規則を国家規則と見ることはできないとの趣旨であろう。ともあれ，②判決は，問題の報酬規定作成手続の下では，イタリア国家が報酬規定にかかわる最終判断権ないしコントロール権限を放棄し，私的な経済主体に委ねたと認めることはできないという。そして，同様に，この手続の下では，事業者について妥当する競争規定の実効性を奪うような措置をとっているとの非難も当たらないという。それゆえ，イタリアが全国弁護士評議会の提案に基づき，その弁護士のサービス給付に関する上限・下限を伴った報酬規定を認可する措置を法律の形式で発したことは，イタリアの関係法規所定の手続に従ってなされた限り，EC条約10条および81条に違反しないことになる（②判決要旨）。

　ともあれ，以上の②判決の判決理由は，イタリアのシステムは，オランダのそれとは異なり，①判決のいう留保システムを採用しているからEC条約の適用を受けないとの趣旨であろう。そして，EC司法裁判所の2つのシステムの区別を前提とし，②判決の判決理由を読む限りでは，この判断はもっともなように思われる[26]。しかし，②事件の担当法務官の最終意見書においては，EC条約10条および81条との関連で新しい提案がなされていた[27]。すなわち，法務官によると，従来のEC司法裁判所の判例によれば，事業者の協定等がEC条約81条に違反しないときは，国家の措置について同条約10条違反を問題にされてこなかったが，私的経済主体の行為の適法性の問題と国家の行為の適法性の問題は切り離して判断されるべきであるというのである。ところが，②判決はこの提案を一顧だにせずに国家が最終判断権を留保しているとの確認に満足してしまっており，この点に大きな遺憾の意を表明する見解がある[28]。

5　ドイツ法に対する影響

　これらの判決が各国の国内法に与える影響は，当然，それぞれの国内法の状況により異なることになる。ここでは，ドイツ法に対する影響に関する議論を簡単に見ておこう。

　(1)　ドイツ連邦弁護士会は，両判決が下された当日に，ドイツは①判決の

---

[26] ②判決に対する評釈である，Eichele, EuZW 2002, 182ff. も，むしろ①判決の方に詳しく触れ，②判決については特別な問題点の指摘をしていない。
[27] ②事件法務官意見書第87節 – 第91節。
[28] Schlosser, JZ 2002, 455.（②判決評釈）

いう留保システムに従っているから連邦弁護士会の会則はEC競争法には服しないとの会長談話を発表しており[29]，相当数の学説もこれに賛成している[30]。この立場が根拠とするのは，連邦弁護士法59条b，191条bないし191条eの規定であるが，これらは，1987年7月14日の2つのドイツ連邦憲法裁判所の決定[31]に対する反応として1994年の改正によって連邦弁護士法に挿入されたものである。すなわち，連邦憲法裁判所は，基本法12条1項の職業の自由を制限するためには，弁護士が良心に従い職務を果たすべきことを定めた連邦弁護士法43条の一般条項だけでは不十分であり，かつ，弁護士の職務指針中のsachlichであるべき旨の要求も不特定的すぎるとした。そこで，59条bは，弁護士の権利・義務の詳細については会則中で定められるべきことと，その際に定めるべき事項を詳細に列挙し，191条b以下は会則制定会議の詳細について，191条eは，とくに「会則は，連邦司法省が会則もしくはその一部を取り消さない限り，会則の同省への通告の3月後に発効する」旨を定める。

　連邦弁護士会の立場には次のような批判もある[32]。会則制定会議はとくに公益を考慮すべきことを義務づけられていないし，その構成員は弁護士のみからなり，さらに，会則の発効のためには連邦司法省への通告のほかに何ら積極的な行為を必要とせず，同省は単に事後的な取消権限を有するにすぎない。たしかに，先にも述べたように，①判決の2つのシステムの区別はドイツ政府の意見に従ったものであるから，そこでは留保システムとしてドイツモデルが念頭に置かれていたのであろうが，ここで指摘したことはオランダモデルと異ならない。

　以上の対立を踏まえて，①判決により残された問題点をより詳しく検討する見解もある[33]。これはまず，留保システムの下で国家が会則制定に際して指示すべき本質的な原則に触れ，先の連邦憲法裁判所の決定がいうように，すでに憲法上の要請からある程度具体的な指示が求められるが，職能団体の自治の観点から，独自の職業政策的な裁量の余地が残されるべきことを説く。次に，連邦弁護士法59条bは公益を考慮すべきことを明示的には命じていない

---

(29) abzurufen unter http://www.brak.de
(30) Lörcher (Fn. 7), 1093; Eichele (Fn. 26), 183; Hartung, EWS 2002, 133.（①判決評釈）
(31) BVerfGE 76, 171ff.=JZ 1988, 242ff.=NJW 1988, 191ff.; BVerfGE 76, 196ff.=JZ 1988, 247f.=NJW 1988, 194ff.
(32) Römermann/Welllige (Fn. 15), 637.
(33) Henssler (Fn. 6), 985f.

が，それも基本法12条1項の下にあるのであるから，公共の福祉によって正当化されないような職業の自由に対する制限が行われえないことは間接的に保障されているという。また，連邦弁護士法101条eの連邦司法省の取消権限の枠内においては，目的とそれを達成するための職業の自由に対する制約が釣り合っているかの相関性の判断のみがなされるとしつつ，ドイツモデルであっても，全体的に観察すれば，連邦司法省は公益に合致しないEC競争法に違反した会則の発効を阻止する可能性を有するから，最終判断権の点に関しては留保システムといいうるとする[34]。そして，最終的には，連邦弁護士会の会則が一般にEC競争法の観点からの検討を免除されているかについて，①判決からは明確な回答は引き出されえないという[35]。

(2) 弁護士と会計士との共同事務所という具体的な問題に関していえば，ドイツにおいては，先にも言及した1994年の連邦弁護士法の改正によって，共同事務所が明文の規定で認められるに至っている（同法59条a）[36]。オランダにおいてこれが禁止されているのは，そこでは会計士に守秘義務が課されていないという同国に特殊な事情によるところが大きいと思われる。ドイツでは会計士にも守秘義務は課されている。ともあれ，ドイツにおける共同事務所の許容は法律によるものであるから，ここでは，弁護士会の会則とEC（競争）法との関係という問題は生じない。

ドイツにおいては，弁護士の報酬基準も連邦弁護士報酬法という連邦法によって規律されている。したがって，これとの関連でも，①事件におけるのとは異なって，弁護士会の会則とEC（競争）法との関係という問題は生じない。

(国際商事法務32巻9号／2004年)

［野村秀敏］

---

(34) この見解を含め，ドイツの文献は指摘していないが，最終判断権の点に関連するオランダモデルとドイツモデルとの大きな相違として，前者では弁護士会の会則は発布とともにただちに拘束力を生じ，司法大臣への通告はその効力を妨げないのに対し，後者では通告後3月経過しないと効力を生じないという点があるのではなかろうか。

(35) Henssler (Fn. 6), 986.

(36) この点の実情につき，岡崎克彦「ドイツにおける弁護士とその業務の実情について(2)」判時1717号16頁（2000年）参照。

II　ブリュッセル I 規則の適用範囲

2　戦争犯罪による損害の賠償を求める訴えとブリュッセル I 規則

EC 司法裁判所 2007 年 2 月 15 日判決：[2007] ECR I-1519
(Irini Lechouritou and others v. Dimostoro tis Omospondiakis tis Germanias, Case C-292/05)

〔事実の概要〕

　1943 年 12 月 13 日に，ギリシャを占領中のドイツ軍兵士が，パルチザンによる攻撃に対する報復として，カラヴリタ村で民間人 676 人を虐殺した。1995 年に至り，この大虐殺の被害者の遺族が，ドイツを相手取り，カラヴリタ地方裁判所にこの虐殺行為による損害の賠償を求めて訴えを提起した（基本事件）。同地方裁判所は，1998 年に，ドイツが欠席のまま，国家として裁判権免除の特権を享受するとの理由で，訴えを不適法却下したところ，原告は，この判決に対して，パトロン高等裁判所に控訴を提起した。他方，この訴訟と平行して，同種の訴訟がギリシャの最上級特別裁判所に係属しており，そこでは結局 2002 年に，ある国の軍隊による違法行為を理由とする当該国に対する損害賠償請求訴訟を，その違法行為が行われた国の裁判所に提起することはできない，すなわち，被告たる国は，この場合，裁判権免除を援用することができるとの判断が示された。そして，ギリシャの国内法によると，このような国際法の原則に関する最上級特別裁判所の判断は対世効を有するとされている。基本事件の原告は，控訴審において，ブリュッセル条約，とくに不法行為地の裁判籍を定めたその 5 条 3 号，4 号〔ブリュッセル I 規則でも 5 条 3 号，4 号〕は，法廷地国の領域で行われたすべての違法行為について違法行為を行った国の裁判権免除の廃棄を定めていると言って，ギリシャの裁判所に裁判権がある旨を主張した。そこで，パトロン高等裁判所は，本件事案がブリュッセル条約の適用範囲に入るか，被告たる国が裁判権免除の特権を援用することができるか確信を持つことができないとして，手続を停止し，以下の問題についての先行判決を求めて，それを EC 司法裁判所に付託した。

　① 当該作為・不作為が，被告による侵略戦争後の原告の住所地国の軍事占領中に行われ，戦時法規に明らかに違反し，かつ，人間性に対する犯罪とみなされうる

場合，自然人が，その軍隊の作為・不作為について民事法上責任を負う者としてのある締約国に対して提起する損害賠償請求訴訟は，ブリュッセル条約1条[1]によって，その客観的な適用範囲に入るか。

② ①の問題が肯定される場合に，条約の適用が自動的に排除される，しかも，当該条約の発効前の時期，すなわち1941年から1944年の間に行われた被告の軍隊の作為・不作為に関してそのようになるとの結果を伴う，被告国による裁判権免除の援用は，ブリュッセル条約と調和しうるか。

〔判　旨〕

ブリュッセル条約1条1項1文は，次のように解釈されるべきである。自然人がある締約国において他の締約国に対して提起し，前者の国の領域内での戦争行為の枠内における軍事活動の犠牲者の遺族が被った損害の賠償を求める訴えは，当該規定の意味における「民事事件」ではない。

◆ 研　究 ◆

1　ディストモ村事件

ナチスドイツの軍隊は，第2次世界大戦中に民間人に対して占領地において戦争犯罪となる数々の残虐行為を行い，戦後，その残虐行為の犠牲者（の遺族）からドイツに対して多数の損害賠償請求訴訟が提起されることとなった。本件事案の基本事件もそのような訴訟の1つであるが，ギリシャとの関連では，1944年6月10日にディストモ村で発生した住民200人以上の虐殺事件を理由として提起された訴訟が，それが辿った興味深く，かつ複雑な経過のゆえに有名である[2]。

ディストモ村事件では，ギリシャのリヴァデイア地方裁判所に原告が提起した訴えが被告であるドイツ欠席のまま認容され，この判決は，2000年5月4日に，ギリシャ最高裁判所によっても是認された。その際，同裁判所は，自己の裁判権を根拠づけるために，法廷地で行われた不法行為に関しては国家の裁判権免除は認められないという国際慣習法を援用した。

---

(1) ブリュッセル条約1条（ブリュッセルI規則1条）本条約（規則）は，裁判権の種類を問わず，民事及び商事事件において適用される。本条約（規則）は，とくに租税・関税事件および行政法上の事件を含むことはない。

(2) 以下のディストモ村事件の経過については，vgl. Dutta, ZZP Int 11 (2006), 209ff.（本判決評釈）; M. Stürner, Staatenimmunität und Brüssel I-Verordnug, IPRax 2008, 197ff.

この判決に基づいて，原告はギリシャの領域内に所在するドイツの所有財産に対して強制執行を試みたところ，アテネ地方裁判所はこの強制執行に対するドイツの不服申立てを却下した。ギリシャ民事訴訟法923条によると，外国国家の財産に対する強制執行に関しては司法大臣の許可が必要なのであるが，この規定は公正な裁判を受ける権利を保障したヨーロッパ人権条約6条1項に違反するというのである。しかし，ドイツの控訴に基づき，アテネ高等裁判所は，ギリシャ民事訴訟法923条は国際関係に問題が生ずることを回避しようとの正当な目的を追及するものであって，司法へのアクセスを過度に制限することはないとして第一審判決を取り消し，ギリシャ最高裁判所も大法廷判決によってこれを是認した。ヨーロッパ人権裁判所も，2002年12月12日に，この判決に対する抗告を却下した[4]。ギリシャ最上級特別裁判所2002年9月17日判決も，2000年5月4日の最高裁判所判決とは異なって，現在の国際慣習法上，裁判権免除の例外は認められない旨を判示していた。

　ディストモ村事件の原告は，ギリシャでの訴訟と平行して，ドイツにおいても損害賠償を求める訴えを提起したが，それについてはボン地方裁判所，ケルン高等裁判所，そして連邦通常裁判所（2003年6月26日判決[5]）のすべてが請求を棄却した。連邦通常裁判所によれば，ハーグ陸戦規則3条[6]は，国家の損害賠償請求権を基礎づけるが，戦争犯罪を理由とした個人の損害賠償請求権を基礎づけるものではないというのである。そして，連邦憲法裁判所2006年5月24日判決は連邦通常裁判所の判決に対する憲法抗告を却下した[7]。

　原告は，2000年5月4日のギリシャ最高裁判所判決のギリシャでの執行に失敗し，ドイツでの訴訟も敗訴に終わった後，イタリアでこの最高裁判所判決

---

(3) ギリシャ最高裁判所2000年5月4日判決については，*cf.* Gavouneli & Bantekas, 95 Am. J. Int. L. 198 (2001). 判決文の抜粋を含む。

(4) NJW 2002, 273.〔このヨーロッパ人権裁判所の判決の研究として，濱本正太郎「裁判を受ける権利・強制規範と主権免除」石川＝石渡＝芳賀編Ⅱ21頁以下がある。〕

(5) BGHZ 155, 279, 291.〔この判決は，請求を棄却しても，リヴァデイア地方裁判所の認容判決の既判力に触れることはないとし，その前提として，当該判決は国家の裁判権免除の原則に違反しているのでドイツで承認されない旨を説いているが，この裁判権免除の点についてこの判決を紹介・検討する文献として，中野俊一郎「国家免除原則と外国判決の承認」石川＝石渡＝芳賀編Ⅱ3頁以下がある。〕

(6) ハーグ陸戦規則3条　前記規則ノ条項ニ違反シタル交戦当事者ハ，損害アルトキハ，之カ賠償ノ責ヲ負フヘキモノトス。交戦当事者ハ，其ノ軍隊ヲ組成スル人員ノ一切ノ行為ニ付責任ヲ負フ。

(7) NJW 2006, 2542.

に関する承認と執行宣言を求めた。イタリアでこのようなことが試みられたことの背景には，2003年11月6日と2004年3月11日のイタリア破毀院のフェリニ判決がディストモ村事件と同種の損害賠償請求事件においてドイツに対して裁判権免除の特権を否定していたことがあった。そして，フィレンツェ控訴院は，2005年5月2日の決定で，申立てを認容し，これに対するドイツの上訴を，イタリア破毀院は2007年3月22日判決によって棄却した。

2　問題の所在

本件事案のカラヴリタ村事件やディストモ村事件のような，あるEC加盟国の国民が他の加盟国を，後者の国が前者の国の領域で行った戦争犯罪行為である不法行為を理由に，損害賠償を求めて自国の裁判所に訴える場合，そのような事件がブリュッセル条約ないしブリュッセルI規則の客観的な適用範囲に入るかの問題と，被告である加盟国は国家の裁判権免除の特権を享受しうるかの問題が生ずる。EC司法裁判所は，本判決において第1の付託問題に対する回答として前者の問題を否定した。そこで，これによってすでに，本件事案はギリシャ裁判所によっては取り扱いえないこととなってしまったため，後者の問題に関連した第2の付託問題に回答することを要しないこととなったので，それには回答していない。しかしながら，むしろ，ディストモ村事件において下された諸判決はもっぱら国家の裁判権免除の特権の方を問題としていた。

そもそも，ブリュッセルI規則においては国際裁判管轄が問題であるのに対して，裁判権免除は国際法の次元の問題であって，本件事案の法務官の最終意見書がいうように，両者は厳密に区別される必要がある[8]。そして，国際裁判管轄云々は，当該事件が裁判所で取り扱う事件であるとされて初めて問われる問題であり，論理的には，裁判権免除の問題の方が優先的に問われなければならないはずである[9]。それゆえ，以下ではまず，こちらの問題を取り上げる。

3　外国国家の裁判権免除

フィレンツェ控訴院は裁判権免除の特権を制限する理由として，戦争犯罪に

---

[8] 法務官意見書第77節。
[9] 実務的には，いずれにせよ訴えは却下されるのであるから審理しやすい方から審理してよいことになろうか。ただし，国際裁判管轄の方を先に審理すると，裁判権免除の特権を享受するはずの外国国家が，裁判権免除以外の問題の審理につきあわされるという問題はありえよう。

関連する訴えに関するそのような制限は，ヨーロッパ内外の裁判所によって確立された国家実行であると述べている。しかしながら，同控訴院は，イタリア破毀院のフェリニ判決以外に何らの例証をもあげていない。

　問題解決の出発点は，絶対免除主義に代わる相対免除主義である。後者の相対免除主義は，国家活動をその機能によって本来の「主権的行為」と私法的商業的な性質を持つ「業務管理的行為」に分け，前者についてだけ裁判権免除を認める立場である。そして，ここで問題となっている民間人への軍隊の残虐行為が主権的活動であることは明らかである。本判決も，本件事案が「民事事件」であるかを問題とすることとの関連においてではあるが，軍隊の活動は，とくに，権限ある国家の官署によって一方的かつ強行的に決定され，国家の対外・防衛政策と不可分に結びついているとの理由により，国家主権の典型的な現れと言うべきであると述べている[10]。

　2005年5月4日のギリシャ最高裁判所判決やフィレンツェ控訴院およびフェリニ判決の立場は，この制限免除主義を重大な人権侵害の場合にはより制限しようとの一部の最近の学説によっているが，その学説の根拠は，人権は国際法上の強行規範であり，裁判権免除のような次元の低い原則によって制限されてはならないとする点にある[11]。しかしながら，このような学説の立場が一般的な国家実行によって支えられているかを疑問とするM・シュチュルナーは，ヨーロッパ人権裁判所が2001年11月21日判決[12]中で裁判権免除が拷問の場合に制限されるべきであることを認める国際法上の手がかりは何もないと述べており，さらに2002年12月12日判決[13]中でも再確認していることを指摘する。また，ディストモ村事件においてドイツの連邦通常裁判所，連邦憲法裁判所[14]が，さらにはイギリスの貴族院[15]もヨーロッパ人権裁判所の立場に従っていることをも指摘する[16]。

---

(10) 本判決判決理由第37節。
(11) 重大な人権侵害の場合の制限免除主義の制限については，vgl. BRÖMMER, STATE IMMUNITY AND THE VIOLATION OF HUMAN RIGHT, pp. 196 et. seq. (1977); Appelbaum, Einschränkungen der Staatenimmunität in Fällen schwerer Menschenrechtsverletzungen, 273ff. (2006)
(12) Al-Adsani v. The United Kingdom, Application no. 35763/97
(13) NJW 2002, 273.
(14) BGHZ 155, 279; BVerfG NJW 2006, 2542.
(15) Jones v. Minister of the Interior of the Kingdom of Saudi Arabia, [2007] A. C. 270, 292
(16) M. Stürner (Fn. 2), 201.

ここで問題としている場合に国家の裁判権免除の特権を制限するもう1つの根拠としては，当該の不法行為が法廷地国で行われているという点がある。これに関する手がかりは，「手続が人的もしくは物的損害の賠償にかかわり，損害を生じさせた出来事が法廷地国で発生し，かつ，加害者が当該出来事の発生時に法廷地国にいたときには，締約国は，他の締約国の裁判所の面前において，裁判権免除を求めることはできない。」とするヨーロッパ国家免除条約11条の規定である。国及びその財産の裁判権からの免除に関する国連条約12条も類似の規定を含んでいる[17]。しかし，M・シュチュルナーは，ここでも，ヨーロッパ国家免除条約はこれまでのところ8か国によって批准されているにすぎず，ヨーロッパ人権裁判所2001年11月21日判決[18]は，このことから，裁判権免除の制限の方向への動きはあるが，それは決して一般的に受け入れられているとは言えず，国際慣習法の一般的原則とはなっていないとの結論を導いていることを指摘する。加えて，ギリシャ最上級特別裁判所も，同様の判断を示していることも指摘する[19]。のみならず，ガイマーによれば，この裁判権免除の例外は，平時におけるないしは軍事衝突以外の場面での不法行為に関係するにすぎないとされるから[20]，これによれば，国家実行が確立されていたとしても，ここで問題としている場合における裁判権免除の制限を正当化しえない。

　ともあれ，国家の裁判権免除に関わる国際（慣習）法に一定の動きがあることは事実である。そうすると，裁判権免除の問題について，問題とされる不法行為の行われた時点の国際慣習法が基準となるのか，現在のそれが基準となるのかという問題が発生する。この点について，M・シュチュルナーは，出来事はその発生時に妥当していた規範に基づいて判断されるべきであるという国際法上の原則[21]が当てはまると指摘する。刑事法以外の分野では，継続的な事実関係と完結的な事実関係とが区別され，ここで問われている過去において完

---

(17) この条約等を踏まえて，先頃，わが国の法制審議会主権免除部会でとりまとめられた「外国等に係る民事裁判権免除法制の整備に関する要綱案」の第3の6（条約第12条関係）においても類似の定めが置かれている。〔その後成立した，外国等に対する我が国の民事裁判権に関する法律の10条となっている。〕

(18) McElhinney v. Irland, Application no. 31253/96, at 38

(19) M. Stürner (Fn. 2), 201.

(20) Geimer, Los Desastres de la Guerra und das Brüssel I-System, IPRax 2008, 226.

(21) Verdross/Simma, Universelles Völkerrecht, 366 (1976); BROWNLIE, PRINCIPLES OF PUBLIC INTERNATIONAL LAW, 6th ed., pp. 125-126 (2003)

結した不法行為に関しては動態的な考察方法は不適切であって，行為時の国際慣習法による評価が必要であるという。そして，当該不法行為の評価には，実体法的評価のみならず裁判権免除にかかわる問題も不可分に結びつけられて包含されているとする。そうであるとすれば，人権侵害や法廷地で行われた不法行為に関する最近の裁判権免除の例外についての国際慣習法の動向は，第2次世界対戦中に行われた軍事活動との関係での裁判権免除の問題には無関係ということになる[22]。

4 裁判権免除と民事事件

以上のように考えれば，本件事案においても，ギリシャ裁判所は，ドイツが裁判権免除の特権を享受するがゆえに裁判権を有せず，この理由ですでに本件訴えは不適法ということになる。ところが，本判決は，ブリュッセル条約ないしブリュッセルⅠ規則1条1項1文にいう「民事事件」に該当しないから，同条約（同規則）が適用されないとの理由で，ギリシャ裁判所には国際裁判管轄権がないとした。

先にも述べたように，論理的には，裁判権の問題の方が国際裁判管轄の問題に先行するはずである。そして，裁判権が及ばない事件は主権的行為にかかわる事件であるから，そのような事件は民事事件とは言えず，逆に，裁判権の及ぶ事件は主権的行為ではなく，業務管理的行為にかわる事件であって民事事件であるということになるようにも思われる。もしそうであるとすると，裁判権免除が及ばないとされた場合には，改めて民事事件であるか否かの観点から当該事件が条約ないし規則の客観的適用範囲に入るかを問題とする必要はないことになるが，はたしてそのように考えてよいであろうか。

この点について，M・シュチュルナーは，EC内部に特殊な定めのない限り，EC法は原則として国際法の定めを承認するということを指示し[23]，裁判権免除に関する国際（慣習）法上の原則はブリュッセル条約ないしブリュッセルⅠ規則との関係でも排除されることはないとする。そして，この観点から，裁判権免除の及ぶ事件は，常に民事事件ではなく，同条約（同Ⅰ規則）の客観的適用範囲に入らないとするが，逆は真ならずであり，裁判権免除の及ばない事件に常に同条約（同Ⅰ規則）が適用されるわけではないとする[24]。

---

(22) M. Stürner (Fn. 2), 202f.
(23) Ruffert, in: Calliess/Ruffert (Hrsg.), EUV/EGV, Art. 249 Rdnr. 5 (1999).
(24) M. Stürner (Fn. 2), 203f., 206.

また，ドゥッタも，結論として同旨のことを述べる[25]。そして，そのうえで，上記の条約（規則）の「民事事件」の概念は条約（規則）自律的に，つまりそれ独自のものとして解釈されなければならないとされている[26]ことを指摘する。それに対し，裁判権免除における主権的行為と業務管理的行為の区別のためには，少なくともドイツにおいては，国際法上は明確な基準がないとの理由で，法廷地法が援用されている[27]とする。そこで，民事事件か否かの判断と業務管理的行為か否かの判断には微妙な食い違いが発生し，ある行為がある加盟国において主権的行為であるとされても，他の加盟国においてはそうではないとされる可能性がある。

以上からすると，ある行為が主権的行為であるか否かの判断は国ごとに異なりうることが建前としても肯定されている。それに対し，当該行為にかかわる事件が民事事件であるか否かの判断は各加盟国において統一的になされるべきもののはずである。それゆえ，本件事案においてそうされたのは基本事件における当事者の争い方に依存していたと思われ，そのような当事者の争い方が適当であったかはともかくとして，ブリュッセル条約ないしブリュッセルⅠ規則が適用される同条約（同Ⅰ規則）1条1項1文にいう「民事事件」とは何かを，主権的行為とは何かの問題とは別個に検討しておく必要はある[28]。

5　民事事件の意義

本判決は，当該事件が民事事件であるか否かの判断のためには，当事者間に存在する法律関係の性質または紛争の対象が目当てとされ，私人と行政官庁との間の訴訟に関しては，行政官庁の主権的権能の行使が問題となっているかが重要であるとする[29]。そして，例として，EC司法裁判所が，そこで問題となった事件を，この観点から民事事件ではないとした判例をあげる。1つは，役務または施設の利用料金を取り立てる公的な官署は，とくに，その役務・施

---

(25) Dutta (Fn. 2), 216ff.
(26) LTU v. Eurocontrol, Case 29/76, [1976] ECR 1541, paras. 3, 5; Netherland State v. Rüffer, Case 814/79, [1980] ECR 3807, para. 7.
(27) BVerfG, Urt. v. 30. 4. 1963, BVerfGE 16, 27, 62.
(28) すでに述べてきたような国家の裁判権免除の領域における最近の国際（慣習）法の発展に鑑みれば，主権的行為と業務管理的行為の区別は法廷地法ではなく，国際法によるべきとも考えられるが，たとえそうであるとしても，EC法と国際法とは異なるから，この結論に違いは生じない。
(29) 本判決判決理由第30節・第31節。

設の提供・利用が強制的かつ独占的なものであり，そのうえ，その料金率と料金の計算方法および取立手続が一方的に利用者に対して確定されるものであるときは，主権的権能を行使しているとする判例である(30)。また，もう1つは，公的な運河の管理権限を有する国が，国際法上の義務の履行のために，主権的権能の行使として，行いまたは行わせた廃船の除去のための費用の賠償を求めて，法律上の賠償義務を負う者に対して提起した訴訟は，民事事件ではないとした判例である(31)。これらの判例に鑑みれば，先にも指摘したように（3第2段落参照），そこにあげられた理由によって，軍隊の活動が主権的行為であることは明白であり，その活動に起因する損害の賠償を求める訴訟は民事事件とは言えない。

　基本事件の原告は，ブリュッセル条約5条3号，4号を援用して，それは一定の場合について裁判権免除の廃棄を定めているとも主張しているが，そもそも本件事案においては同条約が適用されるかが前提問題として問われており，それが否定される以上，原告の指摘は意味を持たないことになる(32)。

　さらに，基本事件の原告は，その請求の基礎となっている行為が違法であることを前提としているが，本判決によれば，その行為の違法・適法の問題は当該行為の性質にかかわる問題であり，それが属する領域が何かを問うているものではないとする(33)。すなわち，それは主権的行為が問題となっているか否かを問うものではないから，当該行為を問題とする訴訟が民事事件であるか否かには無関係であるというのであろう。

　また，本判決は，違法・適法は実体的な本案の問題なのであるから，それが管轄の次元で（も）問われることになっては，加盟国の法システムと司法機関に対する相互の信頼に基づいて，管轄をめぐる紛争を統一的に規律し，締約国の判決の迅速な承認と執行のための手続の簡素化を定めて，法的安定性を保障しようとしたブリュッセル条約の体系と目的にも調和しえないと指摘する(34)。そのほか，2004年4月21日の争いのない債権についてのヨーロッパ執行名義に関する規則2条1項が，同規則は民事・商事事件に適用されるが，ただし，「当該作為・不作為が適法であるか否かを問わず，主権の行使の枠内における

---

(30) LTU v. Eurocontrol, Case 29/76, [1976] ECR 1541, para. 4.
(31) Netherland State v. Rüffer, Case 814/79, [1980] ECR 3807, para. 9 and para. 16.
(32) 本判決判決理由第42節。
(33) 本判決判決理由第43節。
(34) 本判決判決理由第44節。

作為・不作為は除かれる。」としていることや，2006年12月12日のヨーロッパ督促手続に関する規則も同様の規律を含んでいることも指摘する[35]。

6 戦争犯罪行為の犠牲者の救済方法

　結局，外国の軍隊による戦争犯罪行為の犠牲者は，犯罪行為地の裁判所に損害賠償を請求する訴えを提起しても，外国国家の主権免除を理由に，あるいはそのような訴えは民事事件ではないのでブリュッセル条約ないしブリュッセルⅠ規則の適用範囲には入らないとの理由で，訴え却下の判決を受けざるをえない。それゆえ，犠牲者は，侵害国自身の裁判所に訴えを提起せざるをえないが，それも個人には損害賠償請求権は帰属しないとの理由で棄却される可能性が高い。そうすると，結局，そのような犠牲者の救済は国と国との外交交渉等，国際法のレベルではかることを目指すほかはないことになる[36]。

（国際商事法務37巻3号／2009年）

［野村秀敏］

---

(35) 本判決判決理由第45節。これらの2つの規則については，取り敢えず，春日偉知郎「EU民事司法」庄司編・実務篇263頁以下参照。〔督促手続規則については，本書第1篇第3論文も参照。〕

(36) M. Stürner (Fn. 2), 206; Geimer (Fn. 20), 227.

III EC/EU 法と加盟国の国内裁判所の権限

3 ブリュッセル条約における訴訟差止命令の不許容

EC 司法裁判所 2004 年 4 月 27 日判決：[2004] ECR I-3565
(Gregory Paul Turner v. Felix Fareed Ismail Grovit, Harada Ltd, Changepoint SA, Case C-159/02)

〔事実の概要〕

X（Turner）はイギリスに居住するイギリス国籍者である。X は Y1（Grovit）が指揮する企業グループ Y2（Changepoint）の法務部員として雇用された。X はロンドンで仕事をしていたが、1997 年 5 月に X からの希望もあって、X の職場はスペインのマドリッドに移された。1997 年 12 月 X の所属部門はグループの別の企業である Y3（Harada）に譲渡された。1998 年 2 月、X は Y3 との雇用関係を終了された。

1998 年 3 月、X は Y3 を相手取って、不当解雇を理由にイギリスの労働裁判所に提訴した。Y3 は、労働裁判所の管轄権を争ったが退けられ、結果的に X に対する損害賠償を認める判決が下された。他方 Y2 は、1998 年 7 月、スペイン・マドリッドの裁判所において X に対して雇用契約違反を理由とする損害賠償請求の訴えを提起した。X はこの訴訟の訴状の受領を拒絶するとともに、スペイン裁判所の管轄権の存在を争った。1998 年 12 月、同時に、X はイギリスの高等法院において Y らに対してスペインで開始された訴訟手続の続行を禁止する訴訟差止命令を申し立てたところ、一定の期限付きで認められた。しかし、1999 年 2 月、高等法院はこの訴訟差止命令の期間延長については拒否したので、X は控訴裁判所に不服申立てをしたところ、控訴裁判所は、スペインでの訴訟が X を圧迫し困惑させるために提起されていることを主たる理由に、訴訟差止命令を再び認めた[1]。

1999 年 6 月、Y2 はこの訴訟差止命令に従うかたちで、スペインの裁判所に係属する訴えを取り下げた。このことに続けて、Y らは、イギリスの貴族院（最高裁判所）に上告して、イギリス裁判所にはブリュッセル条約の適用範囲において訴訟差止命令を発令する権限がないこと主張した。

貴族院は、以下のような理由から、控訴裁判所が訴訟差止命令を発令したことが

---

[1] これらの事実関係ならびにイギリスの高等法院および控訴裁判所の判決の詳細は、岡野 223 頁以下に紹介されている。本稿は、とくにイギリス法の状況について、この岡野論文に多くを負っている。

正当であると判断している。①訴訟差止命令の申立人は，イギリスで係属中の訴訟手続の当事者であったこと。②その相手方は，信義則に反して，別の国において申立人に対する訴えを開始し，よってイギリスで係属中の訴訟手続を妨害しようとしたこと。③控訴裁判所は，係属中の訴訟手続における申立人の正当な利益を保護するために，相手方に対して訴訟差止命令を発令していたこと。

しかしながら貴族院は，ここでイギリスの裁判所による訴訟差止命令がブリュッセル条約に矛盾するかどうかという EC 法の解釈が問題になっていると判断したので，これを EC 司法裁判所に付託する決定をした[2]。

〔判　旨〕

ブリュッセル条約（1998 年）は，ある締約国の裁判所がその国で係属中の訴訟手続の一方当事者に対し，たとえその者がすでに係属中の訴訟手続を妨害するという目的をもって信義則に反して行動している場合であっても，別の締約国の裁判所に訴えを提起すること，またはその訴訟手続を続行することを禁止するための訴訟遂行差止命令を命じることを許さない。

◆研　究◆

1　本判決の意義

訴訟遂行差止命令（anti-suit injunction ──以下，「訴訟差止命令」という）は，訴訟の相手方に対して，その者が別の（外国の）法廷地において提訴または訴訟の続行をすることを禁止する裁判所の命令である。この裁判所の命令に違反した当事者には法廷侮辱として制裁が科される[3]。

訴訟差止命令は英米法の伝統的な法制度であるが，EU では，イギリスのみがこの制度を有している（1981 年最高裁判所法 37 条[1]）。ＥＵ締約国間の国際民事訴訟法はブリュッセル条約（2002 年 3 月からはブリュッセルⅠ規則）によって規制されているが[4]，このブリュッセル条約（ブリュッセルⅠ規則）の適用範

---

[2] 本決定およびそれに至る経緯に関するドイツ語資料として Thiele, RIW 2002, 383 を参照した。

[3] 道垣内正人「国際的訴訟競合(2)」法協 99 巻 9 号 1375 頁（1982 年），不和茂「英米裁判例にみる国際的訴訟差止 (antisuit injunction)(1)(2・完)」愛媛 18 巻 1 号 53 頁（1991 年），4 号 95 頁（1992 年），岡野 135 頁。

[4] 中西康「民事および商事事件における裁判管轄および裁判の執行に関する 2000 年 12 月 22 日の理事会規則 (EC) 44/2001（ブリュッセルⅠ規則）(上)(下)」際商 30 巻 3 号 311 頁，4 号 465 頁（2002 年）。

囲においても，イギリスの国内裁判所は自国法の伝統に従い他の EU 締約国の裁判所に提訴した当事者に対して訴訟差止命令を発令することができるのかという問題は，イギリス国内裁判所による複数の肯定判例[5]とあわせて盛んに議論されていた。

この問題について，EC 司法裁判所の判断はこれまで示されていなかった。なぜなら，訴訟差止命令は，他の締約国から見ればブリュッセル条約 25 条（同 I 規則 32 条）以下によって承認・執行を義務づけられる外国裁判所の「本案」判決とみなされないので，イギリス以外の国内裁判所がこの問題を EC 司法裁判所に付託しない限り，EC 法上の問題として取り上げられなかったからである[6]。

しかしながら，本件の基本事件を契機として，イギリスの貴族院（最高裁判所）は，従来の態度を改めて，自国の伝統的制度である訴訟差止命令を EC 法の秤にかけるために，EC 司法裁判所への付託を決意した。これに対する EC 司法裁判所の判断は，以下紹介するように，訴訟差止命令がブリュッセル条約（同 I 規則）の諸規定と合致しないという一般的かつ明確なものである。

この結論は，学説の多数説[7]および本件の法務官意見に従うもので，予想どおりであったと評価できる。しかしそれ以上に，本判決に至る議論状況を見ると EC 司法制度におけるイギリス法の孤立，あるいは EC/EU 統一法の強化によって各締約国の固有の訴訟制度が大きな痛みを伴って均質化されるというイギリスに限らない EC/EU の民事訴訟制度の全体傾向ないし問題点[8]が本判決において顕著であり，比較法的にも興味深い。

2　大陸法側と英国法側の主張の対立

本件の EC 司法裁判所での口頭弁論において，イギリスの訴訟差止命令がブリュッセル条約に反するという大陸法側（被告 Y らの主張，ならびにイタリア政

---

[5] 1994 年の Continental 銀行事件判決。詳細は岡野 130 頁以下を参照。そのほかの裁判例についても，岡野 201 頁以下。

[6] 例外として，ハーグ送達条約 13 条 2 項の公序違反を理由にイギリスの訴訟差止命令をドイツ在住の被告に送達することを拒絶した 1996 年のドイツ・デュッセルドルフ高等裁判所の決定がある。OLG Düsseldorf, ZZP 109 (1996), 221.

[7] これは従来から大陸法側の見解でもあるが，イギリス法学説においても次第にこの見解に与するものが増えているようである。Krause, RIW 2004, 534 の注 17 参照。岡野 225 頁のハリスの見解も同様である。

[8] Rauscher, IPRax 2004, 405.

府，ドイツ政府，および EC 委員会の法廷意見書）の見解と，それに反しないというイギリス法側（原告の主張およびイギリス政府の法廷意見書）の見解が対照的に主張されていた。

　まず，大陸法側の主張の中核には，ブリュッセル条約はそれ自体で完結的な管轄規則を導入していることがある。すなわち，「すべての裁判所は，管轄規則に基づいて自分自身の管轄権のみを判断することができるのであって，他の締約国の裁判所の管轄権について判断することができない。しかし，訴訟差止命令は，結果的に，それを発令する裁判所にあたかも専属管轄を認めることを要求し，それによって，他の締約国の裁判所から自身の管轄権の有無を審査する可能性を奪い去り，ひいてはブリュッセル条約が依拠する『相互の信頼の原則』を阻害することになる[9]。」

　本判決のために提出された法務官意見も，以上の大陸法側の見解と同様の論拠から訴訟差止命令はブリュッセル条約と矛盾するという結論である。これに加えて，法務官意見においては，イギリスの国内裁判所による訴訟差止命令を無視して下された他の締約国の裁判所の判決であっても，逆にイギリスの国内裁判はブリュッセル条約 26 条に基づき承認義務を負うことが指摘されている[10]。

　それに対して，イギリス法側の主張は前述のような基本事件に対するイギリス貴族院の見解と合致する。すなわち，「EC 司法裁判所に付託された問題は，訴訟手続を濫用し，信義則に反した行動によって，イギリス裁判所に係属する訴訟手続を妨害することを目的として実施される訴訟（遂行）を禁止することのみに関するものである。イギリスの裁判所に係属中の訴訟手続が円滑に進行するという利益は保護されるべきなので，イギリスの裁判所のみが，相手方の態度がこの訴訟手続の進行を現実に妨害するまたは危機に陥れるおそれがあるかどうかについての判断をすることができる[11]。」

　さらに，イギリス法側は訴訟差止命令の制度上の性格について次のような主張をする。すなわち，「ここで問題になっている訴訟差止命令は，外国裁判所の管轄権についての判断を含むものではない。それはむしろ手続上の措置とみなされなければならない。1998 年 11 月の Van Uden 事件判決[12]に従えば，

---

(9) 本判決決理由第 20 節参照。
(10) 法務官意見書第 36 節。
(11) 本判決判決理由第 21 節参照。
(12) Van Uden Maritime BV, trading as Van Uden Africa Line v. Kommanditgesellsaft

ブリュッセル条約は，ある締約国の国内裁判所が発令する手続上の措置に関して，その裁判所が同条約により本案の裁判管轄を有するならば，何ら制限を課するものではない[13]。」

イギリス法側は，最後に，訴訟差止命令が，締約国内における裁判の矛盾の危険性を最小限におさえ，かつ訴訟手続の重複を避けるというブリュッセル条約の目的の実現に役立つものであることも付言する[14]。

3 EC 司法裁判所の判断

EC 司法裁判所は，上記の大陸法側の見解を支持した。そこでのキーワードは，締約国間の「相互の信頼の原則」と「締約国裁判所の等価値性」である。以下，その部分の抄訳を記載する。

「最初に指摘したいのは，ブリュッセル条約は信頼に基づいているということである。この信頼に基づいて，各締約国は相互の法体系および裁判制度を受容する。この相互の信頼があって初めて，ブリュッセル条約の適用範囲において，裁判所にとって義務的な裁判管轄体系が創設され，それに対応して，締約国の国内法における外国判決の承認・執行のルールを放棄して，より簡易な承認・執行手続を受け入れることが可能になる[15]。」「相互の信頼の原則の本質的要素というべきなのは，ブリュッセル条約の適用範囲において，締約国の裁判所にとって共通の管轄規則がそのうちのいずれの裁判所によっても同じ専門的知見を持って解釈・適用されることである[16]。」

---

in Firma Deco-Line and Another, Case C-391/95, [1998] ECR I-7091. この判決の評釈として，野村秀敏「EC 管轄執行条約 24 条による仮の処分の命令管轄とその執行可能領域」際商 29 巻 3 号 332 頁以下（2001 年）〔本書第 2 篇 26 事件〕がある。

(13) 本判決判決理由第 22 節参照。
(14) 本判決判決理由第 23 節参照。
(15) 本判決判決理由第 24 節。ここで訴訟競合の規制における専属的管轄条項の取扱いが争点になった EC 司法裁判所 2003 年 12 月 9 日判決（Erich Gasser GmbH v. MISAT Srl, Case C-116/02, [2003] ECR I-4963）が引用されている。同本判決は，合意管轄条項がある場合であっても，先行訴訟が係属する裁判所に管轄競合についての判断の優先権を認めるというものであった。この判決については別稿で取り上げる予定である。〔安達栄司「二重起訴の禁止と専属的合意管轄の優先関係および迅速な裁判を受ける権利の保障」際商 33 巻 7 号 982 頁（2005 年）（本書第 2 篇 25 事件）〕
(16) 本判決判決理由第 25 節。ここで 1991 年の Oberseas Union 保険会社事件判決（Oberseas Union Insurance Ltd and Deutsche Ruck UK Reinsurance Company Ltd and Pipe Top Insurance Company Ltd v. New Hampshire Insurance Company, Case C-351/89, [1991] ECR I-3317）が引用されている。同判決については，岡野 151 頁参照。

「同様にブリュッセル条約は，同条約 28 条の例外を度外視するならば，ある締約国の裁判所に管轄権があるかどうかを，別の締約国の裁判所が審査することを許していない[17]。」「罰金の賦課を担保にして発令される訴訟差止命令は，当該事件についての外国裁判所の裁判管轄権を侵害する。かかる訴訟差止命令によって原告が訴えの提起を禁止されるならば，そこにはブリュッセル条約の体系と整合しない外国裁判所の管轄権に対する干渉が認められるからである[18]。」

「このような干渉は，間接的なものにすぎず，主たる目的は国内手続の被告側における訴訟手続の濫用を阻止しようとしているということでも正当化されない。なぜなら，問題視されている被告の行動が信義則に反するかどうかの評価は，被告が提訴している外国の締約国の裁判所の裁判管轄権の適切性を判断することに必然的につながるからである。しかし，このような判断をすれば，前述の相互の信頼の原則に反することになる。すなわち，相互の信頼の原則は，ある裁判所が別の締約国の裁判所の管轄権を審査することを禁止するものである[19]。」

「被告が主張するように，訴訟差止命令が訴訟手続の円滑な進行を確保するための手続上の措置にすぎず，したがってもっぱら国内法に従って発令可能であるとしても，国内手続法を適用することによって，ブリュッセル条約の有効性が侵害されるような結果が生じることは許されない[20]。本件で問題になっている訴訟差止命令は，ブリュッセル条約の管轄規則の適用が限定されるような影響をもたらすので，かかる侵害が引き起こされることになる[21]。」

「訴訟差止命令の発令は，ブリュッセル条約の目的実現に役立ち，また相互に矛盾する裁判の危険性を減少させ，かつ手続の重複を回避するという主張には従うことができない。まず，このような差止命令は，訴訟係属および関連事件に関して同条約に定められている処理方法から実際上の有用性を奪うことになる。他方で，訴訟差止命令は，ブリュッセル条約が予想していなかった衝突状態を惹起する可能性がある。というのは，ある締約国において発令された訴

---

(17) 本判決判決理由第 26 節。
(18) 本判決判決理由第 27 節。
(19) 本判決判決理由第 28 節。
(20) ここで 1990 年の Hagen 事件判決（Kongress Agentur Hagen GmbH v. Zeehaghe BV, Case C-365/88, [1990] ECR I-1845）が引用されている。
(21) 本判決判決理由第 29 節。

訟差止命令があるにもかかわらずそれを無視して，別の締約国の裁判所が判決を下すという事態は排除できないからである。また，この別の締約国の裁判所が，その国内法によって訴訟差止命令が発令可能であるならば，逆の差止命令を発令する可能性も否定できない[22]。」

4 本判決の影響と日本法からの関心

本判決によってEC司法裁判所は，ブリュッセル条約（同Ⅰ規則）の適用範囲内におけるイギリスの訴訟差止命令の不許容を明確に宣言した。本判決の評釈において，本判決の趣旨が，本件のように，信義則違反の濫用的な対抗訴訟を外国で提起した当事者に対する訴訟差止命令の場合に限らず，専属的合意管轄または仲裁合意に違反して訴えを提起した当事者に対する訴訟差止命令の場合[23]にも広く妥当することが予想されている[24]。かくして，EU域内において，唯一，国境を越えた訴訟差止命令を発令できるというイギリスの国内裁判所の特権的地位は剥奪されることになった。

その他に，本判決はEUの家族法分野における裁判管轄・執行を規律する2003年のいわゆるブリュッセルⅡ規則（EC No.1347/2000），さらには同規則を改訂して子の連れ去り事件についても対応できるようになったブリュッセルⅡA規則（EC No.2201/2003）の適用範囲においても影響を有する。すなわち，いずれの分野においても各締約国は同一事件について他国の裁判所の利用を妨げようとする国内法上の措置を有しているが，本判決で強調される「相互の信頼の原則」と「各締約国裁判所の等価値」[25]に鑑みるならば，それらの措置の利用もまたEC法上は不適法になる[26]。

日本法の観点から本判決を見るならば，EC/EUのように強固な中央権力機構の下で締約国間における「相互の信頼の原則」が存在する「理想的な地域限定の国際社会」を前提にして初めて，本判決は可能であったと理解せざるをえない。国際的な裁判管轄・承認執行に関して二国間協定すらもほとんど締結されていないわが国の国際民事訴訟法ないし国際的訴訟競合論にとって，本判決

---

[22] 本判決判決理由第30節。
[23] 注5前掲のContinental銀行事件判決は，このタイプの訴訟差止命令を肯定したものである。岡野130頁参照。
[24] Krause (Fn.7), 539; Rauscher (Fn.8), 408.
[25] もっとも実際問題としてこれらの原則が機能しているのかという点では疑問も出されている。Krause (Fn.7), 539.
[26] Rauscher (Fn.8), 409.

の結論は，理想的な国際民事訴訟法の1つの到達点として目標にはなるにせよ，実践的な解釈論としては響かない。

　日本法からは，むしろ国際的訴訟競合の規制方法として，わが国の裁判所がイギリス法のような訴訟差止命令を発令することができるのか，逆に英米の裁判所が発令した訴訟差止命令をわが国の裁判所は承認・執行できるのかという研究がさらに進められるべきである。その点で，本判決では回答の必要性がないので直接には取り上げられなかったが，訴訟差止命令を保全処分類似の措置としてみなし，ブリュッセル条約24条に基づき承認・執行できるという本件の原告およびイギリス政府の見解は依然として検討に値する[27]。その他にも，訴訟差止命令を，例えばドイツ民事訴訟法280条の中間判決に類似する訴訟指揮上の処分として理解し，訴訟競合の調整手段としての機能を有する限りにおいて許容できるとしていた従来の学説[28]も，英米法の制度を大陸法の中に積極的に受容しようとする試みとして，現時点のわが国の国際民事訴訟法のレベルから見ても興味深い。

　〔追記〕本判決については，その後，小田司「ブリュッセル条約（ブリュッセルI規則）の下における訴訟差止命令の許容性」石川＝石渡＝芳賀編II 270頁以下が公にされている。

（国際商事法務33巻3号／2005年）

［安達栄司］

---

[27] わが国の学説においても，一定の範囲において訴訟差止命令をわが国の仮処分として理解し，わが国の裁判所によるその発令も，逆にその承認・執行も許容できるかどうかが検討されている。古田啓昌「訴訟差止命令」高桑昭＝道垣内正人編『新裁判実務大系③——国際民事訴訟法』153頁（2002年）（著者は双方に慎重な態度をとっている）。

[28] Stürner, ZZP 109 (1996), 228; Lenenbach, *Antisuit Injunction in England, Germany and the United Stats*, (1998) Loy. L. A. Int.'l & Comp. L. Rev. 317

4 仲裁合意を貫徹するための訴訟差止命令の可否

EC 司法裁判所 2009 年 2 月 10 日判決：[2009] ECR I-663
(Allinaz SpA and Generali Assicurazioni Generali SpA v. West Tankers Inc., Case C-185/07)

〔事実の概要〕

2000 年 8 月，ERG 石油会社（イタリア会社）がチャーターした West Tankers 社（以下，X社という）所有の船舶「フロントコマー号」は，シラキュース港（イタリア）で ERG 社所有の突堤と衝突し，それが原因で損害を発生させた。チャーター契約では，イギリス法の適用が合意されており，またこの契約には，ロンドン（連合王国）での仲裁手続を定める仲裁条項が含まれていた。ERG 社は，自社の損害保険会社である，アリアンツ社とゲネラリ社（以下，Y社らという）に対し，保険金相当額の損害賠償を要求し，その他の損害額について責任を負うX社に対し，ロンドンにおいて仲裁手続を開始させた。X社は，本件事故の賠償義務を争っている。

Y社らが ERG 社に対し同社が被った損害について保険契約に基づき賠償金を給付した後，Y社らは，法定債権譲渡（イタリア民事訴訟法 1916 条）に基づき ERG 社を代位して，2003 年 7 月 30 日，シラキュース地方裁判所（イタリア）においてX社に対し訴えを提起して，Y社らが ERG 社に支払った金額の償還を求めた。それに対して，X社は，ERG 社との間で締結された仲裁合意を理由にして，シラキュース地方裁判所に管轄権がないという抗弁を申し立てた。

このイタリアの訴訟と並行して，2004 年 9 月 10 日，X社は，高等法院（イングランド・ウエールズ）の，女王座部（商事裁判所）に提訴し，締結されている仲裁合意によって，Y社らとの間の紛争は，その仲裁合意に服せしめられていることの確認を求めた。これに加えて，X社は，Y社らが仲裁手続以外の裁判手続を使用すること，およびシラキュース地方裁判所で開始した手続を続行することを禁止する命令（Ant-suit-injunctions）（以下，訴訟差止命令という）の発令を高等法院に申し立てた。

2005 年 3 月 21 日の判決によって，高等法院の女王座部は，X社の確認の訴えを認容し，さらにY社らに対し訴訟差止命令を発令した。Y社らは，訴訟差止命令の発令が 2001 年のブリュッセル I 規則と相容れないと主張して，この判決に対し貴族院に上告を提起した。貴族院は，本件が仲裁裁判権にかかわる事件であって，そのための訴訟差止命令の発令はブリュッセル I 規則の適用範囲外にあるという見解を異

例にもすでに表明したうえで，上告手続をいったん中断して，この問題に関する先行判決を求めて EC 司法裁判所に付託した。

〔判　旨〕
ある人物に対し，他の締約国における訴訟手続について，仲裁合意に反するという理由によって，その手続の開始または続行を禁止するような命令を裁判所が発することは，ブリュッセル I 規則と相容れない。

◆　研　　究　◆

1　本判決の意義

　EU の国際民事訴訟法の中核にある 2001 年のブリュッセル I 規則[1]に関連して喫緊の解決を要するとされる論点の 1 つが国際仲裁法との関係である。ブリュッセル I 規則 1 条 2 項 d は，その適用範囲から仲裁裁判権（仲裁）を除外している。しかし，当初の仲裁合意を回避したいなどの当事者のその後の訴訟戦略上の思惑から，現実には，ブリュッセル I 規則に基づく締約国の国際裁判管轄権と仲裁裁判権の競合は不可避である。この問題の一局面として，本判決は，EU において，仲裁合意を貫徹するために締約国の裁判所が訴訟差止命令を発令することができるか，という論点を扱う。EC 司法裁判所は，本判決（ウエスト・タンカー事件）においてそれを明確に否定した。この論点は，EU におけるビジネス紛争解決手段としての仲裁の位置づけ，または EU が世界中でもっとも魅力的な仲裁地を提供できるか，という関心にもかかわる。とくにロンドンの仲裁地としてのプレステージを維持したいというイギリスにおいて，本判決は，今後のブリュッセル I 規則の改正も含めて多彩な議論を引き起こしている[2]。

---

(1) 中西康「民事および商事事件における裁判管轄および裁判の執行に関する 2000 年 12 月 22 日の理事会規則（EC）44/2001（ブリュッセル I 規則）（上）（下）」際商 30 巻 3 号 311 頁，4 号 465 頁（2002 年）。
(2) 本稿は，Illmer, IPRax 2009, 312 を参照している。イギリスにおける関連文献等も，同論文注 1 に包括的に紹介されている。合意管轄および仲裁合意の貫徹のための訴訟差止命令について，本判決以前にドイツ法から検討する文献として，ペーター・フーバー（小田司訳）「渉外訴訟における訴訟差止命令」日法 74 巻 4 号 67 頁（2008 年）がある。

2 関連する従来の判例と貴族院の見解

本件に関連する EC 司法裁判所の先行判例は次のとおりである。まず管轄権の競合問題に関して，2003 年の Gasser 事件判決[3]は，先行して係属する締約国の裁判所の訴訟手続に対し，別の締約国の裁判所での管轄合意の効力の優先性が問題となった事案で，前訴優先主義を明らかにした。2004 年の Turner 事件判決[4]は，ブリュッセル条約の規制範囲内において，国際的訴訟競合を解消するための手段として締約国裁判所が訴訟差止命令を発令することは許されないことを明確にした。

次に，ブリュッセルⅠ規則（同条約）と仲裁手続の関係または適用範囲の問題に関しては，1991 年の Rich 事件判決[5]と 1998 年の van Uden 事件判決[6]があり，それらによれば仲裁手続を支援することを主目的にする裁判手続にはブリュッセル条約（同Ⅰ規則）は適用されない。

本件の基本事件が係属するイギリスの貴族院（最高裁判所）は，本件を EC 司法裁判所に付託する際に，これらの裁判例に言及したうえで，Y社がイタリアの裁判所で訴訟手続を開始することまたは続行することの禁止を求める訴訟差止命令は，ブリュッセルⅠ規則の適用範囲外のことであるという結論をすでに明示していた[7]。

これに加えて，貴族院は，イギリスの裁判実務においては仲裁合意を貫徹させるために訴訟差止命令が有効な手段であったこと，仲裁判断と国家裁判所の判決の衝突を減少させることによって法的安定性が促進されること，さらに仲

---

(3) Erich Gasser GmbH v. MISAT Srl, Case C-116/02, [2003] ECR I-4693. この判決を紹介するのは，安達栄司「二重起訴の禁止と専属的合意管轄の優先関係及び迅速な裁判を受ける権利の保障」際商 33 巻 7 号 982 頁（2005 年）〔本書第 2 篇 25 事件〕。

(4) Gregory Paul Turner v. Felix Fareed Ismail Grovit, Harada Ltd, Changepoint SA, Case C-159/02, [2004] ECR I-3565. この判決を紹介検討するのが，安達・革新と国際化 201 頁〔本書第 2 篇 3 事件〕。

(5) Marc Rich & Co. AG v. Società Italiana Impianti PA, Case C-190/89, [1991] ECR I-3855.

(6) Van Uden Maritime BV, trading as Van Uden Africa Line v. Kommanditgesellsaft in Firma Deco-Line and Another, Case C-391/95, [1998] ECR I-7091. 本判決を紹介検討するのが，野村秀敏「EC 管轄執行条約 24 条による仮の処分の命令管轄とその執行可能領域」際商 29 巻 3 号 333 頁（2001 年）〔本書第 2 篇 26 事件〕。

(7) West Tankers Inc v. RAS Riunione Adriatica di Sicurta SpA and Others (The Front Comer) [2007] 1 Lloyd's Rep. 391

裁合意のための訴訟差止命令を他の締約国が許容することによって，EUの仲裁地としての国際的競争力が向上すること，を理由としてあげている。

3　本判決の立場：ブリュッセルⅠ規則の適用範囲

(1)　Turner事件判決は，訴訟競合（二重起訴）の事案について，イギリス裁判所が自国の裁判所で先行して係属する訴訟手続に審理を集中させるために，後から係属した他の締約国の訴訟手続の続行を禁止するタイプの訴訟差止命令をブリュッセルⅠ規則と矛盾すると宣言するものであった。本件では，訴訟競合の規制ではなく，当事者間で締結されている仲裁合意を貫徹するために発令される訴訟差止命令が問題になっている。

ブリュッセルⅠ規則1条2項dは，仲裁裁判権を同規則の適用範囲から除外している。本件の訴訟差止命令が仲裁手続の一部に含まれると考えるならば，この適用除外の規定によって，本件の差止命令の発令はブリュッセルⅠ規則の規制を免れることになる。本件のX社も，また連合王国政府も，ブリュッセルⅠ規則1条2項dが仲裁裁判権を同規則の適用範囲から除外しているという理由で，かかる訴訟差止命令は同規則と矛盾しない，との見解をEC司法裁判所に提出していた。また本件付託前にイギリス貴族院がこの見解を表明していたことは前述した。

(2)　EC司法裁判所は，本判決において，前述のRich事件判決およびvan Uden事件判決を引用したうえで，本件の基本事件の手続対象（請求権）の法的性質を考慮するならば，「訴訟差止命令の発令のために実施されている基本手続のような手続は，それゆえにブリュッセルⅠ規則の適用範囲に該当しない可能性がある」と述べている[8]。

しかし，EC司法裁判所は，次のような「影響理論」[9]と称すべき実質的な理由を述べて，ブリュッセルⅠ規則1条2項dに基づく適用除外を否定した。「ある手続が，ブリュッセルⅠ規則の適用範囲に該当しないという場合であっても，同様に，同規則の有効性を害するような影響を与えることがあり，とくに，民事および商事における国際裁判管轄の諸規定の統一化とかかる事件において下された判決の自由移動の目的を達成するという目標を妨害する可能性がある。例えば，その手続が他の締約国の裁判所に対し，ブリュッセルⅠ規則によってその裁判所に付与されている権限を行使することを妨害しようとする場

---

[8] 本判決判決理由第23節。
[9] effet utile. Illmer (Fn. 2), 315の表現である。

合，そのような状況になる[10]。」

　本判決が提示するこの「影響理論」によれば，そもそもY社らが仲裁合意を回避して提訴したシラキューズ地方裁判所においてブリュッセルI規則に基づき国際裁判管轄権が認められると判断されたうえで，「訴訟差止命令」がこの訴訟手続にどのような影響を及ぼすか，が調査されなければならない。EC司法裁判所は，不法行為に基づく損害賠償請求が問題になっている本件について，不法行為地の裁判所としてブリュッセルI規則5条3号に基づき管轄権が認められるかどうかのみならず，当事者間に仲裁合意が有効に存在しそれが妨訴抗弁になるかどうかについて前提問題として判断することも，先に訴訟が係属したシラキューズ地方裁判所の専権事項であると述べる[11]。このことによって，本判決は，ブリュッセルI規則が適用される限り，仲裁合意との競合の事案においてもいわゆる「前訴優先主義」が妥当することを明らかにした[12]。

　EC司法裁判所が本件で前訴優先主義をとることの根拠は，ブリュッセルI規則による締約国の裁判所の管轄権判断の権限を最大に保障しようという考慮にある[13]。EC司法裁判所によれば，本件の基本事件において発令されたような「訴訟差止命令」は，すべての受訴裁判所が，当該裁判所に妥当する法に従って，自己に係属中の争訟に関して管轄権を有するのかどうかを決定するという，EC司法裁判所がGasser事件判決で明らかにした「一般原則」を逸脱するものになる。ブリュッセルI規則は締約国の裁判所の管轄権を別の締約国の裁判所によって調査することを許していないことを述べる別の判例[14]もEC司法裁判所はここで援用している。つまり，「締約国の裁判所の裁判管轄権は，ブリュッセルI規則の適用範囲も含め，その規則の諸規定によって直接

---

(10) 本判決判決理由第24節。
(11) 本判決判決理由第26節・第27節。
(12) 前訴優先主義の意義について，安達・注3前掲983頁参照。本判決はここで，本件の法務官意見書第53節および第54節ならびにそれが引用するブリュッセル条約に関するケラメウス報告書第35節を参照している。ケラメウス報告書第35節によれば，「当事者がブリュッセル条約に従って訴えられている裁判所について国際的管轄権の不存在を主張するために援用する形で，仲裁合意の有効性は間接的に審査される。」
(13) 本判決判決理由第28節。
(14) Oberseas Union Insurance Ltd and Deutsche Ruck UK Reinsurance Company Ltd and Pipe Top Insurance Company Ltd v. New Hampshire Insurance Company, Case C-351/89, [1991] ECR I-3317, para. 24 ; Gregory Paul Turner v. Felix Fareed Ismail Grovit, Harada Ltd, Changepoint SA, Case C-159/02, [2004] ECR I-3565, para. 26. Oberseas事件判決を紹介するのが，岡野151頁。

定まる。ある締約国の裁判所は，それゆえに，別の締約国の裁判所の管轄権を，より良く，判断することはできない[15]。」

ここでの本判決の特徴は，ブリュッセルⅠ規則の適用範囲において，締約国の受訴裁判所は，仲裁合意の存在に基づいて受訴裁判所の無管轄が主張される場合であっても，同規則に基づく自己の裁判管轄権の存否の判断の前提要件（問題）として，仲裁合意の有効性と効力範囲について判断する権限を奪われないということを明らかにした点にある。国際的な仲裁合意または管轄合意が，管轄排除合意（デロガチオン）を含む強行（法）的な性質をあわせ持っていることを考慮するならば，本判決のこの点の判断は注目に値する。

(3) ブリュッセルⅠ規則の適用範囲において，仲裁合意の貫徹のための訴訟差止命令を許さないという本判決は，法務官意見書第49節を引用して，さらに追加の理由も付言もする。1つが「信頼の原則」である。すなわち，「『訴訟差止命令』は，締約国がそれぞれの法体系と司法機関に対して相互に寄せている信頼，またブリュッセルⅠ規則の管轄体系に対して認めている信頼とも相容れない。なぜなら，訴訟差止命令は，別の締約国の裁判所が，ブリュッセルⅠ規則によって自己に付与されている権限を行使することを侵害する，すなわち，同規則の規定に基づいて，その適用範囲（それには，1条2項dも含まれる）に関して，つまり同規則の適用可能性に関して判断するという，権限を行使することを侵害する[16]。」

(4) もう1つの付加的理由は「濫用の危険」である。すなわち，「シラキュース地方裁判所が，仲裁合意の有効性と適用可能性という前提問題について自ら判断することを訴訟差止命令によって妨害されるならば，一方当事者は，他方当事者が仲裁合意を援用すること，ただそれだけで，訴訟手続から遠ざけられてしまうことができ，またこの仲裁合意を，不成立，無効または履行不能と考えている原告は，ブリュッセルⅠ規則5条3号に従って頼りにした国家裁判所へのアクセスを排除されていると感じるだろう。その結果，原告が要求している裁判所による権利保護の場が奪い取られる[17]。」「したがって，基本事件において問題になっているような訴訟差止命令はブリュッセルⅠ規則とは相容れない[18]。」

---

(15) 本判決判決理由第29節。
(16) 本判決判決理由第30節。
(17) 本判決判決理由第31節。
(18) 本判決判決理由第32節。

(5) 最後に，本判決では，国際仲裁手続に関連して，EU のすべての締約国が加盟している外国仲裁判断の承認執行に関する国連条約（ニューヨーク条約）2 条 3 項の規定[19]によっても本判決の結論は支持されることに言及する[20]。これは，同条約の加盟国である限り，他国の裁判所から訴訟差止の命令を受けるまでもなく，仲裁合意を尊重する義務を負うということに本判決が形式的に言及したものであり，格別の判示ではない。

4 本判決の影響

本判決の射程が，管轄合意を貫徹するための訴訟差止命令の可否の問題にも及ぶことは十分に予想される。従前の Gasser 事件判決および Turner 事件判決とあわせて見るならば，EU においてブリュッセル I 規則が適用される限り，訴訟競合または法廷地の競合の問題は，仲裁（管轄）合意の有効性の判断も含めて，先に訴訟が係属した締約国の裁判所に審査上の優先権を認めるという前訴優先主義（先着主義）によって規制されることがより明瞭になった。

他方で，国際取引紛争の局面において，とくに当事者の紛争解決に向けての予測可能性を確保するという管轄合意条項または仲裁合意条項が果たす役割は大きいことは周知である。さらに，契約当事者間の紛争解決の場をあらかじめ自国に固定して，そこでの法律相談業務を独占したいという弁護士の競争上の関心は否定できない[21]。それゆえに本件および本判決の結論を受けて，国際的な仲裁合意または管轄合意を効果的に貫徹するための手段として，従来の訴訟差止命令に代替するものを構築することが，EU，とくにイギリスにおいて模索されている[22]。EC 司法裁判所においてあらゆる意味で訴訟差止命令が否定された現在，当事者が仲裁合意または管轄合意をあらかじめ取り決めていたとしても，一方の当事者が，意図的にその合意に反して紛争解決を求めてある（締約）国家裁判所に提訴した場合，EC 司法裁判所の判例に従って前訴優先主義を墨守する限り，他方当事者が取りうる対抗手段は，合意された仲裁手続を

---

(19) 外国仲裁判断の承認及び執行に関する条約（昭和 36 年 7 月 14 日条約第 10 号）2 条 3 項「当事者がこの条にいう合意をした事項について訴えが提起されたときは，締約国の裁判所は，その合意が無効であるか，失効しているか，または履行不能であると認める場合を除き，当事者の一方の請求により，仲裁に付託すべきことを当事者に命じなければならない。」

(20) 本判決判決理由第 33 節。

(21) とくにイギリスの弁護士にこのことが顕著である。Mankowski, IPRax 2009, 25.

(22) Illmer (Fn. 2), 316 およびその注 64 の引用文献を参照。

開始して，あとは先行する（締約）国家裁判所によってこの仲裁合意が尊重されることを素朴に信頼する（祈る）ことだけ，という状況だからである(23)。

　この点に関して学説上まず検討されているのは，仲裁合意違反を理由とする損害賠償の請求である。この損害賠償を念頭に置いて，損害賠償条項や違約罰条項を仲裁合意に定めておくことも主張されている(24)。将来の立法論として，仲裁合意の有効性と射程を判断する裁判管轄権を1つの締約国裁判所に専属的に割り当てるようなメカニズムをブリュッセルⅠ規則について提唱する2005年のハイデルベルグ大学報告書(25)の立場がある。それによれば，この専属的な裁判所以外の裁判所はすべて，最初に，当事者の一方によって仲裁合意の抗弁が提出され，次に，仲裁地の裁判所に仲裁合意の有効性と射程の確認を求める訴えが係属するや否や，その訴訟手続を中止する義務を負う。そして，この仲裁地の裁判所の確認判決は，ブリュッセルⅠ規則32条に基づき，承認される。したがって，このハイデルベルグ大学報告書は，現在のブリュッセルⅠ規則1条2項ｄの仲裁裁判権の適用除外の規定の削除を要求することになる。この提案は，EU域内の国際紛争処理における仲裁合意（および管轄合意）の実効性を高めるために，本判決で示されたような前訴優先主義を後退させることを意味するだけでない。それは，本判決が付加的に言及した，理想主義的な，締約国間の「信頼の原則」にも再考を迫るようにも思われる。

　日本の国際民事訴訟法においては，EUのような前訴優先主義による訴訟競合の規制はまだ確立していないので(26)，わが国を法廷地として合意する仲裁合意（管轄合意）の実効性を確保するために，先行する外国訴訟係属に対抗する措置を論じる段階にはないように思われる。しかし，近い将来，国際的二重起訴に関して「承認予測説」が立法化されて，徹底して「前訴優先主義」ないし「事後的日和見主義」の実務が確立されることになるならば(27)，本稿で取

---

(23) 法務官意見書第68節参照。Mankowski (Fn. 21), 24 は，これを ex Post Opportunisum（事後的日和見主義）と称している。

(24) 高橋宏司「管轄合意違反の損害賠償」国際私法9号104頁（2007年）。

(25) Hess/Pfeiffer/Schlosser, The Burssels I-Regulation (EC) No. 44/2001: The Heidelberg Report on the Application of Regulation Burssels I in 25 Member States (Study JLS/C/2005/03), Rdnr. 105 ff.

(26) 安達栄司「国際的訴訟競合論」成城75号350頁（2007年）。わが国の学説では，近時でも，外国訴訟係属について規制消極説（無考慮説）が根強く説かれている。山田恒久「国際訴訟競合規制の可否に関する一考察」独協77号29頁以下（2008年）。

(27) 平成21年7月10日の法制審議会・国際裁判管轄法制に関する中間試案（案）第8において，甲案として，承認予測説を前提とした規制が提案されている。〔その後，こ

り上げたような仲裁合意（管轄合意）の実効性確保のための措置を検討する必要性は生じるかも知れない。

(国際商事法務37巻9号／2009年)

〔追記〕本判決については，その後，中西康「仲裁合意を支援するための訴訟差止命令とブリュッセルⅠ規則」貿関57巻12号70頁－75頁（2009年）が公にされている。

[安達栄司]

れを受けて第177回国会において成立した「民事訴訟法及び民事保全法の一部を改正する法律」では，国際的訴訟競合に関する規律はなされていない。〕

5 EC不公正条項指令と合意管轄条項

EC司法裁判所 2000 年 6 月 27 日判決：[2000] ECR I-4941
(Océano Grupo Editorial SA v. Roc o Muruciano Quintero and Salvat Editores SA v. José M.Sánchez Alón Prades and Others, Joined Cases C-240/98 to C-244/98)

〔事実の概要〕

　全員がスペインに居住している Y_1 〜 Y_4（買主）は X_1（売主）と，同じくスペインに居住する Y_5（買主）は X_2（売主）と，1995 年 5 月 4 日から 1996 年 10 月 16 日の間に，私的な目的のために百科事典の割賦販売契約を締結した。この契約中には，X_1 らの本店所在地であるバルセロナを裁判地として合意する条項が含まれていたが，そこには Y_1 らの誰も住所を有しない。Y_1 らが割賦金の支払を怠るので，X_1 らは，1997 年 7 月 25 日から同年 12 月 19 日の間に，少額訴訟手続により，その支払を求めてバルセロナ第 35 始審裁判所に Y_1 らを訴えたが，この裁判所によると，スペイン国内法に関して次のような事情がある。

　すなわち，スペイン最高裁判所は，繰り返し，本件事案において問題となっているような管轄条項を不公正と判断している。他方，裁判所が，消費者保護にかかわる手続の枠内において，不公正条項の無効を職権によって取り上げることができるかに関するスペインの国内裁判所の判断は分かれている。

　このような事情の下において，バルセロナ第 35 始審裁判所は，自己の管轄権に疑問を抱いて訴状の送達を控え，先行判決を求めて次の問題を EC 司法裁判所に付託した。すなわち，「1993 年 4 月 5 日の消費者契約における不公正条項に関する EC 指令」[(1)]（93/13/EEC, O. J. L95/29 (1993)——以下，「不公正条項指令」と略称する）が与えている消費者保護は，国内裁判所が通常裁判所の面前の訴えの適法性について判断しなければならないときに，職権で，審判対象となっている条項が不公正であるか否かを取り上げることを認めているか。

　基本事件は 5 件からなるが，それらにおいては同一の問題が問われていたので，EC 司法裁判所は先行判決事件をすべて併合して 1 つの判決で回答を与えた。

---

(1) 条文の翻訳ないしそれを含む紹介・検討として，新美育文「消費者契約における不公正条項に関する EC 指令の概要と課題」ジュリ 1034 号 78 頁以下（1993 年），河上正二「消費者契約における不公正条項に関する EC 指令（仮約）」NBL 534 号 41 頁以下（1993 年），松本恒雄＝鈴木恵＝角田美穂子「消費者契約における不公正条項に関する EC 指令と独英の対応」一論 112 巻 1 号 1 頁以下（1994 年）。

5 EC不公正条項指令と合意管轄条項

〔判　旨〕
1. 不公正条項指令が与えている保護に鑑みて，国内裁判所に提起された訴えの適法性を審理するときに，国内裁判所は，その面前の契約のある条項が不公正であるか否かを職権によって審査しえなければならない。
2. 国内裁判所は，上記指令の前または後に公布された国内法規定を，その適用に際し，可能な限り当該指令の文言と目的とを考慮に入れて解釈しなければならない。指令適合解釈が必要であるから，とりわけ，国内裁判所は，その管轄が不公正条項によって合意されている場合に，自己の管轄を職権によって否定することを可能ならしめる解釈を優先させるように求められる。

◆研　究◆

1　はじめに

不公正条項指令に関する初めての[2]EC司法裁判所の判決である本判決は，多くのEC加盟国の国内法に対して特別な影響を及ぼすものではないと思われるが，にもかかわらず，EC法の観点からは，具体的な事案を越えた一般的な意義を有する。以下ではまず，本判決の背景になっているスペイン法の状況を一瞥した後（2），本判決の判決理由を分析することとする（3）。そしてそのうえで，本判決後のスペイン法の状況やそのドイツ法への影響を具体的に確認し（4），さらには，国際裁判管轄の合意の問題への影響に触れた後（5），残された問題点を指摘することとする（6）。

2　スペイン法の状況

基本事件の当時のスペイン法は，次のような状況にあった[3]。すなわち，当時効力を有していた1881年スペイン民事訴訟法は，法律に特別な定めのない限り，管轄の合意の効力を認めており，しかも，合意が消費者契約における約款による場合でも有効であると解されていた。そして，この状況に，1984年のスペイン消費者保護法の施行も変更をもたらすものではなかった。もっとも，消費者保護法10条1項c号は，「商品もしくは役務給付の提供または販売促進について適用になる規定もしくは条項は，信義誠実に沿い，契約当事者の権

---

(2) その旨の指摘として，たとえば，Freitag, EWiR 2000, 784.（本判決評釈）
(3) 以下のスペイン法の状況については，本判決判決理由第10節-第12節, Leible, Gerichtsstandsklauseln und EG-Klauselrichtlinie, RIW 2001, 423f.（本判決を契機とする論文である。）

利・義務の適切な均衡を確保しなければならない」と定め，同条4項は，「消費者に不相当かつ不当な損害を与え，または消費者の不利に契約当事者の権利・義務の不均衡をもたらす不公正条項は，1項c号の要求を満たさず，法律上，当然に無効である」としていたが，スペイン最高裁判所は，消費者契約中の管轄条項が不公正条項に該当することを否定していた。

　そうこうの間に不公正条項指令が公布され，その国内法化の期限も1994年12月31日に経過したが，スペインが国内法化を行ったのは，1998年5月4日に施行されたスペイン約款法によってであった。そして，この指令公布と約款法施行の間のスペイン最高裁判所の判例には以前の立場を維持するものもあったが，その多くは，約款中に含まれた合意管轄条項を無効と扱うものであった。その出発点は，合意管轄条項は指令付表1号(q)の適用を受け，指令の本体の3条1項により不公正とみなされうるとの前提であった[4]。その際，スペイン最高裁判所の判例には，この前提そのものを，指令の水平的直接的効力によって根拠づけるもの[5]と，指令適合解釈によって根拠づけるもの[6]が見出された。

---

[4] 不公正条項指令3条1項は，「個別に交渉されなかった契約条項は，それが，信義誠実の要請に反して，契約から生じる当事者の権利義務に著しい不均衡を生じさせ，消費者に不利益をもたらす場合には，不公正なものとみなされる」と，同条3項は，「付表には，不公正とみなすことのできる条項の例示的かつ非網羅的リストが含まれる」と規定し，付表1号(q)は，そのような条項として，「とりわけ，法規の適用に服さない仲裁でのみ紛争解決をすることを消費者に要求し，消費者の利用できる証拠を不当に制限し，または当該事案に適用できる法によれば契約の相手方にあるとされる立証責任を消費者に課すことによって，消費者が訴訟を提起し，または他の法的救済措置を行使する権利を排除または妨害する」目的または効果を有する条項をあげている。

[5] しかしながら，伝統的には，EC司法裁判所は指令の水平的直接的効力を否定していた点につき，桑原康行「EC指令の直接的効力の範囲」際商27巻4号388頁以下（1999年）参照。もっとも，その趣旨のスペイン最高裁判所の判決（1996年7月12日。Vgl. Leible (Fn. 3), 424 Fn. 18）より4か月前の判決（Panagis Pafits and others v. Trapeza Kentrikis Ellados A. E. and others, Case C-441/93, [1996] ECR I-1347）からEC司法裁判所の態度に変化が見られるようになっていたことにつき，岡村堯『ヨーロッパ法』234頁以下（2001年）参照。

[6] スペイン最高裁判所は，国内法化の期限前の1993年と1994年の判決で指令適合解釈に言及していたが，国内法の指令適合解釈の義務が生ずるのは指令の国内法化の期限の経過後であるから（布井千博「会社法第1指令と指令適合解釈」際商27巻9号1092頁（1999年）参照），この点についても問題としうる余地がないではない。Vgl. Leible (Fn. 3), 425f. なお，本判決も指令適合解釈を強調しているが，本件事案は国内法化の期限後の事件である。

3 本判決判決理由とその分析

(1) 付表1号(q)の文言からは，合意管轄条項がその規律対象であるかは必ずしも明瞭ではない。そして，上記のように，スペインではこの点は肯定されていたが，ドイツにおいては争いがあった[7]。そこで，EC司法裁判所は，とくに付託されているわけではないにもかかわらず，まず，この問題を取り上げ，以下のように述べて，肯定判断を示した[8]。

すなわち，本件事案のような条項により，消費者は，時として自己の住所地から遠く隔たった裁判所の専属的な管轄を承認することを余儀なくされるが，そのことは，裁判所への出頭を困難にすることがある。そして，これに伴う大きな出費は，訴額の低い事件では，消費者に法的救済措置を講ずることや防御を尽くすことをあきらめさせることになりうる。他方，そのような条項によって，営業者は，その営業活動にかかわるすべての訴訟を自己の営業所所在地の裁判所にまとめることができ，そのことは，その出頭を組織的に容易にし，費用の低減をもたらす。

ドイツにおける反対説[9]の要点は，立法の沿革（指令の立法過程では合意管轄条項を取り入れようとの明示の提案があったにもかかわらず，指令中ではその点に触れられていない）と指令の明示の文言というやや形式的なものであり，EC司法裁判所の実質的な利益衡量の方がより説得的に思われる。それゆえにであろう，本判決に関するドイツの評釈類には，この判断に賛成するものが多い[10]。

ともあれ，上記のようなEC司法裁判所の判断手法からすれば，付表にあげられているのは不公正な条項の例示にすぎず，しかも，それに該当してもただちに当該条項が不公正と判断されうるわけではなく，それにより両当事者が受ける利益・不利益の慎重な衡量が必要であるということになろう。付表は，そこにあげられている条項を不公正であると一応は推定させるという意味において，徴表的な効果を有するにすぎないということになる[11]。

---

(7) 学説の状況については，Pfeiffer, Gerichtsstandsklauseln und EG-Klauselrichtlinie, Festschrift für Schütze. 671f. (1999) 参照。従来からの代表的な肯定説は，Wolf, in: Wolf/Horn/Lindacher, AGB-Gesetz, 4. Aufl. Richtlinie Anh. Nr. 1q Rndr. 213 (1999).

(8) 本判決判決理由第21項－第24項。

(9) Graf v. Westphalen, Vertragsrecht und AGB-Klauselwerke, Losebl att, "Gerichtsstandsklauseln" Rndr. 56. ただし，Leible (Fn. 3), 425 und Fn. 33 による。

(10) Freitag (Fn. 2), 783; Leible (Fn. 3), 425; Staudinger, DB 2000, 2058; Hau, Vorgaben des EuGH zur Klausel-Richtlinie, IPRax 2001, 96; Schwartze, JZ 2001, 248.

(2) 不公正条項指令の3条1項は一般条項的な規定であるが，本判決は，これに具体的な解釈を加えつつ問題の合意管轄条項が不公正とみなされるとの結論に達している。しかし，EC司法裁判所が一般条項を拘束的に解釈する権限を有するかについては，学説上，疑問が呈せられることがないわけではない。すなわち，同裁判所は，EC条約234条1項b号〔現在では，EU機能条約267条1項b号となっている〕によって共同体の機関がとった行為（これに指令が含まれる）の効力および解釈について先行判決を行う権限を有しているが，これとの関係で次のような疑問が呈せられる。①不公正性の評価基準は国内法にある[12]。②一般条項の解釈は上記234条1項b号の権限を越え，すでに法適用の領域に踏み込んでいる[13]。

しかし，これに対しては次のような反論がなされている[14]。①何が不公正かにかかわる判断基準は，まさに指令3条3項についての付表を通じてヨーロッパ法それ自体から抽出されうる。のみならず，ヨーロッパ法においては，現在では多数の第二次法が制定されており，それらから少なくとも，ヨーロッパ的な正義の観念の輪郭だけは描くことができるようになっている。②規則ではなく指令という立法形式を採用し，しかもそこに一般条項を取り込んだのは，加盟国に法技術的な点で国内法化に関する大幅な裁量を認めるためであり[15]，内容的な点でEC司法裁判所の解釈の権限を排除するためではなかったはずである。先に述べたような付表の機能（徴表的効果）に鑑みても，EC司法裁判所が行ったことは，その解釈であって，適用ではない。

(3) さらに，本判決は，付託された問題それ自体に関しては次のように回答している[16]。加盟国は，不公正条項が消費者を拘束しないことを定めなければならない，とする不公正条項指令6条1項の目標は，消費者がそのような

---

(11) Leible (Fn. 3), 426f.; Staudinger (Fn. 10), 2058; Schwartze (Fn. 10), 248.
(12) Heinrichs, Das Gesetz zur Änderung des AGB-Gesetzes, NJW 1996, 2196; Roth, EG-Richtlinien und Bürgerliches Recht, JZ 1999, 535f.
(13) Heinrichs (Fn. 12), 2196; Roth, Generalklauseln im Europäischen Privatrecht, Festschrift für Drobnig, 135ff. (1998); Franzen, Privatrechtsangleichung durch die Europäische Gemeinschaft, 536ff. (1999)
(14) Leible (Fn. 3), 426; Hau (Fn. 10), 97; Coester, in: StaudingersKommentar zum BGB, 13. Aufl., §9 AGBG Rdnr. 57f. (1998)
(15) 各国がどのような方法で不公正条項指令を国内法化しているかについては，鹿野菜穂子「不公正条項規制における問題点(1)(2)」立命256号1412頁以下（1997年），257号1頁以下（1998年）参照。
(16) 本判決判決理由第26節－第28節。

条項の不当性を自ら主張しなければならないとするならば，達成されないことになろう。訴額の低い事件では弁護士報酬の問題があるし，本人訴訟が認められていても，消費者が無知のため問題の条項の不公正性を主張しない危険がある。それゆえ，消費者の保護を有効にするためには，国内裁判所は，この不公正性を職権で取り上げて審査しえなければならないことになる。そのうえ，指令7条1項は，加盟国が，不公正な条項が継続して使用されることを阻止するための適切かつ効果的な手段の存在を保障するよう求めつつ，同条2項は，1項の手段には団体訴訟の制度が含まれていなければならないとしている。そして，このような手段によって予防的に（個別の消費者の損害と関係なく）ある条項の不公正性について判断しなければならないとしている権利保護システムとは，個別訴訟において消費者による不公正性の主張が必要であるとすることは調和しがたい。

　この判断は従来からの通説[17]に沿ったものであるが，これにも次のような批判がないわけではない[18]。①指令6条1項は，不公正な条項の実体法上の効果にのみ関連している。②共同体には，国内民事訴訟法にかかわる権限は欠けている[19]。この批判説の立場からは，合意管轄条項が不公正であるか否か，そのような条項の訴訟上の取扱い（職権調査事項か否か）は，各国の国内訴訟法によって判断されるべきことになる。

　これに対しても，反論がなされている[20]。①指令は不公正な条項に伴う効果から消費者を包括的に保護することを目当てとしており，その保護に訴訟上の効果を有するものが含まれうるのは当然である。そして，管轄条項により根拠づけられた管轄の職権調査が不公正な管轄の合意の効力を削ぐことになるのには，疑いの余地がない。②例えば，外国での執行の必要性が当然に仮差押えの必要性を満たすことになるとするドイツ民事訴訟917条2項が国籍による差別禁止を定めたEC条約6条1項〔現在はEC機能条約18条1項になっている〕に違反しないか，という問題に関するEC司法裁判所の判決[21]に鑑み

---

(17) たとえば，Wolf (Fn. 7), Art. 6 RL Rdnr. 4.
(18) Borges, Der europäische Klauselrichtlinie und der deutsche Zivilprozess, RIW 2000, 935f.（本判決を契機とする論文である。）
(19) EC条約3条は，2条に掲げられた共同体の使命を達成するために行うその活動として，商品の輸出入に関する関税と量的制限の撤廃等，全部で21の事項をあげているが，そこには民事訴訟法に関する事項は明示的にはあげられていない。
(20) Leible (Fn. 3), 427; Schwartze (Fn. 10), 247.
(21) Mund & Fester v. Hatrex Internationaal Transport, Case C-398/92, [1994] ECR

てもわかるように，国内民事訴訟法は EC 域内市場の統合との関連での意味を有しうることは明らかである。法の近似化にかかわる共同体の権限は，私法とか訴訟法とかの領域に即して限界づけられるのではなく，機能的に考察されるべきである。すなわち，訴訟法の規定の近似化が域内市場の設立と機能のために必要である限り，共同体の権限はそこにも及ぶ。

4 その後のスペイン法の状況とドイツ法への影響

(1) すでに述べたように，基本事件後，スペインでは 1998 年 5 月 4 日に約款法が施行されたが，さらに 2001 年 1 月 8 日にはスペイン新民事訴訟法も施行されることとなり，これらによってスペインの法状況には大きな変化が生ずることとなった[22]。

約款法 8 条 2 項によると，消費者契約中の不公正な約款条項は無効である。また，約款法の制定と同時に消費者保護法も改正されたが，後者の 10 条の 2 第 1 項は不公正条項指令 3 条 1 項に，その第一追加規定は指令の付表に，ほぼ相当する規定である。ただし，第一追加規定 27 号には，「あらかじめ作成された条項の方法によっては，消費者の住所地，契約の履行地，不動産に関連してその所在地の裁判所以外の裁判所の管轄を合意することは許されない」との規定が含まれている。履行地や所在地の裁判所の管轄を認めることには本判決の立場からは疑問がありうるかもしれないが，本件事案では，それが問題になっていなかったから触れられていないにすぎず，本判決がそれを積極的に否定する趣旨ではないであろう。履行地や所在地の裁判所には，もともと法定管轄が認められるはずであることも考えあわせるべきである。もっとも，約款によって履行地の合意をすることも考えられるが，合意された履行地が債務関係の性質上導かれうる履行地と矛盾する場合には，その合意を不公正と判断することがありえてよい。

新民事訴訟法 54 条 2 項は，約款を利用して締結された契約または消費者契約の構成部分となっている管轄条項は無効であるとする。これは，①商人間や非商人間の約款を用いて行われる取引と，②約款によらない個別的な消費者契

I-467. この判決は問題を肯定した。なお，この判決は「EC 企業法判例研究」の連載でも取り上げた。野村秀敏「EC 管轄執行条約加盟国における執行とドイツ民事訴訟法 917 条 2 項」際商 27 巻 5 号 565 頁以下（1999 年）〔本書第 2 篇 30 事件〕。

(22) 以下のスペイン法の条文については，本判決判決理由第 13 節・第 14 節，Leible (Fn.3), 428f. 条文を前提としたコメントは，後者による。

約，の双方にも関連するという意味において，消費者保護法第一追加規定27号より長い射程を有する。新民事訴訟法54条2項と消費者保護法第一追加規定27号との関係は必ずしも明瞭ではないが，消費者との管轄の合意は，個別的な契約によっても約款によっても，なされえないということになろう。今後，後者は団体訴訟でのみ意味を持つことになろう。

(2) ドイツ民事訴訟法38条1項・3項1号によると，管轄の合意は商人間において紛争の発生後になされた場合にのみ有効であるから，消費者契約中のあらかじめ作成された管轄条項は無効ということになる。また，土地管轄の存在は訴訟要件の一種であり，職権調査事項に属する。したがって，これらのことによって，ドイツにおいては本判決の要求はすでに満たされているかのように思われなくもないが，必ずしもそうではない。消費者の無知により，応訴管轄が生ずることがありうるからである。しかし，従来から，消費者契約の約款中の合意管轄条項はドイツ約款法違反との理由でも無効であり，しかも，これは，抗弁としての提出や援用を待つまでもなく，裁判所の職権調査に服する無効であると解されている(23)。約款法にも違反するから，その種の条項に対しては団体訴訟の提起も可能となる。それゆえ，本判決は，やはりドイツ法に対して特別な影響を及ぼすものではない(24)。

5 国際裁判管轄の合意の問題への影響

(1) ドイツ民事訴訟法38条2項によると，当事者の一方が内国に普通裁判籍を有しない場合には，消費者契約中の国際裁判管轄の管轄の合意は有効であるが，その契約についてドイツ法が準拠法となれば，ドイツ約款法によるコントロールが及ぶ。そして，そうであれば，営業者の本拠地所在地国の裁判所の国際的専属管轄を定める条項は無効ということになろう。というのは，先に(3(1))紹介した本判決の判決理由の趣旨は，国際裁判管轄の合意に関してはより一層当てはまるからである(25)。また，そのような条項の無効という結論は，スペイン法に関しても同様であろう。スペイン消費者保護法第一追加規定27号は，土地管轄と国際裁判管轄による区別をしていないからである(26)。

---

(23) Wolf (Fn. 7), §9 Rdnr. 156, 159f.
(24) Freitag (Fn. 2), 784; Leible (Fn. 3), 427f.; Hau (Fn. 10), 96; Schwartze (Fn. 10), 249; Borges (Fn. 18), 934.
(25) Leible (Fn. 3), 429; Staudinger (Fn. 10), 2059.
(26) Leible (Fn. 3), 429.

(2) 基本事件の当時にはブリュッセル条約が妥当していたが，それが適用になる場合には，特別法として加盟国の国内法（各国の〔国際〕民事訴訟法等）に優先する。そして，この条約は 15 条・17 条に国際裁判管轄の合意に関する規定を含んでいたから，従来の通説によると，合意が約款による場合でも約款法等の国内法によるコントロールは及ばず，その取扱いはもっぱらこれらの条約の規定によるべきものと解されていた[27]。この状態は，消費者契約にかかわる事件以外の事件では，本判決後もそのままである。ところが，本判決によって，国内法ではなく共同体法の一種である指令によるコントロールが消費者契約中の国際裁判管轄の合意にかかわる条項にも及ぶことになったように思われるから，ここに，条約と指令のいずれが優先するかという問題が発生する。

多数説である指令優先説は，次のような理由をあげる[28]。EC 条約 293 条〔EU 機能条約には直接対応する規定はない〕は，加盟国は国民のために一定の事項について相互に条約を締結することができるとしている。これに基づいて締結された条約（ブリュッセル条約もその 1 つである）は EC 条約を実施するとの性格を有し，共同体の立法権能に変更を加えることはできない。それゆえ，この立法権能を行使して制定された法規定は，EC 条約実施のための条約によって制約されることはない。

これに対し，条約と指令との優先関係はそれぞれの趣旨と目的とに基づく解釈によって導かれるとする反対説は，次のような理由をあげる[29]。すべての加盟国の同意に基づいて制定される条約が多数決による第二次法に優先されるのは矛盾である。EC 条約 293 条は，仲裁判断の承認・執行に関する条約にも言及しているが，この領域に関しては，EC 加国のすべてがニューヨーク条約を批准しているので，EC 独自の条約の必要性はなくなった。しかし，ニューヨーク条約はヨーロッパ法の一部ではなく，それに対する共同体法の優先性も存在しない。この優先性があるとしても，それはせいぜいもっぱら共同体の加

---

[27] Schlosser, EuGV, Art. 17 Rdnr. 31; Saenger, Internationale Gerichtsstandsvereinbarungen nach EuGVÜ und LugÜ, ZZP 110 (1997), 485ff.; ders., Wirksamkeit internationaler Gerichtsstandsvereinbarungen, Festschrift für Sandrock, 811ff. (2000); Kröll, Gerichtsstandsvereinbarungen aufgrund Handelsbrauchs im Rahmen des GVÜ, ZZP 113 (2000), 148ff.

[28] HARTLEY, THE FOUNDATIONS OF EUROPEAN COMMUNITY LAW, 4th ed., 96 (1998); Schwar-tz, in: von der Groeben/Thiesing/Ehlermann (Hrsg.), Kommenar zum EU/EG-Vertrag, 5. Aufl. Art. 220 EGV Rdnr. 47, 48 (1997).

[29] Borges (Fn. 18), 937.

盟国のみが加盟している条約についていいうるだけである。のみならず，この例は，EC条約293条は，そこにあげられた領域の規制権限はヨーロッパ法に留保されているとのテーゼに対する反論ともなっている。それゆえ，EC条約293条から，条約と共同体法との優先関係に関し何らかの意味を引き出しうるかはきわめて疑わしい。

以上はEC条約293条に基づく条約一般に関する議論であるが，反対説はさらに，ブリュッセル条約にのみかかわる議論として，次のようにも述べる[30]。この条約は，承認・執行に関する規定のほか，EC条約293条では言及されていない国際裁判管轄に関する規定をも含んだ条約であったから，それが全体としてEC条約の実施の性格を有したかも問題である。「本条約は，特別な法領域について裁判管轄および裁判の承認または執行を規律する規定で，ECの機関の行為……に含まれるものの適用を妨げない」と規定するブリュッセル条約57条3項〔ブリュッセルI規則67条となっている〕も，特別な法領域に関連しているから，ブリュッセル条約に対する不公正条項指令の優先性の根拠とはならない。アムステルダム条約により挿入されたEC条約65条〔EU機能条約81条〕は民事司法協力の領域を共同体法化し，ブリュッセル条約の規則による改訂を可能としたが[31]，このことは，この条約に対する二次的な共同体法の優先性の欠如を示唆するものであり，逆ではない。

これに対しては，多数説は，もう一度ブリュッセル条約57条3項を強調しているが[32]，消費者契約は特別な領域と思われるから，こちらの方が説得的ではなかろうか。また，多数説は，最初にあげたその根拠の言い換えになるであろうが，「加盟国が，EC条約の目的の実現を危うくするいかなる措置もとってはならない」（EC条約10条2項〔EU機能条約には直接対応する規定はない〕）ことは，EC条約293条に基づく条約による場合にも同様であるとも指摘する[33]。

（3）ブリュッセル条約は，先に言及したEC条約65条に基づいて規則化され，2002年3月1日からはブリュッセルI規則[34]（44/2001/EC, O. J. L12/1（2001））

---

(30) Borges (Fn. 18), 937f.
(31) この間の事情については，中西康「ブリュッセルI条約の規則化とその問題点」国際私法3号147頁以下（2001年）参照。
(32) Leible (Fn. 3), 429; Staudinger (Fn. 10), 2059.
(33) Leible (Fn. 3), 429.
(34) この規則については，注31前掲記文献のほか，条文の翻訳として，中西康「民事及び商事事件における裁判管轄及び裁判の執行に関する2000年12月22日の理事会

によって取って代わられている。それゆえ，上記の条約と指令との優先関係という問題は，基本的には，管轄執行にかかわる領域では生じないこととなったが[35]，代わりに，指令と規則という第二次法相互の関係が問題となる。

　この点については，まず，「後法は前法を廃する」との原則によって，ブリュッセルⅠ規則が優先するとの立場が考えられる[36]。ブリュッセルⅠ規則17条（特定の類型の消費者契約に関して，合意管轄一般に関する23条の特則を定めた規定）に関しては，それは特別法でもあるから，一般法に優先するとの議論もある。

　しかし，これに対しては，この原則は，前後の両規範が同一の機関によって同一の手続で作成された場合にのみ適用になると反論される[37]。不公正条項指令はブリュッセルⅠ規則23条に対する特別法であるとも指摘される。前者はあらかじめ作成された契約条項による管轄の合意にのみかかわるのに対し，後者は管轄の合意一般にかかわる規定であるからである。

6　残された問題

　結局，本判決について公にされた評釈類は，ただ1つを除いては，本判決に全面的に賛成している[38]。とりわけ，その中には，EC司法裁判所は，指令の一般条項を拘束的に解釈する権限を自らに無制限に認めているとの見解がある[39]。しかし，これに対しては，EC司法裁判所が，一般的に，そのような解釈権限と，不公正条項指令の不公正概念をヨーロッパ法それ自体から抽出する権限を認めているかは問題であるとの見解が対立している[40]。本件事案においては問題となった管轄条項が指令の付表と緊密な関連性を有するので，その

　　規則（EC）44/2001（ブリュッセルⅠ規則）(上)(下)」際商30巻3号311頁以下，4号465頁以下（2002年）参照。
- (35) ただし，デンマークはブリュッセルⅠ規則に参加していないから（中西・注31前掲150頁以下），この限りで問題は残る。また，かつてのブリュッセル条約以外にもEC条約293条に基づいて制定される条約はありうるから（現に，いくつか存在する。岡村・注5前掲175頁参照），そのような条約と指令（より一般的には第二次法）との優先関係という理論的問題の意義が消滅してしまうわけではない。
- (36) Borges (Fn. 18), 938. Schlosser, EU-ZPR², Art. 23 EuGVVO Rdnr. 31 はこれに賛成する。
- (37) Leible (Fn. 3), 430f.
- (38) 反対するのは注18前掲文献であり，注10前掲文献はすべて賛成である。
- (39) Freitag (Fn. 10), 784.
- (40) Leible (Fn. 3), 431; vgl. Hau (Fn. 10), 97f.

ような問題は一般論としては回答される必要がなかったというのである。
　また，消費者契約中の約款条項のコントロールをいかに実効的に行うかに関する本判決の判示は非常に一般的な書き方がされているから，本件事案において問題となった合意管轄条項を越えた射程を有しうるのでないかとの評価もある[41]。すなわち，職権調査は，そのほかの約款条項に関しても要求されることになるのではないかというのである。しかし，少なくともドイツにおいては，従来，当事者の陳述から具体的な手がかりが認識されない限りは，抗弁や形成権の存在に関する裁判官の積極的な釈明義務は否定されてきた[42]，との裁判官の姿勢に関する指摘もある[43]。
　ともあれ，これら2つの本判決の射程に関する問題については，今後のEC司法裁判所の動向を見守る必要があるであろう。

（国際商事法務 31 巻 5 号／ 2003 年）

［野村秀敏］

---

[41] Hau (Fn. 10), 97.
[42] 例えば，Stein/Jonas/Leipold[21], §139 Rdnr. 24.
[43] Schwartze (Fn. 10), 248. 本判決に関するイギリスの文献も，EC司法裁判所の裁判官像による裁判官ほど，イギリスの伝統的な裁判官像によるそれの姿勢は積極的ではないことを指摘する。Whittaker, *Judicial Interventionism and Consumer Contracts*, [2001] 117 L. Q. R. 215

6 消費者契約における不公正条項規制に関するEC司法裁判所と国内裁判所の関係

EC 司法裁判所 2004 年 4 月 1 日判決：[2004] ECR I-3403
（Freiburger Kommunalbauten GmbH Baugesellschaft & Co. KG v. Ludger Hofstetter et Ulrike Hofstettter, Case C-237/02）

〔事実の概要〕

1998 年 5 月 5 日に，X 社（Freiburger Kommunalbauten）は，Y 夫婦（Mr. and Mrs. Hofstetter）に X 社が建設予定であった多層式駐車場内の駐車場スペースを売却した。本件売買契約の 5 条には，建設中の建物の買主は，建設がどのような段階であるかに無関係に，建築供託業者（Bauträger）による「銀行保証（Bankbürgschaft）」が行われた際に代金全額を支払うことが定められていた。他方で，本件「保証」では，保証人は，Y 夫婦が X 社に対して有する代金返還ほかのあらゆる金銭債権を保証していた。

1999 年 5 月 20 日に銀行により「保証」は引き受けられたが，Y 夫婦は，同条項がドイツの普通取引約款規制法（Gesetz für die Regelung des Rechts der Allgemeinen Geschäftsbedingungen: AGBG ——以下，「約款規制法」と略称する）9 条[1]に違反しているとして支払を拒絶し，1999 年 12 月 21 日に欠陥のない駐車場スペースを得た後に代金を支払った。

X 社は支払遅延による不履行に基づく損害の賠償を求めて提訴し，フライブルグ地方裁判所は訴えを認容したが，カールスルーエ高等裁判所は訴えを棄却した。X 社はドイツ連邦通常裁判所に上告した。

同裁判所は，本件契約は「1993 年 4 月 5 日の消費者契約における不公正条項に関する EC 指令」（93/13/EEC, O. J. L95/29（1993）——以下，「EC 不公正条項指令」と

---

(1) 約款規制法 9 条（一般条項）は，以下のように定めている。
「(1) 約款中の条項が信義誠実の命ずるところに反して約款使用者の契約相手方に不当に不利益を与える場合には，その条項は無効である。
(2) 約款中の条項が次の各号に該当する場合には，疑わしいときは，その条項は不当に不利益を与えるものと推定される。
 1. 法規定と異なる条項が，その法規定の本質的基本理念と相容れないとき，または，
 2. 条項が，契約の性質から生ずる本質的な権利または義務を，契約目的の達成が危殆化される程に制限するとき。」
（以上の邦訳は，石田喜久夫編『注釈ドイツ約款規制法（改定普及版）』97 頁〔鹿野菜穂子〕（1999 年）に依拠した。）

6 消費者契約における不公正条項規制に関する EC 司法裁判所と国内裁判所の関係

略称する）3条の範囲に入るものであるとした[2]。しかし，本件契約の5条はドイツ法の下では不公正条項には該当しないと考えられるとしたものの，EU 加盟国の裁判準則の多様さに鑑みて，かかる評価に疑いなしとはしないとして，本件手続を一時停止し，同条項が EC 不公正条項指令の意味において不公正なものとみなされるべきかに関して，先行判決を求めて EC 司法裁判所に付託した。

関係者により EC 司法裁判所に提出されたすべての意見は，国内法の下における本件契約条項の利益衡量に関連している。

X社（およびドイツ政府）は，不公正条項に当たらないと主張する。すなわち，第1に，本件契約条項はX社側の建設作業中の資金に活用され，結果として建築費の削減につながること，第2に，「保証」は不履行や瑕疵ある履行の場合に生じる金銭債権を担保し，購入者の被る不利益を制限していることを理由とする。

Y夫婦は，本件契約条項を，不公正条項に当たり，EC 不公正条項指令の付則1号(b)および(o)に違反するものであると主張する[3]。その理由として，双務契約におけ

---

[2]「1993年4月5日の消費者契約における不公正条項に関する EC 指令」(93/13/EEC, O. J. L95/29 (1993))3条（不公正な条項）は，以下のように定めている。

「(1) 個別に交渉されなかった契約条項は，それが，信義誠実（good faith）の要請に反して，当該契約の下で生じる当事者の権利および義務の重大な不均衡によって消費者に損害をもたらす場合に，不公正とみなされるべきである。

(2) 条項があらかじめ起草されており，それゆえ消費者がその実質的内容に何ら影響を及ぼすことができなかった場合，とりわけ，あらかじめ書式化された標準契約（preformulated standard contract）による場合においては，条項は，常に，個別に交渉されなかったものとみなされる。

ある条項の一部，もしくは特定の条項が，個別に交渉されたという事実がある場合にも，その契約に対する総合的評価があらかじめ書式化された標準契約であることを示すものであるときには，契約の残余に対する本条の適用を免れない。

売主もしくは提供者は，条項が個別に交渉されたものであることを主張する場合には，それについて立証すべき責任を負う。

(3) 本指令の付則には，それが個別に交渉されなかった場合には，不公正であるとみなされるであろう条項の指示的かつ例示的リスト（indicative and non-exhaustive list）が含まれている。」

（以上の邦訳は，河上正二＝大村敦志「EC 消費者関連指令（仮訳）──最近の二つの重要指令」NBL534号34頁〔河上〕(1992年) に依拠した。EC 不公正条項指令に関する邦訳につき，以下も同様である。）

[3] EC 不公正条項指令付則（不公正条項リスト）1号(b)および(o)は，以下のように定めている。

「(b)（債務不履行についての免責条項）

契約上の債務につき，売主もしくは提供者によって，その全部もしくは一部の不履行または不適切な履行がなされた場合において，消費者が行使しうる請求権と売主もしくは提供者に帰属する債権とを相殺する選択権も含めて，売主，供給

る同時履行の原則に反する点，建物の欠陥に関する訴訟が生じた場合，消費者に不利益をもたらす点が主張され，あわせて当該条項がきわめて異常であること，不明確であり，独占的地位にある建築供託業者により課されたものであることが主張されている。

EC委員会はドイツ法の詳細な分析の下で当該条項を消費者に不利益をもたらすと考えた。しかし，EC不公正条項指令の3条1項の目的に関して重大かつ不当な不均衡をもたらすかどうかの問題は国内裁判所により決定されるべきであるという意見である。

〔判　旨〕

本件のような契約条項が消費者契約における不公正条項に関するEC不公正条項指令3条1項の下で不公正であるとみなされるべき要件を満たすか否かは，国内裁判所によって決定されるべきである。

◆研　究◆

1　問題の所在

本件は，EC不公正条項指令3条の不公正性につき，EC司法裁判所と国内裁判所（本件ではドイツ連邦通常裁判所）のいずれが判断するべきかが問題となった事案である。

EC不公正条項指令は，1993年4月5日にEC理事会により採択された。同指令の目的は，1条に「不公正な条項に関する加盟各国の法律，規則，政令を互いに近似させること」と定められている[4]。そして，加盟各国には「本

　　　者もしくはその他の当事者に対して消費者が有する法的権利を不当に排除または制限すること。
　（o）（一方的履行義務）
　　　売主もしくは提供者がその債務を履行しなかった場合においても，消費者に自己のすべての債務の履行を義務づけること。」
(4) EC不公正条項指令に関しては，新美育文「消費者契約における不公正条項に関するEC指令の概要と課題」ジュリ1034号78頁以下（1993年）参照。わが国の問題との対比の観点から検討するものとして，松本恒雄「消費者取引における不公正な契約条項の規制——EU指令との対比で見た日本法の現状」伊藤進教授還暦記念論文集『民法における「責任」の横断的考察』37頁以下（1997年）がある。また，消費者契約法との関係からEC不公正条項指令を検討する論稿として，中村民雄「消費者契約法とヨーロッパ法」ジュリ1200号141頁以下（2001年）があり，EC法制度の中でのEC不公正条項指令の位置づけを検討している。なお，同指令の邦訳としては，河上＝大村・注2前掲のほ

指令に沿った法律，規則，政令を施行」することが義務づけられ（10条参照），加盟各国では同指令に従った国内法規の実施が行われている。

そのような状況において，本件では，代金支払に関する条項がドイツの約款規制法に反するか否かが問題とされた。ドイツ連邦通常裁判所は，「EU内の法秩序の多様性」を理由として，同条項がEC不公正条項指令に反するか否かにつき，EC司法裁判所に先行判決を求めた[5]。本件において，EC司法裁判所は，契約条項の不公正性は国内裁判所により判断されるとしたが，消費者契約における不公正条項規制に関して，EC法の調和というEC不公正条項指令の目的に鑑みた場合，ドイツ連邦通常裁判所が先行判決を求めたように，かかる結論は必ずしも自明であるわけではない。他方で，契約条項の具体的規制は，原則として，各国の国内法を通じて行われる。本件はかかる「EC指令と国内法の調和」という問題と「EC法形成におけるEC指令と国内法の関係」が問題となった事案であり，EC不公正条項指令の理解にとって意義があると考えられる。そこで，以下においては，まず，原審たるドイツ連邦通常裁判所の判断を中心にドイツ法における不公正性判断基準を検討し（2），そのうえで，EC司法裁判所の先例との関係から本判決を検討し（3），最後に本判決の位置づけを確認する（4）。

2 約款規制法における不公正性判断基準

(1) ドイツでは，1976年に約款規制法が制定されており，1993年にEC不公正条項指令が採択されたときにはすでに同法が存在していたことから[6]，

か，松本恒雄＝鈴木恵＝角田美穂子「消費者契約における不公正条項に関するEC指令と独英の対応」—論112巻1号15頁以下（1994年），石田編・注1前掲331頁以下がある。
(5) BGH 7. Zivilsenat, Vorlagebeschluß v. 2. 5. 2002, ZIP 2002, 1197.
(6) ドイツの約款規制法に関しては数多くの論文があるが，著書になっているものとして，河上正二『約款規制の法理』（1988年），石原全『約款法の基礎理論』（1995年），山本豊『不当条項規制と自己責任・契約正義』（1997年）をあげるにとどめる。同法の邦訳による注釈書として石田編・注1前掲がある。EC不公正条項指令とドイツ法の関係に関しては，松本＝鈴木＝角田・注4前掲，ユルゲン・クンツ（鈴木恵訳）「消費者契約における不公正条項に関するEC指令とそのドイツ国内法化」関東学院6巻1号131頁以下（1996年），谷本圭子「ドイツでの『消費者契約における濫用条項に関するEG指令』国内法化の実現」立命館247号277頁以下（1996年），鹿野菜穂子「不公正条項規制における問題点(1)(2)——EU加盟各国の最近の動きを手がかりに」立命館256号1412頁以下（1997年），257号1頁以下（1998年）（とくに(1)1422頁以下），河上正二「約款の適正化と消費者保護」『現代の法13——消費生活と法』101頁以下（1997年）などを参照。

EC不公正条項指令を国内法化するに際して，独立の法律を制定するか，約款規制法の一部改正を行うべきかが議論されたが，結局，1996年に約款規制法の一部改正が行われた[7]。さらに2001年の民法典の改正に際して，約款規制法も民法典中に編入されることになった[8]。

本件事案においてドイツ連邦通常裁判所が先行判決を求める理由にあげているように，EU加盟国の不公正条項規制は多様である。EC不公正条項指令は最低レベルの保護基準にすぎず，ドイツ約款規制法も規律対象が完全に共通しているわけではない[9]。もっとも，本件で問題となった不公正条項の内容規制基準や不公正条項リストという構造に関して両者は基本的に共通している。

---

(7) 1996年になされた約款規制法の改正は，準拠法に関する整備である12条の修正と以下のような24条aの追加に限定されていた。24条a（消費者契約）は，以下のように定めている（なお，同規定は，現在，民法310条3項になっている）。
　「自己の営業活動もしくは職業活動の実施において行為する人（事業者）と，営業活動または職業活動には帰せられない目的で契約を締結する自然人（消費者）との間の契約については，本法の規定は以下の条件で適用する。
　1．普通取引約款は，事業者により設定されたものとみなす。ただし，それが消費者により契約の中に挿入された場合にはこの限りではない。
　2．5条，6条および8条ないし12条は事前形成された契約条件に，それが一度だけの利用を目的とする場合であっても，消費者が事前形成のためにその内容に影響を及ぼすことができなかった限りで適用する。
　3．9条により不当な不利益を判断するに際しては，契約締結に伴う事情をも考慮しなければならない。」
（邦訳は，石田編・注1前掲315頁〔谷本圭子〕に依拠した。）

(8) 本件で問題となった約款規制法9条（本稿注1参照）には民法307条1項，2項が相当する。透明性の原則に関する修正は加えられたが，内容には原則的に変更がない。
　ドイツ民法307条（内容の規制）は，以下のように定めている。
　「(1) 普通契約約款上の規定は，それが，信義則に反して使用者の相手方を不相当に害するときは，無効である。不相当な不利益は，規定が不明確であり，かつ理解しがたいことからも生じうる。
　(2) 不相当な不利益は，疑わしい場合には，規定が，
　　1．相違している法律上の規定の重要な基礎的思考と一致せず，または，
　　2．契約の性質から生じる，重要な権利または義務が制限され，その結果契約目的の到達が危殆化されるときにも，認められうる。」
（邦訳は，半田吉信『ドイツ債務法現代化法概説』452頁（2003年）に依拠した。）

(9) イブンルイ・サージュ（原田智枝訳）「消費者契約における不公正条項に関するEC指令」鹿野菜穂子=谷本圭子編『国境を越える消費者法』202頁（2000年）は，EU加盟国の法秩序の多様性から同指令の調和的効果が打ち消されていることを指摘する。また，加盟国の国内法と比較してEC指令が消費者保護にとって不十分であるという認識を示している（同書209頁参照）。

6 消費者契約における不公正条項規制に関する EC 司法裁判所と国内裁判所の関係

　EC 不公正条項指令の目的は加盟各国の規制の調和であり，いわば立法を通じた不公正条項規制の近似化を直接的な目的としていた。他方で，不公正条項規制の達成には司法にも一定の役割が期待されている[10]。かかる観点から，本件は，EC 不公正条項指令とドイツ国内法に関して，司法による調和が取り扱われた事案であると理解できる。

　(2)　ドイツにおいて，約款規制法9条は不公正条項規制に関する一般条項であり，同条1項によれば，使用された約款が「信義誠実の命ずるところに反して約款使用者の契約相手方に不当に不利益を与える」場合には，約款は不公正なものであるとされている。そして同条2項において，使用された約款が「不当に不利益を与える」と推定されるのは「法規定と異なる条項が，その法規定の本質的基本理念と相容れないとき」（1号）または「契約の性質から生ずる本質的な権利または義務を，契約目的の達成が危殆化される程に制限するとき」（2号）のいずれかに該当する場合とされている。さらに，消費者契約の場合，24条 a 第3項は，9条による不当な不利益の判断において「契約締結に伴う事情をも考慮しなければならない」としている。

　本件原審たるドイツ連邦通常裁判所によれば，契約条項の有効性は，当該条項が普通取引約款として(a)利益適合的な（interessengerechter）解釈によって，(b)約款規制法24条 a および9条の意味において被告に不当に不利益を与えるかどうかに従って判断され，本件契約条項は不公正条項に該当しないと判断されている[11]。

　ドイツ連邦通常裁判所は，本件契約条項を具体的な衡量に基づき検討している。本件契約条項によれば，「保証」の実施後，建築供託業者が建築作業を開始しているか否かにかかわらず，買主には代金支払が義務づけられる。ドイツにおける民法の原則によれば，請負契約において報酬の支払時期は「仕事の引取りと同時」であるとされている[12]。すなわち請負人は先履行義務を負って

---

(10) Heinrichs, Das Gesetz zur Änderung des AGB-Gesetzes, NJW 1996, 2197; K. Riesenhuber, System und Priznzipien des Europäishcen Vertragsrechts, 439 (2003).

(11) BGH 7. Zivilsenat, Vorlagebeschluß v. 2. 5. 2002, ZIP 2002, 1197 Rdnr.9.

(12) このような任意規定による指導形象機能につき，河上・注6前掲383頁以下，山本・注6前掲59頁以下参照。
　　ドイツ民法典641条1項（報酬の支払時期）は，以下のように定めている。
　　「(1)　報酬は，仕事の引取りと同時に支払わなければならない。仕事を分割して引き取ることを要し，かつ，その各部分につき報酬が定まっているときは，各部分の引取りと同時にその報酬を支払わなければならない。」

いるが，本件契約条項により，かかる先履行義務が請負人から買主へ転換されている。この点で，買主には法規定に基づく場合に比べ，本件契約条項により不利益な状態がもたらされている。他方で，本件契約条項には買主に先履行義務を課す代わりに「仲買人および建築供託業者に関する命令7条1項1文に従った保証」が含まれている(13)。本件「保証 (Bürgschaft)」は，瑕疵ある履行または履行がなされないことから生じる，買主のあらゆる金銭請求権に及ぶものであるとされている(14)。したがって，本件「保証」の下で買主は，契約

　　（邦訳は，右近健男編『注釈ドイツ契約法』429頁〔青野博之〕(1995年) に依拠した。）ドイツ以外のEU諸国における報酬支払時期に関しては，フランスは完成後または保証（完成保証，返済保証）が付された場合には進捗状況に応じた支払がなされる。ベルギーおよびルクセンブルグは進捗状況に従って支払われるが，その都度保証が必要である。スペインおよびオーストリアは進捗状況に無関係に売主は分割払いを定めることができる。なお，買主の前払代金の返還は保証される。スペインではさらに完成遅延についての買主の権利として解除権，遅延損害も認められている。イタリア，ポルトガル，ギリシャ，デンマークは支払について自由に合意できるとされる（以上につき，Frank, Bauträgerrecht in Europa, MittBayNot 2001, 113（未見）を引用する Markwardt, Inhaltskontrolle von AGB-Klauseln durch den EuGH, ZIP 2005, 154ff. を参照した。同論文は，本判決を契機とする論文である）。なお，わが国では請負契約において報酬の前払特約は有効と解されている（幾代通＝広中俊雄編『新版注釈民法(16)』132頁〔広中俊雄〕(1992年)）。

(13) 仲買人および建築供託業者に関する命令 (Makler- und Bauträgerverordnung: MaBV) 7条（例外規定）1項1文は，以下のように定めている。

　　「(1) 営業法34条c第1項1文2号aの意味における営業者（注──施主として自己の名前で準備や実施に際して実際に購入者，借主その他の利用権者またはその申込者の財産を使用する者）が，注文者に土地の所有権を譲渡しまたは地上権を設定もしくは譲渡した場合，3条1項（注──注文者財産使用のための建築供託業者の特別な保証 (sicherung) 義務）および2項（注──建築供託業者は建築の進捗状況に相応して注文者財産の使用ができる），4条1項（注──当該契約の履行や建築計画の準備および実施のためにのみ注文者の財産を使用できること）および5条（注──補助者を使用する場合）および6条（注──注文者財産の分割管理）の義務から，営業法34条c第1項の意味におけるその他の営業者（注──例えば建設管理者 (Baubetreuer) として他人の名前で準備や実施を行う者 (34条c第1項1文2号b)) は2条（注──営業者が注文者の財産を使用するために担保 (Sicherheit) を給付する義務），3条3項（注──注文者財産の使用が認められる範囲の制限）および4条（注──注文者財産の使用）から6条までの義務から，彼らが2条1項1文の意味における<u>財産価値 (Vermögenswerte) の返還または支払に関する注文者のすべての起こりうる請求権について担保 (Sicherheit) を提供する場合には，免除される。</u>」（下線部は筆者による。）同命令については，Horst Locher, Das private Baurecht, 5. neubearbeitete Aufl., 415ff. (1993) を参照。

(14) BGH 7. Zivilsenat, Vorlagebeschluß v. 2. 5. 2002, ZIP 2002, 1197 Rdnr.12.

不履行に基づく損害賠償請求権，瑕疵を理由とした契約解除に基づく代金返還請求権，瑕疵除去のための前払費用，瑕疵除去のための費用償還請求権も保証され，従来のドイツ連邦通常裁判所の判例によれば[15]，減額請求権も保証の範囲に含まれるとされている[16]。さらに，本件「保証」は建築供託業者が破産した場合も保証するとされている[17]。

このような本件契約条項に含まれている「保証」に加え，実際に建築供託業者は代金の前払いを受けることにより，支払能力を向上させることができ，資金調達に他人資金を借用する必然性を回避することができる。この結果として代金は低価格になるとされる[18]。この一方で，買主は建築供託業者による駐

---

(15) BGH 9. Zivilsenat, Urteil v. 19. 7. 2001, WM 2001, 1756.

(16) BGH 7. Zivilsenat, Vorlagebeschluß v. 2. 5. 2002, ZIP 2002, 1197 Rdnr. 14, 15.

(17) BGH 7. Zivilsenat, Vorlagebeschluß v. 2. 5. 2002, ZIP 2002, 1197 Rdnr. 22. なお，仲買人および建築供託業者に関する命令7条に基づく「保証」が及ぶ範囲に関しては，ドイツ連邦通常裁判所の判例上の展開を認めることができる。同裁判所民事第9部は2001年7月19日判決（本稿注15参照）において支払われた報酬と実際上の建物給付の価値の間の差額を請求することを認め，民事第11部は2002年6月18日判決において建築供託業者が完成しなかった目的物の最終的な完成に買主が費やした，費用の賠償を認めた（BGHZ 151, 147）。さらに建築計画が完了しなかった場合に解除契約（Aufhebungsvertrag）が締結され，それに伴い生じた代金返還等の金銭債権も保証の範囲に含まれる（BGH 7. Zivilsenat, Urteil v. 30. 9. 2004, WM 2004, 2386）。他方で，建築供託業者による完成が遅延したことにより生じた損害や買主が瑕疵のないものとして受領した場合の瑕疵除去費用は保証の範囲に含まれない（BGH 11. Zivilsenat, Urteil v. 22. 10. 2002, WM 2002, 2411）。遅延損害が「保証」の範囲に含まれないと判示した同裁判所民事第11部2003年1月21日判決（BGH WM 2003, 485）によれば，仲買人および建築供託業者に関する命令7条に基づく「保証」は給付と反対給付の等価値性を保証するものであり，それ以上の損害にあたる遅延損害はその範囲に含まないとする。それに加え，同判決は保証の文言に含まれる「返還（Rückgewähr）」，「支払（Auszahlung）」という概念との関係も遅延損害を含めない論拠としている。以上のような同命令7条の「保証」に関するドイツの判例の展開について，Nassall, Zur Sicherungsfunktion einer Bürgschaft gemäß §7 MaBV, jurisPR-BGHZivilR 1/2005（前掲2004年9月30日判決評釈）も参照。また，前払合意とこのような「保証」に関する点について，Basty, DNotZ 2004, 774ff.（本判決評釈）も参照。

(18) BGH 7. Zivilsenat, Vorlagebeschluß v. 2. 5. 2002, ZIP 2002, 1197 Rdnr. 18. なお，ドイツでは，一般的な約款規制において，リスク転嫁を低価格で正当化する価格論拠（Preisargument）を原則的に否定する見解が支配的である。この問題について，河上・注6前掲410頁以下，山本・注6前掲67頁以下を参照。Basty は，Micklitz, Unvereinbarkeit von VOB/B und Klauselrichtlinie, ZflR 2004, 620（未見）に基づき，価格の有利性が意味を持ちうるのは，価格と条項との間の具体的な事実関係が認識可能である場合だけであるとする。そのうえで，本件での低価格と前払いとの間の関連性に懐疑的な

車場の完成および引渡しまで給付不能および支払不能リスクを負担しているが[19]，本件「保証」によりかかる買主のリスクは決定的に少なくされていることが指摘されている[20]。

以上のような衡量の結果，ドイツ連邦通常裁判所は本件契約条項が約款使用者の相手方であるＹ夫婦に不当に不利益を与えるものではなく，濫用的でないと結論づける[21]。

3　EC 不公正条項指令における不公正性判断

(1)　不公正条項規制において，従来から，EC 司法裁判所には解釈のみが認められ，法適用は認められないということが指摘されてきた[22]。しかしながら，EC 司法裁判所は，従来の判例において EC 不公正条項指令に関する判断を行っており，本判決において不公正条項指令に関する従来の裁判例が２件検討されている。

第１に，2000 年 6 月 27 日判決（以下，「2000 年判決」という）があげられている[23]。2000 年判決は EC 不公正条項指令に関する初めての判決である。同判決では合意管轄条項の不公正性に関連し，国内裁判所は職権で不公正性の審査が可能かが問題とされた。EC 司法裁判所は職権による不公正性審査を肯定したうえで，国内法は可能な限り EC 不公正条項指令の文言および目的を考慮して解釈されなければならないと述べた。そして，同指令３条１項の解釈に際しては指令適合解釈が必要であるとし，合意管轄条項の適用を否定する解釈を優先するべきであると判示した。このような EC 司法裁判所の態度に対しては，EC 司法裁判所の権限を定めた EC 条約 234 条１項〔現在では，EU 機能条約 267 条１項となっている〕との関係から批判が加えられている。すなわち，

　　見解を示している（Basty（Fn. 14），773）。
(19)　BGH 7. Zivilsenat, Vorlagebeschluß v. 2. 5. 2002, ZIP 2002, 1197 Rdnr. 18.
(20)　BGH 7. Zivilsenat, Vorlagebeschluß v. 2. 5. 2002, ZIP 2002, 1197 Rdnr. 20.
(21)　BGH 7. Zivilsenat, Vorlagebeschluß v. 2. 5. 2002, ZIP 2002, 1197 Rdnr. 16. なお，前払合意がなされる事案の多くでは買主側に租税上の利益があることから前払合意がなされていると指摘されている。本件はかかる租税上の利益がある事案ではなく，前払合意がなされる事案としては非典型的であると指摘されている（Basty（Fn. 14），776）。
(22)　Heinrichs（Fn. 10），2196.
(23)　Océano Grupo Editorial v. Rocío Muruciano Quintero and Salvat Editores SA v. José M. Sánchez Alón Prades and Others, Joined Cases C-240/98 to C-244/98, [2000] ECR I-4941. この判決について，野村秀敏「EC 不公正条項指令と合意管轄条項」際商 31 巻 5 号 685 頁以下（2003 年）〔本書第 2 編 5 事件〕を参照。

6 消費者契約における不公正条項規制に関する EC 司法裁判所と国内裁判所の関係

2000 年判決において EC 司法裁判所は合意管轄条項を実質的に衡量したうえで EC 指令に関して拘束的な解釈を行っているが，これは EC 条約 234 条 1 項 b 号に認められた EC 司法裁判所の権限を越える法適用に当たるというものである。しかしながら，不公正性の判断基準は EC 不公正条項指令 3 条 3 項および付則を通じてヨーロッパ法から抽出される点，「指令」という立法形式は EC 司法裁判所の解釈権限を排除しないという点が指摘され[24]，かかる批判に対しても反論が加えられている。このように 2000 年判決において EC 司法裁判所が合意管轄条項を不公正条項に該当すると判示したために，不公正性判断が国内裁判所によりなされるべきであるという本判決の判断は必ずしも予想されるものではなかった[25]。

　第 2 の判決は，2002 年 5 月 7 日判決（以下，「2002 年判決」という）である[26]。EC 不公正条項指令は加盟国に 1994 年 12 月 31 日までの同指令の実施を定めていたところ，スウェーデンは同指令の付則に含まれる不公正条項のリストを国内法の条文に取り入れておらず，その草案のための立法資料中に注釈としたにとどまっていた[27]。この点からスウェーデンでは EC 不公正条項指令の実施が達成されていないとして，EC 委員会が EC 条約 226 条〔EU 機能条約 258 条〕（義務不履行訴訟）に基づく宣言を求めて提訴した[28]。結論としては，かかるスウェーデンの実施方法が国内法における指令の実施として十分でないことを同委員会は証明できていないとして，EC 委員会の主張が棄却されている。同判決によれば，不公正条項指令 3 条は「一般的に条項が不公正であるとする要素を定義している」とされている[29]。そして指令 3 条 3 項において指示されている付則は，指示的かつ例示的な条項リストを含むものにすぎないとされる。リストにあげられている条項が必然的に不公正とみなされるのでもなければ，あげられていない条項も不公正とみなされうるとされる[30]。そして，そ

---

(24) この点につき，野村・注 23 前掲 686 頁以下〔本書 104 頁〕参照。
(25) Basty (Fn. 17), 768.
(26) Commission of the European Communities v. Kingdom of Sweden, Case C-478/99, [2002] ECR I-4147. この判決について，今野裕之「EC 不公正条項指令と国内法化の不備」際商 32 巻 8 号 1086 頁以下（2004 年）を参照。
(27) スウェーデンにおける EC 指令国内法化に関して，鹿野・注 6 前掲(1) 1434 頁以下，今野・注 26 前掲 1087 頁以下参照。
(28) 義務不履行訴訟については，庄司・基礎篇 94 頁以下を参照。
(29) Commission of the European Communities v. Kingdom of Sweden, Case C-478/99, [2002] ECR I-4147, para. 17.
(30) Ibid., para.20.

の限りで，不公正条項規制をどのように行うかに関して，国内の立法府の裁量は制限されないとしている[31]。

（2） 以上の2判決との関係から，本判決は，2002年判決における不公正条項指令3条の位置づけを前提にして，契約条項の不公正性判断に際しては，EC不公正条項指令4条によって，締結された契約の目的物またはサービスの質を考慮しかつ契約締結時の契約締結に伴うすべての事情を考慮することが必要とする[32]。そして，契約に適用される法の下で当該条項の帰結も考慮されなければならず，このために国内法を考慮することが必要であるとした[33]。他方で，EC司法裁判所の管轄に関しては，法務官意見に従って[34]，EC司法裁判所は不公正条項を定義するために使用された共同体法の一般的な基準を解釈することはできるが，当該事件における個別状況の顧慮を要する一般基準の適用を決すべきではないとしている[35]。

そして，不公正条項が問題となる場面において，EC不公正条項指令は抽象的な基準を定めているにとどまることが確認される。法務官意見によれば，共同体の立法は特定の条項が不公正であるかどうかは共同体法の範囲内に入れていない[36]。EC不公正条項指令3条1項に定められている「重大な不均衡」を決するのは，加盟国に任せられているとする[37]。すなわち，不公正性判断に

---

[31] *Ibid.*, para. 21.
[32] EC不公正条項指令4条（評価方法）は，以下のように定めている。
　　「(1) 7条を損なうことなく，契約条項の不公正さは，契約締結の目的とされた物品もしくはサービスの性質を考慮し，契約が締結された当時の，契約締結に伴うすべての状況，および当該契約の他の条項，もしくはその契約と依存関係にある他の契約の条項のすべてを考慮して評価されなければならない。
　　(2) 条項が不公正であるとの性質の評価は，一方で，条項が平易なわかりやすい言葉による限りにおいては，契約の主要な目的とされる事柄を確定する条項および提供される物品もしくはサービスに対して引換えに支払われる対価もしくは報酬額の適切さには，かかわりなきものとする。」
[33] 本判決判決理由第21節。
[34] Opinion of Mr. Advocate General Geelhoed delivered on 25 September 2003, para. 25.
[35] 本判決判決理由第22節。
[36] Geelhoed (Fn. 34), paras. 17 and 26.
[37] Geelhoed (Fn. 34), para. 18. これに対して，Riesenhuber は，EC指令3条1項は共同体自律的に解釈されるべきであるとしており，国内の評価基準の指示に制限されるべきではないとする。加盟国の評価基準に委ねるのであれば，「条項は，『加盟国の法の評価に基づいて』消費者を信義に反して不利益にする場合には，濫用的である」と規定することもできたとしている（Riesenhuber (Fn. 10), 438)。そして，EC司法裁判

おいては，各事案ごとに契約締結時の個別事情を顧慮することが必要であり，そのために国内法が顧慮されなければならないことが確認されている。そして，法務官意見は，国内裁判所が不公正性につき判断した問題を EC 司法裁判所が再び評価することは，共同体の立法に反すると結論づける[38]。

結局，EC 不公正条項指令における不公正性を判断する場合，国内法秩序から決定される比較基準を取り出すことが必要になる。かかる比較基準は当該条項がない場合の規律を意味し，原則として国内法規の任意規定が該当する[39]。また，国内法を顧慮することは当該条項における利益不利益を評価するために必要であるにとどまり，EC 不公正条項指令から離れて国内法における概念や価値判断によるべきではないことを指摘する見解もある[40]。

一方，2000 年判決では EC 司法裁判所が合意管轄条項の不公正性判断を行っており，本判決との関係が問題となる[41]。2000 年判決は，本判決によれば，「契約の性質がどうであれ，指令が消費者に与える権利の法的保護の効果を侵害しており，その結果，契約が締結された状況を顧慮することなく，国内法の下で条項が有するであろう利益と不利益の評価をしなくても不公正であった」[42]事案であるが，本件はかかる場合には当てはまらないとする[43]。すなわち，本件で必要とされた個別事情の顧慮を行うまでもなく，EC 不公正条項指令の一般的基準の下で不公正と判断される事案においては，EC 司法裁判所に不公正性判断をする余地が残されていると理解できよう[44]。

　　所の 2000 年判決（本稿注 23 前掲）もこのような自律的解釈から出発しているとする（Riesenhuber (Fn. 10), 440）。
(38) Geelhoed (Fn. 34), para. 27. これに対して，Markwardt は，EC 指令の国内法化に裁量が認められていても，その措置には EC 指令との等価値性（Gleichwertigkeit）が要求されることから，このような法務官意見に反対する（Markwardt (Fn. 12), 1156）。
(39) Heinrichs (Fn. 10), 2196. しかしながら，本件は任意規定から疑いのない比較基準を取り出すことはできない事案であると評価する見解もある（Basty (Fn. 17), 770ff. は，本件に該当する各論的な規定も存在せず，総論的なドイツ民法典の規定（641 条：本稿注 12 参照）もそのような基準に適していないと評価している。民法典の規定によっては請負人の利益が保護されず，前払合意をそのまま認めた場合には買主の利益が侵害されるとする（Basty (Fn. 17), 772））。
(40) Basty (Fn. 17), 769.
(41) この点に関する 2000 年判決の射程の評価につき，野村・注 23 前掲 690 頁〔本書110 頁以下〕参照。
(42) 本判決判決理由第 23 節。
(43) 本判決判決理由第 24 節。
(44) この点に本判決との関係で 2000 年判決の意義を見出すものとして Freitag, EWiR

4　本判決の位置づけ

(1)　本件において，EC司法裁判所は，不公正性判断に関して制限的な立場をとることを明らかにしている。「EC指令と国内法の調和」という視点から本件を見た場合，かかる立場は無限定で同意されるべきではないという指摘もある。すなわち，EC司法裁判所が契約条項の不公正性判断を拒否することで，不公正条項規制についてEU内の調和は縮減される。この点で，本判決はEC法秩序の調和に関して司法に期待される役割に十分に応えていないと評価されうるものである。この点について，国内裁判所によってのみ不公正条項の内容コントロールを行っても，法の近似化というEC指令の目標は実現できず，EC司法裁判所による不公正条項規制の統一的具体化が必要であるという見解がある(45)。不公正条項規制の実施におけるEC司法裁判所の役割を重視する見解といえよう。それによれば，本件で，EC司法裁判所は，一見したところと異なって，不公正条項規制における解釈権限につき何も原則的なことを述べていないと批判的に理解されている(46)。しかしながら，他方で，法の統一という視点から批判をしながら，結論としては本判決を支持する見解もある。その理由として，第1に，契約条項の不公正性判断においては，関連する法規定を背景にして判断せざるをえず，ヨーロッパ共通民法典が存しない以上，かかる法律上の指導形象機能は各国内法により作られざるをえないことがあげられている。本件原審においては，本件契約に含まれていた「保証」の存在によって，買主側の被る不利益が決定的に縮減されることから，本件条項が不公正条項に当たらないと判示されており，その際には「保証」の性質に関する国内裁判所の判断等も加味されていた。国内の法状況を踏まえ，具体的な利益衡量がなされていたことはすでに示したところから明らかであろう。第2に，EC司法裁判所が共通する法的な基準を構築するとした場合，不公正条項規制は法秩序全体に及ぶことから，管轄権の分配という問題が生じることや予見可能性が失われることがあげられている(47)。このような理由は「EC法形成におけ

　　2004, 398（本件評釈）を参照。
(45)　Markwardtは，本件において，不公正条項規制の管轄を国内裁判所に認めていることと，EC司法裁判所が不公正条項規制に関し解釈権限を有することは矛盾しないとする（Markwardt (Fn. 12), 156 ）。
(46)　Markwardt (Fn. 12), 157.
(47)　それでもEC司法裁判所は，指令につき枠組み条件を明確化する可能性は先行判決手続において保持しているとする（Freitag (Fn. 44), 398）。

るEC指令と国内法の関係」という観点から理解できるものである。すなわち，本件の判断は，EUにおける「消費者保護」の法が，「加盟国の法を主，EC法を従として，円環的な相互作用により形成されている」という指摘[48]に親和的であると理解できるであろう。

(2) さらに，2002年判決において加盟国には不公正条項規制の実施に関する裁量が認められており，現状においては，不公正条項規制は加盟国において多様である。このような状況はEC司法裁判所による監督を困難にすることが指摘されている[49]。

かかる利益衡量上の困難さに加え，EC司法裁判所の従来の判決との関係から本判決を支持することも可能であろう。すなわち，契約条項における不公正性判断は原則として国内裁判所が行うが，契約条項自体の不公正性が利益衡量を要せずとも明らかであるような場合には，EC司法裁判所自らが不公正性判断をする余地が残っているからである。この限りで，EC司法裁判所はEC法の統一に関与することになるが，これは2000年判決に対して加えられていたEC条約234条1項との関係での批判からも支持できるように考える。本件においても確認されているように，EC司法裁判所が行うのは法の解釈にとどまり，具体的な法適用は認められないからである。具体的な契約条項の不公正性判断をEC司法裁判が行うには限界があるといわざるをえず，本件での判断は従来の議論に基づいても受け入れやすいものといえよう。

本件は，不公正条項規制の統一・近似化という問題に関し，EC司法裁判所に割り当てられている権限を明らかにした事案として位置づけられると考える。さらに，法規範の統一に関しては，周知のように各共通契約法モデルを始め新たな動きも認められる。不公正条項規制に関しても，このような新たな動きに注視していく必要があろう[50]。

(国際商事法務33巻4号／2005年)

[中村　肇]

(48) 中村・注4前掲34頁。Riesenhuber (Fn. 10), 438ff.
(49) Geelhoed (Fn. 34), para. 22.
(50) 例えば，近時のヨーロッパ契約法典草案については，平野裕之「ヨーロッパ契約典草案（パヴィア草案）第一編(1) (2・完)——各国内法の調和から新ヨーロッパ契約法へ」法論76巻2/3号75頁以下，6号115頁以下 (2004年) に紹介がある。不公正条項規制に関しては30条（適法かつ不当ではない内容）に定めがある。同76巻2/3号90頁参照。

Ⅳ その他

7 EC製造物責任指令と訴訟当事者の交替

EU司法裁判所2009年12月2日判決：［2009］ECR I-11305
（Aventis Pasteur SA v. OB, Case C-358/08）

〔事実の概要〕

1　1992年11月3日，当時幼児であった原告X（Declan O'Byrne）は，イギリスのB医療センター（MacDonald Road Medical Centre）の診察室でヘモルフィス感染症の予防接種を受けたところ，重大な脳障害を負ってしまった。このワクチンの製造業者は，フランスのY1製薬会社（Sanofi Pasteur SA, 事件当時の社名は，APSA [Aventis Pasteur SA]――本件第2訴訟の被告）であった。Y1は，1992年9月18日，イギリスのY2製薬会社（Sanofi Pasteur MSD Ltd, 事件当時の社名は，APMSD [Aventis Pasteur MSD Ltd]――本件第1訴訟の被告）に，本件で使用されたワクチンを含む数パックのワクチンを送付した。Y2はY1の100パーセント子会社（完全子会社）であり，Y1の製造した医薬品をイギリスで販売していたのである。Y2が，本件ワクチンを受領したのは，1992年9月22日であった。Y2はY1に対して，約定に従い，本件ワクチンの代金を支払った。次いで，Y2は，1992年10月7日前後（正確な日時はなお認定されていない）に，本件ワクチンをイギリス衛生保険局（Department of Health）に売却のうえ引き渡し，さらに衛生保険局管轄下にあるA病院からB医療センターへと順次その引渡しがなされた。

2000年11月2日，Xは，障害を被ったのは投与されたワクチンに欠陥があったためであると主張し，本件ワクチンの製造業者であると誤認したY2に対して損害賠償請求訴訟を提起した（本件第1訴訟）。さらに，2002年10月7日，Xは，Y1に対しても損害賠償請求訴訟を提起した（本件第2訴訟）。この点につき，Xは，本件ワクチンの製造業者が実はY2ではなく，Y1であることを2002年の夏頃になって初めて知った，と主張している[(1)]。

---

(1) この点，Xが第1訴訟提起後，第2訴訟提起までになぜ2年近くの長期間を要したのかは明らかではない。とりわけ，Y2が第1訴訟の提起を受けてどのように応接したか，Y2がXに真の製造業者はY1である旨を告知したのか，告知したとしていつの時点でそれが行われたかも不明である。

本件第2訴訟において，Y1は，本件ワクチンを1992年9月18日にその子会社Y2に引き渡しているのであるから，EC製造物責任指令[2]11条を国内法化したイギリス出訴期限法（Limitation Act 1980）11条A(3)に規定されている製造物を流通に置いた時から10年の責任期間が2002年10月7日の本件第2訴訟提起時にはすでに経過しており，したがって原告の訴権は消滅したと主張した[3]。

これに対して，Xは，本件ワクチンがイギリス衛生保険局の指定したA病院に引き渡された時点をもって，本件ワクチンが流通に置かれたと解すべきであるとして，本件第2訴訟時点では責任期間は未だ経過していなかったと主張した。さらにXは，本件第1訴訟において，裁判所に対し被告をY2からY1に交替させるべき旨の申立てを行った。すなわち，イギリス民事訴訟規則（Civil Procedure Rule）19の5条(3)によれば，こうした当事者の交替は，責任期間の経過後であってもなお許容されると解すべきであり，国内裁判所には，諸事情を考慮して，被告Y1から責任期間の経過による免責効を失わしめることにつき，広範な裁量の余地が認められている，と。これに対して，Y1は，こうした仕方で当事者の交替を許容するような国内法の手続ルールは，EC製造物責任指令11条に違反するものであり，同条に定める10年の責任期間内にY1に対する訴え（本件第2訴訟）が提起されていない本件においてはなおさらそう解すべきである，と抗弁した。

このような事実関係の下で，受訴裁判所である高等法院女王座部（High Court of Justice（England & Wales），Queen's Bench Division）は，審理を中断し，以下に掲げる事項につき，先行判決を求めて事件をEC司法裁判所に付託した。

① フランスの製造業者との売買契約に基づきイギリスの100パーセント子会社に引き渡され，さらにこの子会社から他の者に引き渡された製造物が，EC製造物責

---

[2] COUNCIL DIRECTIVE of july on the approximation of the law, regulations and administrative provisions of the Member States concerning liability for defective products [85/374/EEC].

[3] EC製造物責任指令11条およびこれを国内法化したイギリス出訴期限法11条Aに定められた期間制限を除斥期間と呼ぶか，責任期間と呼ぶかについてはわが国においては必ずしも統一されていない。本稿では，さしあたり，責任期間という用語を用いることにする。製造物責任における消滅時効，除斥期間，責任期間の相違については，飯塚和之「責任の減免・制限（製造物責任の現状と展望）」NBL458号48頁以下（1990年），平井宜雄「損害賠償請求権等の期間制限」経済企画庁国民生活局消費者行政第一課編『製造物責任法の論点』93頁以下（1991年）。また，わが国における製造物責任法5条の制定過程での議論については，升田純『詳解製造物責任法』1060頁以下（1997年）。なお，イギリス出訴期限法11条Aの定める2つの出訴期間は大陸法的表現で言えば，10年の除斥期間および3年の消滅時効期間である，とするものとして，飯塚和之「イギリスにおける製造物責任」判タ673号84頁（1988年）〔同『民事責任の諸相と司法判断』105頁以下（2012年）に所収〕。

任法 11 条にいう「流通に置かれた」時点は，
　a) 当該製造物が，フランスの製造会社のもとを離れたとき，
　b) それがイギリスの子会社に受領されたとき，
　c) それがイギリスの子会社のもとを離れたとき，
　d) 当該製造物をイギリスの子会社から取得した他の者がこれを受領したとき，
のいずれと解すべきか。

　② 原告が，当該製造物の製造業者は Y_2 であるとの誤った認識の下に，欠陥製造物に関して EC 製造物責任指令に基づき認められている請求権をこの Y_2 に対して裁判上主張したが，実際は当該製造物の製造業者は Y_2 ではなく他の事業者 Y_1 であったという場合に，加盟国はその国内法において，このような訴訟を EC 製造物責任指令 11 条の趣旨における製造業者に対する訴訟手続として取り扱う裁量を国内裁判所に認めることを許容されているか。

　③ EC 製造物責任指令 11 条は，a) 同条において定められた 10 年の責任期間が経過しており，b) Y_2 に対する訴えが 10 年の責任期間経過前に提起されており，かつ c) Y_1 に対する訴えが，10 年の責任期間経過前には提起されなかった場合に，Y_2 に対する訴訟手続上，被告を Y_2 から Y_1 に置き換える裁量を国内裁判所に認めることを加盟国に許容しているか。

2 これを受けて，EC 司法裁判所は，その 2006 年 2 月 9 日判決（いわゆる O'Byrne 事件判決）において，次のような判断を下した[4]。

　① EC 製造物責任指令 11 条においては，製造物が製造業者の事実上の支配に服している個人または会社から製造業者の支配の及ばない個人または会社に引き渡された時に，当該製造物は流通に置かれたといいうる，というように解釈すべきである。

　② 現実には他の製造業者により製造された製造物であるにもかかわらず，製造業者であると誤認された事業者に対して訴えが提起された場合に，いかなる要件の下に，訴訟手続上，訴訟当事者の交替を許容するかは，原則として，国内法の規律に従う。しかし，こうした訴訟当事者の交替の要件を吟味するに際して，国内裁判所は，EC 製造物責任指令 1 条および 3 条に定められた同 EC 指令の人的適用範囲を尊重しなければならない。

3 この判決に基づき，イギリスの高等法院女王座部は，本件原告 X の申し立てた訴訟当事者の交替を許容した。すなわち，加盟国の手続自治を許容したかのようにも読める上記 O'Byrne 事件判決の提示した命題から，同裁判所は，訴訟当事者の交

---

[4] EC 司法裁判所 2006 年 2 月 9 日判決（Declan O'Byrne v. Sanofi Pasteur MSD and Sanofi Pasteur SA, Case C-127/04, [2006] ECR I-1313）。同判決については，亀岡倫史「EC 製造物責任法と製造物が『流通に置かれた』の意義」際商 35 巻 5 号 696 頁以下（2007 年）参照。

替を認め，製造業者ではない Y₂ に対して提起された訴訟（本件第 1 訴訟）によって，真の製造業者 Y₁ との関係でも責任期間の進行が中断するとしても，EC 製造物責任指令に抵触しないと解したのである。

　Y₁ より控訴。控訴院（Court of Appeal）は，控訴棄却。Y₁ より上告。貴族院（House of Lords）は，EC 司法裁判所の O'Byrne 事件判決では，当事者の交替がいかなる場合に，いかなる要件の下に許容されるのか，その射程範囲が不明確であるとして，審理を中断し，以下に掲げる事項につき先行判決を求めて，事件を再度 EC 司法裁判所に付託した。

　加盟国国内法の規律が，EC 製造物責任指令に基づく請求権を主張する訴訟の枠内において，本 EC 指令 11 条に定められた 10 年の責任期間の経過前に提起された訴訟手続で被告とされた者が，本 EC 指令 3 条にいう「製造業者」に該当しない者であったにもかかわらず，10 年の責任期間の経過後に当該被告を別の新たな被告と置き換えることを許容することは，本 EC 指令に適合するか。

　4　これに対して，法務官 Trstenjak は，2009 年 9 月 8 日，法務官意見[5]を公表し，次のような回答を推奨した。すなわち，①訴訟当事者の交替という方法によって，被告とされた販売業者を真の製造業者と交替させることは，当該製造業者が，訴訟当事者の交替の申立てがなされた時点で EC 製造物責任指令に定められた責任期間の経過によりなお免責されていないということを要件に，許容される。②また，販売業者は，EC 指令 3 条 3 項にいう「供給者」として EC 製造物責任指令の趣旨における「製造業者」とみなされるとしたならば，当該販売業者は，EC 製造物責任指令に基づき，欠陥製造物から生じた損害につき責任を負う。③欠陥製造物は，製造業者から販売業者に引き渡されたものの，元来の製造業者が当該欠陥製造物につき管理・支配をなお保持しているという意味で，真の製造業者と販売業者との間に特別に密接な関係が認められる場合には，当該販売業者を製造業者とみなすことができ，当該販売業者に対する訴訟手続の開始により，10 年の責任期間の進行は真の製造業者との関係でも中断する。

　5　EU 司法裁判所は，2009 年 12 月 2 日，――上記法務官意見と実質的には同趣旨であると解される――次のような判断を行った（いわゆる Aventis Pasteur 事件判決。以下，「本判決」という）。

〔判　旨〕

　EC 製造物責任指令 11 条は，次のように解釈すべきである。すなわち，同条は，同条に定められている 10 年の責任期間の経過後に，当該責任期間内に

---

(5) Opinion of Advocate General Verica Trstenjak delivered on 8 September 2009.

他の者を被告として提起された製造物責任訴訟の訴訟手続に，本EC指令3条にいう製造業者を被告として引き入れることを許容するような仕方で，訴訟当事者の交替を許容している国内法の規律を排除するものである。

　しかしながら，一方では，EC製造物責任指令11条は，次のようにも解釈すべきである。すなわち，当該製造物を流通に置くことを決定したのは実質上は当該製造物の真の製造業者であったと認定される事案では，国内裁判所は，EC製造物責任指令11条に定められた責任期間内に本EC指令3条にいう製造業者の100パーセント子会社（完全子会社）を被告として提起された訴訟手続において，被告を当該子会社から当該製造業者に交替させることができるとしても，それは本条に抵触するものではない。

　他方で，EC製造物責任指令3条3項については，次のように解釈すべきである。すなわち，欠陥製造物の被害者が，思慮深く観察したとしても，当該製造物の販売業者に対して訴えを提起する前には，当該製造物の真の製造業者を確定しえなかったであろう事案においては，当該販売業者が，被害者に対し，自らかつ遅滞なく，製造業者あるいは自己に対する供給者を告知しなかったときには，当該販売業者を，とりわけ本EC指令11条の諸目的につき，「製造業者」として取り扱うことができる。国内裁判所は，このことを具体的な諸事情を考慮して吟味しなければならない。

◆ 研　究 ◆

1　問題の所在と本判決の意義

　欠陥製造物の被害者が当該製造物の製造業者を誤認し，製造業者以外の者を被告として訴えを提起してしまったが，真の製造業者が判明した時点ではすでにEC製造物責任指令11条が製造業者に対する訴えにつき定めている10年の責任期間が経過してしまっていたという場合に，当該訴訟において訴訟当事者の交替を認め，かつ，このことにより当該訴訟の訴え提起の時点で責任期間の進行が中断されたと取り扱い，製造業者を被告として損害賠償請求をすることを認めるような仕方で，被害者の救済をはかることは可能か。

　EC製造物責任指令11条によれば，EC指令に基づき欠陥製造物の被害者に認められた製造業者に対する損害賠償請求権は，製造業者が製造物を流通に置いた時から10年の責任期間が経過すると，被害者がその期間内に「製造業者に対する訴訟手続」をとっていない限り，もはや主張しえない[6]。イギリスは，

EC製造物責任指令を1987年の消費者保護法（Consumer Protection Act 1987）により国内法化し，それは1988年4月1日に発効した。同法により，EC製造物責任指令11条に相当する規定は，イギリス出訴期限法（Limitation Act 1980）11条Aとして新設された。他方で，イギリス出訴期限法およびイギリス民事訴訟規則（Civil Procedure Rule）は，被告を誤認して訴えが提起された場合につき，責任期間経過後の訴訟当事者の交替を原則として禁じつつ，特別の事情が存在する場合には，当初の訴え提起の時点での効力を伴って，訴訟当事者の交替を認める広範な裁量権を裁判所に付与していた。被告の交替を認めることによって，責任期間経過による免責効が失われるとしても，それが正当であると認められる場合には，裁判所は訴訟当事者の交替を認める裁量権を有する，と解されていたのである[7]。したがって，イギリスの国内法上の手続ルールによるならば，本件のようなケースでも，本件第1訴訟において訴訟当事者の交替を認めることにより，欠陥製造物の製造業者であると誤認され被告とされたY2を真の製造業者であるY1に置き換えることにより，Y1との関係でも本件第1訴訟の訴え提起時に責任期間が中断したとして，当事者の交替の申立ての時点ではすでにY1につき10年の責任期間が経過した後であったとしても，Y1に対して損害賠償を請求することが認められる余地があったのである。

　本判決は，――EC製造物責任指令が製造物責任訴訟における手続ルールに

---

(6) EC製造物責任指令11条「加盟国は，本指令に従って被害者に付与された権利は，製造業者がその損害を生じさせた当該製造物を流通に置いた時から10年が経過したときに消滅するが，被害者がその期間内に製造業者に対して訴訟手続をとったときはこの限りでない旨を立法の中で規定するものとする。」

(7) 出訴期限法35条および民事訴訟規則19の5条(3)。ちなみにこれは，わが国ではいわゆる任意的当事者変更の問題として論じられているものである。この点，わが国では，任意的当事者変更は，――特殊行為説などの有力な見解も存在するものの――，新原告によるまたは新被告に対する新訴の提起と，旧原告によるまたは旧被告に対する旧訴の取下げとが一緒になされているにすぎないとする，新訴提起・旧訴取下げ説が通説であり，しかも期間の遵守や時効中断効については，原則として新訴提起時を基準とするのが一般的であるという点で，イギリスにおけるのとは状況が異なっていることに留意すべきである（ただし，従来の議論で製造物責任訴訟を念頭に置いたものはないようである）。この点については，例えば中野貞一郎ほか『新民事訴訟法講義〔第2版補訂2版〕』580頁以下（2008年），伊藤眞『民事訴訟法〔第3版3訂版〕』90頁以下（2008年），新堂幸司『新民事訴訟法〔第4版〕』800頁以下（2009年）を参照（なお，最後の新堂803頁は，新訴提起・旧訴取下げ説に立ちつつも，新訴による時効中断の効力および期間遵守は，旧訴提起の時点を基準に判断してよい，としている）。

ついて何らの規定も設けていないところ——上記のようなイギリスの国内法において訴訟当事者の交替に関する民事手続ルールが，製造業者の責任を時間的に限定する EC 製造物責任指令 11 条に適合するかという，EC 司法裁判所の 2006 年 2 月 9 日の O'Byrne 事件判決ではやや不明確な形でしか判断されていなかった事項につき EU 司法裁判所として明確な判断を提示したものである。すなわち，——［判旨］にも示したように——① EU 司法裁判所は，10 年の責任期間経過後に訴訟当事者の交替を認めるような国内法の手続ルールは，原則として，EC 製造物責任指令 11 条に抵触するとの立場を明確にした。本判決の第 1 の意義は，この点にあると言えよう。

しかし他方で，EU 司法裁判所は，② 10 年の責任期間経過後であっても例外的に訴訟当事者の交替を認めても EC 製造物責任指令 11 条に抵触しない場合を明らかにし，③ さらには EC 製造物責任指令 3 条 3 項の解釈として，被害者には販売業者＝供給者に対する責任追及の余地があることを指摘して，国内裁判所が本件のような事件で判決を下すための具体的なヒントを提示している。この点は，欠陥製造物の被害者＝消費者保護にも，EU 司法裁判所が一定の配慮をしようと試みていることの証であると言えよう[8]。

2 10 年の責任期間経過後の訴訟当事者の交替の原則的不許容

(1) EC 製造物責任指令 11 条にいう「製造業者に対する訴訟手続」の意義

被害者が欠陥製造物の製造業者を誤認したケースにおいて，10 年の責任期間経過後に，責任期間経過前に提起された製造業者以外の者に対する訴訟において訴訟当事者の交替という仕方で製造業者を被告とすることにより，製造業者に対して損害賠償請求することが認められるかという本判決における問題は，解釈論的には，EC 製造物責任指令 11 条が責任期間の進行の中断事由として定めている「製造業者に対する訴訟手続」をいかに解すべきかという点にかかわるものである。すなわち，製造業者以外の者を製造業者と誤認して開始された訴訟手続を，その被告を事後的に真の製造業者に置き換えることにより，本 EC 指令 11 条にいう「製造業者に対する訴訟手続」と解釈しうるかが問題となっている。そのように解することができるならば，責任期間の進行は中断し，

---

[8] 本判決の評釈としては，Von Gall, Caroline, *Zu den europarechtlichen Grenzen der Produkthaftung: Rechtssicherheit mit Ausnahmen*, 2010 ELR, 74-80; Howells, Geraint, *Aventis Pasteur v. OB−European Court of Justice decision may provide practical justice, but not procedural or substantive fairness*, 6 ERCL 284-286（2010）等がある。

かつそのように解釈する場合にのみ訴訟当事者の交替を許容することが，本EC指令に違反しないかが問われることになるのである。「製造業者に対する訴訟手続」をいかに解すべきか，この文言を加盟国はどのように解釈しうるのかがポイントである。

(2) 2006年2月9日のO'Byrne事件判決との関係

O'Byrne事件判決においてEC司法裁判所は，EC製造物責任指令は手続ルールについては何ら規定を設けていないということを確認するとともに，――［事実の概要］でも紹介したように――この種の事案でいかなる要件の下に訴訟当事者の交替が認められるかは，原則として，加盟国国内法の規律に従うとしつつ，被害者が訴訟の相手方たる製造業者を誤認した事例における訴訟当事者の交替についての手続ルールを定めるに際して，加盟国は，EC指令1条および3条で責任主体の人的範囲が排他的に定められていることを考慮しなければならない，としていた。加盟国の手続自治を一方では認めつつ，抑制的な表現で加盟国に対して警告的なシグナルを送ったかのように読める同判決からは，いかなる要件の下にかかる事案で訴訟当事者の交替を認めることが許容されるのかはきわめて曖昧なままであった。

EU司法裁判所は本判決で，これを一歩進めて，10年の責任期間経過後に訴訟当事者の交替を認めるような国内法の手続ルールは，原則として，EC指令11条に抵触するとの立場を明確にしたわけである。

(3) EC製造物責任指令11条の趣旨の没却

EU司法裁判所は，このような結論に至った論拠として，責任期間経過後に訴訟当事者の交替を認めることは，①製造業者の法的安全ないし信頼保護，および②製造物責任法制の完全調和化の要請という，EC製造物責任指令11条の趣旨を没却することになるという点を強調している。

すなわち，EU司法裁判所によれば，EC製造物責任指令11条は，EC製造物責任指令に基づいて被害者に認められる損害賠償請求権の行使可能期間，言い換えるならば製造業者の無過失製造物責任の時間的制限につき，その10年という期間設定，起算点を「製造業者が製造物を流通に置いた時」とすること，「製造業者に対する訴訟手続」を責任期間の中断事由とすることなど，同条に定められた事項につき，共同体レベルで加盟国の製造物責任法制を完全調和化しようという趣旨にでたものである。それは，被害者の利益だけではなく，製造業者の利益を考慮したものであった。すなわち，一方では，加盟国の製造物

責任規律の相違から消費者の保護に相違が生じているという事態を終わらせるとともに，他方でそれは，製造物が時間の経過とともに損耗していくこと，安全基準がますます厳格なものになってきていること，学問上・技術上の知見の恒常的な進歩などに鑑みて，製造業者の責任を適切な時間的範囲に限定しようとの意図にでるものであった。このような本条の趣旨に鑑みるならば，責任期間経過後にもなお，訴訟当事者の交替を認めるという仕方で，製造業者に対する責任追及を可能にするような国内法の手続ルールは，以上のような EC 製造物責任指令 11 条の趣旨を没却するものであり，許されない。そう解さなければ，一方では，EC 製造物責任指令が追求する加盟国の製造物責任法制の完全調和化という要請，他方では，10 年の責任期間が経過すればもはや責任を追及されることはないとの製造業者の正当な信頼が裏切られ，製造業者にとっての法的安全が確保されないこととなるからである，とするのである[9]。

さらにこれに加えて EU 司法裁判所は，被害者が製造業者を誤認してしまったということだけから，10 年の責任期間経過後に訴訟当事者の交替を認めることはできないとする。ここでは，被害者のこうした主観的事情に基づく要保護性は，製造物責任法制の完全調和化の要請に劣後する，としている[10]。

(4) 製造物責任法制の完全調和化

本判決で EU 司法裁判所が，——実質的な被害者保護ないし消費者保護を犠牲にしてでも——製造物責任法制の完全調和化を貫徹しようとしていることは，驚くにはあたらない。EC/EU 司法裁判所は，本判決に先立つ諸判決において 2002 年以降，製造物責任法制の完全調和化を強調してきたからである。

例えば，EC 製造物責任指令を国内法化したフランス民法典中の製造物責任規定の本 EC 指令違反を認定した EC 委員会対フランス事件に関する EC 司法裁判所 2002 年 4 月 25 日判決で，EC 司法裁判所は，EC 製造物責任指令が，各加盟国の製造物責任法制の完全な統一を目的としているということを確認し，EC 指令の内容に反するフランス製造物責任法の個別規定を，それが EC 指令よりも高いレベルの消費者保護規定であるにもかかわらず，EC 指令違反であると宣言した[11]。

---

[9] 本判決判決理由第 37 節－第 46 節。

[10] 本判決判決理由第 48 節。

[11] EC 司法裁判所 2002 年 4 月 25 日判決（Commission of the European Communities v. French Republic, Case C-52/00, [2002] ECR I-3827）。同判決については，亀岡倫史「EC 製造物責任指令による製造物責任法の統一と消費者保護」際商 32 巻 4 号 509 頁以

また，EC 司法裁判所はその 2006 年 1 月 10 日判決において，製造物責任法制の完全調和化は，製造業者の責任にとどまらず，販売業者，すなわち EC 製造物責任指令 3 条 3 項の定める供給者の責任についても及ぶことを明らかにした(12)。

　これらの諸判決以前には，製造物責任法制の完全調和化は長らく疑問視されていた。それは，EC 製造物責任指令自体が，同 EC 指令の国内法化に際して加盟国に一定の範囲で裁量の余地を認めているという事実に基づくものであった。すなわち，同 EC 指令は，各加盟国に同一内容の国内立法を実施させることにより，EC 領域内の統一的な製造物責任法制の実現を目指したものであったにもかかわらず，その審議の過程で各加盟国の意見を調整するために一定の妥協がはかられ，①第一次農産物・狩猟物への適用の可否，②開発危険の抗弁による免責の有無，③責任制限額の設定，の 3 点については，オプションとしてその採否を各加盟国に委ねている（EC 指令 15 条，16 条）からである。そのほか，同 EC 指令は，非財産損害の付加的な賠償（EC 指令 9 条 2 文）や，契約上および契約外の過失責任法制，ならびに本 EC 指令発効の時点ですでに存在した加盟国固有の責任ルールについては，加盟国が独自に規律することを許容している。以上のようなことから，当初は，本 EC 指令はもっぱら最低限度の調和化を意図しているのであり，そこで設定されている基準を下回ることは禁じられるが，これを上回る規律をすることは可能であると解されていた。しかし，その後，EC 司法裁判所は，繰り返し，こうした考え方を拒絶し，EC 製造物責任指令の目的が製造物責任法制の完全調和化にあることを繰り返し，宣言してきたのである(13)。

下（2004 年）参照。なお，上記判決と同一日付けの諸判決でも EC 司法裁判所は，同様の立場から判決を下している——EC 司法裁判所 2002 年 4 月 25 日判決（Commission of the European Communities v. Hellenic Republic, Case C-154/00, [2002] ECR I-3879）; EC 司法裁判所 2002 年 4 月 25 日判決（Maria Victoria Gonzalez Sanchez v. Medicina Asturiana SA, Case C-183/00, [2002] ECR I-3901）。

(12) EC 司法裁判所 2006 年 1 月 10 日判決（Skov Ag v. Bilka Lavprisvarehus A/S and Bilka Lavprisvarehus A/S v. Jette Mikkelsen, Michael Due Nielsen, Case C-402/03, [2006] ECR I-199）。同判決については，亀岡倫史「EC 製造物責任指令と欠陥製造物についての販売業者の責任」際商 36 巻 5 号 650 頁以下（2008 年）参照。

(13) 同様の趣旨で完全調和化を強調するその他の諸判決としては，次のものがある。EC 製造物責任指令を国内法化したフランス民法典中の製造物責任規定の本 EC 指令違反を認定した EC 委員会対フランス事件に関する EC 司法裁判所 2006 年 3 月 14 日判決（Commission of the European Communities v. French Republic, Case C-177/04, [2006]

EC司法裁判所が，製造物責任法制の完全調和化にこだわるのは，EC製造物責任指令の達成しようとする諸目的が，一定水準の消費者保護を実現するということのほか，EC加盟国間の製造物責任法制の差異から，域内の企業間競争が歪曲されたり，域内の自由な商品取引が阻害されたりすることを防止しようとの目的をもあわせ持っているということに由来する。その意味では，EC製造物責任指令は，純粋に消費者保護指向的なものというわけではなく，製造業者保護的な指向をもあわせ持った市場制御的な性格を帯びたものといえるであろう。このことは，EC製造物責任指令の個別の解釈にあたっても考慮されなければならない。EC司法裁判所は，完全調和化を志向することにより，最低限度の消費者保護水準を確保するとともに，同時に製造業者保護のためにその責任の限定をも試みてきた。このようにしてEU司法裁判所は本判決においても，——本判決に先立って公表されていた法務官意見と同様に——EC製造物責任指令11条を製造業者の時間的な責任限定として，厳格に維持しようとしたのである。

　したがって，EU司法裁判所は本判決で，加盟国の製造物責任法制の完全調和化という従来EC司法裁判所が追求してきたポリシーを貫徹し，EC指令11条により製造業者に認められた責任期間経過による免責利益の維持を重視して，製造業者誤認のリスクからの被害者（消費者）の保護をこれに劣後させたと評価しうるであろう。

　さらに本判決は，加盟国に製造物責任訴訟における手続自治を一般論としては認めつつ，製造業者の責任の時間的制限という実体法上の責任ルールの完全調和化を達成するための派生物として，加盟国の手続法上のルールの完全調和化を求めたものとも言えよう[14]。

　ECR I-2461）およびデンマークに対する条約違反手続についてのEC司法裁判所2007年7月5日判決（Commission of the European Communities v. Kingdom of Denmark, Case C-327/05, [2007] ECR I-93）などが，それである。
(14) 加盟国の手続自治については，一般論としては，国内法上の手続ルールが差別的な仕方でEC共同体法に影響を及ぼしてはならない，あるいはその効率性を侵害するものであってはならないという点で，限界を画されるとされている。この点につき，例えば，Streiz, EUV/EGV, Kommentar, 10, Rdnr. 29, 34；Mäsch, Zivilprozessrecht, in: Langenbucher（Herg.）, Europarechtliche Bezüge des Privatsrechts, 2. Aufl., 423ff.（2008）

3 販売業者（供給者）の責任

　EU 司法裁判所は，本件におけるように被害者が訴訟相手方たる製造業者を誤認してしまった事案において国内裁判所が判決を下すための具体的なヒントの1つとして，販売業者（供給者。本件における Y2）に対する責任追及の余地について言及している[15]。

　EC 製造物責任指令3条3項は，販売業者（供給者）は，相当な期間内に製造業者または自己への供給者を告知しなければ，製造業者と同様の責任を負うと規定している[16]。

　すなわち，事案の解明が困難で，真の製造業者が誰であるのかが容易に特定できなかったり，真の製造業者を誤認して訴えを提起してしまった場合に，EC 製造物責任指令11条に定める責任期間の中断につき厳格な解釈をしたとしても，被害者にとって不当な不利益が生じたり，責任主体が脱落することはない。同条により，販売業者（供給者）には，相当期間内に製造業者を告知する旨の情報提供義務が課されているからである[17]。

　本件においては，販売業者 Y2 は，製造業者 Y1 の100パーセント子会社であったという事実，すなわち，この両会社の同一企業体としての密接な結びつきは，Y2 が真の製造業者が Y1 であると容易に告知することができたということを窺わせる事情であると，EU 司法裁判所は指摘している[18]。それにもかかわらず，Y2 は本件第一訴訟係属中，もっぱら自己が製造業者ではないと争うのみで，相当期間内に遅滞なく，製造業者が Y1 であるという事実を告知した形跡は窺われない。そうだとすると，本件においては，Y2 が EC 製造物責任指令3条3項に基づき，製造業者と同様の責任を負うことになる。つまり，

---

(15) 本判決決定理由第54節。
(16) EC 製造物責任指令3条3項「製造物の製造業者を特定することができないときは，その供給者が，合理的期間内に被害者に対して，その製造業者，または当該供給者にその製品を供給した者を告知する場合を除き，その製造物の各供給者を当該製造物の製造業者として取り扱う。輸入品に関しては，その製造業者の氏名が表示されていても，前項に定める輸入者が特定されない場合は，同様に取り扱う。」
(17) 本判決判決第58節。こうした販売業者（供給者）の情報提供義務は，その義務の履行を被害者が強制したり，その違反に基づき損害賠償請求をすることができるというような真正の義務ではないが，販売業者（供給者）がその義務を懈怠した場合，製造業者と同様の責任を負わなければならないという不利益を課されるという意味では，いわゆる間接義務（Obliegenheit）であると解せられる。
(18) 本判決判決理由第57節。

本件第1訴訟の提起により，その時点で10年の責任期間は，Y2との関係では中断したものと評価することができる[19]。

4　訴訟当事者の交替により例外的に責任期間経過後に製造業者への責任追及が認められる場合

　本判決でEU司法裁判所は，①製造業者であると誤認された販売業者に対して開始された訴訟手続が，製造業者に対する10年の責任期間経過前に開始されたものであり，②販売業者が，真の製造業者の100パーセント子会社（完全子会社）であるときには，③当該製造物を流通に置くことを決定したのは実質的には製造業者であったと認定できる限りにおいて，例外的に，訴訟当事者を当初訴えられた販売業者から製造業者に交替させることにより，製造業者に対する10年の責任期間が経過した後にもなお，製造業者に対する責任追及が可能であるとしても，EC指令に抵触しないとの判断をした[20]。

　この説示においてEU司法裁判所は，100パーセント子会社を介した製造・販売過程の連鎖・複合の中で製造物が真の製造業者により流通に置かれているという点に着目して，販売業者と製造業者の密接な関係からこれを一体視し，「製造業者に対する訴訟手続」という文言に100パーセント子会社に対する訴訟手続（本件第1訴訟）をも包含するという拡張解釈を例外的に承認したと，評することができよう。

　こうしたアプローチは，2006年2月9日のO'Byrne事件判決でEC司法裁判所が，EC製造物責任指令11条の責任期間の起算点である「流通に置かれた時」という概念を解釈する際に用いた思考と基本的には同一のものであると考えられる。O'Byrne事件判決でEC司法裁判所は，EC指令11条の製造物が「流通に置かれた」という概念を次のように解釈した。すなわち，製造物が製造業者のもとに設けられた製造過程から離れて販売過程に至り，そこで使用・消費をなしうるような状態で公に提供された時点で，当該製造物は「流通に置かれた」と解すべきである，と。そのうえで，本件におけるがごとく，製造物が製造販売されていく一連の過程に製造業者と密接に結合した販売業者（本件におけるような100パーセント子会社）が介在しているような場合に，製造業者から販売業者への引渡しにより製造物が「流通に置かれた」といってよいかどうかについては，製造業者と販売業者との間の密接な結合関係のゆえに，販

---

(19) 本判決判決理由第60節。
(20) 本判決判決理由第51節－第53節。

売業者が製造業者と一体視しえないかが吟味されねばならない，とした。その際，両者が法人格を異にする会社であるとか，製造業者と販売業者との間で代金の精算がなされているとか，当該製造物の所有権が販売業者に移転しているといった形式的な要素は重要ではない。こうした結合関係の評価は，実質的な観点からなされねばならず，具体的な事案の諸事情を考慮して国内裁判所が行う問題であるとしたのである[21]。

本判決で EU 司法裁判所は，10 年の責任期間の起算点に関して 100 パーセント子会社たる販売業者と親会社たる製造業者との密接な関係を考慮した O'Byrne 事件判決にならって，当該責任期間の進行の中断に関しても，同様のアプローチを及ぼしたものと評価することができよう。

このようにして例外的に，訴訟当事者の交替を認めることにより，10 年の責任期間の経過後であっても，親会社たる製造業者に対する責任追及の余地を認めることは，——本件のような事案に即していうならば——製造業者であると誤認された 100 パーセント子会社たる販売業者（本件の Y$_2$ のような立場にある事業者）が，例えば無資力である場合に意味を持ってくることになろう。

5　むすびにかえて

以上に見たように，本判決により，加盟国にとっては，欠陥製造物の被害者が製造業者を誤認した場合に，訴訟当事者の交替という手続ルールを介して柔軟に被害者救済をはかるという方法をとることは，ごく限られた例外的な場合を除いて，難しくなったと言えよう。その意味では，EC 製造物責任指令による加盟国の製造物責任法制の完全調和化は，加盟国におけるより高次の消費者保護レベルを切り下げるものであることが改めて示されたわけである。いずれ

---

[21] このような O'Byrne 事件判決の判断は，「流通に置かれた」という概念を製造物に対する実質的な管理・支配権限というメルクマールと結びつける同判決の法務官意見 (Opinion of Mr Advocate General Geelhoed delivered on 2 June 2005, [2006] ECR I-1313) と同趣旨のものであった。法務官意見では，この点につき，「製造物が企業結合体の支配に服さない第三者になお引き渡されていない限りにおいては，製造物は依然として製造業者の所属する企業結合体内部の支配領域にとどまっていると見るべきであり，製造物が「流通に置かれ」，EC 製造物責任指令 11 条の責任期間が始まるのは，製造業者が製造物を企業結合体とは何らの結びつきもない第三者に業として引き渡すことにより製造業者自身の意思により製造物への支配を放棄した時点と解すべきである」としていた。O'Byrne 事件判決については，詳しくは，亀岡・注 4 前掲 696 頁以下を参照されたい。

にしても今後は，欠陥製造物の被害者は，訴えを提起する前に従来にもまして，慎重に当該製造物の製造業者を特定することを求められることになったと言えよう。

(国際商事法務39巻1号／2011年)

［亀岡倫史］

第2部 管　轄

I 義務履行地

8 ブリュッセル条約における義務履行地と統一売買法

EC司法裁判所 1994年6月29日判決：[1994] ECR I- 2913

(Custom Made Commercial Ltd. v. Stawa Metallbau GmbH, Case C-288/92)

〔事実の概要〕

ドイツのビーレフェルトに本社を置くX社は，1988年に，ドアと窓を自ら製造してロンドンに本社を置くY社に売り渡した。しかし，Yが合意された代金の一部しか支払わなかったことから，Xはビーレフェルト地方裁判所に訴えを提起した。同裁判所はXの請求を認容した。

Yは，ドイツの裁判所には国際的裁判管轄権がないとの理由で，ハム高等裁判所に控訴したが，同裁判所は控訴を棄却した。その理由は，ブリュッセル条約[1]5条1号〔現在はブリュッセルI規則5条1号aとなっている〕およびハーグ統一売買法[2]59条1項に基づきドイツの裁判所に国際的裁判管轄権が肯定されるということにあ

---

(1) 正式名称は，「民事または商事に関する裁判管轄ならびに判決の執行に関する条約」である。本条約については，例えば，以下の文献参照。川上太郎「裁判管轄および判決の承認執行に関するヨーロッパ共同体条約」西南5巻2号75頁以下（1972年），同「民商事事件の裁判管轄及び判決の承認執行に関するEEC条約」福法21巻3/4号477頁以下（1977年），岡本善八「わが国際私法事件におけるEEC裁判管轄条約(1)(2)」同法29巻4号1頁以下（1977年），29巻5号15頁以下（1978年），同「拡大EEC判決執行条約(1)(2)」同法31巻2号81頁以下，3号129頁以下（1979年）。これらの文献中には，同条約の邦訳も含まれており，本稿でもこれらの邦訳を参照した。また，本条約の公式報告書の邦訳が，関西国際民事訴訟法研究会「民事及び商事に関する裁判管轄並びに判決の執行に関するブラッセル条約公式報告書〔全訳〕」として，際商27巻7号（1999年）から連載されている。
(2) ハーグ統一売買法は，物品売買法の統一を目的として私法統一国際協会によって作成された条約（国際的物品売買についての統一法に関する条約）に付属書の形式で定められている。本稿では，付属書の形式で定められた統一法の方を問題とするときはハーグ統一売買法と，条約の方を問題とするときはハーグ統一売買法条約としている。ハーグ統一売買法については，さしあたり，以下の文献参照。比較法学会「1964年ヘーグ国際動産統一売買法」比較30号1頁以下（1969年），山田恒久『国際動産売買法に関する研究』（1982年）。なお，国際的統一法条約と国際私法との関係につき，奥田安弘『国際取引法の理論』1頁以下（1992年）参照。

る。ブリュッセル条約5条1号は，契約上の義務履行地の裁判所にも国際的裁判管轄権を認めるとの規定であり[3]，ハーグ統一売買法59条1項は，買主の代金支払義務の履行地は，売主の営業所所在地であるとの規定である[4]。

　Yは，この判決を不服として連邦通常裁判所に上告した。連邦通常裁判所は，本件はブリュッセル条約の解釈問題と関係があるとして，訴訟手続を停止し，次の問題について先行判決を求めてEC司法裁判所に付託した。すなわち，ブリュッセル条約5条1号にいう義務履行地が法廷地国際私法に基づき指定された法によって決定されるとの原則は，指定された法が国内法ではなく統一売買法である場合にも適用されるのか。

〔判　旨〕

　ブリュッセル条約5条1号にいう義務履行地は法廷地の国際私法に基づき指定された準拠実質法によって決定されるが，この理は指定された法がハーグ統一売買法である場合にも当てはまる。

◆　研　究　◆

1　本判決の意義

　本判決は，ブリュッセル条約5条1号にいう義務履行地の決定を法廷地国際私法によらしめるとのEC司法裁判所の判例が，当該国際私法によって指定された法が統一売買法である場合にも当てはまることを初めて明らかにしたものである[5]。

---

(3) 正確には以下のような規定である。「締約国に住所を有する者は，次の事件については，他の締約国の裁判所に訴えられるものとする。1　契約または契約に基づく請求権が訴訟の目的であるときは，その義務が履行された地または履行せられるべき地の裁判所。」

(4) 正確には以下のような規定である。「買主は，売主の営業所，もしくは，営業所がないときは，その常居所において，または，支払が物品もしくは書類の引渡しと引替えになされるべきときは，そのような引渡しがなされる場所において，売主に対して代金を支払わなければならない。」

(5) 本判決の評釈として以下のものがある。GAUDEMET-TALLON, JURISPRUDENCE Du 29 juin 1994. – Cour de justice des Communautés européennes, Rev.crit.dr. internat. privé 1994, 698; VLAS, ARTICLE 5 (1): 'FORUM SOLUTIONIS CONTRACTUS' A. International Contract for the Sale of Goods, 1994 NILR, 339; TICHADOU, Conventions internationales unifiant le droit matériel et détermination du lieu d'execution au sens de l'article 5-1 de la Convention de Bruxelles, RTD eur. 1995, 87; HUET, JURISPRUDENCE Compétence judiciaire. J. D. I. 1995, 461; Koch, Der besondere Gerichtsstand des Klägers /

ブリュッセル条約は，EC諸国における裁判管轄権および判決執行の統一をはかるために作成された条約である。同条約は，2条で，一般裁判管轄権について，原告は被告の法廷地に従うとの原則を採用している。同条約は，5条で，特別裁判管轄権を定めているが，その1つが義務履行地の裁判管轄権である。

ブリュッセル条約に関しては，すでにEC司法裁判所による多くの判例があるが[6]，同裁判所の判例によれば，一般原則を定めた2条に対し，5条は，一定の場合には訴訟と裁判所との間にとくに密接な関連性があるという事情を考慮して，適正な訴訟遂行のため，同条約に取り入れられたものであるとされる。

2　義務履行地の特別管轄権における契約上の義務の意義

義務履行地の特別管轄権を肯定する5条1号をめぐっては，主として，以下の2つの問題がある。第1の問題は5条1号にいう契約上の義務とは何かという問題であり，第2の問題は義務履行地をどのようにして決定するのかという問題である。

まず，契約上の義務如何については，2つの見解がある。第1の見解は，特徴的給付義務，売買契約でいえば売主の物品供給義務が5条1号にいう義務であるとする[7]。この見解によれば，契約上の訴訟は，いずれの当事者が訴訟を提起したか，いかなる具体的義務が争われているかにかかわらず，特徴的給付の履行地で提起されなければならないことになる。ECの「契約債務の準拠法に関する条約（準拠法条約）」[8]〔現在は契約債務の準拠法に関する規則（ローマⅠ規則）となっている〕によれば，当事者による指定がなければ特徴的給付をなす当事者の所在する国の法が準拠法であるとされており，この見解によるときは国際的裁判管轄権と契約準拠法との統一性が得られることになろう。

これに対して，第2の見解は，訴訟で具体的に問題となっている義務が5条

　　Verkäufers im Anwendungsbereich des UN-Kaufrechts, RIW 1996, 379; Kadner, Gerichtsstand des Erfüllungsortes im EuGVÜ, Einheitliches Kaufrecht und international-zivilprozessuale Gerechtigkeit, JURA 1997, 240.

(6)　ブリュッセル条約に関するEC司法裁判所の判例は，EC企業法判例研究の連載において，すでに取り上げられている。野村秀敏「EC管轄執行条約加盟国における執行とドイツ民事訴訟法917条2項」際商27巻5号565頁以下（1999年）〔本書第2編30事件〕参照。

(7)　Kadner (Fn. 5), 242.

(8)　同条約は，EC条約220条（現293条〔EC条約に代わるEU機能条約には対応条文はない〕）に基づくものではないので，厳密にいえば，EC法とはいえない。なお，EC条約の邦訳として，奥田・注2前掲289頁以下がある。

1号にいう義務であるとする[9]。この見解に対しては、訴訟の対象となった義務が異なるごとに管轄裁判所が異なりうるので、訴訟経済の観点から問題があるとの指摘もある。それにもかかわらず、この見解が支配的であるのは、以下の2つの理由からであると思われる[10]。1つには、第1の見解が5条1号の文言に反するということである。いま1つには、裁判管轄権の決定については、準拠法の決定とは異なり、1つの契約について複数の管轄裁判所が存在してもさしつかえないということである[11]。

では、EC司法裁判所は、この問題につき、どのような立場をとっているのであろうか。

同裁判所は、ディ・ブロース事件判決[12]において、ここでいう義務とは訴訟の対象となっている義務、すなわち請求を基礎づけるために援用される契約上の権利に対応する義務のことであるとしている。もっとも、EC司法裁判所は、各種の契約のうち、労働契約については、例外的に、5条1号にいう義務とは特徴的給付義務すなわち労働者の提供する給付義務をいうものとしている。EC司法裁判所がこの例外を認めたのは、イヴネル事件判決[13]においてであったが、同判決によればその理由は3つあるという[14]。第1に、社会的観点から見てより弱い契約当事者である労働者に十分な保護を与える必要があること、第2に、複数の義務に関する訴訟の場合には、管轄裁判所の分散を避ける必要があること、第3に、訴訟と密接な関連性がある裁判所の管轄権を認めることが5条1号の目的であることである。

EC司法裁判所は、本判決においても、ブリュッセル条約5条1号にいう契約上の義務とは、訴訟の対象となっている義務のことであるとし、この点に関する従来の判例を踏襲している。具体的にいえば、EC司法裁判所は、以下のように述べている[15]。

すなわち、当裁判所の判例によれば、ここで問題とされる義務は、契約から生ずるいずれかの義務ではなく、原告が自己の訴訟を基礎づける契約上の権

---

(9) Kadner (Fn. 5), 242.
(10) Kadner (Fn. 5), 242.
(11) 準拠法については、準拠法単一の原則が存在している。
(12) Ets. A. de Bloos, S.P.R.L. v. Société en commandite par actions Bouyer, Case 14/76, [1976] ECR 1497.
(13) Roger Ivenel v. Helmut Schwab, Case 133/81, [1982] ECR 1891.
(14) TICHADOU (note. 5), 93.
(15) [1994] ECR I-2957-2958.

利に対応する義務である（ディ・ブロース事件判決）。一定の特殊性を示す労働契約は例外である（イヴネル事件判決参照）が，シェナヴァイ事件判決で確認したように，ブリュッセル条約5条1号の意味における義務とは訴訟の対象となっている契約上の義務のことである。この解釈はスペイン・ポルトガルの加入条約締結にあたり確認されている。この関係で，加入条約5条1号1文は同一文言のままであるが，2文は労働契約について例外を定めた，と[16]。

3　義務履行地の決定方法

次に，より議論の対象となっているのが第2の問題，すなわち義務履行地の決定方法如何という問題である。この点についても，大きく分けて2つの見解の対立が見られる。第1の見解は，義務履行地を法廷地国際私法が指定する準拠法によって決定しようとする（準拠法説）[17]。第2の見解は，義務履行地を条約自体の解釈によって決定しようとする（条約自体説）[18]。

準拠法説によれば，裁判管轄権の有無は以下のように決定されることになる。まず，法廷地の裁判所は，自国の国際私法に基づき，契約準拠法を決定する。次に，裁判所は，この準拠法に基づき，義務履行地を決定する。その後で初めて，裁判所は，この義務履行地に基づき，自国の裁判管轄権の有無を決定することができる。

準拠法説は，その論拠として，義務履行地が国によって異なる[19]ことから，確たる解釈基準がない限り，条約自体説は法的安定性の欠如をもたらすということをあげている[20]。しかし，準拠法説によるときは，法廷地如何によって義務履行地が異なりうることになる。

これに対して，条約自体説によれば，義務履行地は，ブリュッセル条約の目的，体系および加盟国の法秩序全体から導き出される一般原則に基づいて決定されることになる[21]。この条約自体説は以下の論拠をあげている[22]。1つは，

---

[16] 加入条約5条1号2文は以下のとおりである。「個人の労働契約または個人の労働契約に基づく請求権が訴訟の目的であるときは，労働者が通常労務を提供する地の裁判所。」
[17] VLAS (note. 5), 344; GAUDEMET-TALLON (note. 5), 701, 704.
[18] Kadner (Fn. 5), 243.
[19] 例えば，売主による代金請求訴訟の場合，買主の代金支払義務の履行地は，イタリア，イギリス，スイスにおいては売主所在国であるのに対して，ドイツ，ベルギー，ルクセンブルク，オーストリアにおいては買主所在国であるという。
[20] Kadner (Fn. 5), 243.

準拠法説をとると国内裁判所に過重な負担がかかるということである。準拠法説によれば，国内裁判所は，管轄権の有無を判断するために，まず，準拠法の問題を検討しなければならない。次に，決定された準拠法に基づき履行地を決定しなければならない。準拠法の決定もそれに基づく履行地の決定もしばしば困難な問題である。

いま1つは，準拠法説とブリュッセル条約との整合性にある。準拠法説によれば法廷地如何によって義務履行地も異なりうることになるが，このことはECにおいて統一した裁判管轄権制度を創設しようとしたブリュッセル条約の目的に反することになるのではないかというのである。

では，EC司法裁判所は，義務履行地をどのようにして決定しているのであろうか。同裁判所は，基本的には，義務履行地を法廷地国際私法によって指定される準拠法によって決定するとの立場をとっている。同裁判所がこの立場をとることを初めて明らかにしたのは，本判決も引用するテッシリ事件判決[23]においてであった。同判決では，準拠法説をとる理由として2つの理由があげられている[24]。第1は，契約に関する各国立法の相違および実質法の国際的統一の欠如を考慮するならば，義務履行地を条約自体の解釈によって決定することは困難と思われることである。第2は，義務履行地の決定は当該義務が含まれる契約の内容に依存していることである。

EC司法裁判所は，本判決においても，従来の立場を確認し，以下のように述べている[25]。同裁判所の判例によれば，法廷地の裁判所は義務履行地が自己の場所的管轄権の範囲内にあるかを条約に従って検討しなければならず，この際，同裁判所は自国の国際私法によって当該法律関係に適用される法を決定し，紛争の対象たる契約上の義務の履行地をこの法によって決定しなければならないのである，と。

このように，EC司法裁判所は，義務履行地の決定につき契約準拠法によるとしているが，例外として，労働契約については条約自体の解釈によるとしている[26]。

---

(21) Kadner (Fn. 5), 243.
(22) Tichadou (note. 5), 98 ; Kadner (Fn. 5), 245.
(23) Industrie Tessili Italiana Como v. Dunlop AG, Case 12/76, [1976] ECR 1473.〔この判決については，長田真理「ブリュッセル条約5条1号に基づく義務履行地管轄」石川＝石渡編44頁以下がある。〕
(24) Tichadou (note. 5), 92.
(25) [1994] ECR I-2958.

4 ハーグ統一売買法条約

　本件で問題とされたハーグ統一売買法条約は，ドイツ，イギリスなど西ヨーロッパ諸国が批准したことにより，1972年に発効した。本件契約が締結された1988年にはドイツもイギリスも同条約の締約国であったが，現在は両国とも同条約を廃棄している。統一売買法1条によれば，同法は異なる国に営業所を有する当事者間の物品売買契約に適用されるものとされていたが，ドイツもイギリスも同法が異なる締約国に営業所を有する当事者間の売買契約にのみ適用されるとしていた。

　したがって，締約国であるドイツに営業所を有するXと同じく締約国であるイギリスに営業所を有するYとの間で締結された本件契約が売買契約であるならば，この売買契約にハーグ統一売買法が適用されることにまったく問題はない。XY間で締結された契約は，純粋な売買契約ではなく，Xが第三者から購入した材料でドアと窓を自ら製造したうえでYに供給するとの内容であったが，この点に関連して，ハーグ統一売買法は，物品を製造または生産して供給する契約は売買契約とみなすとの規定（6条）を設けているので，本契約にも統一売買法が適用されることには異論はなかろう[27]。

5 国連物品売買法条約

　ハーグ統一売買法に対しては，国際取引の実務を必ずしも考慮していないとの批判やヨーロッパ諸国以外の国の意見を取り入れていないとの批判があったことから，国連国際商取引法委員会は物品売買に関する新たな条約を作成した。この条約が一般に国連物品売買法条約（ウィーン統一売買法条約）[28]と呼ばれる条約である。同条約は，1988年に発効し，2000年11月現在締約国は58か国にのぼっている。ドイツもイギリスも現在，同条約の締約国となっている。

　国連物品売買法条約57条1項は，買主の代金支払義務につき，次のように定めている。すなわち，買主は，他の場所で代金を支払う義務を負わない限り，売主の営業所（物品・書類の引渡しと引換えに代金を支払うべき場合にはその引渡

---

(26) Mulox IBM Ltd v. Hendrick Geels, Case C-125/92, [1993] ECR I- 4075.
(27) Tichadou (note. 5), 88.
(28) 同条約については，さしあたり，以下の文献参照。新堀聰『国際統一売買法』（1991年），曽野和明＝山手正史『国際売買法』（1993年），シュレヒトリーム『国際統一売買法』（1997年）。

しがなされる場所）で，売主に代金を支払わなければならない，と。したがって，この規定とハーグ統一売買法59条1項の規定は，基本的には同じであるといってよいであろう。

　今後は，その役割を終えつつあるとされるハーグ統一売買法に代わって，国連物品売買法条約が適用される場合が増えてくるものと思われる[29]。

6　本判決をめぐる議論

　本判決は，とくに，条約自体説を支持する論者から批判された。このような批判は，以下の2つに分けることができよう。1つは義務履行地の決定方法についてであり，もう1つは結論の妥当性についてである。

　前者について，EC司法裁判所は，ブリュッセル条約における他の裁判管轄権については条約自体の立場から決定しているのであるから，義務履行地の裁判管轄権の決定についても，特別な理由がない限り，同じ立場をとる方が自然であるといわれている[30]。とくに，国際的統一化が労働契約以上に進展している売買契約の場合に，義務履行地を条約自体の立場から決定することは必ずしも困難であるとはいえないであろう[31]。

　後者については，ハーグ統一売買法59条1項によれば，ブリュッセル条約5条1号にいう義務履行地は原告たるXの所在地であるということになり，本件では，原告の所在地ドイツの裁判所に管轄権が認められることになる。しかし，この結論が問題であるとされる[32]。すなわち，ブリュッセル条約は被告の保護から出発しているのであって，特別管轄権は，保護に値する当事者のため，または，訴訟と裁判所との間にとくに密接な関連性があることから，例外的に認められたにすぎない。本件においては，Xは保護に値する者でもないし，訴訟と裁判所との間に密接な関連性があるわけでもないというのである[33]。

　これに対しては，本件で原告所在地の裁判所に管轄権が肯定されることに問題はないとの反論がある[34]。ブリュッセル条約のいくつかの規定は原告所在

---

(29) GAUDEMET-TALLON（note. 5），702; TOICHADU（note. 5），95. なお，国連物品売買法条約が適用される場合にも，X所在地の裁判所に国際的裁判管轄権が肯定されることになろう。
(30) TICHADOU（note. 5），92; Kadner（Fn. 5），245.
(31) TICHADOU（note. 5），100.
(32) TICHADOU（note. 5），95, 100; Kadner（Fn. 5），245.
(33) Kadner（Fn. 5），246.
(34) GAUDEMET-TALLON（note. 5），700; HUET（note. 5），p. 463.

地の裁判所に管轄権を認めているし，EC 司法裁判所自体も，条約の目的を考慮して，しばしば原告所在地の裁判所に管轄権を認めているからである。また，契約をめぐる訴訟の半数がブリュッセル条約5条1号に基づき原告所在地の裁判所に管轄権があるとされ，EC 司法裁判所が一般原則であるとする同条約2条の被告主義の原則が適用される場合が必ずしも多くないとの指摘もなされている[35]。

もっとも，原告所在地の裁判所に管轄権が認められるとの結論は，条約自体説をとっても，変わらなかったように思われる。近時の国際的統一法等においては，代金支払義務の履行地を債権者所在地であるとするものが少なくないからである[36]。

EC 司法裁判所が今後とも準拠法説の立場を維持していくのかは，最近の国際的統一化傾向とも関連して，興味深いところである。

(国際商事法務29巻2号／2001年)

［桑原康行］

---

[35] TICHADOU (note.5), 101.
[36] TICHADOU (note.5), 96. その例として，私法統一国際協会による「国際商事契約に関する一般原則」やヨーロッパ契約法委員会による「ヨーロッパ契約法原則」があげられている。

9 ブリュッセル条約における義務履行地の決定方法

EC 司法裁判所 1999 年 9 月 28 日判決：[1999] ECR I- 6307
(GIE Groupe Concorde and Others v. The Master of the vessel "Suhadiwarno Panjan" and Others, Case C-440/97)

〔事実の概要〕

　約1,000ケースのワインボトルを含む2つのコンテナが，フランスのルアーブルにおいてインドネシア船籍のスハディワルノ・パンジャン号に船積みされ，ブラジルのサントスまで運送された。運送人はハンブルクに本社のあるドイツのY社であった。サントス到着時に，一部の物品が紛失しその他の物品が損傷していることがわかったので，主保険者であるX社等は，荷受人に総額66万6,279フランスフランを支払った。

　X等は荷受人の権利を保険代位により取得し，Y等に対し損害の賠償を求めて1991年9月22日にフランスのルアーブル商事裁判所に訴えを提起した。これに対し，Y等は，ドイツの裁判所に専属的管轄権を付与する約款等を援用した。ルアーブル商事裁判所は，Y等の主張を認め，1995年1月3日の判決において，フランスの裁判管轄権を否定した。

　X等は控訴したが，ルーアン控訴院は，1995年5月24日の判決において，理由は異なるものの，原判決を支持した。それによれば，その理由は，ブリュッセル条約5条1号〔現在はブリュッセルⅠ規則5条1号aになっている〕に求められるとされる。EC加盟国における裁判管轄権および判決執行の統一を目的とする同条約は，2条〔ブリュッセルⅠ規則2条〕で被告住所地の裁判所に管轄権を認めるとの一般原則を，5条でそれ以外の国の裁判所にも管轄権を認める場合に関する特則を設けている。同条約5条1号は，契約上の義務履行地の裁判所にも裁判管轄権を認めるとの規定である。本件においては，同条約2条に基づき被告住所地の裁判所すなわちドイツの裁判所に裁判管轄権があるものとされ，加えて，5条1号に基づき義務履行地すなわちサントス港のあるブラジルの裁判所に裁判管轄権があるとされた。

　X等は，控訴審の判断がEC司法裁判所の1976年10月6日判決（テッシリ事件判決）で示されたブリュッセル条約5条1号の解釈に違反し，準拠法を決定することなく義務履行地を決定しているとして，上告した。

　フランス破毀院は，本件はブリュッセル条約の解釈問題に関係があるとして，訴訟手続を停止し，次の問題について先行判決を求めてEC司法裁判所に付託した。す

なわち，ブリュッセル条約5条1号にいう義務履行地は，法廷地国際私法に基づいて指定された準拠法によって決定されるべきなのか，それとも，契約の種類および事案の諸事情を考慮して独自に決定されるべきなのか。

〔判　旨〕

ブリュッセル条約5条1号にいう義務履行地は，法廷地国際私法によって指定された準拠法によって決定される。

◆ 研　究 ◆

1　本判決の意義

本判決は，ブリュッセル条約5条1号にいう義務履行地の決定を法廷地国際私法によって指定された準拠法によらしめるとのこれまでの判例の立場をEC司法裁判所が再確認したものである[1]。

2　義務履行地の特別管轄権をめぐる問題点

義務履行地の特別管轄権を肯定する5条1号をめぐっては，主として，以下の2つの問題がある[2]。1つは5条1号にいう契約上の義務とは何かという問題であり，いま1つは義務履行地の決定方法の問題である。

契約上の義務如何については，2つの見解が対立している。第1の見解は，特徴的給付義務が5条1号にいう義務であるとする。これに対して，第2の見解は，訴訟で具体的に問題となっている義務が5条1号にいう義務であるとする。EC司法裁判所は，ここでいう義務とは訴訟の対象となっている義務，すなわち請求を基礎づけるために援用される契約上の権利に対応する義務のことであるとし，第2の見解をとっている[3]。もっとも，EC司法裁判所は，各種契約のうち労働契約に関しては，例外的に，5条1号にいう義務とは特徴的給付義務，すなわち労働者の提供する給付義務をいうものとしている[4]。

---

(1) 本判決に関する文献として，D. Leipold, Internationale Zuständigkeit am Erfüllungsort – das Neueste aus Luxemburg und Brüssel, in: Gedächtnisschrift für Alexander Lüderitz, 431（2000）.

(2) この点について，詳しくは，桑原康行「EC管轄執行条約における義務履行地と統一売買法」際商29巻2号210頁以下（2001年）〔本書第2篇8事件〕参照。

(3) Ets. A. de Bloos, S. P. R. L. v. Société en commandite par actions Bouyer, Case 14/76, [1976] ECR 1497.

義務履行地の決定方法如何という問題についても，大きく分けて2つの見解の対立が見られる。第1の見解は，義務履行地を法廷地国際私法が指定する準拠法によって決定しようとする（準拠法説）。第2の見解は，義務履行地を条約自体の解釈によって決定しようとする（条約自体説）。EC 司法裁判所は，この問題について，テッシリ事件判決以来一貫して準拠法説を維持してきた[5]。しかし，EC 司法裁判所は，労働契約については例外的に条約自体説をとっている[6]。

3 準拠法説と条約自体説

本件において，ドイツ政府，イギリス政府および EC 委員会は従来の判例を変更すべしと主張したのに対して，フランス政府およびイタリア政府は従来の判例を変更すべきではないと主張した。

ドイツ政府等によれば，ムロックス事件判決において採用されたアプローチが他の種類の契約にも拡張されるべきであるとされる。すなわち，ブリュッセル条約の目的は，訴訟当事者となる可能性がある者にどこの国の裁判所が管轄権を有するかを予測できるようにし，かつ，法的安定性および平等取扱いを確保することにあるが，この目的からは統一的基準の確立が望ましく，したがって同条約5条1号の履行地は独自に決定されうるものであるとする[7]。

一方，フランス政府等は，現在の判例法は変更されるべきではないとする。それによれば，たしかに，履行地決定のため国際私法規定を援用することは，困難な問題を生じ，不満足な結果をもたらすこともあるが，しかし，条約自体説は若干の単純契約の場合にのみ妥当するにすぎず，国際取引における契約実務の継続的発展と相容れないのであって，必要ならば，締約国がブリュッセル条約を改正すべきなのであるとされる[8]。

こうした対立の中，本判決において，EC 司法裁判所は，従来の判例を援用しつつ以下のように論じている[9]。テッシリ事件判決およびカスタム事件判

---

(4) Roger Ivenel v. Helmut Schwab, Case 133/81, [1982] ECR 1891.
(5) Industrie Tessili Italiana Como v. Dunlop AG, Case 12/76, [1976] ECR 1473.〔この判決については，長田真理「ブリュッセル条約5条1号に基づく義務履行地管轄」石川＝石渡編44頁以下がある。〕
(6) Mulox IBM Ltd v. Hendrick Geels, Case 125/92, [1993] ECR I-4075.
(7) 本判決判決理由第15節。
(8) 本判決判決理由第16節。
(9) 本判決判決理由第13節・第14節。

決[10]において判示したように，義務履行地は法廷地国際私法によって指定される準拠法に従って決定されるべきものである。もっとも，ムロックス事件判決で述べたように，労働契約については義務履行地はブリュッセル条約の体系および目的に基づき裁判所が定める統一的基準によって決定されるべきであり，かかる基準の下では労働者が使用者との契約において実際に労務を提供する地が義務履行地となる。

この理由について，EC司法裁判所は，上記判例を援用しつつ，以下のように述べている[11]。まず，準拠法説をとる理由としては，テッシリ事件判決で指摘した履行地の決定が問題とされる義務の含まれる契約内容に依存することおよび締約国の契約法が履行地につき著しく異なる見解を有していることをあげている[12]。また，労働契約において準拠法説をとらないことの理由は，ムロックス事件判決で述べたようにこの種の契約の特質に求められるとしている。そのため，労働契約の場合には義務履行地決定の際に考慮されるべき義務は，契約を特徴づける義務，すなわち契約で定められた労務を履行すべき義務ということになるとし，イヴネル事件判決をとくに参照すべしとする[13]。

4 準拠法説をとる本判決のあげるさらなる理由

本判決で注目されるのは，以上の理由に加えて，さらなる理由をもあげていることである[14]。それは，加入条約による承認，法的安定性の原則および契約債務の準拠法に関する条約〔現在は契約債務の準拠法に関する規則（ローマⅠ規則）となっている〕の存在である。

具体的には，第1に，従来の判例は1989年5月26日のスペイン・ポルトガル加入条約によっても承認されているという[15]。この加入条約においては，5条1号1文は改正されなかったが，2文が設けられ，労働契約に関する特則が置かれた[16]。もっとも，このことから締約国が従来の判例を承認したとの結

---

(10) Custom Made Commercial Ltd. v. Stawa Metallbau GmbH, Case C-288/92, [1994] ECR I-2913. カスタム事件判決については，桑原・注2前掲210頁以下〔本書142頁以下〕参照。
(11) 本判決判決理由第17節・第18節。
(12) 桑原・注2前掲212頁参照。
(13) 桑原・注2前掲211頁参照。
(14) 本判決判決理由第20節以下。
(15) 本判決判決理由第20節。なお，桑原・注2前掲211頁〔本書145頁〕も参照。
(16) 条文の邦訳については，桑原・注2前掲214頁注3および注16〔本書143頁注3および146頁注16〕参照。

論が導き出されうるかは疑問であるとの批判がなされている[17]。

　第2に，現在，ブリュッセル条約の改正が検討されており〔2000年12月22日のEC規則44/2000号，いわゆるブリュッセルⅠ規則となった〕，加盟国の見解も対立している状況にあり，かかる状況の下では，法的安定性の原則が同条約の目的の1つであることが強調されねばならないとされる。同原則は，5条1号のような同条約の基本原則の例外をなす管轄規則が通常十分な情報を有する被告に対して住所地国の裁判所のほかにどの国の裁判所で提訴されうるかを合理的に予測することができるように解釈されるべきことを要請する。フランス破毀院によって示唆されたような契約の種類および当該事案の諸事情を考慮して履行地を決定する方法は，同条約5条1号の現状においては，同規定の適用に関する問題をすべて解決することはできないであろう。この関係で生じうる問題，例えば訴訟の基礎をなす契約上の義務の決定やいくつかの義務が存在する場合における主たる義務の決定は準拠法によらずしては解決することができないと思われる。それゆえ，条約自体説をとっても，法廷地裁判所がブリュッセル条約5条1号に基づく管轄権を判断するにあたり，当該義務を支配する法を決定することがまったく不要となるわけではないという[18]。

　第3に，履行地決定の準拠法が法廷地によって異なるという危険はないとされる。というのは，契約準拠法を決定する国際私法規則が加盟国においては次の条約によって標準化されているからである[19]。その条約とは「契約債務の準拠法に関する1980年6月19日の条約」[20]である。しかし，ブリュッセル条約5条1号で問題とされているのは手続法上の義務履行地であるが，準拠法に基づき決定されるのはあくまで実質法上の義務履行地であって，両者が一致するとは限らないとの批判がなされている[21]。

---

[17] D. Leipold (Fn. 1), 435.
[18] 本判決判決理由第23節－第27節。この理由に対する批判については，D. Leipold (Fn. 1), 436-437 参照。
[19] 本判決判決理由第30節。
[20] 契約債務の準拠法に関する条約については，梶山純「契約債務の準拠法―― EC (EU) の契約債務準拠法条約」九国1巻1号23頁以下（1994年）参照。条約草案については，欧龍雲「ヨーロッパ経済共同体における『契約および契約外債務の準拠法に関する条約草案』」北園9巻2号383頁以下（1974年），岡本善八「国際契約の準拠法―― EEC契約準拠法条約案に関して」同法32巻1号1頁以下（1980年）参照。なお，同条約についての報告書の邦訳として，野村美明＝藤川純子＝森山亮子共訳「契約債務の準拠法に関する条約についての報告書(1)～(10・完)」阪法46巻4号165頁以下（1996年）～48巻4号127頁以下（1998年）がある。

5 契約債務の準拠法に関する条約

本判決においてEC司法裁判所が援用する契約債務の準拠法に関する条約の主要な目的は「EEC構成国の国内法に，契約債務の準拠法および契約債務に関連するいくつかの国際私法上の総論的問題について，一連の統一規則を導入すること」[22]にある。同条約は，1991年4月1日に発効しているが，ベルギー，デンマーク，ドイツ，フランス，アイルランド，イタリア，ルクセンブルク，オランダおよびイギリスの9か国が批准し，その後，ギリシャ，スペイン，ポルトガル，オーストリア，フィンランドおよびスウェーデンの7か国がこれに加わった。

契約債務の準拠法に関する条約は，ブリュッセル条約とは異なり，EC条約220条（現293条〔現在のEU機能条約には対応条文はない〕）に基づいて締結されたものではなく，いまのところEC司法裁判所に対して統一的解釈権限も付与されていない。同裁判所に解釈権限を付与する議定書が発効すれば，国際私法の中で契約準拠法について統一が達成されることになろう[23]。

契約債務の準拠法に関する条約の特色は以下の4点に要約されよう[24]。

第1の特色は，契約準拠法について主観主義が採用されていることにある。換言すれば，当事者が準拠法を指定できるとする当事者自治の原則が採用されていることである。同条約3条1項によれば「契約は，当事者の選択した法によって規律される。その選択は，明示されるか，または契約文言もしくは事案の諸事情により相当の確実性をもって明らかにすることができるものでなくてはならない。……」[25]とされている。

第2の特色は，準拠法指定のない場合の準拠法について，もっとも密接な関係を有する国の法を準拠法とし，最密接関係国法推定のために特徴的給付の理論が採用されていることにある。同条約は，まず4条1項で「契約の準拠法が前条の規定に従って選択されていない場合に限り，契約は，もっとも密接な関連を有する国の法によって規律される。……」とし，4条2項で「……契約は，締結の当時，その特徴的な給付を行うべき当事者が常居所を有していた国

---

(21) D. Leipold (Fn.1), 437-438.
(22) 野村ほか・注20前掲(1)阪法46巻4号186頁。
(23) 同条約の解釈に関する2つの議定書については，たとえばClerici et al., Codice del Diritto Internazionale Privato della Comunità Europea, 550 (1992) 参照。
(24) 同条約草案の特色について，詳しくは，岡本・注20前掲10頁以下参照。
(25) 同条約の翻訳は，野村ほか・注20前掲(9)阪法48巻2号233頁以下（1998年）によった。

と……もっとも密接な関連を有するものと推定される」としている。

　第3の特色は，弱者保護に関する規定の採用にある。具体的にいえば，消費者契約と労働契約に関して特別な規定が設けられていることである。消費者契約について定める5条によれば，一定の場合には，当事者による準拠法指定は，消費者が常居所地国法の強行規定によって与えられた保護をその者から奪う結果となってはならないものとされ（2項），準拠法指定がない場合には，契約は消費者の常居所地国法によって規律されるものとされている（3項）。労働契約について定める6条によれば，当事者による準拠法指定は，準拠法指定がない場合に適用されることになる法の強行規定が付与する労働者保護を労働者から奪う結果となってはならないものとされ（1項），準拠法指定がない場合には，原則として，契約は労働者が常時労務に従事する国の法によって規律されるものとされている（2項）。

　第4の特色は，準拠法所属国強行法規以外の強行法規の適用を考慮していることにある。各種契約に関する個別規定のほかに，7条に一般規定が置かれており，同条によれば，「この条約に基づいてある国の法を適用する場合において，事案と密接な関連を有する他国の強行規定については，それがその他国の法によれば契約の準拠法にかかわらず適用すべきものであるときには，これに効果を付与することができる。この強行規定に効果を付与するか否かの判断においては，その性質，目的およびその適用または不適用から生じる結果を考慮に入れなければならない」（1項）とされている。

6　総　　括

　ブリュッセル条約に関する判例の中で義務履行地の裁判管轄権に関する判例ほど批判が多いものはないともいわれる。フランス破毀院がわざわざ先行判決を求めてEC司法裁判所に付託したのは，判例変更に期待を寄せていたからであろう。本件において，コロマー法務官は判例変更すべきことを詳細に論じたが，EC司法裁判所を説得することはできなかった。義務履行地の裁判管轄権に関するEC司法裁判所の立場は，不動のように思われる[26]。

（国際商事法務29巻7号／2001年）

［桑原康行］

---

[26] EC司法裁判所は，本判決直後の10月5日の判決において，ブリュッセル条約5条1号に関する別の問題を検討している。Leathertex Divisione Sintetici SpA v. Bodetex BVBA, Case C-420/97, [1999] ECR I-6747.

10 契約上の不作為義務違反と履行地裁判籍

EC 司法裁判所 2002 年 2 月 19 日判決：[2002] ECR I-1699

(Besix S.A. v. Wasserreinigungsbau Alfred Kretzschmar GmbH und Co. KG (WABAG) and Planings- und Forschungsgesellschaft Dipl. Ing. W. Kretzschmar GmbH & Co. KG (Plafog), Case C-256/00)

〔事実の概要〕

　ベルギーのBESIX社（以下，B社）とドイツ・バブコックグループに属するWABAG（以下，W社）は，1984年1月24日にブリュッセルで，フランス語で起草された契約に署名した。この契約書によって，B社とW社は，カメルーンの公共事業に関する入札を共同で申し込むとともに，落札した場合には共同で契約を履行する義務を負った。また，契約によれば，両企業は，排他的取引関係を維持し，当該公共事業の他の当事者と提携を行わないという義務を負っていた。しかし，入札結果が公表されると，W社と同じくドイツ・バブコックグループに属するPLAFOG社（以下，P社）がフィンランドの企業と問題の公共事業に入札をしていたことが明らかになった。入札後，当該事業は分割され，業務のさまざまな部分が複数の企業によって分担されることとなった。一部は，P社が属する共同企業体が工事契約を獲得したが，他方で，より低い格付けのW社‐B社共同企業体は，何の部分工事契約も得ることができなかった。B社の見解によれば，排他的取引・競業禁止条項の違反が存在するということで，B社は1987年8月19日に，ブリュッセル商事裁判所においてW社およびP社に対して，8,000万ベルギーフランの損害賠償の訴えを提起した。

　ブリュッセル商事裁判所は，ブリュッセル条約5条1号に基づきこの訴えについて管轄を肯定した。理由は，受訴裁判所の抵触法によれば，契約がもっとも密接な結びつきを示す国家の法が適用されるからであり，さらに，排他的取引義務は，ベルギーにおける共同入札書の作成の付随義務として履行されなければならないからである。同裁判所は，しかし，訴えは理由がないとして棄却したので，これに対して，B社はブリュッセルの控訴院に上訴した。附帯控訴の方法で，W社およびP社は，「本法律紛争については，ドイツの裁判所だけが管轄権を有する」と異論を述べた。これに対して，B社は次のように主張した。すなわち，排他的取引義務はすでに部分的にベルギーで履行されていた，なぜなら，合意された競業禁止によって共同目論見書の作成が可能になったからである。よって，すでにこのことが，ベルギー裁判所のブリュッセル条約5条1号の管轄権の根拠になる。

10 契約上の不作為義務違反と履行地裁判籍

　ブリュッセル控訴院は次のような見解であった。つまり，「ブリュッセル条約5条1号の意味で手続の対象を形成する契約上の義務とは，当該の公共事業の枠内において排他的取引関係を保持し，かつ他の当事者と提携しないという——B社の見解によれば，W社およびP社によって侵害される——義務のことである。争われている義務の履行地は，受訴裁判所の抵触規定によってこの義務に適用される法によって探知されなければならないという1976年10月6日のEC司法裁判所の判決以来の判例，ならびに1980年の『契約上の債務関係の準拠法に関する条約』が本件では適用されないこと，を考慮するならば，ベルギー法によれば，契約がもっとも密接な関係を示す国家の法が適用される。1984年1月24日の契約は，ブリュッセルで締結され，さらに委託の大部分を負担するB社がW社‐B社共同企業体の指導的企業としてみなされていたのであり，またB社は共同入札作業をブリュッセルで企図した。その結果，ベルギー法が，その契約に含まれる排他的取引義務も含めて契約がもっとも密接な関係を示す国家の法だということになる。ベルギーは，共同の入札がそこで企図されたのであるから，当事者が事実上，排他的取引関係の維持についてもっとも大きな関心を有していた場所でもあるし，また通常，本件の場合に法律紛争とベルギーの裁判所との間には特別の密接な関係が存在し，それはブリュッセル条約5条1号の適用を正当化するかもしれない。しかし，排他的取引義務が，ほかでもなくベルギーで履行されなければならなかった——また，実際にもベルギーにおいてその義務は履行されていた。なぜならP社がフィンランドの企業と商談を行ったのはドイツだったからである——という事情は，ベルギーの裁判所の管轄を肯定するのに十分なのかどうか，は疑問である。すなわち，当事者の意思は，それぞれの契約相手方が第三者と公共事業のための共同入札をしてはならないという点でまったく明白に表示されているとき，そのような義務づけが行われた，または履行された場所はあまり重要ではない。なぜなら，争われている排他的取引義務は世界中で妥当し，かつその履行地はとくに多数存在する，からである。」

　以上のような状況の中で，ブリュッセル控訴院は，ブリュッセル条約の解釈が必要であると思料し，訴訟手続を中断し，EC司法裁判所に先行判決のために付託した。

　なお，本件に関してはEC委員会から意見が提出されている[1]。

〔判　旨〕
　ブリュッセル条約5条1号に基づく契約紛争のための特別管轄規則は，本件のように，問題になっている契約上の義務が地理的に無制限に主張される不作為義務であって，そのためにその義務がすでに履行されまたは履行されるべ

---

(1) [2002] ECR I-1707 参照。

き場所がとりわけて多数存在することから，訴訟手続の対象となっている義務（請求の基礎になっている契約義務）の履行地が特定されえないような場合には，適用されない。かかる場合，裁判管轄権は，同条約2条1項〔現在はブリュッセルⅠ規則2条1項となっている〕に基づく一般の管轄基準によってのみ決定される。

◆ 研　究 ◆

1　本判決の意義

本判決は，契約上の不作為義務が問題になっている事案に関して，義務履行地の特別裁判籍（義務履行地の裁判管轄。ブリュッセル条約[2] 5条1号）に基づく裁判管轄が認められないことを明らかにした初めての判例である[3]。本件で問題になっている契約上の不作為義務の履行地は世界中に無制限に広がっていて特定できないので，単一の契約上の履行地の存在を前提としていることが文言上明らかな[4]ブリュッセル条約5条1項は適用できないということが，EC司法裁判所が述べた決定的な理由である。

裁判管轄の規制における法的安定性，被告保護および法廷地漁りの回避というブリュッセル条約の規制目的を理由にして，義務履行地の裁判管轄の創設を制限しようとすることは，EC司法裁判所の従来の判例の傾向に合致するものであるが，とくに本判決は，不作為義務の事案に関して，従来の判例法[5]に新しいルールを追加するものとして位置づけられる。

他方で，義務履行地の決定方法という点で考察するならば，本判決は，法廷地の抵触法によって履行地を決定する従来の判例の立場（法廷地抵触法説）[6]

---

(2) 同条約の邦訳に注釈を付したものとして，中西康「民事及び商事事件における裁判管轄及び裁判の執行に関するブリュッセル条約(1)(2・完)」民商122巻3号426頁，4／5号712頁（2000年）参照。

(3) なお，本判決は，履行地の決定は受訴裁判所の抵触法によるという従来の判例を前提としているので，履行地決定の準拠法がドイツ法か，ベルギー法か，という国内法（ベルギーの抵触法）の解釈の問題には立ち入っていない。Alber法務官の意見（本判決判決理由第29節・第50節）参照。

(4) いわゆるハーグ条約草案が複数の履行地を前提とすることと対照的である。

(5) 中西・注2前掲(1) 434頁に，各重要判決の要旨が紹介されている。長田真里「義務履行地と国際裁判管轄」阪法46巻2号325頁（1996年）も参照。

(6) ブリュッセル条約5条1号の判例法の展開および学説に関して，桑原康行「EC管轄執行条約における義務履行地と統一売買法」際商29巻2号211頁（2001年）〔本書第

から離れて，管轄法独自の規制に基づいて履行地を決定するという立場（条約自律的解釈説・条約自体説）に与しているようにも見えるところがある。従来の学説においては条約自律的解釈説を支持して，EC 司法裁判所の判例を厳しく批判する見解が有力であったこと，ならびにブリュッセル条約に代わって 2002 年 3 月から適用されている EC の新しい管轄執行規則（いわゆる「ブリュッセル I 規則」）の履行地の特定方法（同規則 5 条 1 号 b）において，限定的ではあるが条約自律的な履行地の決定が導入されていることに鑑みても，本判決は注目される。

2　EC 司法裁判所の論拠

　本件はブリュッセル控訴院から付託された先行判決事件である。EC 司法裁判所は，付託裁判所による次のような事実認定を確認している[7]。すなわち，本件においてブリュッセル条約 5 条 1 号の適用の有無を決するのは，公共事業の入札手続の枠内において他の事業者と提携しないという当事者の不作為義務であること，他方で，当事者は，本契約上の義務の履行地も，またこの義務に関係する何らかの法的紛争のための裁判籍も，定めていなかったのみならず，当事者の明確な意思によればこの不作為義務の履行地を世界中で確保しようとしていたのであり，その結果，本義務の履行地はとりわけ多数存在すること，である。

　EC 司法裁判所は，まず，そのように認定された多数存在しうる履行地のすべてについてブリュッセル条約 5 条 1 号の管轄原因になるとみなすことはできないと述べる。その理由は，まず，本条約 5 条 1 号の文言が「単一の履行地」を念頭に置いていること[8]，第 2 に，世界中に散在する履行地という観念は，事件および証拠との密接な結びつきに基づくという契約裁判籍の規定趣旨に合致しないこと[9]，最後に，一般の契約事件において契約特徴的給付を実務上特定することは困難なので，労働契約に関する判例[10]を転用することはできないこと[11]，である。それゆえに，EC 司法裁判所は，本件の事案のような不

---

　　2 篇 8 事件〕および同「EC 管轄執行条約における義務履行地の決定方法」際商 29 巻 7 号 863 頁（2001 年）〔本書第 2 篇 9 事件〕が詳細である。
(7)　本判決判決理由第 22 節。
(8)　本判決判決理由第 29 節。
(9)　本判決判決理由第 31 節。
(10)　1982 年のイヴネイル事件。Roger Ivenel v. Helmut Schwab, Case 133/81, [1982] ECR 1891.

作為義務について，その目的から見て特定の場所に固定されないし，また紛争解決のためにとくに適するような密接な関連性を示す裁判所も存在しないので[12]，結局，ブリュッセル条約の一般原則に立ち返って，被告の住所地（同条約2条）で提訴されなければならないという結論に至っている[13]。

3　履行地の決定方法

本判決でとくに注目されるのは，ブリュッセル条約5条1号による裁判管轄に関して，法廷地の抵触法によって義務履行地を決定するという1976年のテッシリ事件判決[14]以来の従来の判例法理は，本件のように多数の義務履行地が存在するという事案には適用できないと述べている箇所である[15]。その理由は，そのような履行地の決定方法をとれば，複数の管轄裁判所の並存とその結果としての法廷地漁りが引き起こされる危険性があること，そのために管轄裁判所についての予見可能性を損ない，よって法的安定性を是とする本条約の基本原則に合致しないことである。

さらに，EC司法裁判所は，問題になっている契約違反が行われた場所を履行地として選択するという方法も退ける[16]。なぜなら，そのような履行地の決定方法は，従来の判例法理を変更することになるし，またそのような方法をとると，競業禁止条項が複数の締約国で遵守されなかったような場合には，多数の裁判所の管轄権が並存することが避けられないからである。

その他にも，EC司法裁判所は，シェナヴァイ事件判決[17]を類推して，競業禁止の履行地ではなく，競争禁止義務に随伴する積極的義務の場所を履行地として選択するべきだというEC委員会からの提案も[18]，あるいは，本件で問題になっている不作為義務を，原告と被告との合意から生じている義務（公開入札への共同参加と落札時の業務遂行）の付随義務とみなして，後者の主たる

---

(11) 本判決判決理由第40節。
(12) 本判決判決理由第49節。
(13) 本判決判決理由第50節。
(14) Industrie Tessili Italiana Como v. Dunlop AG, Case 12/76, [1976] ECR 1473.〔この判決については，長田真理「ブリュッセル条約5条1号に基づく義務履行地管轄」石川＝石渡編44頁以下がある。〕
(15) 本判決判決理由第33節。
(16) 本判決判決理由第41節。
(17) Hassan Shenavai v. Klaus Kreischer, Case 266/85, [1987] ECR 239.
(18) 本判決判決理由第42節。

義務の履行地を探知すべきであるとする原告Ｂ社からの主張も[19]退けている。なぜなら，これらの解釈方法は，ブリュッセル条約5条1号の文言において訴訟手続の対象になっている義務（請求の基礎となっている義務）の履行地が管轄基準となると明示されていることと合致しないからである[20]。

このようにして，ＥＣ司法裁判所は，前述のように，本件のような不作為義務についてブリュッセル条約5条1号における裁判管轄基準としての履行地の特定は不可能であり，同規定は適用できないという結論に至る。

4　新しいブリュッセルⅠ規則5条1号との関係

本判決において，ＥＣ司法裁判所が，履行地裁判籍について法廷地抵触法に準拠した解釈方法から意図的に乖離したように見えることは，とくに興味深いという指摘がある[21]。なぜなら，ブリュッセル条約は，2002年3月から，デンマークを除いて，ＥＣの規則として直接締約国で適用されることになり[22]，しかも，後述のように，契約紛争に関する特別裁判籍に重大な変更がもたらされているからである。もちろん本件事案においては，時間的関係から新しいブリュッセルⅠ規則は適用不可能であったが，しかしAlber法務官が意見書においてこの改正に言及しているように，本件においてすでに，ＥＣ司法裁判所が新しい共同体立法の内容を先取りし本判決の結論に反映させるという可能性も皆無ではなかった。

ブリュッセルⅠ規則は，売買契約と役務提供契約についてのみ，ＥＣ司法裁判所の判例を修正し，これらの契約類型に関して履行地は契約特徴的な給付に従って，統一的にかつ管轄規則自律的に定まることになる（5条1号ｂ）[23]。もっとも，本件で問題になっている競業禁止条項は，売買契約にも役務提供契約にも関連しない。それゆえに，本件のような事案では，履行地は従来のブリュッセル条約5条1号と同じ文言を採用するブリュッセルⅠ規則5条1号ａ

---

(19) 本判決決理由第43節。
(20) 本判決決理由第44節。
(21) 以下は，Hess, IPRax 2002, 376 の本判決評釈に依拠する。
(22) 関西国際民事訴訟法研究会「民事及び商事事件における裁判管轄及び裁判の執行に関する理事会規則（ＥＣ）についての提案(1)(2)」際商31巻2号251頁，3号399頁（2003年）。
(23) 中西康「ブリュッセルⅠ条約の規則化とその問題点」国際私法3号147頁（2002年）。義務履行地管轄の改正については，同稿153頁，関西国際民事訴訟法研究会・注22前掲(2) 400頁参照。

によって定まることになるだろう[24]。

　EC 司法裁判所が，この新しい規定（5条1号b）を受けて，管轄規定自律的な履行地決定をどの程度まで認めることになるのかについては，現時点でまったく未確定である。本判決を評釈した Hess によれば，本判決を契機として，EC 司法裁判所はそれでも自律的解釈の方向へとさらに踏み出したと見るべき2つの根拠がある。1つは，ヨーロッパの民事訴訟法の一般原則として，法廷地の抵触法の介入が本判決では排除されていることである。いま1つは，本判決の法務官の見解[25]に従って，そもそも例外的裁判籍とみなすべき履行地裁判籍は，法廷地抵触法に基づく準拠法が単一の履行地しか生じさせないような場合に限られるという見解を EC 司法裁判所が採用したことである。つまり，単一の履行地を確定し，かつ異なる複数の裁判籍を回避するという本判決の履行地の解釈方法は，新しいブリュッセルⅠ規則5条1号bにおいて採用された管轄規則自律的な管轄規制方法と目的において合致するという見方である[26]。

5　実務上の影響

　Hess の評釈においては，本判決から次のような実務上の示唆があるので紹介する[27]。今後の実務において，契約上の競業禁止条項を訴訟上も確実なものにしたいならば，裁判籍合意（ブリュッセルⅠ規則23条）または少なくとも履行地の合意（同5条1号）が有益である。本判決は，本件のように契約上の競業禁止条項の明白な違反によって損害を被る者は，違反者の本国の裁判所においてしか訴えることができないというリスクを負うことを明らかにしたからである。このことは，たしかに EU の民事訴訟法における被告保護の原則に合致するが，しかし意図的な契約違反のような事案において，義務違反者に寛大にすぎるのではないか，という疑問もある。さらに，不法行為による侵害行為の分野において，EC 司法裁判所は，それぞれの損害発生地での一部訴求を許容するという方法で，原告に有利な解釈を行ってきた[28]。今後の実務におい

---

(24) Alber 法務官の意見（本判決決定理由第48節）参照。
(25) 本判決判決理由第58節以下。
(26) Hess (Fn. 21), 377.
(27) Hess (Fn. 21), 377 f.
(28) シェビル事件判決（Fiona Shevill, Ixora Trading Inc., Chequepoint SARL and Chequepoint International Ltd v. Presse Alliance SA, Case C-68/93, [1995] ECR I-415）。中西康「出版物による名誉毀損事件の国際裁判管轄に関する欧州司法裁判所1995年3

て，契約上の不作為義務が不法行為上の不作為義務と重なり合って認められるような場合に，同じ内容の不作為義務について履行地の管轄と不法行為地の管轄との間の評価矛盾が生じる可能性がある。共同体法のレベルでは，契約上の管轄と不法行為上の管轄との調和をはかることが必要になるだろう。

(国際商事法務 31 巻 4 号／2003 年)

[安達栄司]

月 7 日判決について」論叢 142 巻 5・6 号 181 頁（1998 年），芳賀雅顯「名誉毀損の国際裁判管轄権」石川明先生古稀論集『EU 法・ヨーロッパ法の諸問題』433 頁（2002 年）。

11 国際航空運送と義務履行地の裁判籍

EC 司法裁判所 2009 年 7 月 9 日判決：[2009] ECR I-6073
（Peter Rehder v. Air Baltic Corporation, Case C-204/08）

〔事実の概要〕

　ミュンヘン（ドイツ）に居住する原告が，リガ（ラトビア）に営業上の本拠を有する被告航空会社のミュンヘン発ビリニュス（リトアニア）行きの航空便の座席を予約した。ミュンヘンでの予定出発時刻の約30分前になって，旅客は当該航空便の欠航を知らされた。原告は，被告による利用便の変更を受けて，コペンハーゲン（デンマーク）経由でビリニュスに飛んだが，そこに到着したのは予定時刻よりも6時間以上遅れてであった。

　原告は，搭乗不可，欠航または大幅な遅延の場合の航空旅客の補償と援助給付を共通に規律するための EC 規則 261/2004 号の 5 条 1 項 c 号・7 条 1 項 a 号[1]に基づいて，250 ユーロの補償を求めて，その管轄区域内にミュンヘン空港が所在するエルディンク区裁判所に訴えを提起した。当該区裁判所は，出発地であるミュンヘンがブリュッセルⅠ規則 5 条 1 号 b の意味における義務履行地であるということでもって，自己の土地および国際裁判管轄権を基礎づけたうえで，請求を認容した。被告による控訴に基づき，ミュンヘン高等裁判所は，義務履行地は航空会社の営業上の本拠地にあるとの理由で，第一審判決を取り消し，訴えを却下した。原告の上告に基づき，ドイツ連邦通常裁判所は上記区裁判所の管轄権に関して一応の判断を示しているが，それがブリュッセルⅠ規則の解釈にかかっているとして自己の判断を最終的なものとすることなく，手続を停止したうえで，以下の問題を EC 司法裁判所に付託した。

　① ブリュッセルⅠ規則 5 条 1 号 b 第 2 段落は，ある EU 加盟国から他の加盟国への航空機による旅行の場合にも，すべての契約上の義務についての統一的な履行地が，経済的な基準に従って決定されるべき主たる給付の地に認められるべきである，と解釈されるべきであるか。

---

(1) EC 規則 261/2004 号のこれらの条文によると，国際航空運送の旅客は，欠航の場合に，それを出発予定時刻の少なくとも 2 週間前までに通知される等の例外の場合を除いて，1,500 キロメートル以下の飛行であれば 250 ユーロの補償を運送実施航空会社に請求できる，とされている。そして，同規則 12 条 1 項によると，この補償は，旅客が有するはずのより高額な損害賠償請求権に影響を及ぼすものではないが，その損害賠償に算入されうるものとされている。

②　統一的な履行地が定められるべきであるとしたら，どのような基準がその決定にとって決定的であるか。統一的な履行地は，とくに，出発地または到着地によって決定されるか。

〔判　旨〕

ブリュッセルⅠ規則5条1号b第2段落は，次のように解釈されるべきである。1つの航空会社（本件運送実施企業）と締結された契約に基づく，ある加盟国から他の加盟国への旅客航空運送の場合，この運送契約とEC規則261/2004号に基づく補償の支払を求める訴えについては，原告の選択に従い，契約中における合意に準拠する航空機の出発地または到着地の裁判所が管轄権を有する。

◆研　究◆

1　義務履行地の裁判籍

ブリュッセルⅠ規則5条1号aは特別裁判籍の1つとして義務履行地の裁判籍を定め，同号b第1段落は，動産の売買については，義務履行地とは当該動産が契約に従って引き渡されたまたは引き渡されなければならなかったであろう加盟国中の地を意味すると規定する。また，第2段落は，役務提供に関しては，当該役務提供が契約に従って行われたまたは行われなければならなかったであろう地を意味すると規定する。

2　動産売買における義務履行地の裁判籍

このうちの第1段落に関しては，すでにEC司法裁判所の先例がある[2]。この事案においては，オーストリアに本拠を有する原告がドイツに本拠を有する被告から仕入れた商品をそのすべてがオーストリア国内に所在する原告の本拠地等の複数の地に散在する複数の第三者に転売し，被告が転売先に目的物たる商品を直送する義務を負っていた。この契約中で合意されていた売れ残りの商品を引き取り，代金を返還する旨の義務を被告が履行しないので，原告が代金返還を求めて，上記第1段落を根拠にオーストリアの原告の本拠地の裁判所に

---

[2] Color Drack GmbH v. Lexx International Vertriebs GmbH, Case C-386/05, [2007] ECR I-3699. なお，第1段落と第2段落とに共通に，考えうる解決方法を列挙していたものとして，Kropholler8, Art. 5 Rdnr. 50.

訴えを提起した。義務履行地の裁判籍は，国際裁判管轄と同時に国内の土地管轄をも定める二重の機能を有している[3]。そこで，この事案では引渡地はすべて同一国内にあったのであるが，オーストリアの国内裁判所において，複数の引渡地がある場合，上記第1段落によると動産売買契約に起因するすべての請求権に関する唯一の連結点であるはずの地が決定しえないから，当該第1段は適用されないのではないかが問題となった[4]。

　この点について，EC司法裁判所は次のように述べる。すなわち，第1段落の履行地の意義は規則の文言からは導くことはできず，その沿革，目的，体系に基礎を置いて解釈することが必要である[5]。そして，この特別裁判籍は場所的近接性という目標に対応するものであり，その根拠は契約と受訴裁判所との間の緊密な結びつきにある[6]。ブリュッセルⅠ規則は，予測可能性を高めるべく管轄規定を統一するとの主要な目的をよりよく達成するために，動産の売買についての履行地という連結基準を自律的に定めている[7]。したがって，引渡義務それ自体に関する訴えについてのみならず，動産の売買に関する1つの同一の契約に起因するすべての訴えについて適用される自律的連結基準として，引渡地が契約上の訴訟についての特別裁判籍となる[8]。場所的近接性と予測可能性という目標に鑑みれば，1つの加盟国に複数の引渡地がある場合にもブリュッセルⅠ規則5条1号b第1段落は適用可能であるが，その場合，1つの裁判所だけが当該契約に起因するすべての訴えについて管轄権を有すべきである[9]。1つの加盟国に複数の引渡地があるという場合，契約と管轄裁判所との間にもっとも緊密な結びつきが存在する地は，経済的基準に従って決定されるべき主たる引渡しの地である[10]。もし主たる引渡しの地を確定することができないときは，各々の引渡地が訴訟の事実関係と十分な近接性を示し，原告はその選択する引渡地の裁判所に被告を訴えることができる[11]。

(3) Color Drack GmbH v. Lexx International Vertriebs GmbH, Case C-386/05, [2007] ECR I-3699, para.30; Schlosser, EU-ZPR³, Vor Art. 2 EuGVVO Rdnr. 2.
(4) *Cf.* Color Drack GmbH v. Lexx International Vertriebs GmbH, Case C-386/05, [2007] ECR I-3699, paras.11, 13.
(5) *Ibid.*, paras. 17, 18.
(6) *Ibid.*, para. 22.
(7) *Ibid.*, para. 24.
(8) *Ibid.*, para. 26.
(9) *Ibid.*, paras. 36, 38.
(10) *Ibid.*, para. 40.
(11) *Ibid.*, para. 44.

3 本件事案における問題点

上記先例それ自体に対しても，主たる引渡し概念の曖昧さと，それを決定しえない場合に原告に選択権を認めることによるフォーラム・ショッピングのおそれを理由とした批判的学説もないわけではないが[12]，多くの学説はこれを支持しているようである[13]。ただし，上記先例においては，EC 司法裁判所は，引渡地が複数の異なった加盟国に散在している場合に関する判断については，慎重にそれを留保していたが[14]，先例に賛成する学説は，そこにおける判断はそのような場合にも及ぼしうるとしている[15]。

ともあれ，上記先例はブリュッセル I 規則 5 条 1 号 b 第 1 段落に関するものであったから，当然，第 2 段落に関してもそこでの判断枠組みを適用しうるかが問題となり，本件事案においては，国際的な航空運送契約との関連で，まさにこの問題が問われることとなったのである。

4 基本事件の国内裁判所の立場

基本事件のミュンヘン高等裁判所も上記先例の判断枠組みを前提としているが，それがエルディンク区裁判所の土地および国際裁判管轄権を否定したのは，主たる給付の地が航空会社の営業上の本拠地にあると考えたからである[16]。ミュンヘン高等裁判所は，弁護士が複数の加盟国において役務提供を行う契約の場合，弁護士活動の重点すなわち主たる役務の提供の地は事務所所在地にあるとした，前年に下されたドイツ連邦通常裁判所の見解[17]を本件事案にも及

---

[12] Mankowski, Mehrere Lieferorte beim Erfüllungsortgerichtsstand unter Art. 5 Nr. 1 lit. b EuGVVO, IPRax 2007, 404, 412.

[13] Schlosser, EU-ZPR[3], Art. 5 EuGVV Rdnr.10a; Thomas/Putzo/Hüßtege[30], Art. 5 EuGVVO Rdnr. 7; Musielak/Stadler[7], Art. 5 EuGVVO Rdnr. 11; Leible/Reinert, EuZW 2007, 370, 372. ただし，これは，主たる給付と言える程のものがない場合には，契約を特徴づける給付を行う当事者の当該契約の担当営業所の所在地を基準とすべきであるとする。

[14] Color Drack GmbH v. Lexx International Vertriebs GmbH, Case C-386/05, [2007] ECR I-3699, para. 16.

[15] Leible/Reinert（Fn. 13），373.

[16] OLG München, Urt. v. 16. 5. 2007, NJW-RR 2007, 1428.

[17] BGH, Urt. v. 2. 3. 2006, NJW 2006, 1806, 1808. なお，この判決が問題を EC 司法裁判所に付託せずに自ら解決してしまったことは，その結論の当否とは別に，厳しく批判されている。Leible/Reinert（Fn. 13），373.

ぼしたのである。航空会社の本拠地でチケットが売り出され，原告のための座席の予約がなされ，安全基準を遵守した機体や乗組員をミュンヘンに用意するための手配などの諸々の航空運送のために必要な行為が，そこで行われるというのである。

しかしながら，ドイツ連邦通常裁判所も，本件事案においては，上記先例の判断枠組みを前提としながらも，これらの行為は契約上の役務の提供それ自体ではなく，その合意，準備行為にすぎず，航空会社の本拠ではない任意の地で行われうる旨を指摘して，ミュンヘン高等裁判所の見解を否定する[18]。頭脳労働である弁護士の役務提供の内容と物理的な運送を内容とする契約とを同一視することはできないのである。そして，ドイツ連邦通常裁判所は，経済的に観察すると，役務提供の重点は出発地にあるとする。運送契約上の役務の重点は，出発地から到着地へ航空機の運行が計画どおりに行われ，旅客が出発地で当該航空機に搭乗して到着地に運送され，飛行中に機内サービスを受け，その安全についての配慮を受け，最終的に到着地で安全裡に降機する点にある。旅客にとっては，到着地のみならず出発地も重要である。そして，航空機と乗組員の用意，予定どおりの旅客の受入れ，予定どおりの出発など，本来の役務の提供のための前提がそこで作り出されなければならず，予定どおりの本来の役務の提供不能を生ぜしめる障害もそこで発生する蓋然性が高い。それゆえ，事件と裁判所との場所的近接性との視点の下においては，より多くのファクターが到着地よりも出発地を役務提供地と見て，そこに義務履行地の裁判籍を認めるべきことを指し示す。

先にも指摘したように，ドイツ連邦通常裁判所は，このような一応の判断にもかかわらず，それを最終的なものとすることなく，EC司法裁判所の最終的な判断を求めている。

5　従来の判例・学説

ドイツ連邦通常裁判所の立場に関しては，これを支持する見解もあるが[19]，他方で，出発地と到着地の双方を義務履行地と認めるドイツの国内下級審裁判所の判決もあった[20]。合意された出発地から出発し，合意された到着地に到

---

(18) BGH, Beschl. v. 22. 4. 2008, NJW 2008, 513.

(19) Staudinger, Gemeinschaftsrechtlicher Erfüllungsortsgerichtsstand bei grenzüberschreitender Luftbeförderung, IPRax 2008, 493, 496.

(20) AG Berlin-Litenberg, Beschl. v. 7. 9. 2006, IPRax 2008, 426. ただし，国内土地管轄に

着することの双方が航空旅客にとって重要であるから，いずれかを役務の主たる提供の地と決めることはできないというのである。

もっとも，この下級審判決に対しては，むしろ到着地だけを主たる給付の地すなわち義務履行地と認めるべきであるとする批判的な見解が表明されている[21]。この見解は，提供地ないし履行地とは，一般的に言って，債務者が提供行為の最後の局面に当たる行為を行わなければならない地と理解されているということを理由とする。

6 本判決の立場

以上のように，基本事件に関するドイツの各審級の裁判所を含めた国内裁判所や大部分の学説は，ブリュッセルⅠ規則5条1号b第1段落に関するEC司法裁判所の判断枠組みを当然の前提としつつそれを第2段落の解釈にも及ぼすという点で共通の立場を採用しているが，役務の主たる提供の地がいずれにあると考えるかの点で立場を異にしていると総括することができる。これに対し，本件事案において，EC司法裁判所は，第1段落に関する判断枠組みを，役務提供が複数の加盟国においてなされるべき場合における第2段落の解釈に及ぼしうるかの点から問い直し，前記2のような先例の判決文を引用したうえで，この点について以下のように述べる。

動産売買の場合の裁判籍に関する第1段落と役務提供の場合の裁判籍に関する第2段落とは同一の沿革を有し，同一の目標を追及するものであり，ブリュッセルⅠ規則によって設けられた体系中の同一の位置を占めている[22]。すなわち，裁判所の管轄を役務提供がなされるべき地に集中し，役務提供契約に起因するすべての債権について統一的な管轄を定めることでもって追及されている場所的近接性と予測可能性を確保するという目標に鑑みれば，問題の役務提供が複数の加盟国でなされるべき場合でも，先例と異なった判断枠組みはありえない[23]。したがって，この場合も，当該契約と裁判所との間にもっとも緊密な結びつきが存在する地，とくに，その契約による主たる役務の提供がなされるべき地が探求されなければならないことになる[24]。

関する判例である。
(21) Greger, Der Gerichtsstand des Erfüllungsorts beim Luftbeförderungsvertrag, IPRax 403, 404. 同旨，Musielak/Stadler[7], Art. 5 EuGVVO Rdnr. 12.
(22) 本判決判決理由第36項。
(23) 本判決判決理由第37項。
(24) 本判決判決理由第38項。

すると，主たる役務の提供の地がどこかが問題となるが，これについては，まず，ドイツ連邦通常裁判所と同一の理由，すなわち，そこにおいて行われる行為は運送契約の履行のための準備行為にすぎず，役務の提供それ自体ではないとの理由によって，ミュンヘン高等裁判所の採用した立場を否定した[25]。そして次に，旅客の航空運送契約上の航空会社の義務としての役務提供に重要な要素を列挙する[26]。それは，旅客の搭乗手続と機体への移動，合意された出発地での航空機への搭乗，予定時刻どおりの出発，出発地から目的地への旅客とその荷物の運送，飛行中の機内サービスと予定時刻どおりの着陸地での旅客の安全裡な降機である。そして，これらの役務提供と直接的な結びつきを示す場所は航空会社との間に合意された航空機の出発地と到着地であるとする[27]。なぜなら，それぞれが異なった出来事であり，どれが主たる引渡しであるかの決定のために経済的基準に従った判断が必要となる，複数の地での動産の引渡しの場合とは異なって，航空運送は，その性質上不可分であり，出発地から到着地まで統一的に行われる役務の提供であるから，これに関しては，経済的な基準に基づいて，特定の地でなされた主たる役務の提供という意味での他から切り離された一部分を取り出すことは不可能であるからである[28]。それゆえ，出発地も到着地も，役務給付の主たる提供地になる。したがって，原告は，その選択に従って，いずれかの地の裁判所に訴えを提起しうることになる[29]。

EC司法裁判所は，最後に，原告にこのような選択権を認めても，事件と受訴裁判所との間の場所的近接性の観点のみならず，予見可能性や法的安定性の点からも問題はない旨を指摘する[30]。問題となりうる裁判所は2つしかないからである。また，EC司法裁判所の判例[31]上，ブリュッセルⅠ規則5条3号の不法行為地の裁判籍において連結点となる「損害の原因となる出来事の発生地」とは損害発生地と最初の出来事の発生地の双方を意味すると解されており，すでにここで，原告がいずれの裁判所に訴えるかの選択権を有する場合が認められていると指摘されている[32]。

(25) 本判決理由第39項。
(26) 本判決理由第40項。
(27) 本判決理由第41項。
(28) 本判決理由第42項。
(29) 本判決理由第44項。
(30) 本判決理由第45項。
(31) Kronhofer v. Maier et. al., Case C-168/02, [2004] ECR I-6009, para. 16.

7　今後の展望

先に見たように，本判決が基本的にその判断枠組みに依拠しているブリュッセルⅠ規則5条1号b第1段落に関するEC司法裁判所の先例には批判があった。また，その判断枠組みを前提としてさえ，それの航空運送契約への適用に関しては，本判決以前にそれとは異なった見解が国内裁判所や学説によって主張されていた。しかしながら，運送契約の場合には，動産の引渡地というのとは異なって，一般的に役務の主要な提供地は出発地と到着地であると決めてしまえば，この一般原則の具体的適用についての特別な困難とか，フオーラム・ショッピングのおそれといった問題も生じないであろう。そして，今後は，旅客の航空運送のみならず，国際鉄道運送などの他の運送契約に対して影響を及ぼして行くのではないかが注目されることになる[33]。

(国際商事法務38巻2号／2010年)

[野村秀敏]

---

(32) 本判決判決理由第46節。
(33) 国際鉄道運送における旅客の権利については，鉄道交通における旅客の権利・義務に関するEC規則1371/2007号があり，2009年12月3日に発効している。この規則の17条では，本件事案において問題となったEC規則261/2004号の5条1項c号・7条1項a号による航空旅客の権利と同種の権利が認められており，この権利を訴求する場合にも，ブリュッセルⅠ規則5条1号b第2段落が適用されうるから，この種の事案への本判決の影響が注目されるのである。

12 製作物供給契約と義務履行地の裁判籍

EU 司法裁判所 2010 年 2 月 25 日判決：[2010] ECR I-1255
（Car Trim GmbH v. KeySafty Systems Srl, Case C-381/08）

〔事実の概要〕

　イタリアに本拠を置き，イタリアの自動車製造業者にエアバックシステムを納入しているY社（KeySafty）は，2001年7月から2003年12月の間に，5つの納入契約（以下「本件契約」という）の枠内において，X社（Car Trimm）からこのシステムの製造に必要な合成部品を購入した。Yが2003年末に本件契約の解約告知をしたところ，Xは本件契約は2007年夏半ばまで継続するはずであり，解約告知は契約違反であると主張し，合成部品の製造地を管轄するケムニッツ（ドイツ）地方裁判所に損害賠償請求の訴えを提起した。

　同地方裁判所は，ドイツ裁判所の国際裁判管轄権の不存在を理由に訴えを却下し，控訴審も，次のような指摘をしつつ，この結論を支持した。自動車産業における下請業者にとり典型的にあることであるが，Xは，Yの製造過程に適合した納入，すなわち，労働組織，品質の確保，荷造り，ラベル貼り，納入証明に関するY側からのさまざまな指示に沿って，要求に応じて速やかに納入することを可能とするために，指示された納入業者から調達した一次加工品を利用して，指示された形態のエアーバック（の合成部品）を製造する契約上の義務を負っていた。

　Xがドイツ連邦通常裁判所に上告したところ，同裁判所によると，本件事案でドイツ裁判所の国際裁判管轄権の根拠として問題になりうる規定は義務履行地の裁判所に国際裁判管轄権を認めているブリュッセルⅠ規則5条1号bのみであるが，その第1段落は動産売買契約に関する，第2段落は役務提供契約に関する特別な規定である。また，本件事案では，製造されたエアーバック（の合成部品）は，ケムニッツからイタリアに送付されなければならなかった。そこで，同裁判所は，手続を停止して次の2つの問題についての先行判決を求めてEC司法裁判所に付託した。

　①　ブリュッセルⅠ規則5条1号bは，以下のように解釈されるべきか。すなわち，製作物の品質，安定的供給と供給先の業務の円滑な処理を確保するためのものを始めとして，調達，加工および製作されるべき目的物の引渡しに関して注文者から一定の指示がある場合，それにもかかわらず，製作もしくは製造されるべき物品の引渡契約は動産売買（第1段落）と性質決定されるべきであり，役務提供（第2段落）と性質決定されるべきではない，と。また，両者の区別はどのような基準によるべきか。

② 動産売買とすべきであるとすると，送付売買の場合，売却された物品が引き渡された，または引き渡されなければならなかった地は，買主への物理的な引渡しの地か，それとも，買主への伝達のために物品が最初の運送人に引き渡された地か。

〔判　旨〕
1．ブリュッセルⅠ規則5条1号bは，以下のように解釈されるべきである。すなわち，製作もしくは製造されるべき物品の引渡契約は，物品の品質，加工および引渡しについて注文者からの一定の指示がある場合でも，注文者が材料を提供することはなく，かつ，供給者が物品の品質と契約適合性について責任を負っているときは，5条1号b第1段落の意味における「動産売買」と性質決定されるべきである。

2．ブリュッセルⅠ規則5条1号b第1段落は，以下のように解釈されるべきである。すなわち，送付売買の場合，動産が契約に従って引き渡された，または引き渡されなければならなかった地は当該契約の定めを基礎として決定されるべきである。そのようにしては，引渡地が，当該契約に適用される準拠実質法を援用することなしには決定されないときは，その地は，それによって買主が売買行為の最終目的地で対象物品に対する事実的処分権を取得した，またはしなければならなかった，当該物品の物理的な引渡しの地である。

◆研　究◆

1　義務履行地裁判籍に関する EC/EU 司法裁判所の判例

ブリュッセルⅠ規則5条1号aは，被告の住所地の普通裁判籍を定める同規則2条に対する特則として，契約もしくは契約に起因する請求権に関する訴訟について義務履行地の特別裁判籍を定め，さらに同号bは，特段の合意のない限り，動産売買契約に関しては契約上の動産の引渡地（第1段落）を，役務提供契約に関しては契約上の役務提供地（第2段落）を義務履行地としている。また，同号cは，同号bを適用しえないときは，同号aの原則に戻るべきものとしている。

EC 司法裁判所[1]は，古く1976年のテッシリ事件判決[2]とディ・ブロース

---

(1) 最近のものまでも含めての，EC/EU 司法裁判所の義務履行地の裁判籍に関する判例の概観として，Rauscher, Internationaler Gerichtsstand des Erfüllungsorts – Abschied von Tessili und de Bloos, NJW 2010, 2251ff.

事件判決[3]において，ブリュッセルⅠ規則5条1号aの前身である同条約5条1号について，そこで対象となっている義務とは訴訟の対象となっている個別の義務を指し，また，その義務の履行地は法廷地国際私法が指定する準拠法によって決定されるとした。もっとも，これには強い批判があったものの，ブリュッセルⅠ規則の立法者はこの見解を5条1号aに取り入れているとされる[4]。

　以上に対し，ブリュッセルⅠ規則では動産売買と役務提供契約に関しては上記の判例の立場は採用されず，5条1号bに特別な規定が設けられたため，一連の新たな解釈問題が生ずることとなり，それをめぐって，最近，いくつかのEC/EU司法裁判所の判例が公にされることとなった。まず，同裁判所は，2007年のカラー・ドラッグ事件判決[5]において，同号b第1段落では，契約に起因するすべての訴えに関して統一的な裁判籍が認められる（義務ごとに裁判籍を考えるのではない）こと，義務履行地は規則自体から自律的に決定されるべきことを説き，1つの加盟国に複数の引渡地がある場合でも当該規定は適用になるとした。次に，2009年のファルコ事件判決[6]は，知的財産権の権利者が，相手方に対し，対価と引換えにその利用権を認める契約は5条1号b第2段落の意味における役務提供契約ではないとした。したがって，そのような契約については同号aが適用されることになる。ここでは，役務の自由移動に関するEU機能条約56条・57条における広い役務概念を採用することが否定されている。これに対し，同年のレーダー事件判決[7]は，出発地も到達地

---

(2) Industrie Tessili Italiana Como v. Dunlop AG, Case 12/76, [1976] ECR 1473.〔この判決については，長田真理「ブリュッセル条約5条1号に基づく義務履行地管轄」石川＝石渡編44頁以下がある。〕

(3) Ets. A. de Bloos, S. P. R. L. v. Société en commandite par actions Bouyer, Case 14/76, [1976] ECR 1479. なお，これらの2つの判決によって確立されたEC司法裁判所の立場の根拠とそれらに対する批判については，桑原康行「EC管轄執行条約における義務履行地と統一売買法」際商29巻2号210頁以下（2001年）〔本書第2篇9事件〕参照。ほかに，同「EC管轄執行条約における義務履行地の決定方法」際商29巻7号862頁以下（2001年）〔本書第2篇8事件〕も参照。

(4) Hess, 276 Rdnr. 57.

(5) Color Drack GmbH v. Lexx International Vertriebs GmbH, Case C-386/05, [2007] ECR I-3699. なお，この判決については，野村秀敏「国際航空運送と義務履行地の裁判籍」際商38巻2号257頁（2010年）〔本書第2篇11事件〕において紹介した。

(6) Falco Privatstiftung and Thomas Rabitsch v. Gisela Weller-Lindhorst, Case C-533/07, [2009] ECR I-3717.

(7) Peter Rehder v. Air Baltic Corporation, Case C-204/08, [2009] ECR I-6073. この判決

もEU加盟国内にある国際航空旅客運送契約はその第2段落の意味における役務提供契約であるとし，原告となる航空旅客は，その選択に従い，出発地の裁判所と到達地の裁判所のいずれにおいても航空会社に対する訴えを提起しうるとした。

本判決の直後にも，義務履行地の裁判籍に関する新たな判決が下されている。すなわち，ドムベルガー事件判決[8]は，5条1号b第2段落は，役務提供地が複数の加盟国に散在していることによって適用を否定されることはなく，また，その場合には，当該契約に起因するすべての訴えについて，その管轄区域内に主たる役務の提供地のある裁判所が管轄権を有するとした。そして，それは，代理商契約の場合，契約の定めなどによって決定されるが，最終的には代理商の住所地が目当てとされるべきであるとした。

2　付託問題に対する本判決の立場

ここでは，EU司法裁判所が付託された2つの問題に対して，どのような理由づけによって判旨第1点，第2点のように回答したのかを見ることとする。

(1)　EU司法裁判所は，後述するところから明らかなように，本件事案において付託された問題のうちの①に対する回答に際して，どの契約類型が問題となっているか，それらの区別の基準は何かに関して規則自体に即した自律的な判断を行っており，このことは，これらの点についても1号aに関するテッシリ事件判決の立場に従わないことを示すものとして注目に値する。もっとも，前述のようにテッシリ事件判決の立場には強い批判があったことや，1号b第1段落の引渡地の決定方法に関するカラー・ドラッグ事件判決に鑑みれば，本判決の採用した方法論的立場は，従来の立場をほんの少し進めたにすぎないものといえる[9]。

ともあれ，EU司法裁判所は①に対する回答のために3つの観点を考慮しなければならないとしつつ，まず第1に，次のようなEU法や国際法の規定を参照する[10]。すなわち，1999年の消費動産売買指令1条4項[11]は，製作または

については，すでに「EC企業法判例研究」の連載において取り上げた。野村・注5前掲256頁以下。

(8) Wood Floor Solutions Andreas Domberger GmbH v. Silva Trade SA, Case C-19/09, [2010] ECR I-2121.〔本書第2篇13事件〕

(9) Metzger, Zum Erfüllungsortsgerichtsstand bei Kauf- und Dienstleistungsverträge gemäß der EuGVVO, IPRax 2010, 421. 本判決を機縁とした論文である。

(10) 本判決判決理由第31節－第37節。

製造されるべき消費動産の引渡しに関する契約も，当該指令の意味における売買契約とみなされるとし，同条2項bは，例外（本件事案には関係がない）は別として，有体動産は消費動産とみなされる旨を定める。国連物品売買条約3条1項[12]は，製作または製造されるべき物品の引渡しに関する契約は売買契約に等しい，ただし，注文者が製作または製造に必要な材料の本質的部分を自ら調達しなければならない場合は除く，と規定する。さらに，1974年の物品の国際的売買における債権の期間制限に関する国連条約6条2項[13]も，国連物品売買条約3条1項とほぼ同文である（「物品」が「有体動産」に代えられているだけである）。これらの規定は，引き渡されるべき物品がとりあえず製作または製造されなければならないとの事実は，当該契約の売買契約との性質決定に何ら影響を及ぼすものではないことを示しているというのである[14]。

　また，EU司法裁判所は，同裁判所が，本判決に数か月先立つ2009年6月11日のオイマンス事件判決[15]において，公法上の建築契約，公法上の納入契約と公法上の役務提供契約の配分の調整に関する2004年3月31日のEC指令2004/18号が問題となった事件において，公法上の納入契約の定義規定である同指令1条2項c中の「納入契約」は，すでに固定された状態の物品が消費者に提供されたのか，その需要に合わせて製作されたのかに関係なく，物品の売買を含むと判断していたことも指摘する。

　第2にEU司法裁判所があげるのは，加工されるべき材料の出所，すなわちそれを提供するのが注文者であるのか，供給者であるのかという観点である[16]。前者の事情は役務提供契約との性質決定の，後者の事情は動産の売買契約（納入契約）との性質決定の手がかりとなるというのである。本件事案では，Yは，Xに対して一定の一次加工品の調達先の業者を指定したが，自らは

---

(11) この指令の意義については，北居功「EU契約法」庄司・実務篇237頁以下参照。
　　また，この指令の関係条文については，本判判決理由第8節・第35節参照。

(12) 国連物品売買条約に関しては，桑原・注3前掲商29巻2号212頁以下および214頁注28掲文献のほか，最近のものとして，杉浦保友＝久保田隆編『ウィーン売買条約の実務解説』（2009年）参照。

(13) この条約の意義については，高桑昭『国際商取引法〔第2版〕』65頁以下（2006年）参照。また，この指令の関係条文については，本判決決理由第15節参照。

(14) 本判決判決理由第38節。

(15) Hans & Christophorus Oymans GbR, Orthopädie Schuhtechnik v. AOK Rheinland/Hamburg, Case C-300/07, [2009] ECR I-4779. 問題となった指令の関連条文については，この判決の判決理由第2節参照。

(16) 本判決判決理由第40節・第41節。

何の材料も提供していなかった。

　第3に，供給者の責任という観点が問題とされる(17)。供給者が物品の品質と契約適合性について責任を負っているという事情は，動産売買契約との性質決定にとって決定的な要因となる。それに対し，供給者が注文者の指示に適切に従ったことについてのみ責任を負っているとの事情は，役務提供契約との性質決定に有利な要因である。

　EU 司法裁判所は以上のように論じたうえで，問題①に関して判旨第1点のように結論づける。

　(2) 本判決以前には，ドイツにおける問題②に対する見解は分かれていたし，オーストリアの最高裁判所は買主による物品の物理的な受領の地を，イタリアの最高裁判所は最初の運送人への引渡しの地を義務履行地と見るというように，各国の国内最上級裁判所の間でも見解が分かれていた(18)。本判決において，EU 司法裁判所は前者の見解に従っている。

　まず，EU 司法裁判所は，契約中に履行地の定めがあれば，それが同規則5条1号 b の第1段落の引渡地となるとする(19)。次に，契約中に履行地に関する当事者の意思を推認させる定めが置かれていないときは，管轄規則の統一と予見可能性を高めるとのブリュッセルⅠ規則の主要目的に鑑みて，同号 b 第1段落の引渡地に関しても，規則自体に即して自律的に解釈するとの立場を前提とすべきであるとする(20)。しかし，同裁判所は，ここでは問題①に関してとは異なって国連物品売買条約等の規定を参照することはせずに，よりプラグマティックな事実的な基準を探求すべきであるとする。そして，規則の沿革，目的，体系と調和する基準が探求されなければならないが(21)，それは物品が買主に引き渡された，または引き渡されなければならなかった送付の最終目的地であるとする。これは高い程度において予見可能であり，契約と受訴裁判所との間の緊密な結びつきを保障して，事件と裁判所の間の場所的近接性という要請にも沿うからである。さらに，契約の履行後は物品は原則としては最終目的地に所在するであろうし，動産売買契約の基本的目標である売主から買主への

---

(17) 本判決判決理由第42節。

(18 ドイツの下級審裁判例と学説の状況，オーストリアやイタリアの最上級裁判所の判例については，ドイツ連邦通常裁判所による本件事案の付託決定に詳しい。Vgl. BGH, Vorlagebeschluss vom 9. 7. 2008, NJW 2008, 3001, 3004.

(19) 本判決判決理由第45節・第46節。

(20) 本判決判決理由第49節・第50節。

(21) 本判決判決理由第47節・第57節。

動産の引渡しという出来事は，当該動産の最終目的地への到達によって初めて完結すると指摘する[22]。

EU 司法裁判所は以上のように論じて，問題②に対して判旨第 2 点のように回答する。

3 本判決をめぐる学説の議論

次に，本判決をめぐる学説の議論を見てみよう。

(1) まず，問題①に対する回答のための観点 1 の射程に関連して，次のように指摘される[23]。すなわち，消費動産売買指令と国連物品売買条約との間には，後者に含まれている例外が前者には欠けているという差異がある。EU 司法裁判所は観点 2 として，その例外をブリュッセル I 規則 5 条 1 号 b の解釈に取り入れているが，同じ例外が消費動産売買指令の解釈にも当てはまるとされるのか注目される。消費動産売買指令に関しては，消費者保護のために例外を認めない可能性があり，もしそうなれば，同一概念をめぐる解釈が EU 法の各法源間で異なることになる。もっとも，消費動産売買指令では消費者保護という特別な配慮が必要であるから，それでそのようなことが正当化されるかもしれないが，公法上の契約の配分に関する指令に関しても例外が設けられないのであれば，より問題は大きい。ファルコ事件判決では，役務概念に EU 機能条約におけるのとは異なった内容が与えられていたことをも考えあわせると[24]，EU 法，国際法，比較法的手法のみを利用しうるブリュッセル I 規則の自律的解釈に対し，本判決は重要な指針を与えるものである。

観点 2 との関連では，役務提供的要素と物品の引渡しという要素の双方を含む契約では，そのいずれがより重要かによって当該契約の性質決定がなされ，その重要性の判断の基準は経済的な考察方法によるとの指摘[25]や，国連物品売買条約のような区別の基準ではなく，共通の参照枠組み[26] IV-A 条 1：

---

(22) 本判決判決理由第 61 節。
(23) Metzger (Fn. 9), 421f.
(24) Leible, EuWZ 2010, 304（本判決の評釈である）は，本件事案の法務官意見書第 25 節では，本件契約は基本的自由との関係でいえば，物品移動の自由の問題となり，役務提供の自由の問題とはならないと指摘していたのに対し，本判決はこれにまったく言及していないことに着目して，本判決もファルコ事件判決と同一の立場をとっていると理解している。
(25) Metzger (Fn. 9), 422.
(26) これの意義については，北居・注 11 前掲 248 頁以下参照。

102（例外を設けずに，ここで問題とされているような契約は，「主として」売買契約とみなされるとする(27)）のような基準も考えられるのではないかとの指摘(28)があるが，いずれにせよ，本件事案では，注文者はまったく材料を提供していないので，結論自体は正当であるとされる(29)。

これに対し，観点3に関しては強い批判がある。これによれば，供給者が物品の品質と契約適合性について責任を負っていなければ役務提供契約ということになる可能性が高いが，動産の引渡し・交付が契約のより重要な要素とはならなくとも，一定の結果を達成することが供給者の重要な義務である役務提供契約が考えられるというのである(30)。例えば，ドイツ法の典型的な請負契約がそうであるし，そのほか，鑑定を行うとの契約や顧客の需要に合わせたソフトウェアーの開発契約などもあげられる。観点3は役務提供契約の定義として狭すぎるのであり，ヨーロッパ法上は，対価と引換えに一定の仕事を行う契約や，それと同時にこの仕事の結果について責任を引き受ける契約も役務提供契約と性質決定されるべきである(31)。そこで，観点3は削除されるべきであると主張されるが(32)，ただこれも，他の観点と並ぶ区別のための1つの要素にすぎないと捉えれば，それほど強く非難する必要もないように思われなくもない。

問題①に対するEU司法裁判所の回答の理由づけとの関係では，国際民事手続法的な観点（裁判所と当事者，証拠との近さ，執行の容易さ）への言及がないことへの不満が表明されることもあるが(33)，このような観点の有用性には後に述べるように疑問もある。

(2) 従来から，5条1号b中の「特段の合意のない限り」との文言の意味に

---

(27) 主として売買契約に関するルールが適用になるが，副次的に役務提供契約に関するルールも適用になるという趣旨であるとされる。2 BAR & CLIVE ed., PRNCIPLES, DEFINITIONS AND MODEL RULES OF EUROPEAN PRIVATE LAW, DRAFT COMMON FRAME OF REFERRENCE (DCFR) 1223 (Full ed. 2009).

(28) Leible (Fn. 24), 304.

(29) Leible (Fn. 24), 304.

(30) Metzger (Fn. 9), 422; Leible (Fn. 24), 304; Rauscher/Leible, EuZPR/EuIPR (2011), Art. 5 Brüssel I-VO Rdnr. 46b.

(31) Metzger (Fn. 9), 422. したがって，本判決の判旨第1点を安易に一般化することには警鐘が鳴らされる。Metzger (Fn. 9), 423.

(32) Leible (Fn. 24), 304; Rauscher/Leible, EuZPR/EuIPR (2011), Art. 5 Brüssel I-VO Rdnr. 46b.

(33) Metzger (Fn. 9), 422f.

について，①動産の引渡地や役務提供地ではなくして，対価の支払地の裁判所にも管轄権を認める（1号aの原則に戻る）合意をなしうるとの趣旨であるとする見解[34]と，②その地が契約との関連性を有する限り，実体法上の履行地とは異なった地の裁判所に管轄権を認める合意をなしうるとの趣旨であるとする見解[35]が主張されていた。

　先にも簡単に指摘したところであるが，本判決は，当事者は1号bによって物品の引渡地を自由に決定しうるとしつつ，その1号b中の「特段の合意のない限り」との文言は，この規定の適用に関し，「義務」の履行地に関する合意をなしうることを示していると述べる[36]。そこで，ある論者[37]は，本判決のこの判示との関係で，上記文言は実体法上の義務の履行地にのみ関連しており，本判決はこれにのみ管轄権を根拠づける効力を認め，管轄を操作することにのみ役立つ履行地の合意[38]にはそのような効力を認めていないから，少なくとも②説を否定していると指摘する。そして，後者のような合意については，今後も，ブリュッセルI規則23条の管轄の合意に関する規制に服せしめるべきであり，管轄の合意をなしうることは当然のことであるから，上記文言は立法論としては削除するのが適当であると主張する。

　この論者の指摘はおおむね適切であろうが，ただ，②説も合意された地が「契約（の実態）との関連性を有する限り」でのみ履行地の合意[38]に管轄に対する影響を認めているのであるから，本判決は②説を否定したのではなく，むしろこれを認めたのではなかろうか。

　(3)　問題②に対する本判決の回答のうち，契約中に履行地に関する定めのない場合にかかわる部分についても強い批判がある。

　そもそも，送付売買の場合に義務履行地をどのように決定するかについては，訴訟法上の評価を重視する立場と実体法的な評価の方がより適切であるとする

(34) Zöller/Geimer[28], Art. 5 EuGVVO Rdnr. 3a); Hess, 275 Rdnr. 55.
(35) Wipping, Der europäische Gerichtsstand des Erfülluingsortes – Art. 5 Nr. 1 EuGVVO, 217 (2010).
(36) 注19前掲箇所参照。
(37) Leible (Fn. 24), 304f.; Rauscher/Leible, EuZPR/EuIPR (2011), Art. 5 Brüssel I-VO Rdnr. 57b.
(38) 例えば，約款上，約款作成者の本店所在地が履行地と定められているにもかかわらず，実際の履行行為はその支店や出張所所在地とか相手方の住所地でなされているような合意が契約の実態と関連性を有しない。Leible/Sommer, Tücken bei der Bestimmung der internationalen Zuständigkeit nach der EuGVVO, IPRax 2006, 571; Rauscher/Leible, EuZPR/EuIPR (2011), Art. 5 Brüssel I-VO Rdnr. 53d.

立場が対立している。EU 司法裁判所は物品の最終目的地を引渡地とするその結論を，前者の立場を前提としつつ，予見可能性と，事件と裁判所の間の場所的近接性でもって理由づけている。

しかし，最終目的地が場所的近接性という観点から優れているといえるかは何が争われているかによると指摘される(39)。例えば，すでに引き渡された物品の瑕疵の有無などが争われているのであれば，最終目的地に証拠が集中しているということがいえるであろうが，本件事案では，契約の不当な解約告知を理由とした損害賠償が問題とされているのであり，このような訴訟物に関する紛争については，被告の本拠地の方が原告の本拠地よりもその解決に適した地であるとは，必ずしもいえない。また，物品が引き渡されていない場合ばかりでなく，転売されてしまった場合にも，物品が最終目的地にあるという考慮は当てはまらない(40)。もっとも，管轄規則を定めるに際しては，特定の具体の事案でそれによって適切な管轄裁判所を定めうるかよりも，類型的に適切な管轄裁判所が定められれば足りるとの視点から，義務履行地の裁判籍の正当性を肯定する見解もあるが(41)，類型的な考察方法をとるとしても，この正当性は疑わしい(42)。

さらに，このような批判にもかかわらず，予見可能性という観点から本判決の結論を正当化する見解もあるが(43)，なぜ，物品の最終目的地よりも最初の運送人への引渡地の方が予見可能性に乏しいのかは明瞭ではないと指摘される(44)。

結局，批判説(45)は実体法的評価に基づいて履行地を決定すべきであるとし，それは履行地概念のより強い規範化に結びつき，予見可能性という観点からも

---

(39) Metzger (Fn. 9), 423; Leible (Fn. 24), 305; Rauscher/Leible, EuZPR/EuIPR (2011), Art. 5 Brüssel I-VO Rdnr. 53c; Piltz, NJW 2010, 1062 (本判決の評釈である); Gsell, Autonom bestimmter Gerichtsstand am Erfüllungsort nach Brüssel I-Verordnug, IPRax 2002, 488f.

(40) Mankowski, EWiR 2010, 288. (本判決の評釈である。)

(41) Hau, Die Kaufpreisklage des Verkäufers im reformierten europäischen Vertragsgerichtsstand – ein Heimspiel?, JZ 2008, 978.

(42) Leible (Fn. 24), 305; Rauscher/Leible, EuZPR/EuIPR (2011), Art. 5 Brüssel I-VO Rdnr. 53c.

(43) Metzger (Fn. 9), 423f.

(44) Leible (Fn. 24), 305.

(45) Leible (Fn. 24), 305; Rauscher/Leible, EuZPR/EuIPR (2011), Art. 5 Brüssel I-VO Rdnr. 53d.

他説より優れているとする。それはまた，訴訟上の履行地と実体法上の履行地との結びつきを（完全には）破壊することはないであろうし，5条1号aとbとのギャップを小さくすることにもなるという。つまり，問題①におけるのと同様に，EU法や国際法の法源を参照したり，比較法的方法によって履行地を決定すべきであるとするのである。具体的には，ヨーロッパ契約法原則7：101条[46]，ユニドロワ国際商事契約原則6.1.6条[47]，共通の参照枠組みⅢ条2：101を参照して，物品の引渡債務の債務者の営業所所在地を履行地とする[48]。

4 今後の展望

以上のように，本判決，とくに判旨第2点に対しては結論も含めかなり強い批判がなくはない。しかし，管轄問題との関係での予見可能性と場所的近接性の強調は，EC司法裁判所が何度も繰り返してきた立場であるし，本判決はそれ以前のEC司法裁判所の判例に滑らかに接合しうるものとの評価もある[49]。したがって，本判決の立場は少なくとも当分の間は揺らぐことはないであろう。そして，先にも指摘したように，5条1号aに関するEC司法裁判所の判例にも強い批判があるところであるので，批判説は5条1号全体の改正を主張しているところであるが[50]，それが直ちに実現されるという状況にはないように思われる[51]。

(国際商事法務39巻10号／2011年)

[野村秀敏]

---

(46) ヨーロッパ契約法原則については，潮見佳男ほか監訳『ヨローッパ契約法原則ⅠⅡ』(2006年)，『ヨーロッパ契約法原則Ⅲ』(2008年) 参照。関係条文については，前者の321頁以下参照。

(47) ユニドロワ国際商事契約原則については，曽野和明ほか訳『UNIDOITユニドロワ国際商事契約原則』(2004年)，関係条文については，同書123頁以下参照。

(48) Gsell (Fn. 39), 491; Rauscher/Leible, EuZPR/EuIPR (2011), Art. 5 Brüssel I-VO Rdnr. 54a.

(49) Metzger (Fn. 9), 424.

(50) Leible (Fn. 24), 304.

(51) ブリュッセルⅠ規則73条は，EC委員会に対し，同規則施行（2002年3月1日）後5年以内に，EC議会，閣僚理事会，経済・社会委員会に同規則の実際の適用状況に関する報告書を提出することを義務づけている。この報告書 (COM [2009] 174 final) は期限に遅れて2009年4月21日付けでようやく提出されたが，それにも，それを補足するグリーンペーパー (COM [2009] 175 final) にも，義務履行地の裁判籍は何ら問題点として取り上げられていない。

13 代理商契約と義務履行地の裁判籍

EU 司法裁判所 2010 年 3 月 11 日判決：[2010] ECR I-2121
(Wood Floor Solutions Andreas Domberger GmbH v. Silva Trade SA, Case C-19/09)

〔事実の概要〕

　Amsttteten（オーストリア）に本拠を置くX社（Domberger 社）は，2007 年 8 月 21 日に，Wasserbillig（ルクセンブルク）に本拠を有するY社（Silva Trade 社）を相手取ってSankt Plölten（オーストリア）の地方裁判所に訴えを提起し，代理商契約の解除を原因とする27864, 65 ユーロの損害賠償と 83593, 95 ユーロの補償金[1]の支払を求めた。

　Xは，その際，Xの活動はもっぱらその本拠で行われ顧客の勧誘や獲得がオーストリアでなされたから，ブリュッセルⅠ規則 5 条 1 号 b によりオーストリア裁判所に国際裁判管轄権が認められると主張した。これに対し，Yは，Xの売上げの 4 分の 3 以上はオーストリア以外の国におけるものであって本件訴訟の対象である義務の履行地を特定することができないから 5 条 1 号は適用しえず，したがって，本件訴えの国際裁判管轄権は，被告の住所地の普通裁判籍を定める上記規則 2 条によって定まるべきであると争った。

　上記地方裁判所は，以下の理由で無管轄の抗弁を却下した。代理商契約はブリュッセルⅠ規則 5 条 1 号 b 第 2 段落の意味における役務提供契約であり，オーストリアの判例によると，役務提供が複数の国でなされるであろう場合には，役務提供地は役務提供者の活動の中心地を目当てとして定めるべきことになっている。

　Yはウィーン高等裁判所に抗告を提起し，以下のように主張した。すなわち，オーストリアの判例はもっぱらいくつかの履行地が 1 つの加盟国内に所在する場合に関するものであり，それらが複数の加盟国に散在する場合には，各裁判所はそれぞれその裁判地で履行されなければならない義務部分に関してのみ管轄権を有する。本件事案におけるように，原告がすべての請求権を 1 つの裁判所で主張しようとする

---

(1) 営業主が代理商契約終了後にも代理商が開拓した新たな顧客による利益を取得するのは，当事者間の衡平に反するようにも思われる。そこで，わが国では商法 30 条 1 項による代理商契約の解除の場合，代理商は損害賠償を請求できないかが議論される（多数説は否定する。田邊光政『商法総則・商行為法〔第 3 版〕』122 頁（2006 年）参照）。本件事案のX社がいかなる準拠法によっているのかは不明であるが，EU 諸国の中には代理商に補償請求を認めるものがある（例，ドイツ商法 89 条 b）。

ならば，上記規則2条だけがその根拠となる[2]。

ウィーン高等裁判所は，2007年5月3日のEC司法裁判所カラー・ドラッグ事件判決[3]の原則（上記5条1号b第2段落の「履行地」は主たる引渡地または役務提供者の活動地によって定まる）は役務提供地がいくつかの加盟国に散在する場合にも妥当することを前提に，本件事案においてはオーストリアに国際裁判管轄権が認められるとした。

しかし，EC司法裁判所は，上記判決において，その原則は複数の引渡地が1つの加盟国内に所在する場合にのみ関するものであり，複数の加盟国に散在する場合に関する結論如何は留保してした[4]。そこで，上記高等裁判所は自己の見解を最終的なものとすることなく，訴訟手続を中止し，先行判決を求めて，次の問題をEC司法裁判所に付託したが，①(a)(b)に対する回答の結果，①(c)②に対する回答は不要になったとして，それは与えられていない。

①(a) ブリュッセルⅠ規則5条1号b第2段落は，役務提供契約に関して，合意に従って役務の提供が複数の加盟国でなされる場合にも適用になるか。

この問題が肯定されるとして，

上記規定は以下のように解釈されるべきか。

(b) 特徴的な義務の履行地は――所用時間と活動の重要性に従って判断される――役務提供者の活動の中心地によって決定される。

(c) 活動の中心地を確定しえないときは，当該契約に起因するすべての請求権に関する訴えは，原告の選択に従って，EC域内の各役務提供地のいずれにおいても提起することができるか。

② ①(a)の問題が否定されるとして，

上記規則5条1号aは，役務提供契約に関して，合意に従って役務の提供が複数の加盟国でなされる場合にも適用になるか。

---

(2) ブリュッセルⅠ規則には，日本の民事訴訟法7条に相当するような一般的な形での併合請求の裁判籍に関する規定はない。ちなみに，そのような規定は大正15年の民事訴訟法の改正の際に設けられたわが国独自のものであり，ドイツやオーストリア等の国内法にも存在しない。斎藤秀夫ほか編著『注解民事訴訟法(1)』306頁〔小室直人＝松山恒昭〕（1991年）参照。

(3) Color Drack GmbH v. Lexx International Vertriebs GmbH, Case C-386/05, [2007] ECR I-3699. この判決については，「EC企業法判例研究」の連載の，野村秀敏「国際航空運送と義務履行地の裁判籍」際商38巻2号257頁（2010年）〔本書第2篇11事件〕において詳しく言及した。

(4) Color Drack GmbH v. Lexx International Vertriebs GmbH, Case C-386/05, [2007] ECR I-3699, para. 16.

〔判　旨〕

1．ブリュッセルⅠ規則5条1号b第2段落は，役務提供が複数の加盟国でなされる場合にも適用になると解釈されるべきである。

2．ブリュッセルⅠ規則5条1号b第2段落は，以下のように解釈されるべきである。役務提供が複数の加盟国でなされる場合，契約に起因するすべての訴えについての裁判を管轄するのは，その管轄区域内に主たる提供地がある裁判所である。代理商契約の場合，これは代理商による主たる給付の地であり，それは契約の条項か，そのような条項がないならばその実際の履行から明らかになる。問題の地がこのような方法では明確にしえないときは，代理商の住所が目当てとされるべきである。

◆ 研　究 ◆

1　義務履行地の裁判籍

ブリュッセルⅠ規則5条1号aは，被告の普通裁判籍所在地の裁判所の原則的管轄を定める同規則2条に対する特則として，契約もしくは契約に起因する請求権について義務履行地の特別裁判籍を定め，さらに同号bは，特段の合意のない限り，動産売買契約に関しては契約上の動産の引渡地（第1段落）を，役務提供契約に関しては契約上の役務提供地（第2段落）を義務履行地としている。また，同号cは，同号bを適用しえないときは，同号aの原則に戻るべきものとしている。

この5条1号は，ブリュッセルⅠ規則の管轄規定の中でももっとも争いがあり，取扱いのむずかしい規定であるといわれており[5]，EC/EU司法裁判所の多くの判例が生み出される原因となってきた[6]。本判決も，ウィーン高等裁判所が依拠するカラー・ドラッグ事件判決を始めとして，それらの先例を前提としつつ議論を進めている。ここではまず，その本判決の議論を追って見てみ

---

(5) Lehmann/Duczek, Zuständigkeit nach Art.5 Nr.1 lit.b EuGVO - besondere Herausforderungen bei Dienstleistungsverträgen, IPRax 20011, 41. 本判決を機縁とした論文である。

(6) 「EC企業法判例研究」の連載においても，以下で言及するもののほかにも，いくつかの判決を取り上げて検討した。桑原康行「EC管轄執行条約における義務履行地と統一売買法」際商29巻2号210頁以下（2001年）〔本書第2篇8事件〕，同「EC管轄執行条約における義務履行地の決定方法」際商29巻7号862頁以下（2001年）〔本書第2篇9事件〕，安達栄司「契約上の不作為義務違反と履行地裁判籍」際商31巻4号529頁以下（2003年）〔本書第2篇10事件〕。

2　本判決の議論

(1)　カラー・ドラッグ事件判決は，上記規則5条1号の特別裁判籍は場所的近接性という目標に対応するものであり，その根拠は契約と受訴裁判所との間の緊密な結びつきにあるとする[7]。また，予見可能性を高め，共同体の管轄規定を統一するとの目標をよりよく達成するために，同規則は，5条1号b第1段落の動産売買についての履行地という連結基準を自律的に定めているとする。そして，場所的近接性と予見可能性という観点に鑑みると，上記第1段落は1つの加盟国に複数の引渡地がある場合にも適用可能であり，その場合，1つの裁判所だけが問題の契約に起因するすべての訴えについて管轄権を有するとする[8]。

次に，レーダー事件判決は，カラー・ドラッグ事件判決で示された考慮は第2段落の役務提供契約の場合にも，しかも役務提供が複数の加盟国でなされる場合にも当てはまるとする。第1段落と第2段落とは同一の沿革を有し，同一の目標を追及するものであり，ブリュッセルⅠ規則によって設けられた体系中で同一の位置を占めているからである[9]。すなわち，裁判所の管轄を役務提供がなされるべき地に集中し，役務提供契約に起因するすべての債権について統一的な管轄を定めることでもって追及されている場所的近接性と予見可能性を確保するという目標に鑑みれば，問題の役務提供が複数の加盟国でなされるべき場合でも，先例と異なった判断枠組みはありえないというのである[10]。

本判決は，以上のような先例の判断を確認した後[11]，役務提供が1つの加

---

[7]　Color Drack GmbH v. Lexx International Vertriebs GmbH, Case C-386/05, [2007] ECR I-3699, para. 32; Peter Rehder v. Air Baltic Corporation, Case C-204/08, [2009] ECR I-6073, para. 82（本判決については，すでに「EC企業法判例研究」の連載において取り上げた。野村・注3前掲256頁以下）; Car Trim GmbH v. KeySafty Systems Srl, Case C-381/08, [2010] ECR I-1255, para. 48.（本判決についても，すでに「EC企業法判例研究」の連載において取り上げた。野村秀敏「製作物供給契約と義務履行地の裁判籍」際商39巻10号1505頁以下（2011年）〔本書第2篇12事件〕）。

[8]　Color Drack GmbH v. Lexx International Vertriebs GmbH, Case C-386/05, [2007] ECR I-3699, paras. 24, 36, 38; Peter Rehder v. Air Baltic Corporation, Case C-204/08, [2009] ECR I-6073, para. 34.

[9]　Peter Rehder v. Air Baltic Corporation, Case C-204/08, [2009] ECR I-6073, para. 36.

[10]　Ibid., para. 37.

[11]　本判決判決理由第22節－第27節。

盟国でなされるか複数の加盟国でなされるかによる区別は規則の規定中に何の根拠も有しないばかりでなく，国際裁判管轄ルールの統一によって自由，安全および司法の空間の発展と域内市場の円滑な機能に寄与するというブリュッセルⅠ規則制定の目標に矛盾することにもなるとしつつ[12]，判旨第1点のように判示した。

(2) 特徴的な義務の履行地を問題とする付託問題1(b)との関係でも，本判決はカラー・ドラッグ事件判決の判断を確認することから議論を始めている。すなわち，本判決は，カラー・ドラッグ事件判決が，5条1号b第1段落の動産売買の引渡地に関して，複数の引渡地があるときは原則として契約と裁判所との間にもっとも密接な結びつきがある地を履行地とすべきであり，それは一般的には主たる引渡地であるとしていた[13]ことを確認する。そして，この考慮は，必要な変更を加えたうえで第2段落に関しても当てはまるから，複数の役務提供地がある場合，主たる提供地を問題としなければならないとする[14]。

次に，本判決は，本件事案において問題となっている代理商契約の場合，特徴的な役務は（営業主ではなく）代理商の役務であり，その主たる提供地が問題とされなければならないとする[15]。

そうすると，役務の主たる提供地の決定基準が問題となるが，この点について本判決は，予見可能性と「契約」上の役務提供地という5条1号b第2段落の文言を重視して，第1次的には契約条項が目当てとされなければならないとする[16]。

また第2段階として，本判決は，契約条項が複数の提供地を定めているか，明示的には特定の提供地を定めていないために，それによっては主たる提供地を決定しえないときは，すでに代理商が実際に役務を提供していれば，代理商が現に活動の大部分を行った地が目当てとされるべきであるが，ただし，当該の地での役務提供が契約条項から明らかとなる当事者の意思に矛盾する場合は別であるとする。そして，活動の大部分が行われたかの判断に際しては，その事実的側面，とくにその地で費やされた時間とそこでの活動の重要性が考慮さ

---

(12) 本判決判決理由第28節。
(13) Color Drack GmbH v. Lexx International Vertriebs GmbH, Case C-386/05, [2007] ECR-I 3699, para. 40.
(14) 本判決判決理由第31節－第33節。
(15) 本判決判決理由第34節。
(16) 本判決判決理由第38節。

れるべきであるとする[17]。

　最後に，これでも主たる役務の提供地を決定しえない場合には，代理商の住所地が基準となるとする。これは予見可能性という点ですぐれているし，代理商は，大きな蓋然性をもって，そこで役務提供行為の重要ではないとはいえない部分を行うと思われるからである[18]。

　本判決はこのような議論に基づいて，判旨第2点のように判示した。

3　本判決の検討

　(1)　本判決が先例に大幅に依拠していることは明らかであるが，それは前半部分においてだけであり，後半の主たる履行地の判断基準に関する部分については両者の間に以下のような相違があることが指摘される[19]。

　第1に，本判決は履行地に関する契約による合意の意義をとくに強調している。これは役務提供契約の場合には，実際の履行地を決定することが困難であることに原因があろう。すなわち，役務提供契約の場合，提供される役務の内容はさまざまな個別行為からなっていることが多い（例，引っ越し作業の契約）。代理商契約の場合にも，代理商は営業主のためにさまざまな役務を提供するが，そのうちのどれが主たる役務であるのかの判断は困難であろうから，合意を目当てとし，この困難を回避しようというのである。

　本判決は，先例と同様に，合意によって主たる役務の提供地を決定しえない場合には，実際に履行行為が行われた地を目当てとすべきであるとしている。しかし，複数の履行地のうちどれが主たる役務のそれであるかの判断基準として，本判決は，カラー・ドラッグ事件判決のあげる経済的基準の代わりに，前述のような基準（代理商の活動の事実的側面，とくに時間と活動の重要性）をあげており，この点を両者の第2の相違点として指摘することができる。

　このことの原因は，動産売買の場合であっても経済的基準の有用性には疑問がありうるが，役務提供の場合には，より一層そうであることにあろう。後者では，しばしば，内容である個々の役務提供行為に対してバラバラに経済的評価を加えることができないことがあるからである（例，弁護士への委任契約や本件事案で問題とされている代理商契約）。

　さらに第3の相違点として，複数の履行地のうちどれが主たる役務のそれ

---

[17]　本判決判決理由第40節。
[18]　本判決判決理由第42節。
[19]　Lehmann/Duczek (Fn. 5), 42f.

であるかを確定しえない場合に，先例では原告に選択権を認めているのに対し，本判決はそうではない点を指摘することができる。すなわち，カラー・ドラッグ事件判決では，動産売買において１つの加盟国の国内に複数の引渡地があった場合において，原告はその選択に従い，そのうちのどの裁判所に訴えを提起してもよいとされた[20]。また，レーダー事件判決では，旅客の国際航空運送契約において，原告である旅客はその選択に従い，出発地の裁判所にも到達地の裁判所にも訴えを提起しうるとされた。これらに対し，本判決は，代理商の住所地の裁判所に訴えを提起すべであるとしている。

　カラー・ドラッグ事件においては，原告に選択権があるとはいっても１国内でのことである。また，レーダー事件においては，選択権を認めても，問題になりうる管轄裁判所としては出発地の裁判所と到達地の裁判所の２つしかありえなかった。したがって，これらの事件では選択権を認めてもあまり差し支えはなかったであろうが，本件事案において問題となっている代理商契約の場合には，代理商の活動は多数の加盟国において行われる可能性があろうから，原告に選択権を認めてそのうちのどこの国においても訴えを提起しうるとしたのでは不都合が大きすぎるのは明らかである。これが先例と本判決との間で選択権を認めるか否かの点について態度に違いを来した原因であり，それゆえ，本判決は先例に矛盾するものではないと評価される[21]。

　(2)　レーダー事件において問題となった旅客運送契約のように，最初から２つの役務提供地しか考ええないような役務提供契約というのはむしろ例外と考えられる。また，本判決の議論は，代理商が他の者と比べて何らかの点でとくに保護の必要があるといったような，代理商の特質に焦点を当てたものではなく，より一般的な形でなされている。したがって，EU司法裁判所は議論を代理商契約に限定しているが，役務提供地が複数の加盟国に散在している役務提供契約に関しては，選択権を認めない本判決の方が原則であり，その射程は弁護士に対する委任契約や仲立人契約にも及ぶとの理解がある[22]。

(20) ブリュッセルⅠ規則５条１号は，国際裁判管轄と同時に国内の土地管轄をも定める二重の機能を有している。Color Drack GmbH v. Lexx International Vertriebs GmbH, Case C-386/05, [2007] ECR-I 3699, para. 30; Schlosser, EU-ZPR³, Vor Art. 2 EuGVVO Rdnr. 2.

(21) Wais, Die Bestimmung des Erfüllungsortes nach Art. 5 Nr.1 lit. b 2. Spiegelstrich EuGVO bei Dienstleistungserbringung in verschiedenen Mitgliedsstaaten, GPR 2010, 257. 本判決を契機とした論文である。

(22) Lehmann/Duczek (Fn. 5), 44f. これに対し，Wais (Fn. 21), 259 は，これは今後の問

これに対し，引渡地が複数の加盟国に散在している場合に，引渡地の判断基準として本判決の射程が及ぶかは未解決の問題と考えられる[23]。

(3) カラー・ドラッグ事件判決やレーダー事件判決にはそれ自体批判がないわけではないが，そこにおいて示された予測可能性と場所的近接性という観点はEC/EU司法裁判所が繰り返し強調してきたところであり，判例法理の安定した基礎となっていると思われる。そこで，学説としては，本判決の前半部分の判断枠組みには賛成しつつも，後半のその代理商契約に即しての具体的展開の部分に関して多少の批判を加えるという態度を示すものが多い[24]。

たとえば，EU司法裁判所が複数の実際の役務提供地のうちどれが主たるものであるかの判断基準のファクターとして示すものは，内容に乏しいと批判される。この点について，法務官意見書においては，次のような数多くのファクターが列挙されていた[25]。代理商の出費ないし労力，個々の役務提供に要した時間，個々の顧客との交渉期間，代理商が営業主である企業のための仲介をするために要した経費，代理商がその活動を組織する本拠地となった場所，代理商の獲得した売上げ，さらには，例えば，潜在的な買主とのコンタクトをとる，原材料を送付する，買主を個人的に訪問する，交渉を行う，契約書の準備をする等々の具体的な役務提供行為を代理商が行った地である。そしてその際，売上げは重要ではあるが，他のファクターとともに考慮される1つのそれにすぎないことも指摘されていた。これらをEU司法裁判所が判決中で取り上げなかったのは何故かというのである[26]。

また，実際の履行地によって主たる提供地を見出す際にどの程度のことがそこで行われれば「主たる」役務の提供地といってよいかの最低基準が示されていないから，たいした活動が行われていない地であっても相対的な重要性によって「主たる」役務の提供地とされてしまうおそれがあるとの批判もある[27]。

題であるという。
(23) Lehmann/Duczek (Fn. 5), 44.
(24) 基本的に本判決に賛成する学説として，前注21掲記文献のほか，Mankowski, EWiR 2010, 355f.; Leible, EuZW 2010, 378ff.; FENET, *Application de l'article 5-1 du règlement Bruxelles I à un contract d'agent s'agissant du payment d'indemnité de clientèle*, J. C. P. éd. E 2010, n°1579, pp. 21 et s. (以上3点は，本判決の判例研究である。); Rauscher, Internationaler Gerichtsstand des Erfüllungsorts – Abschied von Tessili und de Bloos, NJW 2010, 2251, 2253.
(25) 法務官意見書第78節・第79節。
(26) Leible (Fn. 24), 381, 382.
(27) Mankowski (Fn. 24), 355.

(4) 他方，本判決については，このような微温的な批判ではなく，依拠されている先例にまで遡った徹底的な批判も加えられている[28]。

この批判説はまず，本判決の立場は管轄裁判所の予見可能性というブリュッセルⅠ規則の基本的目標の1つの関係で大きな問題を孕んでいることを指摘する。すなわち，契約の条項それ自体から主たる役務提供地を確定しうる場合はよいが，複数の実際に提供行為が行われた地の中から主たるそれがどれであるかを判断しなければならなくなるや否や問題を生ずるという。なぜなら，代理商の活動の中心点は契約期間中に容易に移動しうるからである。

批判説は次に，本判決の立場を実践するには非常なコストがかかることを指摘する。つまり，複数の実際の履行地の中から主たる役務のそれを決定するためには，先にあげたような法務官意見書が指摘しているようなさまざまな事実を調査しなければならなくなるであろうが，それには多くの時間と労力等を要することになり，管轄という前提問題の解決のために裁判所や当事者に過大な負担をかけることになる。

また批判説は，事実と証拠への近さが特別裁判籍によって実際に満たされることになるのかには，それ自体として問題があるが[29]，この点を肯定するとしてさえ，本判決の立場ではそのような要請は満たされえないという。なぜなら，主たる役務の提供地と争いの対象となっている義務の履行地とが一致する保証は何もないからである。そしてこのことは，代理商の本店という連結点に関しても当てはまる。

最後に批判説は，本判決の立場は何よりも武器平等の原則に反することになる点を厳しく批判する。すなわち，代理商の住所地の裁判所に訴えるということはその本拠地で訴訟がなされることを意味し，代理商にとって有利になりすぎる。もっとも，その地で実際に代理商の活動が行われたのであれば，それで差し支えないといいうるであろうが，そうではない場合にも，単に主たる役務提供地を確定しえないとの理由だけに基づいてそうされてしまうのである。代理商の住所地の裁判所となるのは最後の手段であるから弊害は少ないとの意見もあるかもしれないが，前述のように，主たる役務の提供地の確定にはコストを要する等の問題があるから，裁判所にとっては安易にそれに流れる誘因があるのである（本判決に反対しない立場からも，安易にそうしてはならないと警告される[30]）。

---

(28) Lehmann/Duczek (Fn. 5), 45ff.
(29) 野村・注7前掲1509頁〔本書183頁〕参照。

以上のような批判の後，批判説は，本判決の判断基準に代わって，争いの原因となっている役務提供行為が行われた，または行われなければならなかった地の裁判所に訴えうると解すべきであるとの提案を行う[31]。このように考えれば，本判決の立場に比し，それによると必要となる主たる役務提供地の判断が不要となる，その決定ができずに代理商の住所に赴かなければならない場合がなくなる，そしてまた，裁判所と事実と証拠との近さが確保されるというメリットがあるというのである。

もっとも，この提案によっても，営業主ではなく役務提供者が訴える場合には問題が生じる。つまり，個々の役務提供行為の瑕疵が問題となって訴えが提起されるのではなく，単純に営業主が手数料を支払わないといった場合である。この場合には，反対説の提案によると，代理商は役務提供行為が行われた（行われるべきであった）複数の地のいずれにおいても支払請求の訴えを提起することができることになってしまい，問題を生ずる[32]。そこで，この見解は，履行地の合意によってこの多数の裁判所の管轄を制限することを提案する。

ブリュッセルⅠ規則5条1号は，「特段の合意のない限り」との文言を含んでいる。この文言の趣旨は不明瞭であり，それをどう解するかについていくつかの見解が主張されているが[33]，批判説の論者は，この文言は，管轄の合意を介することなく，役務提供者の相手方に対する手数料や損害賠償等の支払請求訴訟に関する管轄を定めることを当事者に認める趣旨であるとの立場を主張する[34]。合意によって，その支払請求訴訟の管轄を5条1項b第2段落による役務提供地への拘束から解放することができるというのである。そして，その代わりに，支払義務の履行地は合意によると相手方が契約上の義務をどこで履行しなければならないかによって定まるという。それは相手方の住所であることもあるし，役務提供者の住所であることもありうる。そこで，批判説の論者は，管轄の合意に関する規制（ブリュッセルⅠ規則23条）に服することはないために容易になしうるこの合意によって，先に生ずるものとして指摘した問題を克服すべきであるとするのである。

---

(30) Wais (Fn. 21), 259; Leible (Fn. 24), 382.
(31) Lehmann/Duczek (Fn. 5), 48.
(32) *Ibid.*
(33) その一端は，野村・注7前掲1509頁〔本書182頁〕で紹介した。
(34) Lehmann/Duczek (Fn. 5), 49, 50. その際，反対説を批判し，反対説からの批判に応えたり，自説の独自の理由づけを試みたりしている。

(5) 以上の厳しい批判には相応の説得力があるようにも思える。しかし，本判決はEC/EU司法裁判所の従来の判例の延長線上に位置したものであるので，その判断枠組みは今後も維持されることになろう。厳しい批判説の論者も，EU司法裁判所が判例変更を行うであろうと信ずることは無邪気にすぎるとしている[35]。

4　わが国の近時の立法との比較

最後に，わが国においては昨年，国際裁判管轄に関する新しいルールを定める「民事訴訟法及び民事保全法の一部を改正する法律」が制定・公布されたので，EC/EU司法裁判所の判例理論とこれとの相違点を1点だけ指摘しておこう。

わが国の民事訴訟法3条の3第1号は，契約上の債務を目的とする訴え等の契約上の債務に関する請求を目的とする訴えについて，契約によって定められた当該債務の履行地が日本国内にあるとき，又は契約において選択された地の法によれば当該債務の履行地が日本国内にあるときには，日本の裁判所に国際裁判管轄権があるとしている。

ここでは，上記の根拠によって判断して複数の履行行為が行われるべき地（上記3条の3第1号では行われた地は問題とされていない）が多数の国に跨がって散在する場合であっても，それが主要な給付行為であるか否かにかかわらず，その1つでも日本国内にあれば日本の国際裁判管轄権が認められることになるのであろう。そして，そのことによって生ずる不都合は特段の事情（日民事訴訟法3条の9）によって調整することになると思われる。

履行地の1つでも国内に所在すれば原則として管轄を肯定するこのような立場は，それが主要な履行行為に関するそれであって初めて管轄を肯定するEC/EU司法裁判所の立場に比べて広く管轄を認めているといえる。もっとも，両者の立場は運用次第では結果として同一に帰着する可能性もないではなく[36]，それぞれに関する今後の動向が注目される。

(国際商事法務40巻2号／2012年)

[野村秀敏]

---

[35] *Ibid.*, 50.
[36] わが国の民事訴訟法3条の3新設以前の裁判例において，義務履行地管轄が認められる（あるいは認めうる）場合であっても，特段の事情により管轄を否定する例がしばしば見られたことにつき，伊藤理＝古田啓雅「契約上の債務に関する訴え等の管轄権」日本弁護士連合会国際裁判管轄規則の法令化に関する検討会議編・新しい国際裁判管轄法制（別冊NBL138号）40頁，42頁（2012年）参照。

II 不法行為地

14 国際物品運送訴訟に関する裁判管轄権

EC 司法裁判所 1998 年 10 月 27 日判決：[1998] ECR I-6511

(Réunion européenne SA and Others v. Spliethoff's Bevrachtingskantoor BV and the Master of the vessel Alblasgracht V002, Case C-51/97)

〔事実の概要〕

　フランスに本社を置くAは，オーストラリアに本社を置くBと売買契約を締結し，Bから洋なしを購入した。洋なしは，冷蔵コンテナでメルボルンからロッテルダムまで海上運送され，ロッテルダムからフランスのルンギスまでトラック運送された。海上運送区間についてはシドニーに本社を置くY1によって船荷証券が発行され，同証券にはY1が運送人として記載されていた。しかし，実際に海上運送したのは，Y1ではなく，アムステルダムに本社を置くY2であった。船荷証券にY2の名称は記載されていなかった。陸上運送区間についてはCが国際運送状を発行していた。着荷通知先でもあるAが，ルンギスに到着した洋なしを検査したところ，洋なしがすでに熟しすぎ，商品価値のないことを発見した。その原因は，冷蔵システムの故障にあった。

　Aと貨物保険契約を締結していた保険会社Xは，Aが被った損害を填補し，保険代位により，Y1，Y2および本件船舶の船長であるY3に対して，損害賠償を求めてフランスの国内裁判所に訴えを提起した。

　クレティーユ商事裁判所は，Y1に対しては裁判管轄権を肯定したが，Y2およびY3に対しては裁判管轄権を否定した。同裁判所によれば，物品引渡地がルンギスであることから，フランス民事訴訟法46条に基づき，Y1に対する管轄権は肯定されるが，本件運送がメルボルンからルンギスまでの通し運送ではないことから，ブリュッセル条約[1] 5条1号[2]に基づき，Y2およびY3に対する管轄権は否定されるとし，

---

(1) ブリュッセル条約については，桑原康行「EC管轄執行条約における義務履行地と統一売買法」際商29巻2号213頁以下注1および注6（2001年）〔本書第2篇8事件142頁注1および144頁注6〕，に掲げた文献参照。

(2) ブリュッセル条約5条1号は，契約に関する訴訟については，締約国に住所を有する者がその義務履行地の裁判所にも訴えられうると定める。〔現在はブリュッセルI規則5条1号となっている。もっとも，細部に差異はあるが，義務履行地の裁判籍を認める

ブリュッセル条約5条1号にいう義務履行地[3]は本件ではロッテルダムであり，したがってロッテルダムの裁判所が Y₂ および Y₃ に対する管轄権を有することになるとした。

控訴裁判所は，Y₂ および Y₃ に対して管轄権を持たないとする原審の判断を確認した。

これに対し，X は，A が Y₂ および Y₃ と契約を締結したことは立証されていないので，ブリュッセル条約5条1号を適用することはできず，不法行為または準不法行為の管轄権に関する5条3号[4]が適用されるべきであったと主張して，上告した。X は，また，Y₁ も Y₂ も Y₃ も同じ運送取引に関与したのであるから，本件紛争は不可分のものであるとも主張し，クレティーユ商事裁判所は，Y₁ に対する管轄権を有するので，Y₂ および Y₃ に対する管轄権も有するはずだとした。

フランス破毀院は，本件はブリュッセル条約の解釈如何によるとして，以下の4つの問題について先行判決を求めて EC 司法裁判所に付託した。

① 売買契約の買主に保険代位した保険会社が船荷証券にはその名称が記載されていない実際運送人に対して提起する訴訟は，ブリュッセル条約5条1号にいう契約に関する訴訟か。

② 上記訴訟が契約に関する訴訟でない場合には，当該訴訟は，ブリュッセル条約5条3号にいう不法行為または準不法行為に関する訴訟か，それともブリュッセル条約2条の定める一般原則たる被告住所地における訴訟となるのか。

③ 当該訴訟が不法行為または準不法行為に関する訴訟である場合には，ブリュッセル条約5条3号にいう「損害を生ぜしめた事実の発生地」とはどこか。

④ 紛争に単なる関連性ではなく不可分の関連性があることを根拠として，締約国に住所を有する被告は，非締約国に住所を有する共同被告に対する訴訟を審理している他の締約国裁判所に訴えられうるか。

〔判　旨〕

売買契約の買主に保険代位した保険会社が船荷証券にはその名称が記載されていない実際運送人に対して提起する訴訟は，ブリュッセル条約5条1号にい

　　基本に変わりはない。なお，被告の住所地の裁判所の一般管轄権を認めるブリュッセル条約2条は，ブリュッセルⅠ規則2条となっている。〕
　(3)　ブリュッセル条約5条1号にいう義務履行地の意義については，桑原・注1前掲210頁以下のほか，桑原康行「EC 管轄執行条約における義務履行地の決定方法」際商29巻7号862頁以下（2001年）〔本書第2篇9事件〕も参照。
　(4)　ブリュッセル条約5条3号〔ブリュッセルⅠ規則5条3号〕は，不法行為または準不法行為訴訟については，締約国　住所を有する者が損害を生ぜしめた事実が発生した地の裁判所にも訴えられうると定める。

う契約に関する訴訟ではなく，ブリュッセル条約5条3号にいう不法行為または準不法行為に関する訴訟である。そして，5条3号にいう損害を生ぜしめた事実の発生地とは，本件では，海上運送人が物品を引き渡すべき地のことである。ブリュッセル条約6条1項[5]は，紛争の不可分性を根拠として，締約国に住所を有する被告が非締約国に住所を有する共同被告に対する訴訟を審理している他の締約国裁判所に訴えられうるというように解釈されてはならない。

◆ 研　究 ◆

1　本判決の意義

本件は，国際物品運送に関する訴訟にブリュッセル条約が適用されるか否かがEC司法裁判所で問題とされたケースである[6]。本判決で，EC司法裁判所は，フランス破毀院から付託された4つの問題を順次検討している。以下，その順序に従い，それらの問題を検討していきたい。

2　付託問題①

本判決において，EC司法裁判所は，第1に，本件訴訟がブリュッセル条約5条1号にいう「契約」に関する訴訟か否かという問題を検討している[7]。

---

[5] ブリュッセル条約6条1項は，複数の被告がいる場合には，締約国に住所を有する者が被告の一人が住所を有する国の裁判所にも訴えられうると定める。〔ブリュッセルⅠ規則6条1項となっているが，これは，EC司法裁判所の判例に沿い，ブリュッセル条約にはない主観的併合の要件を明文で要求している。この点については，本書第2篇18事件，19事件の解説参照。〕

[6] 本件に関する文献として，以下のものがある。Leclere, Compétence judiciaire. - Articles 5 1°, 5 3°, 6 1° et 22. – Nature contractuelle ou délictuelle de l'action contre le transporteur maritime réel. – Connexité, Clunet 1999, 625 ; Gaudemet-Tallon, Du 27 octobre 1998 - Cour de justice des Communautés européennes, Rev. crit. dr. internat. privé 1999, 333; Lopez de Gonzalo, QUESTIONI DI GIURIDIZIONE IN TEMA DI CONCORSO DI AZIONE CONTRATTUALE ED EXTRACONTRATTUALE, Diritto del commercio internazionale 1999, 517 ; Briggs, CLAIMS AGAINST SEA CARRIERS AND THE BRUSSELS CONVENTION, 1999 LMCLQ, 333; Hartley, Carriage of goods and the Brussels Jurisdiction and Judgments Convention, 2000 ELR, 89 ; Bonassies, Transport maritime de marchandises. Responsabilité du transporteur. Action en responsabilité, DMF 2000, 62; Koch, Europäische Vertrags- und Deliktsgerichtsstände für Seetransportschäden, IPRax 2000, 186; Bauerreis, La Convention de Bruxelles du 27 septembre 1968 et la désignation du tribunal internationalement competent, Rev. crit. dr. internat. privé 2000, 341.

EC司法裁判所は，まず，契約概念の決定方法[8]について，従来の確立した判例を踏襲し，契約概念は法廷地の国際私法に基づいて指定されたいずれかの国の準拠実質法によって決定されるのではなく，ブリュッセル条約自体の解釈によって決定されるとしている。EC司法裁判所によれば，ブリュッセル条約がすべての締約国において統一的に適用されることを確保するため，契約概念は，ブリュッセル条約の目的および一般的体系を考慮しつつブリュッセル条約自体の解釈によって決定されなければならないとされる[9]。

次に，EC司法裁判所は，被告住所地の裁判所というブリュッセル条約2条の一般管轄権の例外をなす特別管轄権の諸規定は厳格に解釈されなければならないという。そして，例外規定の1つである5条にいう契約の意義について，1992年のハンドテ事件判決[10]を引用して，ある当事者が別の当事者に対して積極的に義務を負わない場合には契約は存在しないとする。本件では，海上運送人によって発行された船荷証券は，陸揚地かつ引渡地であるロッテルダムまでの海上物品運送をカバーしており，買主を着荷通知先として，アブラスグラハト V002号を船舶として記載していた。したがって，船荷証券が買主と実際運送人との間に積極的に締結された契約の存在を示していないのであるから，保険会社による実際運送人に対する訴訟はブリュッセル条約5条1号にいう契約に関する訴訟ではないことになるとEC司法裁判所はいう。

このように，EC司法裁判所は，特別管轄権を定めるブリュッセル条約5条は一般管轄権を定める同条約2条の例外であることから，5条にいう契約概念は厳格に解釈されなければならないとしている。しかし，これに対しては，5条が例外であることから同条にいう契約概念自体を厳格に解釈しなければならないことがただちに導き出されるわけではないとの批判がなされている[11]。のみならず，EC司法裁判所の採用する契約概念に対しても少なからぬ批判が

---

(7) 本判決判決理由第14節-第20節。
(8) ブリュッセル条約上の概念の決定方法については，桑原・注1前掲211頁以下〔本書146頁以下〕も参照。
(9) なお，ブリュッセル条約の解釈方法については，Kropholler[6], 39に詳しい。EC法一般の解釈方法については，大谷良雄『概説EC法』158頁以下（1982年）も参照。
(10) Jakob Handte & Co. GmbH v. Traitements Mécano-chimiques des Surfaces SA (TMCS), Case C-26/91, [1992] ECR I-3967. この判決では，欠陥商品の買主による製造業者に対する訴訟はブリュッセル条約5条1号にいう契約に関する訴訟ではないとされた。なお，BAUERREIS (note 6), 341も参照。
(11) この点を指摘するものとして，LECLERE (note 6), 629-630.

向けられている。それによれば，かかる厳格な契約概念は，実際運送人の責任を契約運送人のそれと同一に取り扱おうとしている最近の国際物品運送に関する条約[12]の一般的傾向に反することになろうという[13]。

3　付託問題②

EC 司法裁判所は，第 2 に，本件訴訟が不法行為または準不法行為に関する訴訟なのか，それとも被告住所地における訴訟となるのかという問題を検討している[14]。この問題について，EC 司法裁判所は，すでに 1988 年のカルフェリス事件判決[15]において，ブリュッセル条約 5 条 3 号にいう不法行為または準不法行為に関する訴訟とは，被告の責任を立証しようとし，かつ，同条約 5 条 1 号にいう契約とは関連性のないすべての訴訟を包含するものとしていた。本件訴訟は，被告である運送人の責任を立証しようとしており，──すでに指摘したように──ブリュッセル条約 5 条 1 号にいう契約とは関連性のない訴訟であるから，かかる要件を充足し，不法行為または準不法行為に関する訴訟であるということになると EC 司法裁判所は判示した。

ところで，前述のハンドテ事件判決においては，EC 司法裁判所は当該訴訟が契約に関する訴訟ではないことを判示したにとどまったため，それが，不法行為に関する訴訟なのか，被告住所地における訴訟となるのかについて見解の対立が見られた。当該訴訟は被告住所地における訴訟であるとするものは[16]，不法行為に関する訴訟とすると被告の保護が十分はかられないことをその理由とする。当該訴訟は不法行為または準不法行為に関する訴訟であるとするものは[17]，その理由として，1 つには，ブリュッセル条約 5 条 3 号にいう不法行為・準不法行為概念は，カルフェリス事件判決によれば，被告の責任を立証しようとし，かつ同条約 5 条 1 号の意味における契約には関連性がないすべての

---

(12) 例えば，海上運送に関する近時の国際条約である「国連海上物品運送条約」（いわゆるハンブルク・ルール）は，契約運送人の責任に関する諸規定を実際運送人の責任にも適用するとの定めを置いている。詳しくは，同条約 10 条参照。なお，航空運送に関する国際条約である「契約運送人以外の者により行われる国際航空運送についてのある規則の統一のためワルソー条約を補足する条約」（いわゆるグアダラハラ条約）も参照。

(13) Lopez de Gonzalo (note 6), 518-519; Bonassies, (note 6), 64.

(14) 本判決判決理由第 21 節－第 25 節。

(15) Athanasios Kalfelis v. Bankhaus Schröder, Münchmeyer, Hengst and Co. and others, Case 189/87, [1988] ECR 5565.

(16) Leclerc (note 6), 631; Bauerreis (note 6), 344.

(17) Leclerc (note 6), 631.

請求を包含するものだからであるとし，いま1つには，損害を生ぜしめた事実の発生地の裁判官がとくに買主によって主張された物品の瑕疵の存否および内容をよく評価できる地位にあるからであるとする。

本判決において，EC司法裁判所は，契約訴訟に関するブリュッセル条約5条1号と不法行為訴訟に関する同条約5条3号は相互補完的なものであり，契約訴訟でなければ不法行為訴訟であると考えていると思われる[18]。とすれば，同条約5条3号が適用されるケースがきわめて多くなり，同条約2条が適用されるケースはあまり多くはならないであろう[19]。

4　付託問題③

EC司法裁判所は，本件訴訟を不法行為に関する訴訟であるとしたうえで，第3に，不法行為地の決定という問題を検討している[20]。ブリュッセル条約5条3号にいう「損害を生ぜしめた事実の発生地」とはどこかという問題である。この点について，EC司法裁判所は，すでに，1976年のミン・ド・ポタス事件判決[21]において，原因たる事実の発生地と損害発生地とが異なる場合には，いずれの地も損害を生ぜしめた事実の発生地であり，したがって，原告は，その選択に従い，いずれの地においても訴訟を提起することができるとしていた。もっとも，原告の選択権を必要以上に認めることのないように，間接損害発生地などは，損害を生ぜしめた事実の発生地には含まれないとしていた[22]。

本判決において，EC司法裁判所は，ミン・ド・ポタス事件判決等を引用しつつ不法行為訴訟は原因たる事実の発生地の裁判所にも損害発生地の裁判所にも提起可能であるとしながら，本件のような国際物品運送においては原因たる事実の発生地および損害発生地を決定することがきわめて困難であることを指摘している。

では，本件で損害を生ぜしめた事実の発生地はどこか。EC司法裁判所に

---

(18) Lopez de Gonzalo (note 6), 519-520.
(19) 契約訴訟においてブリュッセル条約2条が適用される場合が必ずしも多くないことにつき，桑原・注1前掲213頁〔本書150頁〕参照。
(20) 本判決判決理由第27節－第37節。
(21) Handelskwekerij G. J. Bier BV v. Mines de potasse d'Alsace SA, Case 21/76, [1976] ECR 1735.
(22) 詳しくは，Antonio Marinari v. Lloyds Bank plc and Zubaidi Trading Company, Case C-364/93, [1995] ECR I-2719; Dumez France SA and Tracoba SARL v. Hessische Landesbank and others, Case C-220/88, [1990] ECR I-49 参照。

よれば，それは物品の最終引渡地でも損害発生地でもないという。その理由を，EC 司法裁判所は，次のように述べている。すなわち，最終引渡地や損害発生地での訴え提起を許容することは多くの場合原告住所地の裁判所に管轄権を付与することを意味することになるが，ブリュッセル条約の立法者は明示的に定められた場合以外にはかかる管轄権の付与には否定的であったからである[23]。さらに，損害を生ぜしめた事実の発生地を最終引渡地または損害発生地であるとすることは管轄裁判所の決定を不確実な要因にかからしめることになり，これは予見可能性および確実性というブリュッセル条約の目的にも反するからである。結論として，EC 司法裁判所は，本件で損害を生ぜしめた事実の発生地は海上運送人が物品を引き渡すべき地であるという。この物品引渡地はブリュッセル条約のいう予見可能性および確実性という目的にもかなうし，本件訴訟ととくに密接な関連性を示しているからである。

　本件において原因たる事実の発生地や損害発生地を決定することが困難であることについては異論はないであろう。しかし，本件で損害を生ぜしめた事実の発生地はどこかということになると見解の対立があり，EC 司法裁判所の見解を支持するもの[24]と支持しないもの[25]とに分かれている。もっとも，支持するものも，EC 司法裁判所の理由づけのうち，物品引渡地が本件訴訟と密接な関連性があるとする点については批判的である[26]。それによれば，ロッテルダムに到着したコンテナは開封されることなく，ルンギスまで運送されたと考えられ[27]，とすれば，ロッテルダムでは洋なしの損害は誰も知らなかったであろうし，また，船舶もすでに出航してしまっているであろうから，物品引渡地たるロッテルダムの裁判所が本件訴訟をもっともよく審理できる立場にあるとはいえないのではないかというのである。

5　付託問題④

EC 司法裁判所は，第4に，締約国に住所を有する被告が非締約国に住所を

---

(23) 関西国際民事訴訟法研究会（田中美穂訳）「民事及び商事に関する裁判管轄並びに判決の執行に関するブラッセル条約公式報告書(3)」際商 27 巻 9 号 1056 頁（1999 年）参照。
(24) GAUDEMENT-TALLON (note 6), 337.
(25) Koch は，最終引渡地が損害を生ぜしめた事実の発生地であるという。詳しくは，Koch (Fn. 6), 188 参照。
(26) GAUDEMENT-TALLON (note 6), 338.
(27) この点に関連して，例えば，「国連物品売買法条約」38 条 3 項参照。同条約については，桑原・注 1 前掲 212～213 頁〔本書 148～149 頁〕も参照。

有する共同被告に対する訴訟を審理している別の締約国の裁判所に訴えられうるかという問題を検討している[28]。フランス破毀院は，この問題を，ブリュッセル条約に言及することなく[29]，EC司法裁判所に付託している。この付託に対し，EC司法裁判所は，まずブリュッセル条約22条[30]の適用可能性を，次いで同条約6条のそれを検討している。EC司法裁判所によれば，ブリュッセル条約22条は管轄権の付与に関する規定ではなくて，関連訴訟の手続停止に関する規定であるから，本件には適用されない。また，ブリュッセル条約6条は管轄権付与に関する規定ではあるが，共同被告たる海上運送人は非締約国に住所を有することから，本件には適用されないとされる。EC司法裁判所は，続けて，次のように判示している[31]。カルフェリス事件判決においてすでに述べたように，特別管轄権を定めるブリュッセル条約6条は，あくまで例外であるから，一般管轄権を定める同条約2条の原則の存在を疑わしめるような解釈をしてはならず，それゆえ，同条約6条が適用されるためには，矛盾する判決を回避するため併合して審理することが便宜であるというような関連性が複数の訴訟間に存在していなければならない，と。

このように，EC司法裁判所は，カルフェリス事件判決も引用しながら，かなり詳細に第4の問題を検討しているが，カルフェリス事件判決をあえて持ち出すまでのことはなかったのではないかとの疑問も出されている[32]。

6　本件の結末

かくして，本判決において，EC司法裁判所は，保険会社による実際運送人に対する訴訟は，ブリュッセル条約5条1号にいう契約に関する訴訟ではなく，同条約5条3号にいう不法行為に関する訴訟であるとした。フランス破毀院は，1999年3月16日の判決において，本判決に基づき保険会社の上告を棄却した[33]。実際運送人は，ブリュッセル条約5条1号の適用を主張したが，保険

---

(28) 本判決判決理由第38節-第52節。
(29) Xも，その主張において，ブリュッセル条約は援用していなかったようである。
(30) ブリュッセル条約22条1項は，関連訴訟が複数の締約国裁判所で提起された場合に，いずれの訴訟も第一審に係属している限り，後に訴えを提起された裁判所が手続を停止することができると定める。〔現在はブリュッセルⅠ規則28条1項となっているが，細部において若干の差異がある。〕
(31) 本判決判決理由第46節-第50節。
(32) GAUDEMENT-TALLON (note 6), 340; Koch (Fn. 6), 188. これに対して，EC司法裁判所の詳細な理由づけを積極的に評価する者として，Lopez de Gonzalo (note 6), 522.

会社の主張した同条約5条3号の適用によって勝訴したことになる[34]。

なお，本件の船荷証券には裁判管轄約款は含まれていなかったが，1999年の3月16日に下されたEC司法裁判所判決においては，船荷証券に裁判管轄約款が含まれていことから，合意管轄について定めるブリュッセル条約17条が問題とされている[35]。

（国際商事法務30巻1号／2002年）
［桑原康行］

---

(33) COUR DE CASSATION (Ch.com.) 16 mars 1999, Navire Alblasgracht V002, DMF 2000, 253.

(34) BAUERREIS (note 6), 345.

(35) Trasporti Castelletti Spedizioni Internazionali SpA v. Hugo Trumpy SpA, Case C-159/97, [1999] ECR I-1597. この判決については，さしあたり，箱井崇史「船荷証券による裁判管轄の合意とEC条約の適用——1968年ブリュッセル条約の解釈に関するEC裁判所の新判決——」海事法155号28頁以下（2000年）参照。

15 契約交渉の破棄における裁判籍

EC 司法裁判所 2002 年 9 月 17 日判決：[2002] ECR I-7357
(Fonderie Officine Meccaniche Tacconi SpA v. Heinrich Wagner Sinto Maschinenfabrik GmbH, Case C-334/00)

〔事実の概要〕

　イタリア在住の X (Fonderie Officine Meccaniche Tacconi SpA) は，ドイツ所在の Y (Heinrich Wagner Sinto Maschinenfabrik GmbH) と Y 製造のプレス機械設備に関する売買契約の交渉を開始した。本件売買契約はリース会社 A (B. N. Commercio e Finanza SpA) と Y との間で締結されるはずであり，Y の同意の下で，X は A と本設備のリース契約を締結していた。しかし，結局 Y から目的物の引渡しがなされず，A Y 間での売買契約は成立しなかった。X の主張によれば，Y が信義に従い誠実に交渉する義務に違反し，売買契約を正当な理由なく拒否したために，本売買契約は成立していないとされる。そして，契約の締結を信頼したために生じた損害の賠償を求め，X はペルージャ地方裁判所に訴えを提起した。

　これに対し Y は，契約の成立を主張し，約款中に含まれていた仲裁条項に基づく管轄違いの抗弁を提出した。Y は，予備的に契約事件に関するブリュッセル条約 5 条 1 号〔現在は，ブリュッセル I 規則 5 条 1 号 a となっている〕の適用を主張した。

　イタリア破毀院 (Corte suprema di cassazione) の裁判管轄についての先行判決において，X は，Y との間に合意はなかったことを理由に，Y がイタリア民法 1337 条に基づき契約前の責任を負うこと，不法行為事件に関するブリュッセル条約 5 条 3 号〔ブリュッセル I 規則 5 条 3 号〕に基づき損害発生地に裁判管轄があることを主張した。

　イタリア破毀院は，本管轄問題の明確化のために，手続を停止し，ブリュッセル条約の解釈に関し先行判決を求めて，EC 司法裁判所に本件を付託した。提出された問題は，第 1 に被告の契約成立前の責任が主張される訴えは不法行為または準不法行為責任を対象とするか（ブリュッセル条約 5 条 3 号）。第 2 に，これが否定される場合，契約または契約に基づく請求権を対象とするか（同条約 5 条 1 号），その場合どのような義務を負っているのか。第 3 に，これが否定される場合，被告の住所地という一般管轄規定が適用されるべきか（同条約 2 条 1 項〔ブリュッセル I 規則 2 条 1 項〕）であった。

　なお，原審たるイタリア破毀院の見解は，契約成立前の責任は契約上の責任では

205

ないというものであった。

　Xの見解によれば，契約成立前の責任は契約外のものであるから不法行為に基づくとされる。契約成立前の段階においては当事者間に何ら契約上の拘束がない。

　一方，Yの見解によれば，EC司法裁判所の判例に従って，ブリュッセル条約の規定は自律的に解釈されるべきであり，イタリアの裁判所の判例や理論は何の意味も持たないとされる。契約成立前の責任は，一般に損害を与えた者を対象とする不法行為または準不法行為に基づく責任とは，契約交渉の当事者のみが対象となる点で異なる性質を有する。それゆえに契約成立前の責任の判断においては，契約交渉の内容を顧慮する必要があるという。Xの主張が契約不成立を仮定しているために，ブリュッセル条約5条1号の適用ができない以上，契約成立前の責任は，不法行為でも準不法行為でも契約上の責任でもなく，ブリュッセル条約2条の一般管轄に基づいてドイツの裁判所が管轄権を有するという。

　EC委員会の見解は，契約事件に関するブリュッセル条約5条1号の適用可能性も不法行為事件に関する同条約5条3号の適用可能性もありうることを出発点とし，両責任の区別の基準として一方当事者が他方当事者に対して自発的に引き受けた義務が存在することを提示している。そして，不法行為概念には契約事件に含まれないすべての請求権が含まれるという基準を示し，契約成立前の責任は不法行為または準不法行為に基づく請求権を対象とするという。

〔判　旨〕

　1．ブリュッセル条約5条3号における「不法行為」の概念は，それによって被告の責任が主張され，同条約5条1号の「契約」に結びつかないすべての訴えに関連する。

　2．ブリュッセル条約5条1号は契約締結を要求していないが，義務履行地に基づいて裁判籍が定められる以上，義務づけの確認が不可欠となる。当事者が義務づけを欠くような状況を把握するように同条約5条1号を理解することはできない。

　3．本件ではXY間に自発的に引き受けられた義務を認めることはできない。

　4．原審の諸事情の下では，交渉の不当な破棄により生じた損害賠償義務は，当事者が契約交渉に際して信義に従い誠実に交渉しなければならないという法規定の違反から生じているにすぎない。したがって，契約が締結されていなかった場合の責任は契約的性質ではない。

　5．以上に基づき，一方当事者から他方当事者に対して契約交渉において自発的に引き受けられた義務が存在しないこと，および，当事者は信義に従い誠

実に交渉しなければならない，という規定に違反したことが示されるような場合，被告の契約成立前の責任が主張された訴えにおいて，ブリュッセル条約5条3号の意味における不法行為または準不法行為に基づく請求権が手続の対象となる。

◆ 研　究 ◆

1　問題の所在

　本件は，契約交渉破棄がなされた場合につき，ブリュッセル条約[1]に基づく裁判籍が争われたところ，契約交渉破棄の責任の性質を論じたうえで，契約成立前の責任に関する裁判籍は不法行為法上の責任に関する裁判籍に基づくとされた事例である。契約締結上の過失責任はいくつかの類型に分類され，議論される。例えば，①保護義務違反，②契約不成立の事例（交渉破棄事例），③無効な契約事例，④不利な内容での契約成立事例，と類型化されている[2]。本件はこのうちの②契約交渉破棄事例に関連する。

　ブリュッセル条約には契約成立前の関係に基づく責任は直接規定されていない。また，同条約の締約国においても契約成立前の責任に関してはさまざまな見解があり，それぞれが異なっている。以上のような状況を背景に，本件では，契約交渉の破棄が契約責任であるのか，不法行為責任であるかが問題とされ，この点に関するEC司法裁判所の姿勢が示されており，注目すべき判例であるといえよう。

　わが国において，契約締結上の過失責任に関してはすでに多くの論稿がある[3]。しかし近時，ヨーロッパ契約法原則やドイツにおける債務法改正など

---

(1) 民事および商事事件における裁判管轄および裁判の執行に関するブリュッセル条約（本稿では「ブリュッセル条約」という）。ブリュッセル条約の条文の翻訳に関しては，中西康「民事及び商事事件における裁判管轄及び裁判の執行に関するブリュッセル条約(1)(2・完)」民商122巻3号426頁，4/5号712頁（2000年）に依拠する。なお，現在，同条約はブリュッセルⅠ規則に代わっている。同規則については，中西康「民事及び商事事件における裁判管轄及び裁判の執行に関する2000年12月22日の理事会規則(EC) 44/2001（ブリュッセルⅠ規則）(上)(下)」際商30巻3号311頁，4号465頁（2002年）。
(2) ドイツにおける分類である。例えば，Palandt/Heinrichs, Bürgerliches Gesetzbuch, 61.neubearbeitete Aufl., §276 Rdnr. 71ff. (2002) わが国の学説でもかかる分類は基本的に受け入れられている。例えば，北川善太郎「契約締結上の過失」『契約法大系Ⅰ』222頁（1962年），円谷峻『契約の成立と責任〔第2版〕』29頁（1991年），本田純一『契約規範の成立と範囲』59頁（1999年）。

注目すべき議論がある。そのような中で，本判決は，EC司法裁判所において契約交渉破棄の性質に関して初めて論じられた事例であるので，紹介，検討する。以下，本判決理由の検討に基づき，裁判籍に関する従来の議論における本判決の位置づけを論ずる。

2 契約交渉破棄の法的性質

(1) 原審たるイタリア破毀院では，「当事者は契約交渉および契約締結に際して信義に従い誠実に交渉しなければならない」と定めるイタリア民法1337条に基づいて訴訟が提起されていた。契約締結上の過失の理論はドイツでの議論に由来し，サレイユによりフランスにおいても知られるようになったとされている。かようなドイツやフランスの議論の影響の下でイタリアでも1942年の民法典の改正において同条が定められた[4]。

(2) 本件の法務官意見によれば，契約交渉の中途破棄について，原則として契約交渉を打ち切ることは自由であるが，交渉打ち切りの自由は絶対的ではない，ということから出発される[5]。EC司法裁判所の判決自体は各国の法制度を検討していないが，法務官意見ではこの点に関する各国の法制度が簡単にまとめられている[6]。

---

(3) 枚挙にいとまがないが，北川・注2前掲，円谷・注2前掲，本田・注2前掲のほか，北川善太郎『契約責任の研究』(1963年)，上田徹一郎「契約締結上の過失」谷口知平編『注釈民法(13)』54頁 (1966年)，円谷峻「契約締結上の過失」内山＝黒田＝石川先生還暦記念『現代民法学の基本問題(中)』183頁 (1983年)，本田純一『『契約締結上の過失』理論について」『現代契約法大系第1巻』193頁 (1983年)，池田清治『契約交渉の破棄とその責任──現代における信頼保護の一態様──』(1997年)，潮見佳男「契約締結上の過失」谷口知平＝五十嵐清編『新版注釈民法(13)』84頁 (1996年) など。

(4) Begründung der Bundesregierung zum Entwurf eines Gesetzes zur Modernisierung des Schuldrechts (BT-Drucks. 6857＝BR-Drucks. 338/01, 30. August 2001) in: Claus-Wilhelm Canaris, Schuldrechtsmodernisierung, 719 (2002). イタリア民法への採用に影響を与えたものの，ドイツ民法自体には2001年の債務法改正によるまで契約締結前の責任に関する一般規定がなく，錯誤取消しにおける信頼損害の責任に関する122条，無権代理人の責任に関する179条，原始的不能な契約に関する307条などが定められていたにとどまっていた。

(5) L. A. Geelhoed, Schlussanträge des Generalanwalts vom 31. Januar 2002, Rechtssache Case C-334/00, Rdnr. 55.

(6) 以下の各国法制度の概略記述は，主としてGeelhoed (Fn. 5), Rdnr. 55ff.に基づいている。法務官意見では，本文であげたほかにフランス法における不法行為法に基づく規制，イギリス法における不実表示論による規制があげられている。また，本件の評釈であるMankowski, Die Qualifikation der culpa in contrahendo－Nagelprobe für den

ユニドロワ国際商事契約原則2.15条は，1項において契約交渉および契約締結の自由を原則とし，2項において「交渉を不誠実に行いまたは交渉を不誠実に破棄した当事者は，相手方に生じた損害につき賠償の責任を負う」と定めている[7]。正当な理由なく交渉破棄することが認められなくなる時点は，第1に交渉当事者が他方当事者との関係に基づき積極的な帰結をどこまで信頼できたか，第2に交渉の対象について当事者間でどれだけ一致が見られたか，から明らかにされるという。

イタリア民法は1337条に契約成立前の責任の特別規定を有し，当事者には契約交渉および契約締結に際して信義に従い誠実に交渉すべき義務が定められている。交渉を十分な理由なく破棄した当事者は，契約が成立するであろうという期待を生じさせたことにより，消極的利益に責任を負うとされる。消極的利益には投下費用と並んで逸失利益も含まれるとされる。

ドイツ法によれば（ただし2002年の債務法現代化法施行前），契約交渉を破棄した者は，契約締結上の過失の理論に基づき，契約交渉の破棄により他方当事者に生じた消極的利益の責任を負う。

オランダ法では，契約交渉破棄が認められるか否かは，交渉の段階に基づいて判断される。この段階は3つに区別されている。第1の段階は，当事者による交渉破棄が自由に認められる段階である。この段階では当事者は責任を負わない。第2の段階は，破棄は自由であるが，他方当事者の投下費用の賠償が要請される。最後の第3の段階は，交渉の破棄が自由ではない段階である。この段階は，他方当事者に契約の締結への信頼をもたらしたか，別の理由から交渉

Vertragsbegriff des europäischen IZPR und IPR, IPRax 2003, 132ff. にも EC 加盟国の法制度に関し簡単な分析がある。各国の契約締結前の責任に関する問題に関して E. H. HONDIUS ed., PRECONTRACTUAL LIABILITY, REPORTS TO THE XIIITH CONGRESS INTERNATIONAL ACADEMY OF COMPARATIVE LAW MONTREAL CANADA 18-24 AUGUST 1990 (1991) がある。さらに，R. Zimmermann/S. Whittaker, Good Faith in European Contract Law, Case3: Breaking off negotiations, 236 et seq. (2000) も参照。

(7) 同条3項は不誠実な交渉の解釈規定である。ユニドロワ原則の翻訳は，曽野和明＝廣瀬久和＝内田貴＝曽野裕夫「ユニドロワ国際商事契約原則（訳）」NBL754号66頁（2003年）に依拠した。なお，ヨーロッパ契約法原則では対応する規定が2.301条に定められており，やはり1項で交渉および契約締結の自由の原則を定め，2項で「ただし，信義誠実および公正な取引に反して交渉をし，または，信義誠実および公正な取引に反して交渉を破棄した当事者は，相手方に生じた損害を賠償する責任を負う」と定めており，3項に信義誠実公正取引に反する場合を定めている（翻訳は加賀山茂教授のホームページ「ヨーロッパ契約法原則――完全・改訂版（1998年）」(http://www.nomolog.nagoya-u.ac.jp/~kaga Y ama/civ/contract/pecl/peccl98j.html) に依拠した）。

の破棄が正当化できない場合であるとされる。第3の段階で交渉を破棄した場合，逸失利益についても責任を負わなければならない[8]。

　以上のような各国の法制度の比較の後，ゲールホエド法務官は，契約交渉を2つの段階に区別することを提案した。すなわち第1の段階では，契約の自由が前面にあり，当事者の契約交渉の破棄が正当化される。第2の段階では，当事者にはもはや契約の交渉をただちに破棄することは認められず，他方当事者に生じた信頼および交渉破棄から生じる損害について責任が生じる。この責任は生じた費用および逸失利益といった消極的利益に及ぶとされる。その一方で他方当事者は契約締結を要求することはできないとされる[9]。

　(3)　以上のような法務官意見を受け，本判決では，ブリュッセル条約に関する「契約」概念や「不法行為」概念の解釈に関する従来の判例に従った説示の後,「交渉の不当な破棄により生じたという損害賠償の義務は法規定，とりわけ，それにより当事者が契約交渉に際して信義に従い誠実に交渉しなければならない，という規定の違反から生じているにすぎない」とした[10]。そのうえで，契約が締結されていなかったことからもたらされる責任は「契約的性質でありえない」とする[11]。そして，契約的性質を有しないという点については,「一方当事者から他方当事者に対する契約交渉において自発的に引き受けられた義務」が存在しないという自発的引受けの基準と信義に従い誠実に交渉するという法規定に基づく責任であるということが決定的な意味を有しているとされた[12]。

3　契約締結前の責任における裁判籍

　本件では，契約交渉の不当破棄に基づく責任における裁判籍が争われ，ブリュッセル条約2条1項の一般管轄の適用があるか[13]，特別管轄の規定とし

---

[8] オランダ法におけるかかる点に関して，van Dunné, Netherlands, in: E. M. HONDIUS (note 6), 223 et seq. 参照。また，潮見佳男『契約責任の体系』26頁以下（2000年）も参照。
[9] Geelhoed (Fn. 5), Rdnr. 65. さらに，ゲールホエド法務官は，当事者の関係が密接になっている場合，オランダ法のように第三の段階が認められることがあるとする。この場合，当事者には契約締結の請求権およびそれに相当する損害賠償が問題になるという (Geelhoed (Fn. 5), Rdnr. 66)。
[10] 本判決判決理由第25節。
[11] 本判決判決理由第26節。
[12] 本判決判決理由第27節。
[13] 同条約2条1項の規定は「本条約に別段の規定がある場合を除き，締約国の領域内に住所を有する者は，国籍の如何にかかわらず，その国の裁判所に訴えられる。」と定める。

て同条約5条1号の契約事件に関する規定が適用されるのか(14), 同条約5条3号の不法行為事件に関する規定の適用があるか, が問題となる。

同条約は, 2条1項において普通裁判籍として被告の住所地の裁判所を定めている。本件で問題となっている同条約5条1号および5条3号の特別裁判籍の規定の適用がない場合には, Yの住所地たるドイツの裁判所が裁判籍を有することになる。しかし, 本件では特別裁判籍が肯定されたため, 同条約2条1項の解釈は問題とならなかった。

EC司法裁判所の一連の判例に従えば, ブリュッセル条約における「契約」概念および「不法行為」概念は自律的に解釈されなければならない。その際には, ブリュッセル条約の体系および目標設定が顧慮されなければならないとされている。締約国の国内法の指示として理解されるべきではない。そして, かかる自律的解釈の目的は, ブリュッセル条約の統一的適用を確保し, 締約国の裁判所のための管轄ルールの統一や当事者の権利保護の改善をはかることであるとしている。本判決もかかる従来の判例を踏襲している(15)。ブリュッセ

---

(14) 5条の1号および3号は, 以下のように定める。

「第5条

締約国の領域内に住所を有する者は, 次に定める場合においては, 他の締約国の裁判所に訴えられる。

1 契約事件においては, 請求の基礎となっている義務が履行された地または履行されるべき地の裁判所。個別労働契約事件においては, この履行地は労働者が通常その労務を給付する地であり, もし労働者が同一の国で通常その労務を給付しているのでない場合には, 雇用者は, 労働者を雇用した営業所の所在地の裁判所でも訴えられる。〔中略〕

3 不法行為または準不法行為事件においては, 損害をもたらす事実が発生した地の裁判所。」

(15) 本判決判決理由第19節・第20節。従来の判例としては, Martin Peters Bauunternehmung GmbH v. Zuid Nederlandse Aannemers Vereniging, Case 34/82, [1983] ECR 987, paras. 9 and 10; Mario Reichert, Hans-Heinz Reichert and Ingeborg Kockler v. Dresdner Bank AG, Case C-261/90, [1992] ECR I-2149, para.15; Jakob Handte & Co. GmbH v. Traitements Mécano-chimiques des Surfaces SA, Case C-26/91, [1992] ECR I-3967, para. 10; Jackie Farrell v. James Long, Case C-295/95, [1997] ECR I-1683, para. 13; Besix SA v. Wasserreinigungsbau Alfred Kretzschmar GmbH & Co. KG (WABAG) and Planungs- und Forschungsgesellschaft Dipl. Ing. W. Kretzschmar GmbH & KG (Plafog), Case C-256/00, [2002] ECR I-1699, paras. 25 and 26.〔本書第2篇10事件〕なお, 以上のようなEC司法裁判所の解釈につき, 桑原康行「国際物品運送訴訟に関する裁判管轄権」際商30巻1号80頁 (2002年)〔本書第2篇14事件199頁〕, 安達栄司「消費者団体による予防的差止訴訟の国際裁判管轄」際商31巻12号1749頁 (2003年)〔本書第2篇16事件221頁以下〕参照。

ル条約5条1号に規定する「契約」概念に関して，判例は厳格に解釈してきた。1992年のハンドテ事件判決[16]，1998年のレユニオンユーロペンヌ事件判決[17]を引用して，本件でも，一方当事者が他方当事者に対して自発的に引き受けた義務を欠くような状況を把握するようには「契約または契約に基づく請求権」概念を理解できない，としている[18]。

一方，「不法行為」概念に関しては包括的に解釈している。1988年のカルフェリス事件判決[19]や前述したレユニオンユーロペンヌ事件判決を引用して，被告の損害の責任が主張され，ブリュッセル条約5条1号の意味における「契約」に結びつかないすべての訴えに関連するとされる[20]。

ブリュッセル条約5条1号の契約事件に関する裁判管轄を問題とする場合，履行されるべき義務が前提となる。本件では，契約成立前の責任においては履行されるべき義務を当事者が引き受けていないことが，契約成立前の責任を不法行為責任とした理由としてあげられていた。さらに，同条約5条3号の不法行為に基づく責任は，契約に結びつかないすべての訴えを対象とする。以上から契約成立前の責任は「不法行為」に基づく責任と性質決定されている[21]。

一連のEC司法裁判所の判例では，契約の義務履行地管轄と不法行為地管轄の適用範囲の決定において前者を制限的に解釈し，後者を包括的に適用している。本判決において示された「契約」概念および「不法行為」概念理解も同様であり，かかるEC司法裁判所の一連の判例につながるものであると評価することができるであろう。

その意味で，本判決は，裁判籍に関するブリュッセル条約5条1号や5条3号の解釈という点に関しては，従来の判例を踏襲する判断を確認したという意味を有するにすぎない。しかしながら，本判決においては，契約責任や不法行為責任自体の問題が取り上げられたのではなく，契約交渉破棄の責任が問題

---

(16) Jakob Handte & Co. GmbH v. Traitements Mécano-chimiques des Surfaces SA, Case C- 26/91, [1992] ECR I-3967, para. 15.

(17) Réunion européenne SA and Others v. Spliethoff's Bevrachtingskantoor BV and the Master of the vessel Alblasgracht V002, Case C-51/97, [1998] ECR I-6511, para. 17. レユニオンユーロペンヌ事件は桑原・注15前掲79頁〔本書第2篇14事件〕が取り扱っている。

(18) 本判決判決理由第23節。

(19) Athanasios Kalfelis v. Bankhaus Schröder, Münchmeyer, Hengst and Co. and others, Case 189/87, [1988] ECR 5565, para. 18.

(20) 本判決判決理由第21節。

(21) かかる包括的な不法行為概念による問題につき，安達・注15前掲1752頁注(12)参照。

となっている。この点に関して，本判決が示した判断は興味深い。イタリア民法1337条によれば，当事者は「信義則」に従って交渉する義務を負っている。本判決は，本規定から契約成立前の責任は法律上の義務違反による責任であり，契約に基づく責任ではないと解していた。

4 契約締結上の過失責任の多様性と不法行為責任

他方，本判決の評釈の中で，マンコウスキーはかかるEC司法裁判所の判断を批判し，契約交渉破棄に基づく責任を契約責任として性質決定すべきことを主張している。マンコウスキーの論拠はいくつかに分けられるが，契約概念をEC司法裁判所のように狭く解するべきでなく，機能的および経済的分析に基づいて広く解するべきことが主張されている[22]。ブリュッセル条約5条1号の契約概念の基準が2つあげられている。第1に，私的自治的に定められた基礎に基づくことであり，表意者を一面的に拘束する義務づけの意思表示にこれを求める。第2に，法規範が契約上の欠缺を補充する場合があげられている。このようにマンコウスキーは損賠償請求権の発生原因の形式的性質は決定的ではない，としており，法規範が契約補充的性質を持つ場合，契約上の請求権を基礎づける，とする[23]。

また，契約交渉破棄に関する比較法的考察に基づくと，契約責任構成が主張されるドイツの特殊性が明らかになるとされる。すなわち，他の国では，不法行為に基づく規律が多く認められる。しかしながら，ここでも，契約交渉破棄に基づく責任が互いに知っていた当事者間での配慮する合意にかかわるという理由から，契約責任として位置づけるべきことが主張される[24]。

さらに，契約交渉過程の段階的理解からは，契約成立時を一点に定めることが困難であり，隣接する事実はできる限り同じように取り扱われるべきであることも指摘している[25]。

なお，マンコウスキーは契約締結上の過失責任をすべて同一に規律することを考えてはおらず，契約的性質とされる場合も，契約外の性質とされる場合もあるとする。ここでは取引特殊的義務か否かという基準が示される。取引特殊的義務は，交渉により生じた信頼に基づく費用を保護する義務である。取引特

---

(22) Mankowski (Fn. 6), 129.
(23) Mankowski (Fn. 6), 132.
(24) Mankowski (Fn. 6), 133.
(25) Mankowski (Fn. 6), 133.

殊的でない義務は，交渉の対象となっていない既存の法益の保護にかかわる。契約交渉の破棄は，他方当事者の既存の法益保護にかかわらず，むしろ取引期待利益を保護するものである。その結果，取引特殊的な性質を有しており，契約責任と分類される[26]。

ところで，契約交渉の破棄に基づく責任をどのように性質決定するか，という問題に関して，契約自由の原則との関係で問題がある。ロレンツ＝リームによれば，契約交渉の破棄の責任は契約の成立への正当な信頼を喚起させ，かつ裏切ったことに求められると解される[27]。近時のドイツ連邦通常裁判所の判例にこの点に関して興味深い事例がある[28]。それによれば，契約成立まで当事者は契約締結をやめる自由を有し，契約の成立を期待して投下した費用を失う危険は自己の危険に属するとされる。契約交渉上の過失の下でかかる費用の賠償が認められるのは，「契約締結が当事者の交渉の後に，より確実であるとみなされ，それにより基礎づけられる信頼から」費用の投下がなされた場合だけであるとされている。かような場合に十分な理由なく交渉を拒絶した場合は当てはまるとされる[29]。この事案では成立に公正証書を要する不動産売買契約が問題となっていた。その場合，契約交渉過程で一方当事者から契約の成立がより確実であると説明されたとしても，交渉の破棄に基づく損害賠償が認められるのは，交渉破棄者が契約交渉に際して誠実に交渉する義務に重大に違反する場合であり，故意の義務違反的行動（vorsätzlichen pflichtwidrigen Verhalten）に該当するときだけであるとされている[30]。すなわち，公正証書が必要な契約では，ドイツ民法旧313条1文（現311条b第1項1文）に基づく要式規定の目的から，要式がない場面では，十分な理由がなく交渉が破棄された場合でも損害賠償責任を生じさせないとされる。例外として，故意の義務違反的行動があるような場合には，要式欠缺の主張が後退するために契約交渉破棄に基づく責任が生じることになる。

このように，契約成立前であっても一定の場合に責任を生じさせることに異

---

(26) Mankowski (Fn. 6), 135.
(27) S. Lorenz/T. Riehm, Lehrbuch zum neuen Schuldrecht, 194 (2002).
(28) ドイツ連邦通常裁判所第5民事部1996年3月29日判決（NJW 1996, 1884）。同判決に対する評釈として Ochsenfeld, ZIP 1996, 1174; Kaiser, Schadensersatz aus culpa in contrahendo bei Abbruch von Verhandlungen über formbedürftige Verträge, JZ 1997, 448 がある。
(29) BGHE 29. 3. 1996, NJW 1996, 1885.
(30) BGHE 29. 3. 1996, NJW 1996, 1885.

論はないといえようが，その性質は自明ではない。「契約類似の責任」とされることもあるが[31]，契約が成立しているわけではない以上，契約責任そのものであると解することは困難を伴う。また，契約締結上の過失責任が広く論じられてきたドイツでは，不法行為責任規範の狭隘性から，不法行為構成は困難であるという特殊な事情があった[32]。

ドイツでは，2002年に施行された債務法現代化法により，ドイツ民法311条2項として契約締結上の過失責任につき一般規定が定められ，法律上の義務違反として，損害賠償請求権を基礎づけることが認められるに至った[33]。しかしながら本規定は一般的性質を定めたにとどまっている。契約交渉破棄に基づく責任の性質については未解決であり，今後の学説の展開に任されている[34]。

そもそも契約締結上の過失責任の下で論じられる議論は多様であり，一元的に責任の性質を論じることには疑問も提示されている[35]。いずれにせよ，契

---

(31) Canaris (Fn.5), 718.
(32) 池田・注3前掲125頁。不法行為法では保護法規違反（ドイツ民法823条2項1文）または良俗に反する方法で故意に損害を与えたこと（ドイツ民法826条）が必要となる。交渉破棄で問題となる純粋財産損害では，当事者を交渉破棄から保護する法律がないこと，破棄者が最初から締約する気がなかった場合でもない限り，いずれの要件も満たさないとされる。
(33) 新規定311条2項は「241条2項の義務を伴う債務関係は，次の各号のいずれかによっても発生する。1号　契約交渉の開始，2号　当事者の一方が不時の法律行為上の関係の発生を考慮して，相手方に，自己の権利，法益および利益に影響を及ぼす可能性を与えまたはそれを委ねる契約交渉の準備，3号　これと類似する取引上の接触」と定める。翻訳は「ドイツ債務法現代化法（民法改正部分）試訳」岡孝編『契約法における現代化の課題』（法政大学現代法研究所叢書）201頁（2002年）に依拠した。ドイツ債務法現代化法については，岡編・前掲書のほか，小野秀誠「ドイツの2001年債務法現代化法──給付障害法と消費者保護法──（上）（下）」際商29巻7号809頁，8号924頁（2001年），潮見佳男「ドイツ債務法の現代化と日本債権法学の課題(1)(2・完)」民商124巻3号309頁，4/5号623頁（2001年），半田吉信『ドイツ債務法現代化法概説』（2003年）などを参照。そのほかに，翻訳としてH. P. ヴェスターマン（小川浩三訳）「ドイツ債務法改革」ジュリ1245号151頁（2003年）。契約締結上の過失の問題を債務法現代化法と関連づけ，論じる論稿として川角由和「ドイツ債務法の現代化と『契約締結上の過失』(culpa in contrahendo)」川角由和＝中田邦博＝潮見佳男＝松岡久和編『ヨーロッパ私法の動向と課題』211頁（2003年）がある。
(34) B. Dauner-Lieb/T. Heidel/M. Lepa/G. Ring, Das neue Schuldrecht in der anwaltlichen Praxis, 127（2002）.
(35) わが国でも，円谷・注2前掲33頁以下はかかる点を指摘する。一方，本田・注2掲50頁は，契約交渉段階における契約の交渉過程と契約締結との間の有機的関連性から統一的な「契約締結上の過失」法理が必要とされるとする。本田教授は契約締結上の過

約成立前の段階における責任においては，いかに個別事情を法的に評価するかが問題とならざるをえない。本件では，かかる契約成立前の責任のうち，契約交渉の不当破棄が問題となっている。契約交渉の不当破棄事例では契約は結果として成立していない以上，契約責任の時的拡張として捉えることは困難であろう。EC 司法裁判所は本件で，従来の判例の見解によりながら，「契約」概念を狭く，かつ「不法行為」概念を包括的に理解して，契約交渉の不当破棄に基づく責任を不法行為責任（ないし準不法行為責任）と性質決定している。かような EC 司法裁判所の理解は，とりわけ，わが国の不法行為規定との関係からは肯定的に解される面があろう。ドイツ法と異なり，わが国の不法行為規定は包括的一般的性質を有している。それゆえに，交渉破棄事例に関して不法行為責任の下で処理する見解がある(36)。他方で契約の段階的成立という社会的実体に鑑みると，批判もありえよう(37)。さらに，契約交渉破棄の責任を不法行為責任により処理する場合，責任成立範囲が狭くなるという点が指摘されているが(38)，これは契約交渉破棄の違法評価をどこまで認めるかという問題に帰着する。かような点に鑑みると，本件で EC 司法裁判所が示した見解，とりわけその基準は，わが国の議論に対しても示唆を与えるものであると考えられる。

(国際商事法務 32 巻 2 号／2004 年)

　　　失責任を契約責任と解する。
(36) 平野裕之「いわゆる『契約締結上の過失』責任について」法論 61 巻 6 号 61 頁（1989 年）。交渉破棄型の契約締結上の過失責任につき，川角・注 28 前掲 270 頁以下は，自己の言動によって相手方が契約の成立を信頼してもやむをえない状況をつくりだした者は，契約不成立の可能性に関する「自己意思開示責任」を負担することがありうるとする。この「自己意思開示責任」は，一種の「私的自治責任」ではあるものの，その違反行為が「契約締結」そのものに向けられていないことから本質的には不法行為責任であると指摘する。また，池田清治教授も，「契約交渉の破棄」に関する判例を「誤信惹起（説明義務違反）型」と「信頼裏切り（契約締結利益侵害＝誠実交渉義務違反）型」の二類型に分けて分析したうえで，それぞれ不法行為責任として処理する可能性を示している（池田・注 3 前掲 340 頁）。
(37) 契約の熟度論や中間的合意論はかかる観点から問題となろう。これらにつき，鎌田薫「民法判例レビュー（不動産）」判タ 484 号 17 頁（1983 年），同「売渡承諾書の交付と売買契約の成否」ジュリ 857 号 114 頁（1986 年），河上正二「『契約の成立』をめぐって(1)(2・完)」判タ 655 号 11 頁，657 号 14 頁（1988 年），松本恒雄「〈判例批評〉最高裁判所昭和 59 年 9 月 18 日判決」判評 317 号（判時 1151 号）23 頁（1985 年），円谷・注 2 前掲 222 頁など参照。
(38) 今西康人「契約準備段階における責任」石田＝西原＝高木先生還暦記念論文集（上）『不動産法の課題と展望』199 頁（1992 年），本田・注 2 前掲 50 頁。

〔追記〕本判決については，その後，山田恒久「契約前の責任とブリュッセル条約5条1号と3号の特別管轄について」石川＝石渡＝芳賀編Ⅱ94頁以下が公にされている。

[中村　肇]

16 消費者団体による予防的差止訴訟の国際裁判管轄

EC 司法裁判所 2002 年 10 月 1 日判決：[2002] ECR I-8111
（Verein für Konsumenteninformation v. Karl Heinz Henkel, Case C-167/00）

〔事実の概要〕

　1997 年のオーストリア消費者保護法 28 条によれば，同法 29 条所定の消費者保護団体は，消費者契約において不公正条項を含む約款の使用差止を求めて団体訴訟（Verbandsklage）を提起することができる。X（Verein für Konsumenteninformation）は団体訴訟を提起する資格が付与された，ウイーンに本拠を置く消費者団体である。Y は，ドイツのミュンヘンに住所を有するドイツ人の商人であるが，隣国のオーストリアで営業活動を行っている。

　X の主張によれば，Y はウイーン在住の消費者との契約に際してオーストリア消費者保護法の規定に違反する普通取引約款を使用している。そこで，X は Y に対し，この問題の契約条項をオーストリアの顧客との間で使用することの差止を求めて，ウイーン商事裁判所に団体訴訟を提起した。

　Y は，損害の原因行為もまた現実の損害も受訴裁判所の管轄区域内で生じていないので，ブリュッセル条約 5 条 3 号に基づく不法行為地の国際裁判管轄権は認められないという抗弁を提出した。

　ウイーン商事裁判所は，Y の抗弁をいれて，X が不法行為によって損害を被ったことが主張されていないという理由から，不法行為地の国際裁判管轄を否定した。

　これに対して，第二審は，ブリュッセル条約 5 条 3 号は本件のような予防の訴えも対象とすると述べて，商事裁判所の判決を取り消した。

　Y はオーストリア最高裁判所に上告した。同裁判所は，本件のような予防的差止を求める訴えが，ブリュッセル条約 5 条 3 号にいう不法行為事件といえるのか，それとも同条約 5 条 1 号にいう契約上の請求権が問題になっているのか，という点について先行判決を求めて，本件を EC 司法裁判所に付託した。

〔判　旨〕

　私人との契約において濫用的条項を事業者が使用することの差止を求めて消費者保護団体が提起する予防の訴えは，ブリュッセル条約（1996 年改訂版）5 条 3 号にいう不法行為または準不法行為を対象とするものである。

◆ 研　究 ◆

1　EC 指令と消費者団体訴訟

　EC 諸国では，1993 年および 1998 年の EC 指令[1]を受けて消費者団体訴訟が整備または導入されている。オーストリアでは，1993 年の EC 指令を契機として 1997 年に消費者保護法が改正され，同法 28 条・29 条において，不当約款条項の使用差止を請求するための消費者団体訴訟が導入された。本件の基本事件でもこの消費者団体訴訟が問題になっているが，不公正と思われる約款を使用する被告・事業者が外国人（ドイツ人）であるため，オーストリアの受訴裁判所の国際裁判管轄の有無が争点になった。

　本判決は，ここで国際裁判管轄の基準になるブリュッセル条約[3]の解釈に関してオーストリア最高裁判所から EC 司法裁判所に付託された先行判決手続によるものである。EC 司法裁判所は，本件のような消費者団体訴訟による予防的差止の訴えについて，不法行為事件として同条約 5 条 3 号を根拠にして国際裁判管轄を認めることができることを明らかにした。同条約に関する EC 司法裁判所の注目すべき新判例である。

　もっとも，これまで EC の国際裁判管轄を規律していたブリュッセル条約は，2002 年 3 月 1 日からブリュッセル I 規則にとって取って代わられた[4]。この

---

(1)「消費者契約における不公正条項に関する指令」(93/13/EEC) および「消費者の権利を保護するための差止命令に関する指令」(98/27/EC)。前者に関して，「消費者契約法──立法への課題」別冊 NBL54 号 298 頁以下（1999 年）に河上正二教授の仮訳がある。後者に関して，上原敏夫『団体訴訟・クラスアクションの研究』340 頁以下（2001 年）に要点が紹介されている。

(2) ドイツを例にして消費者団体訴訟全体を論じる詳細な文献として，上原・注 1 前掲書，とくに 340 頁以下参照。わが国でも内閣府に「国民生活局の消費者組織に関する研究会」が組織され，平成 15 年 5 月に消費者団体訴訟に関する報告書が提出されている（同省ホームページ）。町村泰貴「消費者法の実効性」法時 75 巻 10 号 32 頁（2003 年）参照。〔消費者団体訴訟の制度は，わが国でも 2006 年の消費者契約法の改正により導入され，2009 年の同法および景表法の改正によって適用範囲が拡張された。〕

(3) 本条約の訳文は，中西康「民事及び商事事件における裁判管轄及び裁判の執行に関するブリュッセル条約(1)(2・完)」民商 122 巻 3 号 426 頁，4／5 号 712 頁（2000 年）に依拠する。

(4) 中西康「ブリュッセル I 条約の規則化とその問題点」国際私法 3 号 147 頁（2002 年）。同規則の訳文は，中西康「民事及び商事事件における裁判管轄及び裁判の執行に関する 2000 年 12 月 22 日の理事会規則（EC) 44/2001（ブリュッセル I 規則)(上)(下)」際商 30 巻 3 号 311 頁，4 号 465 頁（2002 年）による。

新規則は5条3号において「損害をもたらす事実が発生する危険がある地」が不法行為地に含まれることを明示した。つまり，本件のような損害発生を未然に防ぐための予防的差止の訴えが不法行為地の裁判管轄において提起できることは，立法的に解決された。その意味では，本判決のEC法上の意義は限られたものになる。しかし，本判決は，ほかに団体訴訟の民事・商事適格性および契約事件と不法行為事件の区別の基準に関して興味深い判断を示している。そのことは，日本の国際民事訴訟法の解釈にとっても参考になるだろう。

2 団体訴訟の民事・商事性

本件の先行判決手続においてEC司法裁判所が最初に取り組んだのは，本件のような消費者団体訴訟は，民事および商事のみを対象とするブリュッセル条約の適用範囲（1条1項）から外れるというイギリス政府の主張である[5]。すなわち，本件の原告のような消費者団体は行政庁とみなすべきである。濫用的契約条項の使用差止請求は高権的権限の行使を意味する。この消費者団体は消費者全体の利益を保護するという公益目的で活動している。違法な事業者の行動を差し止めるための団体の提訴権限は，もっぱら特別立法に基づくものであり，事業者と消費者の間の私法上の契約関係から引き出されるものではない[6]。

このイギリス政府の主張に対して，本判決は，ブリュッセル条約の固有の体系性から見て，行政庁による高権的権限の行使がある場合にのみ同条約の適用範囲から除外されるというEC司法裁判所の確定判例[7]の基準に依拠し，次のように述べて，本件の消費者団体訴訟事件の民事・商事事件性を肯定した。「まず，原告のような消費者保護団体は，私法上の団体である。他方で，本件は公権力の行使とは無関係である[8]。なぜなら本件は，私人間で通用する一般

---

(5) 本件に関するJacobs法務官の最終意見書第18節参照。

(6) イギリス政府のこのような主張は，不公正条項に対する差止権限はもっぱら公正取引長官に認められていたというイギリスの消費者契約法の固有事情が影響していると思われる。なお，1999年の法改正により，適格消費者団体にも差止請求権が認められている。詳細は，日弁連消費者問題対策委員会「イギリスにおける消費者団体訴権の実情(1)(2)(3・完)」NBL737号56頁，738号51頁，741号57頁（2002年）参照。

(7) LTU Lufttransportunternehmen GmbH & Co. KG v. Eurocontrol, Case 29/76, [1976] ECR 1541; Netherland State v. Rheinhold Rüffer, Case 814/79, [1980] ECR 3807; Volker Sonntag v. Hans Waidmann and Stefan Waidmann, Case C-172/91, [1993] ECR I-1963. 前二者の事件の詳細は，入稲福智「管轄および執行に関するEEC条約（EuGVÜ）第1条第1項の『民事事件』の概念に関して」リュケ教授退官記念『民事手続法の改革』446頁（1995年）。

的法規とまったく異なるような請求権の実現にかかわるものではないからである。むしろ，本件は，事業者と消費者との契約において濫用条項の使用を差し止めることに関するものである。それゆえ，本件は，私法上の法律関係を裁判所のコントロールに服せしめることを目的とする。かかる訴えにおいては，ブリュッセル条約1条1項にいう民事事件が問題になっている[9]。」この判断は，EC司法裁判所が，団体訴訟の場合にも民事・商事の概念を広く解釈する傾向にあることを示すものである[10]。

3　消費者事件管轄

本件の国内事件は，ドイツに居住する被告に対する差止の訴えがウイーンの商事裁判所で提起されているので，ブリュッセル条約2条の被告住所地の一般管轄権に依拠することができない。EC司法裁判所は本件で利用可能な特別管轄として，まず同条約13条～15条の消費者事件管轄権の適用可能性に言及するが，従来の判例[11]を引き合いに出してこれを否定した。すなわち，私人である最終消費者の権利を承継する[12]として登場する者自身が事業者と私人の契約に関与していないならば，ブリュッセル条約の意味における消費者とはみなされず，よって同条約13条～15条も適用されない。このことは，本件の原告のような消費者団体が団体訴訟を提起する場合にも妥当する[13]。

4　契約事件か，不法行為事件か

したがって，本件のウイーン商事裁判所の国際裁判管轄を生じさせるのは，ブリュッセル条約5条1号の契約事件管轄か同条3号の不法行為事件管轄か，という問題が本件の焦点となる。EC司法裁判所は，この問題を検討するのに先立ち，これらの管轄規定の法概念（契約事件，不法行為事件等）は，ブリュッ

---

(8) ドイツ政府も同じ見解である。本件に関するJacobs法務官の最終意見書第19節参照。現在のドイツの団体訴権は団体固有に帰属する私法上の差止請求権に基づくものとして理解されていることが影響していると思われる。この点について，高田昌宏「差止請求訴訟の基本構造」高橋宏志ほか編『差止請求権の基本構造』164頁（2001年）。
(9) 本判決判決理由第30節。
(10) Stadler, ZZP Int 7 (2002), 286.
(11) Shearson Lehman Hutton Inc. v. TVB Treuhandgesellschaft für Vermögensverwaltung und Beteiligten mbH, Case C-89/91, [1993] ECR I-139.
(12) ここで権利を承継するとは，ここの消費者から権利を譲渡されること，またはその権利について訴訟担当が行われることを意味する。Stadler (Fn. 10), 286.
(13) 本判決判決理由第33節。

セル条約の実効性および統一的適用を確保するために独自に決定されるべきこと（条約自体説），そのために第1に条約の体系と目的が斟酌されるべきことを，従来の一連の判例を引用して強調する[14]。本判決で最初に指摘されているのは，同条約の不法行為の概念が従来から広く解釈されてきたことである。すなわち，同条約5条3号の不法行為または準不法行為の概念は被告の損害賠償責任が主張され，かつ同条約5条1号の契約事件に関連しないすべての訴えに結びつけられるとされてきた[15]。それゆえに，EC司法裁判所はまず本件の差止の訴えが契約上の請求権を対象にしているかどうかを検討する。

本判決は，次の理由から同条約5条1号の契約事件管轄の適用を否定した。まず，本件では原告の消費者団体と被告の事業者との間には契約関係が存在しない。たしかにこの事業者は個々の消費者と契約を締結している。しかし，この差止訴訟が事業者と消費者の過去の契約に帰せしめられるものか，そうではなく将来の損害発生防止のために予防的に提起されているのかにかかわらず，いずれにせよ訴えを提起している消費者保護団体は契約当事者ではありえない。消費者保護団体は，事業者と私人の最終消費者との間で不公正条項が使用されることを差し止めるために，特別法によってその団体に付与された特別の資格に基づいて活動しているものである[16]。

この判断に対しては，これだけの理由で本件を契約上の事件でないと言い切ることができるかという疑問が提出されている[17]。従来の通説では，誰が請求するのかではなく，いかなる根拠に基づくのかが決定的であった。すなわち，権利が譲渡される場合や，契約の保護効が及ぶ非契約当事者による場合で

---

[14] 本判決判決理由第35節。

[15] Matrin Peters Bauunternehmen GmbH v. Zuid Netherlandse Aannemeyers Vereinigung, Case 34/82, [1983] ECR 987; Athanasios Kalfelis v. Bankhaus Schröder, Münchmeyer, Hengst and Co. and others, Case 189/87, [1988] ECR 5565; Mario Reichert, Hans-Heinz Reichert and Ingeborg Kockler v. Dredner Bank AG, Case C-261/90, [1992] ECR I-2149; Réunion européenne SA and Others v. Spliethoff's Bevrachtingskantoor BV and the Master of the vessel Alblasgracht V002, Case C-51/97, [1998] ECR I-6511〔本書第2篇14事件〕; Rudolf Gabriel, Case C-96/00, [2002] ECR I-6367. なお，Michaildou, IPRax 2003, 225 は，不法行為事件管轄の範囲をこのような消極的な定義によって画定することは，この管轄権を一種の包括的受皿管轄として機能させることを意味し，大陸法にも英米法にも異質な管轄権を生み出しているとして疑問視している。

[16] 本判決判決理由第39節。

[17] Stadler (Fn. 10), 288.

あっても，契約上の事件として性質決定されていた。それによれば，約款は契約の一部としてその有効性を左右するものであり，また団体訴訟では被告による（潜在的な）契約侵害が追及されている限りにおいて，本件を契約事件とみなすことにはなんら支障がない[18]。

　他方で，契約事件の裁判管轄の正当性を契約当事者の予見可能性と強く結びつけて理解する立場からは，本判決の結論は支持される。すなわち，本件の団体訴訟のように，具体的な契約に基づいて訴えを提起するのではなく，将来に締結されることが予想される契約に関して予防的に特定の行動（約款の使用）の差止を要求する場合には，契約の履行地の裁判所と訴訟事件との間にとくに密接な関係が存在するわけではない。契約の履行地は，あらかじめ抽象的に確定されるというよりも，具体的な契約関係の特別事情にかかっている概念である。したがって，具体的な契約関係が存在しない場合にも，契約上の請求権が主張されているというだけで契約事件の裁判管轄を利用することは，妥当ではない。さらに，不作為義務の履行地が特定の場所に限定されず，事実上すべての土地，つまりすべてのブリュッセル条約締約国に存在することになるような差止訴訟の場合，同条約5条1号の義務履行地管轄を安易に利用できないことは，2002年2月のEC司法裁判所のBesix事件判決[19]でも指摘されていた。

5　不法行為事件と予防的差止

　本判決は，最後にブリュッセル条約5条3号に基づく不法行為管轄の適用可能性について検討し，これを肯定した。すなわち，EC司法裁判所は，同号にいう「損害をもたらす事実が発生した地」の概念を広く解釈してきた従来の判例[20]を引用して，消費者保護の分野では，個人が直接損害を被る場合のみならず，濫用的条項によって法秩序が侵害される場合であって，それを阻止することが本件の原告のような団体の任務になっているような事案もここに含ま

---

(18) フランス政府はそのような見解であった。本件に関するJacobs法務官の最終意見書第27節参照。

(19) Besix S.A. v. Wasserreinigungsbau Alfred Kretzschmar GmbH und Co. KG (WABAG) and Planings- und Forschungsgesellschaft Dipl. Ing. W. Kretzschmar GmbH & Co. KG (Plafog), Case C-256/00, [2002] ECR I-1699. 本判決についてはすでに「EC企業法判例研究」の連載で取り上げている。安達栄司「契約上の不作為義務違反と履行地裁判籍」際商529頁（2003年）．〔本書第2篇10事件〕

(20) Handelskwekerij G. J. Bier v. Mines de Potasse d'Alsace SA, Case 21/76, [1976] ECR 1735.

れるということを明示する(21)。またそうではなく，不公正条項の使用差止の訴えが被告事業者の本拠地の国家でのみ提起できるとするならば，1993年EC指令7条にあげられている不公正条項の使用を差し止めるための訴訟の有効性が著しく害されることも指摘する(22)。

このことは，本件における同条約5条3号の不適用を主張していたYおよびフランス政府の次のような見解(23)を退けることも意味する。すなわち，「ブリュッセル条約5条3号は損害の発生をもたらす事実が発生した場所に関連付けられるのであり，またそれゆえにその文言から見てすでに損害が発生したことを要件とする。このことは，EC司法裁判所によるこの規定の従来の解釈からもまた導かれる。それによれば，損害を引き起こす事実が発生した場所という概念は，損害の発生した場所（結果発生地）と，また原因行為の場所（原因行為地）の双方を意味し，その結果被告は，原告の選択に従って，これら双方の場所の裁判所において訴えられる。それゆえに，ブリュッセル条約5条3号は，具体的な損害の発生の前に提起され，また将来の有害な事実の発生を阻止することを目的とする純粋な予防的訴えには適用できない。」

このようなYおよびフランス政府の異論が当たらないことを，本判決は2つの理由をあげて詳しく述べている。第1にブリュッセル条約5条3号の不法行為地事件の特別管轄の存在理由から見て，予防的訴えへのその適用が正当化される。すなわち，同条約5条3号による特別管轄規定は，事件と，損害を引き起こす事実が発生した場所の裁判所との間に特別に密接な結びつきが存在しており，その結びつきが，適正でかつ事案にかなった司法および訴訟手続を形成するということから，その裁判所の管轄権を正当化するものである。つまり，損害を引き起こす事実が発生した場所の裁判所は，とくに，訴訟対象への近さおよび証拠調べの容易さを理由にして，通常，法律事件をもっともよく裁判することができる。このような考量は，訴訟手続がすでに発生した損害の補填に関するものなのか，または損害の発生の阻止のための訴えに関するものなのか，とは無関係に妥当する(24)。

このことから，本判決は，すでに発生している不法行為を差し止め，よって侵害結果を除去するというタイプの差止と，将来発生するおそれのある不法行

---

(21) 本判決判決理由第42節。
(22) 本判決判決理由第43節。
(23) 本件に関するJacobs法務官の最終意見書第27節参照。
(24) 本判決判決理由第46節。

為を予防するというタイプの差止とを区別していないことが，注目される。なぜなら，従来の判例では前者のタイプの差止に関してのみ同条約5条3号の裁判管轄が肯定されると考えられていたからである[25]。

予防的差止の訴えに関して同条約5条3号の適用を肯定する第2の理由として，本判決はブリュッセル条約の1989年改訂版に対するシュロッサー報告書の存在をあげている。しかし，この報告書を見るならば，シュロッサー教授自身は予防的差止の訴えへの適用は有意義であるとしながらも，まだ多くの議論すべき点があると述べていた[26]。さらに，ブリュッセル条約の改訂作業グループが，同条約5条3号に予防的差止の訴えを含ませることを改正項目として提案していたことから[27]，そこではむしろ予防的差止の訴えには適用されないことが当然の前提となっていたのではないかとも推測される。またそれゆえにこそ，同条約の改訂版であるブリュッセルI規則5条3号では「損害をもたらす事実が発生する危険がある地」が明文化されている。こうしたことから，EC司法裁判所が，不法行為事件管轄に関し，本件で適用されるブリュッセル条約と新しいブリュッセルI規則で違いがないと判断し，また同規則が適用されないデンマークとの関係でもそのように解する必要があると断言しているところ[28]には説得力がないといわれている[29]。

したがって，本判決が純粋に予防的な差止の訴えにブリュッセル条約5条3号を適用することに対しては，その文言からの乖離と法的不安定を理由とする疑問が生じ，また不法行為事件の特別管轄は被告住所地国に認められる一般管轄に対する例外的存在であることから被告の利益のためにできるだけ限定的に適用されるべきだという批判も可能であろう。しかし，本判決に合致するような内容でブリュッセルI規則の改正があったことのほかに，本判決が第1の理由として強調していた不法行為事件管轄の正当化根拠（事実および準拠法との近さ）を重視するならば，また予防的な訴えの一種である保全事件に関して，

---

[25] ドイツの判例として，OLG Bremen, RIW 1992, 231. これに対して，ドイツの学説ではすでに積極説が有力であった。Kropholler², Art. 5 Rdnr. 37; Behr, GRUR Int. 1992, 604.

[26] 関西国際民事訴訟法研究会（酒井一訳）「民事及び商事に関する裁判管轄並びに判決の執行に関するブラッセル条約公式報告書(14)」際商28巻8号997頁（2000年）。

[27] Kohler, in: Gottwald, Revision des EuGVÜ/Neues Schiedsgerichtsverfahrensrecht, 21 (2000).

[28] 本判決判決理由第49節。

[29] Stadler (Fn. 10), 292.

同条約 24 条が国内法によって肯定される本案の管轄裁判所にも保全処分の国際裁判管轄を追加的に認めていることを考慮するならば，理由づけには疑問があるが本判決の結論は支持できるというのが判例評釈上の評価である[30]。

6　日本法への示唆

　最後に，本判決の検討が日本の国際民事訴訟法にとって示唆する点を指摘したい。本判決は，まず，ヨーロッパで標準的な消費者団体訴訟に関してその公益訴訟としての性格を克服して，民事事件として性質決定するための手がかりを提供している。具体的には，ヨーロッパの消費者団体訴訟に基づく差止または損害賠償の判決のわが国での承認・執行が問題になるとき，その承認適格性の議論において本判決を参照することができる。次に，国際裁判管轄における契約の履行地管轄と不法行為地管轄の適用範囲の限界付けに関して，前者を限定的に解釈し，後者を損害賠償事件の原則的な管轄原因として理解するという明確な立場が EC 司法裁判所の判例法に認められることも注目すべきである。それ以上に本判決は，わが国の不法行為地に基づく国際裁判管轄の適用範囲に関しても，本件のような予防的差止の訴えを含むとみなす拡大的な解釈を試みるための論拠を示唆している。

（国際商事法務 31 巻 12 号／ 2003 年）
［安達栄司］

---

(30) Stadler (Fn. 10), 292.

17 企業間の製造物責任事件の国際裁判管轄（不法行為地管轄）

EC 司法裁判所 2009 年 7 月 16 日判決：[2009] ECR I-6907
(Zuid-Chemie BV v. Philippo's Mineralenfabriek NV/SA, Case C-189/08)

〔事実の概要〕

　本事件の原告 X 社（Zuid-Chemi）はオランダの Sas van Gent に本社を置く化学肥料製造会社である。2000 年 1 月，X 社は，オランダのロッテルダムに本拠を置く HCI 社から，化学肥料の製造に必要な原材料（マイクロミックス）を購入することになった。HCI 社はマイクロミックスを自社工場で製造することができなかったので，本事件の被告 Y 社（Philippo's．本社はベルギーのエッセン）に対し必要な原料を供給して，マイクロミックスの製造を発注した（Philippo's 社はさらに別の原料をオランダの Poortershaven 社から調達した）。Y 社はベルギーにある自社工場でマイクロミックを製造し，約定に従い X 社はエッセンの Y 社工場に出向いてそれを引き取った。X 社はオランダの自社工場でマイクロミックスを調合して化学肥料を製造し，それを自己の顧客に向けて販売した。その後，Y 社が Poortershaven 社から供給を受けていた硫酸亜鉛のカドミウム含有量が高すぎたため，その化学肥料はほとんど使用不可能であることが判明した。このために X 社は損害を被ったと主張して，2003 年 1 月オランダの裁判所において，Y 社に対し損害賠償等を求めて訴えを提起した。

　オランダの第一審および第二審の裁判所は，ブリュッセル I 規則[1] 5 条 3 号に基づく国際裁判管轄（不法行為地管轄）を認めずその訴えを却下した。なぜなら，本件の加害行為地は製造者（Y 社）の本拠であるベルギーに所在し，またオランダには結果発生地がない。汚染された製品はベルギーにおいて X 社に引き渡されたのであるから，本件の結果発生地はベルギーに所在するからである。

　X 社がオランダ最高裁判所（Hoge Raad）に上告したところ，最高裁判所は手続を中断して，次の 2 つの問題を明らかにさせるために，本件を EC 司法裁判所に付託した。

　① 結果発生地を決定するためには，欠陥商品を引き渡したことによって発生し

---

(1) 中西康「民事及び商事事件における裁判管轄及び裁判の執行に関する 2000 年 12 月 22 日の理事会規則（EC）44/2001（ブリュッセル I 規則）（上）（下）」際商 30 巻 3 号 311 頁，4 号 465 頁（2002 年）。

た損害が基準になるのか，それとも，予期された目的のために当該製品を通常に使用した際に生じた損害が基準になるのか．

② ①について後者の損害が基準になるとするならば，純粋に経済的損害だけが発生した場所もまた管轄権を基礎づけることになるのか．

〔判　旨〕

ブリュッセルⅠ規則5条3号は，次のように解釈されなければならない．すなわち，損害をもたらす事実が発生した場所とは，本件の基本事件の訴訟の枠内においては，予期された目的のために製品を通常に使用した際に一次的損害が生じた場所のことをいう[2]．

◆ 研　究 ◆

1　本判決の意義

EC 域内の国際裁判管轄を定めるブリュッセルⅠ規則が定める不法行為地管轄（同規則5条3号）は，義務履行地管轄（同規則5条1号）と並んで，被告住所地国に国際裁判管轄を付与する同規則の管轄法上の原則（同規則2条）[3]に対する重要な特則を定めており，従来から判例および学説の議論対象となっている．

本判決は，国際的製造物責任事件においてこの不法行為地の国際裁判管轄の解釈に関する注目すべき判決である．とりわけ，ブリュッセルⅠ規則5条3号にいう「損害をもたらす事実が発生した場所」，すなわち不法行為地の概念について，加害行為地と結果発生地をどのようにして決定するのかという問題についてEC司法裁判所として初めて詳しく判断を示した点に本判決の意義がある[4]．

これに加えて本判決は，製造物責任事件の判例として位置づけられるが，その典型である消費者被害が問題になる事案ではなく，企業間の商取引の連鎖の中で発生した欠陥商品（原材料）の製造物責任事件にかかわるものとしても注

---

[2] 付託された問題②について，EC司法裁判所は，X社に発生した一次的損害は物についての物理的損害であるので，純粋な経済的損失にかかわる問題②は仮想的問題にすぎないという理由から，回答をしなかった．本判決判決理由第35節．

[3] 本件判決においてもこの被告住所地の原則の強調（本判決判決理由第17節）と特別管轄についての制限的解釈の要請（同第22節）が格別の理由づけなく述べられている．

[4] 本判決の意義等について，次の文献を参照している．von Hein, IPRax 2010, 331.

目されている⁽⁵⁾。

2　加害行為地の決定

EC 司法裁判所の判例によれば，不法行為地の国際裁判管轄の場合，不法行為地には加害行為地（原因行為地）と結果発生地の両方が含まれる（遍在理論）⁽⁶⁾。本判決も，この従来の判例法に従うことをまず明らかにする。すなわち，ブリュッセル条約5条3号にいう「損害を引き起こす事実が発生した場所」とは，損害が発生した場所（結果発生地）のみならず，この損害を引き起こした原因事件の場所（加害行為地。原因行為地とも言われる）も含むと解され，その結果，原告（被害者）はそのいずれかの地の裁判所の1つを選んで被告（加害者）を訴えることができる⁽⁷⁾。損害を引き起こす事実が発生した場所の裁判所と事件との間には特別に密接な関連性が存在し，その関連性は，健全な司法と訴訟手続の適正な形成という理由からその裁判所の管轄権を正当化する。とくに，損害が発生した場所の裁判所は，訴訟対象との接近性と証拠調の容易化という理由から，通常，事件を裁判するためにもっとも適している⁽⁸⁾。

不法行為地の国際裁判管轄に関して，製造物責任の事件の場合，加害行為地は当該製品の製造者の本拠または実際の製造地（場所）にあると考えることで，国際民事訴訟法学においてあまり争いがない。本判決も，マイクロミックスが製造されたY社の本拠も工場もあるベルギーのエッセンを加害行為地と見ることには何のためらいもない⁽⁹⁾。この点については当事者間でも争いがなかった。基本事件におけるオランダの第一審および第二審の裁判所も同様である。

3　結果発生地の決定

本件事件において不法行為地の解釈としてより問題なのは，結果発生地の特定である。本件の基本事件についてオランダの第一審および第二審の裁判所は，

---

(5) 本件は，企業取引から生じているが，X社とY社との間に直接の契約関係がないので，本件に関しては契約責任か不法行為責任か，という性質決定の問題は生じていない。
(6) von Hein (Fn. 4), 333, Fn. 34 に引用される一連の判例を参照のこと。
(7) 本判決判決理由第23節。
(8) 本判決判決理由第24節。この観点から不法行為地，とくに損害発生地の裁判管轄を正当化する重要な先例が，Verein für Konsumenteninformation v. Karl Hein Henkel, Case C-167/00, [2002] ECR I-8111 である。この判決の事案と議論は，安達・革新と国際化183頁，191頁〔本書第2篇16事件〕で紹介した。
(9) 本判決判決理由第25節。

欠陥製品のマイクロミックスがX社に引き渡された場所（取得地），すなわちベルギーのエッセンを結果発生地（損害発生地）であると判断した（それゆえにX社の訴えを却下した）。それに対して，EC司法裁判所は，結果発生地を製品の引渡地とするこの見解を否定して，本件の結果発生地（損害発生地）は，X社がその後マイクロミックスを加工した自社工場のあるオランダに所在すると判断した。以下，結果発生地の特定に関する判決理由部分を訳出する。

「結果発生地とは，本判決判決理由第23節にあげた判例によれば，不法行為または準不法行為を理由とする損害賠償義務を引き起こす事件に基因する損害が発生した場所である[10]。しかしながら，結果発生地は，製品自体に損害を与えた事件を実現させた場所と混同されてはならない。なぜなら，そこは，損害の原因となる事件の場所だからである。それに対して，『損害結果の実現場所』（Mines de potasse d'Alsace [1976] ECR 1735 判決第 15 節；Shevill and Others [1995] ECR I-415 判決[11]第 21 節）とは損害を生じさせる事件がその有害な影響を展開する，すなわち欠陥製品によって引き起こされる損害が具体的に顕示される場所をいう[12]。つまり，EC司法裁判所の判例は，損害と，損害を生じさせる事件とを明確に区別しており，これについて，両者の間に因果関係が確定される場合に限り，不法行為または準不法行為に基づく賠償責任を観念している（Mines de potasse d'Alsace [1976] ECR 1735 判決第 16 節）[13]。以上のような考察に鑑みると，結果発生地（損害発生地）は，欠陥製品であるマイクロミックスが化学肥料へと加工されたオランダにおけるX社の工場であり，その場所で欠陥製品の加工によってX社が被る実体的損害が発生したのである。その実体的損害は，マイクロミックス自体に付着する損害を凌駕するものである[14]。」

以上の考察から，本判決においては，基本事件の第一審および第二審の裁判所がしたような，加害行為地と結果発生地を被告加害者の本拠地で一致させる考え方は，被告住所地国の原則（ブリュッセルI規則2条）に対する例外（特則）を定める不法行為地管轄（ブリュッセルI規則5条3号）の実務上の効用を奪うことになるという理由から退けられ，オランダの裁判所に不法行為地（結果発

---

[10] 本判決判決理由第26節。
[11] 本判決の詳しい紹介と検討として，中西康「出版物による名誉毀損事件の国際裁判管轄に関する欧州司法裁判所1995年3月7日判決について」論叢142巻5・6号181頁（1998年）。
[12] 本判決判決理由第27節。
[13] 本判決判決理由第28節。
[14] 本判決判決理由第29節。

生地) の国際裁判管轄が認められた。最後に本判決は，ブリュッセルⅠ規則5条3号の結果発生地の定義として，判旨に示したように「損害をもたらす事実が発生した場所 (つまり，結果発生地) とは，予期された目的のために製品を通常に使用した際に一次的損害が生じた場所のことをいう」と明示した[16]。

4 検　　討

　本判決は，国際的製造物責任事件に関し，ブリュッセルⅠ規則5条3号が定める不法行為地の国際裁判管轄の規定について，不法行為地に含まれる結果発生地を判旨のように定義した結果，本件の結果発生地を原告 (被害者) の住所地 (兼・工場所在地) にあると認めて，ブリュッセルⅠ規則の適用において常に強調される被告住所地原則 (同規則2条) の例外を認めた注目すべきEC司法裁判所の判決である。本判決の特徴は，EC域内において進展が著しい製造物責任法の統一化によって示された実体準拠法の成果から離れて，国際民事訴訟法ないし国際裁判管轄法固有の考慮から不法行為地概念を定めたことにある。

　ECでは，1995年の製造物責任指令を皮切りに製造物責任法の統一化が顕著であり，このことがECにおける製造物責任の国際裁判管轄のルールに影響を与えるのではないか，検討されなければならない。

　EC製造物責任指令7条および11条は「(欠陥製品を) 流通に置いた」[17]という場所的概念を定める。国際裁判管轄の学説において，国際製造物責任訴訟の不法行為地管轄に関して，この「(欠陥製品を) 流通に置いた」場所を製造物責任の加害行為地とみなす見解が近時有力に主張されている[18]。本件に即して言うならば，X社がY社の工場を訪ねてマイクロミックスの引渡しを受けたベルギーのエッセンが，この「欠陥製品を流通に置いた」場所ということになる。

　本件でとくに問題になった結果発生地の概念に関しても，国際的製造物責任の準拠法の影響がすでに見られる。すなち，国際的製造物責任法における結果発生地とは，製品の引渡地であるという見解が学説上有力に主張されている[19]。

---

(15) 本判決判決理由第30節・第31節。
(16) 本判決判決理由第32節。
(17) 同指令は1999年に改訂されている。この概念に関するEC司法裁判所の判例に関して，亀岡倫史「EC製造物責任指令による製造物責任法の統一と消費者保護」際商32巻4号509頁 (2004年)，同「EC製造物責任指令と欠陥製造物についての販売業者の責任」際商36巻5号650頁 (2008年) 参照。
(18) Raucher/ Leible, EuZPR², Art. 5 EGVVO Rdnr. 88.
(19) EGBGB40条1項2文について，v. Hoffmann/ Thorn, Internationales Privatrecht, 9.

231

この見解によれば，X社がマイクロミックスの引渡しを受けて，その製品に関する事実上の管理権限を取得したベルギーが引渡（取得）地であり，それが製造物責任事件の不法行為地（結果発生地）とみなされる。本件の基本事件についてオランダの第一審および第二審裁判所は，このような見解を支持して結果発生地をベルギーのエッセンにあると判断していた。この見解は，製造物責任事件において，本件の事案のように不法行為の加害行為地＝製品製造地（または，流通に置いた地）と，結果発生地＝引渡地がともに被告住所地（ないし本拠地）にあるとして一致するならば，被告の住所地管轄を原則とするブリュッセル条約のルールにより親和的なようにも見える。しかし，EC司法裁判所は，本判決において，この見解を退けた。本判決は，被告住所地管轄の例外を実現しうる不法行為管轄の特性を考慮し，証拠調べの便宜という訴訟法上の実用的効果（効用）を重視して，加害行為地と結果（損害）発生地が区々になることを許容し，そして両者がともに不法行為地管轄を基礎づけること（遍在理論）を積極的に肯定したのである。

　ECの国際製造物責任法の展開の中で本判決を検討する場合，1999年1月11日から発効している「不法行為の準拠法に関するEC規則」（ローマⅡ規則）との関係がさらに問題になる。ローマⅡ規則5条は，製造物責任の準拠法として被害者の常居所地法によることを原則とする[20]。ローマⅡ規則の考慮事由(7)はブリュッセルⅠ規則とローマⅡ規則との間の整合的な解釈を求めている。製造物責任事件について従来の不法行為地管轄ルール（遍在理論）の適用を維持した本判決の結論は，もっぱら弱者＝消費者保護を念頭に置いて規制されているローマⅡ規則5条の解釈にどのような影響を与えるのかも，学説の議論対象になっている[21]。

　最後に本判決が日本の国際裁判管轄法に与える示唆を述べる。わが国においても，不法行為地は民事訴訟法5条9号が明文で定める特別の管轄原因（裁判籍）の1つであり，それが国際裁判管轄の原因にもなることは今日でも広く承認されている。不法行為地の概念の解釈に関しても，土地管轄規定の解釈論と同様に加害行為地と結果（損害）発生地の2つの異なる場所を想定することも概ね承認されてきた。現在国会で審議されている新しい国際裁判管轄法案（民

　　Aufl., 11 Rdnr. 49（2007）.
　(20) 詳細は，佐野寛「EU国際私法における製造物責任の準拠法」岡山大学創立60周年記念論文集『法学と政治学の新たなる展開』203頁（2010年）．
　(21) von Hein (Fn. 4), 335.

事訴訟法及民事保全法の一部を改正する法律案）の3条の3第8号は，「不法行為に関する訴え　不法行為があった地が日本国内にあるとき（外国で行われた加害行為の結果が日本国内で発生した場合において，日本国内におけるその結果の発生が通常予見することのできないものであったときを除く。）。」として，従来の不法行為地管轄の理解を存続させている（ただし，損害発生地の範囲を限定する点は新しい）〔第177回国会において，そのまま法律として成立した〕。国際的な製造物責任事件は，工業製品の輸出にかかわる日本企業にとって重要な関心事項であり，その法的紛争解決において，当事者は最初に国際裁判管轄の問題に直面する[22]。製造物責任を不法行為事件に含めて裁判管轄が論じられる限りにおいて[23]，本判決はわが国の不法行為地の国際裁判管轄の理解，とくに結果発生地の所在を根拠とする場合の解釈論においても参照されるべきものである。

　次に，製造物責任に関する国際裁判管轄の問題として本件を考察する場合，本判決は，準拠法との関係において重要な示唆を与える。すなわち，平成18年に制定された「法の適用に関する通則法」は，生産物責任の特例を定める18条において「被害者が生産物の引渡を受けた地の法」によるとして引渡地のみを準拠法指定のための連結点として定める。この国際私法の規定が，製造物責任事件または不法行為地の国際裁判管轄の規律においても考慮されるとするならば，製造物の「引渡地」ないし「結果発生地」のみを管轄原因とするべきだという結論が導かれるかもしれない。前述のように，製造物責任事件において欠陥製品の引渡地を結果（損害）発生地とみなして，不法行為管轄の管轄原因を1つに絞り込もうとする見解が，ECですでに有力に主張されていた。

　しかし本判決においてEC司法裁判所は，国際的な製造物責任に関する不法行為地（結果発生地）の概念について準拠法ないしヨーロッパ統一法の規律を離れて，国際民事訴訟法独自の観点から不法行為地を観念すること，すなわち不法行為地概念に関する遍在理論を維持して，原告の管轄選択権を保障するという判例法の立場を維持することを明らかにした。この点は，製造物責任に関して，準拠法について明文規定を持つに至っている日本において，製造物責任

---

[22] 経済界において国際裁判管轄ないし国際民事訴訟法の意義をアピールした関西鉄工事件がまず想起される。大阪地判昭和48・10・9判時728号76頁。
[23] わが国の国際裁判管轄立法を検討した平成20年12月19日開催の法制審議会国際裁判管轄法制部会においても，製造物責任の問題を不法行為事件に含めて，加害行為地と結果発生地に国際裁判管轄を認めるという前提で議論されている。

事件の国際裁判管轄のルールのあり方を考察するうえで参照されるべきものである。

(国際商事法務39巻4号／2011年)

［安達栄司］

Ⅲ 併 合 管 轄

18 EUの特許権侵害訴訟における国際的併合管轄の可否

EC司法裁判所 2006年7月13日判決：[2006] ECR I-6535
(Roche Nederland BV and Others v. Frederick Primus, Milton Goldenberg, Case C-539/03)

〔事実の概要〕
　本件の基本事件の原告である Primus 氏と Goldenberg 氏（以下，両原告という）はヨーロッパ特許を有する，アメリカ在住者である。両原告は，1997年3月24日，オランダのハーグ地方裁判所において，オランダに本拠を有するオランダ・ロシュ(Roche) 社に加えて，アメリカ，ベルギー，ドイツ，フランス，イギリス，スイス，オーストリアに所在するロシュ・グループの各社を相手取って，被告各社が自己のヨーロッパ特許を侵害する免役検査装置を販売しているとして，特許侵害訴訟を提起した。被告のうち，オランダ・ロシュ以外のロシュ・グループの各社は，オランダの裁判所には国際裁判管轄がないことを主張するとともに，実体面では原告の特許侵害の不存在と特許無効を述べて反論した。1997年10月1日，ハーグ地方裁判所は被告のロシュ・グループ各社すべてについてブリュッセル条約6条1号の関連裁判籍（併合請求裁判籍）に基づく国際裁判管轄を認めたうえで，両原告の請求を退けた。これに対して，控訴審は両原告の請求を認めて，被告各社による特許権侵害行為の差止を命じた。上告審のオランダ最高裁判所はオランダ・ロシュ以外の被告に対する国際裁判管轄の存在に疑問を抱いたので，本件の審理を中止して，EC司法裁判所に対し次の事項について先行判決を求めて付託した。
　① 同一のヨーロッパ特許の侵害を理由として，受訴裁判所の属する締約国に本拠を有する被告に対する特許侵害訴訟と，それ以外の締約国に本拠を有する被告に対する特許侵害訴訟との間には，ブリュッセル6条1号の適用を肯定するための関連性があるか。
　② ①の質問が否定または留保が付されるときには，いかなる事情があればそのような関連性が認められるか。例えば，次のような事情は考慮されるか。すなわち，ⓐ共同被告が同一の企業グループに属しているか否か，ⓑ共同被告が共通の企業戦

略に基づいて行動したか否か，そのような行動があったならば，その企業戦略が発令された場所は関係するか否か，ⓒ共同被告による各侵害行為は同一なのか，それともほぼ同一という程度なのかどうか。

〔判　旨〕

1つのまたは複数の締約国の領域内においてなされた行為を原因として，異なる締約国に所在する会社を相手取ってあるヨーロッパ特許権の侵害訴訟が提起されたとき，同一の企業グループ（コンツェルン）に属する各会社は，系列会社の1社のみが策定した共通の企業戦略に基づいて，同一の態様でもって行動をした，という場合であっても，ブリュッセル条約6条1号は適用されないと解釈される。

◆研　究◆

1　本判決の意義

EC域内の国際裁判管轄を定めるブリュッセル条約は，6条1号において，共同被告については，被告のうちのいずれかの者の住所地の裁判所で訴えられるという共同訴訟管轄（併合請求の裁判籍）を認めている。この条文からは明らかではないが，本規定が適用されるためには共同被告に対する各請求の間に一定の関連性を要求するというのがEC司法裁判所の確定判例である[1]。この判例によれば，各共同被告について，別々の手続によれば判決の矛盾が生じるおそれがあるので共同で審理・判決することが必要だと思われる場合には，共同被告への各請求の間にこの「関連性」が認められる[2]。

本件では，世界的規模で展開されているロシュ・グループに属するが，法形式的には独立している各国のロシュ社が，グループ本部からの単一の指令に従って各国で一斉に同一のヨーロッパ特許を侵害するような行動に出たと主張された場合，各社の侵害行為に対する差止等の請求の間に「関連性」が認めら

---

(1) Athanasios Kalfelis v. Bankhaus Schröder, Münchmeyer, Hengst and Co. and others, Case 189/87, [1988] ECR 5565, para. 12.
(2) ブリュッセル条約は，2002年3月からはブリュッセルⅠ規則に取って代わられた。併合請求の裁判籍は，同じく同規則6条1号に定められているが，そこではこの判例を受けて「別々の手続の場合には矛盾判決が生じるおそれがあるので，それを避けるために共同で審理・判決されることが要請されるというような密接な関係がある場合に限る。」という留保が明文規定として定められた。

れ，よってブリュッセル条約（同Ⅰ規則）6条1号に基づき，そのうちの1社（本件ではオランダ・ロシュ）が本拠を有する締約国の裁判所において，他国のロシュ社も一斉に共同被告として訴えられるのか，が争点となった。これについて，EC司法裁判所は，本件ではいかなる場合であってもこの関連性は認められないという明確な判断を示した。

この判断は，同日のGAT事件判決[3]と同様に（単一のヨーロッパ特許であっても）国内特許の有効性については各締約国で独自に判断されるべきだという「知的財産権の属地主義の壁」がなお高いものであることを再認識させる。「ヨーロッパ特許から共同体特許へ」をスローガンにして動いているEUの知的財産法・裁判制度[4]に逆行するともいえる本判決は，すでに厳しい批判にさらされている[5]。

2 併合請求間の関連性の要件

EC司法裁判所の従来の判例において，ブリュッセル条約6条1号の適用に必要な「関連性」の意義について，関連する訴えが別の裁判所に同時に提訴された場合の手続中止措置を定める同条約22条3項（ブリュッセルⅠ規則28条3項）の規定が伝統的に参照されており[6]，本判決もこれに倣う。すなわち，別々の審理・裁判をするならば，相互に矛盾する判決が生じる危険性がある場合に「関連性」が肯定されるのであって，それ以上の厳密な意味での法的効果（既判力）の矛盾抵触関係は要求されない[7]。

---

[3] Gesellschaft für Antriebstechnik mbH & Co. KG (GAT) v. Lamen und Kupplungsbau Beteiligungs KG, Case C-4/03, [2006] ECR I-6509. この判決については，安達栄司「国際的専属管轄の規定は特許侵害訴訟にも適用されるか」際商35巻6号（2007年）844頁〔本書第2篇24事件〕。

[4] EUにおける新しい共同体特許および共同体特許専門裁判所の構想について，勅使川原和彦「国境を越えた民事訴訟システムと『時間』的価値」早法79巻3号37頁，62頁以下（2004年）〔同『民事訴訟法理論と「時間」の価値』301頁，325頁（2009年）所収〕に詳しい紹介がある。

[5] とくに筆者が参照したドイツの本件評釈はすべて本判決に反対している。Adolfsen, IPRax 2007, 19; Schlosser, JZ 2007, 305; Kur, IIC Vol. 37 (2006), 844.

[6] The owners of the cargo lately laden on the board the ship "Tartry" v. the owners of the ship "Maciej Rataj", Case C-406/92, [1994] ECR I-5439. この判決については，越山和広「ヨーロッパ民事訴訟法における国際的訴訟競合規制の動向」石川＝櫻井編281頁，酒井一「ブリュッセル条約21条の意味における『請求権』と『当事者』，ブリュッセル条約22条における『訴えの関連性』」石川＝石渡編182頁参照。

[7] 本判決判決理由第22節・第23節。

このことについて，両原告およびオランダ政府は，従来の判例の基準に従ってブリュッセル条約6条1号の適用に必要な「関連性」は拡張して解釈されるべきであり，本件でも肯定できるとの見解であった（拡大説）。これに対して，イギリス政府および被告ロシュ各社は，同条約22条3項の規定の解釈を併合請求裁判籍の関連性の要件に安易に転用して関連性概念を拡張して解釈するべきではないという見解（厳格説）を示し，本件法務官意見もこれを支持していた[8]。

本判決は，これらの関連性要件についての拡大説または厳格説のいずれに与するのかについての態度を留保したまま，いずれにせよブリュッセル条約6条1号の適用に必要な関連性が本件について認められないと判断した。なぜなら，本件のように，被告各社がそれぞれ異なる締約国においてそれぞれ独自にヨーロッパ特許を侵害したとして訴えが提起されたとしても，それぞれの侵害行為は同一の事実的および法律的状況に基づくとはいえないので，各訴えの間には判決の矛盾は生じえないからである[9]。

ここで本判決は，ミュンヘン条約（ヨーロッパ特許条約）によるヨーロッパ特許の場合，たとえ特許付与のための申請手続がヨーロッパの統一基準によるとしても，特許の有効性・持続性については各締約国（指定国）の国内法に服し（ミュンヘン条約64条3項），その領土内でしか効力を有しないという欧州特許の特殊性（各国特許権の束としての欧州特許[10]）を重視している[11]。

さらにEC司法裁判所は，付託された第2の問題についても言及するが，併合請求管轄を否定するという結論には変わらない。すなわち，ドイツの企業グループに属する被告各社が，その中の中核企業1社によって策定された経営戦略に従って同一のまたは類似の態様で行動し，その結果，同一の事実状況が生じているという場合であっても，同一の法的基礎に欠けるので，被告各社に対する判決が矛盾するという危険性が生じないと判断された[12]。

単一の企業戦略に基づいて，世界的規模で活動するグループ企業の各社をそのうちの中核企業の所在地の裁判所においてすべて捕捉して共同被告として提訴するという方法は，一網打尽理論（網の中の蜘蛛，Spider in the web）として

---

[8] 本件法務官意見書第79節－第100節。
[9] 本判決判決理由第25節・第26節。
[10] 佐藤義彦『ヨーロッパ特許条約の解説』（1974年）。
[11] 本判決判決理由第28節・第29節。
[12] 本判決判決理由第34節・第35節。

国際訴訟実務の領域でその間に周知され，国内法のレベルにおいて，この理論がブリュッセル条約（同I規則）6条1号において認められるという判例および学説も見られた[13]。上述のように本判決または本件の法務官意見[14]も訴訟経済の理由から一網打尽理論による手続の集中化に一定の合理性があることを否定するものではない。しかし，他方で集中化の根拠となる中核企業（Spider）を発見することの困難，そのための管轄審査の肥大，またそれゆえに生じる管轄規定の予見可能性および法的安定性の侵害が危惧されること，さらには原告による管轄選択権が拡大されるので，そもそも被告住所地管轄の例外を引き起こす併合請求裁判籍に関しては「関連性」の要件を特別に課して阻止しようとした法廷地漁りが再び助長される危険性があることを指摘して，本判決はこれを否定した[15]。

最後に本判決において，仮に本件において「関連性」の要件が充足されて，被告各社についてのヨーロッパ特許の侵害訴訟の集中化が実現されるとしても，その中で特許無効の抗弁が提出されるならば，その問題はヨーロッパ特許の登録国としての各締約国の裁判所の専属管轄（ブリュッセル条約16条4号）に服するというGAT事件判決があるために[16]，その限りで手続が分断されることは避けられないことも付言された[17]。

3 本判決の問題点と日本法への示唆

（1）1つのヨーロッパ特許が，各指定国に所在するグループ企業の各社によって一斉に侵害されたと主張されている本件において，一網打尽理論（Spider in the web）の適用を否定し，よって国際裁判管轄の集中化の可能性を否定した本判決に対し，まず実務的観点から多くの批判が提出されている。すなわち，本判決によれば，本件の原告の2人の発明家は，8つの異なる国で別々に侵害訴訟を提起しなければならない，8倍の訴訟費用リスクを負わなければならない，各国で別々の弁護士を雇い，同一ヨーロッパ特許について8つの異なる言

---

[13] 肯定するオランダと否定するイギリスの状況について，申美穂「知的財産権侵害訴訟に関する国際裁判管轄について（2・完）」論叢155巻5号60頁（2004年）。オランダについて，片山英二「ヨーロッパにおけるクロスボーダー・インジャンクション」中山信弘編『知的財産法と現代社会』266頁（1999年）参照。
[14] 法務官意見書第125節以下。
[15] 本判決判決理由第36節・第37節。
[16] 注3前掲判例および文献参照。
[17] 本判決判決理由第40節。

語による鑑定書を作成させ，鑑定内容を議論しなければならない。これらの原告発明家にかかる費用負担は，巨大な企業グループ（コンツェルン）の経営戦略によって特許侵害が引き起こされる場合には全く不合理である[18]。

　理論的には，ヨーロッパ特許の場合，各国で登録される特許の内容の同一性が一定範囲で保証されているのであるから，各国の特許侵害には関連性が認められるべきであるという見解もある[19]。さらに，本判決が強調する管轄規定の明確性および法的安定性の利益よりも手続の集中による訴訟経済性の利益が劣後される理由はないという一般的な批判もある[20]。

　これらの批判説は，しかし本判決およびGAT事件判決によって，現状ではなお知的財産権の属地主義がヨーロッパにおいては堅強であることが確認されたという現実を踏まえるならば，今後の展開としてはむしろEUにおける共同体特許・専門裁判制度の確立[21]，またはこの属地主義から解放されたハーグ合意管轄条約や新しい立法例を参照して，ブリュッセルⅠ規則が再び改正されるべきだという立法論に関心を移している[22]。

　(2)　日本法においては，そもそも国際裁判管轄の原因として主観的併合の場合を排除しようとする傾向が強く，国際的な知的財産権侵害訴訟の場合であってもこのことは変わらない[23]。とりわけヨーロッパ特許のような国際統一的な特許制度にかかわらないわが国の特許法の下では，同一内容の特許侵害を理由にしてそれぞれの外国特許を侵害する被告企業の間に「関連性」を認めることは困難である。せいぜい，グループ企業の結びつきの強さ，または侵害される内国特許と外国特許の類似性が格別に明確であるという特殊な事案があれば，場合によってはそれらが併合請求（共同訴訟）の国際裁判管轄を認める「特段の事情」として考慮される余地が検討されるにすぎないだろう。〔平成23年に制定・公布された「民事訴訟法及び民事保全法の一部を改正する法律」により新設された民事訴訟法3条の6は，「1の訴えで数個の請求をする場合において，日本の裁判所が1の請求について管轄権を有し，他の請求について管轄権を有しないときは，当該1の請求と他の請求との間に密接な関連があるときに

---

(18) Schlosser (Fn. 5), 306.
(19) Kur (Fn. 5), 850.
(20) Kur (Fn. 5), 850.
(21) 詳細は，勅使川原・注4前掲論文，Adolphsen (Fn. 5), 21.
(22) Kur (Fn. 5), 853.
(23) 申・注13前掲61頁，高部真規子「特許権侵害訴訟と国際裁判管轄」中山信弘編『知的財産法と現代社会』134頁（1999年）．

限り，日本の裁判所にその訴えを提起することができる。ただし，数人からの又は数人に対する訴えについては，第38条前段に定める場合に限る。」としている。〕

(国際商事法務35巻10号／2007年)

〔安達栄司〕

19 主観的併合に基づく国際裁判管轄のための関連性の要件

EC 司法裁判所 2007 年 10 月 11 日判決：[2007] ECR I-8319
(Freeport plc v Olle Arnoldsson, Case C-98/06)

〔事実の概要〕

　スウェーデン人のX（原告，Olle Arnoldsson）が勤務していた会社は，アウトレット型の店舗の出店プロジェクトを展開していた。スウェーデンのクングスバッカへの出店プロジェクトは，イギリスに本社があるY社（被告，Freeport plc）によって取得された。1999 年 8 月 11 日，Y社はXに対し，クングズバッカ店がオープンしたとき，50 万 GBP（英ポンド）を成功報酬として支払うことを口頭で約束した。同年 8 月 27 日，Y社はこの口頭の約束を書面によって確約し，Xはこれを受け入れたが，そこには新たに 3 つの条件が付加されていた。その 1 つは，Xが受け取るべき成功報酬は，将来クングスバッカ店の所有者になる予定の別会社によって支払われる，というものであった。このクングスバッカ店を所有し，かつ運営することになる別会社とは，スウェーデン法によって設立された会社で，Y社によって 100 パーセント支配される完全子会社のZ社（被告，Freeport Leisure AB）であった。2003 年 5 月，Xは，スウェーデンのエーテボリ地方裁判所において，Y社およびZ社を共同被告として，50 万 GBP 他を連帯して支払うよう訴えを提起した。
　子会社のZ社はスウェーデンの会社なので，ブリュッセル I 規則 2 条 1 項の住所地による普通管轄権が認められるが，親会社のY社に対する訴えについて，Xは同規則 6 条 1 号の主観的併合の管轄を主張した。それに対してY社は次のような異議を主張した。すなわち，XのY社に対する訴えは契約上の請求であるが，Xと何ら契約関係のないZ社に対する請求は不法行為ないし準不法行為に基づく。よってY社とZ社に対する請求は，それぞれ法律原因を異にするので，ブリュッセル I 規則 6 条 1 号の「関連性」の要件を満たさず，Y社に対する請求に関して裁判管轄権が認められない。
　エーテボリ地方裁判所も西スウェーデン高等裁判所も，Y社の無管轄の抗弁を退けた。Y社は，スウェーデン最高裁判所（破毀院，Hoegsta domstol）に上告したところ，最高裁判所は同規則 6 条 1 号の適用および解釈について疑問が生じたので，手続を中止して，EC 司法裁判所に対し，次の問題に関して先行判決を求めて事件を付託した。

① Xと直接の契約関係のないZ社に対する訴えが不法行為上の請求に基づくとするならば，ブリュッセルⅠ規則6条1号を適用して，契約に基づくY社に対する請求を「関連する」請求として併合して訴えることができるか。
② ①が肯定される場合，その訴えが，本来Y社に対して管轄権を有することができなかった締約国の裁判所に提訴できるようにするというだけの目的で，Z社に対する訴えが提起されたわけではないこと，という要件の充足もさらに必要か。
③ ②が否定される場合，ブリュッセルⅠ規則6条1号が適用されるためには，裁判地国に住所を有する者に対する訴えに勝訴の見込みがあることが格別に要求されるか。

〔判　旨〕
1．ブリュッセルⅠ規則6条1号は，次のように解釈されなければならない。すなわち，複数の被告に対して提起された訴えが異なる法律原因に基づいているという事実は，同規則6条1号の適用の妨げにならない。
2．ブリュッセルⅠ規則6条1号が適用されるのは，異なる被告に対する訴えが提訴時点から関連している場合である。言い換えれば，別々の手続によるならば判決の矛盾の可能性が生じることを避けるために，共同の口頭弁論と判決が必要であるとみなされる場合である。ただし，その他に，被告のうちの一人からその住所地国の裁判所を剥奪するというだけの目的のみをもって，その訴えが提起されたわけではない，ということまで認定する必要はない。

◆　研　究　◆

1　本判決の意義

ブリュッセルⅠ規則[1]6条1号によれば，ある締約国の裁判所において共同被告のうちの一人（主幹的被告。anchor defendant）について住所地に基づく原則的管轄（ブリュッセルⅠ規則2条1項）が認められるとき，その他の共同被告に対する請求については受訴裁判所国との間に何らの場所的牽連性がなくても，主幹的被告に対する請求との間に「別々の手続によるならば矛盾する判決が言い渡される可能性を避けるために，共同の口頭弁論と判決が要請されるように見えるような関連性」（以下，これを「密接な関連性」と略称する）があれば，

---

(1) 中西康「民事および商事事件における裁判管轄および裁判の執行に関する2000年12月22日の理事会規則（EC）44/2001（ブリュッセルⅠ規則）（上）（下）」際商30巻3号311頁，4号465頁（2002年）。

EU 域内での国際裁判管轄が認められる。この主観的併合の裁判管轄は，ブリュッセルⅠ規則の体系上の基本原則である，被告住所地国の原則（同規則2条1項）に対する大きな例外を意味し，共同被告にとってはこの原則的裁判管轄権を奪われるという濫用の危険性と隣り合わせにある。また，EU の各締約国において，ドイツのように国内法が主観的併合の国際裁判管轄を知らず，本規定についても非常に制限的に適用している国もあれば，イギリスのように広く解釈する国もある[2]。

　ブリュッセルⅠ規則6条1号の主観的併合の管轄権は，その前身であるブリュッセル条約から代替するに際して，同条約6条1号の「関連性」の要件に関する判例法[3]を考慮した密接な「関連性」の要件を明文化したものであるが，その要件の解釈をめぐって，EC 司法裁判所の判例はいまだに安定していない[4]。近時では，特許権の属地主義に基づき，各国における同一特許権の侵害について本規定の適用を否定した 2006 年の Roche 事件判決[5]が著名である。それに対して，ブリュッセルⅠ規則6条1号の「密接な関連性」の要件について法律原因の同一性を要求しないことを明らかにした本判決は，逆に本規定の解釈および適用に関する緩和傾向を示す判例として，注目される。

2　主観的併合の「関連性」要件について（付託問題①）

　スウェーデン最高裁判所が本件を EC 司法裁判所に付託して判断を求めた最初の問題は，ブリュッセルⅠ規則6条1号の「密接な関連性」の解釈にかかわる。スウェーデン最高裁判所がこの点で先例として考慮したのは EC 司法裁判所の 1998 年の Réunion[6]事件判決である。Réunion 事件判決は，「1つの損害賠償の訴えの枠内において，異なる被告に対して提起された訴えの要求のうち，その1つが契約上の責任に依拠し，他方が不法行為上の責任に依拠していると

---

(2) 最近の各締約国の判例・学説の状況について，Hess, 289 を参照した。
(3) Athanasios Kalfelis v. Bankhaus Schröder, Münchmeyer, Hengst and Co. and others, Case 189/87, [1988] ECR 5565.
(4) Althammer, IPRax 2008, 230.（この文献は，本判決に関するドイツからの評釈である。）
(5) Roche Nederland BV and Others v. Frederick Primus, Milton Goldenberg, Case C-539/03, [2006] ECR I-6535. 本判決については，安達栄司「EU の特許権侵害訴訟における国際的併合管轄の可否」際商 35 巻 10 号 1430 頁（2007 年）〔本書第2篇 18 事件〕。
(6) Réunion européenne SA and Others v. Spliethoff's Bevrachtingskantoor BV and the Master of the vessel Alblasgracht V002, Case C-51/97, [1998] ECR I-6511.

いう場合，それら2つの訴えの要求は，関連するとはみなすことができない。」と判示した[7]。このRéunion事件判決を先例として尊重するならば，本件において，契約に基づくことが明かなY社に対する請求と同様に，Z社に対する請求も契約上のものとして性質決定されなければならない。しかし，本件において，XとY社の報酬支払の合意の時点ではZ社はまだ設立されておらず，もちろんY社はZ社の代表者でも代理人でもなかったので，それを契約上の請求と性質決定することには難点が生じている。

　この付託問題①について，EC司法裁判所の審理の過程で，X，Y社およびEC委員会がそれぞれの立場から法律意見を表明している。Y社は，スウェーデン最高裁判所が示した疑義のとおり，XとZ社との間の契約関係の存在を否定するが[8]，Xは，XとY社の合意の効力をZ社にまで拡張できるという見解である[9]。それに対して，EC委員会は，Réunion事件判決を本件の先例とすることを疑問とする。つまり，同判決は，共同被告のうちの一人について住所地の原則的管轄すら存在しなかった事案にかかわるものなので，そもそもブリュッセルⅠ規則6条1号の適用解釈に関する先例にはならない[10]。そのうえで，EC委員会は，訴えが契約上の請求権に基づくのか，それとも不法行為上の請求権に基づくのか，の相違だけではブリュッセルⅠ規則6条1号の適用を排除するものではない，と主張する[11]。

　本件の法務官（Mengozzi）は，スウェーデン最高裁判所からの先行判決の付託における前提的理解に疑問を提示する[12]。すなわち，スウェーデン最高裁判所は，Réunion事件判決を先例とみなして，共同被告に対する各請求権が同一の法律原因に基づくことがブリュッセルⅠ規則6条1号の「密接な関連性」を満たすために不可欠であると考えた。しかし，法務官は，ブリュッセル条約においてもブリュッセルⅠ規則においても，密接な関連性の概念がこのように解釈されたことはない，としてスウェーデン最高裁判所が示した先例の理解を否定した。

　EC司法裁判所は，スウェーデン最高裁判所が付託した問題①について，「複

---

(7) *Ibid.*, 50.
(8) 本判決判決理由第24節参照。
(9) 本判決判決理由第25節参照。
(10) 本判決判決理由第28節・第29節参照。
(11) 本判決判決理由第30節。
(12) 2007年5月24日付け本件法務官意見書第35節。

数の被告のうちの一人が住所を有する締約国の裁判所において提起された訴えについて，別の被告に対する訴えが異なる法律原因に基づいている場合にも，ブリュッセルⅠ規則6条1号が適用されるのかどうか」の問題が付託されていると読み替えをした[13]。そのうえで，EC司法裁判所は，法務官意見と同様に，密接な関連性の要件に関して法律上の原因の同一を要求しないという判断を示した[14]。たしかに，EC司法裁判所はブリュッセルⅠ規則における被告住所地の原則の維持を強調し，特別管轄規定については例外的性格とその厳格解釈を要求する[15]。同規則6条1号について言うならば，「原告の，異なる被告に対する訴えの間において，別々の手続によるならば矛盾する判決が言い渡される可能性を避けるために，共同の弁論が要請されるように見えるような関連性が存在するかどうかが，調査されなければならない[16]。」しかしそれ以上に，「異なる被告に対して提起されている訴えが同じ法律原因に基づいていることがこの規定の適用上の要件に含まれていることは，読み取れない[17]」ということが，EC司法裁判所が付託問題①について示した結論である。

　なお続けて，EC司法裁判所は，（締約国の受訴裁判所が）「自己に係属する異なる訴えの間に，関連性が存在するかどうか，つまり，別々の手続による場合，矛盾判決の危険性が存在するかどうかを判断することは国内裁判所の仕事であり，またそのために，記録から明らかになる重要な，あらゆる事情を考慮することも国内裁判所の仕事である。国内裁判所にとって，その判断のために，必ずというわけではないにせよ，自己の面前で提起されている訴えの法律原因も考慮することはありうる。」と述べた[18]。すなわち，「密接関連性」の要件の審査についての締約国国内裁判所の裁量を大きく認めることも明らかにした。これに加えて，本判決は，EC委員会が強調していたように，共同被告のうちだれ一人についても住所地国の原則的管轄が認められなかったRéunion判決と本件との事案の相違を確認して，同判決が本件の先例とならないことを明ら

---

[13] 本判決判決理由第31節。ここで付託された問題を読み替えて，先行判決をすることができることについて，Ministero delle' Economia e delle Finaze and Agenzia delle Entrate v. FCE Bank plc, Case C-210/04, [2006] ECR I-2803, para. 21 に従っている。
[14] 本判決判決理由第38節－第40節。
[15] 本判決判決理由第34節－第36節。
[16] Athanasios Kalfelis v. Bankhaus Schröder, Münchmeyer, Hengst and Co. and others, Case 189/87, [1988] ECR 5565, para. 13.
[17] 本判決判決理由第38節。
[18] 本判決判決理由第41節。

かにした[19]。

3 管轄詐取の抗弁について（付託問題②）

本件の付託問題②は，ブリュッセルⅠ規則6条1号の適用上の要件として，住所地管轄に基づく被告（主幹的被告）に対する訴えが，他の共同被告からその住所地管轄を奪う目的で提起されたものでないこと（管轄詐取〔騙取〕の抗弁）を要求するのかどうか，である。法務官意見はこれを肯定していた。すなわち，訴訟経済と矛盾判決の回避を目的とするにすぎない本規定は，被告住所地管轄の原則（同規則2条参照）を不必要に制限してはならない。主観的併合の管轄には，詐取ないし濫用の危険性は避けられないので，ブリュッセルⅠ規則6条2号のような「管轄詐取の抗弁」が同条1号の主観的併合の場合にも考慮されなければならない。これに対して，XおよびEC委員会は，管轄詐取の考慮は同条1号の密接な関連性の要件で考慮されているという意見である。

EC司法裁判所は，管轄詐取を格別に考慮しない立場を示した。まず，EC委員会が指摘したように，ブリュッセル条約の改正に際して，各締約国は6条2号の管轄詐取の抗弁の規定を1号にも採用することを拒絶し，より客観的な「密接な関連性」の要件によって管轄詐取を規制しようとしたことが考慮されている[21]。またブリュッセルⅠ規則6条1号の解釈として，より詳細な「密接な関連性」の要件の意義を明らかにしたKalifelis事件判決において，まさにこの管轄詐取の可能性を封じるため，複数の人物に対して提起されている訴えの間に，提訴の時点ですでに，密接な関連性が存在することが必要であると判断されていたことに本判決は言及する[22]。したがって，付託問題②について，EC司法裁判所は「ブリュッセルⅠ規則6条1号は，複数の被告に対する訴えがその提訴の時点で関連性を有している，すなわち，別々の弁論によると矛盾する判決が下される可能性を回避するために，共同の弁論と判決が要請されるように見える場合に適用される。ただし，その他に，訴えが，被告の一人からその住所地国の裁判所を奪うという目的のためだけに提起されていなかったこと，が格別に認定される必要はない。」と回答した[23]。

---

(19) 本判決判決理由第43節-第45節。
(20) 本件法務官意見書第65節。
(21) 本判決判決理由第50節。
(22) 本判決判決理由第52節。
(23) 本判決判決理由第54節。

4 主幹的被告に対する訴えの勝訴可能性の要件について（付託問題③）

スウェーデン最高裁判所が付託した問題③は，ブリュッセルⅠ規則6条1号の適用に際して，主幹的被告に対する訴えないし請求権の勝訴可能性を考慮するか否かである。本件の法務官は，これを肯定して，主幹的被告に対する訴えについて管轄権の明白な不存在または理由のないことは，密接な関連性の要件を否定する要素として考慮されることを主張した[24]。

これに対して，EC司法裁判所は，この問題に対する判断を留保した。すなわち，EC司法裁判所によれば，付託問題③が提出された背景には，複数の訴えは，同じ法律原因に依拠している場合に限り，密接な関連性が認められるというスウェーデン最高裁判所の理解があり，また本件についていうと，スウェーデン法上，合意によって第三者のZ社に支払義務を負わせることができず，よって，XのY社に対する請求と，Z社に対する請求とでは法律原因を異にするので，ブリュッセルⅠ規則6条1号は適用されないとY社は現に主張していた。しかし，本判決は，付託問題①ですでに，ブリュッセルⅠ規則6条1号は，異なる被告に対する訴えが異なる法律原因に依拠している場合であっても，適用されると判断していたので，付託問題③への回答を無用とした[25]。

5 検　討

共同被告に対する請求権が，一方の被告に対しては契約上の法律原因に依拠し，他方の被告に対しては不法行為上の法律原因に依拠している場合，両請求には「関連性」が認められないことを述べた1998年のRéunion事件判決は，以来，本件のスウェーデン最高裁判所がそうであったように，締約国におけるブリュッセル条約および同Ⅰ規則の6条1号による主観的併合の裁判管轄の要件である「密接な関連性」の解釈・適用に大きな影響を与えてきた[26]。本判決の第1の意義は，本規定の解釈におけるRéunion事件判決の先例性をEC司法裁判所が否定したことにある。しかしその他の，ブリュッセルⅠ規則6条1号の「密接な関連性」の要件の具体的な解釈は，国内裁判所の判断に委ねられることを本判決は同時に述べているので，この要件の解釈をめぐっては不安定

---

[24] 法務官意見書第70節
[25] 本判決判決理由第56節－第58節。
[26] ドイツでは，BGH, NJW-RR 2002, 1149 がこの解釈をとっていた。その他，ドイツの代表的な体系書および注釈も同様であることについて，Althammer (Fn. 4), 229 Fn. 20.

な状態は続くと思われる。本判決の結論を踏まえて，例えば本稿が主に参照するドイツの文献では，併合される各請求権が概ね事実上または法律上同じであること，併合される被告に対する請求権が主幹的被告に対する請求権と依存関係にあること，両請求が同一の先決問題を持っていること等の基準，あるいはブリュッセルⅠ規則6条1号と同一の関連性の要件を定める同規則28条3項（弁論の必要的併合）の解釈を参照することが確認されている[27]。

付託問題②として判断された「管轄詐取の抗弁」の考慮は，ブリュッセルⅠ規則6条2号の要件を同条1号の主観的併合の場合にも準用するという趣旨で従来から学説上主張されており，本件の法務官意見もこれを支持した。またそれは，2006年のMontage事件判決[28]において強く示唆されていた解釈でもある。このような有力説を明確に否定した本判決は，主観的な判断を要する「管轄詐取の抗弁」または権利濫用という要素よりも，より客観的な基準である「密接な関連性」の要件を優先したと評価できる[29]。

共同被告のうち主幹的被告に対する訴えの勝訴可能性を要件とするかどうか，という付託問題③について本判決は判断を留保した。この勝訴可能性の要件は，とくにイギリスの裁判実務ではすでに実績があり，これを支持する見解もあるので[30]，法的安定性のために，いずれEC司法裁判所の判断が仰がれる機会があると思われる。

本判決を日本の国際裁判管轄から見るといくつかの点が注目される。ブリュッセルⅠ規則6条1号においては，共同被告のうちの少なくとも一人について住所地（普通裁判籍）を理由とする国際裁判管轄が存在しなければならない。これに対して，日本の主観的併合の国際裁判管轄の類推の基礎になる民事訴訟法7条にはそのような限定はなく，また将来の国際裁判管轄立法も同様である[31]。しかし，共同被告のうちの一人を主幹的被告と定め，それに対する

---

[27] Althammer (Fn. 4), 230.

[28] Reich/Montage AG v. Kiesel Baumaschienen Handels GmbH, Case C-103/05, [2006] ECR I-6827, para. 22.

[29] Althammer (Fn. 4), 231.

[30] Hess/Pfeiffer/Schlosser, The Brussel I-Regulation (EC) No 44/2001, para 210 (2008).

[31] 平成22年1月15日付の法制審議会・国際裁判管轄法制に関する要綱案，第4①は「密接な関連」を法規上の要件とするが，それがどのような場合に認められるかについては，手がかりはなく，すべて解釈に委ねられている。〔第177回国会で成立した「民事訴訟法及民事保全法の一部を改正する法律」による改正後の民事訴訟法3条の6も同様である。〕わが国の立法論に関して，安達栄司「合意，応訴，反訴および併合によ

請求と他方被告に対する請求との「密接な関連性」を主観的併合管轄の要件にして，その具体化を受訴裁判所の解釈に委ねている点では，ECと日本は，共通の問題に向き合っている。その意味では，本判決は，直接に日本法の解釈に示唆を与えるといえる。

次に，本判決のその他の争点で問題になった「判決詐取の抗弁」および「主幹被告に対する勝訴可能性」の要件は，日本法においてはすべて「特段の事情」として一括りにして考慮されている諸事情の一要素である。判例法によって形成されてきた日本の国際裁判管轄規制の最大の問題点が，「特段の事情」の考慮の肥大化にあることは，学説上の共通理解である[32]。しかし，その実務上の有用性が考慮されて，将来の国際裁判管轄法においても，例外的処理を許す「特段の事情」の考慮はむしろ明文化されて存続する[33]。日本の国際裁判管轄法の各論は，将来も引き続き，この「特段の事情」の要件の類型化および精密化に煩わされることは確実である。その点で，本判決においても主観的併合管轄のための「密接な関連性」の要件の意義を確認したEC司法裁判所の判例およびそれに従い具体的な解釈論を積み重ねている各締約国の裁判実務は，日本法によって大きな参考になる。

(国際商事法務38巻9号／2010年)

[安達栄司]

　　る国際裁判管轄」国際私法10号78頁（2008年）参照。
(32) 安達・展開3頁，河野俊行＝早川吉尚＝高畑洋文「国際裁判管轄に関する判例の機能分析──『特段の事情』を中心として」NBL 890号72頁（2000年）。
(33) 法制審議会・要綱案，第6。〔民事訴訟法の新しい（注31前掲鍵括弧内参照）3条の9も同様である。〕

20 多国籍企業労働者のための国際的（主観的）併合管轄の許否

EC司法裁判所2008年5月22日判決：[2008] ECR I-3965
(Glaxosmithkline and Laboratoires Glaxosmithkline v. Jean-Pierre Rouard, Case C-462/06)

〔事実の概要〕

ロワール氏（以下，Xという）は，1977年，ラボラトワール・ビーカム・セヴィーネ社（本拠はフランス。以下，A社という）に雇用され，アフリカの諸国に派遣された。Xは，1984年，グループ内の別法人であるラボラトワール・ビーカム UK 社（本拠はイギリス。以下，B社という）と新しく雇用契約（第二雇用契約）を締結し，それによってモロッコに派遣された。第二雇用契約によって，B社は，XがA社との最初の雇用契約によって取得した契約上の権利，とくに，解雇の場合に一定の解雇給付金をそのまま保証することを約した。Xは2001年にB社を解雇された。

2002年，Xは，フランスのサンジェルマン労働裁判所において，A社の事業を承継したラボラトワール・グラクソスミスクライン社（本拠はフランス。以下，Yという）とB社の事業承継人であるグラクソスミスクライン社（本拠はイギリス。以下，Zという）に対し，訴えを提起した。Xは，この訴えにおいて，YZ両社がXに対し連帯して，解雇の違法および労働契約違反を理由に金銭補償および損害賠償金を支払うよう，申し立てた。Xは，両社が自己の共同使用者であったと主張した。フランスのサンジェルマン労働裁判所が，同国に本拠を持つY社の他にZ社に対しても国際裁判管轄権を有することについて，XはブリュッセルI規則6条1号の主観的併合管轄によって認められると主張した。

それに対して，YZ両社は国際裁判管轄権が存在しないと反論し，サンジェルマン労働裁判所はこの反論を認容して，Xの訴えを却下した。

ベルサイユ控訴院はXの控訴を認めて2004年4月6日の判決によって第一審判決を破棄した。YZ両社は，この控訴審判決の取消しを求めて破毀院に上告した。

破毀院は上告手続を中断して，次のような問題に対する先行判決を求めてEC司法裁判所に付託した。すなわち，本件のような多国籍企業（コンツェルン）内部で雇用された労働者が複数の使用者（コンツェルン内の別会社）に対して提起する訴えに関して，ブリュッセルI規則6条1号の主観的併合管轄に依拠することができるのか。それとも，個別労働契約の事案においては，同規則第2章第5節（18条〜21

条）の特別の管轄規定が同規則6条1号の適用を排除するので，Y社とZ社はそれぞれの本拠を置く締約国裁判所で別々に訴えられなければならないのか。

〔判　旨〕

ブリュッセルⅠ規則6条1号に定められた特別の管轄規定は，個別的労働契約の裁判管轄権に関する同規則第2章第5節に該当する事件に適用することができない。

◆研　究◆

1　本判決の意義

本判決においてEC司法裁判所は，本件で付託された問題について，個別的労働契約の事件に対するブリュッセルⅠ規則6条1号の主観的併合（共同訴訟）の規定の適用可能性を否定した。この結論は，先に提出されていた法務官（M. Poiares Maduro）の最終意見とまったく逆のものであり，注目を引く。原告の労働者にとって主観的併合管轄を認めて管轄上の便宜を与えることは，ブリュッセル条約[1]およびその後継であるブリュッセルⅠ規則[2]の解釈および適用において一貫して承認されてきた労働者保護の理念に合致する。このことを考慮しなかった本判決の結論は，その後の評釈等でことごとく反対されている[3]。本判決をきっかけとして，国際裁判管轄における労働者保護目的の射程と実現方法，本判決が依拠する管轄ルールの明確性（安定性）の原則，さらには法の欠缺を前提とするブリュッセルⅠ規則の改正等，活発に議論されることが予想される。

2　ブリュッセル条約および同Ⅰ規則の変遷

ブリュッセル条約は，1968年の制定当初には労働者保護の特別管轄規定を

---

(1) ブリュッセル条約の翻訳は，中西康「民事及び商事事件における裁判管轄及び裁判の執行に関するブリュッセル条約(1)(2・完)」民商122巻3号426頁，4/5号712頁（2000年）。

(2) 中西康「民事および商事事件における裁判管轄および裁判の執行に関する2000年12月22日の理事会規則（EC）44/2001（ブリュッセルⅠ規則）(上)(下)」際商30巻3号311頁，4号465頁（2002年）。

(3) 筆者が参照したドイツ語文献では判決支持の評釈は皆無である。Krebber, IPRax 2009, 409; Sujecki, EuZW 2008, 371; Mansel/Thorn/Wagner, IPRax 2009, 11; Hess, 300.

含んでいなかった。ブリュッセル条約は，1988年のルガノ条約の規定に影響されて，1989年のいわゆるサン・セバスチアン条約に基づく改訂の際に，5条1号2文および3文として，初めて労働契約事件における労働者保護のための特別管轄を定めた[4]。この労働者保護の特別管轄規定は，義務履行地管轄の解釈の枠内において労働者保護を実現しようとするものであるが，それが置かれた同条約5条1号と本件で問題になった主観的併合の特別管轄規定（同条約6条1号）は，互いに排除する関係にはなかった。したがって，ブリュッセル条約においては個別的労働契約上の事件に関しても主観的併合管轄の規定が適用されることで異論はなかった。

それに対して，ブリュッセル条約の規定の大部分を引き継いで2000年に制定された新しいブリュッセルⅠ規則は，同規則第2章第5節（18条〜21条）に「個別的労働契約」と題するさらなる詳細な特則を置いた[5]。主観的併合管轄については，同規則6条1号においてブリュッセル条約と同様の内容で規定されている。留意すべきなのは，ブリュッセルⅠ規則18条以下の労働契約の特則において，同規則4条および5条5号の特別管轄規定の適用可能性は明文で指示されているのに対して（18条1項），主観的併合を定める同規則6条1号がそこでまったく言及されていないことである。これは，前述のように個別的労働契約事件にも主観的併合管轄の適用を排除しなかったブリュッセル条約の態度とは明らかに異なる。そこで，ブリュッセル条約とブリュッセルⅠ規則との間における，弱者＝労働者保護という目的における連続と，その特則の規定位置の不連続をどのように理解するべきかが，本件で明らかになった論点である。

3　本判決の立場

本判決は，個別的労働契約事件の国際裁判管轄を定めるブリュッセルⅠ規則の特則（同規則第2章5節・18条〜21条）の規定の文理にきわめて忠実に，この論点についての同条約と同Ⅰ規則との不連続（違い）を強調する。すなわち，

---

(4) サン・セバスチアン条約による労働者保護のためのブリュッセル条約5条1号の改正に関して，川口美貴『国際社会法の研究』174頁（1999年）。また個別的労働契約事件における義務履行地の問題について，ブリュッセル条約の改正およびブリュッセルⅠ規則の特則の解説も含み，芳賀雅顯「労働事件の国際裁判管轄」法論77巻6号145頁，170頁，177頁（2005年）が詳細である。

(5) この特則が，従前のブリュッセル条約と同様に弱者＝労働者保護にあることは，ブリュッセルⅠ規則の前文考慮事由(13)からわかる。

「同Ⅰ規則18条～21条の労働者保護の特則は，個別的労働契約事件の国際裁判管轄規定として，自己完結的（排他的）に適用され，同Ⅰ規則の他の特別管轄規定（6条1号も含む）によって変容されたり補充されたりしない[6]。」「同Ⅰ規則6条1号は，18条1項によりその適用が明文で留保されている4条および5条5号とは異なり，同Ⅰ規則第2章第5節中でまったく言及されていない[7]。」「同Ⅰ規則6条1号の管轄規定は，同Ⅰ規則20条2項において取り込まれている反訴に関する6条3項とは異なり，同Ⅰ規則第5節においてまったく言及されていない[8]。」さらに本判決は，ブリュッセルⅠ規則の改正案のための提言においても，同Ⅰ規則第2章第5節の特則が，同第1節の一般管轄規定および同第2節の特別管轄規定を排除していたことも理由としてあげる[9]。

　このような本判決の立場は，EC司法裁判所における本件の審理過程において提出されていたフランス政府，ドイツ政府およびイタリア政府の書面意見を排除するものである。イタリア政府の意見は，ブリュッセルⅠ規則6条1号の目的，すなわち矛盾判決の回避という目的を考慮した，目的論的解釈をするならば，同規定を労働契約にも適用できるという見解であった。それに対して本判決は，特別の管轄規定は厳格に解釈されるべきこと，とくに主観的併合管轄についてそのような解釈を展開した最近の判例[11]に言及して，労働契約事件に対する同Ⅰ規則6条1号の適用を排除した。

　フランス政府およびドイツ政府は，個別的労働契約事件において，労働者原告のみが同Ⅰ規則6条1号を援用できるという解釈意見を本件で提出していた。これに対して本判決は，そのような解釈が同Ⅰ規則の各規定の文言に反すること，また弱者の労働者のみが，同Ⅰ規則6条1号に限らず，その他の特別の管轄規定を有利に利用できるという解釈はブリュッセルⅠ規則を制定した際の利益考量の枠を越えてしまうこと，を指摘する[12]。そのうえで，フランス政府およびドイツ政府が主張するような解釈態度について，ブリュッセルⅠ規則の

---

(6) 本判決判決理由第15節－第20節。
(7) 本判決判決理由第21節。
(8) 本判決判決理由第22節。
(9) 本判決判決理由第24節。
(10) 本判決判決理由第25節・第26節。
(11) Reich/Montage AG v. Kiesel Baumaschienen Handels GmbH, Case C-103/05, [2006] ECR I-6827, para. 32; Freeport plc v. Olle Arnoldsson, Case C-98/06, [2007] ECR I-8319, para. 35.〔本書第2篇19事件〕
(12) 本判決判決理由第32節。

解釈上の理念である法的安定性と予見可能性を害するとして，本判決はかたくなに反対する[13]。

4 検　　討

　本判決は，個別的労働事件の国際裁判管轄について，詳細な特別規則を別段に設けたブリュッセルⅠ規則に固有の問題を扱うものである。それゆえに本判決は，EU の国際裁判管轄規制における労働者保護という政策実現を論じる題材としては必ずしも適切ではない。本判決の結論は，初めから同規則6条1号の適用を排除するものなので，本件のような多国籍企業内部の別会社を共同被告とする労働契約事件において，同号の主観的併合管轄を肯定するための「密接な関連」の要件が充足されるのかどうか，という解釈上の指針も本判決からは明らかになることはなかった[14]。

　それにもかかわらず，最近の EC の国際裁判管轄の判例として本判決から何らかの意義を引き出そうとするならば，管轄規則の文言の厳密な解釈による法的安定性および予見可能性の実現を，本件事案の特殊性（多国籍企業内部の労働契約紛争）を考慮して労働者を保護しようという政策目的の実現よりも優先する本判決の態度は，1つの見識を示したものとして評価することもできる。

　労働契約事件においてブリュッセルⅠ規則6条1号の主観的併合管轄の適用を認めるならば，使用者が原告となって労働者を訴える労働契約事件においてもこの規定が適用されることになり，その場合には，個別的労働事件の管轄権については労働者保護目的から別段の排他的規定において完結的に規律しようというブリュッセルⅠ規則第2章第5節の特則の目的に矛盾する[15]。そのことを考慮して主張されたのが，労働者のみが片面的に併合管轄を利用できる

---

[13] 本判決判決理由第33節。
[14] 法務官意見書第24節以下は，ブリュッセルⅠ規則6条1号の適用可能性を前提として，「密接な関連」の要件の充足性を詳細に論じている。そこでは，多国籍企業内の労働事件に関し，単一の通常労務地の概念を展開した EC 司法裁判所の先例として，2003年4月10日の Pugliese 事件判決（Guilia Pugliese v. Finmeccania SPA, Betriebsteil Alenia Aerospanizio, Case C-437/00, [2003] ECR I-3573）を参照し，検討している。この問題は，「密接な関連」の存在だけで主観的（および客観的にも）併合管轄を認めるわが国の将来の国際裁判管轄規定（法制審議会国際裁判管轄法制部会の平成22年1月15日付け「国際裁判管轄法制の整備に関する要項案（案）」第4〔第177回国会で成立した「民事訴訟法及び民事保全法の一部を改正する法律」による改正後の民事訴訟法3条の6〕を参照）の解釈の際に参照されることになる。
[15] 本判決判決理由第31節参照。

というフランスおよびドイツ政府の前述の解釈論意見であった。しかし，ブリュッセルⅠ規則6条1号の主観的併合管轄の規定は，そもそも労働者や消費者という弱者の保護を直接目的とするものではなく，矛盾判決の回避という価値中立的な目的（利益）を実現するための特別管轄であることに鑑みるならば，そのような片面的適用は困難である。

　最後に，本件の実体法関係の詳細が不明なので，想像の域を越えないが，本件の事案においては次の点も考慮されているのではないだろうか。すなわち，Xが真の被告として狙ったのは，Xと最後に直接の雇用関係のある，イギリスに本拠を置くZ社であったが，フランス人と思われる原告X（しかも，Xの労務供給地はモロッコであった）は，フランスの裁判所での訴訟遂行を可能にするために無理矢理にYを共同被告として提訴したという，一種の管轄騙取が本件に隠されていたのではないかという疑念が否定できない。

　以上のような検討によるならば，とくにドイツの文献でまったく支持をされていない本判決の結論も，完全に誤ったものと断ずることはできないように思われる。

（国際商事法務38巻3号／2010年）
［安達栄司］

Ⅳ 消費者事件

21 「二重目的の」消費者契約における裁判管轄

EC 司法裁判所 2005 年 1 月 20 日判決：[2005] ECR I-439
(Johann Gruber vs. BaY Wa AG, Case C-464/01)

〔事実の概要〕

　ドイツの国境に近いオーストリアで農業を営んでいる X (Johann Gruber) は，農場を所有し，およそ 10 部屋を家族のために使用していた。農場では 200 頭以上のブタが飼われ，機械用の部屋，飼料小屋があった。その一方で農場のおよそ 60 パーセントが居住のために使用されていた。ドイツ法上の会社である Y (BaY Wa AG) は，建築資材業をオーストリアの国境からあまり離れていないドイツのポッキングで営業しており，オーストリアでも広告を出していた。X と Y との交渉において，X は，彼が農業を営んでいることを述べ，農場の建物の屋根に瓦を敷きたいことを伝えた。しかし，屋根瓦を敷く建物が主として営業用に使用されているのか，私的な目的のために使用されているのかについては何も言わなかった。X は，Y が交渉中に示した屋根瓦の見積もりを受け，契約が成立した。しかし，Y が X に引き渡した瓦の色が統一されていなかったために，結局，X は屋根瓦を交換しなければならなかった。そこで，X は，オーストリアのシュタイエル地方裁判所に，瓦の色が統一されていなかったことが瑕疵にあたるとして損害賠償請求を行った。Y は，裁判管轄につき異議を述べたが，同地方裁判所は退けた。これに対して，リンツ高等裁判所は，管轄違いを理由に X の主張を却下した。そして，X の上告を受けたオーストリア最高裁判所（最上級裁判所・Oberster Gerichtshof, OGH) は，EC 司法裁判所に先行判決を求めた。主たる争点となったのは以下の点である。

　① 契約の目的が部分的に私的なものであった場合，ブリュッセル条約 13 条の意味における消費者の地位は，私的な目的と営業もしくは職業上の目的のいずれかが優先することに依存するか，そしていずれの目的が優先するか決定するに際して，どのような基準が適用されるか。

　② 目的を決定するのは，消費者の契約の相手方によって客観的に確認されうる事情によるか。

　③ 疑わしい場合，私的活動かつ営業的もしくは職業的活動の両方の性質を有す

257

る契約は，消費者契約とみなされるべきか。

〔判　旨〕
1．一部が営業もしくは職業の中に入り，一部が営業もしくは職業に入らない目的で，物品について契約を締結した者は，ブリュッセル条約13条から15条に定める裁判管轄の特別規定を援用することはできない。ただし，営業もしくは職業上の目的が，供給のすべての状況において副次的なものであるほど制限的な場合はこの限りでない。その点に関して，私的な要素が支配的であるという事実は重要ではない。

2．当該契約が，副次的でない範囲まで，関係者の仕事上の需要を満たすために，締結されたものであるかどうか，もしくは反対に営業もしくは職業上の目的が副次的であったか否かは，訴訟が提起された裁判所が決することである。

3．最終的に，この裁判所は，資料の中に客観的に含まれるすべての関係する事実についての証拠を考慮しなければならない。他方で，契約が締結された際に契約の相手方当事者が認識できた事実もしくは状況を考慮する必要はない。ただし，消費者性を主張する者が，彼の職業上の目的のために行為をしたという正当な印象を契約の相手方当事者に与えるように行動した場合はこの限りではない。

◆研　究◆

1　問題の所在

本件では，自宅が農場である当事者が購入した屋根瓦に瑕疵があったために訴訟が提起されたところ，本契約の裁判管轄が原告の住所地国であるのか，それとも被告の住所地国であるのかが問題となっている。裁判管轄については，当該契約が消費者契約であるか否かによって，その根拠規定が異なる。本件では，契約目的物が私的に使用される性質と営業目的で使用される性質とを有しているために，当該契約を消費者契約と理解してよいかどうかが問題となった。

本件では，Ｘは，Ｙの住所地であるドイツではなく，自らの住所地であるオーストリアの裁判所に提訴している。ブリュッセル条約2条〔現在では，ブリュッセルⅠ規則2条1項となっている〕は，原則として「被告の住所地」の裁判所に管轄を認めている。さらに，同条約5条1号〔ブリュッセルⅠ規則5条1号ａ〕は，契約事件に関し，「義務履行地」に裁判管轄を認めている。他

方，同条約 13 条から 15 条〔ブリュッセルⅠ規則 15 条から 17 条〕は，消費者契約に関する特別管轄を定めており，Xが消費者に該当すれば，同条約 14 条 1 項〔ブリュッセルⅠ規則 16 条 1 項〕に基づいて，自らの住所地の裁判所に訴えを提起することが認められることになる[1]。このように，本事件では，直接的には，ブリュッセル条約 13 条から 15 条の特別管轄と消費者概念の意義が問題となっている。しかしながら，かかる問題は，国際民事手続法においてのみ問題となる訳ではない。本件における主たる争点は，消費者契約が念頭に置く「消費者」とは何かという問題である。かかる問題は，民事実体法の観点からも興味深いものであり，従来から実体法上議論が行われてきている[2]。

そこで，本稿では，まず，本事件において争われた「二重目的の」消費者契約に関して，実体法的観点から，かつ対照的な評価を示しているオーストリア

---

(1) 民事及び商事事件における裁判管轄及び裁判の執行に関するブリュッセル条約。なおブリュッセル条約の条文の翻訳に関しては中西康「民事事件及び商事事件における裁判管轄及び裁判の執行に関するブリュッセル条約(1)(2・完)」民商 122 巻 3 号 426 頁，4/5 712 頁（2000 年）に依拠したが，若干の修正を加えた箇所がある。同条約 13 条は 1 項に「その者の営業もしくは職業に入らないとみなされる目的のために締結された契約（以下，この者を消費者という）に関する事件の管轄は，次に掲げる契約については，本節の規定による。ただし，4 条および 5 条 5 号の適用を妨げない。1 動産の割賦販売契約　2 動産購入代金の融資を目的とする，割賦弁済される金銭消費貸借その他の信用授与契約　3 その他役務または動産の供給を目的とする契約で，a 契約締結に先立ち，消費者の住所地国において特別の申込みまたは広告が行われており，かつ，b 消費者がその国で規約締結に必要な行為を行ったとき。」と定めている。同条約 14 条 1 項は「消費者が契約の相手方になす訴えは，相手方住所を有する締約国の裁判所または消費者が住所を有する締約国の裁判所において提起することができる。」と定めている。同条約 15 条は，裁判管轄の規定と異なる合意をすることができる場合を定めている。なお現在，同条約は，ブリュッセルⅠ規則により一部改正されている。ブリュッセル条約 13 条以下に相当する規定は同Ⅰ規則 15 条以下に定められている。同Ⅰ規則については，中西康「民事及び商事事件における裁判管轄及び裁判の執行に関する 2000 年 12 月 22 日の理事会規則（EC）44/2001（ブリュッセルⅠ規則）(上)(下)」際商 30 巻 3 号 311 頁，30 巻 4 号 465 頁（2002 年）参照。

(2) 大村教授は，「消費者概念の相対性・可変性」を指摘している。すなわち「消費者の概念」は，その者の属性によって一義的に定まるのではなく，「行為の属性」によって定まるとされる。そして「行為の属性」は，「営業」との関連性により評価され，さらに評価は場合によって異なるとされる（大村敦志『消費者法〔第 2 版〕』25 頁（2003 年））。また，「人」概念との対比で「消費者」概念を検討する論稿として，谷本圭子「民法上の『人』と『消費者』」磯村保ほか編『民法学の課題と展望』73 頁（2000 年）も，「消費者」概念に関する従来の支配的見解の認識につき，事業者との関係における「経済的力関係の不均衡」のみに着目している点を批判し，「人」と「消費者」を異なって把握する必要はないとする。

消費者法およびドイツ民法における状況を整理する。それを踏まえ本判決の位置づけを検討した後、わが国への示唆を示すことにする。

2 オーストリア消費者保護法1条の消費者概念

オーストリアでは、EC不公正条項指令に先立ち[3]、1979年3月8日に消費者保護法（Konsumentenschutzgesetz）が制定されていた。消費者概念については、適用範囲に関する同法1条1項に定めがある。すなわち、同条1項1号は、まず、事業者（Unternehmer）を「諸行為がその事業の営業に属している者」であると定め、同項2号が消費者（Verbraucher）を「それに該当しない者」と定めている。そして、消費者保護法の適用がある法律行為は、事業者と消費者との間の行為であるとされている（同法1条1項）。事業者は、自立した経済活動の継続を目的としている組織であるとされ、利益を目的とする必要はないとされている。また、公法上の法人は常に事業者とされている（同条2項）。

このように、オーストリア法は、消費者概念に関しては、積極的に定義するのではなく、事業者に該当しない者＝消費者という消極的な定義をしている。それゆえに、事業をしない者は常に消費者となる。そして事業をしている者であっても、締結した行為が事業の営業に該当しない場合には、消費者となる[4]。また、2項から明らかになるように、私法上の法人も、事業を行わない限り、消費者とみなされる[5]。

本件と関連するようなケースについて、行為の一部が私的領域に属し、一部が営業上の領域に属する場合、全体として事業者の行為となると解されている[6]。この点に関しては、オーストリア法は厳格な解釈を行っている。

---

[3]「1993年4月5日の消費者契約における不公正条項に関するEC指令」（93/13/EEC, O. J. L95/29）（本稿ではEC不公正条項指令という）。EC不公正条項指令については、中村肇「消費者契約における不公正条項規制に関するEC司法裁判所と国内裁判所の関係」際商33巻4号542頁注4（2005年）〔本書第2篇6事件116頁以下注4〕にあげた論稿を参照。

[4] Peter Rummel, Kommentar zum Allgemeinen bürgerlichen Gesetzbuch, 3. Aufl., Bd. 2, §1 KSchG Rdnr. 4 (2002).

[5] Helmut Koziol/Peter Bydlinski/Raimund Bollenberger/Georg Kathrein, Kurzkommentar zum ABGB, §1 KschG Rdnr. 2 (2005).

[6] Rummel (Fn. 4), Rdnr. 23; Koziol (Fn. 5), Rdnr. 4; Welser in Krejci, KschG-HB, 200を引用する（未見）。

3 ドイツ民法13条の消費者概念

ドイツにおいては，民法13条が消費者概念について定めている[7]。同条によれば，「消費者とは，営業活動もしくは自立した職業活動に分類されない目的のために法律行為を行う自然人である」とされている。この規定によれば，ある人物が消費者に該当するか否かは，本来的に明らかなのではなく，各法律行為がいかなる目的のためになされたかにかからしめられているとされる[8]。本件で問題となったような「一部を私的に利用し，一部を営業用に利用する」ことを目的とした（dual-use）契約を締結した者を消費者と解するか事業者と解すべきかに関しては，争いがある。一方は，常に消費者の行為であると解する見解であり（消費者原則説とする）[9]，他方は，私的な目的で行為をした場合であっても，事業者の取引経験に鑑みて，常に事業者の行為であると解する見解である（事業者原則説とする）[10]。さらに原則として事業者原則説に立ちながら，ある行為が私的な目的のために計画されたところ，たまたま取引上の目的にも使用された場合にだけ，消費者性から出発するべきだとする見解もある[11]。

しかしながら，かかる並列的な分類は，説得力がないとされている[12]。これに対して，支配的な見解は，どのような目的が優先するかによって決定する（優先目的説とする）[13]。例えば，プファイファーは，かかる場合には，「契約目的が本質的に営業上または独立的職業上の活動外にあるか否かが問題である」という[14]。また裁判例においても，ナウムブルグ高等裁判所1997年12

---

(7) そのほかに，ドイツにおける国際私法を含む民法施行法29条，29条aに消費者契約，特別な領域における消費者の保護に関する規定がある。それらの規定との関係は，本稿では検討しておらず，今後の課題としたい。

(8) Helmut Köhler, BGB Allgemeiner Teil, 29. Aufl., §5 Rdnr. 20 (2005).

(9) Friedrich Graf von Westphalen, Die Novelle zum AGB-Gsetz, BB 1996, 2101.

(10) Bamberger-Roth/Schmidt-Räntsch, Kommentar zum Bürgerlichen Gesetzbuch, Bd. 1, §13 Rdnr. 7 (2003).

(11) Karl Larenz/Manfred Wolf, Allgemeiner Teil des Bürgerlichen Rechts, 9. Aufl., §42 Rdnr. 49 (2004).

(12) Erman/Saenger, Bürgerliches Gesetzbuch, 11. Aufl., §13 Rdnr. 17 (2004).

(13) Erman (Fn.12), Rdnr. 17; Palandt/Heinrichs, Bürgerliches Gesetzbuch, 65. Aufl., §13 Rdnr. 4 (2006).

(14) Thomas Pfeiffer, Vom kaufmännischen Verkehr zum Unternehmensverkehr, NJW 1999, 169, 174. プファイファーは，後述するジュリアーノ・ラガルド報告書に言及しており，ドイツにおける消費者および消費者契約の取扱いに関して同報告書は参照されている。

月11日判決は，営業用の乗用自動車が私的にも利用されている場合において，〔旧──以下も同様である〕消費者信用法1条(15)における「消費者概念」の解釈に関して，「信用を目的に従って分けることができない場合，優先する目的に従うべきである」として優先目的説に立つことを明らかにした。さらに同判決は，消費者原則説に従わない理由として，次のように述べている。すなわち，「消費者信用法1条の規定は，同規定がすでに行われた営業活動には適用されるべきではないということを明確に述べているからである。たしかに，営業目的の乗用自動車が場合によっては私的にも利用されるということは自明である。しかしながら，かかる場合において常に消費者信用法1条の適用が肯定されたとしたら，このことは，立法者が意図していなかった消費者信用法の人的適用範囲の拡張に導くことになるだろう」という(16)。また，中古車売買における損害賠償請求に関するツェレ高等裁判所2004年8月11日判決も，瑕疵担保責任排除特約が禁止される（ドイツ民法475条1項1文）消費用物品売買に該当するか否かに関連し，「自然人が目的物を私的にも彼の（副業的）事業にも使用していた（dual-use）場合，例えば消費用物品売買に分類されるためには，どのような使用が優先しているかが決定的である」として，優先目的説に立った判断をしている。さらに，「〔優先目的説は〕消費者保護についての規定の意味および目的からもたらされる……。たしかにEUの消費者保護指令は，行為の評価について……何ら直接の基準を有していない。それにもかかわらずさまざまな指令は，締結された契約の目標および目的設定を見定め，そして，この契約が明白にかつもっぱら契約者の営業上もしくは他の点で独立した職業上の活動に分類されうるかどうかに従って識別している」と述べている(17)。

4 本判決の位置づけ

(1) 本判決の論理

本判決は，「二重目的」で締結された契約が原則として消費者契約に該当しないと判断した事例として理解される。その際に，EC司法裁判所は，ドイツにおいて主張されていたような優先目的説に従うのではなく，原則として消費者契約であることを否定する立場によりながら，営業もしくは職業的目的が行

---

(15) 旧消費者信用法は2002年の債務法現代化法により民法典に統合されている。この点につき，半田吉信『ドイツ債務法現代化法概説』352頁以下（2003年）参照。
(16) OLG Naumburg, WM 1998, 2159.
(17) OLG Celle, NJW-RR 2004, 1646.

為全体において副次的な役割を果たすにすぎない場合にのみ、消費者契約であると解する見解を採用した[18]。

　EC 司法裁判所によれば、第 1 に、ブリュッセル条約 13 条以下に定める裁判管轄の特別規定は、同条約の体系上狭く解釈されるべきであるとされている。第 2 に、従来の判例の取扱いが指示される[19]。それによれば、これらの規定は、消費者の適切な保護のための機能を有する一方、職業的もしくは営業に関係していない行為をした私的な最終消費者に関係しており、かかる保護を必要としない者に拡張して適用されるべきではないことになる。それらから、ブリュッセル条約における消費者概念は狭く解釈すべきであることが確認される[20]。

　その結果、ブリュッセル条約 13 条以下の規定は、一部が職業的もしくは営業的活動に関係し一部がこれらの活動に関係しない目的のために契約を締結した者には原則として適用されないこととされる。例外的に当該契約と職業的もしくは営業的活動との関係が非常に弱く、付随的であり、行為全体において副次的な役割を果たすにすぎない場合にのみ同規定が適用されうると判断している[21]。

(2)　法務官意見

　次に、本判決の背景を理解するために法務官意見を検討する。ヤコブス法務官は、ブリュッセル条約における消費者概念の背景と判例による解釈を理解することが有益であるという[22]。

　まず、消費者概念の背景として、現行のブリュッセル条約 13 条の文言は、1978 年の付加条約により導入されたものである。現行 13 条における消費者契約の定義は、契約債務の準拠法に関する 1980 年 6 月 19 日の条約（以下、契約債務準拠法条約とする）〔現在では、契約債務の準拠法に関する規則（ローマ I 規則）となっている〕の 5 条の文言に一致し、その草案に由来するとされている[23]。

---

(18) Kropholler[8], § 15 Rdnr. 10ff..

(19) Bertrand v. Paul Ott KG, Case 150/77, [1978] ECR 1431; Shearson Lehmann Hutton Inc. v. TVB Treuhandgesellschaft für Vermögensverwaltung und Beteiligungen mbH, Case C-89/91, [1993] ECR I-139; Francesco Benincasa v. Dentalkit Srl, Case C-269/95, [1997] ECR I-3767; Hans-Hermann Mietz v. Intership Yachting Sneek BV, Case C-99/96, [1999] ECR I-2277; Rudolf Gabriel, Case C-96/00, [2002] ECR I-6367.

(20) 本判判決理由第 32 節－第 37 節。

(21) 本判判決理由第 39 節。

(22) Opinion of Mr. Advocate General Jacobs delivered on 16 September 2004, para. 19.

(23) Jacobs（Fn. 22）, para. 22. 契約債務準拠法条約の 5 条（ある種の消費者契約）は、1 項に「この条の規定は、ある者（消費者）に対する物品または役務の提供を目的とする

同条約の草案作成のための作業部会の報告者によるジュリアーノ・ラガルド報告書によれば[24]、契約債務準拠法条約5条1項の消費者の定義は、「弱者の保護という条文の趣旨に照らして、また判決条約等の同様の目的を持った他の国際条約と調和するよう、解釈すべきである」とする[25]。そして、本定義は、「商人、製造業者および自由職業にたずさわる者（例えば医者）が、その事業を行うについて備品を購入しまたは役務の提供を受ける場合に締結する契約には、適用されない」。ただし「これらの者が、部分的に自己の事業の範囲内において、また部分的にその事業の範囲外において行為する場合は、その者がもっぱら自己の事業の範囲外で行為しているときのみ、その事案は、5条の適用範囲に入る」。これに対して、「物品、役務または信用の供与を受ける者が、事実上、もっぱら自己の事業の範囲外において行為する場合であっても、相手方当事者がその事実を知らず、一切の事情を考慮に入れてもこれを知ることができなかったときは、その事案は、5条の適用範囲外」とされている。具体例として「物品または役務の提供を受ける者が、事業者のように振る舞い、例えば自己の事業を行うについて実際に利用することができる物品を、事業用レターヘッドが付された書面により注文するならば、相手方当事者の善意は保護され、その取引は5条では規律されない」とする。

次に、ブリュッセル条約13条に関するEC司法裁判所の判例が指摘され

契約であって、その者の営業もしくは職業に入らないとみなされる目的のために締結された契約、または物品もしくは役務の提供のために融資を目的とする契約に適用される」と定めている。なお、同条約は予備草案では契約債務および契約外債務の準拠法に関する条約であったが、契約債務のみに関する準拠法に関する条約となった。草案についての紹介、検討として、欧龍雲「ヨーロッパ経済共同体における『契約および契約外債務の準拠法に関する条約草案』」北園9巻2号383頁（1974年）、加来昭隆「契約外債務の準拠法(1)(2)」福法20巻2号1頁、4号321頁（1975年）、川上太郎「契約債務の準拠法の決定に関する諸問題」西南7号4号1頁（1975年）、岡本善八「国際契約の準拠法」同法32巻1号1頁（1980年）。契約債務の準拠法に関する条約については、梶山純「契約債務の準拠法」九国1巻1号23頁（1994年）が翻訳、検討をしている。また、野村美明＝藤川純子＝森山亮子「契約債務の準拠法に関する条約についての報告書(9)」阪法48巻2号565頁（1998年）に同条約の翻訳があり、本稿でもそれを参照、依拠したが、若干の修正を加えた箇所がある。

(24) ジュリアーノ・ラガルド報告書を野村ほか・注23前掲「契約債務の準拠法に関する条約についての報告書(1)～(10・完)」阪法46巻4号641頁（1996年）～48巻4号1067頁（1998年）が翻訳している。

(25) 以下のジュリアーノ・ラガルド報告書に関する記述は、野村ほか・注23前掲「契約債務の準拠法に関する条約(5)」阪法47巻2号459頁（1997年）による。

る(26)。1993年1月19日判決(27)において，EC司法裁判所は，同条の根本的な趣旨を他方当事者よりも「経済的に弱くかつ法的問題に経験が少ないと思われる当事者」である消費者を保護することに認めている。そして，同条は，かかる当事者が被告の居住国の裁判所に訴えを提起することを強要されることで訴訟を思いとどまることの回避を目的としているとする。その一方で，消費者という文言を広く解釈してはならず，営業的もしくは職業的活動に従事する者には関係せず，最終消費者に限定することとしていた(28)。

また，1997年7月3日判決(29)では，当事者の主観的状況ではなく，契約の性質および目的を尊重することを確認している。まったく同一人物であっても，特定の取引関係においては消費者とみなされ，他の状況では経済的専門家とみなされる。「私的な消費に関し，自らの個人的需要を満足させる目的のために締結された契約だけが」消費者保護規定の適用を受けることになる。かかる規定により要求される特別な保護は，「営業的もしくは職業的活動のための契約の場合」保障されていないという(30)。

以上を踏まえ，ヤコブス法務官は，結論として，一部を営業的もしくは職業的目的のために，一部をそれらの外側にある目的のために契約を締結した者は，ブリュッセル条約13条以下の規定により要求される例外的保護によることはできないとする。ただし営業的もしくは職業的目的が重要でない場合はこの限りではないとした(31)。

(3) 本判決に対する批判

本判決は，本事件の法務官意見に基本的に沿う形で判断されている(32)。学説には，本判決を支持する見解もあるものの(33)，その判断に対しては批判も

---

(26) Jacobs (Fn. 22), paras. 25 et seq.
(27) Shearson Lehmann Hutton Inc. v. TVB Treuhandgesellschaft für Vermögensverwaltung und Beteiligungen mbH, Case C-89/91, [1993] ECR I-139.
(28) Jacobs (Fn. 22), paras. 26, 27.
(29) Francesco Benincasa v. Dentalkit Srl, Case C-269/95, [1997] ECR I-3767.
(30) Jacobs (Fn. 22), para. 28.
(31) Jacobs (Fn. 22), paras. 33-42. なお，ヤコブス法務官は，そのほかにもオーストリア最高裁判所により設定された問題広告と契約締結の関係などにも言及しているが，EC司法裁判所はそれらについて論じていないので本稿では省略する。
(32) もっともEC司法裁判所の判断が，消費者保護法上の保護目的関連的かつそれを衡量した解釈である法務官意見に比して厳格な解釈を採用したとして，両者の相違を指摘する見解もある（Nobert Reich, EuZW 2005, 244）。
(33) 例えば，ハイデルホッフは，ニュルンベルグ高等裁判所2004年7月20日判決およ

加えられている。

　「二重目的の」消費者契約について人的適用範囲を決するための考えうるアプローチについて，マンコウスキーによる整理を参照すると以下の7つが指摘できる。すなわち，①営業的な部分が少しでもあれば消費者契約であることを否定する見解，②営業的な部分がまったく副次的とはいえない場合には消費者契約であることを否定する見解，③営業上の部分が特記すべき場合には消費者契約であることを否定する見解，④行為のその都度の重点がどこに置かれたかによって決定する見解，⑤私的な部分が特記すべき場合には消費者契約であることを肯定する見解，⑥私的な部分がまったく副次的とはいえない場合には消費者契約であることを肯定する見解，⑦私的な部分が少しでもあれば消費者契約であることを肯定する見解である[34]。

　EC司法裁判所は，副次的な場合を除き，職業的もしくは営業的な部分があるときには消費者保護法を適用しない立場を示しており（＝②の立場），厳格な解釈をとっている。これに対して，マンコウスキーは，相手方に認識可能な重点による判断（＝④）に基づくべきとして批判している[35]。

　マンコウスキーは，上記の①や⑦に該当するオール・オア・ナッシングの解決は，簡明さという魅力はあるものの，その極端さから実質的に説得力がないとしている。さらに，契約債務準拠法条約に関するジュリアーノ・ラガルド報告書において認められた「本質的に営業的な活動または職業的な活動外にある行為を私的な行為とする」点を検討し，EC司法裁判所の採用した厳格な解釈が支持されないことを指摘する。むしろ，④の重点に注目するアプローチが一義的で明白さを有するという[36]。

　また，マンコウスキーは，EC司法裁判所の判断が，営業的もしくは職業的

　　びハンブルグ高等裁判所2004年6月23日判決に関する評釈論文において，ニュルンベルグ高等裁判所がブリュッセルⅠ規則15条の解釈につきドイツにおける消費者概念を重要ではないとした点を支持している。そして，本件EC司法裁判所判決がドイツにおける支配的見解（＝優先目的説）を採用しなかったことを「当然」と評価している。それによれば，優先目的説は，実務上自由に取り扱うことができないだけでなく，共同体の消費者保護の基本思想とも合致しないとされる。そして部分的にも職業的に行為をした者は取引においてすべての注意を集めなければならないとする（Bettina Heiderhoff, Zum Verbraucherbegriff der EuGVVO und des LugÜ, IPRax 2005, 230ff.）。

(34) Peter Mankowski, "Gemischte" Verträge und der persönliche Anwendungsbereich des Internationalen Verbraucherschutzrechts, IPRax 2005, 504.

(35) Peter Mankowski, EwiR 2005, 306.

(36) Mankowski (Fn. 34), 504-505.

要素がまったく副次的であるか否かに着目する点についても，法的安定さが与えられるものではないという。むしろ，重点を重視する見解と比較して衡量の基準が不明確であると批判している[37]。さらに，厳格解釈への傾向がEUの消費者保護政策と調和するかどうかという問題をもたらすことも指摘されている[38]。

5　本判決の評価

　本件において，EC司法裁判所は，ブリュッセル条約13条1項以下に定める「消費者」および「消費者契約」の範囲につき，厳格な解釈を採用した。マンコウスキーが整理したように，「二重目的の」消費者契約を消費者契約と性質決定するかどうかに関しては，広い範囲の選択肢がありうるが，EC司法裁判所は，原則として消費者契約には該当せず，営業的もしくは職業的要素がまったく副次的である場合に例外的に消費者契約に該当すると判断している。その根拠となっているのは，ブリュッセル条約における特別管轄規定の体系上の位置づけであり，従来のEC司法裁判所の判例との整合性であるといえよう。しかしながら，その一方で，本判決に対しては学説からの批判が加えられている。また，同条約と共通する契約債務準拠法条約における消費者概念を参照しつつ，議論を行ってきたドイツの学説は，「二重目的の」消費者契約についてEC司法裁判所のように厳格な解決を指向せず，中間的なアプローチを採用している。これに対して，オーストリアにおいては消費者保護法1条の下「二重目的の」消費者契約につき，これを全体として事業者の契約とみなす見解がとられていた。

　本判決に対しては，厳格な解釈をとることによって，契約がある部分では私的な目的のために行われ，ある部分では職業的な目的で行われた場合に，両者を衡量する機会を失わせ，法的不安定さをもたらすという指摘があるほか[39]，EC法全体における体系的調和という観点からも批判が加えられている[40]。そして消費者概念は統一的に解釈されるべきであるという批判もある[41]。この

---

(37) Mankowski (Fn. 34), 505-506.
(38) Mankowski (Fn. 34), 506. ライヒもかかるEC司法裁判所の判断がヨーロッパにおける消費者保護法の強制的な性質に矛盾するとする (Reich (Fn. 32), 244)。
(39) Mankowski (Fn. 34), 509.
(40) ライヒによれば，消費者保護を目的とした指令についての判例から，それらの規定は「狭く解釈されるべき」でないとする (Reich (Fn. 32), 245)。
(41) Mankowski (Fn. 34), 508.

一方で，EC法の解釈はドイツ法などの国内法の解釈からは自律的に解釈されるべきであるとして，厳格な解釈を支持する見解もあった[42]。

EC司法裁判所の従来の判例に従えば，ブリュッセル条約13条以下の消費者および消費者契約を厳格に解釈することになると思われる。しかしながら，「二重目的の」消費者契約における厳格な判断には，ドイツ民法における支配的見解に鑑みると，必ずしも説得力があるとはいえない面があるように思われる。また，ブリュッセル条約によって狭い消費者概念が示された場合，EUの消費者保護政策（EC条約153条〔現在のEU機能条約169条に対応〕参照）やその他の指令と調和しない場合もあるように思われる。

6　日本法への示唆

わが国の消費者契約法2条1項によれば，「消費者」とは，事業として又は事業のために契約の当事者となる場合における者を除く「個人」であると規定されている。他方，「事業者」は，同条2項によれば，「法人その他の団体及び事業として又は事業のために契約の当事者となる場合における個人」であるとされている。そして，「消費者契約」は，「消費者と事業者との間で締結される契約」と定義されている（同条3項）。

本件で問題となったような「事業のために」契約の当事者となっているか，「事業のためでない目的のために」契約の当事者となっているか判断が困難な場合には，具体的な契約の目的や契約の目的物が事業目的と個人目的のいずれに多く利用されているかで判断するとされている[43]。その際には，①契約締結の段階で，該当事項が目的を達成するためになされたものであることの客観的，外形的基準（例：名目等）があるかどうかで判断し，②①のみで判断することにつき現実的に困難がある場合は，物理的，実質的（時間等）基準に従い，該当事項が主として（例：使用時間のうち，その2分の1以上を事業のために使用しているか等）目的を達成するためになされたものであるかどうかで判断するとされている[44]。

---

(42) Heiderhoff (Fn. 33), 230.
(43) 斎藤雅弘「消費者契約法の適用範囲」法セ549号18頁（2000年）。
(44) 内閣府編『逐条解説消費者契約法（補訂版）』43頁（2003年）。この問題に関し，山本豊教授は，いずれの使用目的が優越するかというメルクマールと使用目的の相手方からの認識可能性というメルクマールを示している（山本豊「消費者契約法(1)」法教241号83頁（2000年））。

さらに，個人が「消費者」であるか「事業者」であるか判断が困難である場合について，わが国の消費者契約法の下では，究極的に裁判官による客観的事実からの判断と「消費者」であることを主張する側が証明責任を負担することに委ねられると解されている[45]。

　日本と同様に「消費者」概念を消極的に定義するオーストリアにおいては，かかる場合，事業者に該当すると解されている。しかしながら，ドイツにおける議論などに鑑みると，本判決やオーストリアにおける判断に従うべきではないように思われる。むしろ，ドイツにおける優先目的説や当該行為における重点によって契約の性質を決定すべきという見解が，わが国における議論にとって参考になろう。

（国際商事法務34巻5号／2006年）

［中村　肇］

---

[45] 内閣府・注44前掲44頁。

V 国際的専属裁判管轄

22 貸別荘への滞在に起因する損害賠償請求訴訟の国際裁判管轄

EC 司法裁判所 2000 年 1 月 27 日判決：[2000] ECR I-393
(Dansommer A/S v. Andreas Götz, Case C-8/98)

〔事実の概要〕

　ドイツに居住するドイツ人Yは，1995年2月27日，デンマーク法人X社から，デンマークに所在し，その国に住所を有する私人の所有である別荘を，1995年7月29日から8月12日まで休暇を過ごすために賃借した。その際，営利的旅行主催者であるXは単に仲介者としての役割を果たしたにすぎない。XY間で締結された契約に関して用いられた約款によると，上記期間別荘の使用を認めることの対価の中には旅行キャンセル料保険の保険料が含まれていた。また，この約款によると，Xは，Xが支払不能となった場合にYの支払った代金の償還を保全する措置をとることとなっており，実際にYに対して保全証書を交付した（ドイツ民法651条k第3項[1]参照）。

　Yが休暇を過ごした後，当該別荘の所有者は家具が損傷されていることを発見した。そこで，この所有者の損害賠償請求権の譲渡を受けたXは，Yを相手取り，ドイツのハイルブロン区裁判所に損害賠償請求の訴えを提起した。同裁判所の請求棄却判決に対しXが控訴を提起したが，控訴審であるハイルブロン地方裁判所は自己

---

(1) 本条は，1990年6月13日のECパック旅行指令を国内法化するための1994年6月24日の法律により民法に挿入されたものであり，旅行主催者は，その支払不能または破産により旅行給付がなされない限り，支払済みの旅行代金等の償還を保全する措置をとらなければならない旨と，保全措置（保険者または金融機関による支払約束による）をとった場合にはその旨の証明書を旅行者に交付すべき旨などを定める。Xのとった措置はこの法律による要求に従ったものである。なお，ECパック旅行指令とそれを受けたドイツ法の改正については，高橋弘「主催旅行契約に関する資料(1)」広法15巻3号106頁以下（1991年），同「ドイツにおける主催旅行契約法および主催旅行契約約款の改正」広法21巻1号217頁以下（1997年），同「旅行主催者の倒産の場合における旅行者の保護措置に関するドイツ政府の報告」広法22巻4号237頁以下（1999年），青野博之「ドイツ旅行契約法の改正とEC指令」駒論51号71頁以下（1995年）参照。

の国際裁判管轄に関して疑問を抱き，手続を停止し，EC 司法裁判所に先行判決を求めて次の問題を付託した。

ブリュッセル条約 16 条 1 号 a は，旅行主催者の給付義務が別荘の使用を認めることのほか，約款によって定められた旅行キャンセル料保険に限定されており，かつ，別荘の所有者と賃借人が同一の締約国には住所を有しないときにも適用になるか。

〔判　旨〕

1．不動産の賃貸借を対象とする訴えに関する専属管轄を定めるブリュッセル条約 16 条 1 号 a の規定は，そこで数週間の休暇を過ごすために私人が賃借した家屋の損傷を理由とする損害賠償請求訴訟について，不動産所有者が直接その訴えを提起したのではなく，賃借人に家屋を賃貸し，不動産所有者の権利の譲渡を受けた旅行主催者が提起した場合にも適用になる。

2．旅行主催者と賃借人との間で締結された契約の約款中に含まれていて，キャンセル料保険と顧客の支払った代金の償還の保全にかかわり，かつ，ドイツ裁判所での基本訴訟の対象とはなっていない付随条項は，ブリュッセル条約 16 条 1 号 a の意味における不動産の賃貸借に関する契約としての当該契約の性質に影響を与えることはない。

◆ 研　究 ◆

1　貸別荘への滞在に起因する損害賠償請求訴訟と不動産の賃貸借に関する訴え

ブリュッセル条約 2 条 1 項〔現在はブリュッセル I 規則 2 条 1 項となっている〕は，訴えは被告が住所を有する加盟国の裁判所の面前に提起されるべきことを定めるが，同条約 16 条は，この原則の例外として，一定種類の訴えについてのこれとは異なった加盟国の裁判所の専属管轄を規定している。そして，この一環として，同条 1 号 a は，不動産についての物権，不動産の賃貸借を対象とした訴えに関して，不動産所在地国である加盟国の専属管轄を定めている。ただし，これにはさらに例外があり，スペインとポルトガルの EC への加入に伴う 1989 年の改正により付け加えられた同条 1 号 b によると，連続して最長 6 月までの期間の一時的な私用目的の不動産賃貸借に関する訴えについては，所有者と賃借人が自然人であり，かつ，同一の加盟国に住所を有する限り，被告が住所を有する加盟国の裁判所にも管轄が認められる。

本件事案においては，不動産所有者はデンマークに，賃借人はドイツに住所を有する。すなわち，両者が同一の加盟国に住所を有するわけではないから，16条1項bは関係がない。それゆえ，ここでドイツ裁判所の国際裁判管轄が根拠づけられうるとしたならば，16条1項aの適用が排除され，2条1項の原則が適用されるということでなければならない[2]。

2 本判決の立場

そもそもこの点については学説による批判がないわけではないが[3]，EC司法裁判所の確定した判例によると，休暇目的の不動産の短期の賃貸借に起因する訴訟も不動産所在地国の裁判所の専属管轄に属する[4]。したがって，基本訴訟が不動産の賃貸借を対象とする訴えに関するものであるとするならば，それはただちに16条1項aの適用を受けることになる。そして，本判決は，基本訴訟がそのような訴えに関する訴訟であることを，以下のような理由で肯定している。

(1) まず，EC司法裁判所の従来の判例によると[5]，訴えが物権的権利に基づいているか対人的権利に基づいているかにかかわりなく，不動産の賃貸借契約に起因する権利義務に関するすべての訴訟が16条1項aの適用を受ける。そして，このことは基本訴訟の訴えに当てはまる。なぜなら，それは，不動産の状態を維持し，自らが加えた損傷を除去すべき賃借人の義務の違反を理由としているからである[6]（判旨第1点前段）。

不動産所在地国の裁判所に専属管轄が認められている主たる根拠は，その裁判所が，空間的近さのゆえに，現場でなされるべき照会，調査および鑑定意見の取寄せによって事実関係を知り，一般に所在地国のそれである関係法規と慣習を適用することができるもっとも有利な立場にある点にある。EC司法裁判所の判例[7]やブリュッセル条約に関する公式報告書の1つ[8]がいうこのよう

---

(2) Vgl. Rauscher, ZZP Int 5 (2000), 246. これは，本判決評釈である。

(3) Rauscher, Die Ferienhausentscheidung des EuGH – Unbilligkeit oder Konsequenz europäischer Rechtspflege, NJW 1985, 892ff.

(4) Rösler v. Rottwald, Case 241/83, [1985] ECR 99.

(5) Lieber v. W. S. Göbel and S. Göbel, Case C-292/93, [1994] ECR I-2535, para. 12.

(6) 本判決判決理由第23節・第24節。

(7) Sanders v. Van der Putte, Case 73/77 [1977], ECR 2383 para. 13; Mario P. A. Reichert, Hans-Heinz Reichert and Ingeborg Kockler v. Dresdner Bank AG, Case 115/88, [1990] ECR I-27, para. 10.

な16条1項aの立法趣旨も，上記のような解釈に有利なものとして援用することができる[9]。

16条は訴訟物を出発点としており，また，条約の起草者は，とりわけ16条1項に関し，賃借人により加えられた損傷の除去を対象とする紛争を含めることを意図していたという，やはり公式報告書の1つが指摘する点[10]も，同様に，上記のような解釈に有利なものとして援用することができる[11]。

(2) もっとも，EC司法裁判所は，ハッカー事件判決[12]において，本件事案の賃貸借契約と類似の契約を16条1項aにいう賃貸借契約ではないとしているが，本判決は，双方の契約の差異について次のようにいう[13]。

ハッカー事件判決の契約も旅行主催者と顧客との間の契約であるが，それは短期間別荘の使用を認めることのほかに，他のサービスをも内容として含んでいた。すなわち，それは，旅行主催者が顧客にいくつかの休暇旅行の提供申出を行う際に情報提供をし相談に応ずること，顧客が選択した期間について別荘を確保すること，交通機関の予約，目的地での迎え，さらには必要ならば旅行キャンセル料保険について配慮することなどを含んでいた[14]。

これに対し，本件事案の契約はもっぱら不動産の賃貸借に関連している。この契約の約款中に含まれている旅行キャンセル料保険は単なる付随的条項にすぎず，本体である契約の不動産賃貸借契約との性質に影響を与えるものではない。とりわけ，この条項は基本訴訟の対象ではないからには，そうである。旅行主催者の支払不能の場合に顧客の支払った代金の償還を保全する措置に関する条項は，ドイツ法上は法律上必要とされているが，これに関しても同様のことをいいうる（判旨第2点）。

(3) 本件事案においては不動産所有者ではなく，それから損害賠償請求権を譲り受けた旅行主催者が訴えを提起している。本判決は，この点を理由に，旅

---

[8] ジュナール報告書を指す。該当箇所は，関西国際民事訴訟法研究会（酒井一訳）「民事及び商事に関する裁判管轄並びに判決の執行に関するブラッセル条約公式報告書(4)」際商27巻10号1186頁（1999年）。

[9] 本判決判決理由第27節。

[10] 関西国際民事訴訟法研究会（酒井訳）・注8前掲1186頁。

[11] 本判決判決理由第28節。

[12] Hacker v. Euro-Relais GmbH, Case C-280/90, [1992] ECR I-1111. これに従うものとして，たとえば，Kropholler[5], 5. Aufl., Art. 16 Rdnr. 30; Geimer/Schütze, EuZVR, Art. 16 Rdnr. 111.

[13] 本判決判決理由第29節－第35節。

[14] Hacker v. Euro-Relais GmbH, Case 280/90, [1992] ECR I-1111, para. 14.

行主催者はあたかもそれ自身が不動産所有者として行動しているかのごとくに見ることができ，したがって，基本訴訟が不動産所有者と賃借人との間の訴訟ではないことは16条1項aの適用の妨げとはならないという[15]（判旨第1点後段）。

3 賛成学説

EC司法裁判所によると，ハッカー事件判決の契約はパック旅行契約であり，本判決の契約は賃貸借契約であるということになるが，両者の区別は必ずしも容易ではないであろう。しかしながら，第一説として，ある学説は，この点を指摘しつつも区別が可能であることを前提として判旨に賛成している。そして，二種類の契約に起因する訴訟について，旅行主催者が原告となるか旅行者が原告となるかに応じて国際裁判管轄の問題を検討している。その際，注目すべきは，旅行主催者が賃貸人ないし不動産所有者でもなく，その損害賠償請求権を譲り受けてもいないにもかかわらず，旅行者に対して契約違反を理由に損害賠償を請求するという，従来のEC司法裁判所の判例によっては取り扱われていない類型にも言及していることである。そして，旅行会社が顧客に対し自ら別荘を用意することについて責任を負った独自の主催者として現れるか否かによって，賃貸借契約が存在するか否かが判断されるという[16]。

4 批判学説

これに対し，上記2判決によるパック旅行契約と賃貸借契約との区別の困難さをより厳しく批判する学説もある。

(1) すなわち，第二説によれば，交通機関の予約だけがハッカー事件判決の契約の特徴となっている。これに対し，いくつかの選択肢を申し出ることは，別荘の仲介ということの性質上，当然なされるべきことである。その際の相談は，損害賠償請求を回避するために，少なくとも書面でなされるであろう。予約された別荘が確保されてもいるということは，どのみち当然のことである。そして，交通機関の予約以外のこれらすべてのことは，旅行キャンセル料保険の配慮と同様に，旅行社を通じて予約する顧客は期待してよいことである。本件事案においても，このことは当てはまった。それゆえ，ハッカー事件判決の

---

[15] 本判決判決理由第36節・第37節。
[16] Hüßtege, Ferienwohnungen im Ausland als Spielball der Gerichte?, IPRax 2001, 31ff., insbes. 32f. これは，本判決を契機として書かれた論文である。

基準によるならば，基本訴訟の契約を含め，すべての貸別荘の仲介契約がブリュッセル条約16条1項の適用を受けないことになってしまう[17]。

(2) 給付内容による区別をこのように批判する学説は，これに代えて契約当事者を基準にする区別が実務的には適当に思われるとし，次のようにいう[18]。

本件事案においては，旅行主催者は単なる仲介者であり，賃貸借契約は不動産所有者との間に結ばれた。追加的な給付義務を負った旅行仲介者が不動産所有者と旅行者との間に介在していても，このような契約をハッカー事件判決の契約とは区別して16条1項aに服せしめるのは目的に沿っているように思われる。旅行者と別荘所有者との間で争われる場合には，16条1項が目当てとしている賃貸借法と物権法的な要素が，請負契約または役務提供契約と整序されるべき契約関係の中に解消されてしまうことはない。

このような区別の基準は明確で予測可能でもある。どのような追加的給付を旅行主催者が負担しているかは問題とならず，誰が不動産の使用を認める義務を負担しているかだけが問題となるのである。所有者による賃貸は，商業的仲介者を介する場合にも，16条1項の適用を受ける。

もっとも，上記学説も，このような区別にまったく問題がないわけではないことを認めている[19]。市場の一般の見方は，旅行主催者のもとで予約された別荘とそれにより仲介されたにすぎない別荘とを厳格には区別していないからである。しかし，にもかかわらず，この学説は，管轄の問題にとっては，実体旅行法にとってより以上に，予測可能性が重要であるとの理由により，給付内容よりも契約当事者を区別の基準とする立場を維持している。

本件事案においては賃貸人でない旅行主催者が原告となっているが，この学説も本判決の結論には賛成している[20]。それは，旅行主催者は賃貸人である不動産所有者の権利を譲り受けて訴えを提起しており，それゆえ，後者と同一の立場に立って行動しているとの判旨第1点後段の理由づけに全面的に従っているからである。そして，この理由づけも契約当事者を区別の基準とすべきことと適合的であるという。

---

(17) Rauscher (Fn. 2), 246.
(18) Rauscher (Fn. 2), 247.
(19) Rauscher (Fn. 2), 247f.
(20) Rauscher (Fn. 2), 248.
(21) Rauscher (Fn. 2), 248.

5 立法の動き

　以上のように，上記第二説も，短期の賃貸借契約が問題となっているにもかかわらず，本件基本訴訟についてブリュッセル条約16条1項bが適用されず，同項aが適用されるのは相当であるとする。しかし，賃貸人が第三国（不動産所在地国でも賃借人の住所地国でもない国）である加盟国に住所を有する場合にも，同様にbではなくaが適用されることになるが，これは相当ではないとする。すなわち，16条1項bの例外は狭すぎるというのである[21]。

　そもそも，16条1項bを付加した改正に数か月先立つブリュッセル条約の平行条約であるルガノ条約には，より広い例外が設けられている。すなわち，ルガノ条約16条1項bによると，「賃借人が自然人であり，かつ，いずれの当事者も不動産所在地国である加盟国に住所を有しない限り」，ブリュッセル条約16条1項bの規定する訴えについてそれが規定する裁判所にも管轄が認められている[22]。そして，当初，ブリュッセル条約16条1項bもこれと同一の文言にすることが意図されたようであるが，それでは広すぎるということで，妥協の産物として現行のような文言に落ち着いたようである[23]。

　これに対し，最近行われているブリュッセル条約の改定作業における提案はやや微温的である。すなわち，EC委員会の当初の提案は，「住所」の文言を「常居所」に代え，連続して最長6か月までの期間の一時的な私用目的の不動産賃貸借に関する訴えについては，所有者と賃借人が自然人であり，かつ，同一の加盟国に常居所を有する限り，被告が常居所を有する加盟国の裁判所にも管轄が認められる，とすることにとどまっていた[24]。そして，ブリュッセル条約（とルガノ条約）の改定のための作業グループの提案も，賃借人が自然人であれば足りるとして，やや進んではいるが，その他の点ではEC委員会の提案の線にとどまっている[25]。要するに，後者はブリュッセル条約とルガノ条

---

[22] この点については，中西康「民事及び商事事件における裁判管轄及び裁判の執行に関するブリュッセル条約(1)」民商122巻3号445頁（2000年）参照。

[23] Vgl. Rauscher (Fn. 2), 248.

[24] Proposal for a Council act establishing the Convention on the jurisdiction and enforcement of judgments in the civil and commercial matters in the Member States of the European Union, COM/97/0609 final-CNS 97/0339, O. J. NoCO33 p. 20, 1998/01/31 Notice 98/C33/05, Article 16.

[25] Doc 7700/99 JUSTCIV 60 vom 30. 4. 1999; abgedruckt in: Gottwald (Hrsg.), Revision des EuGVÜ, Neues Schiedsverfahrensrecht, 125ff. (2000)

約の折衷といえる[26]。

6　今後の展望

　短期の別荘の賃貸借に関し、あらゆる場合に不動産所在地国の裁判所に専属管轄を認める必然性は乏しいであろう。そもそも一般的にいっても、ブリュッセル条約の公式報告書の指摘する空間的近さによる証拠調べの便宜は、この裁判所に管轄を認める理由にはなるが、それが専属的でなければならないとの理由にはならないのではなかろうか。他方、賃貸借に関する法規は賃借人保護という所在地国の公序と関連しているから、所在地国の関係法規や慣習の適用の必要性の方は専属管轄の理由となるであろうが、短期の別荘の賃貸借に関しては賃借人保護は問題にならないのではなかろうか[27]。また、上記第二説のいうように、給付内容によって賃貸借契約と旅行契約を区別して後者を上記条項の適用からはずすというEC司法裁判所の立場はあまり適切とは思われない。それゆえ、立法によって16条1号aに例外を設けることが期待されるところであるが[28]、それがどのように落ちつくかは現在のところ見通すことはできないようである。〔ブリュッセル条約に代わった同Ⅰ規則22条1号第1文は同条約16条1号aと同文であり、同Ⅰ規則22条1号第2文は、同条約16条1号bに対応した規定であるが、「住所」を「常居所」に代えることを止めたほかは、同条約の改定のための作業グループの提案どおりである。また、ルガノ条約22条1号はブリュッセルⅠ規則22条1号と同文である。〕

（国際商事法務30巻5号／2002年）

［野村秀敏］

---

(26) Kohler, Die Revision des Brüsseler und des Luganer Übereinkommens über die gerichtliche Zuständigkeit und die Vollstreckung gerichtlicher Entscheidungen in Zivil- und Handelssachen – Generalia und Gerichtsstandsproblematik –, in: Gottwald (Hrsg.), Revision des EuGVÜ, Neues Schiedsverfahrensrecht, 23. (2000)

(27) Vgl. Rauscher (Fn. 2), 245.

(28) Schlosser, EuGVÜ, Art. 16 Rdnr. 8 は、ハッカー事件判決のような技巧的な解釈は現行16条1項bによって不要となったとしているが、本判決がなおここでの契約が賃貸借契約であるかを問題にしていることや、最近の立法動向に鑑みれば、そのようにいうことはできないであろう。

23 公共企業が締結したデリバティブ契約に先立つ企業の機関決議の有効無効を先決問題とする訴訟事件と国際的専属裁判管轄の成否

EU 司法裁判所 2011 年 5 月 12 日判決：[2011] ECR I-3961
(Berliner Verkehrsbetriebe (BVG) v. JPMorgan Chase Bank NA, Frankfurt Branch, Case C-144/10)

[事実の概要[1]]

1　米国の投資銀行であるX社（JPモルガン・チェース銀行）はニューヨークに本店を持ち，ヨーロッパ各地に支社または子会社を有している。Y社（ベルリン交通公社）は，ドイツ・ベルリン市において公共交通サービスを提供している公共企業である。X社とY社は，2007年7月19日，取引確認証書に基づき，スワップ契約を含むデリバティブ取引契約を締結した。このスワップ契約（JPMスワップ契約。以下，「本件スワップ契約」という）には，イギリスの裁判所に専属的に管轄権を認める裁判管轄の合意が含まれていた。裁判記録によれば，このスワップ契約における取り決めに基づき，特定の第三者企業に対するまたは特定の第三者企業からの支払停止が発生した場合，Y社が最大で2億2,000万アメリカドルをX社に支払う義務を負うこと，ならびにその反対給付として，Y社が約7,800万アメリカドルを利得すること，が明らかになっている。

2　X社の主張によれば，2008年9月からスワップ契約の対象となっている複数の第三者企業が支払停止に陥ったので，X社はY社に対し，同契約で定められた金額を支払うよう要求した。Y社はその支払を拒絶したので，X社のロンドン支店およびイギリスの子会社は，2008年10月10日，本件スワップ契約で合意され，かつブリュッセルI規則23条に基づき管轄権を有するイギリス高等法院商事部において，Y社を相手取って訴えを提起した（以下，「イギリス訴訟」という）。本訴の訴訟物は，本件スワップ契約に基づきY社が支払義務を負うとされる約1億1,200万アメリカドルの支払，または同額の損害賠償金の支払を求めるものである（その他に本件スワップ契約の無留保の有効性と強行性の確認も申し立てられている）。

このイギリス訴訟においてY社は，X社が本件スワップ契約に関して助言義務を果たさなかったので支払義務を負わない，と反論した。さらにY社は，Y社は本件

---
(1) 本判決判決理由第14節－第20節。

23 公共企業が締結したデリバティブ契約に先立つ企業の機関決議の
有効無効を先決問題とする訴訟事件と国際的専属裁判管轄の成否

スワップ契約の締結に関して定款目的外（ultra vires）の行為を行ったのであり，それゆえに本件スワップ契約の締結を承認した公共企業の機関決議は無効であるという理由から，本件スワップ契約は無効である，と主張した。これに加えて，Y社は，ブリュッセルⅠ規則22条2項に基づきドイツの裁判所が専属的裁判管轄権を有するのであるから，イギリスの高等法院は裁判管轄権を有しないと自ら宣言するべきだ，との申立てもした。2009年9月7日，高等法院はこの申立てを却下した。それに対してY社が控訴したが，イギリス控訴院は2010年4月24日の判決によって控訴を棄却した。Y社からの上告を受けたイギリス最高裁判所は，2010年12月21日，上告審の手続を中止し，先行判決を求めてEU司法裁判所に付託した。

EU司法裁判所はこの付託を2011年2月7日に受理し，C-54/11の事件番号が付されて係属中した（その後，2011年7月5日の長官命令によって事件簿から抹消された）。

3　以上のイギリス訴訟が係属中の2009年3月9日，Y社はX社のフランクフルト支社を相手取ってドイツ・ベルリン地方裁判所において訴えを提起して，第1に，Y社は定款目的外の事項を契約対象とする行為を行ったので，本件スワップ契約は無効であると確認すること，予備的に第2に，X社による不適切な助言を原因とする損害賠償請求権の埋め合わせとして，スワップ契約から生じるすべての支払義務からY社を免除することを宣言する判決をX社に対し言い渡すこと，第3に，X社に対し損害賠償の支払を命じる判決を言い渡すこと，を求めた（以下，「ドイツ訴訟」という）。

このドイツ訴訟において，Y社はとくに，後から係属したベルリン地方裁判所はブリュッセルⅠ規則22条2項に基づき専属的裁判管轄を有するので，イギリスで係属する訴訟手続を顧慮することなしに訴訟手続を進行させなければならず，よって同規則27条1項に基づいて手続を中止することは許されない，と主張した。しかしながら，ベルリン地方裁判所は，2009年5月26日の決定で訴訟手続を中止した。Y社がベルリン地方裁判所に提出した即時抗告は許可されなかったが，ドイツの民事訴訟法に基づき，職権によって事件はベルリン高等裁判所に付託された。ベルリン高等裁判所も，ベルリン地方裁判所と同様に，イギリスで係属する訴訟手続とドイツで係属する訴訟手続は，ブリュッセルⅠ規則27条1項にいう重複訴訟に当たるという見解を示した。それゆえ，ベルリン高等裁判所は，訴訟手続を中止し，次の3つの問題点についての先行判決を求めてEU司法裁判所に事件を付託した[2]。

①　ブリュッセルⅠ規則22条2号の規定は，社団が締結した契約に関し，その契約締結を承認した機関の決議が社団の定款に反して無効なので拘束力を有しないと主張されているような事件に適用されるのか。

(2)　本判決判決理由理由第21節。

② 付託問題①の回答が肯定であるとき，機関決議の有効性が民事裁判所において審理されなければならない限りにおいて，同規則22条2号は公法上の社団（公共企業）に関しても適用されるのか。

③ 付託問題②の回答が肯定であるとき，裁判管轄の合意に対して，その合意は，当事者の属人法によれば無効な機関決議に基づいているために同様に無効である，と主張されている場合であっても，後から訴訟が係属した締約国の裁判所は，同規則27条1項に基づき訴訟を中止する義務を負うか。

EU司法裁判所は，付託問題①についてのみ判断を示した。

〔判　旨〕

ブリュッセルⅠ規則22条2号の規定は，法人が締結した契約に関し，その契約締結を承認した機関の決議が社団の定款に反して無効なので拘束力を有しないと主張されているような事件には適用されない，と解釈しなければならない。

◆ 研　究 ◆

1　本判決の意義

EU域内の財産事件の国際裁判管轄を定めるブリュッセルⅠ規則は，22条2号において次のように定める。すなわち「第22条　次の裁判所は，住所の如何を問わず，専属管轄を有する。……2　会社その他の法人の設立の有効無効もしくは解散，またはその機関の決議の有効性に関する事件においては，会社その他の法人が本拠を有する締約国の裁判所。本拠の決定については，裁判所は，自国の国際私法規則を適用する。」[3]同規則22条各号に定められた国際的専属管轄規定の趣旨は強行的であり，それに反する当事者の管轄合意も応訴管轄も排除され（同規則23条5号・24条），また専属管轄裁判所とは異なる裁判所に訴えが提起されたならば職権で管轄権の不存在が宣言される（同規則25条）。

本判決は，法人組織に関連する事件に関し法人の本拠地がある締約国の裁判所の国際的専属裁判管轄を定めるブリュッセルⅠ規則22条2号が，法人の機関決議の有効性の問題を直接の訴訟対象とする事件の他に，その問題が本件のように契約上の紛争における「先決問題」として登場するような訴訟事件に

---

(3) 中西康「民事及び商事事件における裁判管轄及び裁判の執行に関する2000年12月22日の理事会規則（EC）44/2001（ブリュッセルⅠ規則）（上）」際商30巻3号317頁（2002年）の訳文に依拠する。

23 公共企業が締結したデリバティブ契約に先立つ企業の機関決議の
有効無効を先決問題とする訴訟事件と国際的専属裁判管轄の成否

も適用されるのか，という論点（付託問題①）について，適用されないことを明言する重要判例である。本判決の基本事件が係属するドイツ・ベルリン高等裁判所の訴訟手続（ドイツ訴訟）においては，同一契約上の紛争がすでにイギリスの裁判所に係属しているので（イギリス訴訟），ドイツの裁判所における同一当事者間で同一契約に関連して後から係属したドイツ訴訟はブリュッセルⅠ規則27条1項（二重起訴禁止の規定）によって，中止されるべきではないのか，が直接の論点であった[4]。しかし，本件についてY社が主張するように，本件のスワップ契約に起因する事件について，同規則22条2項によってY社の本拠のあるドイツの裁判所が国際的専属管轄を有するのであれば，同規則27条1項に基づく二重起訴禁止の規制は及ばないと解することができる[5]。この疑問を解消するために，ドイツ・ベルリン高等裁判所は関連する3つの疑問点について先行判決手続を求めてEU司法裁判所に付託した。本判決では，ブリュッセルⅠ規則22条2号の専属裁判管轄の適用範囲の解釈に直接関連する付託問題①についてのみ回答し，同規定の適用範囲を制限的に解釈することを明らかにした。

　本判決のこの結論は，2008年10月2日のHassett事件判決[6]でEC/EU司法裁判所がすでに示していた制限的解釈の方向に一致すると評価されるものである[7]。他方で，EC/EU司法裁判所は，2006年7月13日のGAT事件判決[8]において，特許等の知的財産権の事件の専属裁判管轄を定めたブリュッセル条約16条4号（ブリュッセルⅠ規則22条4号に同じ）の適用範囲について，

---

(4) ブリュッセルⅠ規則における国際的二重起訴禁止の規律は，訴訟物の同一を基準とするのではなく，事案の核心の同一が基準になっていることについて，越山和広「欧州司法裁判所における訴訟物概念はドイツ法に影響を与えるか」松本博之＝徳田和幸責任編集・民事手続法研究1号83頁（2005年），およびそこで紹介されている1987年のGubisch事件判決（Gubisch Maschinenfabrik v. Palumbo, Case 144/86, [1987] ECR 4861）と1994年のTatry事件判決（The owners of the cargo lately laden down on the board the ship "Tatry" v. the owners of the ship "Maciej Rataj," Case C-406/92, [1994] ECR I-5439）を参照。

(5) Rauscher/Leible, EuZPR/EuIPR (2011), Art. 27 Brüssel I-VO Rdnr. 16b. この疑問自体が，EU司法裁判所によって判断されるべき論点であることについて，Müller, EuZW 2011, 481.

(6) Nicole Hassett v. South Eastern Health Board and Cheryl Doherty v. North Western Health Board, Case C-372/07, [2008] ECR I-7403.

(7) Thole, IPRax 2011, 543.

(8) Gesellschaft für Antriebstechnik mbH & Co. KG (GAT) v Lamellen und Kupplungsbau Beteiligungs KG, Case C-4/03, [2006] ECR I-9657. 本判決について，安達栄司「国際的

この規定は「特許の登録又は有効性に関するあらゆる種類の法律事件に適用されるものであって，その問題が訴えとして提示されているのか，それとも抗弁として提示されているのかは問わない，と解釈される」と判断して，専属的裁判管轄に含まれる事件の範囲を前提問題のレベルにまで拡大して解釈するという本判決と逆の態度示していた。GAT 事件判決において EC/EU 司法裁判所が突如として示した属国主義的判断[9]のインパクトは大きく，Hassett 事件判決に対する評釈においても，判旨に反対し，このような専属的裁判管轄の拡大的な解釈が同様の論拠（事案および法との接近性）をもってブリュッセルⅠ規則22条2号についても妥当しうるという見解も主張されていた[10]。そのような状況において，本判決が，法人組織に関する専属的裁判管轄について，意識的に GAT 事件との区別をして[11]，制限的に解釈するべきことを再び明言したことの意義は大きい。

2 本判決の理由

(1) EU 司法裁判所は，最初に，ブリュッセルⅠ規則22条2号の解釈方法について短く言及する。本規則は，締約国のすべての言語に対応するが，文言上の違いは不可避である。本規定についていうならば，「法人の設立の有効無効もしくはその解散，またはその法人の機関決議の有効性」の問題領域に「関する訴訟事件」の専属的裁判管轄を定めるバージョン（フランス，スペイン）がある一方で，それらの問題を「訴訟対象（訴訟物）とする訴訟事件」を念頭に置くことを明示するバージョンもある（例，ドイツ，イギリス）[12]。このことも考慮して，EU 司法裁判所がここで示した方法論は，各言語バージョンの相違や矛盾にとらわれることなく，EC 規則全体の目的および一般原則を考慮して実質的に解釈することである[13]。EU 司法裁判所によれば，ブリュッセル

　　専属裁判管轄の規定は特許侵害訴訟にも適用されるか」際商 35 巻 6 号 844 頁（2007 年）〔本書第 2 篇 24 事件〕で紹介した。
(9) 同じく知的財産事件の属国主義的判断は，2006 年 7 月 13 日の Roche 事件判決（Roche Nederland BV and Others v. Frederick Primus and Milton Goldenberg, Case C-539/03, [2006] ECR I-6535）でも確認され，注目と批判を浴びていた。この判決については，安達栄司「EU の特許権侵害訴訟における国際的併合管轄の可否」際商 35 巻 10 号 1430 頁（2007 年）〔本書第 2 篇 18 事件〕参照。
(10) Leible/Roeder, NZG 2009, 29, 30
(11) 本判決判決理由第 45 節・第 46 節。
(12) 本判決判決理由第 26 節・第 27 節。
(13) 本判決判決理由第 28 節・第 29 節。

23 公共企業が締結したデリバティブ契約に先立つ企業の機関決議の
有効無効を先決問題とする訴訟事件と国際的専属裁判管轄の成否

Ⅰ規則22条の専属的裁判管轄の規定は同規則2条1項の被告住所地の普通裁判籍に対する例外として，狭く解釈されなければならない，という解釈態度がブリュッセル条約の時代から繰り返し示されてきた[14]。また，専属的裁判管轄を拡大解釈すれば，ブリュッセルⅠ規則23条5項のために裁判管轄の合意と管轄選択についての当事者自治が広く制限されるのでここでも厳格な解釈が必要である[15]。

(2) EU司法裁判所は，ブリュッセルⅠ規則22条2号の制限的解釈の論拠として，同規定を拡大解釈した場合の悪影響をとくに3つ指摘する。

第1に，法人の機関決議の有効性に関連する論点を含むすべての訴訟事件に同規定を適用できるという拡大解釈をすれば，同規則の考慮事由[11]に掲げられた原理的目標，すなわち管轄規定の予見可能性と法的安定性が損なわれる[16]。

第2に，同規則22条の規定の趣旨は，各号に定める法分野に関して，事件と締約国との間に裁判をするのにもっとも適しているとくに密接な関連性があるような，特別の事案について唯一の締約国の裁判所に専属管轄を集中することにある。そのために，同規則22条2号は，法人の機関決議の有効性に関連する訴訟を裁判する管轄権を法人の本拠の裁判所に付与した[17]。しかしながら社団が締結した契約上の紛争においては，当該契約の有効性，解釈および効力が事件の核心であり，訴訟物を形成している。それに対して，その契約の締結を承認した機関決議は付随的なものにすぎない[18]。

第3に，ブリュッセルⅠ規則22条2号の拡大解釈は，法人の存在および法人の機関決議の有効性に関連する訴訟事件を裁判する管轄権を，それらの裁判の相互矛盾を避けるために1か所に集中させる，という本規定の本来の目標と合致しない[19]。機関決議の有効性の問題は訴訟事件に付随するとしても，同一の事件をめぐって訴訟競合の状態になれば同規則27条1項の規律が，さらには管轄裁判所で下された判決について同規則33条1項および38条1項の締約国間での自動承認・執行のシステムが機能するので，締約国間での裁判の矛盾の危険性は生じない[20]。

---

(14) 本判判決理由第30節。
(15) 本判判決理由第32節。
(16) 本判判決理由第33節。
(17) 本判判決理由第36節・第37節。
(18) 本判判決理由第38節。
(19) 本判判決理由第40節。
(20) 本判判決理由第41節。

また，ブリュッセルⅠ規則の前身であり，現在でも同規則の解釈指針にもなっているブリュッセル条約に関する公式報告書[21]において，同条約16条2項が適用されるのは同項が定める機関決議の有効性等の事項が「本訴請求」(die Hauptklage, in substance) になっている事件に限定される，という厳格な解釈態度が正当であると確認されている[22]。
　以上のような理由から，ブリュッセルⅠ規則22条の規定は，会社その他の法人の設立の有効無効もしくは解散，またはその機関決議の有効性にもっぱら関連する訴訟事件だけを対象とするものであると解釈されなければならないのであって，最初に述べたような言語上の表現の不一致に拘泥しない[23]。
　(3) 最後に，EU司法裁判所は，本判決の結論が，同じ専属管轄規定でありながら反対に拡大解釈をするべきだと判断した2006年のGAT事件判決と矛盾しないことにも言及する[24]。EU司法裁判所によれば，GAT事件判決は，本件のような法人の機関決議の有効性が問題になっている訴訟事件には転用できない。とくに特許権侵害訴訟において当該特許の有効性は不可避の前提であり，それゆえに，最密接の法廷地として特許権の登録国に専属的裁判管轄権を付与することが健全な司法運営の利益にかなう。それに対して，ある法人が契約紛争の一方当事者であり，その法人の契約締結を承認した機関決定の無効を主張しているとき，その法人の本拠の裁判所がそのような最密接の法廷地であるという保証は存在しない[25]。

3　検　討

　(1) ブリュッセルⅠ規則の管轄法上の体系性，予見可能性および法的安定性の原則から，またその前身のブリュッセル条約のときからの伝統に従って，同規則22条2号の専属的裁判管轄の適用範囲を制限的に解釈した本判決とその論拠は，Hassett事件判決においてすでに示されていたものであり，異論なく受け入れられている[26]。ブリュッセルⅠ規則22条2号の専属的裁判管轄の規

---

(21) 関西国際民事訴訟法研究会（酒井一訳）「民事及び商事に関する裁判管轄並びに判決の執行に関するブラッセル条約公式報告書(4)」際商27巻10号1181頁，1186頁（1999年）。この文献では，当該箇所は「……機関の決議に実質的に関連する手続において……」と訳出されている。
(22) 本判決判理由第43節。
(23) 本判決判理由第44節。
(24) 本判決判理由第45節。
(25) 本判決判理由第46節。

定が適用されるのは，訴訟対象それ自体が機関決議の有効無効に向けられた訴えに限られる。したがって，会社役員が委任契約の解除の有効無効を争う訴えに本規定の適用はないが，会社役員の解任決議取消しの訴えは，本規定の対象に含まれる[27]。当該訴えの判決に対世効が生じるかどうかの観点も，本規定の適用基準になるだろう[28]。

なお，本規定の解釈に関連しては，本判決で回答を得られなかったその他の2つの問題[29]が残されている。それに加えて，本件の先行判決の付託の際に顕在化していた問題，すなわち，ブリュッセルⅠ規則27条1項の二重起訴禁止の規制と同規則22条の専属的裁判管轄の優先関係の問題は，本件の中でEU司法裁判所の判断が示されることも期待されていたが，今後の判例または立法論による解決を待たなければならない[30]。

他方で，本判決に関して一致して疑問が提示されるのは，国際的専属裁判管轄規定について拡大解釈を妥当だとした2006年のGAT事件判決との矛盾，およびそれに対する本判決の弁明についてであろう。本判決が判決理由第46節で述べる知的財産事件の特殊性を強調した区別の基準には説得力がない。Hassett事件判決においても，そして本判決においても，国際的専属裁判管轄の制限的解釈の妥当性があらためて確認されたのであるから，学説上強い批判にあっている[31]GAT事件判決の当否を見直そうとする機運が高まることは十分に予想できる。

(2) 日本の新しい国際裁判管轄法は，わが国の国際的専属裁判管轄の規定を置いた（民事訴訟法3条の5）。本件のような訴訟事件の前提問題として法人の機関決議の有効無効が争われる場合にも国際的専属裁判管轄に服させるのか，否かという問題提起は，本規定の立法過程においてまったく見られなかったようである[32]。本規定の立法化以前において，法人その他の団体の機関の決議の有効性について，その本拠地国の専属的裁判管轄が解釈論として主張される場合にも同様である[33]。本判決も含めて，国際的専属裁判管轄に関するEU

---

(26) Thole (Fn. 7), 547; Müller (Fn. 5), 481; Mankowski, EWiR 2011, 343.
(27) Mankowski (Fn. 26), 344.
(28) Mankowski (Fn. 26), 334; Müller (Fn. 5), 480.
(29) Thole (Fn. 7), 545.
(30) Müller (Fn. 5), 481.
(31) 安達・注8前掲847頁〔本書292頁以下〕。
(32) 佐藤達文＝小林康彦編著『一問一答平成23年民事訴訟法等改正』102頁（2012年）参照。

司法裁判所の判例法の展開と学説は，将来のわが国の国際裁判管轄理論にとって豊富な議論の視点を提供するものとして，注目し続けたい。

（国際商事法務40巻8号／2012年）

［安達栄司］

---

(33) 小島武司＝新堂幸司編『注釈民事訴訟法(1)』136〔道垣内正人〕（1991年）。

24　国際的専属裁判管轄は特許侵害訴訟事件にも適用されるか

EC司法裁判所 2006年7月13日判決：[2006] ECR I-6509
（Gesellschaft für Antriebstechnik mbH & Co. KG (GAT) v. Lamen und Kupplungsbau Beteiligungs KG, Case C-4/03）

〔事実の概要〕

　本件の基本事件の原告X（GAT）および被告Y（Luk）は，ともにドイツに本拠を有する自動車部品製造会社であり，競合関係にある。Xがドイツの自動車メーカーに対して自社製品（機械式ダンパースプリング）の売り込み活動をしていたところ，YはこのX社の製品がY社の保有するフランス国特許を侵害しているとして警告をしてきた。これに対し，XはYを相手取って，ドイツ・デュッセルドルフ地方裁判所において，特許権侵害の不存在確認の訴えを提起し，XがYのフランス国特許権を侵害していないことに加えて，Yのフランス国特許が無効であると主張した。デュッセルドルフ地方裁判所は，フランス国特許権の侵害に関する訴えの裁判について自らが裁判管轄を有するとみなし，また特許無効の（再）抗弁に関する判断についても裁判管轄権があると判断した。同地方裁判所は，本案審理に進み，問題のフランス国の特許出願には特許性の要件が具備されており，特許無効の抗弁には理由がないと判断して，Xの請求を棄却した[1]。

　Xがデュッセルドルフ高等裁判所に控訴したところ，同高等裁判所は知的財産権の事件に関し登録国の裁判所の（国際的）専属管轄を定めるブリュッセル条約16条4号の規定が本件の事案，とくに特許無効の主張が抗弁として提出される場合にも適用されるのかどうかについて疑義を抱いたので，その訴訟手続を中止して，EC司法裁判所に先行判決を求めて付託した[2]。

〔判　旨〕

　ブリュッセル条約16条4号が定める専属裁判管轄の規定は，特許の登録または有効性に関するあらゆる種類の法律事件に適用されるものであって，その問題が訴えとして提示されているのか，それとも抗弁として提示されているのかは問わない，と解釈される。

---

(1) LG Düsseldorf 31. 5. 2001, GRUR Int. 2001, 983.
(2) OLG Düsseldorf 5. 12. 2003, GRUR Int. 2003, 1030.

◆ 研　究 ◆

1　本判決の意義

　EC 域内の国際裁判管轄を定めるブリュッセル条約は，16 条 4 号において知的財産事件に関し専属管轄規定を定める[3]。すなわち，特許，商標，意匠および実用新案ならびに寄託または登録を要する類似の権利の登録または有効性に関する事件について，その領土内で寄託または登録が申請もしくは受理された締約国，または国際条約によって受理されたとみなされる締約国の裁判所が専属的裁判管轄を有する（登録国の専属裁判管轄）[4]。同条約 16 条に定められた国際専属管轄規定の趣旨は強行的であり，それに反する管轄合意も応訴管轄も排除され（同条約 17 条 3 項，18 条），また専属管轄裁判所とは異なる裁判所に訴えが提起されたならば職権で管轄権の不存在が宣言される（同条約 19 条）。さらに，承認管轄を審査しないブリュッセル条約としては例外的に，専属管轄規定に反して下された判決は他の締約国において承認・執行されない（同条約 28 条 1 号，34 条 2 号）。

　登録国（保護国）の専属裁判管轄を定めるブリュッセル条約 16 条 4 号がその文言から見て，特許等の登録を要する知的財産権の有効性，存続または取消しを直接の審理対象（訴訟物）とする訴訟（以下，無効訴訟という）に適用されることは当然である[5]。それに対し，特許等の有効性を直接の訴訟対象としない特許侵害訴訟において特許無効の抗弁が提出されたときも，同規定が適用され，登録国以外の裁判所は無管轄を宣言しなければならないのかについて，ヨーロッパ各国内において議論があり，EC 司法裁判所の判断が待望されていた。

　そのような中で本判決は，特許侵害訴訟における無効抗弁についても登録国の国際専属裁判管轄を肯定する最初の判例である。「知的財産権の属地主義の壁」は EU 内部においてすらも依然として越えがたいものであるという印象を強くさせる本判決の結論は[6]，大方の予想を裏切るものであり，今後活発な

---

(3) 本条約は，2002 年 3 月からはブリュッセル I 規則に取って代わられているが，この規定の内容は同規則 22 条 4 号においてそのまま引き継がれている。

(4) 同規定の内容について，茶園成樹「外国特許侵害事件の国際裁判管轄」工所法 21 号 68 頁以下（1998 年）参照。

(5) この点に関する先例が Duijnstee 事件判決（Ferdinand M. J. J. Duijnstee v. Lodewijk Goderbauer, Case 288/82, [1983] ECR 3663）である。茶園・注 4 前掲論文 69 頁。

議論が展開されるだろう[7]。

2　従来の学説状況

各国の従前の学説においては，特許侵害訴訟の場合，特許無効訴訟とは異なり保護国の専属裁判管轄は要請されず，国際裁判管轄の通常のルールが適用されると考えるのが（とくにドイツでは）圧倒的に有力であった[8]。それによれば，本件のように原告も被告もドイツの会社である場合，たまたま審理対象が外国特許権に関連するとしても，ほとんど渉外訴訟事件であることが意識されることなく被告住所地管轄の原則（ブリュッセル条約2条）によりドイツの裁判管轄権が肯定される。

この有力説は，ブリュッセル条約16条4号の文言を素直に読めば，特許等の有効性が付随的または先決的問題となっているだけの訴訟については本規定の適用は排除されることに加えて，条約の公式報告書の意見が「特許侵害訴訟を含む，その他の訴えは，条約の一般的規定により規律される」と表明していたこと[9]もその重要な論拠とする。

3　EC司法裁判所に提出された諸見解と裁判所の判断

基本事件の裁判所からEC司法裁判所に付託された問題は次のとおりであった[10]。すなわち，ブリュッセル条約16条4号の解釈として，同規定により，その領土内で寄託または登録が申請もしくは受理された締約国，または国際条

---

(6) EC司法裁判所は，同日付けの別件判決（Roche事件判決）において，同じく特許権の属地主義を強調して，複数の国家で登録された同一内容の特許権の侵害訴訟事件について被告企業グループの一体性を否定して，共同訴訟管轄（ブリュッセル条約6条）を否定するという重要な判断も下している（Roche Nederland BV and Others v. Federick Primus, Milton Goldenberg, C-539/03, [2006] ECR I-6535）。「EC企業法判例研究」の連載においても追って紹介する予定である。〔本書第2篇18事件〕

(7) 本稿ではドイツの3つの判例評釈を主として参照している。Heinze/Roffael, GRUR Int. 2006, 787; Adolphsen, IPRax 2007, 15; Gottschack, JZ 2007, 300.

(8) Heinze/Roffael (Fn. 7), 790. 茶園・注4前掲70頁。その他の諸外国の状況について，木棚照一編『国際的知的財産侵害訴訟の基礎理論』（2003年）でドイツ，フランス，スイス，イギリスの例が紹介されている。さらに申美穂「知的財産権侵害訴訟に関する国際裁判管轄について(1)(2・完)」論叢155巻2号32頁，5号68頁（2004年）がわが国の国際裁判管轄論も含めて考察する。

(9) 関西国際民事訴訟法研究会（酒井一訳）「民事及び商事に関する裁判管轄並びに判決の執行に関するブリュッセル条約公式報告書(4)」際商27巻10号1186頁（1999年）。

(10) 本判決判決理由第12節。

約に基づき受理されたとみなされる締約国に創設される専属的裁判管轄は，訴えが（対世効を伴って）特許無効宣言を求めて提起された場合にのみ適用されるのか。それとも，特許権侵害訴訟において被告が，または特許権の非侵害確認請求訴訟において原告が，当該特許権は無効ないし不成立であり，そのゆえに特許権侵害は存在しないという抗弁を提出したならば，受訴裁判所が当該抗弁を理由あるとみなすか，理由なしとみなすかの如何にかかわらず，また訴訟の経過の中でいつ当該抗弁が提出されたかどうかにかかわりなく，同条約16条4号にいう特許の有効性を対象とする訴えに該当するのか，である。

この付託された問題に回答するに際して，EC司法裁判所は，同条約16条4号にいう「特許の登録または有効性に関する事件」の概念について，すべての締約国において統一的に適用されるブリュッセル条約独自の解釈論の必要を示した先例（Duijnstee事件判決[11]）に従うことを最初に強調する[12]。そこからまず本規定の文言に従い，特許の有効性がまったく争点にならない純粋の侵害訴訟の場合は本規定の適用は問題にならない[13]。

それ以外の場合について，同条約16条4号の解釈としてEC司法裁判所には3つの選択肢が与えられていた[14]。第1に，本規定は特許の有効性を「本案請求（訴え）」とする事件に限り適用されるというもっとも制限的な立場であり，本件において被告Yとドイツ政府が主張していた。無効抗弁まで本規定の対象とするとおよそすべての侵害訴訟が登録国の専属管轄に服することになってしまうこと，同条約の被告住所地原則が維持されないこと，あわせて同一特許が複数国に登録されているとき，特許権者は侵害訴訟をそれぞれ複数の国においてバラバラに提起しなければならず，不合理であることがその理由である。

この見解に反対して，本専属管轄規定のもっとも広い適用範囲を主張したのが，フランス政府，イギリス政府および原告Xである。すなわち，登録国の裁判所が当該特許について法的にも事実的にもより近く，特許の有効性を判断するのにもっとも適している。特許の侵害事件と有効無効の事件は内容上不可分であり，矛盾判断の回避と法的安定性の確保から，また先制的な非侵害確認訴

---

(11) Ferdinand M. J. J. Duijnstee v. Lodewijk Goderbauer, Case 288/82, [1983] ECR 3663, para. 19.
(12) 本判決判決理由第14節。
(13) 本判決判決理由第16節。
(14) 本判決の法務官意見書第15節－第19節参照。

訟の提起による専属管轄裁判所の回避の濫用を予防するためにも，特許侵害訴訟の場合も広く専属裁判管轄を適用することが望ましい。

EC委員会は折衷的見解を述べた。すなわち，フランス政府等の解釈は本規定の文言上無理であるが，他方で，原告が特許の有効無効の問題を訴えとして持ち出すのか，抗弁として持ち出すのかによって本規定の適用が決せられるのは不合理である。本件のように「実質的争点」が特許の有効性の問題であるとみなされる事件では，本規定により登録国の専属管轄が肯定されるべきである。

法務官意見は上記の3つの見解があることを確定し，結論的には，EC委員会の折衷的見解を支持して，特許登録国の裁判所のみが当該特許の有効無効を確定する裁判管轄を有し，それ以外の特許事件は本条約16条4号の規定からはずれるという見解を提案した[15]。

EC司法裁判所は次のような理由から，特許無効の抗弁が争点である本件について，ブリュッセル条約16条4号の専属裁判管轄の規定が適用されると判断した。最初に，EC委員会の見解と同様に，ブリュッセル条約16条4号の文言だけからは，特許無効の抗弁の判断が本規定の対象になるのかどうかは確定できないことを述べる[16]。EC司法裁判所にとって決定的なのは，本規定の目的とブリュッセル条約の規制体系における位置づけである[17]。まず特許等の事件を専属管轄化する目的として，登録国の裁判所が，特許の成立・有効性を当該国内法に従って判断する裁判所として最適であることがあげられる。とくに各締約国が知的財産権について特別の権利保護システムを整備し，また専門裁判所を置いているという事実も考慮される[18]。さらに特許は国家の行政処分によって付与されることよってもその専属管轄化が正当化される[19]。次に本規定のブリュッセル条約上の体系的位置づけを見ると，本規定は上述のようにあらゆる場面で尊重される強行的な専属裁判管轄であることが強調される[20]。

したがって，EC司法裁判所は，付託された問題に即して言うならば，特許の有効性の問題が争点になっている限りにおいて，それが当該訴訟の直接の訴

---

(15) 本判決の法務官意見書第36節・第37節。
(16) 本判決決判決理由第18節・第19節。
(17) 本判決決判決理由第21節。
(18) 本判決決判決理由第22節。
(19) 本判決決判決理由第23節。
(20) 本判決決判決理由第24節。

訟対象（訴え）であるのか，それとも抗弁事由になっているのかを問わず，またその抗弁が提訴後のいかなる段階で提出されたのかを問わず，ブリュッセル条約16条4号の専属管轄規定が適用されるという結論を明示した[21]。

　EC 司法裁判所は，この結論に従わない場合の弊害として3点を指摘する。第1に，特許侵害訴訟において，登録国以外の受訴裁判所が特許の無効を付随的に判断することがあるならば本規定の強行的性質が侵害される[22]。第2に，本規定の適用が回避されるならば管轄裁判所が複数存在することになり，ブリュッセル条約の管轄規定の予見可能性と法的安定性が害される[23]。第3に登録国以外の裁判所が当該特許の有効性を間接的（付随的）に判断する判決が発生すると，本条約がまさに回避しようとする裁判の矛盾の危険性もまた増大する[24]。

　最後に，EC 司法裁判所は，本件においてドイツ政府およびY社がした主張，すなわちドイツ法によれば特許の有効性に関する付随的判断（理由中の判断）の効力が及ぶ範囲は訴訟の当事者にのみ限定されるので問題がないという見解は，各国の国内法の既判力規定の相違（対世効が発生する国もあること）に鑑みるならば，裁判の矛盾という危険に対する何らの対抗措置にもならないことを指摘した[25]。

4　本判決の反響と日本法への示唆

　(1)　ブリュッセル条約16条4号の専属裁判管轄規定の適用範囲をその文言を明らかに越えて拡張した本判決は，とくに制限的解釈が有力であったド

---

(21) 本判決判決理由第25節。
(22) 本判決判決理由第26節・第27節。
(23) 本判決判決理由第28節。ブリュッセル条約の予見可能性と法的安定性を重視することについて，本判決は，Besix S.A. v. Wasserreinigungsbau Alfred Kretzschmar GmbH und Co. KG（WABAG）and Planings- und Forschungsgesellschaft Dipl. Ing. W. Kretzschmar GmBH & Co. KG（Plafog）, Case C-256/00, [2002] ECR I-1699, paras. 24-26 と Andrew Owusu v. N. B. Jackson, trading "Villa Holidays Bal-Inn Villas and Others", Case C-281/02, [2005] ECR I-1383 para. 41 に加えて，前掲の Roche 事件判決の第37節を引用する。Besix 事件については，際商31号4号529頁以下（2003年）ですでに紹介した（安達・革新と国際化に所収。〔本書第2篇10事件〕）。
(24) 本判決判決理由第29節。本判決は，ブリュッセル条約における裁判の矛盾回避を重視することについて，前掲の Besix 判決の第27節のほか，The owners of tha cargo lately laden on the board the ship "Tatry" v. the owners of the ship "Maciej Rataj" Case C-406/92, [1994] ECR I-5439, para. 52 を引用する。
(25) 本判決判決理由第30節。

イツにおいてすでに激しい批判にあっている(26)。すなわち，本判決の結論は，本規定の文言，沿革，公式報告書の見解ならびに制限的解釈を指示したDuijnstee事件判決の先例のいずれにも反する。被告住所地管轄というブリュッセル条約の基本原則が回避される。本判決が強調する専属裁判管轄規定の強行的性格，裁判籍の重複の危険性，裁判の矛盾の危険性の回避という観点も決定的ではない。すなわち，それは本条約において二重起訴禁止規定（ブリュッセル条約22条・ブリュッセルI規則27条）および例外的な承認管轄審査（同条約28条1項・同I規則35条1項）によっても実現されるべき価値であるが，いずれも「訴え」または「既判力」のレベルでの規制を試みるものである。しかし，本判決は無効抗弁という付随的判断に関しても規制対象を拡張している点で，ブリュッセル条約の体系と整合しない(27)。

　また，本判決のように，侵害訴訟の審理の途中で提出される特許無効抗弁を考慮して受訴裁判所の裁判管轄権を否定することは，ブリュッセル条約・同I規則で承認されている管轄権恒定原則に反する(28)。本条約16条4号の規制目的に関して，本判決は登録国の裁判所が当該知的財産権についてもっともよく判断することができると言うが，そうであるならば初めからすべての侵害訴訟も登録国の専属裁判管轄に服するとするべきである。しかし，本判決もまたジュナール公式報告書もそれを否定する(29)。本判決もまたジュナール公式報告書も特許の付与を国家行政権力の行使と見て専属裁判管轄性を強調するが，登録国以外の裁判所の訴訟手続の抗弁として（既判力も承認適格もない）特許無効の判断を下したとしても何ら登録国の主権侵害を引き起こさない(30)。

　最後に，特許侵害訴訟の途中で特許無効の抗弁が提出されたとき，侵害訴訟の受訴裁判所は訴えを直ちに却下するのか，それとも登録国による特許無効の審査結果が出るまで訴訟手続を中止するのかについて，本判決は何も述べていない。管轄恒定の原則，訴訟経済，無効抗弁の濫用，またEC域内での移送制度の不存在を考慮するならば，法務官意見第46節で提言されたように，訴訟手続を中止して，無効審査の結果を待って訴訟を再開することが望ましいかも

---

(26) Heinze/Roffael (Fn. 7), 791; Adolphsen (Fn. 7), 17; Gottschalk (Fn. 7), 303.
(27) Heinze/Roffael (Fn. 7), 794.
(28) Heinze/Roffael (Fn. 7), 794. この原則について，安達栄司「ECの国際倒産手続法（2000年EC倒産手続規則）における管轄権恒定の原則」際商34巻8号1073頁以下（2006年）〔本書第2篇39事件〕参照。
(29) Heinze/Roffael (Fn. 7), 794.
(30) Heinze/Roffael (Fn. 7), 795; Adolphsen (Fn. 7), 18.

しれない。しかし、訴訟の遅延が生じるほか、そもそも中止する根拠規定がブリュッセル条約上にはなく、結局国内法（例えばドイツ民事訴訟法148条）に頼らざるをえないし、また中止の運用の実務には不安定が伴うことが問題である[31]。

(2) 本判決は、ブリュッセル条約16条4号の適用範囲の問題に関してドイツの通説的見解を真正面から否定した。EC法またはEC司法裁判所の判例が締約国の国内法に及ぼす甚大な影響に鑑みるならば、本判決の結論は、ブリュッセル条約・同Ⅰ規則の解釈を越えて、ドイツ国内法としての知的財産訴訟の国際裁判管轄権および特許無効の抗弁の取扱いについてまでも今後影響を与えることは必至であろう。そうであるならば、この問題についてドイツ法の強い影響の下、外国特許権侵害事件について国家主権的考慮をできるだけ排除し、国際的専属管轄化をできるだけ否定するとともに、特許無効の抗弁についての審査およびその判断の効力を相対化するということで一致していたわが国の国際知的財産法学説[32]にとって本判決は無視できない重大な意義がある。

なお、わが国も積極的に関与した国際裁判管轄・外国判決承認執行に関するハーグ条約草案の躓きの石の1つが知的財産権事件の専属管轄化問題であったこと[33]、またこのハーグ条約草案を縮小して採択された2005年のハーグ管轄合意に関する条約2条2項においても、特許・商標等の侵害事件が適用除外された（当事者の管轄合意を許さない）こと[34]が記憶に新しい。わが国でもまた国際裁判管轄の立法作業が始まると言われているが[35]、EC司法裁判所が下し

---

(31) Adolphsen (Fn. 7), 18.
(32) 茶園・注4前掲73頁以下、木棚編著・注8前掲133頁、139頁〔渡辺惺之〕、申・注8前掲（2・完）63頁、高部真規子「特許権侵害訴訟と国際裁判管轄」中山信弘編『知的財産法と現代社会』125頁（1999年）、木棚照一「日本における知的財産紛争の国際裁判管轄」企業と法創造1巻3号236頁（2004年）、中野俊一郎「知的財産権侵害事件の国際裁判管轄」企業と法創造3巻1号71頁（2006年）。
(33) 道垣内正人「2001年6月の外交会議の結果としての『民事及び商事に関する裁判管轄権及び外国判決に関する条約案』」NBL732号71頁（2002年）。なお、渡辺惺之「国際的な特許侵害訴訟の裁判管轄は専属管轄化すべきか」知財フォーラム44号2頁（2000年）、茶園成樹「知的財産権侵害事件の国際裁判管轄」知財フォーラム44号39頁（2000年）参照。
(34) 道垣内正人「ハーグ管轄合意に関する条約（2005年）」新堂幸司＝山本和彦編『民事手続法と商事法務』262頁（2006年）、同「専属的合意管轄と知的財産訴訟」企業と法創造3巻1号42頁（2006年）。
(35) 読売新聞2007年5月28日夕刊による法務省方針の記事参照。〔2011年に第177回国会において成立した「民事訴訟法及び民事保全法の一部を改正する法律」による改正

た本判決（および Roche 事件判決）ならびにこれまでのハーグ条約の議論状況を振り返ってみると，わが国の新立法が知的財産事件も規制対象とするならば，果たして予定どおりに成案をみるのかどうか危惧される。

(国際商事法務 35 巻 6 号／ 2007 年)

［安達栄司］

後の民事訴訟法 3 条の 5 第 3 号では，「知的財産権（……）のうち設定の登録により発生するものの存否又は効力に関する訴えの管轄権は，その登録が日本においてされたものであるときは，日本の裁判所に専属する。」との規定が設けられている。］

VI 訴訟競合

25 二重起訴の禁止と専属的合意管轄の優先関係および迅速な裁判を受ける権利の保障

EC 司法裁判所 2003 年 12 月 9 日判決：[2003] ECR I-4963
(Erich Gasser GmbH v. MISAT Srl, Case C-116/02)

〔事実の概要〕

　X社（Erich Gasser GmbH）はオーストリアの会社である。X社は，イタリアのローマに住所地があるY社（MISAT Srl）に長期にわたり子供服を販売していた。2000年4月19日，Y社はX社に対し，イタリアのローマ通常裁判所において，両者間の契約は解除されていることおよびY社には未履行の債務が存在しないことの確認，ならびにこれまでの取引で生じた損害賠償等の支払を求めて訴えを提起した。
　2000年12月4日，今度はX社がY社に対し，オーストリアのフェルドキルヒ地方裁判所において未払代金の支払を求めて訴えを提起した。X社は，この訴えについてオーストリア裁判所が義務履行地（ブリュッセル条約5条1号〔現在では，ブリュッセルI規則5条1号aとなっている〕）であることに加えて，専属的管轄合意（同条約17条〔同I規則23条〕）によって裁判管轄権を有すると主張した。これに対して，Y社は，被告住所地の普通裁判籍（同条約2条〔同I規則2条〕）を主張すると同時に，管轄合意の存在を争い，さらにX社がオーストリアの裁判所で提訴することに先立ち，Y社が同じ取引上の義務についてローマの通常裁判所に提訴していたことを抗弁として述べた。
　2001年12月21日，フェルドキルヒ地方裁判所はブリュッセル条約21条〔同I規則27条〕に基づいて，ローマ通常裁判所の管轄権が確定されるまで，職権で手続を中止するという決定を下した。その際に，フェルドキルヒ地方裁判所は義務履行地としての裁判管轄を認めたが，裁判管轄権の合意の有無は不明とされた。
　X社は訴訟手続を中止したこの決定に対して，インスブルック高等裁判所に不服を申し立てた。インスブルック高等裁判所は，本件のイタリア・オーストリア間の訴訟手続においてブリュッセル条約21条にいう当事者と請求権の同一性が存在すると認定したが，他方で，本件について同条約17条に基づいてフェルドキルヒ地方裁判所に専属的合意管轄が認められる可能性も考えた。さらに，インスブルック高等

25 二重起訴の禁止と専属的合意管轄の優先関係および迅速な裁判を受ける権利の保障

裁判所は，当事者間の訴えが先に係属するイタリアの裁判所は一般的に訴訟の継続期間が異常に長いことも知っている。そこで，同裁判所は，二重起訴を禁止するブリュッセル条約 21 条と裁判管轄合意を認める同条約 17 条の関係について明らかにするために，2002 年 3 月 25 日の決定により，EC 司法裁判所に対して先行判決を求め付託をした。

〔判　旨〕

1．国内裁判所は，訴訟事件の状況を考慮するならば，EC 司法裁判所の判決を言い渡すために先行判決が必要だとみなす限りにおいて，その正当性についてまだ審査していない当事者の主張を基礎にして，ブリュッセル条約議定書に基づきブリュッセル条約の解釈に関する問題を EC 司法裁判所に付託することができる。しかし，国内裁判所は，EC 司法裁判所が本条約を適切に解釈することができるための事実上および法律上の理由書を提出しなければならず，さらに，国内裁判所の見解によれば，その問題に回答することが訴訟事件の裁判に必要であることの理由も記載しなければならない。

2．ブリュッセル条約 21 条は次のように解釈しなければならない。すなわち，裁判籍の合意に基づく管轄権が主張されている，後から係属した裁判所は，それにもかかわらず，最初に係属した裁判所が無管轄を宣言するまで，手続を中止しなければならない。

3．ブリュッセル条約 21 条は，次のように解釈しなければならない。すなわち，最初に係属した裁判所が属する締約国の裁判所における訴訟手続の継続期間は耐えられないほど長期間になることが一般的であるとしても，本規定を潜脱することができない。

◆ 研　究 ◆

1　本判決の意義

ブリュッセル条約は，司法制度の側面から EU の統合または統一を支える装置である。同条約の理念は，EC 各締約国で統一的な解釈が可能になるような法的安定性（明確性）のほかに，相互の信頼と各締約国裁判所の等価値性にある[1]。EC 締約国間の重複起訴を規制する同条約 21 条（2000 年のブリュッセル

---

(1) この理念に基づき，ブリュッセル条約の適用範囲内においては，外国（他の締約国）裁判所に対する不信感に根ざす外国訴訟差止命令の発令は許されないことも，EC 司法裁判所 2004 年 4 月 27 日判決として明らかになった。安達栄司「ブリュッセル条約にお

I 規則27条も同様）は，この理念に強く縛られて，時間的に先に事件が係属した裁判所の審理に高度の優先性が与えられている（優先性原則，前訴優先原則，または先着主義といわれる）。

　EC 司法裁判所の判例によれば，事件の同一性の概念が拡大して解釈される傾向にあるので(2)，この規制が及ぶ範囲は広い。しかし，締約国間の信頼も各国裁判所の等価値性も現実には存在しない。例えば，イタリアの裁判所の審理期間が他の締約国に比べて極端に長引くことは有名である。ヨーロッパ人権裁判所は，1987 年以来，審理期間の長さを理由にして繰り返しその基本的人権違反を認めて，批判してきた(3)。

　ヨーロッパでは，前述のようなヨーロッパ統合ないしはブリュッセル条約の理念とその拡大的適用の傾向が，このような各国の裁判所の実情を前にして，悪用されていることがしばしば報告されている。その典型例が，いわゆるトルペード（Torpedo）訴訟問題である(4)。例えば，特許権侵害事件について，侵害者がまずイタリアのような審理の進行が極端に遅い国の裁判所に侵害の不存在の確認を求めて提訴すると，このイタリアの裁判所にはもともと（国際）裁判管轄が認められないとしても，当事者が管轄権または本案を争っている間は，特許権者は先行する訴えの訴訟係属の効果として別の管轄裁判所に訴えを提起することができない。その間は，ほかに侵害者に対する措置を講ずることはできず，そのことによって，とくに迅速な対応を必要とする特許権は事実上保護されないという結論になる。

　他方で，各国の裁判所や司法制度が不統一であるという実情を考慮するならば，当事者が初めから自己に有利な法廷地を求めて予防措置を講じたり，先手を打ったりすることが不可欠になる。当事者の合意に基づく取引上の紛争において当事者間で将来の紛争を予想して専属的合意管轄を定めることも，そのような予防措置の1つである。

　本件では，しかし，取引当事者の一方が専属的合意管轄に反して異なる国の

　　ける訴訟差止命令の不許容」際商33巻3号392頁（2005年）〔本書第2篇3事件〕。
(2) ブリュッセル条約の訴訟競合規制における事件の同一性概念の拡張傾向については，越山和広「国際民事訴訟における裁判の矛盾抵触とその対策」民商113巻2号267頁（1995年），同「ヨーロッパ民事訴訟法における国際的訴訟競合規制の動向」石川＝櫻井編281頁，岡野141頁。
(3) Schilling, IPRax 2004, 294 で詳細に紹介されている。この論文は，ヨーロッパ人権条約の観点から，本判決を検討する。
(4) 田中孝一「欧州知的財産訴訟の最新トピック」判タ1089号38頁（2002年）。

裁判所に訴えを提起した後に，同一事件についてもう一方の当事者が管轄合意された裁判所に提訴したという事案に関するため，重複訴訟の規制（優先性原則）と専属的管轄合意の効力との優先関係が争点になった。

本判決[5]によってEC司法裁判所は，ブリュッセル条約の適用領域では重複訴訟の規制としての優先性原則のほうが，専属的管轄合意よりも優先して適用されること（判旨第2点），しかも最初に事件が係属した，優先されるべき裁判所が異常に審理期間が長いことで有名な国家の裁判所であっても例外は認められないこと（判旨第3点）を判例法上初めて明らかにした。

2　重複訴訟の規制と専属的管轄合意の優先関係

本稿で検討する第1の争点は，後から係属した，専属的合意管轄を有する裁判所は，他の締約国の裁判所において先に同じ事件が係属している場合，ブリュッセル条約21条に基づいてまず訴訟手続を中止する義務があり，この他締約国の裁判所が管轄権の不存在を宣言してから，初めて裁判をすることができるのか，それとも専属管轄の合意が優先されるのか，である。

(1)　本件に関して，EC司法裁判所での審理では，本件の原告X，イギリス政府および北アイルランド政府が専属的管轄合意の優先性を主張している。そこでまず援用されるのは，ブリュッセル条約上の法定の専属管轄（16条〔ブリュッセルⅠ規則22条〕）が問題になり，結論として同条約21条の重複訴訟による規制，すなわち優先性原則の例外を認めた1991年の判例である[6]。この判例について，イギリス政府は次の点を指摘する。すなわち，①ブリュッセル条約17条の合意管轄は，同条約16条の法定専属管轄と同様に，ほかの管轄原因とは別格に扱われること，②管轄合意の尊重は国際取引に法的安定をもたらすこと，③合意の裁判管轄条項の有効性については，実体法にもかかわるので，裁判籍条項において合意された裁判所がもっともよく判断をすることができること，④先行する他締約国の訴訟を無視する結果，裁判の矛盾の危険性が生じるかもしれないが，先行する，最初に事件が係属した裁判所において，被告か

---

(5) 判旨第1点は，仮定的な論点についてであっても，一定の限度においてEC司法裁判所の判断を仰ぐことを認めるものであり，EC司法裁判所の機能拡大を導くものである。しかし，この判旨部分は，EC司法裁判所への付託手続法上の要件にかかわる事項なので，本稿では検討を省略した。

(6) Overseas Union Insurance Ltd and Deutsche Runk UK Reinsuarance Ltd and Pine Top Insurance Company Ltd v. New Hampshire Insurance Company, C-351/89, [1991] ECR I-3317. この判決は，岡野151頁に紹介され，その射程が検討されている。

ら専属的管轄合意の抗弁が提出されたならば，この最初の裁判所が自己の手続を中止する義務を負うべきである。

(2) これに対して本件の被告Y，イタリア政府およびEC委員会は，次のような反論を述べて，ブリュッセル条約21条の規制の優位性を主張する。まず，①1991年の判例が法定の専属管轄（同条約16条）について例外を認めたのは，法定専属管轄の遵守が同条約28条1項〔ブリュッセルⅠ規則35条1項〕において外国判決の承認のための要件になっている（例外的に承認管轄の審査がある）からである。しかし，同条約28条は同条約17条の専属的合意管轄に適用されず，他の締約国の専属的合意管轄を無視して下された判決であっても，締約国は条約上の承認・執行の義務を負う。②同条約21条の規制方法は訴訟経済にもかなう。③後から係属した裁判所が，最初に係属した裁判所に比べて，最初に係属した裁判所の管轄権についてよりよく判断できるわけではない。本件についていえば，イタリアの裁判所も，当事者間に管轄合意がある場合には，ブリュッセル条約17条を考慮して自己の管轄権の存否を判断することができる(7)。④最後に，当事者は同条約16条の適用範囲においてそれに反する管轄合意は許されない（同条約17条3項〔同Ⅰ規則23条5項〕）のに対して，同条約17条に基づく合意の専属管轄は取消しもできるし，同条約18条〔同Ⅰ規則24条〕に基づき応訴管轄も認められる(8)。よって，同条約16条と17条は別に扱わなければならない。

(3) 以上の本争点に対してEC司法裁判所は，以下の理由をあげて被告側の主張を支持した。まず，①ブリュッセル条約21条が，同条約22条〔同Ⅰ規則28条〕と相まって，異なる締約国間での重複訴訟とその結果の裁判の矛盾をできるだけ回避するという目的を有しており，そのことは，同時に同条約27条3号〔同Ⅰ規則34条3号〕における裁判の矛盾を原因とする承認拒絶をできるだけ避けることにつながる。②同一の事件について，後から係属した裁判所が職権で手続を中止して，その後，最初に係属する裁判所の管轄権の存在が判明すれば，自己の無管轄を宣言することになる，ということは同条約21条の文言上明白である。③同条約21条は，条約上のいかなる管轄原因が問題になっているかでその適用が区別されない。1991年のOverseas Union Insurance事件における同条約16条の例外は本件では認められない。同条約

---

(7) Overseas Union Insurance事件の第23節がここで引用されている。
(8) ここで，Elefanten Schuh GmbH v. Pierre Jacqmain, Case 150/80, [1981] ECR 1671 の第10節および第11節が引用されている。

21条は，明確にかつもっぱら，裁判所に事件が係属した時間的序列のみを問題にしている。④後から係属した裁判所は，決して最初に係属した裁判所の管轄権の存否についてよりよく判断できるものではない。最初の裁判所の管轄権もまたブリュッセル条約に直接依拠するものであって，同条約は，双方の裁判所にとって内容上同じであり，また同じ専門知識をもって解釈され適用される(9)。⑤さらに，同条約17条の合意による専属的合意管轄は，その援用を放棄することも，また同条約18条に基づいて最初に係属する裁判所に応訴してそこに応訴管轄を発生させることもできるというEC委員会の意見が支持できる。また応訴管轄が生じないとき，最初に事件が係属した裁判所は，他の締約国に管轄合意の存在を確定するならば，自らの無管轄を宣言する義務も負う。⑥ブリュッセル条約17条の合意管轄の厳格な方式に争いがある場合，いずれの国家の裁判所に管轄権が属するのかについて判断をする権限（Kompetenz-kompetenz）は，同条約21条の明確な文言によれば，時間的に最初に係属した裁判所に属すると解するべきである。⑦当事者が本案判決を遅延させるという意図を持っており，無管轄であることを承知のうえで合意されたとのは別の裁判所に提訴しているという場合であっても，そのことが同21条の文言と解釈を変更する理由にはならない。

3　迅速な裁判を受ける権利の侵害との関係

　本件の第2の争点は，最初に事件が係属した裁判所が属する国（本件ではイタリア）での裁判手続が一般的に見て異常に長期に継続するものであるならば，ブリュッセル条約21条の規定を潜脱することができるのか，というものである(10)。

　(1)　本件の原告X社は，そのような裁判手続の長期の継続が迅速な裁判の付与を締約国に義務づけるヨーロッパ人権条約6条に違反し，またEC設立条約28条，39条，48条，49条〔現在のEU機能条約34条，45条，54条，56に対応〕で保障される移動の自由を制限するものとして排除されるべきだと主張した。具体的には，提訴後6か月以内に管轄権に関する判断が下されない，ま

---

(9) ここで Overseas Union Insurance 事件判決の第23節が引用される。
(10) この争点について，EC委員会は，本件のローマ通常裁判所が著しい遅延状態に陥っていて，ヨーロッパ人権条約6条に違反しているという具体的な主張がないので，この点についてEC司法裁判所が判断することは許されないという見解であったが，EC裁判所はこれを退けている（本判決判決理由第57節）。

たは提訴後 1 年内に管轄権に関する終局判決（通常は却下判決）が下されないとき，ブリュッセル条約 21 条は適用されない。

　イギリス政府も，ヨーロッパ人権条約 6 条を考慮するべきこと，またそうしなければ，前述のようなトルペード訴訟の弊害，すなわち潜在的な債務者に手続上の支配権を掌握させ，逆に債権者には自己の請求権の貫徹を躊躇させるという不当な結果が生じることを指摘する。イギリス政府は，より具体的に，①原告が，ブリュッセル条約によれば管轄権を有する他の締約国の裁判所の手続を阻止するという意図を持って悪意で提訴し，かつ②最初に係属した裁判所が自己の管轄権について相当の期間内に判断を下さなかった場合には，各国内裁判所は，個別事件のすべての事情を考慮して，ブリュッセル条約 21 条の適用を例外的に潜脱できるという。

　(2)　これに対して被告，イタリア政府および EC 委員会は，ブリュッセル条約 21 条は，不当に長い審理期間の如何にかかわらず，締約国において適用されるべきことを主張する。その理由として，同一の当事者が同一事件について異なる国家で同時に訴訟遂行することによって，①法的不安定性の惹起，②訴訟当事者の費用負担の増大，③管轄紛争の不必要な頻発とブリュッセル条約の管轄法体系の麻痺を招くことがあげられる。

　EC 委員会はとくに，次のようなブリュッセル条約の基本理念に留意すべきだという。すなわち，①同条約が相互の信頼と締約国の裁判所の等価値性に基づくこと，②同条約は，義務的な管轄規則を構築し，それが同条約の適用領域のすべての裁判所によって遵守されるべきものであること，③それによって初めて，他の締約国裁判所の判決を簡易な手続で相互に承認し，かつ執行する締約国の義務の履行が可能になること，である。

　EC 委員会によれば，重複訴訟の場合，最初に係属した裁判所が合理的な期間内に判決をすることが見込まれる場合に限り，その訴訟係属の効果を承認するという考え方は，ブリュッセル条約の基本思想と合致しないし，また他の締約国の手続遅延をもって，同条約の規定の適用を潜脱することの動機にすることができるとはどこにも定められていない。ある締約国の裁判所の審理が一般的に不合理なまでに長期間継続することによって当事者に不利益が生じるとしても，この問題は，ヨーロッパ人権条約の事件として扱われるべきであり，ブリュッセル条約の枠内では解消されるものではない。

　(3)　以上の第 2 の争点に関して，EC 司法裁判所は EC 委員会の主張をすべて是認して，イギリス政府が主張したような例外的取扱いの可能性を否定した。

4 展望と日本法への示唆

(1)　本判決は，各締約国の裁判所の実情を考慮した現実的な処理よりも，ブリュッセル条約の理念の追求を重視するという EC 司法裁判所の最近の傾向を再び明示する判例として整理することができる。その点で本判決が批判されるであろうことも容易に想像できる[11]。とくに第 2 の争点に関して，条約外での重複訴訟の規制方法として外国訴訟係属の時間的限界を定め，後行の国内訴訟の復活を一般に認めてきたドイツ法から見ると[12]，無制限の優先性原則を肯定した本判決には違和感が残るだろう。フランスでも 2001 年のパリ大審裁判所判決において，訴訟遅延が著しい国家の裁判所に提起された訴えが明白に濫用的なものである場合，ブリュッセル条約 21 条が適用されないと判断されていた[13]。トルペード訴訟に対する対抗策は今後の課題として議論されるだろう。

(2)　本件で問題になったブリュッセル条約 21 条は，現在，ほぼ同じ規制内容を有するブリュッセル I 規則 27 条に代替されている[14]。本判決の趣旨はこの新しいブリュッセル I 規則の下でも妥当すると考えられている[15]。ただし，同 I 規則 31 条は，厳格な優先性原則を貫徹する際に不可欠の訴訟係属の発生時期の確定について，依然として各国法に委ねているので十分ではないが，旧規制に比較して[16]明確になったことは留意すべきである。

(3)　本判決の意義を日本の国際民事訴訟法から見るとどうなるか。そもそもわが国では国際的二重起訴の規制について確たるルールは定まっていない状態にあり[17]，EC 法と比較することは困難である。

ただし，通説とされている承認予測説によるならば，先行して訴訟係属する

---

[11] 本判決の結論にすでに強い異論を述べるのは，Grothe, IPRax 2004, 205, 212.
[12] 井之上宜信『国際私法学への道程』49 頁以下（1995 年）。さらに，渡辺惺之「国際的二重訴訟論」中野貞一郎先生古稀祝賀『判例民事訴訟法の理論（下）』501 頁（1995 年），および上村明広「国際的訴訟競合論序説」神院 28 巻 2 号 18 頁（1998 年）参照。
[13] Tribunal de Grande Instance Paris 2001 年 3 月 9 日判決。英訳が，International Review of Industrial Property and Copyright Law 2002, 225 に掲載されている。
[14] 中西康「民事および商事事件における裁判管轄および裁判の執行に関する 2000 年 12 月 22 日の理事会規則（EC）44/2001（ブリュッセル I 規則）（上）（下）」際商 30 巻 3 号 311 頁，4 号 465 頁（2002 年）。
[15] Geimer, IZPR^5, Rdnr. 2704; Geimer/Schütze, EuZPR^4, A. 1 Einl. 112.
[16] 芳賀雅顕「訴訟係属の多義性」法論 69 巻 3・4・5 号 167 頁（1997 年）参照。
[17] 安達・展開 133 頁，同「国際的訴訟競合論」成城 75 号 1 頁（2007 年）。

外国裁判所の承認管轄の審査はいかなる場合でも不可欠である。同一事件について遅れてわが国の裁判所に提訴された場合，わが国の裁判所の専属的合意管轄が主張されるならば，先行する外国裁判所における管轄上の判断とは無関係に，この管轄合意の有効性が優先的に審査されることになる。その限りにおいて，締約国間における判決の承認と執行の容易化のため，すでに独立の承認管轄の審査を原則的に放棄し，かつその手続の簡略化を最大の特徴とするブリュッセル条約（同Ⅰ規則）における重複訴訟の規制に関してEC司法裁判所が示した本判決は，それを文言どおりに受け取るならば，わが国にとっては遙か遠くの世界にあるように見える。

（国際商事法務33巻7号／2005年）

［安達栄司］

Ⅶ 仮 の 処 分

26 ブリュッセル条約24条による仮の処分の命令管轄とその執行可能領域

EC 司法裁判所 1998 年 11 月 17 日判決：[1998] ECR I-7091
(EVan Uden Maritime BV, trading as Van Uden Africa Line v. Kommanditge-sellschaft in Firma Deco-Line and Another, Case C-391/95)

〔事実の概要〕

　ロッテルダムに本拠を置く船会社X社は，1993年3月に，ハンブルクに本拠を置くY社との間で，北／西ヨーロッパ・西アフリカ間の定期航路に就航している船舶につき本件傭船契約を締結し，これによりYは傭船料を支払う義務を負った。ところが，Yが傭船料を支払わないので，Xは，オランダにおいて，本件契約に含まれていた仲裁条項に基づいて仲裁手続に取りかかった。

　しかし，Xの主張によれば，Yは仲裁裁判官の選任を遅滞しており，また，その傭船料の不払いによってXの資金状況は悪化していた。

　そこで，Xは，仲裁手続とは別個に，ロッテルダム地方裁判所長に仮の権利保護の手続により，Yに総額約84万ドイツマルクの契約上の債務の支払を命ずべきことを申し立てた。

　同地方裁判所長は，Yのオランダ裁判所の国際管轄に関する異議を却下したうえで，Xの申立てを一部容れ，総額約38万ドイツマルクの支払を命じた。Yの主張は，Yはドイツに本拠を有するからドイツで訴えられるべきであるというものであったが[1]，同地方裁判所長が国際管轄を肯定した理由は以下のようである。ここで問題となっている命令はブリュッセル条約24条[2]〔ブリュッセルⅠ規則31条〕の意味に

---

(1) Yの主張は，「本条約に別段の定めある場合を除き，締約国の領域に住所を有する者は，その国籍を問わず，住所地国の裁判所に訴えられる。」とするブリュッセル条約2条1項〔現在では，ブリュッセルⅠ規則2条1項となっている〕に基づいている。なお，同条約に関する邦語文献については，「EC企業法判例研究」の連載前号掲載の，桑原康行「EC管轄執行条約における義務履行地と統一売買法」際商29巻2号213頁（2001年）注1〔本書第2篇8事件注1〕掲記文献参照。

(2)「ブリュッセル条約24条　保全を目的とするものを含め，締約国の法律に定められている仮の処分は，その国の裁判所に対しその申立てをすることができる。本案の裁判に

おける仮の処分であり，この24条によれば，同条約3条2項〔同Ⅰ規則3条2項〕によって本案手続との関係では過剰管轄であるとして排除されている国内管轄規定も仮の権利保護手続との関係では適用されるが，そのような管轄規定として，オランダに住所を有する原告は，被告がオランダに住所または居所を有することが知られていない場合には，その者を自己の住所地の裁判所に訴えることができるとするオランダ民事訴訟法126条3項があり，本件事案においてはこの条項が適用になる。また，同地方裁判所長は，Yは国際的な商取引に従事しているのでオランダで債権を取得することがありうるから，そこでの執行が可能であり，オランダの判決はドイツでも執行しうるということと，オランダ民事訴訟法1022条2項によると，仲裁条項の存在は国家裁判所における仮の権利保護手続の障害とはならないことも指摘している。

Yの上訴に対し，ハーグ高等裁判所は，以下の理由によって原判決を取り消した。すなわち，オランダの国際管轄が認められるためには十分な内国関連性が必要であるが，そのことは，ブリュッセル条約の枠内においては，仮の権利保護の命令が内国で執行されうるということを意味し，そのためには，Yが内国で将来財産を取得することがあるかもしれないという単なる可能性では不十分である。

この判決に対するさらなる上訴事件が係属するオランダ最高裁判所は手続を停止し，次の問題についての先行判決を求めてEC司法裁判所に付託した。問題は，オランダ裁判所の仮の権利保護手続に関する管轄がブリュッセル条約の5条1号[3]〔同Ⅰ規則5条1号a〕(判旨第1点，第2点)，または24条(判旨第3点～第5点)によって根拠づけられるかにかかわる。

〔判　旨〕

1．ブリュッセル条約5条1号により管轄権を有する裁判所は仮の処分もしくは保全的処分の命令についても管轄権を有し，この管轄権はこれ以外の要件には依存しない。

2．仮の処分もしくは保全的処分は，当事者が契約に基づく紛争の解決を国家裁判所ではなく，仲裁裁判所の手に委ねた場合には，ブリュッセル条約5条1号に基づいては命ぜられえない。

3．ブリュッセル条約は，仮の処分の発令申立ての対象がその物的適用範囲

つき，他の締約国の裁判所が本条約に基づいて管轄権を有する場合でも同様である。」
(3)「ブリュッセル条約5条　締約国の領域に住所を有する者は，次に定める訴えにつき，それぞれ当該各号に定める他の締約国において訴えられうる。
　1　契約または契約に基づく請求権が訴訟の目的であるときは，義務が履行された地または履行されるべき地の裁判所，……」

内の問題にかかわる限りで適用される。同条約 24 条は，本案手続が仲裁裁判所の面前で行われなければならないであろう場合であり，かつ，その手続がすでに開始された，もしくは開始されうる場合であっても，仮の権利保護の裁判所の管轄を基礎づけうる。

4．ブリュッセル条約 24 条は，とくに，仮の処分の対象と申立てを受けた裁判所の領域に関連した管轄との間に現実的な結びつきが存在することを前提としている。

5．契約上の主たる給付を仮になすべきことを命ずる命令は，申立人が本案において勝訴しない場合において支払われた金銭の被申立人への返還が保証されており，かつ，申し立てられた処分が，申立てを受けた裁判所の土地管轄区域内に所在し，もしくは所在するに違いない被申立人の財産目的物にかかわる場合にのみ，ブリュッセル条約 24 条の意味における仮の処分である。

◆ 研　究 ◆

1　問題の所在

国境を越えて行われる経済活動の活発化に伴い，ヨーロッパ諸国においては，国際的な仮の権利保護（仮の処分）の重要性が増してきた。とりわけ，この関係で注目されるのは，イギリスの判例法が創設したワールドワイド・マリーバ・インジュンクションとオランダの簡易訴訟（kort geding）の手続である。前者は，給付判決の執行を保全するために，本案訴訟の被告にその在外資産の処分を対人的に禁止する中間的差止命令である[4]。これはそれだけでも在外資産の保全手段として大きな意義を有することはいうまでもないが，締約国の裁判の自動的承認を定めるブリュッセル条約 25 条以下〔同Ⅰ規則 32 条以下〕の適用を受けて他の締約国においても承認・執行されうることになれば[5]，そ

---

[4] これに関するもっとも詳細な邦語文献として，三木浩一「渉外的民事保全手段の新たな可能性(1)(2)」法研 65 巻 4 号 57 頁以下，65 巻 5 号 25 頁以下（1992 年）。

[5] 承認・執行の可否については，当初から争いがあった。否定的なものとして，Habscheid, IPRax 1992, 201. 肯定説として，Albrecht, Das EuGVÜ und der einstweilige Rechtsschutz, 175f. (1991); Koch, Neuere Probleme der internationalen Zwangsvollstreckung einschließlich des einstweiligen Rechtsschutzes, in: Schlosser (Hrsg.), Materielles Recht und Prozeßrecht, 194f. (1992); Nagel/Gottwald[4], §15 Rdnr. 15. ただし，被申立人に審尋の機会を与えることなく一方的に発令された命令は承認されえないというのが EC 司法裁判所の原則である。Bernard Danilauler v. SNC Couchet Fréres, Case 125/79, [1980] ECR 1553.

の威力はますます増大することになる。これに対し、本件事案の基本事件においても利用されている後者の手続[6]は、ドイツやわが国の仮処分に比すべき制度であるが、その裁判は非常に迅速に行われるようである。また、そこで下される処分はさまざまな内容を含みうるようであり、基本事件では契約上の主たる債務に関する金銭の仮払命令が問題となっている。これは、ドイツやわが国でいえば満足的仮処分（本案で実現されるべき内容と事実上同一の状態の実現を命ずる仮処分）に相当する命令であるが、このような命令が下されれば、本来後続すべき本案手続が事実上放棄される傾向が生ずる。そこで、ドイツやわが国ではこのような命令の発令には慎重であるべきことが説かれているのであるが[7]、オランダにおいては、これも、他の内容の処分と同じく、本来必要であるべき緊急性（ドイツやわが国でいう仮処分の必要性）について高い要求をすることなく、容易に発令されるようである。

　ところで、ブリュッセル条約3条1項〔同Ⅰ規則3条1項〕は、締約国の領域に住所を有する者は、同条約5条ないし18条〔ブリュッセルⅠ規則では、5条ないし22条〕の規定によらなければ、他の締約国の裁判所に訴えられないとし、同条約3条2項は、過剰管轄としてとくに適用を排除される規定を各国ごとに列挙している〔ブリュッセルⅠ規則3条2項では付録Ⅰを指示し、その付録Ⅰが同様の規定を列挙している〕。他方、通説は、同条約24条を、仮の権利保護手続の管轄に関しては、同条約3条2項による過剰管轄規定の排除は適用にならない旨を示した規定と解釈している[8]。また、通説は、この24条と国内法の規定のみに基づいて根拠づけられた管轄権を基礎として取得された仮の処分を、とくに、ブリュッセル条約25条以下による他の締約国での承認・執行から排除してこなかった[9]。

---

(6) この手続の概要につき、Albert GRYNWALD（鳥羽みさお訳）「ヨーロッパにおけるクロスボーダーインジャンクション」AIPPI 42巻5号387頁以下（1997年）参照。なお、この手続はフランスのレフェレの手続を範としているが、後者の手続に関するもっとも詳細な邦語文献として、本田耕一『レフェレの研究』（1997年）がある。

(7) MünchKomm/Heinze, vor §935 Rdnr.15; Stein/Jonas/Grunsky[21], §935 Rdnr. 39；竹下守夫＝藤田耕三編『注解民事保全法（下巻）』275頁〔藤田〕（1996年）。

(8) Gronstedt, Grenzüberschreitender einstweiliger Rechtsschutz, 18ff., 20 (1994); Geimer/Schütze, EuZVR, Art. 24 Rdnr.1. これに対し、Eilers, Maßnahmen des einstweiligen Rechtsschutzes im europäischen Zivilrechtsverkehr, 200ff. (1991) は、24条はその根拠が緊急の必要性にある国内規定のみを指示していると制限解釈していた。

(9) Vgl. MünchKomm/Gottwald, Art. 24 EuGVÜ Rdnr. 13; Geimer/Schütze, EuZPR, Art. 24 Rdnr. 55, Art. 25 Rdnr. 34; Kropholler[5], Art. 25 Rdnr. 21ff.

以上のオランダの簡易訴訟に関する実務のあり方と通説とを組み合わせると，申立人は，本案については管轄権を有しないはずの国の裁判所で本案の判決を取得したのと事実上同一の結果を容易に達成しうることになる。この結果は，国際管轄について詳細な規定を置いたブリュッセル条約の管轄システムが骨抜きにされるということを意味する。そこで，本案について管轄権を有しない裁判所の仮の権利保護手続についての管轄は制限されるべきではないか，そのような管轄権を基礎として発令された仮の処分の効力は制限されるべきではないか，あるいは，上記のように本案手続を事実上放棄させることにつながるような仮の処分はブリュッセル条約24条にいう仮の処分とはいえないのではないか，という問題が生ずる。本判決は，これらの問題に回答を与えたものである(10)。

2　本案裁判所の仮の処分に関する管轄権

　ブリュッセル条約24条からは，同条約2条〔同Ⅰ規則2条〕，5条ないし18条の規定により本案手続について管轄権を有する裁判所は仮の権利保護手続についても管轄権を有するということは，必然的には出てこない（24条は，2条，5条～18条は仮の権利保護の手続には適用にならない旨を明らかにしただけであるとも読みうる）。しかし，通説は，本案裁判所の事件への近さに鑑み，しかも，本案手続がすでに係属しているか否かにかかわらず，これを肯定しており(11)，EC司法裁判所も通説に従っている(12)（判旨第1点前段）。

　ところが，基本事件においては，仲裁条項が存在したために，上記の条約の

---

(10) 本判決を契機とした論文として，Heß/Vollkommer, Die begrenzte Freizügigkeit einstweiliger Maßnahmen nach Art. 24 EuGVÜ, IPRax 1999, 220ff. が，本判決とEC司法裁判所1999年4月27日判決（Hans-Hermann Mietz v. Intership Yachting Sneeek BV, Case C-99/96, [1999] ECR I-2277）を契機とした論文として，Stadler, Erlaß und Freizügigkeit einstweiliger Maßnahmen im Anwendungsbereich des EuGVÜ, JZ 1999, 1089ff. がある。また，P. Kaye, Law of the European Judgments Convention 4329-4332 (1999) にも，本判決についての簡単な注釈がある。

(11) MünchKomm/Gottwald, Art.24 EuGVÜ Rdnr. 3; Gronstedt (Fn. 8), 18f.; Kropholler[5], Art. 24 Rdnr. 6; Heß/Vollkommer (Fn. 10), 221ff.

(12) 注10前掲EC司法裁判所1999年4月27日判決（判決理由第40節）においても，再度この旨が述べられている。ただし，本案手続がすでにある国の締約国の裁判所に係属する場合に，それ以外の本案裁判所所属国の管轄が否定されるべきかという問題があり，これについては，本判決や1999年4月27日判決は明示的には判断していない。Vgl. Stadler (Fn. 10), 1094.

規定による本案裁判所たる国家裁判所はおよそ存在しないこととなった（判旨第2点）。ただし，ブリュッセル条約1条2項4号〔同Ⅰ規則1条2項ｄ〕は仲裁裁判権を同条約の適用範囲外としているが，仮の処分は仲裁契約の実施に向けられているのではなく，その実施のための国家裁判所による援助を目的としている。すなわち，この処分の対象は法領域としての仲裁裁判権ではなく，さまざまな種類の請求権であるから，条約の適用の有無はこの請求権の法的性格によって決定される（判旨第3点前段）。基本事件で問題となっている請求権が条約の適用範囲に入る単純な商事事件にかかわるものであることには（ブリュッセル条約1条1項〔同Ⅰ規則1条1項〕），疑問はない[13]。そして，判旨第2点と第3点前段を前提とすると，オランダ裁判所は，仮の権利保護手続についての管轄をブリュッセル条約24条と国内法の規定（オランダ民事訴訟法126条3項）から導くべきことになる（判旨第3点前段）。

もっとも，判旨第2点については，一部の学説による批判がないわけではない[14]。すなわち，ドイツの国内法においても，本案裁判所が保全処分の手続の管轄裁判所（の1つ）となるとされている（ドイツ民事訴訟法919条・937条1項）。そして，そこでも，仲裁条項が存在しても保全処分を国家裁判所に申し立てることができ[15]，その際，その条項が存在しなかったとしたら本案の管轄権を有するであろう裁判所は保全処分の手続についての管轄権を有すると解されている[16]。批判説は，ブリュッセル条約との関係でも，これと同じに解すべきであるというのである。

3　仮の処分の命令の発令国における執行可能性

判旨第2点，第3点を前提とすると，ブリュッセル条約24条の意味における仮の処分の概念の意義が問われることになるが（判旨第5点），その問題に触れる前に，判旨第4点を検討しておかなければならない。

本案裁判所の管轄権は，発令された仮の処分の命令が発令国内において効力を生じなければならないといったような特別な要件には依存していない（判旨第1点後段）。したがって，この裁判所は，被申立人が発令国内に財産を有す

---

[13] 以上の仲裁にかかわる部分につき，本判決決理由第30節–第34節。
[14] Heß/Vollkommer (Fn. 10), 222.
[15] 仲裁手続と保全処分の関係に関するドイツの議論については，中野俊一郎「国際商事仲裁における実効性の確保(1)」神戸38巻1号37頁以下（1998年）に詳しい。
[16] Stein/Jonas/Grunsky[21], vor §935 Rdnr. 39.

るか，あるいは将来有するに至るかといったことにかかわらず，管轄権を有するし，それが発令した命令は，他の締約国において，ブリュッセル条約25条以下に従って承認・執行されうることになる。

　これに対し，EC司法裁判所は，仮の権利保護手続の管轄がブリュッセル条約24条と国内規定にのみ基づく場合に関しては，「仮の処分の対象と申立てを受けた裁判所の領域に関連した管轄との間に現実的な結びつきが存在すること」を要求し（判旨第4点），管轄を制限している。理由づけとして，同裁判所は，以下のような点を指摘している[17]。すなわち，ブリュッセル条約24条による処分はあくまで仮の処分であるから，それを命ずる裁判官は，個別事件の状況に応じ，当該処分に期限を付したり，銀行保証を要求したり，係争物の保管人を選任したりするなど，当該処分の暫定性ないし保全に向けられている性格を確保しうるような適切な措置をとらなければならない。そして，そのような措置をとるのにもっとも適しているのは，その管轄につき上記のような結びつきを有する裁判所である。

　もっとも，上記の要求の意味は必ずしも明瞭ではなく，「領域に関連した管轄」という言葉のニュアンスからは，管轄は当該国内における財産の所在のみに基づかせうるとの趣旨にも解しえないではない。しかし，学説は，発令された仮の処分が発令国において執行しうるといった意味での，特別な内国関連性を要求したものと解している[18]。そして，その学説は，「現実的な結びつき」の内容を具体的に分析したり，それとの関連で生じうる問題点を検討する方向に進んでいる[19]。例えば，基本事件におけるような金銭の仮払いの命令は発令国で執行可能である（と見込まれる）金額に制限されなければならないとか，ワールドワイド・マリーバ・インジュンクションは被申立人に対する裁判所侮辱の制裁によって実効性が確保されているが，これに関しては，裁判所侮辱による罰金が発令国で執行しうる可能性がなければならないのではないか，といった議論がなされている。

---

(17) 本判決判決理由第34節・第39節。
(18) Stadler (Fn. 10), 1093. 先行判決手続において，ドイツ政府がこの旨を主張していた。本判決判決理由第36節参照。
(19) Heß/Vollkommer (Fn. 10), 224f.; Stadler (Fn. 10), 1093f. 本文に紹介した議論は後者のものである。

4 仮の給付を命ずる命令に対する制限

　従来から，即時に仮の給付をなすべき旨を命ずる命令がブリュッセル条約24条にいう仮の処分に該当するかは争われていた。通説は，それが同条約3条2項に列挙された過剰管轄を基礎として取得された仮の処分であるか否かにかかわらず，この点を肯定してきた。もし，こう解さないならば，上記条約24条と国内法の規定にのみ基づいて仮の処分の発令が可能となるところで権利保護の欠缺が発生するというのである[20]。

　EC司法裁判所も，基本的に通説を是認している。そのような仮の処分は，本案判決の実効性の確保のために必要であり，当事者の利益の点からも正当に思われることがありうるからである[21]。ただ，これを無制限に認めると，先にも指摘したように，ブリュッセル条約の管轄システムは骨抜きにされるおそれがある。そこで，同裁判所は，上記のような命令がブリュッセル条約24条と国内法の規定のみに基づいて発令される場合に関しては，申立人が本案で勝訴しない場合における原状回復を確保するために，重大な制限を課した。第1に，保証（担保）の提供が必要的とされている。第2に，処分の目的財産の当該裁判所の土地管轄区域内[22]における所在という制限も課されている[23]（判旨第5点）。これらのことは，契約上の主たる給付義務に限定して述べられているが，契約外の給付義務（不法行為法上の給付義務や家族法上の義務など）に関しても当てはまると思われる[24]。

　ともあれ，第1の制限に関しては，次のようなことが指摘されている[25]。基本事件の第一審判決においては，担保の提供は命ぜられていない。これは，オランダ法上は，本案の権利についてまともな争いの存在しえない場合のみ仮の給付が命ぜられることとされているので[26]，その命令を取得した申立人が

---

(20) Schack[2], Rdnr. 424f.; MünchKomm/Gottwald, Art. 24 EuGVÜ Rdnr. 2; Kropholler[5], Art. 24 Rdnr. 5. 反対説は，Heiss, Einstweiliger Rechtsschutz im europäischen Zivilrechtsverkehr, 98ff.（1987）

(21) 本判決判決理由第45節。

(22) ここでは国際管轄が問題となっているから，正確には，土地管轄区域ではなく，一国の領域全体を問題とすべきである。Heß/Vollkommer (Fn. 10), 224; Stadler (Fn. 10), 1098.

(23) 注10前掲EC司法裁判所1999年4月27日判決（判決理由第53節）は，この点も繰り返している。

(24) Stadler (Fn. 10), 1097.

(25) Stadler (Fn. 10), 1097.

本案訴訟において勝訴しない蓋然性が低いということと関連があろう。ところが，担保提供が必要的であるということになれば，そのことが国内法に逆の作用を及ぼし，将来，オランダの裁判所は，本案の権利について深刻な争いのある場合でも仮の給付を命ずることになるかもしれない。

他方，第2の制限に関しては，すでに判旨第4点が，ブリュッセル条約24条と国内規定にのみ基づく仮の処分に関して一般的に「現実的な結びつき」を要求しているのに，それに加えて仮の給付を命ずる処分に関してのみそのような制限を要求することの趣旨を問う見解がある[27]。もっとも，このような問題を意識していないように思われる見解もあり，それによると，「現実的な結びつき」の要件は，発令された命令の発令国における執行を要求するという[28]。これに対し，前者の見解によれば，「現実的な結びつき」は，仮の処分一般について，後に必要となりうる執行が発令国において可能かの見込みを事前に問うことを求めているだけであり，この見込みが外れれば，当該仮の処分の命令は他の締約国において承認・執行の対象となりうるという。そして，仮の給付の命令に関する第2の制限は，とくに，そのような仮の処分に関し，発令国においてのみ執行しえ，他の締約国における承認・執行の対象にはならないことを意味しているという。

5　立法への影響

本判決において EC 司法裁判所が示した判断は，最近の立法ないしその試みの傾向にも沿うものである。

第1に，1998年7月16日の婚姻事件における管轄と裁判の承認・執行に関する条約（ブリュッセルⅡ条約）[29]の12条〔現在は，ブリュッセルⅡ改訂規則20条1項となっている〕は，締約国は自国内に所在する人と物に関してのみ仮の処分をなしうるとしている。これは，管轄を制限するのみならず，発令された命令の効力の場所的制限をも意図するものである[30]。

第2に，EC 委員会は，ブリュッセル条約新18条a第1項において，本案

---

(26) Vgl. Stadler (Fn. 10), 1095. なお，範となったフランスのレフェレの手続における同様の取扱いにつき，本田・注6前掲252頁以下，野村秀敏『保全訴訟と本案訴訟』120頁以下（1981年）参照。

(27) Stadler (Fn. 10), 1097f.

(28) Heß/Vollkommer (Fn. 10), 223.

(29) O. J. 98/C 221/01.

(30) Borrßs, Explanatory Report, O. J. 98/C 221/04, para. 59.

管轄に依存しない仮の処分の管轄は当該処分の執行も行われる国にのみ与えられる旨を規定することを提案していた[31]。これに対し，ブリュッセル条約（とルガノ条約[32]）の改定の準備作業のために設置された作業グループ[33]は，当初，ブリュッセル条約24条には手をつけずに，同条約の承認・執行に関する規定は本案裁判所以外の裁判所によって発令された仮の処分には適用されないという旨の新25条a追加することを考慮した。EC委員会の提案によると，すでに本案管轄国以外での仮の処分の発令が相当程度制限されることになるのに対し，作業グループの提案では，発令それ自体は制限されないものの，発令された命令の他の締約国での承認・執行が否定されることになる。それはともあれ，作業グループの最終提案では，新25条aは単純に削除されたが，これは，同グループの理解によれば，本判決が仮の処分に関する十分な明確化と制限とをもたらしたからである。

　第3に，1999年10月のヘーグ国際私法会議特別委員会において採択された全世界的な「民事及び商事に関する裁判管轄及び外国判決に関する条約準備草案」[34]の13条は，本案裁判所に無制限な保全処分の管轄を認め，財産所在地の裁判所には当該財産に関する保全処分の管轄のみを，そしてさらに，その他のすべての裁判所には，その執行が発令国の領域に制限された保全処分の管轄のみを認めている。

---

(31) Commission communication to the Council and the European Parlament – 'Towards greater efficiency in obtaining and enforcing judgments in the European Union', COM/97/0609 final, O. J. 98C/ 33/03, para. 28.

(32) EC諸国とEFTA諸国との間で締結された，ブリュッセル条約とほとんど同一内容の（そのため並行条約と呼ばれる）条約。

(33) この作業グループの動きについては，Stadler (Fn.10), 1098による。

(34) この草案については，小川秀樹＝小堀悟「『民事及び商事に関する裁判管轄及び外国判決に関する条約準備草案』をめぐる問題」NBL 699号21頁以下（2000年）（なお，この論文の26頁以下に条文（英語の正文と邦訳）が掲載されている），道垣内正人「『民事及び商事に関する裁判管轄権及び外国判決に関する条約準備草案』について」ジュリ1172号82頁以下（2000年），および同「『民事及び商事に関する裁判管轄権及び外国判決に関する条約準備草案』を採択した1999年10月のヘーグ国際私法会議特別委員会の概要(1)〜(7・完)」際商28巻2号〜8号（2000年）参照。また，この条約を採択したヘーグ国際私法会議特別委員会報告書の邦訳として，ピーター・ナイ＝ファウスト・ボカール（道垣内正人＝織田有基子訳）「民事及び商事に関する裁判管轄権及び外国判決の効力に関する特別委員会報告書(1)」際商29巻2号164頁以下（2001年）がある。〔この条約作成作業は最終的には挫折し，2005年に「合意管轄に関する条約」の採択という成果に結びついたにとどまっている。〕

なお，本判決やブリュッセル条約に関する作業グループの当初の提案が本案裁判所以外の裁判所による仮の処分の執行可能領域を制限することに対しては，従来の通説が仮の給付を命ずる命令を上記条約24条の仮の処分に含めるのと同様の観点からの批判がある[35]。しかし，これに対しては，そのような裁判所の管轄もまったく否定されるわけではないから，それが危惧する権利保護の欠缺は，実際にはほとんど現実化しないであろうとの反論がなされている[36]。

(国際商事法務29巻3号／2001年)

〔追記〕本判決については，その後，越山和広「ブリュッセル条約24条における保全処分について」石川＝石渡編155頁以下が公にされている。

［野村秀敏］

---

(35) Heß/Vollkommer (Fn. 10), 223, 224.
(36) Stadler (Fn. 10), 1099. なお, Stürner, Der einstweilige Rechtsschutz in Europa, Festschfirt für Geiß, 211 (2000) も，本判決の立場を正当とする。

第2篇 判例研究篇／第2部 管轄／Ⅶ 仮の処分

27 証拠保全手続とブリュッセル条約24条

EC司法裁判所2005年4月28日判決：[2005] ECR I-3841
(St.Paul Daily Industries NV v. Unibel Exser BVBA, Case C-104/03)

〔事実の概要〕

オランダのハーレム地方裁判所は，Y社（Unibel）の申立てに基づき，オランダに居住するAについて，本案訴訟の提起に先行する証人尋問（以下，「保全的証人尋問」という。オランダ民事訴訟法（WBR）186条）の実施を決定した。この決定に対し，X社（St.Paul社）はアムステルダム控訴裁判所に抗告した。抗告の理由は，オランダの裁判所にはこの保全的証人尋問の申立てについて裁判する権限がない，ということである。Y社とX社は，ともにベルギー法人であり，基本事件の法律事件に適用される準拠法はベルギー法であり，本案訴訟が提起されるとすればベルギーの裁判所だけが（国際）裁判管轄権を有する，というものである。本件については，オランダでもベルギーでもまだ本案訴訟が提起されていない。このような状況を考慮して，アムステルダム控訴裁判所は，本件のような保全的証人尋問の申立てがブリュッセル条約の適用範囲に含まれるのか，また本件のオランダ民事訴訟法上の証拠保全処分はブリュッセル条約24条にいう保全処分を意味するのか，について先行判決を得るためにEC司法裁判所に事件を付託した。

〔判　旨〕

ブリュッセル条約24条は，次のように解釈されなければならない。すなわち，申立人に将来訴えを提起するべきかどうかを判断させ，その訴えの証拠資料を収集させ，またその訴えに十分な根拠があるかどうかを評価させることを可能にさせるという目的のために証人尋問を命じる処分は，ブリュッセル条約24条にいう，保全のための処分を含む暫定的処分の概念には該当しない。

◆ 研　究 ◆

1　本判決の意義

本判決は，ECにおける国際的な証人尋問手続に関して，本案訴訟提起前の保全処分としてその発令が求められている場合，ブリュッセル条約（現Ⅰ規則）の適用範囲に含まれ，とくに保全処分の国際裁判管轄を定めるブリュッセル条

約24条（ブリュッセルⅠ規則31条）が適用されるかどうかという論点について，それが適用されないことを明確に示した初めての判例である。ECの国際民事訴訟法の分野では，2004年1月1日からEC証拠収集規則が発効している[1]。ブリュッセル条約24条の保全処分と新しい証拠収集規則の下での証拠保全手続との関係については議論があったが[2]，本判決によって決着が見られたように思われる。しかし，本事件の法務官意見は，本件の証拠保全処分についてブリュッセル条約24条の適用を肯定するものであり[3]，その後の学説においても本判決の結論に反対するものが依然として少なくない。ECにおける国際的な証拠収集の充実にかかわる問題として活発な議論が続くことが予想される[4]。

2 本判決の理由

本判決において保全的証人尋問の処分がブリュッセル条約24条の保全処分に該当しないと結論づけたEC司法裁判所の理由づけはきわめて簡素である。まずEC司法裁判所は，ブリュッセル条約24条の趣旨について，従来の判例にならい，国際民事訴訟に不可避の手続の遅滞によって当事者に損害を与えることを回避するために，本案につき裁判管轄権を有しない裁判所に保全処分の発令権限を与える例外的規定を定めたとする[5]（例外規定のゆえに狭く解釈されなければならない）。このような目的から，本条にいう仮処分または保全処分とは，通常であれば本案について管轄を有する裁判所において承認されるような権利・法律関係を確保するために，事実および法律状態の変更を阻止しようとするような措置であると理解される[6]。

そのような前提に立ち，EC司法裁判所は，本件の基本事件において申し立てられた保全的証人尋問の処分は，将来提訴するべきかどうか，その訴えの根

---

(1) 春日偉知郎「ヨーロッパ証拠法『民事又は商事事件における証拠収集に関するEU加盟各国の裁判所間の協力に関するEU規則（2001年5月28日）』について」判タ1134号54頁（2004年）。

(2) とくにドイツでは，ブリュッセルⅠ規則31条が証拠保全手続（独立証拠調べ〔ZPO485条以下〕）にも適用される，とする見解が有力であった。Rauscher/Hein, EuZPR^2, 1310.

(3) 法務官意見書第62節。

(4) 本判決について，詳細な比較法的検討とともに反対の意見を表明したのが次の評釈である。Mankowski, JZ 2005, 1144; Hess/Zhou, IPRax 2007, 183.

(5) 本判決判決理由第11節。

(6) 本判決判決理由第13節。

拠が十分かどうか，または適切な証拠があるかどうかを評価するためのものであり，このことはブリュッセル条約24条の前述の趣旨に合致しないと述べる[7]。つまり，同条約24条は本案訴訟が提起されることを重視しており，本件のように将来の提訴判断のための証拠方法の保全を目的とするものではないことを強調する。

次に，EC司法裁判所は，本件のような保全的証人尋問の処分をブリュッセル条約24条に組み入れるならば，同一の法律事件に関してブリュッセル条約2条，および5条から18条（I規則2条，および5条から24条）に定められた管轄規定の適用回避を引き起こし[8]，同時に同一の法律事件に関して複数の裁判籍が存在するという好ましくない状態が生じるという[9]。

最後に，EC司法裁判所は，本件のような保全的証人尋問の申立てによって，証拠調べの司法共助を促進するために新しくつくられたEC証拠収集規則が潜脱されるという問題点にも言及する[10]。

このように，本判決は，仮の権利保護を目的とする本来的な保全処分と本件のような提訴の可否を判断し，または提訴後の勝訴の見通しを占うために行われる証拠保全の処分を目的の異なる別の制度として理解して，問題を単純化して，後者をブリュッセル条約（I規則）の適用範囲から排除したことに特徴がある[11]。そしてまさにこの点に学説からの批判が集中することになる。

3　従来の判例および本件における諸見解

ブリュッセル条約24条は，それ自体では同条の保全処分または仮処分が何を意味するのかを定義していない。本稿で参照するドイツの文献においては，従来この概念は条約（規則）自律的に，かつ緩やかに解釈されるべきだとされてきた[12]。

EC司法裁判所の従来の判例において本条の解釈は次の5つの判決において問題になった。すなわち，Denilauler事件判決（Bernard Danilauler v. SNC Couchet Fréres, Case 125/79 [1980], ECR 1553），Reichert II 事件判決（Mario

---

(7) 本判決判決理由第16節・第17節。
(8) 本判決判決理由第18節。
(9) 本判決判決理由第20節。
(10) 本判決判決理由第23節。
(11) Hess/Zhou (Fn. 4), 185 がこう評価する。
(12) MünchKomm/Gottwald², Art. 24 EuGVÜ Rdnr. 2.

Reichert, Hans-Heinz Reichert and Ingeborg Kockler v. Drecdner Bank AG, Case C-261/90, [1992] ECR I-2149), Van Uden 事件判決 (Van Uden Maritime BV, trading as Van Uden Africa Line v. Kommanditgesellsaft in Firma Deco-Line and Another, Case C-391/95, [1998] ECR I-7091)[13], Mietz 事件判決 (Hans-Hermann Mietz v. Intership Yachting Sneek BV, Case C-99/96, [1999] ECR I-2277), Leather 事件判決 (Italian Leather SpA v. WECO Polstermöbel GmbH & Co., Case C-80/00, [2002] ECR I-4995)[14]である。これらの判例はいずれも EC 法独自の保全法の概念を形成してきたと評価されている[15]。共通しているのは、保全処分とは第 1 に本案の手続を保全するためのものであって、訴訟の結果を先取りするものではない、ということである。本判決もその意味では従来の判例の流れに沿うものとして理解できる。

　本件に関して、EC 司法裁判所では当事者等から次のような意見が提出されていた[16]。まず本件の申立人 Y 社の主張では、オランダ民事訴訟法 186 条に規定された保全的証人尋問の処分にはブリュッセル条約 24 条が適用される。なぜなら、この処分によって事実または法律状態が保全されることになるからである。またそのようにして獲得された証人の証言は必ずしも本案訴訟における最終的証拠にはならないということからも、この証人尋問処分の暫定性が明らかである。これに加えて、オランダ民事訴訟法 186 条は、ベルギー市民が、本案訴訟を係属させる前にオランダにおいて証人の証言を獲得するための唯一の手段であることも理由にあげた。

　これに対して、ドイツ政府は、ブリュッセル条約 24 条の文理・目的解釈から、同条約はこの保全的証人尋問を含まないと主張した。その理由は、証拠保全手続として発令される裁判は同条約 25 条（Ⅰ規則 32 条）の承認適格を有しないからである。また、当事者間の法律関係を規制するための争訟的手続がまだ開始されておらず、ただ保全命令によって手続上の補助的措置がとられているにすぎないことも指摘する。

　イギリス政府の見解においては、ブリュッセル条約 24 条が、提訴前に発令

---

(13) 野村秀敏「EC 管轄執行条約 24 条による仮処分の命令管轄とその執行可能領域」際商 29 巻 3 号 333 頁（2001 年）〔本書第 2 編 26 事件〕。
(14) 安達栄司「販売禁止の仮処分の国際的抵触」際商 32 巻 5 号 639 頁（2004 年）（安達・革新と国際化 193 頁に所収）〔本書第 2 篇 28 事件〕。
(15) Hess/Zhou (Fn. 4), 184.
(16) 以下は、法務官意見書第 12 節 – 第 15 節に依拠している。

される保全処分を排除しない，という解釈を支持する。しかし，本件のような証拠保全処分がこれに含まれるかどうかの問題については，その許容性に疑問を提出する。すなわち，同条約24条は，一方当事者が他方当事者を手続保障の不十分な証拠調べ手続に巻き込むことを許容するものではないと考えるからである。

　ブリュッセル条約の解釈自体に結論を委ねようとするEC委員会の意見においては，保全的証人尋問の処分がEC司法裁判所の判例においてブリュッセル条約24条の保全処分の特徴として示してきた未確定性の要件を満たしていないことが指摘されている。

4　本判決の批判と意義

　本判決は「木で鼻を括ったように[17]」素っ気なく証拠保全処分をブリュッセル条約24条の適用範囲から排除した。この点について，本稿で参照したドイツの判例評釈で厳しい批判が提出されている。第1の批判は，本判決が各締約国の証拠保全処分の多様性を考慮しないで，十把一絡げにしてブリュッセル条約（Ⅰ規則）の適用を否定した点にある[18]。ドイツのヘス等の分析によれば，証拠手続上の処分には将来の訴訟事件の準備のために証拠方法を確保するための処分と，将来の訴訟事件の勝訴可能性を判断するために証拠を収集するための処分の2種類がある[19]。また証拠収集手続を口頭弁論における当事者の訴訟活動の一部として理解する大陸法と口頭弁論前の事前手続として位置づけるコモン・ローの違いも本判決では考慮されていない。本判決は各締約国の証拠保全手続に見られるこれらの特性を考慮しないで，またはそのための包括的な比較法的検討をしないで，結論を出したように見える点で不当である。その他に，本判決の理由であげられている管轄の重複の危険という問題点はブリュッセル条約（Ⅰ規則）に内在することであり，保全処分に固有の問題ではないこと，本判決が本案訴訟の存在を過度に重視すること，最後にEC証拠収集規則に無条件の優先性を与えることに対して，詳細な批判が提出されている[20]。

---

(17) Hess/Zhou (Fn. 4), 187. (holzschnittartigで，直訳すれば「木版彫刻のような」か。)

(18) Hess/Zhou (Fn. 4), 185; Mankowski (Fn. 4), 1149. 法務官意見書の第32節および第33節においても，各国の証拠保全の共通の特徴が簡単に触れられているにすぎない。制度上の違いを考慮した叙述は法務官意見書にも，また本判決にも見られない。

(19) Hess/Zhou (Fn. 4), 185.

(20) Mankowski (Fn. 4), 1148 f.

ドイツの注釈書では本判決が出たことを踏まえて，本件のように将来の本案訴訟の手続に組み込まれるような証拠保全処分はもっぱらEC証拠収集規則によって規制されるが，それに対して実体法上の情報請求権に基づく証拠収集を貫徹するための手続はブリュッセルⅠ規則に従うことができる，という見解も主張されている[21]。これは，本判決の基本的立場を支持しつつも，批判説が重要視していた締約国の証拠収集・保全処分の多様性に対応しようとする見解である。それによれば，例えばドイツ民法（BGB）808条および809条に基づく閲覧請求権を満足的仮処分の方法で請求する場合，またはフランスのsaisie-contrefaçonの手続の場合は，ブリュッセルⅠ規則31条に従って申立てをすることができる。

　本判決は，ブリュッセル条約24条（Ⅰ規則31条）の適用範囲，とくに新しいEC証拠収集規則との関係を明らかにしたというだけではなく，ECの締約国の証拠保全・証拠収集方法に関して包括的に見直すためのきっかけを学説に与えたという点でも重要な判例である。

（国際商事法務36巻6号／2008年）
［安達栄司］

---

[21] Rauscher/Hein, EuZPR^2, 1311.

第3部　外国判決の承認・執行

I 矛 盾 判 決

28 販売禁止の仮処分の国際的抵触

EC 司法裁判所 2002 年 6 月 6 日判決：[2002] ECR I-4995
(Italian Leather SpA v. WECO Polstermöbel GmbH & Co., Case C-80/00)

〔事実の概要〕

　イタリアのバリに本社のある X 社（Italian Leather SpA）は，LongLife のブランド名で革張り家具を販売していた。ドイツのコブレンツに本社のある Y 社（WECO Polstermöbel GmbH & Co.）も同種の家具を販売していた。

　1996 年に，X 社は，Y 社に対し，一定の地域において LongLife のブランドを使って自己の家具を商品化することができる権利を排他的契約によって付与した。この契約に関する紛争については，イタリアのバリに裁判籍を置くことが合意されていた。1998 年に，Y 社は X 社に対して契約不履行を非難し，直近の見本市においては単独で，かつ Y 社のブランドを用いて出店すると通告した。X 社は，ドイツのコブレンツ地方裁判所において，Y 社が LongLife のブランドを利用して革製家具を販売することを中止させる仮処分を申し立てた。1998 年 11 月 17 日に，コブレンツ地方裁判所は，仮処分の必要性の欠如を理由にして，この申立てを棄却する判決を言い渡した。この判決言渡しの数日前，X 社はイタリアのバリ地方裁判所において同様の仮処分の申立てをした。バリ地方裁判所は，1998 年 12 月 28 日，仮処分の必要性を肯定して，Y 社に対し，LongLife のブランド名を，ドイツを含む特定の締約国における自己の革製品の販売のために使用することを禁止する仮処分決定を言い渡した。

　X 社は，コブレンツ地方裁判所において，この仮処分決定の執行可能宣言を申し立てた。同地方裁判所は，1999 年 1 月 18 日の決定によって，このバリ地方裁判所の仮処分決定に執行文が付与されるべきであることを命じ，さらにドイツ民事訴訟法 890 条 1 項に基づき強制金あるいは秩序拘留が課されることを付言した[1]。

　Y 社が抗告を申し立てたところ，抗告審の高等裁判所は，バリ地方裁判所の決定は 1998 年 11 月 17 日のコブレンツ地方裁判所の判決と矛盾抵触するものであり，

---

(1) ドイツにおける差止命令の執行方法に関して，石川明「（シルケン著）ドイツ民訴法における作為・不作為執行の今日的課題」同『ドイツ強制執行法と基本権』233 頁（2003 年）参照。

324

よってブリュッセル条約27条3号[2]に基づきドイツで承認・執行されないと判断した。

これに対して，X社がドイツ連邦通常裁判所に特別抗告を申し立てた。同裁判所は，2つの保全処分の裁判の相違はただ「保全の必要性」という保全手続法上の要件の評価について相違があることに起因するにすぎず，そのような些細な相違の場合には，執行国の裁判所はブリュッセル条約27条3号の承認拒絶事由の適用を見合わせることができるのではないかとして，同条約27条3号の解釈につき先行判決を求めてEC司法裁判所に本件を付託をした[3]。

〔判　旨〕

1．ブリュッセル条約（1998年）27条3号は，次のように解釈されなければならない。すなわち，債務者に一定の行為を中止することを義務づける外国保全手続の裁判は，同一当事者について執行国の保全手続において下された，かかる中止義務の賦課を拒絶する裁判と矛盾抵触する。

2．執行国の裁判所は，多の締約国の裁判所の裁判が同一当事者間について下された執行国の裁判所の裁判と矛盾抵触すると認定するならば，この外国裁判の承認を拒絶する義務を負う。

---

(2) ブリュッセル条約の翻訳にあたっては，中西康「民事及び商事事件における裁判管轄及び裁判の執行に関するブリュッセル条約(1)(2・完)」民商122巻3号426頁，4/5号712頁（2000年）を参照している。ただし，本稿では，便宜上，Irreconcilability/Unvereinbarkeit を「矛盾抵触」と訳した。

(3) ドイツ連邦通常裁判所は，本件付託決定において，そのほかに，「ブリュッセル条約34条1項〔同I規則41条〕および31条1項〔同I規則38条1項〕に基づき債務者に対して特定の行為の差止を義務づける外国判決を執行可能と宣言する執行国の裁判所は，その際に執行国の法によれば裁判上の不作為命令の執行のために必要とされる措置をあわせて命じることができるか。これが肯定される場合，執行国における差止命令の執行のために必要な命令は，承認されるべき判決自体が，判決国の法による類似の命令を含んでおらず，かつ判決国の法が同様の裁判所の差止命令の直接的執行をそもそも規定していない場合にも下すことができるか」という国際執行手続法の興味深い論点に関する先行判決求めていたが，本件においてイタリアの保全処分が承認拒絶されると判断されたために，EC司法裁判所は回答を与えなかった。外国保全処分，とくに差止命令の内国における執行は，知的財産法の分野で議論されているクロスボーダー・インジャンクションへの対応に関連する重要問題である。別の機会に詳しく検討したい。片山英二「ヨーロッパにおけるクロスボーダー・インジャンクション」中山信弘編集代表・牧野利秋判事退官記念『知的財産法と現代社会』265頁以下（1999年）参照。

◆ 研　究 ◆

1　本判決の意義

　ヨーロッパの国際民事訴訟法であるブリュッセル条約[4]は，国際的保全処分（仮差押え・仮処分）の領域も規制している。まず，同条約24条〔ブリュッセルⅠ規則31条〕は保全処分のための国際裁判管轄について明文で定める[5]。次に，通説およびEC司法裁判所の確定判例によれば，外国裁判所の保全処分の裁判（決定・判決）は，同条約25条以下〔同Ⅰ規則32条以下〕で定める承認・執行手続の対象になる[6]。本件では，ドイツで執行が求められているイタリアの保全処分の裁判が，それに先行して同一当事者間で言い渡されていたドイツの保全処分の裁判と矛盾抵触し，よって同条約27条3号の承認拒絶事由に該当することを理由として，その承認・執行を拒絶するべきかどうかが問題になった。EC司法裁判所は，本件についてこの承認拒絶事由が存在することを認め（判旨第1点），かつ承認・執行国であるドイツの裁判所には，その場合承認拒絶するか否かについて裁量の余地はなく，必ず承認を拒絶するべき義務があること（判旨第2点）を明らかにした。本判決は，ブリュッセル条約27条3号の規定の趣旨と適用方法を明らかにする重要な判例である。

---

(4) ブリュッセル条約は，現在，EC法上の規則となった。中西康「ブリュッセルⅠ条約の規則化とその問題点」国際私法3号147頁（2002年）。同規則の邦訳として，中西康「民事及び商事事件における裁判管轄及び裁判の執行に関する2000年12月22日の理事会規則（EC）44/2001（ブリュッセルⅠ規則）(上)(下)」際商30巻3号311頁，4号465頁（2002年）がある。本判決で問題になっている承認拒絶事由は，引き続き同規則34条3号に取り入れられており，本判決は，同規則の下でも妥当する。本判決の評釈であるFritzche, ZZP Int 7 (2002), 255参照。

(5) 同条約24条の適用に関するEC司法裁判所の判例の最新状況は次の文献に詳しい。野村秀敏「EC管轄執行条約24条による仮処分の命令管轄とその執行可能領域」際商29巻3号333頁（2001年）〔本書第2篇26事件〕，越山和広「ヨーロッパ民事訴訟法における国際保全処分の新動向」石川明教授古稀記念『EU法・ヨーロッパ法の諸問題』471頁（2002年）。

(6) 本判決もこのことを当然の前提としている。本判決判決理由第41節。ブリュッセル条約における保全処分の裁判の承認・執行に関して，中野俊一郎「外国未確定裁判の執行(3)」際商13巻11号809頁（1985年），同「保全命令の国際的効力」中野貞一郎ほか編『民事保全講座1』326頁（1996年），同「外国保全処分の効力」高桑昭＝道垣内正人編『新裁判実務大系③国際民事訴訟法』416頁（2002年），チクリカス（安達栄司訳）「ヨーロッパ民事訴訟における仮の権利保護制度に対するヨーロッパ人権条約の影響」早比36巻1号330頁（2002年）。

2 矛盾抵触の概念

　ブリュッセル条約27条3号は，承認・執行が求められている外国の裁判が内国の裁判と矛盾抵触することを承認拒絶事由として定める。この「矛盾抵触」の概念は，同条約固有の概念として独自に解釈されるべきものであるが，すでにEC司法裁判所の確定判例がある。すなわち，1998年のホフマン事件判決[7]によれば，2つの裁判が相互に排斥しあう法律効果を有する場合に，「矛盾抵触」が認められる。本件では，X社のY社に対する販売中止請求（差止請求権）を内容とする仮処分について，ドイツの裁判所は否定し，イタリアの裁判所は肯定している。この場合，同一の訴訟物について双方の裁判が相互に排斥しあう関係にあることは明白であり，ブリュッセル条約27条3号によって承認拒絶されるのは当然のように思われる。

　しかしながら，本件をEC司法裁判所に付託したドイツ連邦通常裁判所は，この点につき次のような疑問を提示していた[8]。すなわち，「矛盾抵触」に関するEC司法裁判所の判例は，実体法上の矛盾抵触が存在する事案に関するものであった。それに対して，本件では，2つの裁判の不一致はただ両国の（保全）手続法上の要件が異なるために生じているにすぎない。しかも，X社の仮処分の申立てを棄却したドイツの裁判は，本件事案におけるX社のY社に対する差止請求権（すなわち，被保全権利）自体を否定しているわけではなく，ただ仮処分発令のもう1つの要件（ドイツ民事訴訟法940条）である「保全の必要性」を否定したにすぎない[9]。それゆえに，ブリュッセル条約27条3号の規定の目的が矛盾抵触する2つの裁判によって一国の法秩序が阻害されることを防止することにあるならば，本件のように両裁判の不一致が執行国から見てさほど重大とは思われない事案において，執行国の裁判所は本号の適用を見合わせることができるのではないか，という疑問である。

　「矛盾抵触」の存否の基準に関してドイツ連邦通常裁判所が提起したこのような疑問に対して，本判決は本件事案においても裁判の矛盾抵触が存在する

---

(7) Horst Ludwig Hoffmann v. Adelhied Krieg, Case 145/86, [1988] ECR 645. 同事件判決の詳細は，越山和広「国際民事訴訟における裁判の矛盾抵触とその対策」民商113巻2号254頁（1995年）参照。

(8) BGH, WM 2000, 637.

(9) ドイツの保全処分の概要に関して，吉野正三郎＝安達栄司「ドイツにおける民事保全」中野貞一郎ほか編『民事保全講座1』113頁，127頁（1996年）〔安達・革新と国際化77頁所収〕。

とみなすという明白な態度を示した。すなわち，EC司法裁判所は，第1にブリュッセル条約27条3号の「矛盾抵触」の概念は，ホフマン事件の判例の基準によること[10]，第2に，問題になっている裁判が保全手続によるものか，本案手続によるものかで同号の適用に区別はないことを述べる[11]。そして第3に，保全処分に関する各締約国の手続法が，本案手続に関するより大きく隔たっていることはあまり重要ではないとする[12]。なぜなら，ブリュッセル条約の目的は，各締約国の手続法の統一化ではなく，共同体内における管轄権の配分と裁判の執行の容易化にあるからである。このような考察に基づいて，EC司法裁判所は，まず判旨第1点の結論に至った。

学説において，本判決の判旨第1点の本質的意義はホフマン事件の判例の基準をより深化させたことにあると評価されている[13]。すなわち，ホフマン事件の判例基準によれば，裁判所の裁判の法的効果の点で相互に矛盾抵触するかどうかということだけがブリュッセル条約27条3号の適用を左右する。したがってこの原則を前提とすれば，手続法上の適法要件に関して締約国間で不一致があるかどうかは，この問題にとって意味がないことになる[14]。

なお，この矛盾抵触の概念に関連して，保全処分の申立てを棄却した内国の裁判には既判力が生じないので，逆にそれを認容する外国の裁判とは矛盾抵触しない，という意見書がイギリスから提出されていた[15]。この意見は，本判決で直接取り上げられていないが，本件の法務官意見においては差止命令の発令を拒絶すること自体が積極的な意義を有し，よって認容する裁判と抵触するという理由から，退けられている[16]。

判旨第1点で示された本判決の態度は，2つの点から学説で支持されている[17]。1つは，ドイツ連邦通常裁判所が提示していたような例外が認められなかったことによって，ブリュッセル条約27条3号の「矛盾抵触」の概念に関する統一的適用が締約国に確保され，よって本条約による裁判の執行の容易

---

(10) 本判決判決理由第40節。
(11) 本判決判決理由第41節。
(12) 本判決判決理由第42節以下。
(13) Fritzche (Fn. 4), 252; Nagel/Gottwald5, 584 は，裁判の不一致の程度による例外を認めない，一般的な矛盾抵触概念が本判決で宣言されたと評価する。
(14) 本判決判決理由第44節。
(15) 本判決判決理由第38節参照。
(16) 本件法務官意見書第43節。
(17) Fritzche (Fn. 4), 253.

化が促進される点である。いま1つは，本件のような事案で「矛盾抵触」が肯定されないならば，債権者の法廷地漁り（フォーラム・ショッピング）によって債務者の利益が不当に侵害されることになる点である。すなわち，債権者は，ブリュッセル条約24条に基づき管轄権を有する複数の締約国の裁判所において，可能な限り多数の保全処分を申し立てて，これらの裁判所のうちの少なくとも1つの裁判所が認容の裁判を下すことを期待することができ[18]，そしてこの認容の裁判に関しては，同条約27条3号の承認拒絶事由が発動されないならば，たとえ承認国において申立て棄却の裁判が先行して言い渡されていたとしても，無制約に承認されることになるからである。

3　承認拒絶事由の適用における執行国の裁量

判旨第2点は，ブリュッセル条約27条3号の適用に関して，ドイツ連邦通常裁判所によって提起されたもう1つの問題に関連する。すなわち執行国の裁判所は，もっぱら手続法上の理由から同条約27条3号の「矛盾牴触」が肯定される場合であっても，その相違が執行国から見てあまり重大に思われないならば，この規定の適用を見合わせることができるのではないか，という問題である。このことに関して，ドイツ連邦通常裁判所は，2つの矛盾する裁判が招来されることによって一国の法的平和が阻害されないようにするという本号の規定の目的を援用している[19]。しかも同裁判所は，そのような阻害が個々の事案で生じるかどうかは，もっぱら執行国の目から判断されなければならないと考えている。

ドイツ連邦通常裁判所のこのような問題提起は，保全処分の裁判が暫定的性質を有していること，また締約国間における裁判の自由移動を拡大・促進するためにブリュッセル条約27条の承認拒絶事由を制限的に運用することが望ましいことを考慮するならば，妥当なものであるだろう。しかし，EC司法裁判所は，同条3号の強行的性格を強調して，「矛盾抵触」があれば，執行国の裁判所は必ず承認を拒絶する義務を負うことを明らかにした[20]。そのように解

---

(18) 保全処分の裁判管轄（同条約24条）の創設に関しても，すでにこのような法廷地漁りの危険性を防止するための追加的条件が判例上要求されている。野村・注5前掲334頁〔本書311頁〕。

(19) BGH, WM 2000, 637. 関西国際民事訴訟法研究会（岡野祐子訳）「民事及び商事に関する裁判管轄並びに判決の執行に関するブラッセル条約公式報告書(6)」際商27巻12号1442頁（1999年）。

(20) 本判決判決理由第50節。

釈しなければ，従来の判例で繰り返し確認されてきた本条約の目的である法的安定性の原則に反する結果になるからである[21]。このようにして，EC司法裁判所は判旨第2点の結論に到達している。

学説も，この点で本判決を支持する。ブリュッセル条約27条3号の適用に関して，事案ごとに，執行国の裁判所が例外を設けるという取扱いは，締約国における裁判の承認・執行の実務の統一という観点から見るならば許容されない。なぜなら，執行国の裁判所が，矛盾抵触する外国判決を承認することによって引き起こされる自国の法的平和の阻害がどの程度重大なものかをひとりで判断することになるならば，本号の適用についてEC司法裁判所のチェックはもはや不可能だからである[22]。

さらに，本判決がブリュッセル条約27条3号の承認拒絶事由の強行的性格を強調したことは，従来，同条約による承認・執行が許されないとしても，より緩やかな国内法の基準があるならば，それによって承認・執行を認めることができるとしていた学説の見解を，事実上否定したと見られている[23]。もっとも，現在，ブリュッセル条約に取って代わりECの国際民事訴訟を規制するブリュッセルⅠ規則は，その適用に際して国内法を全面的に排除するので[24]，その意味でもこのような見解は少なくともヨーロッパの枠内では意味を失う。

4 日本法への示唆

第1に，外国裁判所の保全処分を初めから承認・執行の対象になることを許容するブリュッセル条約の下での本判決は，その点で否定的な見解が支配する日本の国際民事訴訟法にとっては，遠い将来の問題を提起していると映るかもしれない。しかし，個々の保全処分の裁判の特性に注目して，例外的に承認適格ないし承認対象性を肯定しようとする学説がわが国で有力に主張されていることに鑑みるならば[25]，あまり悲観的になる必要はないだろう。

第2に，わが国の判例[26]においても内外の裁判の矛盾抵触は，外国判決承認要件としての公序要件（民事訴訟法118条3号）の審査の枠内において，公

---

(21) 本判決判決理由第51節．
(22) Fritzsche (Fn. 4), 245.
(23) Fritzsche (Fn. 4), 255.
(24) Geimer, IZPR^4, Rdnr. 2767b.
(25) 中野・注6前掲『民事保全講座1』320頁，336頁参照．
(26) 大阪地判昭和52・12・22判タ361号127頁．

序違反を構成するとみなされている。本判決で明示された「矛盾抵触」の概念の一般的な理解の仕方は，この点で参照に値する。ただし，この承認拒絶事由が強行的性格を有するものであり，国内法による例外を認めないという判旨第2点の部分は，締約国におけるブリュッセル条約の統一的適用という条約適用上の特有の要請によるものである。その限りにおいて，わが国の固有の国際民事訴訟法にとっての示唆は留保すべきである。

（国際商事法務 32 巻 5 号／2004 年）

〔追記〕本判決については，その後，三上威彦「保全処分における相容れない裁判」石川＝石渡＝芳賀編Ⅱ 257 頁以下が公にされている。

［安達栄司］

II 保全処分の承認・執行

29 子の監護に関する保全処分とブリュッセルII改訂規則による承執・執行

EU 司法裁判所 2010 年 7 月 15 日判決:[2010] ECR I-7353
(Bianca Purrucker v. Guillermo Vallés Pérez, Case C-256/09)

〔事実の概要〕

1 Purrucker(母)は,2005 年に Pérez(父)のいるスペインに移住して二人は事実婚夫婦となった。両人の間で,2006 年 5 月 31 日,難産の末,双子が早産で生まれた。双子の男児 Melin は 2006 年 9 月に退院できたが,もう一人の女児 Samiara は合併症があったので退院できたのは 2007 年 3 月になってからである。その以前に夫婦関係は破綻していた。母は,二人の子供を連れてドイツに帰国することを望んでいたが,父は同意しなかった。2007 年 1 月,両人はスペインで公正証書を作成して,父母が共同して監護権を有すること,母が双子をドイツに連れて還ること,父には面会交流権があること,を合意した(スペイン法によればこの公正証書は裁判所の認証を得て執行力を有する)。双子のうちの女児が外科手術のため継続入院する必要が生じたので,母は 2007 年 2 月 2 日男児だけを連れてドイツに行った。その後,父は公正証書の存在を無視し,2007 年 6 月,子の監護保全処分手続を申し立てた。バルセロナ州 San Lorenzo de El Escorial の第一審裁判所は,2007 年 11 月 8 日,双子の監護権が父に帰属すること,および母が男児を父に返還する義務を負うことを命じる保全処分を発令し,2008 年 1 月 11 日,「婚姻事件および親責任の裁判手続における裁判管轄および裁判の承認・執行に関する(同時に欧州理事会規則(EC)1347/2000 号を廃止するための)2003 年 11 月 27 日付け欧州理事会規則」(本稿では,以下,「ブリュッセルII改訂規則」ともいう)39 条 1 項に基づき,スペイン法によりこの保全処分の執行力に関する証明書を発行した。その後,父は同裁判所に本案の手続を申し立てて,2008 年 10 月 28 日に同趣旨の決定が言い渡され,上訴されずに確定した(と思われる)。

2 2007 年 9 月 20 日,母はドイツ・アルプシュタット区裁判所において,双子の監護権を自己に認めるよう申し立てた。この手続は,「国際的な子の奪取の民事上の側面に関する条約[1](ハーグ子奪取条約)」16 条に基づき 2008 年 3 月 19 日から 5 月

332

29 子の監護に関する保全処分とブリュッセルⅡ改訂規則による承執・執行

28日まで中断された後，ドイツ国際家族手続法(2)13条によりドイツ・シュトッツガルト区裁判所に移送された。同区裁判所は，まず双子の監護権に関して新しく保全処分を発令することを拒否した。さらに同区裁判所は，2008年12月8日の決定において，ブリュッセルⅡ改訂規則19条2項（重複起訴の禁止規定）に基づき上記のスペイン裁判所の決定が既判力を生じさせるまで手続を中断することにした。母は，シュトッツガルト区裁判所のこの決定に対して抗告したところ，シュトッツガルト高等裁判所は，スペインの保全処分手続とドイツの本案手続とでは事件（訴訟物）が異なるという理由から同規則19条2項の適用を否定して，2009年5月14日，原決定を取り消し，事件を区裁判所に差し戻した。シュトッツガルト区裁判所は，2009年6月8日，父母の双方にスペインの手続の状況について情報提供するよう求めるとともに，EC司法裁判所に対して「迅速」先行判決手続(3)を申し立てることについて意見を聴取し，その結果，同区裁判所はEC司法裁判所に訴訟係属の問題について事件を付託した(4)。

3 本件事案にかかわる3つめの事件が，本件のEU司法裁判所の先行判決につながる基本事件である。双子の父は，上記2の手続と並行して，ドイツ・シュトッツガルト区裁判所に対し，スペイン・San Lorenzo de El Escorialの第一審裁判所の決定について執行可能宣言を求めて申立てをしていた。同区裁判所は2008年7月3日の決定で，そしてストッツガルト高等裁判所は2008年9月22日の抗告審決定で，スペイン裁判所の裁判に執行力を付与し，かつ母に対し間接強制金の支払を命じた。抗告審が示した理由は次のとおりである。①ブリュッセルⅡ改訂規則2条4号の定義規定において，「裁判」とは裁判形式を問わず「裁判所の裁判」とだけ定めていること，②裁判当時まだ生後6月の子がスペインの裁判所で審問を受けていないとしても，手続法上の基本原則に反することはないこと，③母が後日に本案を申し立て

---

(1) 日本においても本条約の締結に向けて法務省法制審議会等で検討が進められている。包括的な参照文献の所在も含めて，早川眞一郎「『ハーグ子奪取条約』断層」ジュリ1430号12頁（2011年）を参照。〔その後「国際的な子の奪取の民事上の側面に関する条約の実施に関する法律案」として，平成25年内に国会に提出されて成立する見通しであることが報じられている。〕

(2) この法律は，2005年3月1日に発効したブリュッセルⅡ改訂規則（およびハーグ子奪取条約）を施行するためのドイツ国内法（施行法）である（2005年1月31日発効。BGBl. 2005 I 161; BR-Drucks. 607/04）。

(3) 2009年12月のリスボン条約の発効に先立ち，2008年3月1日からEU（EC）司法裁判所手続規則104条bとして，EUの「自由，安全，司法」分野において，特別の迅速先行判決手続が導入されている。O. J. Nr. L24, 21. 1. 2008, pp. 38–41.

(4) この迅速先行判決手続の結果，EU司法裁判所は，2010年11月9日，ブリュッセルⅡ改訂規則19条2項は当該事件で適用されないことを明らかにした。この判決はドイツではFamRZ 2011, 534に掲載されている。

333

てスペインの裁判の執行を阻止しようとしても，ブリュッセルⅡ改訂規則 39 条に基づくスペイン裁判所の証明書がその妨げになること，④同規則 23 条の承認拒絶事由，とくに公序違反は存在せず，また母は期日に呼び出されているので法的審問は保障されていること，⑤期日に母本人が出頭せず，弁護士のみを出席させたことは自己の判断によるものであること，⑥スペインで判断された監護権手続を実質的に審査することは，承認・執行の手続において裁判所には禁止されていること，である。

この高等裁判所の決定に対して，母は次のような上告理由を述べて，ドイツ連邦通常裁判所に対して許可上告を申し立てた。すなわち，他の締約国の裁判の承認および執行は，ブリュッセルⅡ改訂規則 2 条 4 号によれば，同規則 20 条にあたる保全処分を含まない。なぜなら，その保全処分は親責任に関する裁判としての性質を有するとはみなされないからである。2009 年 6 月 10 日，ドイツ連邦通常裁判所は，上告を許可すると同時に手続を中断して，母がその上告理由において提示した論点，すなわちブリュッセルⅡ改訂規則 21 条以下に定められる他締約国裁判所の裁判の承認および執行に関する規定は，同規則 20 条にあたる（執行力ある）監護保全処分にも適用されるのか，について先行判決を得るために，本件を EU 司法裁判所に付託した。EU 司法裁判所は，2010 年 7 月 15 日，本判決において「適用されない」と判断した。

〔判　旨〕

婚姻事件および親責任の裁判手続における裁判管轄および裁判の承認・執行に関する（同時に欧州理事会規則（EC）1347/2000 号を廃止するための）2003 年 11 月 27 日付け欧州理事会規則（ブリュッセルⅡ改訂規則）21 条以下の規定は，同規則 20 条に基づく監護権の保全処分には適用されない。

◆　研　　究　◆

1　本判決の意義

ヨーロッパの国際民事訴訟法として中心的な役割を果たしてきたブリュッセル条約およびその後継である現在のブリュッセルⅠ規則[5]は財産法事件を対象としている。そこで家族法上の事件が適用範囲から除外されてきたのは，とくに離婚の実質法および抵触法について締約国間で相違が大きすぎるという理

---

(5) 中西康「民事及び商事事件における裁判管轄及び裁判の執行に関する 2000 年 12 月 22 日の理事会規則（EC）44/2001（ブリュッセルⅠ規則）（上）（下）」際商 30 巻 3 号 311 頁，4 号 465 頁（2002 年）。

由からである。しかし，1970年代および80年代において各締約国において国内家族法の大改正が続々と実現されたことから，ヨーロッパ域内の人的自由移動の保障も標榜するEC法は，マーストリヒト条約が発効した1993年から，ブリュッセル条約の理念を家族事件にも拡大するための作業に本格的に着手した。1998年5月28日，婚姻事件の裁判管轄および裁判の承認・執行に関する条約（ブリュッセルⅡ条約）が制定された[6]。ブリュッセルⅡ条約は批准されず未発効のままであったが，アムステルダム条約の発効に伴い，内容をほとんど維持したまま2000年5月，婚姻事件の裁判管轄および裁判の承認・執行に関する規則（ブリュッセルⅡ規則）として共同体規則に形をかえて制定されて，それは2001年5月に発効した。しかし，ブリュッセルⅡ規則は，その発効直後からとくに子どもの保護が不十分であるという批判を受けたので，親責任に関する規定を補充する改訂が行われた。これが2003年11月27日に制定された「婚姻事件および親責任の裁判手続における裁判管轄および裁判の承認・執行に関する（同時に欧州理事会規則（EC）1347/2000号を廃止するための）2003年11月27日付け欧州理事会規則」（ブリュッセルⅡ改訂規則）であり，EU域内において2005年3月1日から施行されている[7]。

　本判決は，このブリュッセルⅡ改訂規則における他締約国裁判所の裁判の相互承認・執行に関わる重要論点について，EU司法裁判所が初めて，しかも詳細な理由を述べて判断をしたものとして，注目される。

2　ブリュッセルⅡ改訂規則20条および21条

　スペインに生活の本拠を有していた事実婚夫婦の妻が，破綻後，生後間もない子を連れてドイツに帰国したことを発端として，スペイン裁判所が発令した保全処分はブリュッセルⅡ改訂規則に基づきドイツで承認・執行されるのかど

---

[6] ブリュッセルⅡ条約に関する公式的解説であるボラス報告書の邦訳は国際商事法務誌に掲載された。関西国際民事訴訟法研究会「婚姻事件における裁判管轄並びに裁判の承認および執行に関する条約（ブラッセルⅡ条約）公式報告書（全訳）(1)〜(6・完)」際商39巻9号1216頁（2006年）〜35巻2号253頁（2007年）。

[7] ブリュッセルⅡ規則の概要について，ダグマー・ケスター＝ヴァルチェン（勅使川原和彦訳）「国際訴訟における新たな展開」早比38巻1号277頁（2004年），エナ・マルリス・バヨンス（渡辺惺之訳）「オーストリーにおける国際家事手続法と調停(1)」立命320号279頁（2008年），ハイモ・シャック（出口雅久＝本間靖規訳）「ヨーロッパ国際民事訴訟法の今日的発展と課題」立命323号91頁（2009年），小梁吉章「家族関係の国際的訴訟競合とブラッセル2bis」広島ロー5号37頁（2009年）。

うかが本件の争点である。ブリュッセルⅡ改訂規則20条は，次のような規定である。「第20条（保護措置を含む保全処分）　締約国の裁判所は，本規則に基づき本案の裁判に関して他の締約国が管轄権を有するときであっても，緊急の場合，本規則の規定の有無にかかわらず，当該締約国に所在する人または財産に関して当該締約国の法律によって定められている保護措置を含む保全処分を発令することができる。」この規定は，緊急の場合に，締約国内に所在する人および財産のみを対象にして，ブリュッセルⅡ改訂規則に基づく本案の裁判管轄権を有しない締約国裁判所が保全処分を発令することができるという非常に制限的に運用される管轄規定であることに特徴がある。

本件において，スペインの父がドイツにおいてもスペイン裁判所の裁判が承認・執行可能であると考えて依拠したのは，ブリュッセルⅡ改訂規則21条である。同条は，ブリュッセル条約・Ⅰ規則にならい，他の締約国の「裁判」が，格別の手続を要せず自動承認されること（1項），形式的確定力の証明が原則的に無用であること（2項），承認確認請求の申立てが可能であること（3項）および承認対象が先決問題になっている事件の受訴裁判所は自ら承認の可否を判断できること（4項）を定める。

3　本判決の検討

（1）　ブリュッセルⅡ改訂規則20条に基づく監護保全処分に対して，同規則21条以下における他締約国の裁判の承認・執行に関する規定が適用されないという本判決の結論は，なによりも同規則20条の保全処分の効力が発令締約国においてのみ属地的に生じるにすぎないと考えるEU立法者の意思によって理由づけられている[8]。この立法者意思は，同様にECの国際裁判管轄法として保全処分の裁判管轄の特則を定めていたブリュッセルⅡ条約12条[9]およびブリュッセルⅡ規則12条の解釈において一貫して示されていた。

EU司法裁判所は，本件の事案との関係において，ドイツとスペインにはともに1996年10月19日のハーグ子ども保護条約（親等の責任および子の保護措置に関する管轄権・準拠法・承認・執行および協力に関するハーグ条約）が適用されないことを確認する[10]。さらに，本判決において気づくことは，EU司法

---

(8) 本判決判決理由第84節。
(9) ブリュッセルⅡ条約12条の趣旨に関して，関西国際民事訴訟法研究会（北坂尚洋訳）・注6前掲(4)際商39巻12号1668頁（2006年）。
(10) 本判決判決理由第7節。ただし，両国ともその間にこの条約を批准し，2011年1月

裁判所は，上記〔事実の概要〕1で紹介した父が申し立てた本件の本案裁判について，「思われる」と述べている[11]ことからわかるようにその詳細を把握できないまま，本判決を下しており，承認対象となるスペイン裁判所の手続について，本件の先行判決に関与するすべての関係者に不安定が生じていることが強調されていることである。本先行判決手続において父がまったく意見表明していないことがスペインの裁判手続がどのように進行したか明らかにならなかった原因である。とくに，スペイン裁判所が，本件事案について，その裁判で援用する関連の諸規定よりもブリュッセルⅡ改訂規則が優先的されて適用されるべきことを認識していたかどうか，本判決において疑問視されている[12]。本件の保全処分についての承認・執行の可能性を検討するうえでさらに注目されるのは，EU 司法裁判所が，2009 年 12 月 23 日の Detiček 事件判決[13]で明らかにされたブリュッセルⅡ改訂規則 20 条に基づいて保全処分を発令するための 3 要件に言及して，その適用範囲を制限しようとしていることである[14]。すなわち，①（同条の）保全処分は緊急のものでなければならない，②保全処分は受訴裁判所が属する締約国の中に所在する人または財産に関するものでなければならない，③保全処分は予防的性格のものでなければならない。この 3 要件および同規則 20 条の文言から見ると，同条に該当する保全処分は，当該裁判を発令した裁判所が属する締約国において，本案を管轄する他の締約国の裁判所が下した先行する裁判と矛盾する可能性がある。それに対して，同規則 20 条の原則的要件を満たさないという理由から同条に該当しない保全処分であれば，かかる先行の裁判に優先することはない[15]。

　本判決によれば，監護事件における保全処分に対して不服がある場合，その重みから，とくにその幼年子に対する影響の大きさから，処分を発令した裁判所とは別の裁判所に対する法的救済の申立てを認めることによって，本案の裁判管轄があるのか，それとも同条約 20 条の要件があるのか審査されることになる[16]。国内法においてこのような不服申立手続が認められていないならば，

---

　　1 日から発効している。ドイツについて，Schulz, FamRZ 2011, 156.
(11) 本判決判決理由第 31 節・第 40 節。
(12) 本判決判決理由第 67 節。
(13) Jasna Detiček v. Maurizio Sgueglia, Case C-403/09 PPU, [2009] ECR I-12193, para. 39.
(14) 本判決判決理由第 77 節。
(15) 本判決判決理由第 81 節。
(16) 本判決判決理由第 97 節。

かかる国内法に従う裁判所は，必要に応じて，EU法に反する規定を無視する，または国内事件のみを対象とする諸規定を国際的事件の特殊性に即応させて解釈しなければならない[17]。本件事案では，スペイン裁判所の保全命令に対する不服申立てはスペイン法上認められていなかった。

(2) 本判決が下されるまでの本件の先行判決手続の審査において，EC委員会および7締約国政府から書面または口頭で意見が表明されていた。母自身も手続に参加して，スペイン裁判所の手続の実態を説明しようとしていたのに対して，父は一切の意見表明を拒んだ[18]。さらに法務官意見は，詳細な理由づけによって本判決の結論に合致する意見を述べている。

本稿で参照したドイツの判例評釈において，本判決の結論は全面的に支持されている[19]。それによれば，本案の管轄裁判所以外の裁判所が発令する保全処分がブリュッセルⅡ改訂規則21条以下の規定によって承認・執行できないという結論は，同様にEU法の保全処分を規整しているブリュッセルⅠ規則の運用にも影響を与える[20]。もっとも，ブリュッセルⅡ改訂規則20条の文言においては，ハーグ子ども保護条約12条の規定とは異なり，属地主義の制限が明らかになっていないが，そのことは同規則の目的および沿革から当然視できる。この点に関連して本判決において，EU司法裁判所は，属地主義の制限の理由として，ブリュッセルⅡ改訂規則およびブリュッセルⅠ規則の管轄規定の適用回避の危険性もあげて説明し，さらに，ブリュッセルⅡ改訂規則24条は，ハーグ子ども保護条約11条とは異なり，裁判承認の際に承認管轄のチェックがないことも制限的な態度をとる理由とする[21]。

本判決は，ブリュッセルⅡ改訂規則によって，締約国の保全処分が他の締約国で承認・執行されるかどうかは，保全処分を発令した裁判所に本案の裁判管轄があるかどうかにかかっていること，ならびに発令された保全処分の理由中

---

(17) 本判決判決理由第99節。
(18) とくに本件の法務官意見において，EU司法裁判所において一切の意見表明をしなかった父の態度が非難されている。本件法務官意見書第85節・第182節参照。
(19) Pirrung, Grundsatzurteil des EuGH zur Durchsetzung einstweiliger Massnahmen in Sorgrechtssachne in anderen Mitgliedstaaten nach der EuEheVO, IPRax 2011, 351, 354.
(20) ブリュッセルⅠ規則・条約における保全処分に関する裁判管轄規定について，次の文献がある。的場朝子「欧州司法裁判所による保全命令関連判断――ブリュッセル条約24条（規則31条）の解釈」神戸58巻2号99頁（2008年）。
(21) 本判決判決理由第86節・第90節以下。

に本案の裁判管轄についての明示的言及がないときには，同規則20条に基づいて発令されたことが推定されること[22]を，判例法のルールとして明確に確立した。発令された保全処分がどちらのタイプに属するのかは，承認国の裁判所が独自に審査しなければならない。このことは，裁判国の裁判管轄の審査を禁止するブリュッセルⅡ改訂規則24条に抵触しないと解されている[23]。

4 日本法からの関心

2011年5月2日，わが国において懸案であった財産事件の国際裁判管轄に関する新立法（民事訴訟法及び民事保全法の一部を改正する法律案）が可決され，制定された。その立法論議において，EUのブリュッセルⅠ規則は比較の材料として詳細に検討されてきた。ときを同じくして，わが国において家事審判法・規則を刷新する家事事件手続法が成立した。この2つの新立法を眺めると，国際的な人事訴訟事件および家事事件に関する法整備が，近い将来の課題として残されていることに気づかされる[24]。国際的な子どもの連れ去り（引渡し）の問題に関しては，現在，ハーグ子奪取条約の締結に向けて法務省および外務省で包括的な検討が重ねられている。民法（家族法）の親権に関する国内法の改正が同時に実現されたことも考慮するならば[25]，国際的な人事・家事手続法に関する研究は不可避である。わが国の将来の立法論議を想定して，EUの国際家族手続法および司法裁判所の判例の動向を注視し続けなければならない。

(国際商事法務39巻11号／2011年)

[安達栄司]

---

(22) 本判決決理由第76節。
(23) Pirrung (Fn. 19), 354.
(24) 山本和彦「非訟事件手続法・家事事件手続法の制定の理念と課題」法時83巻11号4頁（2011年）。
(25) 窪田充見「親権に関する民法等の改正と今後の課題」ジュリ1430号4頁（2011年）。

III 執 行

30 ブリュッセル条約加盟国における執行とドイツ民事訴訟法917条2項

EC 司法裁判所 1994 年 2 月 10 日判決：[1994] ECR I-467
（Mund & Fester v. Hatrex International Transport, Case C-398/92）

〔事実の概要〕

 オランダに本拠を置くY運送会社は，ドイツの委託者からの委託を受けて商品を運送したが，その途上で水濡れのため当該商品が損傷を受けた。そこで，この損傷による損害賠償請求権を譲り受けたドイツのX社は，「判決が外国で執行されなければならなくなるであろうときは，十分な仮差押えの必要性があるものとする」と規定するドイツ民事訴訟法917条2項に基づき，運送に用いられたが，まだドイツに所在したY社のトラックの仮差押えを求めた。

 第一審では，判決がブリュッセル条約の加盟国で執行されなければならないであろうときはドイツ民事訴訟法917条2項は適用されないとの理由で，申立ては却下された。

 この却下決定に対しXが抗告したところ，抗告審のハンブルク高等裁判所は手続を停止し，国籍による差別禁止を定めるEC条約7条1項・220条〔現在のEU機能条約では，前者は18条となっており，後者は削除されている〕と，ブリュッセル条約〔現在では，ブリュッセルⅠ規則となっている〕がドイツ民事訴訟法917条2項の適用の障害となるか否かの問題について，先行判決を求めてEC司法裁判所に付託した。EC司法裁判所はこの問題を肯定した。

〔判 旨〕

 1. EC条約220条によれば，加盟国は，必要な限りで，その国民のために，裁判と仲裁判断の相互承認および相互執行に関する手続の簡素化を保障する目的で，相互に交渉を行うものとされる。この規定は，関係ある訴訟についての管轄規則を制定し，可能な限り，加盟国の領域での判決の承認と執行に関する困難を除去することによって，共同市場がより円滑に機能するようにすることを目的としている。したがって，この条文に基づき，かつ，これによって確定

された枠内において締結された，1968年9月27日の「民商事事件の裁判管轄および裁判の執行に関するブリュッセル条約」の規定と，同条約が指示している国内規定は，EC条約と関連性を有するということになる。

2．EC条約7条，220条とブリュッセル条約は，内国で執行されなければならない判決について，それをしなければ判決の執行をすることができなくなり，または著しく困難となるおそれがあるときにのみ仮差押えを許し（ドイツ民事訴訟法917条1項はこの旨を規定する），他方で，他の加盟国で執行されなければならない判決については，執行が外国でなされなければならないというだけの理由で仮差押えを許す国内民事訴訟規定の適用の障害となる。

この種の規定によって設けられた差別は，すなわち，客観的事情によっては正当化されない。なぜなら，すべての加盟国は上記の条約の締約国であり，裁判の執行の要件と，それが惹起する困難と結びついた危険は，それゆえ，すべての加盟国において同一であるからである。

◆ 研　究 ◆

1　本判決の意義

仮差押えの必要性として，具体的な執行の危険を要求しているドイツ民事訴訟法917条1項に対し，同条2項は，仮差押えがなければ判決が外国で執行されなければならなくなるという抽象的なおそれが疎明されれば十分であるとしている。これは，外国での執行に伴うさまざまな法律上，事実上の困難に鑑み，そのような執行を行わなくてすむようにするために，債権者に課される負担を軽減したものである。

ところで，2項の適用を受けるのは，ドイツに執行債権を満足させるのに十分な財産を有しない債務者であるから，それは大部分の場合において外国債務者（外国人，外国法人）であることになろう。そこで，同項は，実際上外国債務者を内国債務者に対して不利に扱うことになり，国籍による差別禁止を定めたEC条約6条1項（マーストリヒト条約以前は7条1項）に反するのではないかが問題となる。また，国籍による差別の存在を肯定するためには，それは客観的事情ないし合理的な理由によって正当化されない差別かも問うておかなければならない（前者の問題を否定しても，ブリュッセル条約は，加盟国の一における他の加盟国の判決の承認の要件を大幅に緩和し，その執行のための手続も簡素化したから，執行が他の加盟国において行われなければならない場合には，もはや，

917条2項の適用を正当化しうる程の執行の困難は存在しないのではないかは問題となりうる。ともあれ，このような執行の困難の有無と差別（区別）の合理的な理由の有無とは結びつけて考えられている）。

このような問題は，1975年5月2日のコブレンツ高等裁判所の判決[1]によって提起され，それ以降盛んに議論されてきたが[2]，これらを肯定したのが本判決である。しかし，本判決以前には，双方の問題につき否定的解答を与えるのがむしろ多数説であった。それゆえ，そのような議論状況に鑑みれば，本判決について明示的に賛否を明らかにする学説の中にあっては，むしろ反対するものが多いのは，異とするに足らない[3]。

2 EC条約とブリュッセル条約との関係

判旨第1点については，EC条約は裁判の承認と執行のみを問題としているにすぎないから，ブリュッセル条約がそれ以外のことを規制していても，それはEC条約とは関係なしにそうしているのであり，この規制に関してはEC条約違反の問題は生じえないという批判が浴びせられている[4]。また，そうではないとしても，以下のような規範論理的な理由から，仮差押えを含む仮の権利保護の問題に関しては，EC条約6条1項に対する違反は存在しえないという批判もある[5]。すなわち，EC条約自身が，220条において，国際民事訴訟法の具体的な規制を加盟国間の国際条約に委ねている。そして，その国際条約であるブリュッセル条約は，24条〔ブリュッセルⅠ規則31条〕において，意識的に，仮の権利保護の処分の発令要件を加盟各国の国内民事訴訟法規定の規

---

(1) NJW 1976, 2081=RIW/AWD 1977, 359.

(2) 本判決前の判例・学説の状況については，Ress, Der Arrestgrund der Auslandsvollstreckung nach §917 Ⅱ ZPO und das gemeinschaftsrechtliche Diskriminierungsverbot, JuS 1995, 967f. 参照

(3) 本判決に反対するものとして，注4，5，6掲記文献のほか，Schuschke/Walker, Vollstreckung und vorläufiger Rechtsschutz, Bd. 2, §917 Rdnr. 6 (1995); Rosenberg/Gaul/Schilken, Zwangsvollstreckungsrecht, 11. Aufl., 1007 (1997); Ebmeier/Schöne, Der einstweilige Rechtsschutz, 13 Rdnr. 19 (1997); Walter, Internationales Zivilprozessrecht der Schweiz, 445 (1995). 賛成するものとして，注2掲記文献のほか，Schlosser, Die europäische Infrastruktur ohne Diskriminierungen, ZEuP 1995, 250 ff.; Kropholler[5], Art. 24 Rdnr. 11; Geimer, IZPR[3], 332 Rdnr. 1214.

(4) Schack, Rechtsangleichung mit der Brechstange des EuGH—Vom Fluch eines falsch verstandenen Diskriminierungsverbots, ZZP 108 (1995), 48 f.

(5) Schack (Fn. 4), 49; Mankowski, Der Arrestgrund der Auslandsvollstreckung und das Europäische Gemeinschaftsrecht, NJW 1995, 307.

制に委ねている。したがって，EC 条約は，自らが委任を与えたブリュッセル条約ひいては加盟各国の規制を受け入れなければならず，その規制は EC 条約違反たりえない。

ブリュッセル条約24条に関連しては，以下のようなことも主張される[6]。すなわち，同条は，条約の規定によって国際管轄権を有する国の裁判所のほかに，加盟国の裁判所がその国内規定によって管轄権を有する場合には，当該国の裁判所にも仮の処分の申立てをすることを認める趣旨の規定であるが，これによって，管轄の点に関し，内国債権者の利益のために仮の権利保護の実効性を高めている。そして，ドイツ民事訴訟法917条2項も，発令要件に関して同じ目的を追求している。にもかかわらず，917条2項が共同体法に反するとするならば，そこには評価矛盾が存在することになろう。

もっとも，本判決以前から，ブリュッセル条約24条は管轄のみにかかわる規定であるから，仮の権利保護の処分の発令要件には関係ないという見解は存在した[7]。また，同条が要件等の規制を加盟各国の国内法に委ねているのは全面委任ではなく，共同体法の趣旨と調和する限りでの委任であるとの趣旨のことを主張する見解もあった[8]。そこで，EC 条約220条を出発点とすると，EC 条約とブリュッセル条約との間には密接な関連性があるとして，判旨第1点に賛成する見解もないわけではない[9]。

3　国籍による差別禁止とドイツ民事訴訟法917条2項

ドイツ民事訴訟法917条2項は，明示的には，債務者の国籍によっても住所によっても差別をしていない。しかし，EC 司法裁判所の確定した判例によると，国籍以外の基準を適用しながら，実質的に国籍に基づく差別と同様の結果を生じさせる隠れた差別も禁止される[10]。そして，判旨第2点前段は，917条2項はこの隠れた差別を行っているとする。

この点は，EC 委員会の見解[11]および本判決以前の有力な学説[12]に従った

---

(6) Thümmel, Der Arrestgrund der Auslandsvollstreckung im Fadenkreuz des Europäischen Rechts, EuZW 1994, 245.
(7) Ehricke, Zur teleologischen Reduktion des §917 II ZPO, NJW 1991, 2191.
(8) Schlosser, Europäische Wege aus der Sackgasse des deutschen internationalen Insolvenzrechts, RIW 1983, 483.
(9) Ress (Fn. 2), 969. ただし，レスは，EC 条約59条以下〔EC 機能条約56条以下〕の役務の自由移動の制限に対する禁止違反を理由とした方が，よりよかったとする。
(10) 須網隆夫『ヨーロッパ経済法』70頁以下（1997年）参照。

ものではあるが、やはり以下のような批判を受けている(13)。すなわち、917条2項は、ドイツ国外にのみ財産を有するドイツ人やその財産をドイツから国外に移動させるおそれのあるドイツ人にも適用され、他方で、ドイツ国内に十分な財産を有する外国人には適用されないから、国籍による差別をしていない。ここでは、執行が具体的にどこで行われることになるのかの見込みだけが問題とされている。

4　差別（区別）の合理性の有無

判旨第1点、第2点前段を前提としても、ドイツ民事訴訟法917条2項による差別（区別）が客観的事情ないし合理的な理由に基づくものであれば、EC条約6条1項違反は存在しないことになるが、判旨第2点後段はそのような事情の存在を否定している。しかし、この点についても、以下のような強い批判が浴びせられている(14)。

本判決は、上記〔判旨欄〕では省略した箇所において、ブリュッセル条約の加盟国の高権領域は統一的なまとまりとみなされうるとし、それに続けて判旨第2点後段のことを述べているのであるが、すでにこの本判決の中心的命題が不適切である。すなわち、同条約はまさに判決の承認と執行宣言に関する条約であり、そのような制度自体が、統一的なまとまりと見ることのできない主権国家の併存を前提としている。そして、第三国における執行の場合に比べて簡素化されてはいるが、加盟国における執行の場合にもなお特別な執行宣言手続が必要であることが、内国執行に比べての執行の困難化を生じせしめる。第1に、判決国における執行文（ブリュッセル条約47条1号〔同Ⅰ規則54条〕）のほかに執行国における執行文が必要であり（同31条以下〔同Ⅰ規則38条以下〕）、それを得るには、なお相当の時間を要することがありうる。第2に、執行文付与の裁判に対しては債務者は不服申立てをなすことができ（同36条〔同Ⅰ規則43条〕）、その不服申立期間が経過するまで、またはそれに関する裁判がなされるまでの執行は保全の限度に限られる（同39条〔同Ⅰ規則47条3項〕）。第3に、同条約によってもなお承認のためには一定の要件が満たされていなければなら

---

(11) 本判決判決理由第16節参照。
(12) Schlosser (Fn. 8), 484; ders., Grenzüberschreitende Vollstreckung von Maßnahmen des einstweiligen Rechtsschutzes im EuGV-Bereich, IPRax 1985, 322.
(13) Schack (Fn. 4), 50; Mankowski (Fn. 5), 307; Thümmel (Fn. 6), 244.
(14) Schack (Fn. 4), 51f.; Mankowski (Fn. 5), 308; Thümmel (Fn. 6), 244 f.

ないから（同27条・28条〔同Ⅰ規則34条・35条〕），執行国でのドイツ判決の承認にまつわる不確実は，完全には除去されていない。第4に，債権者は，執行国においてドイツの弁護士のほかにも弁護士を委任しなければならず，そのため余分な費用の出費を余儀なくされる。とりわけ，国によっては，勝訴当事者への弁護士費用の償還を認めていないことがあり，その場合には不都合は大きい。第5に，ドイツ判決の翻訳が必要となる。

加盟国における執行の困難に関するこのような指摘は，本判決以前からもなされていたものであるが，これに対しては，判旨と同様の結論をとる見解から以下のような反論がなされていた[15]。第1に，執行国においてさらに必要となる手続は単なる執行文の付与手続にすぎず，しかも付与前には債務者を審尋することは禁止されているし（ブリュッセル条約34条1項2文〔同Ⅰ規則41条2文〕），それを付与すべきか否かの判断は，多くの場合官僚的なルーティンな判断にすぎない。第2に，執行文の付与に対しては，国内法の場合にも不服申立てが認められている。第3に，承認拒絶事由として実際上問題になるのは公序であろうが，これによる拒絶は稀な場合に限られる。第4に，執行国の弁護士のなすべきことは，管轄執行機関を選択し，これに執行委任をすることに限られ，しかも，債権者は，あらかじめ弁護士を探しておくことができる。第5に，債権者は，判決前から，あらかじめその翻訳を配慮しておくことができるし，翻訳が必要なのは主文に限られる（ドイツ民事訴訟法312条2項2文前段）。

仮差押えを受けると，本案判決までの間債務者の経済活動は制約され，しかも，その本案判決まで長期間を要することもある。そこで，この見解は，上記のようにブリュッセル条約によって相当軽減されている執行の困難でもっては，具体的な執行の危険の疎明なしに簡単にそのような効果を有する仮差押えを課すことは正当化されないと考えるのである[16]。

5　本判決に対する学説の反応

本判決に批判的な見解の中には，判例の変更を求めて，他の高等裁判所による同一の問題のEC司法裁判所への再付託を望むものがある[17]。また，EC司法裁判所の最近の判例には，各国の国内法の差異を尊重する傾向と，EC条約6条1項によって過剰に国内法に干渉する傾向という2つの相反する傾向が見

---

[15] Ehricke (Fn. 7), 2191; Schlosser (Fn. 8), 481f.; Puttfarken, RIW/AWD 1977, 361f.
[16] Ress (Fn. 2), 970f.
[17] Thümmel (Fn. 6), 245.

られると指摘し，後者の傾向の判例によって著しい不都合がもたらされているという見解もある。この見解は，それらの判例は，本判決のような粗雑な理由づけしか与えられておらず，そのためEC司法裁判所自身が不信を買うようになっているという。そして，粗雑な理由づけしか付されないのは，無理に全員一致の判決であるかのような印象を与えようとしているためであるとし，少数意見を明示するようにすべきであるとの改革を提案している[18]。

このように，本判決の評判は必ずしも好ましいとはいえないが，EC司法裁判所の判決の重みはそれなりにあると思われる。すなわち，本判決以降は，ここでの問題につき，単に本判決を引用するのみで，これに従わざるをえないことを暗に示すにすぎない見解も多いのである[19]。

(国際商事法務27巻5号／1999年)

〔追記〕本判決については，その後，森勇「外国における執行の必要性とブリュッセル条約」石川＝石渡編417頁以下が公にされている。

[野村秀敏]

---

(18) Schack (Fn. 4), 52ff.
(19) Geiger, Der Arrestgrund der Auslandsvollstreckung (§917 Abs.2 ZPO) und das gemeinschaftsrechtliche Diskriminierungsverbot (Art. 6 EG-Vertrag), IPRax 1994, 415f.; Gieseke, Neue Entwicklungen zum Arrestgrund der Auslandsvollstreckung im Europarecht, EWS 1994, 151f.; Spellenberg/Leible, Die Notwendigkeit vorläufigen Rechtsschutzes bei transnationalen Streitigkeiten, in: Gilles (hrsg.), Transnationales Prozeßrecht, 302 (1995); Baur/Stürner, Zwangsvollreckungs-, Konkurs- und Vergleichsrecht, Bd. I, 12. Aufl., 580 (1995); Zöller/Vollkommer[19], §917 Rdnr. 15; Stein/Jonas/Grunsky[21], §917 Rdnr. 15a; Nagel/Gottwald[4], 574.

第4部 送　達

I 送達の瑕疵の治癒可能性

> **31** 新しい EU の国際送達規則（2000 年 EC 送達規則）における送達瑕疵とその治癒の可否
>
> EC 司法裁判所 2005 年 11 月 8 日判決：[2005] ECR I-9611
> （Götz Leffler v. Berlin Chemie AG, Case C-443/03）

〔事実の概要〕

　本件の原告は，オランダ在住のドイツ人 Leffler 氏であり（以下，原告という），被告は，ドイツに本拠のある化学会社 Berlin Chemie AG（以下，被告という）である。2001 年 6 月 21 日，原告は，オランダの Arnhem 地方裁判所において，被告に対し，被告が以前原告に対してした差押えの取消しおよび新たな差押えの禁止を求める仮処分命令を申し立てた。2001 年 7 月 13 日，この申立ては却下された。これに対し，原告が Arnhem 上級裁判所に抗告を申し立てたところ，同年 8 月 9 日，被告に抗告審の呼出状が送達され，それによって被告は同月 23 日の審尋期日への出頭を命じられたが，欠席した。そこで原告は被告に対する欠席判決の言渡しを求めた。Arnhem 上級裁判所は，欠席を続ける被告のために手続を中断して再度期日への呼出状を送達させていたが，2001 年 12 月 18 日，最終的には次の理由を述べて，原告の本件および欠席判決の申立てを拒絶した。すなわち，被告は，ドイツ語への翻訳が欠如しているという理由で文書の受領を拒絶したのであるから，EC 送達規則 8 条の諸前提が満たされていない，ということである。これに対して原告は，オランダ最高裁判所に特別抗告を申し立てた。特別抗告の理由として，被告はたしかに翻訳の欠如を理由にして送達文書の受領を拒絶したが，しかしその後この被告には翻訳文が別に送付されていた。そのことによって，従前の呼出状の送達の瑕疵は治癒されているので，被告はオランダの裁判所への出頭を義務づけられる，と主張した。
　オランダ最高裁判所は，本件で適用される EC 送達規則 8 条には受領拒絶の場合の法的帰結が規定されていないと確定したうえ，審理を中止し，次の事項について判断を仰ぐため EC 司法裁判所に先行判決を求めて付託した。
　① EC 送達規則 8 条 1 項は，本規定の言語要件が遵守されなかったという理由で，名宛人が文書の受領を拒否した場合，送付者はその瑕疵を治癒する可能性を有する，という意味において解釈されなければならないのか。

31 新しい EU の国際送達規則（2000 年 EC 送達規則）における送達瑕疵とその治癒の可否

② ①の回答が否定される場合，その文書の受取拒否は，送達が完全に無効であるという法律効果を必ず引き起こすと考えられなければならないのか。
③ ①の回答が肯定される場合，
　(a) どれ程の期間内に，またどのような方法によって，翻訳は名宛人の目に留まらなければならないのか。翻訳文の通知は，当該規則が文書の送達に関して課す要件を満たしていなければならないのか，または転達の方法は自由に決定されることができるのか。
　(b) 瑕疵を治癒する可能性について国内手続法は適用可能なのかどうか。

〔判　旨〕

1．2000 年 5 月 29 日の民事または商事に関する裁判上および裁判外の文書の締約国内の送達に関する EC 規則 1348/2000 号（EC 送達規則）8 条 1 項は次のように解釈される。すなわち，文書の名宛人が，名宛国の公用語またはその文書の名宛人が理解する嘱託国の言語でその文書が作成されていないとの理由によってその文書の受領を拒絶した場合，送付者は，要請された翻訳を送付することによってこの瑕疵を治癒することができる。

2．EC 送達規則 8 条 1 項は次のように解釈される。すなわち，文書の名宛人が，名宛国の公用語またはその文書の名宛人が理解する嘱託国の言語でその文書が作成されていないとの理由によってその文書の受領を拒絶した場合，EC 送達規則に定められる手続に従って，できる限り速やかに文書の翻訳が送付されたことによって，その送達瑕疵は治癒されうる。

3．翻訳の欠如がどのように治癒されるかということに関連し，かつ本件について EC 司法裁判所が解釈したように，EC 送達規則に定められていない問題を解決するためには，国内裁判所は，国内手続法を適用しなければならないが，同時に，EC 送達規則の目的を斟酌して本規則の完全な実効性が保障されることも考慮しなければならない。

◆　研　究　◆

1　はじめに

1999 年 5 月のアムステルダム条約発効以後，EU 域内の国際民事訴訟は締約国に直接適用される各 EC（EU）規則によって統一化傾向を強めている[1]。す

---
(1) これらの全体像に関して，ペーター・ゴットヴァルト（出口雅久＝工藤敏隆訳）「ヨーロッパ民事訴訟法」立命 299 号 600 頁（2005 年）。

なわち，従前からの裁判管轄と判決の承認執行に関するブリュッセルⅠ規則[2]に加えて，本件に直接かかわるECの送達規則，証拠収集規則[3]，倒産手続規則[4]，人事事件の裁判管轄と判決承認執行に関するブリュッセルⅡ規則，統一債務名義創設規則[5]等が矢継ぎ早に制定され，発効している。これらのうちEU域内における国際的な送達と証拠収集に関しては，伝統的には国際統一条約としてのハーグ条約[6]が有効に機能して実務上の必要を十分に満たしていたので，EU固有の立法の意義は比較的乏しいように思われる。しかし，アムステルダム条約によって，司法分野に関してもEUの統一化を強化するという目標が明示されたことから，これらの送達および証拠収集に関してもEUの統一規則を制定することは当然の成り行きだったといえる（ただし，内容的にはハーグ条約の経験が随所で影響している）。

EUの送達規則[7]（以下，EC送達規則という）はEU構成国間の新しい国際送達規則として2001年5月31日に発効した。EC送達規則の特徴は，EU内での文書の送達の迅速化のために，構成国の送達機関の直接の遣り取りおよび郵便等による直接的送達を可能にし，また標準定型書式を導入したことにある。

---

(2) 中西康「民事及び商事事件における裁判管轄及び裁判の執行に関する2000年12月22日の理事会規則（ブリュッセルⅠ規則）（上）（下）」際商30巻3号311頁，4号465頁（2002年）。
(3) 春日偉知郎「ヨーロッパ証拠法『民事又は商事事件における証拠収集に関するEU加盟各国の裁判所間の協力に関するEU規則（2001年5月28日）』について」判タ1134号47頁（2004年）。
(4) 安達栄司「ECの国際倒産手続法における管轄権恒定の原則」際商34巻8号1073頁（2006年）〔本書第2編39事件〕。
(5) 春日偉知郎「ヨーロッパ債務名義創設法（「争いのない債権に関するヨーロッパ債務名義の創設のための欧州議会及び理事会の規則」（2004年4月21日））」際商32巻10号1331頁（2004年）。
(6) ハーグ送達条約の解釈問題に関して，安達・展開171頁以下参照。ハーグ証拠収集条約に関して，多田望『国際民事証拠共助法の研究』99頁以下（2000年）参照。
(7) 構成国間の民事又は商事における裁判上及び裁判外の文書の送達に関する2000年5月29日閣僚理事会規則（欧州共同体）1348／2000号。この前身としてEU送達条約が制定されていた（未発効）。EU送達規則はその内容に若干の修正を加えているにすぎない。EUの送達条約については，安達・注6前掲209頁。〔2000年規則の改正規則が2007年に公布され，2008年11月13日から施行されている。EC送達規則の改正の経緯および新条文の翻訳として，安達栄司「EUの新しい国際送達規則」成城大学法学会編『21世紀における法学と政治学の諸相』277頁以下（2009年）（本書論説篇第2論文）を参照。そこでは，本判決で問題となった条文に関し，2000年規則と改正規則との相違点についても言及されている。〕

31 新しいEUの国際送達規則（2000年EC送達規則）における送達瑕疵とその治癒の可否

本判決はEC司法裁判所がEC送達規則に関して判断をした最初の判決として，意義がある。

2 本件の争点と判断

本件は，オランダの裁判所に係属した保全事件に関して，ドイツに所在する被告会社に宛てて行われた審尋期日への呼出状等の送達の適法性にかかわる。オランダの裁判所は繰り返しドイツの会社に呼出状等を送達したが，いずれにもドイツ語訳が添付されていなかった。

EC送達規則8条[8]によれば，文書の名宛人はその属する国の公用語等で文書が記載されていないとき受領を拒絶することができる。この規定に基づいて，本件の被告はオランダの裁判所からの期日呼出状等の受領をすべて拒んだので，オランダの抗告審は適法な送達がないとして原告の申立てを不適法却下した。ところが，本件の基本事件では，裁判所からの送達文書とは別に被告に対し後に送達文書の翻訳文が送付されていた事実が判明している。つまり，被告は送達文書の内容を現実には了知していたのである。

(1) 第1の付託問題は，EC送達規則8条1項の解釈として，文書の名宛人が，その文書が名宛国の公用語等で記載されていないという理由で受領を拒絶するとき，送付者は翻訳の欠如を治癒させることができるのかどうか，である。EC司法裁判所は，要請された翻訳文を送付することによってこの瑕疵が治癒されると判断した。EC司法裁判所によれば，この結論は，まず，文書転達の迅速性と実用性を保障するというEC送達規則の目的（EC送達規則考慮事由(2)，(6)～(9)参照）から引き出される。次にEC送達規則5条[9]および8条を見るな

---

(8) 第8条（文書の受取り拒否）
　(1) 受託機関は，送達される文書が以下の言語と異なる言語で記載される場合には，送達される文書の受取りを拒絶することができることを受取人に通知する。
　　a) 受託構成国の公用語か，あるいは受託構成国において複数の公用語があるときは，送達がなされる地の公用語または公用語の1つ，又は，
　　b) 受取人が理解する嘱託構成国の言語。
　(2) 受託機関が，受取人が文書の受取りを1項に従って拒否したことを通知されたときは，受託機関は10条に基づく証明書を用いて遅滞なく嘱託機関にそのことを通知し，申請書及び文書を，それらの翻訳を要請するために返送する。
(9) 第5条（文書の翻訳）
　(1) 申立人は，彼が転達目的で文書を交付する嘱託機関から，受取人は8条であげられた言語で記載されていない場合には文書の受取りを拒否できることについて教えられる。

らば，本規則は文書が名宛人国の公用語に翻訳されない場合があることを初めから想定していることがわかる。このことから，文書の翻訳の欠如がただちに送達の無効を導かず，逆に送達瑕疵の治癒の可能性が肯定される。また本規則8条2項の「翻訳の要請」は，送付者が求められた翻訳を送付することによって翻訳瑕疵を治癒できることを含んでいる。さらに，翻訳欠如を理由とする文書の受領拒絶が，後の翻訳送付によって治癒されないならば，文書の送付者はあえて翻訳なしの文書を送付するというリスクを冒すことはできなくなり，結果として，EC送達規則の実用性，ひいては文書転達の迅速性という本規則の目的が害される。

　この争点に関するEC司法裁判所の態度は，本送達規則それ自体の解釈から結論を得ようとする自律的解釈を採用したといえる。EC司法裁判所は，翻訳欠如の治癒の可能性を受訴裁判所の各締約国の国内法（手続法）に委ねるべきとする有力な見解（国内法説）[10]については，EC送達規則の統一的適用を妨げるものとして排除した[11]。

　(2)　第1の付託問題が肯定されたために，本判決は第2の争点には回答しなかった。

　(3)　第1の付託問題が肯定されたならば，次に問題になるのは，EC送達規則8条の翻訳欠如を治癒するための翻訳は名宛人に対し，いつまでに，またいかなる方法で送付されなければならないのか，である。この点についてもEC送達規則には具体的な規定は存在しない。本判決においてEC司法裁判所は，「できる限り速やかに」送付するべきだとする。具体的には送達国の送達機関が（嘱託機関）が文書の拒絶について通知を受け取ってから1か月以内を相当だとするが[12]，テキストの長さや翻訳者の調達を考慮して，受訴裁判所によ

---

(2)　申立人は，後に生じうる管轄裁判所あるいは管轄当局の費用に関する判断にかかわらず，文書の転達の前に生じうる翻訳費用を負担する。

(10)　本件の口頭弁論において，ドイツ政府およびフランス政府が主張していた（本判決判決理由第32節参照）。両国政府の見解は，ブリュッセル条約に基づく判決の承認・執行の局面で送達瑕疵の治癒が問題になったとき，それを判決国の法廷地法（国内法および国際条約）の規定に委ねるとした先例（Lancray事件判決：Isabelle Lancray SA v. Peters und Sickert KG, Case C-305/88, [1990] ECR I-2725）に従おうとするものである。判決承認に関する先例としてのLancray事件判決と本判決との関係については，Rauscher, JZ 2006, 251参照。なお，Lancray事件判決については，中西康「ブリュッセル条約における手続保障」論叢146巻3・4号216頁（2000年）に簡単な紹介がある。

(11)　本判決判決理由第43節・第47節。

(12)　本件の審理において，EC送達規則7条2項に言及してオランダ政府とポルトガル

り柔軟に判断される。

これに加えて本判決は，文書の送達の時点（日付け）に結びつけられた法律上の効果（時効の中断，期間の遵守等）に関して，後からの翻訳の送付がどのような影響を及ぼすかという問題に関して，EC 送達規則 9 条 1 項および 2 項[13]の二重の日付けシステムを類推することを示した[14]。二重の日付けシステムとは，訴訟当事者の諸権利を最大限に尊重しようという日付け確定の方法である。それによれば，例えば，原告の保護のために，消滅時効の中断効果は，原告が後の翻訳をできるだけ速やかに送付して瑕疵を治癒させようとする限り，最初の送達を基準として発生させる。逆に被告の保護のためには，不服申立権の行使または防御方法の準備に関する期間を確保することが重要であるので，単に送達文書の存在を知っただけではなく，実際にその内容を理解した時点，したがって翻訳の送付の時点が基準となるべきである。

最後に，本判決はとくに被告の利益を考慮して，被告が EC 送達規則 8 条に基づき文書の受領を拒絶して，欠席を続ける場合，EC 送達規則 19 条 a および b [15]を類推して，後からの翻訳の送付により瑕疵が治癒されること，およ

政府がした提案に従うものである（本判決判決理由第 57 節）。

第 7 条 （文書の送達）
(1) 文書の送達は，受託構成国の法に従うか，嘱託機関が希望する特別の方式においては受託構成国の法に合致する手続である限り，受託機関により実施されあるいは指示される。
(2) 送達のために必要なすべての段階は，できるだけ早くにとりおこなわれなければならない。文書の到達後 1 か月以内に送達がなされえないときは，受託機関は，付属書類の定型書式において予定され，かつ 10 条 2 項に従って交付される証明書を使用して，嘱託機関にこのことを通知する。その期間は，受託構成国の法に従って算定される。

(13) 第 9 条（送達の日付け）
(1) 8 条にかかわりなく，7 条に従ってなされた文書の送達の日付けは，受託構成国の法が基準となる。
(2) しかしながら文書の送達が，嘱託構成国で開始され，又は係属する手続の枠組みの中で特定の期間内になされなくてはならない場合，申立人との関係では，送達の日付けは，嘱託構成国の法から明らかになる日とする。

(14) 本判決判決理由第 65 節。

(15) 第 19 条（被告の欠席）
(1) 呼出状又は同等の文書が本規則に従って送達目的で他の構成国に転達されなければならなかったときで，かつ，被告が応訴しなかった場合，裁判所は，以下のことが確認されるまで，手続を中止しなければならない。
　　a) その文書が，受託構成国の法がその領土内にいる人々に対するそこで発行された文書の送達のために規定する方式で送達されていること，あるいは，

びその翻訳送付が被告の防御のための時間的余裕をもって実施されたことが証明されるまでは，受訴裁判所は手続の中止を命じるべきだと述べる[16]。結局，本判決は，翻訳欠如の治癒の可否の諸問題に関して，EC 送達規則に具体的規定がない限り，本規則の目的と実効性を顧慮したうえで受訴裁判所の国内法を適用することを認めた[17]。

3　本判決の評価と日本法への示唆

ドイツの学説において，本判決の結論は概ね賛同されている[18]。まず，法的安定性を考慮して，翻訳欠如の場合の文書の受領拒絶とその後の瑕疵の治癒の可能性について，EC 送達規則の独自の解釈による統一的ルールによるべきことを明らかにしたことは高く評価されている。文書の受領拒絶の場合の法的効果が受訴裁判所の国の法によってバラバラであるならば，文書の名宛人は EC 送達規則8条を根拠にして受領拒絶をすることに躊躇してしまうからである[19]。

次に，EC 送達規則において，送達文書の翻訳が送達の適法性の本質的（義務的）要素ではなく，単なる受領拒絶の根拠にすぎないことを明らかにしたことは，国際送達の迅速性と簡易性を目標とする EC 送達条約の特徴に合致するものとして，支持されるだろう。

これに対して二重の日付けシステムについては，批判がある[20]。例えば，EC 送達規則9条3項に基づき単一の日付けが要求される場合の処理方法が本判決では不透明である。さらに文書が名宛人の理解する言語に翻訳され，名宛人が十分な理解をしているにもかかわらず，不当に受領拒絶権を行使した場合，保護に値しない名宛人については翻訳の送付の時点は顧慮するべきでないことなどの工夫が指摘されている。

---

　　b)　その文書が実際に，被告個人に手渡しで交付され，又は本規則において定められている別の手続に従って被告の住居に交付されたこと，
　　かつ，このどちらの場合においても，その文書が被告が防御しうる適切な時期に送達ないし交付されていたこと。
(16)　本判決判決理由第68節。
(17)　本判決判決理由第69節。
(18)　本判決の評釈として，次の文献を参照した。Rauscher (Fn. 10), 251; Roesler/Spiemann, NJW 2006, 475; Stadler, IPRax 2006, 116.
(19)　Roesler/Spiemann (Fn. 18), 476. この問題は，2004年に提出された EC 送達規則に関する調査報告書（COM (2004) 603) の 2.2 において指摘されていた。

354

逆に原告側での権利濫用に関して，本判決は無言である[21]。例えば，原告は名宛人が送達文書を理解できないことを承知している場合に，原告の有利に最初の送達を基準に据えることは不当だと考えられるからである[22]。しかし，本判決はこの見解を採用せず，原告にとってはもっぱら最初の送達を基準にして手続を行うことができるため，原告は，受領拒絶が予想される場合でも文書の翻訳を要せずして時効中断効を獲得することができるとする。

最後に日本法との関係について。本判決は，費用と時間を浪費する国際送達の手続を簡易，迅速，直接に処理するEC送達規則の目標をEUの統一ルールに依拠して，必要に応じて締約国の国内法も参照しながら，達成しようとする前向きな判決である。いつものことであるが，標準（統一）ルールの制定と超国家裁判所によるその統一的解釈を兼ね備えるEUの国際民事訴訟法のシステムは，わが国にとっては遠い理想である。他方で，EC送達規則の内容は，これまでの世界標準として通用していたハーグ送達条約を多く参照している。ハーグ送達条約の適用はわが国の実務においても伝統があり，それに基づいて固有の国際送達法の解釈論が展開されている[23]。その意味では，EC送達規則およびその解釈に関する本判決はわが国の国際送達法にとって1つの有力なモデルを提示すると見てよい。例えば，訴訟当事者の利益を第一に顧慮して判決日を柔軟に措定する二重の日付けシステムはわが国でも直ちに導入可能のように見える。その他にも，送達の適式性（適法性）の問題が，判決承認の際に決定的である送達の適時性の判断にどのような影響を及ぼすのかについても，本判決は興味深い示唆を与えるだろう[24]。

(国際商事法務35巻2号／2007年)

[安達栄司]

---

(20) Roesler/Spiemann (Fn. 18), 476.
(21) Roesler/Spiemann (Fn. 18), 476.
(22) 本判決の法務官意見書第2節，第80節および第88節参照。
(23) 安達・展開184頁，191頁参照。
(24) Rauscher (Fn. 10), 252.

32 執行宣言手続における送達の欠缺の治癒可能性

EC 司法裁判所 2006 年 2 月 16 日判決：[2006] ECR I-1579
(Gaetano Verdoliva v. J. M. Van der Hoeven BV, Banco di Sardegna, San Paolo IMI SpA, with Pubblico Ministero intervening, Case C-3/05)

〔事実の概要〕

1993 年 9 月 14 日，オランダの den Haag 地方裁判所は，X に対し，Y への 36 万 5,000 オランダギルダー（約 2,600 万円）の支払を命じた。その後 1994 年 5 月 24 日に，イタリアの Cagliari 控訴院は，この判決がイタリア国内において執行可能である旨を宣言したうえ，2 億 2,000 万イタリアリラ（約 200 万円）の金額に関して保全的差押えを認めた。

X の住所であるイタリア国内の Capoterra で執行宣言判決の送達が試みられたが，不成功に終わった。1994 年 7 月 14 日付けの送達記録によると，X はこの住所を届け出ていたが，実際には 1 年以上前に転居していたとのことであった。そこで，イタリア民事訴訟法 143 条[1]によって，改めて送達が試みられたが，1994 年 7 月 27 日付けの送達記録によると，送達されるべき文書の抄本が Capoterra の町役場に寄託され，もう 1 通の抄本が裁判所の掲示場に掲示されたとのことであった。

X がこの送達に対して 30 日以内に異議を申し立てなかったので，Y は，A と B がすでに X に対して開始していた執行手続に参加することによって，X に対する強制執行手続を追行した。すると，1996 年 12 月 14 日付けの訴状によって，X は，執行宣言判決は彼に送達されなかったし Capoterra の町役場への寄託もなされなかったから，1994 年 7 月 27 日付けの送達記録は誤りであるとの理由で，Cagliari 民事地方裁判所にこの執行に対する異議の訴えを提起した。2002 年 6 月 7 日付けの Cagliari 民事地方裁判所判決は，この訴えを不服申立期間を徒過しているとの理由で却下した。X は，この判決に対して控訴を提起して第一審での主張を繰り返すほか，イタリア最高裁判所の判例によると，イタリア民事訴訟法 143 条による送達方法をとる前提として名宛人を探索する努力をする必要があるが，そのような探索はなされていないし，送達記録中でも何らこの点に触れられていないから，執行宣言判決の送達は無効であると主張した。

---

[1] イタリア民事訴訟法 143 条　執行官は，最後の住所地の市町村役場への文書の抄本の寄託と手続裁判所の掲示場でのもう 1 通の抄本の掲示によって，住所，居所もしくは常居所の知られていない者への送達を行う。

Cagliari民事地方裁判所判決の訴え却下の理由は，ここで準用されるイタリア民事訴訟法650条(2)が送達の瑕疵があっても送達されるべき裁判に関して悪意の名宛人には不服申立期間経過後における不服申立てを認めていないことにあった。すなわち，Xは，自らに対する最初の執行行為によって執行宣言判決を知る機会を得た。そのため，この規定によってXに対する送達の瑕疵（欠缺）は治癒された。他方，ブリュッセル条約36条1項(3)は，強制執行が許可されたときは，債務者はその有効な送達後1月内に限り，執行を許可した判決に対して不服申立てをなしうるとしている。そこで，最初の執行行為後1月以内に提起されなかった本件訴えは不服申立期間を徒過しているというのである。Cagliari控訴院は，本件事案の結論はブリュッセル条約36条の解釈にかかっていると考え，手続を中止して，次の問題に関する先行判決を求めてEC司法裁判所に付託した。

　①　ブリュッセル条約は，手続行為の認識について独自の概念を定めているのか，あるいは，それに関しては各国の国内法を指示しているのか。

　②　ブリュッセル条約の規定，とくにその36条から，同条によって定められた執行宣言判決の送達に等価値の〔文書の伝達〕方式が存在するということが導かれるか。

　③　執行宣言判決の送達がなされなかった場合もしくはその送達に瑕疵があった場合，にもかかわらず，この判決を認識したことによってブリュッセル条約36条に定められた期間が進行を開始するか，あるいは，むしろ条約自体から，当該判決の認識の方式は一定のものに限定されるということが導かれるか。

〔判　旨〕

　ブリュッセル条約36条は，強制執行の許可に関する裁判が執行の申立てがなされる締約国の手続規定を遵守して適式に送達されることを要求している，と解釈される。それゆえ，強制執行の許可に関する裁判の送達がなされなかった場合もしくはその送達に瑕疵があった場合，執行債務者がこの裁判を認識す

---

(2) イタリア民事訴訟法650条　督促命令の受取人は，当該命令において定められた期間の経過後であっても，とくに送達の瑕疵のために，その命令を適時には知らなかったということを証明して，異議を申し立てることができる。ただし，最初の執行行為から10日を経過した後は，異議はもはや許されない。

(3) ブリュッセル条約36条1項の内容は本文に掲記したが，2項は，「債務者が強制執行の許可の裁判のなされた締約国以外の締約国に住所を有するときは，不服申立期間は2月とし，当該裁判が債務者本人またはその住所へ送達された日から進行を開始する。この期間は，遠隔を理由として伸長することはできない。」と規定していた。そして，ブリュッセル条約は2002年3月からはブリュッセルⅠ規則によって取って代わられているが，前者の36条1項・2項は後者の43条5項にまとめられて，実質的に引き継がれている。

るに至ったとの事実だけでは，同条に定められた期間の進行を開始させるためには十分ではない。

◆研　究◆

1　EC送達規則に関する諸判例

　EC司法裁判所は，近時，送達に関するいくつかの判決を相次いで公にしているが，本判決もそのようなものの1つである。

　送達としては訴状等の手続開始文書のそれがあるが，その適否はまず，判決国において欠席被告に対して敗訴判決をなす前提として問題となる。そして次に，執行国において，被告敗訴判決の執行を許可するか否かとの関連でも問われる。この関連での判例は従来から数多く報告されているが[4]，最近でも，①Scania事件判決[5]（2005年10月13日），②Leffler事件判決[6]（2005年11月8日）がある。前者は，ブリュッセル条約27条2号，付属議定書4条2項[7]との関連で，判決国と執行国との間に国際条約がある限りは，手続開始文書の欠席被告への送達の適式性はもっぱらその条約に従って判断されるが，議定書4条2

---

[4] 中西康「ブリュッセル条約における手続保障」論叢146巻3・4号204頁以下（2000年）参照。

[5] Scania Finance France SA v. Rockinger Spezialfabrik für Anhängerkupplungen GmbH & Co., Case C-522/03, [2005] ECR I-8639.

[6] Götz Leffler v. Berlin Chemie AG, Case C-443/03, [2005] ECR I-9611. この判決については，「EC企業法判例研究」の連載でも取り上げた。安達栄司「新しいEUの国際送達規則（2000年EC送達規則）における送達瑕疵とその治癒の可否」際商35巻2号234頁以下（2007年）〔本書第2篇31事件〕。

[7] ブリュッセル条約27条2号については，後述，本文2参照。
　付属議定書4条　(1)　締約国の一において作成され，他の締約国の主権領域に所在する者に対して送達されるべき裁判上および裁判外の文書は，それらの締約国間に適用される条約もしくは合意に従って転達される。
　(2)　その主権領域において送達がなされるべき国家が，EC閣僚理事会事務総長に対する表明によって異議を述べていないときは，この文書は，それが作成された国家の裁判所職員から，その主権領域に文書の名宛人の所在する国家の裁判所職員に対して直接，転達することができる。[2文・3文省略]
　ブリュッセル条約27条2号は，ブリュッセルⅠ規則34条2号に引き継がれたうえ，「ただし，被告がその可能性を有したにもかかわらず，その裁判に対して不服申立てをしなかった場合はこの限りではない。」との文言が付け加えられた。付属議定書4条は，EC送達規則によって不要となったからであろう，ブリュッセルⅠ規則には引き継がれていない。

項による裁判所職員間の直接送付という転達方法が用いられ，執行国がこの方法に公式に異議を申し立てていなかった場合は例外である旨を判示した。これに対し，後者はEC送達規則に関する初めての判例であり，同規則8条1項[8]との関連で，文書の名宛人が，名宛国の公用語またはその文書の名宛人が理解する受託国の言語で文書が作成されていないとの理由によって当該文書の受領を拒絶した場合には，送付者は，要請された翻訳を送付することによって，この瑕疵を治癒しうること等を判示した。

　判決国における判決自体も送達されなければならないが，この送達に関しては本判決直前の③Plumex事件判決[9]（2006年2月9日）と本判決後の④ASML事件判決[10]（2006年12月14日）がある。前者の事件では，外国から二重の方法で送達を受けて欠席判決を受けた被告が一方の方法を基準にすれば控訴期間を徒過していないとして当該判決に対して控訴を提起したところ，他方の方法では控訴期間を経過していることが問題になったが，EC送達規則4条ないし11条に定められた転達と送達の方法（各加盟国が指定する転達・受領機関を介する方法）と，14条に定められた送達の方法（郵便による送達）との間には優劣はなく，したがって，裁判上の文書はこれらの方法の1つによってか，その双方を累積的に利用して送達することができ，累積的利用の場合には，控訴期間の開始については最初になされた送達の時点が基準になると判示された。また，後者の事件では，支払を命じた外国欠席判決の送達がなされていなかったが，被告は執行を許可した執行宣言決定の送達を通じて欠席判決の存在を知ったという事案の執行宣言手続の抗告審においてブリュッセルI規則34条2号但書[11]の解釈が問題になったが，被告が欠席判決に対して不服申立てをなす「可能性」を有したといえるのは，その者が判決国の裁判所の面前で防御をなしうるほどに適時になされた送達によって当該欠席判決の内容を知るに

---

(8) EC送達規則8条　(1)　受託機関は，送達される文書が以下の言語と異なる言語で記載される場合には，送達される文書の受取りを拒絶することができる旨を受取人に通知する。
　　a) 受託加盟国の公用語か，受託加盟国において複数の公用語があるときは，送達がなされる地の公用語もしくは公用語の1つ，又は
　　b) 受取人が理解する嘱託加盟国の言語。
(9) Plumex v. Young Sports NV, Case C-473/04, [2006] ECR I-1417.〔本書第2篇33事件〕
(10) ASML Netherlands BV v. Semiconductor Industry Services GmbH (SEMIS), Case C-283/05, [2006] ECR I-12041.
(11) 前注7参照。

至った場合だけである旨が判示された。

最後に，執行宣言判決も送達されなければならない。本判決はこの送達の瑕疵（欠缺）が治癒されるかの問題を取り扱っているが，④判決が欠缺の治癒の可能性を否定しつつも，名宛人が当初の判決国の判決の内容を知ることによる瑕疵の治癒可能性を認めているのに対し，それよりもさらに厳しく，執行国法による治癒可能性を否定しつつ，その本来の送達規定の絶対的な遵守を求めているように見える。

2　本判決の判決理由

本判決がこのような結論に至った理由の核心は執行債務者の保護にある。そして，ブリュッセル条約36条の文言は何らの解決の手がかりを与えることはないとして，体系的，目的論的解釈から解決を導く。

最初に，本判決は，体系的な問題として，27条2号が手続開始文書もしくはこれに同価値の文書が，欠席被告に対して，適式かつ防御をするのに適時に，送達されなかったときには，判決は承認されないと規定しており，このことは，その者が，その後当該判決を知った場合でさえそうであると解釈されている[12]ことを指摘する[13]。また，36条を35条[14]と対比し，前者は執行宣言判決の執行債務者への送達を要求しているのに対し，後者は執行債権者への単なる通知を求めているにすぎない点を強調する[15]。すなわち，これらの規定によれば，執行債務者は執行債権者に比してより保護に値するというのであろう。さらに加えて，本判決は，36条に定める執行宣言判決に対する執行債務者からの1月ないし2月の不服申立期間は強行的なものと解釈されている[16]にもかかわらず，執行の許可を求める申立てを却下した判決に対する執行債権者側からの不服申立が40条1項の文言[17]やブリュッセル条約に付された公

---

(12) Isabelle Lancray SA v. Peters und Sickert KG, Case C-305/88, [1990] ECR I-2725, para. 22. ただし，この判決のような厳格な解釈は，現在では立法によって否定されていることにつき，前注7参照。

(13) 本判決判決理由第29節。

(14) ブリュッセル条約35条　執行を求める申立てに関する裁判は，事務課の書記官が申立人に，遅滞なく，執行国の法律が定める方式で通知する。
　　この規定は，ブリュッセルⅠ規則42条1項にそのまま引き継がれている。

(15) 本判決判決理由第31節。

(16) Horst Ludwig Martin Hoffmann v. Adelheid Krieg, Case C-145/86, [1988] ECR I-645, paras. 30, 31.

式報告書[18]によると期間の制限に服しないとされている旨も指摘する[19]。これは，執行債務者に比べてより保護に値しないはずの執行債権者に後者のような保護が与えられていることを考慮しつつ，執行債務者に与えられる保護を薄くしないように36条を解釈しなければならないとの趣旨であろう。

次に，本判決は，目的論的解釈の問題として，執行宣言判決の送達は執行債務者の防御権の保護のほか，その時点が36条の不服申立期間の起算点となるから，その正確な計算を可能とするための証明機能をも担っている旨を指摘する。そして，この正確な計算が困難となるならば，ブリュッセル条約の統一的な適用が不可能となってしまうという[20]。さらにまた，執行債務者がその判決を認識すれば十分であるとするならば，執行宣言判決に送達を要求したことの意味が失われてしまうおそれがあるとも指摘する。もしそのようにするならば，執行債権者が適式な送達以外の方法で送達されるべき文書を送付することを試みるようになってしまいかねないというのである[21]。

3　本判決に対する批判

しかしながら，このような本判決は，その結論についても理由づけに関しても厳しい批判を被っている。

まず，強制執行の過程で，執行債権者が意図的に瑕疵ある送達や送達以外の方法での執行宣言判決の送付を試みることなどは実際上はありえないであろうと指摘される。また，執行債務者が執行宣言判決を知って強制執行が差し迫っていることを認識したにもかかわらず，その判決の送達の欠缺ないし瑕疵のためにただちには執行を開始しえないということになれば，執行債権者にとっては余りに大きな危険というべきであるとも指摘される。なぜなら，そうなれば，執行を開始しうるようになるまでに，執行債務者の財産が隠匿されたり，無価値化されたりするおそれがあるからである[22]。

---

(17) ブリュッセル条約40条　(1)　執行を求める申立てを却下されたときは，申立人は次の裁判所に不服申立てをすることができる。［以下，省略］
　　この規定は，ブリュッセルⅠ規則では，「執行宣言の申立てに関する裁判に対しては，各当事者は不服申立てをなしうる。」（同規則43条1項）となっている。
(18) 関西国際民事訴訟法研究会（岡野祐子訳）「民事及び商事に関する裁判管轄並びに判決の執行に関するブラッセル条約公式報告書(7)」際商28巻1号47頁（2000年）。
(19) 本判決判決理由第32節。
(20) 本判決判決理由第34節・第37節。
(21) 本判決判決理由第36節。

以上に加えて何よりも大きな批判は，本判決がここでは単純な内国送達が問題となっているという点に意を用いていないという趣旨のそれである[23]。すなわち，本判決が理由として指摘する送達の有する不服申立期間の正確な計算を可能とするための証明機能等，上記で目的論的解釈の問題として指摘した視点はLancray事件判決の理由として指摘されたそれと同一であるが，この判決にはそれ自体として問題がありうる[24]。そして，それをさておいても，その判決の事案と本件事案とは前提としている状況が異なることを看過している。つまり，前者において問題となっているのは外国送達であり，他国の訴訟の訴状の自国への送達の適否が当該国の判決を承認するか否かの問題の前提として問われているが，後者においては，自国の執行宣言判決の自国内にいる被告への送達の適否が問われているにすぎないというのである。前者では送達を手続的公序の観点からコントロールすればよいが，後者では送達の適法性の観点からのコントロールが問われている[25]。

このように言う批判説によると，この適法性はもっぱら国内法の観点からのそれを意味し，その国内法には送達の欠缺ないし瑕疵の治癒に関する規定をも含むことになる[26]。この旨は，本判決に関する法務官意見書中でも指摘されていた[27]。そして，そうすると，本件事案においては，イタリア国内法の規定（イタリア民事訴訟法650条）によって，執行宣言判決の送達の欠缺は治癒されたと扱われるべきことになろう。ここでは，ブリュッセル条約27条2号に関する従来の議論は関係がないし，同条約が送達に関して何らかの独自の基準を有しているのではないかなどということも，考える必要はないのである。したがって，その適用が不統一になり，送達にかかわるブリュッセル条約やEC規則の価値が損なわれるなどという問題も生ずるはずがない。そして，批判説は，ブリュッセル条約36条（ブリュッセルⅠ規則43条5号）からは，判決を

---

(22) Heiderhoff, Kenntnisnahme ersetzt nicht die Zustellung im Vollstreckbarerklärungsverfahren, IPRax 2007, 203. 本判決を契機とした論文である。

(23) Heiderhoff (Fn. 22), 203f. そのほか，Pataut, Rev. cri. dr. internat. privé, 2006, 703 et s.（本判決評釈）も同趣旨の厳しい批判を加える。

(24) 注12およびその付記箇所に指摘したように，Lancray事件判決は手続開始文書の送達の瑕疵の治癒を認めていなかったが，その可否については争いがあったし（中西・注4前掲216頁参照），この判決の立場はブリュッセルⅠ規則では否定された。

(25) Pataut (note 23), 703.

(26) Heiderhoff (Fn. 22), 203f.; Pataut (note 23), 704.

(27) 法務官意見書第59節。

知ったことによるその送達の欠缺の治癒可能性に関する結論は導き出すことはできないが，できるとすれば，むしろ逆の結論であるという。すなわち，同条約36条2項（同Ⅰ規則43条5項2文）は，執行債務者が執行国以外の国において外国送達が必要になるというここでは例外的な場合について，不服申立期間を通常の場合より長く設定するという慎重な配慮を示しているが，そうであるなら内国送達しか問題にならない通常の場合にはそのような配慮は必要ない（一般の内国送達の場合と同様に扱ってよい，つまり一般の治癒規定が適用になってよい）という態度を示唆しているとも理解しうるというのである[28]。もっとも，内国裁判所は，36条1項によって認められた執行宣言判決に対する1月の不服申立期間が果たすべき執行債務者の保護機能を実質的に無にするような形で国内法の規定が瑕疵ある送達の瑕疵の治癒を認めているならば，その限りで当該規定の適用を排除すべきであるとの指摘もある[29]。

4 まとめ

EC司法裁判所は，②判決によって送達の瑕疵の治癒の可能性を広く認めたのに対し，本判決においては，それを否定した。これらの2つの判決の態度は方向性としては調和しないように見え，上記の批判説はこのような態度をジェットコースターのようであると評している[30]（振幅の大きい態度を上ったり下ったりのジェットコースターになぞらえているのであろう）。なお，本判決では問われていなかった当初の判決国の判決の送達の欠缺（瑕疵）の治癒の問題について比較的厳格な態度を示した④判決は，批判説によっても好意的に受け取られている[31]。なぜなら，そこでは外国送達の適否，すなわちEUに関して統一的に適用されるべきEC送達規則のシステムの運用が問われているからである。

（国際商事法務35巻11号／2007年）

［野村秀敏］

---

(28) Heiderhoff (Fn. 22), 204.
(29) PATAUT (note 23), 704. 法務官意見書第62節でも指摘されていた点である。
(30) Heiderhoff (Fn. 22), 704.
(30) Heiderhoff (Fn. 22), 704.

II 送達の方法

33 EC 送達規則による複数の送達方法相互の関係

EC 司法裁判所 2006 年 2 月 9 日判決：[2006] ECR I-1417

(Plumex v. Young Sports NV, Case C-473/04)

〔事実の概要〕

ポルトガルに本拠を有する Y 社に対し，そのポルトガルの本拠に宛てて，X 社と Y 社との間の訴訟におけるベルギーの第一審裁判所の判決が送達された。送達は指定機関を介する方法と郵便による方法[1]の双方によって行われた。

Y 社は，2001 年 12 月 17 日にベルギー控訴院に第一審判決に対する控訴を提起したが，控訴院はこの控訴を却下した。控訴期間は最初の有効な送達である郵便による送達が行われた日（2001 年 10 月 12 日）を起算点として進行を開始するから，ベルギー訴訟法 1051 条[2]によってすでに 2001 年 12 月 11 日に経過してしまっている

---

(1) EC 送達規則 14 条 1 項「他の加盟国に住所を有する者に対する裁判上の文書の送達を，郵便によって直接行わせることは，各加盟国の自由に委ねられる。」

　この送達方法は，指定転達機関から外国に居住する者に直接郵便によって行われる送達方法を意味している。そして，発出国の法律により，執行官，弁護士，訴訟追行当事者の機関自身に送達権限が認められており，当該国によって転達機関として指定されているときは，そのような者は，他の加盟国に居住する者に，配達証明書付きの書留郵便によって送達を行うことができる（Schlosser, EU-ZPR[2], Art. 14 EuZVO Rdnr. 2）。本件事案における送達は，この方法によっていると思われる。ただし，本件事案では，問題の送達は，ベルギー訴訟法 40 条 1 項によって，差出証明書と引換えに郵便局に判決を差し出された時点に行われたものとみなされているから（法務官意見書第 10 節・第 14 節参照），郵便による送達とはいっても，わが国でいう郵便に付する送達ということになろう。〔本判決において問題となっているのは 2000 年の EC 送達規則であるが，同規則の改正規則が 2007 年に公布され，2008 年 11 月 13 日から施行されている。この改正の経緯及び新条文の翻訳として，安達栄司「EU の新しい国際送達規則」成城大学法学会編『21 世紀における法学と政治学の諸相』277 頁以下（2009 年）〔本書第 1 篇第 2 論文〕を参照。そこでは，本判決で問題となった条文に関し，2000 年規則と改正規則との相違点についても言及されている。〕

(2) ベルギー訴訟法 1051 条によると，控訴期間は判決送達時から 1 月であるが，同条および同法 55 条によると，送達受取人がベルギーに住所，居所，送達住所を有せず，連合王国以外のベルギーに国境を接しない他のヨーロッパ諸国に住所を有するときには，30 日分延長される。

というのである。

　Y社は控訴審判決に対して破毀院に破毀抗告を提起し，理由として以下のように主張した。EC送達規則は，送達の主たる方法である指定機関を介する方法による送達は郵便による送達に優先する，と解釈される。それゆえ，控訴期間は，二次的なものにすぎない郵便による送達の後になされた主たる送達の送達時（2001年11月6日）から起算されなければならない。

　ベルギー破毀院は手続を停止し，以下の問題についての先行判決を求めて，それをEC司法裁判所に付託した。

　① EC送達規則4条ないし11条による送達が送達の主たる方法であって，14条の直接郵便による送達は，双方の方法が法律の規定に従って行われた場合には，前者が他方に対して優先するという意味において二次的なものであるか。

　② EC送達規則4条ないし11条による送達が14条の直接郵便による送達と競合する場合，送達受取人にとり，控訴期間は後者の送達の日ではなく，前者の送達の日から進行を開始するか。

〔判　旨〕

　1．EC送達規則は，それはその4条ないし11条に規定された転達・送達の方法と14条に規定された送達の方法の間に順位を設けておらず，それゆえ，裁判上の文書はこれらの双方の方法の1つで，またはそれらの方法を累積的に用いて送達されうる，と解釈される。

　2．EC送達規則は次のように解釈される。4条ないし11条に規定された転達・送達の方法と14条に規定された方法とが累積的にとられたときは，送達がなされたことに結びつく手続期間の開始については，受取人に対して最初の有効な送達がなされた時点が目当てとされる。

◆　研　究　◆

1　先例と比較しての本件事案の特徴

　EC司法裁判所が，近時，相次いで公にしている送達にかかわるいくつかの判決に関しては，本連載においてそれらの概要を紹介するとともに[3]，2つの

---

(3) 野村秀敏「執行宣言手続における送達の欠缺の治癒可能性」際商35巻11号1583頁以下（2007年）〔本書第2篇32事件〕。概要を紹介した判決は本判決のほか，以下のものである。Scania Finance France SA v. Rockinger Spezialfablik für Anhängerkupplungen GmbH & Co., Case C-522/03, [2005] ECR I-8639; Götz Leffler v. Berlin Chemie AG, Case C-443/03, [2005] ECR I-9611; ASML Netherlands BV v. Semiconductor Industry

判決については単独の研究の対象としても取り上げた[4]。今回の研究は，それらに続く 3 回目のものである。

先に取り上げた Leffler 事件判決においても，二重の送達がなされていたが，最初の送達文書には必要な翻訳文が添付されていなかったために被告によって受取りが拒否され，後に翻訳文が送達されたという事情があった。すなわち，最初の送達は無効な送達であったが，後の翻訳文の送達によって瑕疵は治癒されたというのである。そして，EC 司法裁判所は，このような事案においては，原告のための訴訟上の期間遵守の効力は最初の送達を基準として発生し，被告のための期間遵守の有無は後の送達を基準として判断するとの解釈を示していた[5]。これに対し，本件事案においては，同一の文書がそれ自体としては双方とも適法・有効な方法で二重に送達されているという事情があった。

2 付託問題①について

Y 社の主張の背景には，指定機関を介する司法共助の方法による送達が原則であり，直接郵便による方法のようなその他の送達方法は二次的なものであると説く一部の学説があった[6]。すなわち，この学説は，その他の送達方法に関しては，前者についてあるような翻訳文の添付の必要性（EC 送達規則 5 条）や送達に関する最低限の情報を記載した定型封筒の使用の必要性（2002 年 2 月 17 日の EC 送達書式規則）のような詳細な規律が欠けていること，EC 送達規則が前者に関する規定を送達に関する第 2 章の第 1 節の「裁判上の文書の転達と送達」と題する箇所に置いているのに対して，後者に関する規定はその後の第 2 節の「裁判上の文書のその他の方法の転達と送達」と題する箇所に置かれていること，を理由としてあげていた[7]。

これに対して，EC 司法裁判所は，EC 送達規則からは，指定機関を介する

Service GmbH (SEMIS), Case C-283/05, [2006] ECR I-12041.

(4) 前注 3 の Leffler 事件判決について，安達栄司「新しい EU の国際送達規則（2000 年 EC 送達規則）における送達瑕疵とその治癒の可否」際商 35 巻 2 号 234 頁以下（2007 年）〔本書第 2 篇 31 事件〕。他に，Gaetano Verdoliva v. Van der Hoeven BV, Banco di Sardegna, San Paolo IMI SpA, with Pubblico Ministero intervening, Case C-3/05, [2006] ECR I-1579 について，野村・注 3 前掲文献。

(5) 安達・注 4 前掲 236 頁〔本書 353 頁〕参照。

(6) Heß, Die Zustellung von Schriftstücken im europäischen Justizraum, NJW 2001, 19; ders., Neues deutsches und europäisches Zustellungsrecht, NJW 2002, 2422 u. Fn. 101.

(7) この学説は，すでに本判決前に批判されていた。Schlosser, EuZPR², Art. 14 EuZVO Rdnr. 2; Stadler, Neues europäisches Zustellungsrecht, IPRax 2001, 516.

方法と郵便による方法との間に順位があるということを示唆するものは何も引き出されえないし，規則前文に付された考慮事由や条文それ自体においてもそのようなことは言われていないと指摘する⁽⁸⁾。

　さらに，受取人の正当な利益を保護しつつ裁判上の文書の送達が奏功するようにしようとのEC送達規則の趣旨と目的とに鑑みると，同規則は，それが定める送達方法のすべてがこの正当な利益を保護するのに不足はないとしていると考えてよく，そうであるとすれば，個別事件の事情に即して，もっとも適切と思われる1つまたは複数の方法によって送達を行うことが可能でなければならないとも指摘する。このことは，複数の送達方法の間に順位はないということにつながるのである⁽⁹⁾。

　EC司法裁判所の立場は，本判決について意見を表明したすべての学説が支持しており⁽¹⁰⁾，その学説は本判決の判決理由のほかEC送達規則の文言を援用する⁽¹¹⁾。すなわち，同規則14条1項は，直接郵便による送達の実施は各加盟国の「自由に」委ねられると規定し（注1参照），この送達方法を指定機関を介する方法に何らかの関係で依存させる（例えば，後者の実施に困難がある場合にのみ前者の方法が認められるとする）ようなことはしていない。また，同規則12条は，「他の加盟国の指定機関に裁判上の文書を送達のために外交上の又は領事官による方法によって転達することは，『例外的場合において』，各加盟国の自由に委ねられる。」と規定しているが，14条にはこのような例外的場合というような文言はない。

　この学説は，EUの域内における国際的な送達の改善と迅速化というEC送達規則の趣旨と目的も援用する⁽¹²⁾。すなわち，郵便による送達よりも指定機関を介する方法による送達には時間や費用がかかるのが通例であるから，後者が前者に優越するとするならば，この趣旨ないし目的は達成されないことになってしまうというのである。

---

(8) 本判決決理由第20節。
(9) 本判決決理由第21節・第22節。
(10) 後注11掲記文献のほか，Heiderhoff, Keine Rangordnung der Zustellungsarten, IPRax 2007, 293.
(11) Telkamp, Anmerkung zu EuGH, Urteil vom 9. Februar 2006, GPR 2006, 146; Sujecki, Verhältnis der Zustellungsalternativen der EuZVO zueinander, EuZW 2007, 45. 送達規則14条は，すでに本判決前の学説によって理由としてあげられていた。Stadler (Fn. 7), 516.
(12) Telkamp (Fn. 11), 146; Sujecki (Fn. 11), 45.

3 付託問題②に対する回答の必要性

　付託された第2の問題は，指定機関を介する方法と直接郵便による方法との2つの送達方法が累積的にとられた場合に，いずれの方法の日が控訴期間の起算点となるかいうものであったが，そもそも，EC委員会とオーストリア政府は，EC送達規則がこの点に関して沈黙しているところから，これに対する答は各国の国内法に求めなければならないとし，ここでは国内法の問題が問われているとの理由で，EC司法裁判所の回答権限に疑問を呈した[13]。

　この疑問に対して，EC司法裁判所は，その判決を下す前提として先行判決を求める必要性があるか，付託された問題が重要なものであるかについて判断する権限を有するのは基本事件を扱っている国内裁判所であるというEC司法裁判所の確定した判例[14]を援用し，本件事案においても，ベルギー裁判所によって上記問題に対する回答が求められている以上，これに対応しなければならないとしている[15]。

　しかし，EC司法裁判所はEU法の解釈に関する権限のみを有する以上，この理由づけは説得力を欠くと批判されている[16]。ただし，この批判説も，EC送達規則は送達の問題を包括的に規律しようとしているから，それが二重の送達との関係で生ずる問題について沈黙している場合，解釈によって補充されるべき当該規則の欠缺がある，つまり，ここではEU法の解釈が問題となっているとして，結論的にはEC司法裁判所の立場に賛成している。誤解の原因は「関係機関を介する方法によって行われた文書の送達の日付けについては，受託国の法が基準になる。」と規定するEC送達規則9条1項の文言にもあろうが，この規定は，受託国法を目当てとすることが意味を有する祝日の定めのみにかかわるものであると狭く理解されなければならないとも指摘する。

　そのほか，加盟国は，アムステルダム条約によって民事事件における司法協力を共同体の責務とする意思を示してそのための立法権限を導入したことによって[17]，関係規定の自律的解釈と統一的適用を望む旨を表明したと指摘す

---

(13) 法務官意見書第30項参照。
(14) PreussenElektra AG v. Schleswag AG, Case C-379/98, [2001] ECR-I 2099, para. 38; Arkkitehtuuritoimisto Ritta Korhonen Oy et al. v. Verkauden Taitotalo Oy, Case C18/01, [2003] ECR-I 5321, para. 19.
(15) 本判決判決理由第25節。
(16) Heiderhoff (Fn. 10), 294.
(17) 庄司・政策篇125頁参照。

る学説もある[18]。また，この領域における立法形式として，当初に意図された指令ではなくして最終的には規則が選択されたということも，関係規定が総体として拘束力を有し，各加盟国において直接に適用されることになったから，ここでの問題が送達規則から自律的に解釈されるべきことに有利な事情として援用しうるとも言われる[19]。

4 付託問題②について

かくして，EC司法裁判所によっても，学説によっても，第2の付託問題に対してもEC司法裁判所によって回答が与えられなければならないことになるが，同裁判所は，最初になされた送達時が基準となるという結論を，国際的な送達ひいては訴訟手続自体の迅速化というEC送達規則の趣旨・目的から導いている。そして，そのように扱っても，裁判上の文書の受取人の利益が害される結果にはならないと指摘する[20]。すなわち，当該の者は，最初に有効に行われた送達によって文書の存在と内容を知ることができるのであり，そのことによって，裁判上必要な対応をするための十分な時間を有したはずであるからである。その後，その者に別個の方法で同一の文書が改めて送達されたということは，この要求がすでに最初の送達で満足させられているということを何も変えることはないのである。

学説もEC司法裁判所の結論と理由とに賛成しつつ，よりその理由を敷衍する。すなわち，送達の迅速化に関連しては，二重に送達を行う者は，国際的な送達に伴う予測不能性を縮減しようとの意図を有していることを考えるべきであるという[21]。EC委員会による委託を受けて行われた研究によると，書留郵便による送達は失敗に終わることがしばしばあることを示しており，そうであるから，迅速性では劣るが，より確実な指定機関を介する送達方法も累積的に行われるという実情にある。そうであるのに，後者の方法もがとられると，常にそちらの日の方が基準をなるというのでは，迅速化をはかろうとした意図はかえって裏目に出てしまうというのである。また，EC送達規則が迅速化をはかるために複数の送達方法を用意して，そのうちのどれを利用するかを差出人の自由に委ねつつ，各方法の間には順位はないとしているのに，基準となる送

---

(18) Sujecki (Fn. 11), 45.
(19) Telkamp (Fn. 11), 146; Sujecki (Fn. 11), 45.
(20) 本判決判決理由第30節・第32節。
(21) Heiderhoff (Fn. 10), 294.

達時の決定のために特定の送達方法を目当てとし、時間的順序によらないとしたのでは、順位はないとした前提に矛盾することにもなってしまい、EC送達規則14条はまったく意味を失ってしまうであろうとの指摘もなされる[22]。

受取人の利益もより詳しく分析され、以下のように述べられる[23]。例えば控訴期間の進行が問題となる場合、後の送達の日の方が基準となるとすれば、受取人にとってより有利になるが、そのような期間の延長をプレゼントする理由は何もないと指摘される。もっとも、受取人に文書が送達されるときには、それには受取人は何時までに対応措置をとらなければいけないのかの指示を含んでいることになるが、再度の送達がなされれば、それも同様の指示を含んでいることになるから、当該受取人は後者の日を基準にもう一度丸々所定の期間を利用することができるのでないかとの錯誤に陥るかもしれない。しかし、受取人は自らが2度目に受け取った文書は先に受け取った文書と同一内容のものであることを知りうるから、期間が改めて進行を開始するわけではないことを容易に知りうるはずであるので、このような錯誤に陥るおそれを過大評価することは許されない。

5　日本法への示唆

以上のように、本判決後の学説では、EC司法裁判所に対して第2の付託問題に関する回答権限を認めた際の理由づけに異論はあるものの、それ以外の点に関しては結論および理由づけの双方に関し、本判決で取り上げられた問題点に関するEC司法裁判所の立場は一致して支持されているといってよいであろう。

ところで、二重の送達の問題が生ずるのは、EC送達条約では郵便による送達が認められているからであると思われる。すなわち、迅速性のためにその送達方法をとり、確実性のために念のため指定機関を介する方法によるからであろう。わが国では、外国への送達を付郵便送達によって行うことは実務上はないようであるが、学説上は、「民事訴訟手続に関する条約（以下、「民訴条約」という）」や「民事又は商事に関する裁判上及び裁判外の文書の外国における送達及び告知に関する条約（以下、「送達条約」という）」との関係では適法説もある[24]。また、民訴条約や送達条約の締約国の原告（代理人）から直接郵送に

---

(22) Telkamp (Fn. 11), 146f.; Sujecki (Fn. 11), 45.
(23) Heiderhoff (Fn. 11), 293f.
(24) 芳賀雅顯「渉外訴訟における付郵便送達の適法性」法論74巻2・3号219頁以下

よって裁判上の文書が送達されてくることはあり，そのような場合にその送達を有効と認めることができるかについては，周知のように大きな争いのあるところである[25]。もっとも，これらに関し適法ないし有効説による場合であっても，郵便を利用するほかに，念のために中央当局送達や指定当局送達などのその他の送達方法をとることは考えられていないようであるが，もしこれがとられ，かつ，上記2つの問題について適法ないし有効と認められる（場合がある）とすると，その限りで，本判決で問われたのと同一の問題が生じうることになる。そして，もしそうなれば，本判決の立場は大いに参考になるように思われる。

（国際商事法務36巻4号／2008年）

［野村秀敏］

　（2001年）参照。
（25）鈴木正裕＝青山善充編『注釈民事訴訟法(4)』378頁以下〔高田裕成〕（1997年）参照。

34 EC送達規則における翻訳要件

EC司法裁判所 2008年5月8日判決：[2008] ECR I-3367
(Ingenieurbüro Michael Weiss & Partner GbR v. Industrie- und Handelskammer Berlin, Case C-14/07)

〔事実の概要〕

　ドイツ・ベルリンの商工会議所（IHKベルリン。以下、Xという）が英国の建築設計会社Grimshaw（以下、Yという）に対し、建築設計契約に基づき設計上の瑕疵を理由とする損害賠償を請求した。この建築設計契約に基づいて、Yは設計成果物を提出する義務を負っていたが、この契約書中、成果物はドイツ語で提出されること、ならびにXとYとの間の、および関係官庁間の交換文書はドイツ語で書かれることが明文で定められていた。この契約書中には準拠法をドイツ法とし、ベルリンの裁判所に専属管轄を与える旨の定めがある。XはYを相手取ってベルリン地方裁判所に提訴したところ、Yがドイツの別会社（Büro Weiss）に訴訟告知をした。Xの訴状には、書証として提出される約150頁にも及ぶ文書が添付されていた。Yは、まず送達された訴状等に英語の翻訳がないことを理由に訴状の受領を拒絶したところ、後日、Yに対し英語に翻訳された訴状とドイツ語のままで翻訳されていない添付文書が2003年5月23日再送達された。Yは、同年6月13日、添附書類の未翻訳を理由に再び送達の瑕疵を主張し、2000年のEC送達規則8条1項を援用して、訴状の受領を拒絶し、送達の無効を主張した。と同時にYは消滅時効の抗弁を提出した。ベルリン地方裁判所は2003年5月23日に送達が適法に実施されているとみなした。Yはベルリン高等裁判所に控訴したが棄却された。Yはドイツ連邦通常裁判所(BGH)に上告した。ドイツ連邦通常裁判所は、本件がEC送達規則5条および8条の解釈にかかっているとしてEC司法裁判所の先行判決を仰ぐために本件を付託した。この付託に際して、ドイツ連邦通常裁判所はEC送達規則において翻訳の必要性は訴状のみならず、添附書類の全範囲に及ぶという理解を示していたが、他方で、当事者間で事前に言語条項が取り決められていた場合には、被告にとって翻訳の必要性がなくなり、同規則8条の受領拒絶権を排除するのではないか、という疑問も提示していた。ドイツ連邦通常裁判所がEC送達規則8条の解釈として、EC司法裁判所に先行判決を求めた論点は、次の3つである。

　①　送達されなければならない文書の添附書類だけが受託締約国の言語または受領者が理解する嘱託締約国の言語で書かれていないだけのとき、受領者の受領拒絶権は認められない、と解釈できるか。

② ①の質問が否定される場合について。受領者がその事業活動に際して申立人との契約書中に嘱託締約国の言語で交換文書を作成すると合意していたことを理由にして，受領者は嘱託締約国の言語をEC送達規則の趣旨において「理解」している，と解釈できるか。

③ ②の質問が否定される場合について。受領者は，その事業活動に際し契約を締結して，文書交換は嘱託締約国の言語で行われることを合意し，しかも転達される添附書類がその文書交換に関するものであり，かつその合意された言語で書かれているならば，受託締約国の言語または受領者が理解する嘱託締約国の言語で書かれていない文書の添附書類の受領を拒絶することは許されない，と解釈できるか。

〔判　旨〕

1．EC送達規則8条1項は，次のように解釈されなければならない。すなわち，送達されなければならない手続開始文書の受領者は，この文書に書証となるべき書類が添付してあって，それが受託締約国の言語でも，また受領者が理解する嘱託締約国の言語でも書かれていないが，しかし単に証拠の機能を果たしているにすぎず，かつ訴えの申立ての趣旨および理由を理解するのに必要不可欠というわけではないというとき，嘱託締約国の裁判手続の枠内において自己の権利を主張することができる状態にある限りにおいて，その手続開始文書の受領を拒むことはできない。

被告に自己の権利を主張することができるようにさせるために手続開始文書の内容が十分なものであるか，それとも，必要不可欠の添付書類について翻訳のないことを補うことが送付者に義務づけられるのか，を調査するのは，国内裁判所の管轄事項である。

2．EC送達規則8条1項bは，次のように解釈されなければならない。すなわち，送達されなければならない文書の受領者がその事業活動の実施に際し，契約書中で申立人と，嘱託締約国の言語で文書交換が行われることを合意していたという事情があるとき，それは，言語知識に関する推定を生み出すものではなく，受領者が嘱託締約国の言語を理解するかどうかを裁判所が調査するときに斟酌することができる拠り所である。

3．EC送達規則8条1項は，次のように解釈されなければならない。すなわち，送達されなければならない文書の受領者は，その事業活動の実施に際し契約を締結し，その中で交換文書を嘱託締約国の言語で行う旨を合意しており，かつ添附書類がこの交換文書にかかわるものであると同時に，合意されたその

言語で書かれている場合，受託締約国の言語または受領者が理解する嘱託締約国の言語で書かれていない添付書類の受領を拒絶するために本規定を援用することができない。

◆ 研　究 ◆

1　本判決の意義

ECの国際民事訴訟法は矢継ぎ早に制定された各規則によって標準化の一途をたどっているように見える。その中にあってアキレス腱といわれているのが現在23にも及ぶECの公用語に起因する言語的多様性の問題である。国際民事訴訟において，当事者，とくに被告にとって法的審問権を保障するための最初の関門が訴状等の送達文書を正しく理解できることにあることは疑いようがない。EU締約国内において国際送達を規律しているのが2000年のEC送達規則である[1]。EC送達規則の特徴は国際送達の簡易化と迅速化である。送達文書の翻訳についても，EC送達規則5条は送達文書の翻訳を原則的に要求するが，同規則8条は送達受領者の言語能力に照準を合わせて，受領者が送達文書に使用されている言語を「理解する」ときには，送達方法の種類を問わず，翻訳を不要としている。

もっとも，送達受領者が送達文書を「理解すること」とはどのような状態をいうのか，EC送達規則からは明らかにならない。送達受領者が送達文書を「理解できない」とき，EC送達規則8条は送達受領者の手続保障の観点から，手厚い受領拒絶権を保障している。本判決は，EC司法裁判所として，EC送達規則における送達受領者の「十分な言語的理解」の問題を初めて取り扱った重要判例である。

---

[1] 構成国間の民事または商事における裁判上および裁判外の文書の送達に関する2000年5月29日閣僚理事会規則1348/2000号（Council regulation (EC) No.1348/2000 of 29 May 2000 on the service in the Member States of judicial and extrajudicial documents in civil or commercial matters (L 160/2000)）。本規則の改正規則が2007年に公布され，2008年11月13日から施行されている。本件は2000年規則に依拠する事案である。EC送達規則の改正の経緯及び新条文の翻訳として，安達栄司「EUの新しい国際送達規則」成城大学法学会編『21世紀における法学と政治学の諸相』277頁以下（2009年）〔本書第1篇第2論文〕を参照。

2 翻訳要件の意義

本判決において EC 司法裁判所は EC 送達規則 5 条が求める翻訳要件の意義について，送達受領者の法的審問権の保障の観点から理解する。被告の法的審問権の保障が，EC 法の基本原則としても承認されているヨーロッパ人権条約 6 条からも要請されていること，さらに外国判決の承認要件としての送達の有効性と送達規則の一体性を強調した ASML 事件判決[2]の意義がまず強調されている[3]。他方で，本判決は EC 送達規則のもう 1 つの目標，すなわち（原告の利益につながる）文書の迅速かつ確実な転達による効果的司法の保障の意義にも配慮を示す[4]。ここで目を引くのは，EC 送達規則制定以前の国際送達法（ハーグ送達条約または二国間協定）では送達文書の完全なる翻訳義務が課されていなかったこと，また締約国の国内裁判所は送達受領者が自ら翻訳をして対応できる時間的余裕があれば防御権は満たされているとみなされていたと指摘していることである[5]。2000 年 EC 送達規則 14 条が許容する当事者間の直接郵便送達の場合には，さらに締約国の国内法に翻訳要件の程度の問題が大きく委ねられてきたことにも詳しく言及している[6]。

本判決のこのような考察態度は，「送達されなければならない文書」の概念の説明において顕著である。まず，EC 送達規則の重要概念が規則それ自体として（自律的に）解釈されなければならないという方法論について，本判決は Leffler 事件判決[7]を踏襲する[8]。そのうえで，本判決は，本件を付託したドイツ連邦通常裁判所が「送達されなければならない文書」の翻訳要件を論点としてあげているにもかかわらず，ただ（送達されなければならない）「手続開始文書」の中心的記載事項のみが翻訳されなければならない，と限定して応えた。すなわち，本判決において EC 司法裁判所は，訴状について本質的要素とその

---

(2) ASML Netherlands BV, v. Semiconductor Industory Services GmbH (SEMIS), Csse C-283/05, [2006] ECR I-112041.
(3) 本判決判決理由第 47 節。
(4) 本判決判決理由第 48 節以下。
(5) 本判決判決理由第 52 節。
(6) 本判決判決理由第 47 節。
(7) Goetz Leffler v. Berlin Chemie AG, Case C-443/03, [2005] ECR I-9611. この判決はすでに「EC 企業法判例研究」の連載において取り上げられている。安達栄司「新しい EU の国際送達規則における送達瑕疵とその治癒の可否」際商 35 巻 2 号 234 頁以下（2007 年）〔本書第 2 篇 31 事件〕。
(8) 本判決判決理由第 60 節。

他の要素を区別し，前者のみが翻訳されなければならないという独自の立場をここに明らかにしたのである（判旨第1点）。この点に関して，本判決の法務官意見は，被告に対する法的審問権の保障のために，訴状のみならず，訴状の添附書類もすべて翻訳を要する送達文書の概念に含まれるとして，本判決とは異なるものであった[9]。

「手続開始文書」の定義について，本判決はイタリア判決の承認が問題になった事案でブリュッセル条約27条2号について示されたEC司法裁判所のHengst事件判決[10]を援用している[11]。Hengst事件判決において，EC司法裁判所はイタリア民事訴訟法641条について，訴えの対象が十分に明らかにされていない督促手続の申請書式の送達を不適法とした。本判決はさらに，ブリュッセルI規則34条2号が，従前のブリュッセル条約27条2号とは異なり，手続開始文書の送達の適法性をもはや要求せず，被告が現実に防御できたかどうかに照準を当てることによって，送達の効率性を高めようとしていることも，翻訳の必要範囲を限定することの理由としてあげている[12]。

以上の考察から，本判決は，EC送達規則8条の「送達されなければならない文書」とは「手続開始文書」のことであり，それは，適時の送達があれば，被告が自らの権利を嘱託締約国の手続において主張できることを可能にするような文書を意味する，と明確に述べた[13]。そのための最小限度の内容は，訴訟物，請求原因および裁判所の面前に応訴すべしとの呼び出し，である。さらに被告は，訴訟上の法的救済についても十分知らされていなければならない。他方で，ただ証拠機能を有するだけで，訴えの対象と理由の理解にとって必要不可欠とは言えない文書はEC送達規則にいう手続開始文書の本質的要素ではない。訴状のうちの「中核的内容」と「立証に関する叙述」との区別が重要な基準になる。最後に，本判決判旨にもあげられているが，訴状のどの部分が法的審問権確保のために翻訳を要するのかを明らかにするのは，受訴裁判所の職務である[14]。本件事案についていうならば，本件の150頁の添付文書の翻訳は不要だと判断したベルリン地方裁判所の判断は妥当だった，といえる。

(9) 法務官意見書第58節以下。Sujecki, EuZW 2008, 38は早々にこの法務官意見に賛意を示していた。
(10) Hengst Import BV v. Anna Maria Campese, Case C-474/93, [1995] ECR I-2113.
(11) 本判決判決理由第62節以下。
(12) 本判決判決理由第67節以下。
(13) 本判決判決理由第73節。
(14) 本判決判決理由第75節以下。

本判決の判旨第 1 点の部分について，すでに賛意を示す学説がある[15]。すなわち，本判決によって EC 司法裁判所は，EC 送達規則 8 条の翻訳の必要性を訴状書面の中核部分に限定することで，国際訴訟における原告の司法へのアクセスを向上させ，同時に反射的に被告の応訴負担を強化したという評価である[16]。本件をドイツ連邦通常裁判所が EC 司法裁判所に付託する際に示唆し，法務官意見が採用したような見解，すなわち訴状の添附書類のすべての翻訳を要求する見解は，国際送達にとって文字どおりの障壁を意味する。しかも，原告の費用負担，とくに期間遵守のリスクは致命的に大きくなる。よって被告の法的審問をより重視したこの法務官意見は，本判決では排除されたといえる。

3　契約書中の言語条項の法的効力

　EC 送達規則 8 条は送達受領者の受領拒絶権の有無をその言語能力（理解力）にかからしめている。そのために，当事者間の契約書中に言語条項がある場合，この受領拒絶権は排除されるのではないかという疑問がある。ドイツ連邦通常裁判所はこの点を第 2 の付託問題としている。EC 司法裁判所は，この問題について慎重な態度を示した。EC 司法裁判所によれば，送達受領者が嘱託締約国の言語を理解しているかどうかを探知するために，裁判所は送達申立人が裁判所に提示するすべての手がかりを調査しなければならない[17]。すなわち，言語条項のみをもって，送達文書受領拒絶権の放棄とはただちにはみなさない，という立場である。もっとも，本判決においてもかかる言語条項が関係者の言語能力を示す間接証拠になることまでも否定されるわけではない（判旨第 2 点）。

　ドイツ連邦通常裁判所の第 2 の付託問題が，送達受領者の言語能力を抽象的な言語条項の存在によって判断できるか，という問題であるのに対して，本件の第 3 の付託問題は，言語条項に基づいて実際に当事者間で交換された文書があり，それが訴状の添附書類として被告に受領を求められているとき，それについても EC 送達規則 8 条 1 項の受領拒絶の放棄を導くことができるか，という問題である。本判決は，第 1 の付託問題への回答を踏まえて，手続開始文書に添付される書類の翻訳の必要性は，手続開始文書からすでに添附書類の内容を知ることができる場合には，不要であるとする[18]。例えば，受領者自身が

---

(15) Hess, IPRax 2008, 400. 本稿でもこのヘス論文を広く参照している。
(16) Hess (Fn. 15), 402.
(17) 本判決判決理由第 80 節。
(18) 本判決判決理由第 91 節。

当該文書の作成者であったり，嘱託締約国の言語で取り交わされた契約書面に署名をしていたりしているような場合である。EC司法裁判所はこのような場合にはもはや受領拒絶権を援用できないことを明らかにしている。

　第2，第3の付託問題に対して本判決が示した慎重な回答には，言語条項に間接証拠としての重要な意義を与えると同時に，事実証明上の証拠法則を固定化しないで，事案ごとの柔軟な対応を可能にして，結果的には言語条項を送達申立人に有利な方向で作用させるという実際的考慮が含まれている[19]。

4　本判決の影響

　本判決がECの国際送達の実務に与える影響は大きい。本判決によって，送達の実効性はさらに高められ，とくに原告にとって裁判所へのアクセスがより容易になったといえる。EC司法裁判所が示してきたEC送達規則に関する一連の判例法の基調は，自由化，簡易化にあり，形式主義は被告の審問権保護を実現する必要がある場合にのみ，控えめに援用されるだけの存在になる。送達瑕疵の治癒を認めた従前の2つの判例と本判決をあわせて考えるならば，被告（送達受領者）は，訴状に接した時点ですでに応訴負担が生じているのであり，翻訳が不完全または誤っているということだけを指摘して訴状の受領を拒むことは危険になったと評価される。実務上は，次のような運用が通例となるだろうと予言されている[20]。すなわち，訴状の送達の際に迅速性を重要と考えれば，翻訳は中核的部分のみで足りる。原告が最初の送達の有効性に疑問を持つような場合には，完全に翻訳された訴状書面が追って送達される。そうすることで，第2の送達によっても期間遵守の効力は失われないからである。この予言は的中すると思われる。

（国際商事法務37巻2号／2009年）

［安達栄司］

---

(19)　Hess（Fn. 15), 403.
(20)　Hess（Fn. 15), 403.

第5部 倒　産

I　賃金債権の確保

35　EC 指令 80/987 号と加盟国の賃金確保制度

① EC 司法裁判所 1997 年 7 月 10 日判決：[1997] ECR I-3969

（Bonifaci and Others and Berto and Others v. Instituto Nazionale della Previdenza Soziale（INPS），Joined Cases C-94/95 and C-95/95）

② EC 司法裁判所 1997 年 7 月 10 日判決：[1997] ECR I-4051

（Federica Maso and Others and Graziano Gazzetta and Others v. Instituto Nazionale della Previdenza Soziale（INPS）and the Italian Republic, Case C-373/95）

〔事実の概要〕

1　【①事件】　イタリアの訴外 A₁ 社は，X₁ らの賃金を支払わないまま，1985 年 4 月 5 日に破産宣告を受けた。

EC の「使用者の支払不能の場合における労働者の保護に関する加盟国の法規定の調整に関する指令」（80/987/EEC, O. J. L283/23（1980）——以下，「賃金確保指令」と略称する。なお，ドイツでは，一般に「倒産指令」と略称されているようである）は，使用者が倒産した場合に，労働者の未払賃金を使用者に代わって立替払いする賃金支払保証機構によって賃金の確保をはかる制度を設けることを加盟国に義務づけているが，イタリアが暫定措置令（decreto legislatio）によってそのような制度を発足させたのは，指令の国内法化の期限（1983 年 10 月 23 日）を過ぎた 1992 年 1 月 27 日のことであった。この暫定措置令は，指令の国内法化の遅れによって生じた損害につき，賃金支払保証機構に対する損害賠償請求権を認めており，その 2 条 7 項は，そのような損害賠償請求については本来の立替金の請求に関する規定が適用になるとしている。そして，その本来の立替金の請求に関する同措置令 2 条 1 項は，破産手続開始前 12 か月（EC の賃金確保指令はこの期間を 6 か月でよいとしているが，イタリアは 12 か月に延長している）中にある労働関係の最後の 3 か月分の賃金債権が立て替えられる旨を規定している。これは，賃金確保指令 3 条 2 項 1 号により加盟国に認められたところに基づき，立替払義務ある期間の起算点（そこから遡って期間を計算する時点）を支払不能発生時とし，また，同指令 4 条 2 項 1 号により認められたところに基づき，立替払義務ある期間を支払不能発生前の一定期間に限定

したものである。

　X_1らは，イタリアの賃金支払保障機構Yに対し，損害賠償を求める申立てを行ったが，Yは，X_1らの賃金債権は破産手続開始時である1985年4月5日から遡って12か月以内の期間になされた労務の給付に対するものではない，との理由でこれを却下した。基本事件は，この損害賠償を請求する訴訟である。

　ところで，イタリアが賃金確保指令を国内法化していなかった点については，1991年11月19日のフランコヴィッチⅠ事件判決[1]によってEC法違反による国家賠償責任がある旨が指摘されていた。そして，そこでは，この賠償責任は各加盟国の国内法に従って規律されるが，その際，その実体的・形式的要件は，国内法のみが関連する同種訴訟の場合よりも不利でないこと（同等性の原則）と，賠償を得ることを実際上不可能にしたり，著しく困難にするものでないこと（有効性の原則）という2つの制約の下に立たされることが明らかにされていた。

　そこで，基本事件を審理していたイタリアの国内裁判所は，第1に，労務の提供が立替払義務ある期間内に収まらないことが労働者の責めに帰しえない事情によるときも，加盟国は賃金確保指令4条2項に基づき当該期間を限定することができるか，とくに，指令の国内法化の遅れを理由とする損害賠償請求権に関しても，そうであるか，第2に，これができるとして，指令4条2項は同等性の原則に反しないか，第3に，指令の国内法化がなされなかったことを理由とする損害賠償訴訟に関する加盟国の国内法規定の実体的・形式的要件は，指令の国内法化の遅れを理由とするそれと同一でなければならない（またはそれより不利であってはならない）という趣旨に，上記判決の原則は解釈されるべきかの問題[2]について，先行判決を求めてEC司法裁判所に付託した。

　2　【①事件】　イタリアの訴外A_2社は，X_2らの賃金を支払わないまま，賃金確保指令の国内法化の期限（1983年10月23日）後であるが，その国内法化（1992年1月27日）前に破産宣告を受けた。X_2らは，賃金確保指令の国内法化の遅れを理由として，賃金支払保証機構Yに対する損害賠償訴訟をイタリアの国内裁判所に提起した。

　その根拠とされた上記の暫定措置令は，すでに見た2条7項・1項のほか，法律に

---

[1] Andrea Francovich and Others v. Italian Republic, Joined Cases C-6/90 and C-9/90, [1991] ECR I-5357. この判決については，すでに，「EC企業法判例研究」の連載の他の論考においても詳しく言及されている。桑原康行「EC法違反と加盟国の責任」際商27巻12号1453頁以下（1999年）。

[2] ①事件の当時，イタリアでは賃金確保指令はすでに国内法化されていたのであるから，この問題の趣旨は必ずしも明瞭ではないが，損害賠償請求に関する規定により，具体的事案においてそれを請求しえないこととなっていたのを，指令の国内法化がないことと捉えて，このような問題が呈示されたものであろうか。

よって労働関係の終了に続く3か月の限度で支払われる異動補償と賃金の立替払いの累積的な支給を禁止する2条4項を含んでいる。他方、賃金確保指令は、すでに見た3条2項1号・4条2項1号のほか、2条1項において、「a 使用者に対する労働者の請求権が考慮される、債権者の共同満足のための手続の開始が、使用者の財産に関して申し立てられており」、「b 管轄官庁が手続の開始を決定したか、または、企業もしくは使用者の営業が終局的に停止され、かつ、財産が手続の開始を正当化するのに十分ではないことを確定した」場合に、支払不能が存在すると規定する。このように、暫定措置令は、労働者が請求しうる賠償の範囲に、一定の場合には遡及的に相当な制限を加えている。

こうしたことから、基本事件を審理していたイタリアの国内裁判所は、暫定措置令の規定のフランコヴィッチⅠ事件判決の原則と賃金確保指令の規定との調和について疑問を抱き、以下の問題について、先行判決を求めてEC司法裁判所に付託した。すなわち、第1に、賠償の範囲を制限する国内規定（暫定措置令2条7項・4項）はフランコヴィッチⅠ事件判決で示されたEC条約の体系と調和しうるか、第2に、双方の時点が賃金確保指令2条1項にはあげられているが、その3条2項1号・4条2項1号中の「支払不能の発生」の概念は破産申立て時を意味しているのか、あるいは、破産手続開始時を意味しているのか[3]。

3　EC司法裁判所は、2つの事件について別々に判決した。以下に掲げる判旨は②事件にかかわるものである。しかし、①事件の問題点第1の後半と第3にかかわるその判旨は、②事件判旨第1点と文言に至るまでほとんど同一である。また、①において付託された問題点第1前半と第2に関連しては、その判決理由中でも、②事件判旨第2点と同趣旨のことが述べられているが、その結果、それらの問題点は対象を欠くことになるので、判例集には、①事件の判旨としては掲げられていない。

〔判　旨〕

1.　賃金確保指令の国内法化の遅れによって労働者に発生した損害の賠償の枠内において、指令が規定どおりに国内法化されている限りは、加盟国は、累積的支給禁止規定や賃金支払保証機構の支払義務を限定するその他の規定を含めて、遅れて発効することとなった指令の実施措置を遡及的に適用することが

---

[3]　なお、同裁判所は、他に2つの問題についても先行判決を求めたが、それに対するEC司法裁判所の回答は以下のようなものであった。第1に、判旨第1点にあるように、一般的には累積的支給禁止規定を遡及的に適用することは許されるが、異動補償は労務の提供に対する対価ではないから、それと賃金の立替払金の累積的支給を禁止することは認められない。第2に、賃金確保指令4条2項1号中の「3か月」とは、起算点となる基準日と、それから3か月遡った対応日との間の期間を意味する。

できる。しかし，労働者に発生した損害が適切に賠償されるように配慮することは国内裁判所の責務である。そのためには，指令の実施措置の遡及的な，規定どおりの完全な適用で十分である。ただし，その措置によって利益を受ける者が，指令によって保証された財産的利益を適時に享受しえなかったことにより追加的な損害を被ったことを証明するときは，この限りではない。この損害についても，賠償が与えられるべきであろう。

2. 賃金確保指令3条2項1号・4条2項1号の意味にける「使用者の支払不能の発生」とは，債権者の共同満足の手続の開始申立ての時点であり，その際，立て替えられるべき給付は，そのような手続開始についての裁判または——財産が不十分である場合には——企業の終局的な停止の前には支払われない。

◆ 研　究 ◆

1　問題の所在

　加盟国がEC法に違反し，その結果，個人が損害を被ることがあるが，すでに，EC司法裁判所は，数次の判例により，このような損害についての国家の賠償責任にかかわる法理を示していた[4]。すなわち，第1に，加盟国は，以下の要件の下に，EC法に違反して指令が国内法化されなかったために個人に生じた損害を賠償する責任を負う。その責任の成立要件とは，①指令の目的が個人に権利を付与するものであること，②権利の内容が指令に基づいて特定されうること，③国家の義務違反と発生した損害との間に直接的な因果関係が存在することである。
　第2に，給付されるべき損害賠償の範囲は，個人の権利の効果的な保護を保障するような相当なものでなければならない。
　第3に，〔事実の概要〕欄1に示したように，国家の賠償責任に関する具体的な事柄は各加盟国の国内法によって規律されるが，その際，その実体的・形式的形式的要件は，そこに指摘した制約の下に立たされる。
　第4に，以上は，指令の国内法化の遅れによって生じた損害の賠償に関しても当てはまる。

---

(4) この点については，桑原・注1前掲1453頁以下参照。判例としては，注1掲記のフランコヴィッチ I 事件判決，Brasserie du Pêcheur SA v. Federal Republik Germany and The Queen Secretary of State for Transport, ex parte Factortame Ltd and Others, Joined Cases C-46/93 and 48/93, [1996] ECR I-1029（桑原・注1前掲は，この判決の研究である）のほか，桑原・注1前掲1456頁注8掲記のものがある。

上記の第1，第4法理から，①②事件（各々「ボニファーチ事件」「マーゾ事件」と呼ばれる）の原告には，損害賠償請求権があることになる。しかし，賃金確保指令を国内法化したイタリアの暫定措置令は，本来の立替金の請求について，種々の制限を課している。そして，その制限を含めて，本来の立替金に関する規定が，指令の国内法化の遅れを理由とする損害賠償請求に関しても適用になるとしている。すなわち，指令の国内法化以前に発生した損害の賠償請求に関しても，暫定指令の規定が遡及的に適用されるとしているのであるが，判旨第1点は，原則として，それで第2，第3法理に反することはないとしている。ただし，これには，EC指令が規定どおりに国内法化されている限り，においてという留保が付されている。そこで，賃金確保指令3条2項1号・4条2項1号の「支払不能の発生」の概念を「破産手続開始」の意味に捉えて国内法化した暫定措置令2条1項は，賃金確保指令の条文を正しく理解しているかという判旨第2点が判断を加えている問題が生ずることになる。

2 支払不能発生時とはいつか

この問題に関連して，EC司法裁判所は，②事件判決の判決理由において，まず，フランコヴィッチⅡ事件判決[5]に従いつつ，①債権者の共同満足のための手続の開始申立てと，②手続の開始についての裁判または（財産が不十分であるときは）企業が停止されていることの確定という2つの事柄が存在するときに，使用者は賃金確保指令2条1項の意味おいて支払不能とみなされる旨を確定している。しかし，これだけでは，①時点と②時点のいずれが支払不能発生時であるかは導き出されえない。そこで，EC司法裁判所は，賃金確保指令の目的を考慮する。

すなわち，破産手続を開始する裁判がなされるまでには，手続開始申立てから，あるいは，立替払いの対象となる賃金を発生せしめた労務給付が終了してから，長い時間を要することがある。他方，賃金確保指令4条2項1号は，加盟国に，立替払義務ある期間を支払不能発生前の一定期間に限定することを認めており，実際，イタリアはそうしている。すると，イアリア法のように，支払不能発生時を②時点とするならば，賃金未払いのまま労務の給付をなした期間が破産手続開始時よりずっと前（イタリア法に即していうならば，12か月以上前）にある場合，労働者はまったく保護を受けえないことになってしまう。し

---

[5] Andrea Francovich v. Italian Republic, Case C-479/93, [1995] ECR I-3843.

かもそれは，当該労働者とは何の関係もない事情によって，そうなってしまうのである。これは，共同体の平面で，使用者が支払不能になった労働者に対する最低限度の保護を保障しようという賃金確保指令の目的に背馳する。

　EC 司法裁判所は，以上のような理由で，立替払義務ある期間の起算点となる支払不能発生時とは①時点を意味し，②時点ではないとしている。だが，労働者が賃金未払いのまま労務の給付をなした期間がどこにあるかは，偶然の事情にかかっておろう。そこで，その期間が①時点と②時点の間に位置している場合には，EC 司法裁判所の見解を前提とする限り，労働者は賃金確保指令に基づいた賃金確保制度の保護を受けえないことになってしまう。にもかかわらず，EC 司法裁判所が①時点を起算点としたのには，賃金未払いのままの労務の給付が②時点以前 12 か月内の期間に収まらず，②時点以前 12 か月の期間には収まっていたという①②事件の具体的事情が影響していたと思われる[6]。

3　ドイツ法への影響

　(1)　ところで，ドイツは，すでに，1974 年 7 月 17 日の法律によって労働促進法に 141 条 a 以下の規定を挿入して，労働者のために，破産損失給付金という使用者の倒産の場合の未払賃金の確保制度を設けていた。そこで，ドイツは，この破産損失給付金の制度が EC の賃金確保指令に適合しているとして，1980 年のその指令の採択・公布を契機としては労働促進法に特段の改正は加えなかった[7]。

　もっとも，さらにその後，ドイツにおいては倒産法の全面改正作業が進展し，その結果として 1994 年に成立した新倒産法が 1999 年 1 月 1 日から施行されている。そして，この改正作業の過程では賃金確保制度にも手が加えられ，現在，この制度は社会法典第 3 編 183 条以下で規律されている。ただし，賃金確保制度に関する改正は，主として，法典編纂上の都合とこの制度に関する用語を新倒産法の用語に揃える必要性によるものにすぎず（「破産損失給付金（Konkursausfallsgeld）」の名称が「倒産給付金（Insolvenzgeld）」という名称に変えられた），内容的に大きな変更を加えるものではない[8]。ともあれ，これは，その使用者が破産（倒産）手続の開始を受ける等，一定の倒産事故が生じた場

---

(6) Krause, Europarechtliche Vorgaben für das Konkusausfallsgeld, ZIP 1998, 59.

(7) Vgl. Krause (Fn. 6), 56; Braun/Wierzioch, Das Insolvenzgeld im Gesamtgefüge des neuen Insolvenzrechts, ZInsO 1999, 503.

(8) Braun/Wierzioch (Fn. 7), 496; Schaub, Insolvenzgeld, NZI 1999, 218.

合に，労働者に，倒産事故発生前，労働関係の最後の3か月の未払賃金債権に代わり，連邦労働施設に対する破産損失（倒産）給付金請求権を与えるという制度である[9]。

このように，ドイツの賃金確保制度では，連邦労働施設が破産損失（倒産）給付金という形式で立替払いをすべき未払賃金債権は，破産（倒産）手続開始時前の最後の3か月の労働関係に起因するものに限るとされている。すなわち，ここでも，手続開始時が1つの基準とされているので，②事件判旨第2点が，ドイツの破産損失（倒産）給付金の制度にいかなる影響を及ぼすかが議論されている。

(2) この議論の背景には，以下のような破産損失（倒産）給付金のつなぎ融資の実務がある。

企業が倒産した場合，その事業を解体して清算してしまうより，維持・再建をはかった方が，その事業体の価値を増して債権者により多くの満足を与えることができ，労働者にとっても職場が維持される等の点で好ましい。そして，いったん事業活動が停止されてしまえば，それを再開することは困難であるから，倒産手続の開始申立てがあっても，それを継続しておく必要がある。そこで，ドイツにおいては，新倒産法の施行前から，破産宣告前の保全処分の一種として管理人（Sequester）を選任し，これに債務者企業の事業活動を継続させる（そして，手続開始後の破産管財人にもそうさせ，その後，事業体の全部または一部を一体として譲渡する）ことが行われてきた[10]。しかし，そのためには，倒産手続の開始申立て後も労働者に働いてもらうために賃金を支払う必要があるし，そのほかにもさまざまな営業資金が必要である。銀行は確実な担保がなければ，資金を融資しない。そこで，破産損失給付金が目を付けられた。すなわち，労働者は破産宣告前の賃金債権を銀行に売却し，これによって賃金相当

---

(9) 破産損失（倒産）給付金，および以下で説明するそのつなぎ融資の実務については多数の文献があるが，とりあえず，注8掲記の文献のほか，簡にして要を得たものとして，Wimmer/Stenner, Insolvenzgeld, in: Lexikon des Insoplvenzrechts, 191ff. (1999) なお，邦語文献として，鶴原寿「西ドイツの破産不払保険金法」労働194号39頁以下（1975年），伊藤眞「西ドイツにおける賃金債権の確保法制」ジュリ608号50頁以下（1976年），上原敏夫「西ドイツの倒産手続における労働者の処遇（上）」判タ642号10頁以下（1987年），中西正「ドイツ破産法における財産分配の基準(1)」関学43巻2号48頁以下（1992年）がある。

(10) これを，譲渡による企業更生（übertragende Sanierung）」と呼ぶ。これについては，山本弘「ドイツ連邦共和国法における倒産法改正の試み」三ケ月古稀祝賀論文集『民事手続法学の革新下巻』529頁以下（1991年）参照。

額の売却代金を手にする。使用者は賃金を支払う必要はない。他方，破産損失給付金請求権は賃金債権の譲渡に伴って譲受人に帰属することになるから（旧労働促進法141条k第1項，社会法典第3編188条1項），銀行は，破産宣告後にその給付金の支払を連邦労働施設から受け，これによって融資した資金を回収できる。このつなぎ融資の実務によって初めて，破産手続の枠内における営業の継続が現実的なものとなったといわれる[11]。

新倒産法は，管理人を管理処分権を有する仮倒産管財人に置き換えたうえ，明文の規定により，この仮倒産管財人に，債務者の財産に関する一般的処分禁止が命ぜられていれば，原則として，手続開始についての裁判がなされるまでの企業継続の義務があるとした（倒産法22条1項柱書・2号）。それゆえ，倒産給付金のつなぎ融資の実務の重要性は，改正前より増しこそすれ，低下することはない。

（3）②事件判旨第2点の破産損失（倒産）給付金の制度への影響については，3つの見解が主張されている。

まず，フランコヴィッチⅠ事件判決は，賃金確保指令を国内法化していない加盟国の国家賠償責任の成立要件を示す前提として，当該指令の直接的効力を否定していた。しかし，そこで直接的効力が否定された理由は，債務者が誰であるかが特定できないため，労働者の権利は無条件かつ十分に正確なものとはいえないという点にあり，指令によって与えられた保証の内容は特定しているとされていた。そして，判旨第2点により特定している保証の内容が具体的に明らかとされ，他方，ドイツにおいては，フランコヴィッチⅠ事件当時のイタリアとは異なり，連邦労働施設が債務者になることが明らかにされている。したがって，フランコヴィッチⅠ事件判決は，ドイツとの関係で賃金確保指令の直接的効力を認めることの妨げとならず，その結果，ドイツにおいても，破産（倒産）手続開始申立て前の労働関係の最後の3か月の未払賃金について破産損失（倒産）給付金が与えられることになるという見解が生ずる[12]。

もっとも，この見解は，この先，さらに2つに分かれる。

---

(11) Grub, Der Regierungsentwurf der Insolvenzordnung ist Sanierungsfeindlich!, ZIP 1993, 397.
(12) Krause (Fn. 6), 60 f.; Peters-Lange, Urteilsanmerkung（②事件判決判例研究），EWiR 1998, 242. ただし，Hamacher, in: Nerlich/Römermann (Hrsg.), InsO, vor §113 Rdnr. 92 (1992) は，賃金確保指令の保証の内容が直接的効力を認める程に十分の特定しているかを疑っている。

労働促進法141条b第1項・第3項（社会法典第3編183条）は，破産損失（倒産）給付金発生の要件となる倒産事故として，破産（倒産）手続の開始のほかに，財団不足によるその申立ての棄却，事業活動の完全な停止をあげている。そして，連邦社会裁判所の判例[13]によると，これらの事故が複数発生した場合には，そのうちのもっとも早い発生時が基準となるとされている。そして，第一説は，この判例に鑑みれば，破産（倒産）手続開始前の労働関係の最後の3か月と，その申立て前の労働関係の最後の3か月の未払賃金について重複して破産損失（倒産）給付金を請求することは認められないことになろうという[14]。すなわち，手続開始申立て後，その開始までの期間については破産損失（倒産）給付金を請求しえないことになるから，それを担保としたつなぎ融資も不可能になる。管理人（仮倒産管財人）は，この期間における事業活動の継続のための重要な手段を奪われてしまうのである。

以上に対し，第二説は，上記の破産損失（倒産）給付金の重複請求を認める[15]。その際，この見解は，①②事件の判決理由が，それがいう「支払不能の発生」概念の定義は，労働者により有利な規定を適用し，またはそうした規定を加盟国が設けること（賃金確保指令9条）の妨げとなるものではないと述べている点を指摘する。すなわち，第二説は，手続開始前最後の3か月の未払賃金に関する破産損失（倒産）給付金請求権は，ドイツの立法者がこの選択権を利用して認めたものと構成しうるから，賃金確保指令によって要求されている破産（倒産）手続開始申立て前最後の3か月の未払賃金についての破産損失（倒産）給付金とは別個に存立しうると解するもののようである。

最後に，第三説は，判旨第2点はドイツの制度にはとくに影響を及ぼさないとする[16]。すなわち，賃金確保指令4条2項1号は，支払不能発生前「6か月の期間内にある」労働契約または労働関係の最後の3か月についての賃金債

---

(13) BSG, Urt. v. 30. 10. 1991, ZIP 1992, 197, 198.

(14) Peters-Lange (Fn. 12), 242. 他に，Wimmer, Die Auswirkungen der EuGH-Rechtsprechung auf die Vorfinanzierung vom Konkursausfallsgeld, ZIP 1997, 1637; Kind, Die Bedeutung der Regelungen der InsO und das AFRG vom 24. 3. 1997 für die Praxis der Vorfinanzierung von Insolvenzgeld, InVo 1998, 63.

(15) Krause (Fn. 6), 61. 他に，Steinwedel, Vorfinanzierung des Konkursausfallsgelds – Rechtsprechung und Rechtsentwicklung, DB 1998, 826; Mues, in: Wimmer (Hrsg.), Frankfurter Kommentar zur InsO, 2. Aufl., Anhang zu §113 Rdnr. 64 (1999).

(16) Wiester, Die Fortführungspflicht des vorläufigen Insolvenzverwalters und ihre Auswirkung auf die Vorfinanzierung des Insolvenzgeldes, ZInsO 1998, 106. 他に，Braun/Wierzioch (Fn. 7), 503.

権が立て替えられるべき旨を規定している。イタリアでは，6か月を12か月に延長しただけで，この規定をそのまま国内法化している。したがって，上述のように（〔研究〕欄2参照），破産（倒産）手続の開始が遅れ，労働者が賃金未払いのまま労務の給付をした最終時点からそれまでに12か月が経過すると労働者はまったく保護を受けえないことになり，これは，賃金確保指令の保護目的に反する。これに対し，ドイツの制度では，「6か月の期間内にある」というような限定はまったく加えられていない。それゆえ，ここではイタリアにおいて生じうるような事態は生じえず，その意味において，ドイツの制度は賃金確保指令の規定よりも労働者に有利になっている。そこで，この見解は，ドイツの立法者は，判旨第2点に対応するために，破産損失（倒産）給付金を請求しうる期間を前に移動させる措置をとる必要はないというのである。

　先に見たように，第一説によると従来の破産損失（倒産）給付金のつなぎ融資の実務は，判旨第2点によって重大な影響を被ることになろうが，第二説，第三説を前提とする限りは，そのようなことはない。ともあれ，連邦雇用庁は，1998年12月28日の倒産給付金の実施の関する新ガイドラインの中で，第三説に従い，判旨第2点に対応するための措置をとらない旨を表明している[17]。

(国際商事法務28巻2号／2000年)

［野村秀敏］

---

(17) Die neuen Durchführungsanweisungen der BA zum Insolvenzgeld（Auszug），ZIP 1999, 205f.

36 EC 賃金確保指令とドイツの倒産給付金制度

EC 司法裁判所 2003 年 5 月 15 日判決：[2003] ECR I-4791
（Mau v. Bundesanstalt für Arbeit, Case C-160/01）

〔事実の概要〕

　原告 X 夫人は，1997 年 11 月 1 日以来，ドイツに本拠を有する訴外 H 有限会社のもとで名目賃金 3200DM（ドイツマルク）で働いてきたが，1999 年 1 月 1 日以降，賃金の支払を受けていない。ただし，X は，1999 年 9 月 16 日から 12 月 29 日までの間，母性保護法により就業を禁止されており，この時期に関しては，疾病金庫から 1 日当たり 25DM，総額 1575DM の母親給付金の支払を受けた。X は，1999 年 11 月 3 日に無事子供を出産した。ドイツの国内法によると，X はこの間については賃金請求権を有しているが，その金額は受領した母親給付金の額だけ減額される。1999 年 12 月 30 日以降，X は育児休暇をとっており，育児給付金の支払を受けていた。X は 3 年間の育児休暇をとる予定であったが，ドイツ法によると，この間，就業関係は継続するが，就業関係に基づく主たる義務（労働の義務と賃金支払義務）は停止される。1999 年 12 月 14 日，X は，1999 年 1 月 1 日から 1999 年 12 月 29 日までの間の名目で 22669,73DM となる未払賃金の支払を求めてライプチッヒ労働裁判所に訴えを提起した。同労働裁判所は，2000 年 1 月 7 日の欠席判決によってこの訴えを認容した。

　他方，総合社会保険集金所として，ドイツ雇用者疾病金庫は 1999 年 12 月 27 日に H 社の財産に関する倒産手続の開始を申し立てたが，ライプチッヒ区裁判所は，2000 年 6 月 23 日の決定によって，財団不足を理由にこの申立てを棄却した。X はまず，H の倒産手続について知らないままに，労働官署に対して 1999 年 10 月 1 日から同年 12 月 31 日までの間に関する倒産給付金の支払を求める申立てをした。繰返しの問い合わせに応じて初めて，ライプチッヒ区裁判所は，その 2000 年 6 月 23 日の決定の内容を X に通知した。労働官署は，2000 年 8 月 28 日の裁定でもって X の申立てを却下した。X はこの裁定に対して異議を申し立てたが，これも同様に却下されたので，ライプッチッヒ社会裁判所に提訴した。同裁判所は，ドイツ国内法と共同体法，とりわけ「使用者の支払不能の場合における労働者の保護に関する加盟国の法規定の調整に関する指令」（80/987/EEC, O. J. L283/23（1980）——以下「賃金確保指令」と略称する）との調和について疑問を抱き，先行判決を求めて 6 点の問題を EC 司法裁判所に付託した。判旨第 1 点はこのうちの第 1 と第 4 の問題についてまとめて答えたものであり，判旨第 2 点は第 4 の問題に対する回答である。その他の問題点については，これらの回答により答える必要がなくなったので，回答は与えら

れていない。

〔判　旨〕
1．賃金確保指令3条2項と4条2項は，使用者の支払不能の発生時を倒産手続開始の申立てに関する裁判の時と定義し，この申立て時とは定義していない社会法典第3編183条のような国内規定の妨げとなると解釈されるべきである。

2．賃金確保指令3条と4条の意味における労働関係の概念は，その性質上，未履行の賃金請求権につながりうる期間だけを把握すると解釈されるべきである。それゆえ，労働関係が育児休暇のために停止しており，このために賃金請求権が存在しない期間は排除される。

◆研　究◆

1 EC司法裁判所の先例

1980年のECの賃金確保指令は，使用者が倒産した場合に，労働者の未払賃金を使用者に代わって立替払いする賃金支払保証機構によって賃金の確保をはかる制度を設けることを加盟国に義務づけている。そして，この指令を国内法化したイタリアの国内法は，破産手続開始前12か月（賃金確保指令はこの期間を6か月でよいとしているが，イタリアは12か月に延長している）中にある労働関係の最後の3か月間の賃金債権が立て替えられるべき旨を規定していた。これは，賃金確保指令3条2項1号により加盟国に認められたところに基づき，立替払いの義務のある期間の起算点（そこから遡って期間を計算する時点）を支払不能発生時とし，また，同指令4条2項1号により認められたところに基づき，立替払いの義務のある期間を支払不能発生前の一定期間に制限したものである。

EC司法裁判所は，本判決も引用する1997年7月10日の2つの判決[1]にお

---

(1) ① Bonifaci and Others and Berto and Othhers v. Instituto Nationale della Providenza Soziale (INPS), Joined Cases C-94/95 and C-95/95, [1997] ECR I-3969; ② Federica Maso and Others and Granziano Gazetta and Others v. Instituto Nationale della Providenza Soziale (INPS) and the Italian Republic, Case C-373/95, [1997] ECR I-4051. これらの判決については，かつて「EC企業法判例研究」の連載においても取り上げた。野村秀敏「EC指令80/987号と加盟国の賃金確保制度」際商28巻2号214頁以下（2000年）〔本書第2篇35事件〕。

いて，以上のようなイタリア国内法に関連し，上記の賃金確保指令の諸規定の意味における「使用者の支払不能の発生時」とは「債権者の共同満足のための手続の開始申立ての時点」であるとの判断を示し，したがって，それを破産手続の開始時とするイタリア国内法の規定は賃金確保指令と調和しないと判示していた。

2 先例に対するドイツの対応

(1) 他方，ドイツにおいては，1974年の労働促進法141条aに挿入された破産損失給付金という制度によって賃金確保制度が創設されたが，同制度は倒産法の全面改正作業に伴って社会法典第3編183条以下に移され，倒産給付金制度という制度となった。この倒産給付金制度は新倒産法とともに1999年1月1日から施行されている。そして，2つの制度の間には1980年のECの賃金確保指令が発効しているが，破産損失給付金の制度によって指令の水準はすでに満たされているとして，ドイツは新たな倒産給付金の制度を設けるに際して従来の制度に本質的な改革を加えることはしなかった。

ドイツの制度は，その使用者が倒産手続の開始決定を受けること，財団不足によるその開始申立ての棄却または事業活動の完全な停止という3つの倒産事故のいずれかが生じた場合に，労働者に，倒産事故発生前，労働関係の最後の3か月の未払賃金債権に代わり，連邦雇用庁に対する倒産給付金請求権を与えるというものであり，ここでも，倒産手続開始時が基準時とされている。そこで，イタリア法に関して下された1997年のEC司法裁判所の判決がドイツ法に関していかなる影響を及ぼすかが，その判決が下された直後に議論された。

(2) この議論の背景には，次のような倒産給付金のつなぎ融資の実務がある[2]。

企業が倒産しても，その事業を解体して清算してしまうよりも，維持・再建をはかった方が好ましいが，そのためには，倒産手続の開始申立てがあっても，事業活動を継続しておくことが必要である。そこで，ドイツ法は，管理処分権

---

(2) 倒産給付金のつなぎ融資の実務については，野村秀敏「ドイツにおける倒産給付金制度の展開」新堂古稀祝賀『民事訴訟法理論の新たな構築（下）』705頁以下（2001年）において詳しく紹介した。他に，野村・注1前掲217頁以下〔本書386頁以下〕および同論文219頁注9〔本書386頁注9〕の文献，木川裕一郎「雇用者の倒産と賃金債権の保護」新堂古稀祝賀『民事訴訟法理論の新たな構築（下）』518頁以下（2001年）にも言及がある。なお，本文に紹介した方式を買入れ方式というが，このほかに貸付方式と呼ばれる方式も存在する。

を有する仮倒産管財人に，債務者の財産に対する一般的処分禁止命令を前提としたうえで，手続開始についての裁判がなされるまでの企業継続の義務を課した（倒産法22条1項柱書・2号）。企業を継続しておいて（倒産手続開始後もそのようにしておいて），その後，事業体の全部もしくは一部を一体として譲渡しようというのである。しかし，そのためには，倒産手続の開始申立て後も労働者に働いてもらうため賃金を支払う必要があるし，そのほかにもさまざまな営業資金が必要である。そこで，倒産給付金のつなぎ融資の実務が案出された。すなわち，労働者は倒産手続開始前の賃金債権を銀行に売却し，これによって賃金相当額の売却代金を手にする。使用者は賃金を支払う必要はない。他方，倒産給付金請求権は賃金債権の譲渡に伴って譲受人に移転することになるから（社会法典第3編188条1項），銀行は，倒産手続開始後にその給付金の支払を連邦雇用庁から受け，これによって融資した資金を回収することができる。

(3) 1997年のEC司法裁判所の判決のドイツ法への影響に関しては，学説上3つの見解が主張された。

第一説[3]は，この判決の結果，ドイツにおいては，倒産手続開始申立て前の最後の労働関係の3か月についての未払賃金に関してのみ，倒産給付金請求権が認められることになるとした。これは，法律は倒産給付金請求権の発生要件となる倒産事故として倒産手続の開始のほかに，財団不足によるその申立ての棄却，事業活動の完全な停止をあげているが（社会法典第3編183条），判例[4]によると，それらの事故が複数発生した場合には，そのうちのもっとも早期のものが基準となるとされていることを根拠としていた。そして，こうなると，倒産手続開始申立て後，手続開始までの時期については倒産給付金が与えられないことになるから，つなぎ融資の実務は不可能となってしまう。

第二説[5]は，倒産手続開始申立て前の労働関係の最後の3か月と，その開始前の労働関係の最後の3か月についての未払賃金に関して重複して倒産給付

---

(3) Peters-Lange, Urteilsanmerkung, EWiR 1998, 242; Wimmer, Die Auswirkungen der EuGH-Rechtspechung auf die Vorfinanzierung vom Konkursausfallsgeld, ZIP 1997, 1637; Kind, Die Bedeutung der Regelungen der InsO und des AFRG vom 24. 3. 1997 für die Praxis der Vorfinanzierung von Insolvenzgeld, InVo 1998, 63.

(4) BSG, Urt. v. 30. 10. 1991, ZIP 1992, 197, 198.

(5) Krause, Europarechtliche Vorgaben für das Konkursausfallsgeld, ZIP 1998, 61; Steinwedel, Vorfinanzierung des Konkursausfallsgelds – Rechtsprecung und Rechtsentwicklung, DB 1998, 826; Mues, in: Wimmer (Hrsg.), Frankfurter Kommentar zur InsO, 2. Aufl., Anhang zu §113 Rdnr. 64 (1999).

金を請求することを認めていた。倒産手続開始申立て前の労働関係の未払賃金に関する倒産給付金請求権は，賃金額保指令の直接的効力を根拠にしていた。他方，1997年判決が，それがいう支払不能概念は，労働者により有利な規定を適用し，またはそうした規定を加盟国が設けること（賃金確保指令9条）の妨げとなるものではないと述べていたことと，倒産給付金請求権に関する社会法典の具体的な規定が，倒産手続開始前の労働関係の未払賃金に関する倒産給付金請求権を認める根拠であったように思われる。

最後に第三説[6]は，1997年判決は，ドイツの制度にはとくに影響を及ぼさないとしていた。すなわち，賃金確保指令4条2項1号は，支払不能発生前「6か月の期間内にある」労働契約または労働関係の最後の3か月についての賃金債権が立て替えられるべき旨を規定している。イタリアは，6か月を12か月に延長しただけで，この規定をそのまま国内法化していた。したがって，倒産手続の開始が遅れ，労働者が賃金未払いのまま労務を給付した最終時点からそれまでに12か月が経過すると労働者はまったく保護を受けえないことになってしまい，これは賃金確保指令の保護目的に反する。これに対し，ドイツの制度では，「6か月の期間（このような期間を，以下「関連期間」という）内にある」というような限定はまったく加えられていないから，申立て後，開始決定までに時間がかかることによって労働者が保護を受けえなくなるような事態は生じない。そこで，この見解は，ドイツの制度は賃金確保指令に反することはないとした。

(4)　以上のような学説の状況の中で，連邦雇用庁は，第三説に従い，1998年12月22日の倒産給付金の実施に関する新実施指令[7]の中で，1997年判決に対応するための特別な措置をとらない旨を表明していた。

判例上も，1998年9月18日のベルリン社会裁判所判決[8]は，賃金確保指令の直接的効力を否定することによって上記の第一説，第二説を否定し，結論と

---

(6) Wiester, Die Fortführungspflicht des vorläufigen Insolvenzverwalters und ihre Auswirkungen auf die Vorfinanzierung des Insolovenzgeldes, ZInsO 1998, 106; Braun/Wierzioch, Das Insolvenzgeld im Gesamtgefüge des neuen Insolvenzrechts, ZInsO 1999, 503.

(7) Die neuen Durchführungsanweisungen der BA zum Insolvenzgeld (Auszug), ZIP 1999, 205f. 実施指令とは，倒産給付金の制度を管轄する連邦雇用庁から，現場でその事務を取り扱う労働官署に向けられた取扱い上の指示とでもいうべきものであり，わが国でいう通達に相当する。

(8) SG Berlin, Urt. v. 18. 9. 1998, ZInsO 1999, 661.

しては第三説に従った。賃金確保指令の直接的効力を否定する理由は，立替払いをする賃金の支払保証機構たる債務者が十分に特定されていないため，労働者の権利が無条件かつ十分に正確なものとはいえないという点にあるようであるが，このような考え方は，ドイツにおいてはむしろ少数説のように思われる[9]。

これに対し，2001年6月20日の連邦社会裁判所判決[10]は明示的に第三説を採用し，ドイツ法は関連期間による限定を含んでいないから，倒産手続開始申立ての前後の双方にわたる期間に関する未払賃金が保護の対象となりえ，その意味において，倒産保護指令9条の意味における労働者にとってのより有利な規定となっていると指摘していた。

3 先例に対するドイツの反応に関する本判決の判断

本件事案において，ドイツ政府は上記の第三説を主張していたが，本判決はそれに反対し，ドイツ法の規定を賃金確保指令違反と断じた（判旨第1点）。

賃金確保指令2条1項は，倒産手続の開始申立てがなされ，かつ，当該手続の開始決定がなされたか，使用者の企業もしくは営業が終局的に停止され，使用者の財産が手続費用を償うに足りないことが確定された場合に，使用者は支払不能とみなされると規定する。ドイツ政府は，ここでいう支払不能と支払不能発生前一定期間の未払賃金を保護すべきであるとする賃金確保指令3条2項・4条2項との支払不能概念とは統一的に解釈されるべき旨を主張した。これに対し，本判決は，イタリア法のような国内法の下で上記の第三説のいうような不都合が生じないようにするためには，そのように解釈されるべきではないとした1997年判決の判決理由[11]を援用する[12]。

ドイツ政府はイタリア法とドイツ法の相違をも指摘したが，本判決は，ここではすべての加盟国において統一的に解釈されるべき共同体法の概念が問題となっているとする[13]。

最後に，ドイツ政府は支払不能発生時を倒産手続の開始申立て時としたので

---

(9) ただし，Hamacher, in: Nehrlich/Römmermann (Hrsg.), InsO, vor §113 Rdz. 92 (1999) は，賃金確保指令の保証の内容が，直接的効力を認める程に十分特定しているかを疑っている。なお，後注19も参照。
(10) BSG, Urt. v. 20. 6. 2001, ZInsO 2002, 152.
(11) 1997年①判決判決理由第42節，②判決判決理由第52節。
(12) 本判決判決理由第26節 – 第28節。
(13) 本判決判決理由第29節・第30節。

は，ドイツにおいては労働者と経済一般に対して不利益な影響を及ぼすと主張していた。これは，そのようにすると，先に紹介した倒産給付金のつなぎ融資の実務が不可能になるとの趣旨であるが，この主張を，本判決は，賃金確保指令によるよりも労働者により有利な規定を設けることは加盟国に何ら禁止されていないと簡単に一蹴している[14]。

4 労働関係の概念

本件事案においては，具体的には，ドイツ法により保護される賃金債権は2000年3月23日から6月22日の間の賃金債権ということになり，申立て時を基準時とする賃金確保指令により保護されるそれは1999年9月27日から12月26日の間の賃金債権となる。しかしながら，ドイツ法によると就業関係は継続するが，賃金債権の発生が停止している育児休暇中の関係が，それに関連して未払賃金が保護されるべき労働関係とはいえないとされるならば，1999年12月30日以降にはXとその使用者との間には労働関係はなかったことになるから，ドイツ法の規定を前提としたとしても，Xは3か月分の倒産給付金を請求しうることになる[15]。

本判決は，労働関係の概念も共同体法のレベルで統一的に解釈されなければならないとする。理由は，その概念規定が各国の国内法に委ねられている言葉が列挙されている賃金確保指令2条2項中に労働関係というそれがあげられていないという形式的なものと，共同体法の最低保障自体に関連した概念は統一的に解釈されるべきであるという実質的なものである[16]。そして，すべての労働者に最低限度の保護を保障するという賃金確保指令の目的からすれば，この保護をゼロにまで縮減することを許容する解釈は認められず，したがって，賃金債権が発生しえない期間を労働関係の期間に含めることはできないことになるとする[17]（判旨第2点）。

---

(14) 本判決判決理由第31節・第32節。
(15) その意味で，判旨第1点は傍論気味である。Berscheid, Antrag auf Insolvenzeröffnung als EG-rechtlich maßgeblicher Zeitpunkt für den Insg-Anspruch, ZInsO 2003, 499.（本判決を機縁とする論文である。）
(16) 本判決判決理由第40節・第41節。
(17) 本判決判決理由第42節－第44節。

5　賃金確保指令の改正と本判決に対するドイツの反応

(1)　以上のような本判決の判旨第1点に関しては，当然予測された判決であり，むしろドイツが1997年のEC司法裁判所の判決に対応する立法措置をとらなかったことが驚くべきことであるとの評価がある[18]。しかし，先に紹介した1997年判決とドイツ法との関係に関する第三説のような見解も存在し，しかもそれはドイツにおいては相当有力であったことに鑑みれば，このような評価は必ずしも当たっていないのではなかろうか。

また，倒産手続開始申立て前の最後の労働関係の3か月についての未払賃金に関しては指令の国内法化の遅れによる国家賠償[19]を，倒産手続開始前の最後の労働関係の3か月についての未払賃金に関しては社会法典第3編の規定による倒産給付金を請求しうるとする見解も主張された[20]。

しかし，本件の基本事件の発生後，本判決が下される以前の段階で，賃金確保指令は2002年9月23日の指令（2002/74/EC, O. J. L270/10 (2002)——2002年10月8日発効）によって改正を受けていた。そこで，この改正指令をも考慮に入れたうえで本判決とドイツ法との関係を検討する学説もあるが，そのうちのある論者[21]は，改正指令2条1項の文言にのみ注目し，それと旧2条1項との間には実質的な変更はないことを指摘し，その結果，本判決のドイツ法への影響に関しては賃金確保指令の改正にもかかわらず変化はないことになるとする。そして，本判決に対応するために，第4の倒産事故として倒産手続の開始申立てを追加する立法措置をとるべきことを主張するほか，倒産当初の資金繰りを容易にするために，倒産事故発生前3か月分の未払賃金についてのみならず，その後1か月分のそれに関しても倒産付金請求権を拡張する立法措置をとるべきであるとする。

しかしながら，改正指令は，賃金確保指令の3条・4条をも以下のように改正した。

「第3条
①　加盟国は，……4条の定めを留保しつつも，労働契約と労働関係に基づく労働者の未履行の請求権の満足を保証機構が確保するのに必要な措置をとる。

---

(18) Wolff, BB-Kommentar, BB 2003, 1444.（本判決に関する小論である。）
(19) この論者は指令の直接的効力を否定している。
(20) Andres/Motz, Urteilsanmerkung, NZI 2003, 397.（本判決判例研究）
(21) Berscheid（Fn. 15），501ff.

② 保証機構がその満足を引き受ける請求権は，加盟国により確定された時点の前の，かつ／又は場合によってはその後の期間についての未履行の賃金請求権である。

第4条

② 加盟国が1項にあげられた可能性（保証機構の支払義務を限定する可能性）を利用するとき，加盟国は保証機構が未履行の請求権を満足させなければならない期間を定める。この期間は，労働関係の最後の3か月とそれと結びついた賃金請求権を包括し，3条による時点の前かつ／又は後にある期間を下回ってはならない。加盟国は，この3か月の最低期間が少なくとも6か月の関連期間内になければならないと定めることができる。」

改正前は，3条2項中に，未払賃金のうち保証機構が保護すべき部分の計算の基準時が複数あげられており，そのうちから加盟国が1つを選択すべきものとされていた。そこで，イタイアやドイツが選択した支払不能時とは何を意味するかという解釈問題が発生した。しかし，改正指令3条2項と4条2項は，この基準時の確定を全面的に加盟国に委ねてしまっているから，支払不能時が何時であったとしても（倒産手続開始申立て時であったとしても），倒産手続開始時を基準時とすることに何らの問題もないことになる[22]。そこで，ドイツ政府は，本判決に対応する措置は何らとらないことにした[23]。

(2) 以上に対し，判旨第2点は，従来からの解釈の確認であるとのことであり，とくに異論は差し挟まれていない[24]。

(国際商事法務33巻2号／2005年)

［野村秀敏］

---

[22] Peters-Lange, Konsequenzen der EuGH-Rechtsprechung für den Insolvenzgeldanspruch, ZIP 2003, 1879.（本判決に関する論文である。）

[23] ZIP-aktuell Nr. 1344, ZIP 2003, A43f.

[24] Andres/Motz (Fn. 20), 398. そのほか，本判決判旨第2点に賛成するものとして，Kasten, Die deutsche Insolvenzgeldversicherung und EG-Recht, 68 (2003); Berscheid (Fn. 15), 499f. もっとも，Andres/Motz は従来からの解釈の確認であるという点に関する典拠を示していないし，逆に，Berscheid は過去において反対の趣旨のドイツの国内判例があったことを指摘している。

II 国家補助金

37 違法な国家補助金受領者の倒産と補助金の返還義務者

EC 委員会 2000 年 4 月 11 日決定：2000 O. J. No. L238/50
(Commission Decision on the State aid implemented by the Federal Republic Germany for System Microelectronic Innovation GmbH, Frankfurt/Oder (Brandenburg))

〔事実の概要〕

1 ドイツ再統一に際しては旧東ドイツ地域の国営企業が民営化されたが，経済的，技術的な面等，種々の点で後れていたそのような企業に対しては公的な機関から補助金が交付された。他方，EC 条約は，公正な競争条件確保の観点から，原則として国家補助を禁止している。そこで，上記の補助金が EC 条約に違反しないかという問題が発生し，本件事案もこの文脈で生じた事件の 1 つであるが，EC 委員会が示した判断はそのような文脈を越えた意義を有する。

2 有限会社 SMI 社は，ドイツ再統一前，顧客の需要に合わせた電子機器の製造を業とし，フランクフルト・アン・デァ・オーダー（旧東ドイツ地域）に本拠を置き，当該地域における指導的な立場を占めていた企業の後継企業である。1993 年当時，SMI の持分の 49 パーセントはアメリカ企業 SSC が，51 パーセントはドイツ信託公社[1]が有していたが，後者はその持分を 1994 年 6 月 28 日にブランデンブルク州に譲渡した。SMI は，経営危機に陥り，1997 年 7 月 1 日，包括執行手続[2]の開始決定を受けた。この手続の枠内において，管財人は企業の営業を保全することとし，そのために受皿会社として有限会社 SIMI 社を設立した。SIMI のすべての持分は包括執行手続中の SMI に帰属した。さらに，SIMI 設立の翌日，管財人は SIMI の 100 パーセント子会社 MD&D 社を設立し，それに，電子機器とその関連サービスに関するコンサルティング，マーケティング，開発分野の業務を行わせることとし

---

(1) 旧東ドイツの国営企業を資本会社に転換するために，転換まで国営企業を受託して管理する機関。これについては，山田晟『東西ドイツの分裂と再統一』447 頁以下，455 頁以下（1995 年）参照。

(2) 当時，ドイツの旧東ドイツ地域に行われていた倒産処理手続。

399

た。その後，再建の努力の枠内において，SIMI はアメリカ企業 MEGAXESS 社に売却された。また，1999年6月28日付けの契約で，MD&D の持分の80パーセントはMEGAXESS に譲渡され，残りの20パーセントは MEGAXESS の3人の従業員に譲渡された。他方，1999年7月14日には，MD&D は SIMI の持分を5万マルクの名目額で，包括執行手続中の SMI の動産固定資産を170万マルクで取得した。

ところで，SMI と SIMI はおのおの，公的機関から再建のための支援を受け，補助金を受領していた。すなわち，SMI は，信託公社から1993年と1995年に総額6,040万マルクの補助金を受領し，投資等のために使用した。また，ブランデンブルク州からは，1993年から1997年の間に7030万マルクの貸付けがなされ，これはこの間の損失の補填に使われた。

他方，SIMI は，1997年にブランデンブルク州から400万マルクの貸付金を，1998年6月までの12か月についてドイツ連邦再統一特別支出公社[3]から100万マルクの補助金を受領したが，後者はこの間の損失補填に使用された。

EC 条約87条〔現在は EU 機能条約107条となっている〕は，原則として，企業に便益を与えて競争をゆがめる国家補助を禁止している。また，同条約88条〔EU 機能条約108条〕は，EC 委員会は，加盟国の国家補助の制度を常時審査し，それが87条に違反して共同市場と両立しないことを確認するときは，関係当事国に対し補助を廃止し，または修正することを要求する決定を行うとしている。

1996年8月22日付けの新聞紙上でブランデンブルク州による SMI への補助金の件を知った EC 委員会は，SMI および SIMI にかかる国家補助事件を審査した。この手続においては，SMI と SIMI に対する補助金，貸付金が国家補助であるか，それは共同市場と両立するかが問題となったが，EC 委員会は前者を肯定し，後者を否定した。そしてそうなると，EC 条約88条の補助の廃止の具体的内容として，EC 委員会は補助金を交付したドイツに対しその受領者に対して返還請求をすべき旨を命ずることになるが，本件事案においては補助金受領者である SMI と SIMI は実際上無資力である。そこで，EC 委員会は，SMI と SIMI に対してのみならず，MD&D に対しても補助金の返還請求をすべきであると命じた。

〔決定要旨〕

1．EC 法に違反して補助金を交付した国家は，それを実際に受領した企業に対して補助金の返還請求をしなければならない。補助金の交付後に受領者が売却されたときは，補助金が売却条件の中で考慮されたか否かにかかわりなく，買主に対して返還請求しなければならない。その際，国内法の異なった原則は，

---

(3) ドイツ信託公社の後身の機関。

共同体法の無制限な適用の妨げとはなりえない。

2. 補助金の返還請求を命ずる決定の潜脱を防止し，すべての競争のゆがみが確実に除去されるようにするために，委員会は次のような義務を負っている。すなわち，譲渡の諸要因のおのおのの側面が営業活動の事実上の継続を指し示している限り，返還請求手続が受領者に制限されずに，譲渡された生産設備を利用して元々の企業の営業活動を継続するすべての企業をも含めるように要求しなければならない。

◆ 研 究 ◆

1 本件各補助金，貸付けの国家補助該当性

EC 委員会は，まず，SMI と SIMI に対する各補助金，貸付金が EC 条約 87 条によって原則として禁止されている国家補助に該当するかを検討している。

ドイツ官庁は，信託公社から SMI への補助金は信託公社規則に基づいており，共同体法に適合していると主張した。しかし，上記規則は民営化との関連で補助金の交付を認めているにすぎない。そして，EC 委員会によれば，これは，計画経済の市場経済への転換を後押しするためであるから，民営化というためには，企業のコントロールが民間投資家の手に委ねられなければならないという。ところが，上記補助金は，信託公社から SSC への SMI の 49 パーセントの持分の譲渡に際し，その一環として交付されたものであるから（公社は過半数の持分を保持しているから），ここで民営化があるとはいえないことになる[4]。また，ブランデンブルク州による貸付けに関しては，ドイツ官庁は，市場で通例である条件でなされた貸付けにすぎず，したがって何ら国家補助というに値しないと主張した。しかし，貸付け当時，SMI は大きな損失を被っており，負債も増加しつつあって，窮状にある企業であった。そこで，EC 委員会は，このような民間信用供与者であれば決して信用供与を行わないであろう者に対する貸付けは国家補助にほかならないと結論づけている[5]。

次に，EC 委員会は，ブランデンウルク州による SIMI への貸付けも，SMI に対する貸付けと同様の理由によって，国家補助とみなしている。ドイツ連邦再統一特別支出公社によって交付された補助金も，同公社が何の反対給付も受領していない以上，同様であるという[6]。

---

(4) 決定理由第 26 節前段。
(5) 決定決定第 26 節後段。

2 本件各補助金,貸付けの例外該当性

このように上記の補助金,貸付金は国家補助に該当するが,この禁止には例外が設けられている。EC委員会は,続いて,本件事案においてこの例外が働かないかを検討している。

本件の国家補助は窮状にある企業の構造改革を目的としており,「共同の利益に反する程度まで取引の条件を改変しないことを条件とする,ある種の活動の発展または経済地域の開発を容易にするための補助」(EC条約87条3項c〔EU機能条約107条3項c〕) という例外に該当しないかが問題となる。そして,このような目的を有する国家補助が共同市場と両立するための要件は「窮状にある企業の救済と構造改革のための国家補助の判断に関するガイドライン」[7]と前年度の競争政策に関するEC委員会第三報告書中に具体化されているが,これらによると,救済のための補助金は必要な期間(一般には6月以下)について,必要かつ遂行可能な再建計画のためにのみ交付されえ,構造改革のための補助金の交付は適切な構造改革計画に基づかなければならない,とされている。

EC委員会によると,すべての構造改革計画の絶対的な要件として,その将来の経営環境に関する現実的な前提を基礎に企業の長期的な収益性と適切な期間内の存立能力の回復が見込まれることが必要である。SMIに関しては,このような構造改革計画書は提出されていない[8]。また,ブランデンブルク州の貸付けは損失補填のために使用されたが,損失補填は企業によりよい再スタートをきらせるための構造改革の枠内においてのみ許されるはずであるのに,本件貸付けによっては,本来であれば市場から消え去ったはずの企業の破綻が引き延ばされただけではないか,という[9]。

SIMIに関しては,ドイツ官庁は,EC委員会に対して,1998年1月30日付けの構造改革計画書を提出している。しかし,この計画書はSMIに関する倒産手続開始後1998年半ばまでの時期にかかるものにすぎないので,EC委員

---

(6) 決定理由第27節。
(7) Community guidelines on State aid for rescuing and restruturing firms in difficulty, 1994 O. J. No. C368/12. このガイドラインは,現在,1999 O. J. No. C288/2 の同名のカイドラインによって取って代わられている。
(8) 決定理由第32節。
(9) 決定理由第33節。

会は，これでは前記ガイドラインの意味における構造改革計画とはいえない，とする。さらに，委員会によれば，提出された計画書によれば，その対象とする期間内に関してすら，企業の収益性の回復は保証されていないと評価されている[10]。

3　返還請求の相手方——原則

かくして，SMI と SIMI に対する各補助金，貸付金（以下，「補助金」とのみいう）は EC 法に違反した違法な国家補助ということになるが，違法な国家補助に関しては，EC 条約 88 条を具体化して，EC 規則 659/1999 号[11] 14 条 1 項が，「違法な補助に関して消極的な決定をするときは，EC 委員会は，関係加盟国は受領者に対し補助金の返還を求めるために必要なすべての措置をとるべき旨を決定する」との基本的な定めを置いている。

本決定によると，この規定に基づき，EC 委員会の実務と EC 司法裁判所の判例は，違法な補助金は「実際に」それを受領した者に対して返還請求されなければならないとしているとのことであり，本決定もその旨を確認している[12]。そして，これをさらに発展させ，本決定は，補助金の交付後に受領者が売却されたときは，補助金が売却条件の中で考慮されたか否かにかかわりなく，買主に対して返還請求をしなければならず，その際，国内法の異なった原則は，共同体法の無制限な適用の妨げとはなりえないという（決定要旨第 1 点）。これを本件事案に即して見れば，SIMI の持分は MD&D に譲渡されているから，前者に交付された補助金は後者に対して返還請求されるべきことになる[13]。なお，国内法の異なった原則に関連した決定要旨は，加盟国は，国内法の規定や慣行によって，共同体法上の義務である返還請求義務の実現を不可能ないし困難にすることは許されない[14]，との一般法理の 1 つの具体化である。

---

(10) 決定理由第 38 節。
(11) Council Regulation (EC) No. 659/1999 of 22 March 1999 laying down detailed rules for the application of Article 93 of the EC Treaty, 1999 O. J. No. L083/1.
(12) 決定理由第 43 節。
(13) 決定理由第 44 節。もっとも，補助金受領企業と譲受企業との間にいわゆる法人格否認の法理が適用されるような事情でもあれば別であろうが，そうでない場合まで含めて一般的に，なぜ，補助金受領企業の持分を 100 パーセント譲り受けたというだけの理由で，譲受企業に対して返還請求をなしうる（なすべきである）のかは必ずしも明確ではないのではなかろうか。そのためか，注 15 後掲の論文は，決定要旨第 1 点の場合を，第三者に返還請求しうる（すべきである）場合の独立した一類型としては扱っていない。
(14) Italian Republic v. Commission of the European Communities, Case C-303/88, [1991]

4　返還請求の相手方——例外

　ところで，本来，返還請求の相手方となるべき者が倒産した場合には，これに対する返還請求は，倒産した補助金受領者の倒産手続において，当該国の倒産法の規定に従ってその返還請求権を行使するという方法（ドイツに関しては倒産債権としての権利行使）以外の方法では不可能である。そして，実際上，これでは違法に交付された補助金が完全には回収されえないことはいうまでもないが，多くの場合には，それで差し支えない。なぜなら，違法な補助金を返還させることは，その交付に伴う受領者たる企業にとっての費用上の利点と競争上の優位を失わせ，公正な競争条件を将来に向かって回復することに目的を有するが，受領企業が倒産によって市場から脱落し，補助金による競争上の優位が市場に対する影響を持たなくなれば，もはや倒産手続での権利行使以上に返還請求を問題にする必要はないからである[15]。

　しかしながら，補助金受領者の倒産による市場からの脱落が返還義務を潜脱するために仕組まれた場合には事情は異なる。すなわち，補助金の受領企業の倒産後，市場でのその経済活動を補助金受領者の財産を譲り受けた別個の企業が継続する場合である。補助金による競争上の優位は別個の企業の下で継続的な影響を残すことになるからである[16]。そこで，そのような場合には，補助金の返還請求を命ずる決定の潜脱を防止し，すべての競争のゆがみが確実に除去されるようにするために，委員会は次のような義務を負っている。すなわち，譲渡の諸要因のおのおのの側面が営業活動の事実上の継続を指し示している限り，返還請求手続が受領者に制限されずに，譲渡された生産設備を利用して元々の企業の営業活動を継続するすべての企業を含めるように要求しなければならないのである（決定要旨第2点）。

　EC委員会は以上のような一般論を前提にして，本件事案については次のようにいう[17]。すなわちMD&Dの持分の80パーセントがMEGAXESSに，20パーセントがその従業員に，SMIの固定資産がMD&Dに譲渡されたが，こ

　　　ECR I-1433, para. 60.
(15)　Ehricke, Die Rückforderung gemeinschaftsrechtswidriger Beihilfen in der Insolvenz des Beihilfenempfängers, ZIP 2000, 1660f. これは，本決定を契機に書かれた論文である。
(16)　Ehricke (Fn. 15), 1661.
(17)　決定理由第50節 – 第52節。

404

れらの取引は密接に結びついており，形式的には SMI が所有し，実際には SIMI が使用していた財産を MD&D の新たな持分権者の下に置くことにつながった。そして，それらの企業等の関係からして，MEGAXESS とその従業員，MD&D 自体は，これらの取引の当時すでに係属していた本決定にかかる手続を知っていたはずである。それゆえ，SIMI に交付された補助金に関しては，決定要旨第 2 点の意味においても，MD&D に対して返還請求されなければならず，SMI にかかる補助金に関しては，この意味においてそれに返還請求される必要があることになる。

5　例外の要件の精密化

　学説は決定要旨第 2 点に示された EC 委員会の考え方に賛成し，直接の補助金受領者以外の第三者に返還請求すべき場合の要件をより精密化することを試みている。

　まず，元々の補助金受領者の財産の譲渡が必要であるが，これはすべての財産である必要はなく，本質的な財産が譲渡されていれば足りる。ただし，コンツェルンの場合には，それを構成する個々の企業に財産を分散して譲渡することによって返還請求の潜脱をはかることを許してはならないから，財産はコンツェルンの中心である支配企業に集中しているものとみなして，これが返還請求の相手方となると考えるべきである[18]。

　次に，返還請求の相手方となる第三者が補助金受領者の営業活動を継続することが必要である。この継続の有無を判断のためには，以下の 5 つの要素を考慮すべきである[19]。すなわち，第 1 に，何が譲渡されたか（資産と負債か，前者のみか，労働者およびまとまって一体となった財産が譲渡されたか，個々の個別的な財産が譲渡されただけか），第 2 に，譲渡代金，第 3 に，譲渡企業と譲受企業の持分権者（所有者）の同一性の有無，第 4 に，譲渡の時期，そして第 5 に，譲渡の経済的合理性である。なお，譲渡企業と譲受企業が同種の営業を営んでいるか否かは重要ではない。営業が異なる場合であっても，譲渡された財産を介して補助金による費用上の利点が譲受企業に残るからである[20]。

---

(18) Ehricke (Fn. 15), 1663.
(19) Commission Decision of 8 July 1999 on State aid granted by Germany to Gröditzer Stahlwerke GmbH and its subsidiary Walzwerk Burg GmbH, 1999 O. J. No. L292/27, para. 104.
(20) Ehricke (Fn. 15), 1663.

最後に，譲渡が返還請求を命ずる決定を潜脱するために行われるのでなければならない。この関連では，例えば，譲受人が補助金受領者である譲渡人のかつての競業者であるといったような事情を証明できれば，通常は上記の潜脱目的はないといったことが指摘されている[21]。

6　返還請求の国内実体法上の基礎

学説は，決定要旨第2点との関連で，ドイツ法上，国家が第三者に対して補助金の返還請求をする場合の国内法上の基礎は何であるかにも言及している。

まず，この基礎としてドイツ民法812条1項1文後段[22]の不当利得返還請求権をあげる見解がある[23]。しかし，これに対しては，ここではこの不当利得返還請求権の種々の成立要件が欠けているとの批判が加えられる。例えば，次のようなそれである[24]。ここでは，直接の受領者の補助金の保持権限が脱落するにすぎない。しかし，受領者の財産を取得した第三者の倒産管財人との関係での保持原因がなぜ脱落するのかは必ずしも明らかではない。あるいは，倒産管財人と第三者とが返還請求を潜脱するために当該取引を行ったため，その取引は良俗違反で無効であるという考え方があるかもしれない。しかし，このことは，補助金交付者と第三者との間における不当利得返還請求権の成否とは関係ない。

EC条約87条・88条がドイツ民法823条[25]の保護法規に該当し，保護法規違反の不法行為として，補助金相当額の損害賠償を求めうるという考え方もあるかもしれないといわれる[26]。しかし，EC条約87条・88条がそもそも保護法規であるかという問題を別としても，第三者が保護法規違反を犯していないといった点で，この見解にも難がある[27]。

---

(21) Ehricke (Fn. 15), 1664.
(22) ドイツ民法812条1項1文　法律上の原因なく他人の給付またはその他の方法によってその他人の損失によりあるものを取得する者は，その他人に対して返還義務を負う。
(23) Koenig, EG-beihilfenrechtliche Rückforderung als Insolvenzauslöser, BB 2000, 577.
(24) Ehricke (Fn. 15), 1665.
(25) ドイツ民法823条　①　故意または過失により他人の生命，身体，健康，自由，所有権またはその他の権利を違法に侵害した者は，その他人に対し，これによって生じた損害を賠償する義務を負う。
　②　他人を保護することを目的とする法規に違反した者も，前項と同様である。
(26) Vgl. Ehricke (Fn. 15), 1665; Koenig (Fn. 23), 577f.
(27) Ehricke (Fn. 15), 1666.

そこで，事実上の業務執行者の法理の類推を説く見解が主張される[28]。この法理の下では，形式的には業務執行者ではないが，事実上その地位を引き受けた者に有限会社の業務執行者に関する規定を適用する[29]。ここで問題としている場合も，形式的には（直接的には）補助金を受領していない者に対して補助金の返還請求をするのであるから，事実上の業務執行者の場合と等しい状況があるといい，この法理の類推によって第三者を事実上の補助金受領者と名付ける。そして，この法理とドイツ民法 812 条 1 項 1 文前段[30]によって，第三者に対して返還請求をなしうるというのである。

7　本決定の位置づけ

本決定は，国家が補助金の返還請求をしなければならない相手方を，直接の受領者を越えて第三者に拡張したわけであるが，決定要旨第 2 点は，前年に示されていた EC 委員会の同趣旨の決定[31]を確認したものにすぎない。ただし，前年の決定の事案では，当該第三者は倒産した補助金受領者と同一のコンツェルンに属していたが，本件事案においては両者の間にそのような関係は存在しないから，本決定は前年の決定をさらに一歩進めているといえる。そして，これらの決定の態度は，本決定の数か月後の決定[32]においても再確認されている。

このように，EC 委員会の上記のような態度は委員会レベルではほぼ確立されたものとなっているが，EC 司法裁判所によって是認されているわけではない。しかしながら，本決定とその後の決定に対しては，EC 司法裁判所に取消訴訟が提起されており[33]，このレベルでも EC 委員会の態度が是認されるか，

---

(28) Ehricke (Fn. 15), 1666.
(29) 株式会社に即していえば，事実上の取締役ということになる。これについては，わが国にも詳細な研究が存在する。石山卓磨『事実上の取締役理論とその展開』（1984 年）参照。
(30) 前注 22 参照。
(31) 前注 19 掲記の決定。
(32) Commission Decision of 21 June 2000 on State aid granted by Germany to CDA Compact Disc Albrechts GmbH, Thüringen, 2000 O. J. No. L318/62.
(33) Case C-277/00: Action brought on 11 July 2000 by the Federal Republic of Germany against the Commission of the European Communities, 2000 O. J. No. C273/7 ――SMI〔この訴えに対する判決として，Federal Republic Germany v. the Commission of the European Communities, Case C-277/00, [2004] ECR I-3925. この判決については，野村秀敏「違法な国家補助金受領者の倒産と補助金の返還義務者―― SMI 事件の

それらの訴訟の行方が注目される。

(国際商事法務 29 巻 10 号／2001 年)

［野村秀敏］

その後」際商 33 巻 11 号 1574 頁以下（2005 年）（本書第 2 篇 38 事件）参照］; Case T-318/00: Action brought on 10 October 2000 by Freistaat Thüringen against the Commission of the European Communities, 2000 O. J. No. C355/38; Case T-324/00: Action brought on 16 October 2000 by CDA Datenträger Albrechts GmbH against the Commission of the European Communities, 2000 O. J. No. C355/39.

38 違法な国家補助金受領者の倒産と補助金の返還義務者――SMI 事件のその後

EC 司法裁判所 2004 年 4 月 29 日判決：[2004] ECR I-3925
(Federal Republic Germany v. the Commission of the European Communities, Case C-277/00)

〔事実の概要〕

1　ドイツ再統一に際しては旧東ドイツ地域の国営企業が民営化されたが，経済的，技術的な面等，種々の点で後れていたそのような企業に対しては公的な機関から補助金が交付された。他方，EC 条約は，公正な競争条件確保の観点から，原則として国家補助を禁止している。そこで，上記の補助金が EC 条約に違反しないかという問題が発生し，本件事案もこの文脈で生じた事件の 1 つである。

2　有限会社 SMI 社は，ドイツ再統一前，顧客の需要に合わせた電子機器の製造を業とし，フランクフルト・アン・デァ・オーダー（旧東ドイツ地域）に本拠を置き，当該地域における指導的な立場を占めていた企業の後継企業である。1993 年当時，SMI の持分の 49 パーセントはアメリカ企業 SSC が，51 パーセントはドイツ信託公社[1]が有していたが，後者はその持分を 1994 年 6 月 28 日にブランデンブルク州に譲渡した。SMI は，経営危機に陥り，1997 年 7 月 1 日，包括執行手続[2]の開始決定を受けた。この手続の枠内において，管財人は企業の営業を保全することとし，そのために受皿会社として有限会社 SiMI 社を設立した。SiMI のすべての持分は包括執行手続中の SMI に帰属した。さらに，SiMI 設立の翌日，管財人は SiMI の 100 パーセント子会社 MD&D 社を設立し，それに，電子機器とその関連サービスに関するコンサルティング，マーケティング，開発分野の業務を行わせることとした。その後，再建の努力の枠内において，SiMI はアメリカ企業 MEGAXESS 社に売却された。また，1999 年 6 月 28 日付けの契約で，MD&D の持分の 80 パーセントは MEGAXESS に譲渡され，残りの 20 パーセントは MEGAXESS の 3 人の従業員に譲渡された。他方，1999 年 7 月 14 日には，MD&D は SiMI の持分を 5 万マルクの名目額で，包括執行手続中の SMI の動産固定資産を 170 万マルクで取得した。

---
(1) 旧東ドイツの国営企業を資本会社に転換するために，転換まで国営企業を受託して管理する機関。これについては，山田晟『東西ドイツの分裂と再統一』447 頁以下，455 頁以下（1995 年）参照。
(2) 当時，ドイツの旧東ドイツ地域に行われていた倒産処理手続。

ところで，SMIとSiMIはおのおの，公的機関から再建のための支援を受け，補助金を受領していた。すなわち，SMIは，信託公社から1993年と1995年に総額6480万マルクの補助金を受領し，投資等のために使用した。また，ブランデンブルク州からは，1993年から1997年の間に7030万マルクの貸付けがなされ，これはこの間の損失の補填に使われた。

他方，SiMIは，1997年にブランデンブルク州から400万マルクの貸付金を，1998年6月までの12か月についてドイツ連邦再統一特別支出公社[3]から100万マルクの補助金を受領したが，後者はこの間の損失補填に使用された。

EC条約87条〔現在はEU機能条約107条となっている〕は，原則として，企業に便益を与えて競争をゆがめる国家補助を禁止している。また，同条約88条〔EU機能条約108条〕は，EC委員会は，加盟国の国家補助の制度を常時審査し，それが87条に違反して共同市場と両立しないことを確認するときは，関係当事国に対し補助を廃止し，または修正することを要求する決定を行うとしている。

1996年8月22日付けの新聞紙上でブランデンブルク州によるSMIへの補助金の件を知ったEC委員会は，SMIおよびSiMIにかかる国家補助事件を審査した。この手続においては，SMIとSiMIに対する補助金，貸付金が国家補助であるか，それは共同市場と両立するかが問題となったが，EC委員会は前者を肯定し，後者を否定した。そしてそうなると，EC条約88条の補助の廃止の具体的内容として，EC委員会は補助金を交付したドイツに対しその受領者に対して返還請求をすべき旨を命ずることになるが，本件事案においては補助金受領者であるSMIとSiMIは実際上無資力である。そこで，EC委員会は，SMIとSiMIに対してのみならず，MD&Dに対しても補助金の返還請求をすべきであると命ずる決定（以下「委員会決定」という）を行った[4]。これに対し，ドイツが，EC委員会のこの決定の無効宣言を求めて，EC司法裁判所に出訴したのが本件訴訟である。

〔判　旨〕

SMIに対するドイツの国家補助に関するEC委員会2000年4月11日の決定は，そこにおいて，SMIに交付された補助金をSMI以外の企業に返還請求すべきことが命ぜられている点と，SiMIに交付された補助金をSiMI以外の企業

---

[3] ドイツ信託公社の後身の機関。
[4] Commission Decision of 11 April 2000 on the State aid implemented by the Federal Republic Germany for System Microelectronic Innovation GmbH, Frankfurt/Oder (Brandenburg), 2000 O. J. No. L238/50. この決定については，「EC企業法判例研究」の連載においても取り上げた。野村秀敏「違法な国家補助金受領者の倒産と補助金の返還義務者」際商29巻10号1246頁以下（2001年）〔本書第2篇37事件〕。

38 違法な国家補助金受領者の倒産と補助金の返還義務者——SMI 事件のその後

に返還請求すべきことが命ぜられている点で，無効と宣言される。

◆ 研　究 ◆

1　本判決の意義

　委員会決定は，国家が EC 法に違反して違法な補助金の返還請求をしなければならない相手方を，直接の受領者を越えて第三者に拡張したが，この点は，委員会決定の前年に示されていた EC 委員会の別の決定[5]の態度を確認したものにすぎない。そして，これらの決定の態度は，委員会決定の数か月後の決定[6]においても再確認されている。このように，直接の受領者以外の者に対しても返還請求をしなければならない場合があるとする EC 委員会の態度は委員会レベルではほぼ確立されたものとなっていたが，EC 司法裁判所によって是認されていたわけではない。しかしながら，委員会決定とその後の決定に対しては，EC 司法裁判所に無効宣言を求める訴訟が提起されており[7]，このレベルでも EC 委員会の態度が是認されるか，それら訴訟の行方が注目されていた。本判決はその意味で待望の判決といってよい。しかも，直接の受領者以外の第三者に対する返還請求の要件に関する考え方を EC 委員会の見解とは異にするばかりか，本件事案における具体的結論も逆になっており興味深い判決といえる。

2　本件補助金，貸付けの国家補助該当性

　直接の受領者にせよ第三者にせよ，それらの者に対して返還請求をするためには，補助金が違法なものでなければならない。すなわちまず，SMI と SiMI に対する各補助金，貸付金が EC 条約 87 条によって原則として禁止されている国家補助に該当するかを検討しなければならない。
　第 1 に，信託公社から SMI への補助金に関しては，民営化との関連で補助

---

(5) Commission Decision of 8 July 1999 on State aid granted by Germany to Gröditzer Stahlwerke GmbH and its subsidiary Walzwerk Burg GmbH, 1999 O. J. No. L292/27.

(6) Commission Decision of 21 June 2000 on State aid granted by Germany to CDA Compact Disc Albrechts GmbH, Thüringen, 2000 O. J. No. L318/62.

(7) 本件訴訟のほか，Case T-318/00: Action brought on 10 October 2000 by Freistaat Thüringen against the Commission of the European Communities, 2000 O. J. No. C355/38; Case T-324/00: Action brought on 16 October 2000 by CDA Datenträger Albrechts GmbH against the Commission of the European Communities, 2000 O. J. No. C355/39.

411

金の交付を認めている信託公社規則に基づけば共同体法に適合する可能性があるが，委員会決定は，上記規則の趣旨は計画経済の市場経済への転換を後押しするところにあるから，民営化というためには，企業のコントロールが民間投資家の手に委ねられなければならないとした。そして，上記補助金は，信託公社からSSCへのSMIの49パーセントの持分の譲渡に際し，その一環として交付されたものであるから（公社は過半数の持分を保持しているから），ここで民営化があるとはいえないとした[8]。

これに対し，本判決は，私的な投資家が問題の会社に対するコントロールを可能ならしめる資本持分を取得する場合にのみ民営化といいうるとする。ただし，当該会社に対する事実上のコントロールが可能となれば，その会社に対する資本持分が50パーセントを下回っていても民営化があるとする可能性はありうるとする。そして，本判決は，本件事案をこの観点から詳細に分析している。例えば，SSCはSMIの3人の業務執行者のうちの2人と監査役会の長を選任する権限を有するとされている点を事実上のコントロールを可能ならしめるかもしれない要素として指摘しているが，結局は，信託公社はこの選任に対して重大なる事由によって異議を述べる権限を留保するとされていることを理由に事実上のコントロールの可能性を否定している[9]。本判決は，以上のような点以外にも，事実上のコントロールを可能ならしめる要素をいくつか検討したうえで民営化の存在を否定しているが[10]，このような態度は，委員会の態度に比べてよりきめの細かいものと評価しえよう。

第2に，SMIに対するブランデンブルク州による貸付けに関しては，委員会決定は，貸付け当時，SMIは大きな損失を被っており，負債も増加しつつあって，窮状にある企業であったという点を指摘して，このような民間信用供与者であれば決して信用供与をしないであろう者に対する貸付けは国家補助にほかならないと結論づけた[11]。これに対し，本判決は，SSCや信託公社によるSMIの持分の取得は民営化ではないこと，そしてそもそも，国家補助が適法とされるのが例外であることに鑑みれば例外は狭く解釈されるべきであり，したがって，民営化との関連で補助金の交付を認めている信託公社規則は他の公的組織による補助金にまで拡張されるべきではないと指摘して，同一の結論

---

[8] 委員会決定決定理由第26節前段。
[9] 本判決判決理由第24節－第26節。
[10] 本判決判決理由第27節－第29節。
[11] 委員会決定決定理由第26節後段。

に達している[12]。

第3に，委員会決定は，ブランデンブルク州によるSiMIへの貸付けも，SMIに対する貸付けと同様の理由によって，国家補助とみなした。また，ドイツ連邦再統一特別支出公社によって交付された補助金も，同公社が何の反対給付も受領していない以上，同様であるとした[13]。この点との関連では，ドイツ政府は，前者の貸付けに関してのみ，かつ，委員会決定に先立つ手続において主張しなかった観点を持ち出して委員会決定を攻撃しているが，本判決は，そのような新たな観点を持ち出すことは許されないとの手続的な理由で委員会決定を是認している[14]。

3 本件各補助金，貸付けの例外該当性

このように，委員会決定によっても本判決によっても，結論としては上記の補助金，貸付金は国家補助に該当するが，この禁止には例外が設けられている。そこで次に，この例外該当性が検討される。

委員会決定は，本件の国家補助は窮状にある企業の構造改革を目的としているとし，「共同の利益に反する程度まで取引の条件を改変しないことを条件とする，ある種の活動の発展または経済地域の開発を容易にするための補助」（EC条約87条3項c〔EU機能条約107条3項c〕）という例外に該当しないかを問題とした。そして，このような目的を有する国家補助が共同市場と両立するための要件は，救済のための補助金は必要な期間（一般には6月以下）について，必要かつ遂行可能な再建計画のためにのみ交付されることができ，構造改革のための補助金の交付は適切な構造改革計画に基づかなければならない，というものであることを確認した。そして，SMIに関してもSiMIに関しても，十分な構造改革計画書が提出されていないとして，例外該当性を否定した[15]。

これに対し，本判決では，「ドイツの分割によって影響を受けていた特定のドイツの領域の経済のための補助は，分割に起因する経済的不利益の補填のために必要である限りで」共同市場と調和するとのEC条約87条2項c〔EU機能条約107条2項c〕が問題とされているが，ドイツ政府は，フランクフルト・アン・デァ・オーダーの所在する地域の経済的孤立性を抽象的に述べるの

---

(12) 本判決判決理由第第35節・第36節。
(13) 委員会決定決定理由第27節。
(14) 本判決判決理由第39節－第41節。
(15) 委員会決定決定理由第32節・第33節・第38節。

みで，上記の必要性を具体的に根拠づけることをしていない等の理由によって，やはり例外該当性は否定されている[16]。

4 返還請求の相手方――例外該当性

かくして，いずれにせよ SMI と SiMI に対する各補助金，貸付金（以下，「補助金」とのみいう）は EC 法に違反した違法な国家補助ということになるが，違法な国家補助に関しては，EC 条約 88 条を具体化して，EC 規則 659/1999 号[17]14 条 1 項が，「違法な補助に関して消極的な決定をするときは，EC 委員会は，関係加盟国は受領者に対し補助金の返還を求めるために必要なすべての措置をとるべき旨を決定する」との基本的な定めを置いている。

委員会によると，この規定に基づき，EC 委員会の実務と EC 司法裁判所の判例は，違法な補助金は「実際に」それを受領した者に対して返還請求されなければならないとしているとのことであり，委員会決定もその旨を確認した。そして，これをさらに発展させ，委員会決定は，補助金の交付後に受領者が売却されたときは，補助金が売却条件の中で考慮されたか否かにかかわりなく，買主に対して返還請求をしなければならないとした[18]。これを本件事案に当てはめて，SiMI の持分は MD&D に譲渡されているから，前者に交付された補助金は後者に対して返還請求されるべきことになるとした[19]。

ところで，本来，返還請求の相手方となるべき者が倒産した場合には，これに対する返還請求は，倒産した補助金受領者の倒産手続において，当該国の倒産法の規定に従ってその返還請求権を行使するという方法（ドイツに関しては倒産債権としての権利行使）によってなされるべきである。受領企業が倒産によって市場から脱落し，補助金による競争上の優位が市場に対する影響を持たなくなれば，もはや倒産手続での権利行使以上に返還請求を問題にする必要はないからである[20]。しかしながら，補助金受領者の倒産による市場からの脱落が返還義務を潜脱するために仕組まれた場合には事情は異なる。なぜなら，補助金の受領企業の倒産後，市場でのその経済活動を補助金受領者の財産

---

(16) 本判決判決理由第 45 節－第 57 節。
(17) Council Regulation (EC) No. 659/1999 of 22 March 1999 laying down detailed rules for the application of Article 93 of the EC Treaty, 1999 O. J. No. L083/1.
(18) 委員会決定決定理由第 43 節。
(19) 委員会決定決定理由第 44 節。
(20) Ehricke, Die Rückforderung gemeinschaftsrEChtswidriger Beihilfen in der Insolvenz des Beihilfeneppfängers, ZIP 2000, 1660 f.

を譲り受けた別個の企業が継続する場合には、補助金による競争上の優位は別個の企業の下で継続的な影響を残すことになるからである[21]。そこで、委員会決定は、そのような場合には、補助金の返還請求を命ずる決定の潜脱を防止し、すべての競争のゆがみが確実に除去されるようにするために、委員会は次のような義務を負っているとした。すなわち、譲渡の諸要因のおのおのの側面が営業活動の事実上の継続を指し示している限り、返還請求手続が受領者に制限されずに、譲渡された生産設備を利用して元々の企業の営業活動を継続するすべての企業を含めるように要求しなければならない[22]。

委員会決定は以上のような一般論を前提にして、本件事案については次のようにいった[23]。すなわち、MD&D の持分の 80 パーセントが MEGAXESS に、20 パーセントがその従業員に、SMI の固定資産が MD&D に譲渡されたが、これらの取引は密接に結びついており、形式的には SMI が所有し、実際には SiMI が使用していた財産を MD&D の新たな持分権者の下に置くことにつながった。そして、それらの企業等の関係からして、MEGAXESS とその従業員、MD&D 自体は、これらの取引の当時すでに係属していた委員会決定にかかる手続を知っていたはずである。それゆえ、SiMI に交付された補助金に関しては、上記の一般論の意味においても、MD&D に対して返還請求されなければならず、SMI に係る補助金に関しては、この意味においてそれに返還請求される必要がある。

本判決は、MD&D に対する返還請求を命じた委員会決定のこの部分を結論的にも否定している。すなわちまず、SiMI に交付された補助金との関連では否定の理由として、その持分の譲渡後も当該企業が法人格を維持し、国家補助による援助を受けた活動を継続している旨を指摘している。国家補助による競争上のメリットは、この企業に残っているというのである。また、補助金を得た企業の持分が市場価格で譲渡される場合には、補助金の要素は売買価格に反映されているはずであり、委員会決定が売買価格を考慮しないとしているのは誤りであるとする[24]。

---

(21) Ehricke (Fn. 20), 1661.
(22) 委員会決定決定理由第 48 節。
(23) 委員会決定決定理由第 50 節 – 第 52 節。なお、委員会決定は、SMI に交付された補助金を SiMI や MEGAXESS に対して返還請求することをも問題としているが、この点の検討は省略する。
(24) 本判決判決理由第 78 節 – 第 83 節。なお、筆者も、前稿において、補助金受領企業と譲受企業との間にいわゆる法人格否認の法理が適用されるような事情でもあれば別

本判決も，補助金受領企業が倒産した場合に，受領企業以外の企業に返還請求すべき可能性があること自体は否定しない[25]。しかし，SMI に交付された補助金を MD&D に対して返還請求するのは誤りであるとする。そして，その理由として，これとの関連でも，MD&D への SiMI の持分の売却も動産固定資産の売却も市場価格で行われた点を指摘している。また，売買価格が適正な市場価格であったことを示す事実としてであろうが，売却が裁判所の監督下にある管財人の主導によって行われたことを指摘している。さらに，売却が公開の透明な手続で行われていないとの委員会の議論については，やはり裁判所の監督下に売却が行われたことと，当該売却は他のアメリカ企業との売却交渉の決裂の後に行われたものであることを指摘して，理由がないとしている[26]。

5　学説による議論

学説は，直接の補助金受領企業が倒産した場合に，それ以外の第三者に返還請求すべき場合の要件をより精密化することを試みていた[27]。すなわち，その要件である「元々の補助金受領者の財産の譲渡」「返還請求の相手方となる企業による補助金受領者の営業活動の継続」「返還請求を命ずる決定に対する潜脱目的」のおのおのについて詳細な分析を加えつつ，この継続の有無の判断のための要素の 1 つとして譲渡代金をあげていた。委員会決定は売買代金の如何を考慮しないが，この学説は返還請求をすべきか否かの判断要素の 1 つとするようである。これに対し，本判決は，売却代金が市場価格以下であるか否かを決定的な要素とするようであり，この点で特徴的といえる。そして，実際の売却価格が市場価格に適っているか否かを判断するために，売却手続の公開性，透明性を重視するのが特徴である。

学説は，ドイツ法上，国家が第三者に対して補助金の返還請求をする場合の国内法上の基礎は何であるかにも言及していた[28]。すなわち，この基礎と

であろうが，そうでない場合まで含めて一般的に，なぜ，補助金受領企業の持分を 100 パーセント譲り受けたというだけの理由で，譲受企業に対して返還請求となしうる（なすべきである）のかは必ずしも明確ではないのではなかろうか，と指摘しておいた。野村・注 4 前掲 1250 頁注 13〔本書 403 頁注 13〕。

[25]　本判決判決理由第 86 節参照。
[26]　本判決判決理由第 92 節 - 第 96 節。
[27]　Ehricke (Fn. 20), 1662ff. なお，この点については，野村・注 4 前掲 1249 頁〔本書 405 頁以下〕参照。
[28]　Ehricke (Fn. 20), 1664ff.; Koenig, EG-beihilfenrechtliche Rückforderung als Insol-

しては,「ドイツ民法812条1項1文後段の不当利得返還請求権」「EC条約87条・88条がドイツ民法823条の保護法規に該当するということを前提とした,保護法規違反の不法行為」「事実上の業務執行者の法理の類推」があげられていたが,それらには問題がありうることも指摘されていた。

そこで,倒産管財人による市場価格以下での違法な補助金を受けた企業の財産目的物もしくは企業自体の譲渡を,譲受人自身に対する新たな国家補助と見るという見解も主張された[29]。この見解は,売却が公開の透明な手続で行われなかったことを前提とすることになろうが,この前提が満たされたとしても,管財人は国家機関ではないから国家補助についていうことはできないとの反論がなされていた。また,倒産財団を介して国家の資金が第三者に流れ込むという考え方もあるかもしれないが,倒産財団に際しては債務者の私的な財産が問題となっているにすぎない点に鑑みれば,そのような考え方は疑問であるとされた[30]。そして,この新たな国家補助という考え方に反対する見解は,EC委員会として,倒産管財人による倒産財団所属の財産目的物の譲渡中に国家補助を見ることはできないとの立場に至ることが期待されると述べていた[31]。そこで,この見解からは,本判決が補助金の直接の受領者以外の者に対して返還請求をすべき国家の義務を否定したことは歓迎されるであろうが,この見解はおよそそのような義務を否定している(譲渡が市場価格以下でなされた場合にも否定している)ように見える点で,本判決の立場を越えている[32]。

(国際商事法務33巻11号／2005年)

[野村秀敏]

---

venzauslöser, BB 2000, 576ff. この点についても,野村・注4前掲1249頁以下〔本書406頁以下〕参照。

[29] Borchardt, Die Rückforderung zu Unrecht gewährter staatlicher Beihilfen beim Verkauf von Vermögenswerten des Beihilfenempfängers durch den Insolvenzverwalters, ZIP 2001, 1304.

[30] Ehricke, Rückforderung von EG-rechtswidriger Beihilfe zur Beeinflussung der Insolvenzverwaltung durch das EG-Beihilferecht, NZI 2001, Heft 11, VI.

[31] Ehricke (Fn. 30), VI.

[32] もっとも,この論者は前注27および28付記箇所から明らかなように,第三者に対して返還請求をすべき場合がありうることを認めていたのであり,注32付記箇所の見解は従来の見解と矛盾しているように見えなくもない。論者は倒産手続開始前に譲渡があった場合にのみ返還請求を認める趣旨であろうか。あるいは,改説したのであろうか。

III EC倒産手続規則

39 ECの国際倒産手続法（2000年EC倒産手続規則）における管轄権恒定の原則

EC司法裁判所 2006年1月17日判決：[2006] ECR I-701
(Susanne Staubiz-Schreiber, Case C-1/04)

〔事実の概要〕

債務者（Staubiz-Schreiber）はドイツで通信機器等の販売を業とする個人商店を経営していた。債務者は，2001年12月6日ドイツのブッパタール区裁判所に倒産手続の開始を申し立てた。債務者はこの申立ての時点で廃業しており，倒産財団に組み入れるべき財産は発見されなかった。区裁判所は，2002年4月10日財団不足を理由として倒産手続の開始を拒絶する決定（ドイツ倒産法26条）を下した。これに対して債務者本人がこの決定を取り消して倒産手続を開始するよう求めて抗告を申し立てたところ，2002年8月14日抗告裁判所（ブッパタール地方裁判所）はこの債務者の財産に関する倒産手続開始の申立てを不適法として却下する決定を下した。なぜなら抗告裁判所において，債務者がすでに2002年4月1日の時点で住所をスペインに移し，以後そこで生活しかつ仕事をしようとしていることが認定されたからである。それに従って抗告裁判所は，債務者の主たる利益の中心はスペインの住所地にあり，その結果，EC倒産手続規則3条1項に基づき，このスペインの新しい住所地を管轄する裁判所が倒産手続開始の管轄権を有するべきだと判断した。これに対して債務者はドイツの連邦通常裁判所に特別抗告を申し立てて，倒産手続開始の裁判に関してその申立て時に債務者の主たる利益のある場所を管轄していたドイツの区裁判所が引き続き管轄権を有すると主張した。2003年11月27日，ドイツ連邦通常裁判所は特別抗告の手続を中止し，先行判決を求めてEC司法裁判所に付託した[1]。

〔判　旨〕

2000年5月29日のEC倒産手続規則3条1項は，次のように解釈されなければならない。すなわち，債務者が自己の主たる利益の中心を有する締約国の裁判所において倒産手続開始の申立てをした後，その手続開始の裁判が下され

---

(1) ZInsO 2004, 34 = Mankowski, EWiR 2004, 229; Marc-Philipp, IPRax 2004, 412.

る前に自己の主たる利益の中心を別の締約国に移転したとしても，申立て裁判所は倒産手続開始についての裁判管轄権を失わない。

◆ 研　究 ◆

1　本判決の意義

　ヨーロッパ共同体の国際倒産手続は，40年の長きに及ぶ準備・検討段階を経て[2]，いま2000年9月25日制定のEC倒産手続規則（以下，「EC倒産手続規則」という）によって規律される[3]。EC倒産手続規則は2002年5月31日に発効した[4]。本判決は，同規則に関するEC司法裁判所の初めての判決である。

　EC倒産手続規則の冒頭に掲げられた考慮事由によれば，倒産事件に関し共同体市場が適正に機能するために本規則は3つの要素を不可欠のものとする。第1に，支払不能の債務者の財産に関して発令される手続措置の調和をはかる共同体の行為が必要である（EC倒産手続規則の考慮事由(3)）。第2に，国境を越える実効的倒産手続が不可欠である（同考慮事由(2)）。第3に，倒産手続の当事者が自己にとってより有利な法的地位を作出するために債務者財産や裁判手続をある締約国から他の締約国に移動させるという法廷地漁り（フォーラム・ショッピング）が阻止されなければならない（同考慮事由(4)）。

　EC倒産手続規則は，このような目的で定められているが，しかしその規制

---

[2]　ECの国際倒産法制の沿革について，木川裕一郎『ドイツ倒産法研究序説』169頁以下（1999年），貝瀬幸雄「ヨーロッパ連合倒産条約の研究」別冊NBL57号（2000年），同『国際倒産と比較法』8頁以下（2003年）。さらに本判決の法務官意見書のA（第6節から第16節）もヨーロッパにおける国際倒産ルールの変遷を詳細に紹介している（Ruiz-Jarabo Colomer法務官はカフカの小説「変身」を引き合いに出してそれを説明する）。

[3]　貝瀬幸雄「EU倒産手続規則との比較」金判1112号65頁（2001年）（貝瀬・注2前掲163頁所収）（本稿においてEC倒産手続規則の訳語は原則的にこの文献の試訳に従う）。田村陽子「制限普及主義に基づく国際倒産法制度の構築」上法43巻3号102頁（1999年）。EC倒産手続規則の直接の前身であるEC条約に関しては，貝瀬・注2前掲8頁および木川・注2前掲，高木新二郎「ヨーロッパ連合条約の解説と翻訳」際商23巻12号1303頁（1995年），同「ヨーロッパ連合条約の調印段階での修正」際商24巻1号89頁（1996年）（いずれも，高木『倒産法の改正と運用』(2000年）所収）。

[4]　本件の倒産手続は，2002年5月31日のEC倒産手続規則の発効前に申し立てられている。EC司法裁判所は，本規則43条1項の解釈として，その発効後に手続開始（拒否）の決定が下される本件についても，本規則が適用されると判断した。本判決判決理由第21節参照。

内容は国際的な倒産処理手続の全体を包括するというものではない。同規則においては，準拠法（倒産国際私法），手続開始決定の国際裁判管轄（国際倒産管轄）および締約国におけるその承認のみが統一的に規制されるだけで，その他については締約国の国内倒産法に委ねられている。EC 統一法の理念と各国内法の現実の調整という EC 法の宿命はこの倒産手続規則においても不可避であり，今後の EC の国際倒産法の課題である。

そのような状況の中で EC 倒産手続規則は，その施行から 4 年弱を経てようやく本件によって EC 司法裁判所による判断を得る機会を得た。本判決の理由づけはあっけないほどに簡潔であるが，国際倒産の主手続の開始の申立てにかかわる EC 倒産手続規則 3 条について明確な判断をした本判決の射程は広く，大いに注目される[5]。

2　本件の争点

EC 倒産手続規則 3 条 1 項によれば，債務者が領土内に自己の主たる利益の中心を有する締約国の裁判所は，主たる倒産手続を開始する管轄権を有する[6]。この規定は EC 締約国内における国際倒産管轄のみを定めるものであり，国際倒産管轄が肯定される締約国の裁判所のうちどこの裁判所が倒産手続の管轄権を有することになるのかは，各国内法に委ねられている（例えばドイツではドイツ倒産法 3 条による）。換言すれば，EC の国際倒産管轄は，土地管轄規定から類推して判断される逆推知説の施行から脱却し，固有の国際裁判管轄のルールを確立したといえる。

EC 倒産手続規則 3 条 1 項の「主たる利益（利害）の中心」という管轄原因事実は，1990 年 6 月 5 日ヨーロッパ評議会条約（イスタンブール条約）[7]の概念を引き継いだものである[8]。この概念によって，債務者にとって理論的には 1 つの締約国のみにこの管轄原因事実の存在が認められるので，主たる倒産手続をその締約国の倒産裁判所に独占させることが容易である。

---

[5] Kindler, IPRax 2006, 114; Knof/Mock, ZIP 2006, 189.
[6] 本条 1 項は，主たる倒産手続開始の国際裁判管轄の規定である。それに対して，同条 2 項はいわゆる従たる倒産手続（付随倒産手続）の裁判管轄を定める。このように，国際的な並行倒産手続を承認すること（制限的普及主義）が EC 倒産手続規則の特徴の 1 つである。
[7] 道垣内正人＝松下淳一「ヨーロッパ評議会の国際破産条約（1990 年）──解説と翻訳（上）（下）」NBL484 号 13 頁以下，485 号 52 頁以下（1991 年）。
[8] 木川・注 1 前掲 221 頁。

39 EC の国際倒産手続法（2000 年 EC 倒産手続規則）における管轄権恒定の原則

本件の争点は，EC 倒産手続規則 3 条 1 項の概念の解釈に関するものではない。本件ではドイツで個人事業を営んできた債務者が事業破綻後廃業した後に，その住所もまた職業生活もすべてスペインに移して再スタートをしていることから，債務者の主たる利益の中心がドイツではなく，スペインに変更されていることが明らかである。問題なのは，その変更の時期が，本倒産手続開始の申立て後でかつ開始（不許可）決定の前に位置していることである。EC 倒産手続規則 3 条 1 項の規定自体からは，「債務者の主たる利益の中心」という管轄原因が申立ての時点で存在すれば足りるのか（申立て時基準説），それとも倒産手続開始決定の時点で存在しなければならないのか（開始決定時基準説），が明らかでない[9]。ここにドイツ連邦通常裁判所が特別抗告の審理を中断して，この問題を EC 司法裁判所の先行判決手続に付した最大の動機がある。

「共同体内市場が適正に機能するためには，当事者が，より有利な法的地位を獲得するために，財産または裁判手続をある締約国から他の締約国に移動するということ（法廷地漁り）の誘因を除去する必要がある」（EC 倒産手続規則の考慮事由(4)）という同規則の目的を考慮するならば，本件のように債務者が倒産手続開始の申立て後，開始決定までの間に管轄原因となる「自己の主たる利益の中心」（EC 倒産手続規則 3 条 1 項）を他の締約国に移転させたとしても，最初の申立て裁判所の管轄権は維持される，すなわち，国際倒産管轄権についても国際民事訴訟法（判決手続）の解釈と同様に，管轄権恒定の原則（perpetuatio fori）が妥当する（＝申立て時基準説）という結論になりそうである。

本件において EC 司法裁判所に意見を提出したドイツ政府も申立て時基準説を主張していた[10]。債権者の多数が利益の中心地に存在すること，証拠収集の便宜，倒産管財人の対外的効力の承認がこの主張ではとくに考慮されている。オランダ政府および EC 委員会の意見書も同様である[11]。とくにオランダ政府は，EC 倒産手続規則 38 条による仮管財人（保全管財人）の選任とその普遍的権限に注目して，手続開始の申立ての時点で直ちに申立て裁判所がこの保全措置を発令する必要のある場面を想定して，この見解を主張する[12]。

---

(9) 以下について，ドイツ連邦通常裁判所の EC 司法裁判所への付託理由を参照した。
(10) 法務官意見書第 50 節－第 52 節参照。
(11) 法務官意見書第 53 節－第 57 節参照。
(12) ただしオランダ政府は，債務者の利益の中心の移転があったためにそこで倒産手続を開始させた方がよいと考えるならば，倒産手続開始の申立てを中止したり却下したりすることもできるとする。法務官意見書第 54 節。

421

EC委員会は，EC倒産手続規則3条1項の文理，沿革および目的も斟酌はしているが，何よりも管轄権恒定の原則によって債権者にとってもまた裁判所にとっても法的安定性が確保されることを重視して申立て時基準説を支持した(13)。すなわち，債権者にとっては債務者の倒産の場合のリスクをある程度は計算することができ，また倒産手続申立て後に準拠法が変更されないことを期待する。また申立てを受けた裁判所にとっては，申立て後から手続開始までずっと自己の管轄権について気を配るという必要から免れることができる(14)。

これに対して，EC倒産手続規則4条1項および2項において，倒産手続の開始の要件は手続開始国が定めるとされていることからは，むしろドイツの抗告審裁判所が行ったように開始決定時基準説が妥当するように見える。同規則3条1項が，債務者の全財産を捕捉するべき普及的（普遍的）効果を有する主倒産手続の開始に関する管轄権の規定であることもあわせて考慮するならば，現に債務者の利益の中心のある締約国においてこそ倒産手続が開始されるべき（＝開始決定時基準説）である。

なお，EC法として先行する国際裁判管轄（判決手続）のルール（ブリュッセルⅠ規則）においても管轄権恒定の原則に関する明文規定もEC司法裁判所の判例もないことも本件を先行判決手続に付する陰の動機であった(15)。

3 本判決の論拠

本判決においてEC司法裁判所は，非常にあっさりとした態度で，次の3つの理由のみに言及してEC倒産手続規則3条1項の解釈として管轄権恒定の原則を承認し，申立て時基準説をとることを明らかにした(16)。

第1に，倒産手続開始の申立て時後，開始決定時までに債務者がその利益の

---

(13) 法務官意見第55節－第57節，第68節。
(14) ECの裁判制度に関して法的安定性を何よりも重視するEC委員会の恒例の態度が本件でも表明されたと見ることができる。このことに関して，安達栄司「二重起訴の禁止と専属的合意管轄の優先関係および迅速な裁判を受ける権利の保障」際商33巻7号985頁（2005年）〔本書第2篇25事件303頁〕。
(15) EC司法裁判所に本件を付託したドイツ連邦通常裁判所決定を検討していたドイツの学説では，本件の争点とあわせて，ブリュッセルⅠ規則における管轄権恒定の原則についても同裁判所は言及するのではないかという期待があったが，遺憾ながら実現されなかった。Mankowski (Fn. 1), 230; Kindler (Fn. 5), 115.
(16) 本件の法務官も法廷地漁り対策と保全管財人の権限を主たる根拠としてこの結論に到達していた。法務官意見書第69節以下。

中心を移動させることがEC倒産手続規則の目的，すなわち法廷地漁りの回避（EC倒産手続規則の考慮事由(4)）および効率的かつ実効的な国境を越える倒産手続の運用（EC倒産手続規則の考慮事由(2)(8)参照）と合致しない[17]。

第2に，申立て時の裁判管轄権の恒定は，債務者とその従前の利益の中心地で法律関係を結んだ大多数の債権者にとって法的安定性を保証する[18]。すなわち，これらの（とくに小口）債権者にとっては外国での権利追及を強いられない，という利点がある。

第3に，他方で，債務者が後に利益の中心地を外国に移転させたとしても，EC倒産手続規則においては，主倒産手続の普及的効果（同規則17条1項），適切な地での後発的付随手続の開始（同27条以下），最初の管轄裁判所によって選任された管財人の財産保全権限（同18条1項，38条）を考慮するならば，他の締約国に存する債務者の財産に対する権利行使は格段に容易になっている[19]。

4　本判決の特殊性，問題点および影響

本判決は，明瞭簡潔にEC倒産手続規則に関して管轄権恒定の原則（申立て時基準説）の妥当を明らかにした。原訴訟手続国のドイツにおいてすでにこれに賛成する見解が多数説であると言えるが，事案の特殊性と関連して若干の議論があるので紹介する。

まず，申立て時基準説の問題点として，債務者が一時的に自己の利益の中心を他の締約国に移転させて，そこで倒産手続を申し立てた直後に，再び元の締約国に利益の中心を戻すという法廷地漁りの危険性が依然として懸念される。これに対しては，申立て国の裁判所が権利濫用として申立てを却下することで対処できると考えられているようである[20]。

次に，本件は債務者申立ての倒産事件であり，かつ債務者は一貫して申立て時の裁判所の管轄権に固執していたのであるから，本判決の上述の第1の論拠，とくに本規則の考慮事由(4)による債務者または債権者による法廷地漁りの回避ということは直接には妥当しないことに留意されるべきである[21]。これは本

---

(17) 本判決判決理由第24節－第26節。
(18) 本判決判決理由第27節。
(19) 本判決判決理由第28節。
(20) Mankowski (Fn. 1), 230.
(21) Kindler (Fn. 5), 115; Mankowski (Fn. 1), 229. 債務者がドイツの裁判所の管轄権にこだわった理由は，ドイツ倒産法による免責の獲得にあったと思われる。

判決の射程にかかわる問題であるが，このように本判決には，何らの留保も付されていないことから，逆に債権者申立ての事案にも，また会社の倒産事件にも妥当すると見られている[22]。

その他に，本判決が国際倒産管轄に関して管轄権恒定の原則の妥当することを明らかにしたことは，他のEC法，とくに国際裁判管轄（判決手続）の規則であるブリュッセルⅠ規則の解釈にも影響を与えることが示唆される[23]。ブリュッセルⅠ規則における管轄権恒定の原則に関して肯定否定の両説が対立していたが[24]，今後本判決は肯定説を支持するものとして援用されるだろう。

最後に，日本の国際倒産法においても，わが国で（主）倒産手続が開始されるための管轄権の規定を置くが（破産法4条，民事再生法4条，会社更生法4条），例えば管轄権の恒定の原則を承認して国際倒産事件においても民事訴訟法15条が準用（破産法13条）されるのかどうかは解釈に委ねられている。本判決が重視する法廷地漁りの回避（または法的安定性の確保）と保全管財人の権限がわが国の国際倒産法においても承認できるものであるならば，本判決の結論，すなわち管轄権の恒定の原則は日本法にもそのまま妥当するだろう[25]。

（国際商事法務34巻8号／2006年）

［安達栄司］

---

(22) Kindler（Fn. 5), 116. キンドラーは，実態はEC域外に存在するが締約国内に本拠地のみを置くいわゆる「郵便ポスト会社」にも妥当すると考えている。本規則3条1項2文も参照。

(23) Kindler（Fn. 5), 116.

(24) ドイツ法における申立て時（Anhängigkeit）基準説と裁判時（Rechtshängigkeit）基準説の対立状況については，Mankowski（Fn. 1), 230.

(25) ただし，日本法（破産法4条）はEC倒産手続規則とは異なり債務者の主たる利益の中心と見るべき営業所または住所の他に，債務者の財産の所在も管轄原因とする。しかし，すでに貝瀬教授が指摘するように（貝瀬・注2前掲『国際倒産と比較法』167頁)，この管轄原因はもっぱら従属的倒産手続の開始に関するものであると解すべきである。したがって，主倒産手続開始の管轄権の恒定を宣言した本判決の趣旨は当てはまらない。

40 EC倒産手続規則3条1項における主たる利益の中心の決定基準

EC司法裁判所 2006年5月2日判決：[2006] ECR I-3813
(Eurofood IFSC Ltd, Case C-341/04)

〔事実の概要〕

　Eurofood IFSC は，イタリアの Parmalat SpA の 100 パーセント子会社であり，定款上の本拠をアイルランドのダブリンに有する。その主たる業務目的は，Parmalat コンツェルンの諸会社のための金融手段の調達であった。2004年1月27日，Bank of America NA は，ダブリンの高等法院に Eurofood に対する強制清算手続の開始と仮管財人（保全管理人）の選任を申し立てたところ，同日，同高等法院は Farrel 氏を仮管財人に選任し，当該会社の財産を占有し，その業務を遂行する等のことを行う権限を付与した。2004年2月9日，イタリアの主務官庁は，Eurofood に対するイタリアにおける特別管理の手続を開始し，Bondi 氏を特別管理人に選任した。翌2004年2月10日，パルマ民刑事裁判所（イタリア地方裁判所）に，Eurofood に関する倒産の確定が申し立てられた。口頭弁論（Farrel 氏に対する当該期日の通知が行われている）を経て，同裁判所は，2004年2月20日に，Eurofood の主たる利益の中心はイタリアにあるとの理由で，当該会社に関する倒産の確定についての国際管轄権を有する旨を宣言した[1]。ところが，2004年3月23日に，ダブリンの高等法院は，Eurofood の主たる利益の中心はアイルランドにあるとして，アイルランドにおける Bank of America による申立ての日に主たる倒産手続が開始されていると判示した[2]。さらに高等法院は，イタリア手続に関しては公序を理由に承認を拒絶しうるとしたうえで，Eurofood は倒産状態にあると確定して仮管財人の Farrel 氏を清算人に選任した。この裁判に対して，イタリア手続の特別管理人である Bondi 氏がアイルランドの最高法院に上訴した。最高法院は手続を中止し，2004年7月27日の付託決定により，主たる利益の中心の決定基準いかん等の問題に関する先行判決を求めて，それを EC 司法裁判所に付託した[3]。

---

(1) ZIP 2004, 1220. 本掲載誌によるとこのイタリア裁判所の裁判の日付けは 2004年2月19日となっているが，2月20日の誤りと思われる。

(2) ZIP 2004, 1223.

(3) ZIP 2005, 159. この付託決定については，vgl. Wimmer, Anmerkung zum Vorlagebeschluss des irischen Supreme Court in Sachen Parmalat, ZInsO 2005, 119ff.

〔判　旨〕

1. 債務者が，定款上の本拠を，親会社の（本拠の所在する）加盟国とは別個の加盟国に有する子会社であるときは，この子会社は主たる利益の中心をその定款上の本拠の所在する加盟国に有するとのEC倒産手続規則3条1項2文中の推定は，客観的で，かつ，第三者にとり確定可能な要素によって，実際の状況が規則が上記の定款上の本拠に反映させている状況と相応しないことが証明される限りでのみ，覆すことができる。このことは，とりわけ，その定款上の本拠が所在する加盟国の領域において何らの活動をも行っていない会社の場合に，言うことができるであろう。しかし，会社がその定款上の本拠が所在する加盟国の領域において活動している場合には，その経済的な判断が他の加盟国に本拠を有する親会社によってコントロールされている，またはコントロールされうるという事実は，規則による推定の力を削ぐのに十分ではない。

2. EC倒産手続規則16条1項前段は，以下のように解釈されなければならない。すなわち，加盟国の裁判所によって開始された主たる倒産手続は他の加盟国の裁判所によって承認されなければならず，その際，他の加盟国の裁判所は開始国の裁判所の管轄権を審査することはできない。

3. EC倒産手続規則16条1項前段は，以下のように解釈されなければならない。すなわち，加盟国の裁判所によって，債務者の倒産を基礎とした規則付録A掲記の手続の開始を求める旨の申立てに基づいてなされた裁判は，債務者の財産管理処分権の喪失を伴い，その裁判によって規則付録C掲記の管財人が選任される場合には，当該規定の意味における倒産手続の開始である。

4. EC倒産手続規則26条は，以下のように解釈されなければならない。すなわち，加盟国は，当該手続によって影響を受ける者の基本権である審問請求権を明らかに侵害しつつ開始裁判がなされた場合には，他の加盟国において開始された倒産手続の承認を拒絶することができる。

◆　研　究　◆

1　子会社の主たる利益の中心地

ヨーロッパ共同体の国際倒産手続を規律する2000年5月29日制定のEC倒産手続規則に関しては，最近ようやく初めての判決[4]が現れているが，同判

---

(4) Susanne Staubliz-Schreiber, Case C-1/04, [2006] ECR I-701. この判決については，「EC企業法判例研究」の連載においてもすでに取り上げた。安達栄司「ECの国際倒産手続

決と同様に，本判決の最初の，かつ，もっとも主要な争点も国際倒産管轄権にかかわる。すなわち，EC倒産手続規則3条1項1文によると，債務者がその領域内に主たる利益の中心を有する加盟国の裁判所が主たる倒産手続を開始する管轄権を有する。そして，先の判決はこの債務者の「主たる利益の中心」がいつの時点で存在しなければならないか（倒産手続の開始申立て時か裁判時か）という問題点にかかわるものであったが，本判決においては，この概念の解釈が結合企業の子会社の倒産という事例に即して正面から問われている。なお，これら2つは，最近のEC国際倒産法上，もっとも激しく争われてきた問題であり，その争いは，以前はサッカーの国代表どうしの国際試合でしか見られなかったような激しい感情のぶつかり合いによって特徴づけられていると形容されているほどである[5]。

ともあれ，一方のイングランドの裁判所の多くは，上記の後者の問題について次のような立場を採用してきた[6]。すなわち，「主たる利益の中心」がある地とは，経営戦略に関する意思決定の行われる地を指す。したがって，結合企業の場合において，子会社の経営戦略が親会社によって決定ないしコントロールされていれば，子会社の主たる利益の中心の所在地も親会社のそれと一致し，後者の本拠に所在することになる。このように考えれば，企業グループに属するすべての企業に関する国際倒産管轄権を一国に集中することができ，統一的処理が可能になる。そして，大陸ヨーロッパの裁判所にもこの立場に従うものがあり[7]，本判決の基本事件において，イタリア地方裁判所もそうしているわけである。

法（2000年EC倒産手続規則）における管轄権恒定の原則」際商34巻8号1073頁以下（2006年）〔本書第2篇39事件〕。なお，EC倒産手続規則に関する日本語文献に関しては，この判例研究の注2，3参照。

(5) Liersch, Deutschland – England 1 : 0, NZI 2005, Heft 10, VIf. この解説は，前注4掲記の判例に関する法務官意見でドイツの主張が認められ，イングランドの主張が排斥されたことをサッカーの試合に例えて，「ドイツ対イングランド：1対0」といい，もう1つの問題でもドイツに有利な判断がなされて「2対0」になるかを問うている。

(6) High Court of Justice Leeds, Judgement zur Administration Order v. 16. 5. 2003, ZIP 2004, 963; High Court of Justice Birmingham, Beschl. v. 18. 4. 2005, NZI 2005, 467. その他の判例については，vgl. Pannen/Riedemann, Der Begriff des "centre of main interests" i. S. des Art.3 I 1 EuInsVO im Spiel aktueller Fälle aus der Rechtsprechung, NZI 2004, 648.

(7) AG München, Beschl. v. 4. 5. 2004, ZIP 2004, 962; AG Offenburg, Beschl. v. 2. 8. 2004, NZI 2004, 673; AG Siegen, Beschl. v. 2. 7. 2004, NZI 2004, 673; Paulus, Europäische Insolvenzverordnug, Rdnr. 30ff. (2006)

ところで，EC倒産手続規則3条1項2文は，会社および法人の場合には，反対事実が証明されるまでは，その主たる利益の中心は定款上の本拠の地にあるものと推定される，としている。上記の見解は，経営戦略上の判断が子会社の定款上の本拠とは異なる地で行われていることが証明された場合にはこの推定は覆されたものとして扱うわけであり，この推定にあまり大きな重きを置かず，定款上の本拠を他の要素とともに考慮されるべき一要素としか見ない立場といえる。

　他方で，大陸ヨーロッパ，とりわけドイツの判例・学説上は従来から反対説も有力であり，この見解は，EC倒産手続規則の冒頭に掲げられている考慮事由の(13)を援用しつつ，会社の事業活動の地を目当てとする[8]。考慮事由(13)は，「主たる利益の中心の地とみなされるべきであるのは，債務者が通常，その利益の管理を行っており，ひいては第三者にとって確定可能な地である」と述べている。すなわち，反対説は，事業活動の地は第三者にとって認識可能であるが，企業グループ内の判断がどこで行われているかは第三者にとって十分に認識可能であるとは言えないというのである。そして，事業活動の地は，債務者の外部に対する認識可能な行為と財産の所在とに基づいて決定され，その際には，事業用不動産，事務所，従業員，それを通じて債権者との支払取引の行われる債務者の業務用口座，顧客関係，事業目的などのメルクマールが考慮されるとする。

　本判決も反対説に与しているが，主たる利益の概念は各国の国内法とは関係なしに規則自律的に解釈されなければならないということを出発点としつつ[9]，上記の考慮事由(13)を目当てとして，管轄裁判所の決定に際しての法的安定性と予測可能性の利益において，客観的かつ第三者にとり確定可能な基準が重要であるとする[10]。そして，そこから，EC倒産手続規則3条1項2文の推定は客観的かつ第三者にとり確定可能な要素に基づいてのみ覆されうるとする。実際の状況が規則が上記の定款上の本拠に反映させている状況と相応しないことが証明される限りでのみ，覆すことができるというのである[11]（判旨第

---

[8] AG Mönchengladbach, Beschl. v. 27. 4. 2004, ZIP 2004, 1064; AG Hamburg, Beschl. v. 1. 12. 2005, NZI 2006, 120; Wimmer (Fn. 3), 121f.; Pannen/Riedemann (Fn. 5), 651; Keberus, EWiR 2004, 706（本注掲記のAG Mönchengladbachの決定の判例解説である。）; Penzlin, NZI 2005, 471.（前注6掲記のHigh Court of Justice Birminghamの決定の判例研究である。）
[9] 本判決判決理由第31節。
[10] 本判決判決理由第33節。

1点前段)。すなわち，本判決の見解は，イングランドの裁判所等の見解とは反対に，上記の推定を重視する立場であるということができる。

本判決は，主たる利益の決定基準それ自体に関しては明示的には述べていない。しかし，定款上の本拠が所在する加盟国の領域において何らの活動をも行っていない会社（いわゆる郵便ポスト会社）の場合には推定は覆されるとし[12]，また，会社がその定款上の本拠が所在する加盟国の領域において活動している場合には，その経済的な判断が他の加盟国に本拠を有する親会社によってコントロールされている，またはコントロールされうるという事実は推定を覆すためには十分ではないとしているところから[13]（判旨第1点後段），本判決が会社の事業活動を目当てとする一部の判例・学説に従っていることは，十分に窺えるところといえよう[14]。

本判決のこのような立場は，結合企業の倒産という場面における法的安定性や予測可能性の観点からは積極的に評価されている。この観点は，EC倒産手続規則4条によると，原則として手続開始国法が倒産手続とその効果等の準拠法となるため，とくに重要である。ともあれ，法的安定性等を高めたことの反面，企業グループに属するすべての企業について統一的処理をはかる可能性は犠牲にされてしまった。そこで，そのようなことを可能とする実務的な工夫を早期に見出すべきことが望まれている[15]。

2　他の加盟国裁判所による主倒産手続開始国の管轄権の審査の可否

EC倒産手続規則16条1項前段は，3条により管轄権を有する加盟国の裁判所による手続の開始は，その開始の裁判が手続開始国おいて効力を生ずるときはただちに，他のすべての加盟国において承認される，と定める。ところが，イタリア地方裁判所とアイルランドの高等法院は，それぞれ自己がEurofoodに関する主たる倒産手続に関する国際管轄権を有する旨を主張している。もし，後から主たる倒産手続の開始を求められた裁判所が，先に主倒産手続を開始していた裁判所の国際倒産管轄権の有無（＝当該裁判所の所属する加盟国における

---

(11) 本判決判決理由第34節。
(12) 本判決判決理由第35節。
(13) 本判決判決理由第36節。
(14) Kammel, Die Bestimmung der zustädigen Gerichte bei grenzüberschtreitenden Konzerninsolvenzen, NZI 2006, 336.（本判決を契機とした論文である。）
(15) Kammel (Fn. 14), 336.

主たる利益の中心の所在）を審査することができないとするならば，イタリアかアイルランドか，いずれかの裁判所の態度は誤っていたことになる。すなわち，アイルランドにおける仮管財人の選任が主倒産手続の開始に該当するならばイタリア地方裁判所の態度が，該当しないならば（該当するか否かは，次の問題として問われている）アイルランドの高等法院の態度が誤っていたことになる。そこで，上記の審査権の有無が問われることになる。

考慮事由(22)によると，主たる倒産手続の自動的承認は相互の信頼の原則に基づいている。本判決は，この原則には，主たる倒産手続の開始手続が係属する加盟国の裁判所がEC倒産手続規則3条1項により自己の国際倒産管轄権の有無を審査するということが当然の前提とされており，その反面，他の加盟国の裁判所は，すでに主倒産手続を開始した裁判所による自己に国際倒産管轄権があるとの判断を改めて審査することなくその開始裁判を承認することを要求すると指摘する[16]（判旨第2点）。債務者の主たる利益の中心が倒産手続を開始した裁判所の所在地国以外の加盟国にあると考える者は，当該開始国の定める国内法上の不服申立て手段によって不服申立てを行うべきであるというのである[17]。

考慮事由(2)は国境を越える実効的な倒産手続が不可欠であると指摘しているが，この認識と，考慮事由(22)自身が相互の信頼の原則から上記の審査権は否定されると述べていることに鑑みれば，判旨第2点には異論はありえないであろう。

各国の国内判例においては，他の加盟国における自動的承認の前提として，主たる倒産手続を開始した裁判所が自己の国際裁判管轄権の有無を審査したうえで，明示的にそれを肯定する旨を示すことが必要かということが問題とされている[18]。そして，本判決が主たる倒産手続の開始手続の係属する裁判所が自己の国際倒産管轄権の有無を審査することが当然の前提となっているというとき，この問題を肯定することまでが意図されているのかが，一応疑問となりうるかもしれない。しかし，手続を開始する裁判所は，実務上，常に国際倒

---

(16) 本判決判決理由第41節・第42節。

(17) 本判決判決理由第43節。

(18) AG Düsseldorf, Beschl. v. 6. 6. 2003, ZIP 2003, 1363（肯定説）; High Court of Dublin, Judgement v. 23. 3. 2004, ZIP 2004, 1224（否定説）; OGH, Beschl. v. 17. 3. 2005, NZI 2005, 465.（オーストリアの最高裁判所の決定であり，明示的に自己の国際倒産管轄権を理由づけていなくとも公序違反にはならないという。）

産管轄権の有無に関する判断を明示的に示すわけではないであろう[19]。また，本判決は，承認拒絶の事由は必要最小限なものに限られるべきであるとする考慮事由[22]の指摘に明示的に言及している。そこで，これらのことからすれば，上記の問題は否定されるものと理解されている[20]。

3 倒産手続開始の裁判

本件事案の事実関係の時間的な順序は，アイルランドの高等法院による仮管財人の選任，イタリア裁判所による倒産の確定（主倒産手続の開始），アイルランドの高等法院による清算人の選任（強制清算手続＝主倒産手続の開始）ということであった。そこで，アイルランドの高等法院による仮管財人の選任の裁判がEC倒産手続規則16条1項前段の意味における倒産手続の開始の裁判といえるか，という次の問題が問われることになる。もっとも，各加盟国の国内法の上では，仮管財人を選任する裁判と倒産手続を開始する旨の裁判とが異なることは当然のことであるから，この問題を否定するのが自然な解釈であるというべきであろう。にもかかわらず，本判決は一定の要件の下に問題を肯定したのである。

考慮事由(2)(3)は，国境を越える実効的な倒産手続の必要性と支払不能の債務者の財産に関する措置の調和をはかる共同体の法行為の必要性とを指摘している。本判決は，これを出発点としつつ，次のようにいう。すなわち，これらの必要性を満たすという目標は加盟国の領域において単一の主たる倒産手続のみが開始されることによって達成され，かつ，そのためには，他の加盟国における主手続の開始を遮断する裁判がなるべく早期になされることが必要である[21]。その際，加盟国の倒産法が相互に相当程度異なることに留意されなければならない。申立て後すぐに手続が開始される加盟国もあるが，手続開始までに長時間を要する国もある[22]。後者のような国に関しては，手続の実効性という観点からは，国内法による倒産手続開始の裁判ではなく，より早期の裁判をEC倒産手続規則16条1項前段の意味における開始の裁判と捉えるのが適当ということになる。

ただし，このように考えるとしても，この早期の裁判によって開始される手

---

(19) 前注18掲記のHigh Court of Dublinの判決が強調するところである。
(20) Kammel (Fn. 14), 337.
(21) 本判決判決理由第52節。
(22) 本判決判決理由第51節。

続は一定の要件を満たしていることは必要であろう。本判決は，EC 倒産手続規則1条1項中の倒産手続の定義に基づいて，この要件を摘出している。早期の裁判によって開始される手続であっても，倒産手続といえるための要件を満たしていれば，すでに事実上，倒産手続が開始されていると言いうるというわけである。具体的にはまず，早期の裁判は，債務者の倒産を基礎とした規則付録A掲記の手続の開始を求める旨の申立てに基づいてなされた裁判でなければならない。また，それによって開始される手続は，倒産手続に特徴的な効果，すなわち債務者の財産管理処分権の喪失と，その裁判による規則付録C掲記の管財人の選任という効果を伴わなければならない[23]（判旨第3点）。

否定説を主張するイタリア手続の特別管理人とイタリア政府は，EC 倒産手続規則38条が，考慮事由(16)において「主たる倒産手続の開始前に選任された」管財人と定義されている仮管財人に，清算手続の開始申立てとその開始との間の期間について，他の加盟国に所在する債務者の財産の保全と維持のための措置を申し立てる権限を付与している旨を指摘する。ここから，仮管財人の選任が主倒産手続の開始でないことは明らかであるというのである[24]。

これに対して，本判決は，EC 倒産手続規則38条は，主倒産手続の管財人は付随的倒産手続の開始を申し立てることができるとする同29条との関連で理解されるべきことを指摘する。すなわち，38条は，主倒産手続の裁判所が債務者の財産の暫定的な監督のための人もしくは機関を選任したが，まだ債務者の財産の管理処分権を奪っていないか，付録C掲記の管財人を選任していないという状況に関連している。この場合，監督人もしくは機関は，他の加盟国における付随的倒産手続の開始申立権を有しないが，財産の保全・維持のための措置を求めることはできることになるが，本件事案はこのような状況とは関係はない[25]。

本判決に触れたドイツの学説には，その立場を支持するものがある[26]。ただし，本判決の立場を前提とすると，EC 倒産手続規則は主たる倒産手続の開始の裁判にさまざまな効果を結びつけているが（3条3項〔その後の倒産手続の

---

[23] 本判決判決理由第54節。
[24] 法務官意見書第67節・第68節参照。
[25] 本判決判決理由第57節。
[26] Kammel (Fn. 14), 337. また，Wimmer (Fn. 3), 126 は付託決定の段階で，Pannen/ Riedeman, EWiR 2005, 726（本判決のための法務官意見の解説）は法務官意見の段階で，それぞれ本判決と同意見を述べていた。

付随的手続たる性格〕，7条1項〔所有権留保買主に対する倒産手続の開始の売主の権利に対する影響〕，14条〔倒産手続開始後の債務者の有償による債務者財産の処分行為の効力〕，40条〔手続開始後の裁判所・管財人の他の加盟国に住所等を有する債権者に対する手続開始の通知義務〕等），それらの効果が仮管財人の選任の裁判時に発生するのか，倒産手続の開始時に発生するのかという新たな問題が生じ，本判決の立場を無批判に受け入れると，場合によっては必ずしも適切ではない結果につながりうることが指摘されることもある[27]。例えば，27条1項は，主倒産手続が開されると，それについて管轄権を有する他の加盟国の裁判所は，倒産原因を確定することなく付随的倒産手続を開始しうると規定しているが，もし本判決の解釈をここにも推し及ぼすとすると，いずれの裁判所による倒産原因の確定もなしに付随的倒産手続が開始されうるという奇妙な結果になるのである。

　ドイツの学説に本判決の立場を支持するものがあることには，ドイツにおいては申立てから倒産手続が開始されるまでに3か月ほどの時間がかかるのが通例であり[28]，その間は保全処分によってつながれるのが通常であることが背景にあろう[29]。本判決のいうように考えれば，最初に主たる倒産手続を開始

---

[27] Liersch, Nach der Eurofood-Entscheidung des EuGH: Genugtuung, aber auch viel Nachdenklichkeit, NZI 2006, Heft 10, VI.（本判決に対するコメントである。）前注26掲記のKammelも新たな問題が発生することだけは認識している。

[28] このことは，次のような事情にも基づいている。倒産の初期の段階では（とりわけ事業を暫定的にせよ継続する場合には），営業資金の確保が重要である。ドイツにおいては，管理処分権を有する仮倒産管財人には，債務者の財産に対する一般的処分禁止命令を前提としたうえで，手続開始に関する裁判がなされるまでの事業の継続義務が課されているが，他方で倒産給付金という賃金債権の確保制度が存在する。これは，使用者が倒産した場合，倒産手続開始前，労働関係の最後の3か月分の未払賃金に代わり，連邦雇用庁に対する倒産給付金請求権が与えられるという制度である。そこで，使用者が営業資金を確保するために倒産給付金によるつなぎ融資の実務が編み出された。すなわち，労働者は倒産手続開始前の賃金債権を銀行に売却し（これに伴い倒産給付金請求権は譲受人たる銀行に移転する），賃金相当額の売却代金を手にし，他方，使用者は賃金の支払を免れる（つまり，営業資金を確保できる）。銀行は，倒産手続開始後に連邦雇用庁から倒産給付金の支払を受けて労働者に支払った資金を回収する。この倒産給付金請求権は最長で3月分の未払賃金に与えられることになっており，しかも倒産手続開始後の未払賃金については認められないことになっているから，申立て後，3か月は手続を開始しないことが得策であるということになるのである。なお，倒産給付金のつなぎ融資の実務については，野村秀敏「EC賃金確保指令とドイツの賃金確保制度」際商33巻2号239頁以下および242頁注1，2（2005年）〔本書第2篇36事件391頁以下および392頁以下注1，2〕掲記の文献参照。

しようとする競争の上で不利な立場に置かれているドイツの裁判所が救済されることになるからである。そうであるとすると，この立場は当然のこととして，ドイツの仮管財人を選任する裁判は本判決のいう倒産手続開始の裁判に該当するものとしていると思われる。しかしながら，ドイツ法上は仮管財人が選任されても，申立人は自由にその基礎となった選任申立てを取り下げうるようである。そうすると管理処分権の喪失という要件に関しては，少なくとも債務者自身の申立てにかかる場合には満たされているか疑問があるという見解があり，この見解は，ドイツの仮管財人の選任の裁判がEC倒産手続規則16条1項前段の意味における開始の裁判であるかは未だペンディングであるというべきであるとする[30]。

4 倒産手続の承認義務

イタリア地方裁判所の立場は以下のようなものであった。主たる利益の中心がある地とは経営戦略上の意思決定が行われる地を指し，他の加盟国の裁判所がその地の意義について別個の見解を前提にして自己の国際倒産管轄権を認めても，それを無視してイタリアに主たる利益の中心があるかを審査してイタリアの国際倒産管轄権を肯定することができる。そうではないとしても，仮管財人を選任する裁判は倒産手続を開始する裁判には該当しない。

ところが，イタリア地方裁判所のこのような立場は，本判決判旨第1点ないし第3点によってことごとく否定された。したがって，イタリア地方裁判所のEurofoodに関する倒産を確定する裁判の承認を拒絶することができるかとのアイルランドの最高法院からの問いかけには，EC司法裁判所としてはもはや答える必要はなかったようにも思われる。しかし，本判決はこの問題にも丁寧に回答しているので，一応この回答をも見ておこう。

EC倒産手続規則26条は，加盟国は，承認国の公序，とくに基本原則または憲法上保障された個人の権利と自由に明らかに反する結果となる場合に限り，他の加盟国において開始された倒産手続の承認を拒絶することができる旨を定める。アイルランドの最高法院の提示した問題は，アイルランドの公序によっ

---

(29) ドイツ法上の仮管財人については，安達栄司「ドイツ新倒産法にける保全管理人の権限と責任——民事再生法及び倒産法改正のための比較法的視点」佐々木吉男追悼論集『民事紛争の解決と手段』603頁以下（2000年）（後に，安達・革新と国際化104頁以下に所収）参照。

(30) Liersch (Fn. 27), VI.

て保障された手続原則に違反してなされた開始裁判を承認する義務があるかというものである。

　本判決は，考慮事由(22)の「承認拒絶の事由は必要最小限なものに限られるべきである」とする箇所を引用した後，ブリュッセル条約の公序条項に関するEC司法裁判所の判例の趣旨[31]はEC倒産手続規則26条の解釈にも及ぼされるべきであるとする。そうすると，公序を理由とする承認の拒絶は，承認が他の加盟国における本質的な法原則に明らかに違反し，それゆえに承認国の法秩序と耐えることができない程に矛盾する場合にのみ許されることになる。そして，手続的な公序である公正な手続を求める請求権は，手続関係書類の伝達を求める権利，より一般的に言えば審問請求権を包含するとする[32]。このような内容を有する公正手続請求権を明らかに侵害しつつ開始裁判がなされた場合には，他の加盟国において開始された倒産手続の承認を拒絶することができることになる[33]（判旨第4点）。

（国際商事法務35巻3号／2007年）

　〔追記〕本判決については，その後，木川裕一郎「国際倒産管轄」石川＝石渡＝芳賀編Ⅱ293頁以下が公にされている。

［野村秀敏］

---

(31) Dieter Krombach v. André Bamberski, Case C-7/98, [2000] ECR I-1935, para. 37.
(32) 本判決判決理由第65節・第66節。
(33) 本判決判決理由第67節。

41 財産混同による倒産手続の拡張と国際倒産管轄権

EU 司法裁判所 2011 年 12 月 15 日判決：[2011] ECR I-00000 nyr
　　　　　　　　　　　（Celex No. 62010CJ 0191）
(Rastelli Davide e C. Snc v. Jean-Charles Hidoux, Case C-191/10)

〔事実の概要〕
　マルセイユ商事裁判所は，2007 年 5 月 7 日に，定款上の本拠をマルセイユ（フランス）に置く M 社に対する倒産手続開始の判決をし，H 氏を倒産管財人に選任した。その後，H 氏は，同裁判所に，定款上の本拠をロッビオ（イタリア）に置く R 社に対する訴えを提起し，M 社と R 社の財産混同を理由に，M 社に対して開始された倒産手続の R 社への拡張を求めた。
　マルセイユ商事裁判所は自己の R 社に対する国際倒産管轄権の存在を否定し，控訴審のエクス・アン・プロヴァンス控訴院は同商事裁判所のそれを肯定した。この事件にかかる上訴事件が係属する破毀院は，手続を停止し，先行判決を求めて 2 つの問題を EU 司法裁判所に付託した。

〔判　旨〕
　EC 倒産手続規則は以下のように解釈されるべきである。
　1．ある会社（第一会社）の主たる利益の中心がその領域にあるとの事実を基礎として当該会社に対する主倒産手続を開始した加盟国（第一国）の裁判所は，別の会社（第二会社）の主たる利益の中心が第一国にあるということが証明されるとの条件の下においてのみ，その会社の定款上の本拠が他の加盟国（第二国）にある第二会社に対して，国内規定を適用して主手続を拡張することができる。
　2．その定款上の本拠がある加盟国（第二国）の領域にある会社（第二会社）に対して，別の加盟国（第一国）において，その国の領域に営業所〔「主たる利益の中心」の意味である〕を有する別の会社（第一会社）に対して開始された主倒産手続の効力の拡張を求める訴えが提起されるときは，双方の会社の財産の混同があることの確認だけでは，この訴えを受けた会社（第二会社）の主たる利益の中心も同様にこの国（第一国）にあることの証明のためには十分ではない。この中心は定款上の本拠の地にあるとの推定を覆すためには，すべて

436

の関係ある手がかりを総合的に判断して，拡張の訴えを受けた会社（第二会社）の実際の管理・コントロールセンターが，第三者にとり確認しうるような方法で，元々の手続が開始された加盟国にあることの証明が成功することが必要である。

◆ 研　究 ◆

1　EC 倒産手続規則に関する判例

　2000 年 5 月 29 日制定の EC 倒産手続規則に関しては，EC/EU 司法裁判所は，2006 年の第 1 の波の時期に 2 つの重要判決を，2009 年から 2010 年にかけての第 2 の波の時期にも 4 つの重要判決を下しており，本連載においてもそのうちの 3 つの判決については個別の研究の対象として取り上げたし[1]，それ以外の判決に関しても，それらの個別判例研究の中で簡単に紹介した[2]。そして，上記規則に関して注目すべき判決が次々に現れるという状況は 2011 年になっても続いており，同年中に 3 つの判決が下されている。

　まず，最初の事案では，イタリアに本拠を置くイタリアの会社がイギリスに本拠を移転した。同社の登記は移転と同日にイタリアの企業登記簿から抹消されたが，その後イギリスの会社登記簿に記入された。他方，同社は移転と同時に，イギリスの企業グループと事業譲渡に関する交渉を行い，それに関する契約が締結されることとなった。また数か月後，同社のイタリアに所在する建物の所有権がこの事業譲渡の一環としてイギリスの会社に譲渡された。その後，同社のイギリスの会社登記簿中の登記は抹消された。さらに 1 年数か月後，イタリアの裁判所で同社に対して倒産手続の開始が申し立てられることとなった。

---

(1) Susanne Staubiz-Schreiber, Case C-1/04, [2006] ECR I-701 につき，安達栄司「EC の国際倒産手続法（2000 年 EC 倒産手続規則）における管轄権恒定の原則」際商 34 巻 8 号 1073 頁以下（2006 年）〔本書第 2 篇 39 事件〕，Eurofood IFSC Ltd, Case C-341/04, [2006] ECR I-3813 につき，野村秀敏「EC 倒産手続規則 3 条 1 項における主たる利益の中心の決定基準」際商 35 巻 3 号 396 頁以下（2007 年）〔本書第 2 篇 40 事件〕，MG Probud sp. z o. o., Case C-444/07, [2010] ECR I-417 につき，野村秀敏「主倒産手続を開始する裁判の承認義務と他の加盟国における執行処分の禁止」際商 38 巻 10 号 1444 頁以下（2010 年）〔本書第 2 篇 42 事件〕参照。

(2) Christopher Seagen v. Deko Marty Belgium NV, Case C-339/07, [2009] ECR-I 767; SCT Industri AB i likvidation v. Alpenblume AB, Case C-111/08, [2009] ECR I-5655; German Graphics Graphische Maschienen GmBH v. Alice van der Schee, acting as liquidator for Holland Binding BV, Case C-292/08, [2009] ECR I-8421. これらにつき，野村・注 1 前掲「主倒産手続」1445 頁以下〔本書 448 頁以下〕参照。

この事案に係る 2011 年 10 月 20 日の Interedil 事件判決[3]は，EC 倒産手続規則に関して次のようなことを判示した。すなわち，①上記規則 3 条[4]1 項の「債務者の主たる利益の中心」の概念は，EU 法を参照して解釈されるべきである。②上記規則 3 条 1 項 2 文は，債務者会社の主たる利益の中心の決定に関して，以下のように解釈されるべきである。ⓐこの決定に際しては，客観的かつ第三者が確認できるファクターに基づいて探求できるような，債務者会社の主たる管理地が優先されるべきである。会社の管理・コントロール機関が定款上の本拠地にあり，会社管理上の判断が第三者が確認できる方法でこの地でなされるときは，この規定による推定は覆らない。会社の主たる管理地が定款上の本拠地にないときは，会社の定款上の本拠がある加盟国とは別の加盟国における会社資産の存在とその金融に関する契約の存在はこの推定を覆すのに十分なファクターと見ることができるが，それは，すべての関係あるファクターを総合的に考察して，会社の管理・コントロールとその利益のコントロールの実際の中心が，当該の別の加盟国にあると，第三者が検証可能な方法で確認できる場合に限る。ⓑ債務者会社の定款上の本拠が，倒産手続開始の申立てがなされる前に移転されたときは，この会社の主たる利益の中心はその新しい定款上の本拠地にあると推定される。③上記規則 3 条 2 項の「営業所」の概念は，最低限度の組織を伴った，経済活動を行うことに向けられた構造物と一定の安定性の存在を要求する。単に個別の財産もしくは銀行口座が存在するというのは，原則として，この定義を満足させることはない。

次に，2011 年 11 月 17 日の Zaza Retail 事件判決[5]は，ベルギーの検察官が

---

[3] Interedil Srl, in Liquidation v. Fallimento Interedil Srl, Intesa Gestione Crediti SpA, Case C-396/09, [2011] ECR I-00000 nyr（Celex No. 62009CJ0396）.

[4] EC 倒産手続規則 3 条 1 項 1 文によると，その領域内に債務者が主たる利益の中心（同項 2 文によると，会社と法人に関しては，定款上の本拠にあるものと推定される）を有する加盟国の裁判所が（主）倒産手続の開始についての国際管轄権を有し，同条 2 項によると，他の加盟国の裁判所は，その領域内に債務者の営業所があれば，その効果が自国の領域内に限定される従手続を開始することができる。さらに同条 4 項は，1 項の手続の開始前は 2 項の手続は，a）1 項の手続の開始が債務者の主たる利益の中心がある加盟国の法規定に定めれている条件によると不可能な場合，または b）属地的手続の開始が，住所，居所もしくは本拠を問題の営業所が所在する加盟国に有する債権者か，その債権がこの営業所の営業に起因して発生した義務に基づいている債権者によって申し立てられた場合，にのみ開始されうるとする。

[5] Procureur-generaal bij het hof van beroep te Antwerpen v. Zaza Retail BV, Case C-112/10, [2011] ECR I-00000 nyr（Celex No. 62010CJ0112）.

オランダに主たる利益の中心を有する会社に対する倒産手続の開始をベルギー裁判所に申し立てたが、申立て時点ではオランダでは倒産手続は開始されていなかったという事案に関するものであり、次の2点を判示している。すなわち、①その領域に債務者が主たる利益の中心を有する加盟国の法規定による当該国における主倒産手続の開始の障害となる要件を指示している、上記規則3条4項a中の「……定められている条件」との表現は、特定の人をそのような手続の開始申立権者の範囲から除外する要件には関連していない。②従たる属地的手続の開始申立権者の範囲を示している上記規則3条4項bの「債権者」の概念は、その国内法によると、一般の利益のために活動する任務を負っているが、債権者でもなく、債権者の名と計算において関与するのでもない加盟国の官庁を含まない。

最後が2011年12月15日の本判決である。

2 問題の所在とフランスの判例・学説

基本事件が生じたフランスの国内法においては、結合企業の倒産に関していわゆる実体的併合が認められている。すなわち、すでに開始された倒産手続の係属中にその手続の債務者の財産が別の債務者の財産と混同されていることが明らかとなったときは、当初の手続を開始した裁判所は、当該手続の効力を当該の別の債務者に拡張する裁判をすることができる[6]（フランス商法典L621-2条、L641-1条）。そこで、ある債務者に対する主倒産手続を開始したフランス裁判所は、EC倒産手続規則3条1項1文にもかかわらず、その者の財産とフランスに主たる利益の中心を有しない別の債務者の財産とが混同されているとの事実だけに基づいて、前者について開始された倒産手続を後者に拡張する裁判をする権限を有するか、が問題となる。

これが判旨第1点が回答を与えている付託問題①の趣旨であるが、基本事件の控訴審であるエクス・アン・プロヴァンス控訴院は2009年2月12日判決[7]によって問題を肯定した。理由は、H氏の訴えはR社に対する新たな倒産手続の開始を目当てとしているのではなく（したがって、上記規則3条1項1文は適用にならない）、すでにM社に対して開始された倒産手続のR社への拡張

---

(6) これについては、小梁吉章『フランス倒産法』(2005年) 142頁以下、180頁、224頁参照。また、これはフランスのほか、ベルギー、イタリア、スペインといったロマン法系の諸国に広く見られる制度である。Vgl. Mankowski, NZI 2012, 150.

(7) *Rev. crit. dr. internat. privé*, 98 (2009), 766.

439

が問題となっているにすぎず，それゆえ，フランス商法典L621-1条によって，M社に対する倒産手続を開始した裁判所がR社へのその拡張を求める訴えに関しても管轄権を有するというものである。そして，唯一つの裁判所が，債務者のすべての資産と負債に関して，その所在に関係なく権限を有するという倒産の普及性の原則は，倒産手続の開始にかかわるにすぎず，その拡張とは関係しないEC倒産手続規則（3条1項1文）に優先しなければならないという。

フランスにおいては，このような見解は上記控訴院判決以前から通説であったし[8]，この判決に対する評釈[9]や破毀院のEU司法裁判所に対する付託の裁判に対する評釈[10]中でも支持されていた。

3 EU司法裁判所の回答（判旨第1点）

しかしながら，EU司法裁判所は，フランスにおいて一般的なこの見解を排斥し，付託問題①に否定的な回答を与えた。

本判決はまず，規則3条1項は，その領域で倒産手続が開始された加盟国の裁判所に，直接その手続に由来し，それと密接な関連性を有する訴えについての国際裁判管轄権を付与しているとした自己の先例（Seagen事件判決第19節－第21節）を指摘する[11]。そして，規則4条1項[12]により元々の手続の準拠法となるフランス法が規定している倒産手続の拡張は，上記のとおり新たな倒産手続の拡張をもたらすものではないから，この先例がいうような訴えとみなされるべきであるというフランスの通説に依拠したH氏とフランス政府の主張[13]を，以下のような理由で排斥する[14]。すなわち，オランダ政府，オーストリア政府およびEU委員会が指摘するように，倒産手続の拡張の裁判は，元々の倒産手続の債務者とは法的には別個の債務者に対して，それに関する倒産手続の開始と同一の効果を生じさせるものである。つまり，本判決はフラン

---

[8] BUREAU, *La fin d'un îlot de résistance, Le règlement du Conseil relative aux procédures d'insolvabilité*, Rev. crit. dr. internat. privé, 91 (2002), 325-326; MARQUETTE et BARBÉ, *Les procédures d'insolvabilité extracommunautaires*, Clunet 133 (2006), 547.

[9] BUREAU, Rev. crit. dr. internat. privé, 98 (2009), 770.

[10] HENRY, D. 2010, 1451.

[11] 本判決判決理由第20節。

[12] EC倒産手続規則4条1項は，本規則に別段の定めのない限り，手続開始国の倒産法が倒産手続とその効果に適用されるとする。

[13] 本判決判決理由第21節。

[14] 本判決判決理由第23節。

スの通説のような形式的なアプローチではなく，より機能的なアプローチを採用するものである。

また本判決は，規則によって導入された，債務者の主たる利益の中心に基づく加盟国の管轄の決定システムによると，法的に独立の統一体である各債務者にそれぞれ独自の管轄が存在するとした先例（Eurofood 事件判決第 30 節）も引用する。そして，ここから，法的な統一体に対して主倒産手続の開始と同一の効果を有する裁判は，そのような手続の開始について管轄権を有する加盟国の裁判所によってのみなされうるということが導かれるとし，さらに，その領域に債務者が主たる利益の中心を有する加盟国の裁判所がそのような手続の開始について専属管轄を有するという点に留意すべきであるとする。そうすると，規則 3 条 1 項によってある債務者に対する管轄権を有する裁判所が，その国内法を適用して，財産の混同の事実のみに基づいて，その債務者とは別個の法的な統一体の主たる利益の中心がどこにあるかを検討することなく，当該統一体を倒産手続に服せしめるならば，そのことは規則によって導入されたシステムの回避になるというのである。とくに，ここから異別の加盟国の裁判所の間に管轄の積極的な抵触の危険が生じてしまうが，これはまさに，規則が EU 域内の倒産手続の統一的な処理のために回避しようとした危険であると指摘する(15)。

4　さらなる問題（判旨第 2 点）

会社については主たる利益の中心は定款上の本拠の地にあると推定される（規則 3 条 1 項 2 文）。倒産手続の拡張を受ける会社の定款上の本拠が元々の会社の主たる利益の中心がある加盟国とは別の加盟国にある場合に，前者の財産と後者の財産とが混同されているということが確認できればこの推定が覆り，前者の主たる利益の中心も後者の主たる利益の中心がある加盟国にあることが証明されたといえるか。これが判旨第 2 点が回答を与えている付託問題②の趣旨であるが，問題が肯定されれば，2 つの会社の主たる利益の中心は同一の加盟国にあることになり，判旨第 1 点を前提としても，元々の会社に対して倒産手続を開始した加盟国の裁判所は拡張の裁判をなしうることになろう。しかし，EU 司法裁判所はこの問題も否定している。

本判決はまず，主たる利益の中心の概念の解釈に関して，次のように述べ

---

(15) 以上につき，本判決判決理由第 25 節－第 28 節。

る2つの先例を引用する。この概念は規則自律的に解釈されなければならず（Eurofood事件判決第31節，Interedil事件判決第43節），規則に付された考慮事由(13)によれば，「主たる利益の中心とみなされるべきであるのは，債務者が通常，その利益の管理を行っており，ひいては第三者にとり確認可能な地である」(16)（Eurofood事件判決第32節，Interedil事件判決第47節）。上記考慮事由(13)を目当てとすると，管轄裁判所の決定に際しての法的安定性と予測可能性の利益において，客観的かつ第三者にとり認識可能な基準が重要であることになる（Eurofood事件判決第33節，Interedil事件判決第49節）。会社に関しては，管理・コントロール機関がその定款上の本拠の地にあり，その管理上の決定が第三者にとって確認可能な方法でこの地でなされている場合には，規則3条1項2文の推定は完全に当てはまる（Interedil事件判決第50節）。この推定の力が削がれるのは，客観的かつ第三者にとり確認可能な手がかりによって，実際の状況が主たる利益の中心と定款上の本拠の等置の趣旨に沿わない状況になっていることが証明される場合である（Eurofood事件判決第34節，Interedil事件判決第51節）。この手がかりは，個別事件の事情を全体として考慮に入れて判断されるべきである(17)（Interedil事件判決第52節）。

　他方，本判決は，フランス政府の説明から，2つの会社の財産の混同という状況は2つの選択的な基準のいずれかが満たされていれば存在することになると指摘する。すなわち，それは2つの会社の計算の混同か，例えば意識的に対価なしに行われた財産移転のような会社間の異常な金融取引関係の存在である。そして，これらの事情は，フランス政府やオランダ政府，オーストリア政府およびEU委員会が指摘するように，一般的に言って，上記先例によって求められている第三者による確認可能性に欠けるという。また，財産の混同は，別個の加盟国に所在する2つの管理・コントロールセンターによって組織されている可能性が排除されえないから，財産混同の事実が必然的に唯一の主たる利益の中心につながるわけでもないとの指摘もする(18)。

5　本判決の評価と日本法上の問題

　(1)　従来のフランスの判例・通説の立場を真正面から否定した本判決に対して，フランスにおいて強い批判が見られるのは当然である。例えば，本判決は

---

(16) 本判決判決理由第31節。
(17) 以上につき，本判決判決理由第33節－第36節。
(18) 本判決判決理由第37節・第38節。

EC 倒産手続規則の文言に照らせば正当かもしれないが，そもそも当該規則は本件事案のような事態を想定していなかったので，不適切な実際上の結果をもたらすと指摘される[19]。責任追及の訴えであれば規則3条1項によって倒産手続開始国の裁判所に管轄権が認められる付随的手続であることが明らかであるのに，拡張の裁判の管轄権を認めずに責任追及の訴えの迂路をとらせる必要はないとか，手続の効率が第三者の保護という崇拝対象物（それを持ち出せば，誰も文句を言えないことの比喩であろう）によって犠牲にされるとの見解もある[20]。

これに対し，ドイツ学説の評価は分かれているが，まず本判決は，EU 司法裁判所の先例を頻繁に引用しているところから，予測されえたような判断を示しているとの指摘がある[21]。また，本判決の立場に全面的に賛成する学説もあるが[22]，結論には賛成できるが，理由づけは適当ではないとする見解もある[23]。

この見解は，何が元々の倒産手続に由来した付随的な訴えないし裁判であるのかは不明瞭である[24]から判旨第1点のようなアプローチは適切ではないとしつつ，むしろ，元々の倒産手続の別の債務者への拡張の裁判は，EC 倒産手続規則1条1項のいう「債務者の倒産を前提とし，債務者に対する全部もしくは一部の財産の差押えと管財人の選任という結果を伴う包括的な手続」をもたらすがゆえに，付随的裁判ではないことが明らかである倒産手続開始の裁判と

---

(19) MÉLIN, *Confusion des patrimoines et société située à l'étranger*, J.C.P. éd. G 2012 n°13, 616, 618.

(20) JAULT-SESEKE, *Incident d'une situation de confusion des patrimoines dans le cadre du règlement Insolvabilité: la Cour de cassation applique les réponses données par la CJUE dans l'arrêt Rastelli du 15 décembre 2011*, D. 2012, 1803, 1807. また, ROUSSEL GALLE, *Pas de confusion des patrimoines en droit européen!*, Rev. Soc. 2012, 189-190 も批判的である。これに対し，DAMMANN et MÜLLER, *Coup d'arrêt de la CJUE au mécanisme de l'extension de procédure en cas de confusion de patrimoines*, D. 2012, 406-410; MORELLI, *Confusion des patrimoines et règlement n° 1346/2000: sans COMI en France, pas d'extension de procédure*, Rev. Soc. 2012, 315-317 は，特段，批判的なことを述べていない。

(21) Paulus, EWiR 2012, 88.

(22) Mankowski (Fn. 6), 150f. 他に, Schulte, GWR 2012, 95 も本判決に特段，批判的なことを述べていない。

(23) Fehrenbach, LMK 2012, 328570.

(24) この点につき，自身の論文を指示する。Fehrenbach, Die Zuständigkeit für insolvenzrechtliche Annexverfahren, IPRax 2009, 196f.

捉えるべきであるとする。すなわち，倒産手続開始の裁判の存否は規則自律的に判断されるべきであるというのである。また，この見解は判旨第2点の理由づけについても次のように指摘する。財産混同があると，個々の財産を関係権利主体のいずれに帰属させるかを個別的に判断することができないことになり，それぞれの権利主体ごとに倒産手続を行って財産を清算することが困難となる。そして，このような財産の帰属の問題は，第三者に認識可能な利益管理の地という国際倒産管轄の決定基準とは何の関係も持たないと批判する。これは，判旨第2点は，本来問題として取り上げる必要のない余計なことを検討しているという趣旨であろう。

さらに，本判決によると，2人の管財人が選任され，混同した財産を選り分けなければならないといった事態が生ずる可能性があり，手続費用を増し，ひいては債権者の損失につながることを指摘して，その結論に反対する見解があり，この見解は，本判決のために，望ましい法状況の実現のためにはEC倒産手続規則の改定[25]を待たなければならなくなったと言う[26]。

EC倒産手続規則3条2項によると，債務者が主たる利益の中心を別の国に有するときでも，その営業所が所在する加盟国の裁判所は，従手続であれば，それを開始することができる。本判決は，R社に対する倒産手続は従手続ではないことを前提としているが，営業所の所在という要件が満たされていれば，拡張を受ける会社に関する手続は従手続であるという形で，元々の倒産手続を開始した裁判所はその効力を別の会社に拡張することを妨げられないように思われる[27]。

(2) 最後に，蛇足的であるが，本件事案を前提としてわが国において生じうる問題を指摘しておこう。

フランスに本拠のある会社が，日本に本拠を置く子会社を有しているとする。無論，フランスと日本との関係ではEC倒産手続規則は適用にならない。そうすると，フランスの親会社についてフランスで倒産手続が開始された後，両社の財産が混同していることが判明した場合，従来のフランスの判例・通説を前

---

(25) EU委員会は2011年にEC倒産手続規則の改定のための具体的な作業を開始しており，その際には主たる利益の中心の問題と結合企業の倒産に関わる問題がとくに取り上げられるであろうことにつき，Bayer/J. Schmidt, BB-Gesetzgebungs- und Rechtsprechungsreport zum Europäischen Unternehmensrecht 2010/2011, BB 2012, 8.

(26) Paulus (Fn. 21), 88. この見解は，フランスにおける批判説の第2に通ずるものであろう。ちなみに，そのフランスの批判説も立法の必要性を指摘している。

(27) Mankowski (Fn. 6), 151 は，本判決もこのことを示唆していると指摘する。

提とする限り，フランスの裁判所は，日本の子会社に対して親会社に対して開始された倒産手続を拡張する裁判をなしうることになると思われる。そして，日本にある子会社の財産に対する強制執行を阻止するために（外国倒産手続の承認援助に関する法律25条1項1号参照），子会社に対して拡張された倒産手続の承認が求められたらどうなるか。この場合，拡張の裁判が本判決のいうように新たな手続の開始であるならば，フランスに子会社が営業所を有しなければ承認の申立ては却下されることになろう（上記法律17条1項参照）。それに対し，それが単なる付随的裁判であれば，そのためには倒産手続開始のための国際管轄権は不要であるから，承認の可能性があることになろう。また，この場合には，そもそも子会社に対する倒産手続ではなく，元々の親会社に対する倒産手続の承認を（あるいは，それと子会社に対する手続の承認をあわせて）求めるべきなのかもしれない。

　本判決は，日本法上もこのような問題が生じうることを示唆しているように思われる。

（国際商事法務40巻9号／2012年）

［野村秀敏］

42 主倒産手続を開始する裁判の承認義務と他の加盟国における執行処分の禁止

EU 司法裁判所 2010 年 1 月 21 日判決：[2010] ECR I-417
（MG Probud sp. z o. o., Case C-444/07）

〔事実の概要〕

　グダニスク（ポーランド）地区裁判所は，2005 年 6 月 9 日，ポーランドに定款上の本拠を有する建設会社である MG Probud について倒産手続を開始する旨の裁判をしたが，当該会社はドイツに従たる営業所を有し，それを通じてドイツにおいても建設工事を行っていた。ところが，MG Probud はドイツの労働者派遣法に違反して現地で雇用しているポーランド人労働者に最低賃金を支払わず，それに対応した社会保険料をドイツ官庁に納めなかったとの嫌疑を受けた。そこで，ザールブリュッケン（ドイツ）区裁判所は，この嫌疑を原因とする種々の手続の一環としてザールブリュッケン関税局本局によって行われた申立てに基づき，2005 年 7 月 11 日付けの決定によって，MG Probud の取引先に対する何口かの請負代金債権の仮差押えを行った。同区裁判所の決定に対する抗告は，ザールブリュッケン地方裁判所によって，2005 年 8 月 4 日に，申立書に添付されたポーランドの倒産手続の開始裁判のコピーからは，EC 倒産手続規則の付録Aに列挙された手続のいずれかが問題となっているということを読み取ることができないとの理由で却下された[1]。グダニスク地区裁判所は，ドイツ裁判所による仮差押えは EC 倒産手続規則の下において適法なものであるかを問題とし，いくつかの問題に関する先行判決を求めて EC（EU）司法裁判所に付託した[2]。

---

[1] 本判決によると，2005 年 6 月 11 日付けのザールブリュッケン区裁判所の決定によって，MG Probud の銀行口座に対する仮差押え Arrest と請負代金債権に対する差押え Pfändung がなされたことになっている。本文にこれらと異なる記述があるのは，抗告審のザールブリュッケン地方裁判所の 2005 年 8 月 4 日決定（出典，juris Das Rechtsportal）による。すなわち，Arrest は裁判としての仮差押命令，Pfändung はそれに基づく執行処分としての差押えを意味すると思われ（ドイツ民訴 930 条 1 項「動産〔債権を含む〕に対する仮差押え Arrest の執行は，差押え Pfändung によって行われる」），仮差押えの執行と本執行としての差押えの双方があるかのごとき本判決の記述は誤りと思われる。また，本判決にこのような誤りがあることに鑑みると，区裁判所決定の日付けについても地方裁判所決定が指摘する方が正しいのではなかろうか。

[2] ZIP 2010, 187=NZI 2010, 156=EuZW 2010, 188=BB 2010, 529=WM 2010, 420=EWS 2010, 96=RIW 2010, 224=KTS 2010, 200.

〔判　旨〕

EC倒産手続規則，とくにその3条・4条・16条・17条および25条は，基本事件のような事件においては，以下のように解釈されるべきである。

1．ある加盟国における主倒産手続の開始後は，従倒産手続の開始されていない他の加盟国の管轄官庁は，規則25条3項および26条の不承認事由の存する場合を別として，当該主倒産手続との関連におけるすべての裁判を承認し，執行する義務を負う。

2．それゆえ，当該管轄官庁は，その加盟国に所在する債務者の財産に関して執行処分を命ずる権限を有しない。ただし，開始国の法律がそのことを認めているとき，または規則5条ないし15条の例外規定が適用されるときは，この限りではない。

◆ 研　究 ◆

1　EC倒産手続規則に関するEC/EU司法裁判所の判例

(1)　EC司法裁判所は，2000年5月29日制定のEC倒産手続規則に関して，2006年に初めて意見表明の機会を得て2つの重要な先行判決を下した。すなわち，最初の判決は同年1月17日のSusanne Staubiz-Schreiber事件判決[3]であり，そこにおいては，規則3条1項1文[4]の解釈として，債務者が主たる利益の中心を有する加盟国の裁判所に倒産手続開始の申立てをした後，その開始の裁判前に他の加盟国の領域に主たる利益の中心を移しても，当初の申立てを受けた裁判所の国際倒産管轄権が失われることはない旨が明らかにされた。また，第2の同年5月2日のEurofood事件判決[5]は，子会社の主たる利益の

---

[3] Susanne Staubiz-Schreiber, Case C-1/04, [2006] ECR I-701. この判決については，「EC企業法判例研究」の連載においてもすでに取り上げた。安達栄司「ECの国際倒産手続法（2000年EC倒産手続規則）における管轄権恒定の原則」際商34巻8号1073頁以下（2006年）〔本書第2篇39事件〕。

[4] EC倒産手続規則3条1項1文によると，その領域内に債務者が主たる利益の中心（同項2文によると，社団と法人に関しては，定款上の本拠にあるものと推定される）を有する加盟国の裁判所が（主）倒産手続の開始についての国際管轄権を有し，同条2項によると，他の加盟国の裁判所は，その領域内に債務者の営業所があれば，その効果が自国の領域に所在する財産に限定される従倒産手続を開始することができる。

[5] Eurofood IFSC Ltd, Case C-341/04, [2006] ECR I-3813. この判決についても，「EC企業法判例研究」の連載においてすでに取り上げた。野村秀敏「EC倒産手続規則3条1項における主たる利益の中心の決定基準」際商35巻3号396頁以下（2007年）〔本書第2篇40事件〕。

中心はその経営方針を決定している親会社の本拠ではなく，子会社自身の本拠によって決定される等のことを明らかにした重要判決であるが，本判決の判決理由中で頻繁に引用されている。

（2）その後，EC/EU 司法裁判所は，再び 2009 年から 2010 年にかけて，EC 倒産手続規則について意見表明をする機会を相次いで得ることとなったが，本判決は，2006 年の第 1 の波に続く，この倒産手続規則に関する先行判決の第 2 の波の最後に位置するものである。

まず，2009 年 2 月 12 日の Seagen 事件判決[6]は，規則 3 条 1 項の解釈上，その領域において（主）倒産手続が開始された加盟国の裁判所は，他の加盟国に定款上の本拠を有する相手方に対する倒産手続上の否認訴訟に関する管轄権を有するとした。これは，ブリュッセル条約の適用を除外されている破産に関する訴え（同条約 1 条 2 項 2 号）とは，破産手続に直接由来し，破産・和議手続の枠内に厳格にとどまる訴えをいうとの先例（Gourdain 事件判決[7]）に依拠しつつ，否認訴訟はそのような訴訟に該当するということを理由とするものである。そして，この判決は学説上の評価は分かれているが，倒産管財人からは歓迎されているようである[8]。

2009 年 7 月 2 日の Alpenblume 事件判決[9]は，加盟国 A の裁判所の A 国所在の会社の持分の持分権者としての記載に関する，「加盟国 B において実施され終結した破産手続の枠内における B 国管財人の権限を A 国裁判所は承認しないとの理由により，B 国管財人による持分の譲渡は無効である」とする裁判は，上記条約に代わったブリュッセル I 規則の 1 条 2 項 b（上記条約 1 条 2 項 2 号と同文）の対象となる（すなわち，破産に関する裁判との性質決定を受ける）とした。これは，Gourdain 事件判決の判断基準はブリュッセル I 規則の下においても妥当するとしつつ，それによればこの事案で問題とされている訴えは破産に関する訴えであるとしたものである。もっとも，この事案自体は EC 倒産手続規則の適用を受けない古い時期のものであったので，A 国（具体的にはオーストリアであった）はその国内法である国際倒産法に則り，B 国（具体的にはスウェーデンであった）管財人の権限を承認しなかったものと思われるが，現在

---

[6] Christopher Seagen v. Deko Marty Belgium NV, Case C-339/07, [2009] ECR I-767.

[7] Gourdain v. Nadler, Case 133/78, [1979] ECR 733.

[8] Bayer/J. Schmidt, BB-Rechtsprechungs- und Gesetzgebungsreport im Europäischen Gesellschaftsrecht 2008/2009, BB 2010, 393.

[9] SCT Industri AB i likvidation v. Alpenbume AB, Case C-111/08, [2009] ECR I-5655.

42 主倒産手続を開始する裁判の承認義務と他の加盟国における執行処分の禁止

であれば，問題は上記規則によって処理されてB国管財人の権限が承認されることになるであろう[10]。ともあれ，この判決は，そこで問題となっているような訴え（裁判）は，ブリュッセルⅠ規則ではなく，EC倒産手続規則の対象となることを明らかにしている点において，現在でもなお意味を有していると思われる。ただし，この判決に関しては，援用された先例の判断基準自体は適切であるが，その当てはめを誤っているとの批判[11]がなされている点に注意が必要である。

　さらに，2009年9月10日のGerman Graphics事件判決[12]は，2つの問題に対して回答を与えている。すなわち第1に，EC倒産手続規則25条2項[13]中の但書は，「ブリュッセルⅠ規則の承認・執行規定は，あらかじめ，当該裁判がブリュッセルⅠ規則の適用範囲から除外されているか否かが審理されて初めて，倒産手続規則25条1項の裁判以外の裁判に関して適用される」ということを意味しているとした。また第2に，ブリュッセルⅠ規則1条2項bの例外を，倒産手続規則7条1項[14]と相まちつつ，倒産手続規則4条2項b[15]

---

[10] Mankowski, NZI 2009, 571. Alpenblume事件判決に関する評釈である。
[11] Mankowski (Fn. 10), 572.
[12] German Graphics Graphische Maschinen GmbH v. Alice van der Schee, acting as liquidator for Holland Binding BV, Case C-292/08, [2009] ECR I-8421.
[13] 倒産手続規則第25条
　(1) その開始裁判が16条によって承認される裁判所の，倒産手続の実施と終結のために下された裁判……は，同様に，特段の手続を経ずに承認される。この裁判は，ブリュッセルⅠ規則の31条ないし51条に従って執行される。
　　本項第1段落は，その裁判が他の裁判所によって下された場合を含めて，直接に倒産手続に基づいて下され，それと密接な関連を有する裁判にも適用される。
　　本項第1段落は，倒産手続開始申立て後になされる保全処分にも適用される。
　(2) 1項の裁判以外の裁判の承認と執行はブリュッセルⅠ規則に服する。ただし，同規則が適用される場合に限る。
　(3) 省略
[14] 倒産手続規則第7条
　(1) 物件の買主に対する倒産手続の開始は，当該物件が手続開始時に手続開始国以外の他の加盟国の領域にあるときは，所有権留保に基づく売主の権利に影響しない。
　(2)(3) 省略
　　第1項はわかりにくい規定であり，何を意味しているかには種々の見解が存在するが，EC司法裁判所はGerman Graphics事件判決（判決理由第35節）中でこれを実体法規定と言っており，そのことは，所有権留保は所在地国において主たる利益の中心の倒産手続の影響を受けない（その意味で，普及主義が制限される）と理解していることを意味するとの評価がある。Vgl. Pieckenbrock, KTS 2010, 211ff. German Graphics事件判決と本判決に対する評釈である。

449

に鑑みて解釈すれば，その例外は，所有権留保の対象である物件が買主の財産に対する倒産手続開始時に手続開始国である加盟国に所在するときには，破産した留保買主に対する留保売主の所有権留保に基づく訴えには適用にならない（すなわち，その訴えに基づく裁判の承認・執行はブリュッセルⅠ規則により規律される）ということになるとした。事案は，A国（ドイツ）の所有権留保売主からB国（オランダ）において破産手続が開始されたその国の所有権留保買主に対する申立てに基づいて，A国裁判所が留保買主のもとにある目的物件の返還請求権を保全するために執行官保管の仮処分を命じ，B国裁判所がこの仮処分について執行を認めるのが適法であるか否かが問題となったというものである。回答第1点は，倒産手続規則25条2項の裁判は当該規則の適用を受けないが，それにはブリュッセルⅠ規則の適用を受けるものと受けないものとがあるということを前提としたものである[16]。また，回答第1点により，問題の訴えないし裁判にブリュッセルⅠ規則が適用になるか否かが問題となり，それに対する回答が回答第2点であるが，その判断を示すに際してもGourdain事件判決の判断基準に依拠されている。

2 本判決の立場——ポーランド倒産手続のドイツにおける効果

このような状況の下において下された本判決は，まず，EC倒産手続規則3条によると，倒産手続には主手続と従手続とがあり，前者の効果は普及的であり，後者の効果は属地的である（Eurofood事件判決決理由第28節）ことを強調したうえで[17]，以下のように指摘する。すなわち，主手続の普及的効果から，管財人は，従手続が開始されていない限り，手続開始国でその者に認められる権限を他の加盟国の領域においても行使することができる（同規則18条1項）。したがって，主倒産手続の普及的効果は，従手続の開始によってのみ制限することができる[18]。また，手続開始国法が原則として倒産手続とその効果に関する準拠法となるし（同規則4条1項），主手続の開始は，他のすべての加盟国において，特段の手続を要することなく，当然に承認され（同規則16条

---

(15) 倒産手続規則4条2項bは，手続開始国法が倒産財団の範囲を定める旨を規定する。

(16) German Graphics事件判決は，倒産手続規則の適用もブリュッセルⅠ規則の適用も受けない裁判が何かについては具体的に述べていないが，この点については，vgl. Pieckenbrock (Fn. 14), 216.

(17) 本判決判決理由第22節。

(18) 本判決判決理由第23節・第24節。

1項・17条1項），倒産手続開始の裁判以外の他のすべての裁判の承認も，同様に自動的に行われる[19]（同規則25条）。これらのことは，加盟国相互の信頼の原則に基づいており（Eurofood事件判決判決理由第39節），この相互信頼によって，すべての裁判所にとって拘束的な管轄システムを創設し，かつ，倒産手続の枠内における裁判の承認・執行のための各加盟国の国内規定を放棄することが可能となった[20]（Eurofood事件判決判決理由第40節）。そして，相互信頼の原則は，主倒産手続の開始申立てが係属している裁判所がその管轄を倒産手続規則3条1項に照らして審査し，いったんそれを肯定して主手続を開始した以上，他の加盟国の裁判所は，主手続を開始した裁判所の管轄を審査することなく，その開始裁判を承認することを要求する[21]（Eurofood事件判決判決理由第41節・第42節）。これらのことから，承認拒絶事由は必要最小限に限られるべきであり，具体的には，人身の自由（同規則25条3項）と公序（同規則26条）だけである[22]。

　以上の一般論を述べた後，本判決はその具体的な当てはめを行っている。すなわち，EU司法裁判所の利用しうる文書からは倒産手続規則3条1項2文の推定を覆すものは何も出てこないから，MG Probudの主たる利益の中心はポーランドにあるということが出発点となる[23]。MG Probudの財産に関して開始されたポーランド手続は倒産手続規則付録Aに掲げられている[24]（倒産手続規則が適用になる倒産手続とは何かに関する一般的定義は同規則1条1項でなされているが，それは2条aによって具体的には同規則付録Aに列挙された手続を意味するとされており，その付録Aに本件事案において問題となっている手続もあげられているとの趣旨である）。本件事案においては従倒産手続は開始されておらず，同規則5条ないし15条にあげられた普及主義の原則に対する例外，とくに付託裁判所が明示的に問題としている5条（手続開始国以外の加盟国に所在する物についての物権は手続開始の影響を受けない）と10条（労働契約と労働関係に関しては，労働契約の準拠法である加盟国の法律による）の例外は適用にならず，不承認事由の存在を示唆するものも何もない[25]。

---

(19)　本判決判決理由第25節・第26節。
(20)　本判決判決理由第27節・第28節。
(21)　本判決判決理由第29節。
(22)　本判決判決理由第31節－第33節。
(23)　本判決判決理由第38節。
(24)　本判決判決理由第40節。
(25)　本判決判決理由第42節・第46節。

そして，本判決は，以下のように結論づける。すなわち，ポーランド倒産手続は，ドイツに所在する財産を含めて，普及的効果を有し，その財産の運命，その財産が服せしめられうる措置に対する倒産手続の影響はポーランド法によって決定される[26]。ポーランド法は，倒産手続開始後，債務者に対して，倒産財団に属する財産に関して執行手続を開始することを認めていないから，ドイツ官庁は，MG Probudのドイツに所在する財産に関してドイツ法による執行処分を法的に有効に行うことはできない[27]。

3 本判決に対する評価，疑問，関連問題

(1) 本判決の解説・評釈類[28]はすべて，その理由づけ・結論ともに正当としているが（ただし，本判決は承認と執行とを厳密には区別していないが，本件事案は単純に承認にのみかかわる事案であるとの指摘はある[29]），本判決の意義自体の評価は低い。

すなわち，本判決は，その一般論の部分では，ほとんど条文を繰り返すか，Eurofood事件判決の判決理由を引用するしかしていない。そのために，ドイツのテレビ放送の文学作品の朗読番組を思い起こさせるほどであるとか[30]，その判決内容ではなく，そこで取り上げられたような問題に対してEC/EU司法裁判所が判断を示さなければならなくなったことの方が驚きである[31]とさえ評価されている。また，ポーランドがEU（EC）に加盟したのは2004年5月1日であるが，本件事案は，ヨーロッパ民事手続法に関するポーランドからの初めての付託，新規加盟国からの当初からのEU（EC）構成国であるドイツを相手としたそれが問題になっているという点で，歴史の一こまとなっている（にすぎない）とも言われている[32]。

(2) 本判決の理由づけや結論が正当とされるとしても，それに至った前提に対する疑問や関連して生ずる問題がないわけではない。

---

[26] 本判決判決理由第43節。
[27] 本判決判決理由第44節。
[28] 本判決の解説・評釈類として，前注10, 14掲記文献のほか，Cranshaw, juris PraxisReport－Handels- und Gesellschaftsrecht 5/2010 Anm.6; Fichtner, BB 2010, 532f.; J. Schmidt, EWiR 2010, 210f.; Werner, GWR 2010, 42; Tashiro, FD-InsR 2010, 297078.
[29] Mankowski (Fn. 10), 179.
[30] Tashiro (Fn. 28), Praxishinweis.
[31] Werner (Fn. 28), 42.
[32] Mankowski (Fn. 10), 178; Tashiro (Fn. 28), Praxishinweis.

42 主倒産手続を開始する裁判の承認義務と他の加盟国における執行処分の禁止

　そもそも，本件事案の問題が何故，どのような経緯でポーランドの裁判所から付託されることになったのか，その裁判所は付託権限を有していたのかが明瞭ではないとの指摘がある[33]。すなわち，ここでは，ザールブリュッケン関税局本局とポーランド管財人との間の，ドイツの裁判所に係属する仮差押え事件に関連した紛争が発端となっている。そして，EU（EC）の諸裁判所の先例とEC倒産手続規則の内在的論理とによると，国内裁判所の裁判に対しては，その面前においてのみ不服申立てが可能であり，国内裁判所は，公序の問題を別として，他国の裁判所の裁判が正しいか否かの宣言をなしえないはずである。にもかかわらず何故，ポーランド裁判所から付託がなされることになったのか，という疑問である。もっとも，これに対しては，ポーランド倒産手続の立場からは，仮差押質権[34]の発生の有無が重要であるから，その裁判所にも付託権限はあったとの意見もあるが[35]，いずれにせよ，このようなことは，本判決では問題とさえされていない。

　次に，基本事件のザールブリュッケン区裁判所や同地方裁判所が何故，ポーランド倒産手続が倒産手続規則付録Aに掲げられていないとしたのかも必ずしも明らかではない。すなわち，ポーランドがEU（EC）に加盟したのは前述のように2004年5月1日であるが，そのことに対応して倒産手続規則の付録Aにポーランドの倒産手続を追加する同規則の改正が効力を生じたのは2005年4月21日，つまり，本件事案のポーランド倒産手続開始のわずか6週間前であったが[36]，少なくとも抗告審であるザールブリュッケン地方裁判所はこの改正を認識していた。そこで，ドイツの裁判官がポーランド語を解しなかったために，ポーランド倒産手続の開始の裁判を見ても，その手続が付録Aに列挙されている手続であることが分からなかったとのではないかと推測されている（とくに，本件事案は仮差押え事件であったので，時間をかけて検討する余裕がなかった）。そして，このようなことに対する対策として，開始裁判について，

---

(33) Cranshaw, Akutuelle Fragen zur Europäischen Insolvenzverordnung vor dem Hintergrund der Rechtsprechung des EuGH, DZWIR 2010, 355; ders. (Fn. 10), C3, 4; Tashiro (Fn. 28), Praxishinweis.

(34) ドイツ強制執行法においては優先主義が取られており，仮差押えの執行によって債権者のために目的物上に法定質権が発生する（ドイツ民事訴訟法930条1項）。このことは本執行に関しても同様である（ドイツ民事訴訟法804条1項）。

(35) Pieckenbrok (Fn. 14), 221.

(36) Article 1, 2 Reglation (EC) No. 603/2005 of 12 April 2005, O. J. L100 of 20 April 2005, 1 et seq. and ANNEX A, C.

453

加盟国すべてに共通する定型書式を利用することが提案されている[37]。

(3) 本判決に関して特徴的であるのは，通例の場合とは異なって，EU司法裁判所が共同体法の解釈を示しているだけではなく，自ら事案の具体的事実をその解釈された関係規則の下に当てはめていることである。ただ，そうであるのに，倒産手続規則3条1項2文による，主たる利益の中心は定款上の本拠にあるとの推定に関しては，それを覆すものは何も出てこないと述べているだけであり，何故そうなのかについては何も説明していない。そこで，このことに対しては，Eurofoood事件判決以降も続いている主たる利益の中心の解釈をめぐる法的不確実[38]を除去する機会を逸してしまったとして，遺憾の意が表明されている[39]。

上記のEC司法裁判所の態度は，それ自身として，ポーランド裁判所の管轄権の有無を審査したことを意味しようが，Eurofood事件判決は，この点に関する独自の審査権を，主倒産手続開始国以外の加盟国の裁判所が当該手続を承認するか否かを判断するに際して否定している[40]。にもかかわらず，EU司法裁判所が上記のような態度を取ったということは，（とくに手続開始国の裁判所から付託を受けている）EU司法裁判所は承認を求められる加盟国の国内裁判所よりも高次の地位を占める，ということを主張していると言われる[41]。

また，EU司法裁判所は，倒産手続規則5条・10条の普及主義の原則の例外が本件事案においては何故当てはまらないのかに関しても結論しか示していないが，これについては，学説上以下のような見解が表明されている[42]。すな

---

(37) Pieckenbrok (Fn. 14), 221. 争いのない債権についてのヨーロッパ債務名義創設のための規則（Regulation (EC) No 805/2004 of 21 April 2004 creating a European Enforcement Order for uncontested claims, O. J. L143 of 30 April 2004）が判決国の裁判所によるヨーロッパ債務名義としての承認の裁判が定型書式によっていることに倣うべきであるというのである。なお，この規則に関しては，春日偉知郎「ヨーロッパ債務名義創設法（『争いのない債権に関するヨーロッパ債務名義創設のための欧州議会及び理事会の規則』（2004年4月21日））について」際商32巻10号1331頁以下（2004年）参照。

(38) J. Schmidt, Eurofood – Eine Leitentscheidung und ihre Rezeption in Europa und den USA, ZIP 207, 405ff.

(39) J. Schmidt (Fn. 28), 78.

(40) 本稿〔研究〕2第1段落末尾参照。Mankowski, Klärung von Grundfragen des europäischen Internationalen Insolvenzrechts durch die Eurofood-Entscheidung?, BB 2006, 1756.

(41) Mankowski (Fn. 10), 179.

(42) Tashiro (Fn. 28), Praxishinweis.

わち，5条に関しては，物権（仮差押質権）の取得がポーランド倒産手続開始後であるから，その要件が満たされていない。10条に関しては，EU司法裁判所は当該規定は労働者だけを直接保護しているのであって，労働者保護規定の遵守を監督する監督官庁を保護しているのではないと考えているのであろうが，関税局本局が仮差押えがなされた債権から回収される金銭を労働者の賃金とその社会保険料のために使用するとすれば，どのように考えることになるのであろうか。

(4) 本判決が仮差押えの執行を違法とする点は正当であるにしても，にもかかわらずなされてしまった執行処分の効果に関しては議論がある。

まず，国内裁判所の裁判に対しては，その面前においてのみ不服申立てが可能であるから，違法な仮差押えであっても，その不服申立て方法に従って，取消しを求めうるにすぎないとの見解がある(43)。しかし，これに対しては，本判決の「ドイツ官庁は，……執行処分を『法的に有効に』行うことはできない」との文言を文字どおりに受けとって，EU司法裁判所はそのような執行処分は当然に無効であるとしているとの理解が対立している(44)。また，第3の中間説は，手続開始国法が倒産手続の開始が個々の債権者の権利追及処分にどのような影響を及ぼすかを規律するとの規定（倒産手続規則4条1項f）は抵触規定にすぎず，それゆえ，ドイツ官庁はポーランド法によって禁止されている場合には執行処分を行う権限を有しないということになるとする。そして，ポーランド法がにもかかわらず行われた執行処分を無効としていればそれは無効であるし，単に不服申立て可能としているのであればそれにより取消し可能となるにすぎないと主張する(45)。

(5) 本判決を踏まえると，ザールブリュッケン関税局本局が取り得る手段としては，ポーランドの主倒産手続に債権届出をすることとドイツにおいて従倒産手続の開始申立てをすることが残されているが，これらに関しても若干の議論がなされている。

まず，基本事件のザールブリュッケン地方裁判所の決定によると，ドイツにおける仮差押えは，MG Probudのドイツにおける責任者がそのドイツにおける唯一の資産である請負代金債権を取り立ててしまい，取立金をポーランドに持ち出すことを阻止するために行われたとされている。そうであるとすれば，

---

(43) Cranshaw (Fn. 28), C6, ders. (Fn. 33), 356.
(44) J. Schmidt (Fn. 28), 78; Mankowski (Fn. 10), 179.
(45) Pieckenbrok (Fn. 14), 221.

関税局本局にとって前者の手段は意味がない。関税局本局の意図としては，仮差押質権によって被差押債権からの優先的回収を確保しようということもあったと思われるが，租税債権の優先権が内国租税債権に限って与えられるのであれば[46]，ますますそうである。

他方，従倒産手続によって取立金の持ち出しの阻止という目的は達成しうるが，従倒産手続にはポーランド管財人も主手続において届け出られたすべての債権を重ねて届け出ることができるし（EC倒産手続規則32条2項），ドイツにおいては倒産手続上の租税債権の優先権は廃止されているから[47]，関税局本局は他の債権者との割合的満足を受けうるにすぎないことになる[48]。また，主倒産手続開始申立て後に従倒産手続の開始申立てをした場合，その従手続においても，主手続開始申立て時を基準として，その後に取得された担保（仮差押質権）が無効と解釈されることになるであろうから[49]，その意味でも関税局本局の優先権の確保には問題がある[50]。

（国際商事法務38巻10号／2010年）

［野村秀敏］

---

[46] Pieckenbrok (Fn. 14), 219f.

[47] Vgl. Uhlenbruck/Sinz, InsO, 13. Aufl., §38 Rdnr. 95 (2010).

[48] Pieckenbrok (Fn. 14), 220.

[49] ドイツ倒産法139条1項1文は，同法88条の期間は，「倒産手続開始申立てが倒産裁判所に到達した日に数の上で対応する日の開始とともに進行する」と規定し，同法88条は，「倒産債権者が，倒産手続開始申立て前最後の月または申立て後に強制執行によって倒産財団に属する債務者の財産について担保を取得したときは，担保は手続の開始とともに無効となる」と規定する。

[50] Fichtner (Fn. 28), 533.

判例等索引

EC 委員会決定である末尾の 3 件を除き，EC または EU 司法裁判所（2009 年 9 月 10 日までは EC 司法裁判所，2009 年 12 月 2 日以降は EU 司法裁判所）の判決である。

〔00 事件〕は本書第 2 篇の事件番号を指す。

Case 12/76	1976 年 10 月 6 日　Industrie Tessili Italiana Como v. Dunlop AG, [1976] ECR 1473	147, 151, 153, 154, 162, 176
Case 14/76	1976 年 10 月 6 日　Ets. A. de Bloos, S. P. R. L. v. Société en commandite par actions Bouyer, [1976] ECR 1497	145, 152, 176
Case 21/76	1976 年 11 月 30 日　Handelskwekerij G. J. Bier BV v. Mines de potasse d'Alsace SA, [1976] ECR 1735	201, 223, 230
Case 29/76	1976 年 10 月 14 日　LTU v. Eurocontrol, [1976] ECR 1541	80, 220
Case 73/77	1977 年 12 月 4 日　Sanders v. Van der Putte, [1977], ECR 2383	272
Case 150/77	1978 年 6 月 21 日　Bertrand v. Paul Ott KG, [1978] ECR 1431	263
Case 133/78	1979 年 2 月 22 日　Gourdain v. Nadler, [1979] ECR 733	448, 450
Case 125/79	1980 年 5 月 21 日　Bernard Danilauler v. SNC Couchet Fréres, [1980], ECR 1553	307, 318
Case 814/79	1980 年 12 月 16 日　Netherland State v. Rüffer, [1980] ECR 3807	80, 81, 220
Case 150/80	1981 年 6 月 24 日　Elefanten Schuh GmbH v. Pierre Jacqmain, [1981] ECR 1671	300
Case 133/81	1982 年 5 月 26 日　Roger Ivenel v. Helmut Schwab, Case 133/81, [1982] ECR 1891	145, 146, 153, 154, 161
Case 34/82	1983 年 3 月 22 日　Martin Peters Bauunternehmung GmbH v. Zuid Nederlandse Aannemers Vereniging, [1983] ECR 987	211, 222
Case 288/82	1983 年 11 月 15 日　Ferdinand M. J. J. Duijnstee v. Lodewijk Goderbauer, [1983] ECR 3663	288, 290, 293
Case 241/83	1985 年 1 月 15 日　Rösler v. Rottwald, [1985] ECR 99	272
Case 266/85	1985 年 1 月 15 日　Hassan Shenavai v. Klaus Kreischer, [1987] ECR 239	146, 162
Case 144/86	1987 年 12 月 8 日　Gubisch Maschinenfabrik v. Palumbo, [1987] ECR 4861	9, 281

457

判例等索引

Case 145/86	1988 年 2 月 4 日　Horst Ludwig Hoffmann v. Adelhied Krieg, [1988] ECR 645	327, 328, 360
Case 189/87	1988 年 9 月 27 日　Athanasios Kalfelis v. Bankhaus Schröder, Münchmeyer, Hengst and Co. and others, [1988] ECR 5565	200, 203, 212, 222, 236, 244, 246, 247
Case C-115/88	1990 年 1 月 10 日　Mario P. A. Reichert, Hans-Heinz Reichert and Ingeborg Kockler v. Dresdner Bank AG, [1990] ECR I-27	272
Case C-220/88	1990 年 1 月 11 日　Dumez France SA and Tracoba SARL v. Hessische Landesbank and others, [1990] ECR I-49	201
Case C-303/88	1991 年 3 月 21 日　Italian Republic v. Commission of the European Communities, [1991] ECR I-1433	403
Case C-305/88	1990 年 7 月 3 日　Isabelle Lancray SA v. Peters und Sickert KG, [1990] ECR I-2725	352, 360, 362
Case C-365/88	1990 年 5 月 15 日　Kongress Agentur Hagen GmbH v. Zeehaghe BV, [1990] ECR I-1845	88
Case C-190/89	1991 年 7 月 25 日　Marc Rich & Co. AG v. Società Italiana Impianti PA, [1991] ECR I-3855	93, 94
Case C-351/89	1991 年 6 月 27 日　Overseas Union Insurance Ltd and Deutsche Ruck UK Reinsurance Ltd and Pine Top Insurance Company Ltd v. New Hampshire Insurance Company, [1991] ECR I-3317	87, 95, 299, 300, 301
Joined Cases C-6/90 and C-9/90	1991 年 11 月 19 日　Andrea Francovich and Others v. Italian Republic, [1991] ECR I-5357	381, 383
Case C-261/90	1992 年 3 月 26 日　Mario Reichert, Hans-Heinz Reichert and Ingeborg Kockler v. Dresdner Bank AG, [1992] ECR I-2149	211, 222, 318
Case C-280/90	1992 年 2 月 26 日　Hacker v. Euro-Relais GmbH, [1992] ECR I-1111	273
Case C-26/91	1992 年 6 月 17 日　Jakob Handte & Co.GmbH v. Traitements Mécanochimiques des Surfaces SA (TMCS), [1992] ECR I-3967	199, 211, 212
Case C-89/91	1993 年 1 月 19 日　Shearson Lehmann Hutton Inc. v. TVB Treuhandgesellschaft für Vermögensverwaltung und Beteiligungen mbH, [1993] ECR I-139	221, 263, 265
Case C-125/92	1993 年 7 月 13 日　Mulox IBM Ltd v. Hendrick Geels, [1993]	

458

	ECR I- 4075 ･･･ 148, 153, 154
Case C-172/91	1993年4月21日　Volker Sonntag v. Hans Waidmann and Stefan Waidmann, [1993] ECR I-1963 ･････････････････････････ 220
Case C-288/92	1994年6月29日　Custom Made Commercial Ltd. v. Stawa Metallbau GmbH, [1994] ECR I- 2913 ･･･････････ 142 [8事件], 154
Case C-398/92	1994年2月10日　Mund & Fester v. Hatrex Internationaal Transport, [1994] ECR I-467 ･････････････････････ 105, 340 [30事件]
Case C-406/92	1994年12月6日　The owners of the cargo lately laden on the board the ship "Tartry" v. the owners of the ship "Maciej Rataj", [1994] ECR I-5439 ････････････････････････ 9, 237, 281, 292
Joined Cases C-46/93 and C-48/93	1996年3月5日　Brasserie du Pêcheur SA v. Federal Republik Germany and The Queen Secretary of State for Transport, ex parte Factortame Ltd and Others, [1996] ECR I-1029 ･･････ 383
Case C-68/93	1995年3月7日　Fiona Shevill, Ixora Trading Inc., Chequepoint SARL and Chequepoint International Ltd v. Presse Alliance SA, [1995] ECR I-415 ･････････････････････････････ 164, 230
Case C-292/93	1994年6月9日　Lieber v. W. S. Göbel and S. Göbel, [1994] ECR I-2535 ･･･ 272
Case C-364/93	1995年9月19日　Antonio Marinari v. Lloyds Bank plc and Zubaidi Trading Company, [1995] ECR I- 2719 ･････････････････ 201
Case C-441/93	1996年3月12日　Panagis Pafits and others v. Trapeza Kentrikis Ellados A. E. and others, [1996] ECR I-1347 ･･････････････ 102
Case C-474/93	1995年7月13日　Hengst Import BV v. Anna Maria Campese, [1995] ECR I-2113 ･････････････････････････････････････ 376
Case C-479/93	1995年11月9日　Andrea Francovich v. Italian Republic, [1995] ECR I-3843 ･･･ 384
Joined Cases C-94/95 and C-95/95	1997年7月10日　Bonifaci and Others and Berto and Others v. Instituto Nazionale della Previdenza Soziale (INPS), [1997] ECR I-3969 ･････････････････････････････ 380 [35事件①], 391, 395
Case C-269/95	1997年7月3日　Francesco Benincasa v. Dentalkit Srl, [1997] ECR I-3767 ･･･ 263, 265
Case C-295/95	1997年3月20日　Jackie Farrell v. James Long, [1997] ECR I-1683 ･･ 211
Case C-373/95	1997年7月10日　Federica Maso and Others and Graziano Gazzetta and Others v. Instituto Nazionale della Previdenza Soziale (INPS) and the Italian Republic, ･･ 380 [35事件②], 391, 395

Case C-391/95	1998年11月17日　Van Uden Maritime BV, trading as Van Uden Africa Line v. Kommanditgesellsaft in Firma Deco-Line and Another, [1998] ECR I-7091 …… 86, 93, 94, 305〔26事件〕, 319
Case C-99/96	1999年4月27日　Hans-Hermann Mietz v. Intership Yachting Sneek BV, [1999] ECR I-2277 ……………………… 263, 309, 312, 319
Case C-51/97	1998年10月27日　Réunion européenne SA and Others v. Spliethoff's Bevrachtingskantoor BV and the Master of the vessel Alblasgracht V002, [1998] ECR I-6511 ……………………… 196〔14事件〕, 212, 222, 244, 246, 248
Case C-159/97	1999年3月16日　Trasporti Castelletti Spedizioni Internazionali SpA v. Hugo Trumpy SpA, [1999] ECR I-1597 …………… 204
Case C-420/97	1999年10月5日　Leathertex Divisione Sintetici SpA v. Bodetex BVBA, [1999] ECR I-6747 ……………………………………… 157
Case C-440/97	1999年9月28日　GIE Groupe Concorde and Others v. The Master of the vessel "Suhadiwarno Panjan" and Others, [1999] ECR I- 6307 ……………………………………………… 151〔9事件〕
Case C-7/98	2000年3月28日　Dieter Krombach v. André Bamberski, [2000] ECR I-1935 ………………………………………………… 435
Case C-8/98	2000年1月27日　Dansommer A/S v. Andreas Götz, [2000] ECR I-393 ……………………………………………………… 270〔22事件〕
Joined Cases C-240/98 to C-244/98	2000年6月27日　Océano Grupo Editorial SA v. Roc o Muruciano Quintero and Salvat Editores SA v. José M. Sánchez Alón Prades and Others, [2000] ECR I-4941 ……………………………………………… 100〔5事件〕, 120, 123
Case C-379/98	2001年3月13日　PreussenElektra AG v. Schleswag AG, [2001] ECR-I 2099 ………………………………………………… 368
Case C-35/99	2002年2月19日　Criminal proceedings against Manuele Arduino, third parties: Diego Dessi, Giovanni Bertolotto and Compania Assicuratrice　RAS SpA, [2002] ECR I-1529 ……………………………………………………… 62〔1事件②〕
Case C-309/99	2002年2月19日　J. C. J. Wouters, J. W. Savelbergh and Price Waterhouse Belastingadviseur BV v.Algemene Raad van de Nederlandse Ordre van Advocaten, intervener: Raad van de Balies van de Europese Gremeenschap, [2002] ECR I-1577 ……………………………………………………… 62〔1事件①〕
Case C-478/99	2002年5月7日　Commission of the European Communities v. Kingdom of Sweden, [2002] ECR I-4147 …………………… 121

Case C-52/00	2002 年 4 月 25 日　Commission of the European Communities v. French Republic, [2002] ECR I-3827 ……………………………… 134	
Case C-80/00	2002 年 6 月 6 日　Italian Leather SpA v. WECO Polstermöbel GmbH & Co., [2002] ECR I-4995 ………………… 319, 324〔28 事件〕	
Case C-96/00	2002 年 7 月 11 日　Rudolf Gabriel, [2002] ECR I-6307 …… 222, 263	
Case C-154/00	2002 年 4 月 25 日　Commission of the European Communities v. Hellenic Republic, [2002] ECR I-3879 …………………………… 135	
Case C-167/00	2002 年 10 月 1 日　Verein für Konsumenteninformation v. Karl Heinz Henkel, [2002] ECR I-8111 ………… 218〔16 事件〕, 229	
Case C-183/00	2002 年 4 月 25 日　Maria Victoria Gonzalez Sanchez v. Medicina Asturiana SA, [2002] ECR I-3901 ……………………………… 135	
Case C-256/00	2002 年 2 月 19 日　Besix S.A. v. Wasserreinigungsbau Alfred Kretzschmar GmbH und Co. KG（WABAG）and Planings- und Forschungsgesellschaft Dipl. Ing. W. Kretzschmar GmbH & KG (Plafog), [2002] ECR I-1699 … 158〔10 事件〕, 211, 223, 292	
Case C-277/00	2004 年 4 月 29 日　Federal Republic Germany v. the Commission of the European Communities, [2004] ECR I-3925 …………………………………………………… 407, 409〔38 事件〕	
Case C-334/00	2002 年 9 月 17 日　Fonderie Officine Meccaniche Tacconi SpA v. Heinrich Wagner Sinto Maschinenfabrik GmbH, [2002] ECR I-7357 ……………………………………… 205〔15 事件〕	
Case C-437/00	2003 年 4 月 10 日　Giulia Pugliese v. Finmeccania SPA, Betriebsteil Alenia Aerospanizio, [2003] ECR I-3573 ……………… 255	
Case C18/01	2003 年 5 月 22 日　Arkkitehtuuritoimisto Ritta Korhonen Oy et al. v. Verkauden Taitotalo Oy, [2003] ECR-I 5321 ………… 368	
Case C-160/01	2003 年 5 月 15 日　Mau v. Bundesanstalt für Arbeit, [2003] ECR I-4791 ……………………………………… 390〔36 事件〕	
Case C-464/01	2005 年 1 月 20 日　Johann Gruber vs. BaY Wa AG, [2005] ECR I-439 ………………………………………… 257〔21 事件〕	
Case C-116/02	2003 年 12 月 9 日　Erich Gasser GmbH v. MISAT Srl, [2003] ECR I-4963 ………………………… 87, 93, 95, 97, 296〔25 事件〕	
Case C-159/02	2004 年 4 月 27 日　Gregory Paul Turner v. Felix Fareed Ismail Grovit, Harada Ltd, Changepoint SA, [2004] ECR I-3565 …………………………………〔3 事件〕, 93, 94, 95, 97, 297	
Case C-168/02	2004 年 6 月 10 日　Kronhofer v. Maier et. al., [2004] ECR I-6009 ……………………………………………………………… 172	
Case C-237/02	2004 年 4 月 1 日　Freiburger Kommunalbauten GmbH Bau-	

461

	gesellschaft & Co. KG v. Ludger Hofstetter et Ulrike Hofstettter, [2004] ECR I-3403 ·· 112〔6事件〕
Case C-281/02	2005年3月1日　Andrew Owusu v. N. B. Jackson, trading "Villa Holidays Bal-Inn Villas and Others", [2005] ECR I-1383 ··· 292
Case C-4/03	2006年7月13日　Gesellschaft für Antriebstechnik mbH & Co. KG（GAT） v. Lamen und Kupplungsbau Beteiligungs KG, [2006] ECR I-6509········· 237, 239, 281, 284, 285, 287〔24事件〕
Case C-104/03	2005年4月28日　St. Paul Daily Industries NV v. Unibel Exser BVBA, [2005] ECR I-3841 ······················ 316〔27事件〕
Case C-402/03	2006年1月10日　Skov Ag v. Bilka Lavprisvarehus A/S and Bilka Lavprisvarehus A/S v. Jette Mikkelsen, Michael Due Nielsen, [2006] ECR I-199 ··· 135
Case C-443/03	2005年11月8日　Götz Leffler v. Berlin Chemie AG, [2005] ECR I-9611······································· 24, 348〔31事件〕, 358, 365, 375
Case C-522/03	2005年10月13日　Scania Finance France SA v. Rockinger Spezialfabrik für Anhängerkupplungen GmbH & Co., [2005] ECR I-8639 ··· 358, 365
Case C-539/03	2006年7月13日　Roche Nederland BV and Others v. Frederick Primus, Milton Goldenberg, [2006] ECR I-6535 ···································· 235〔18事件〕, 244, 282, 289, 292
Case C-1/04	2006年1月17日　Susanne Staubiz-Schreiber, [2006] ECR I-701 ································ 418〔39事件〕, 426, 437, 447
Case C-127/04	2006年2月9日　Declan O' Byrne v. Sanofi Pasteur MSD and Sanofi Pasteur SA, [2006] ECR I-1313··· 128, 132, 133, 138, 139
Case C-177/04	2006年3月14日　Commission of the European Communities v. French Republic, [2006] ECR I-2461 ······························ 135
Case C-210/04	2006年3月23日　Ministero delle' Economia e delle Finaze and Agenzia delle Entrate v. FCE Bank plc, [2006] ECR I-2803 ··· 246
Case C-341/04	2006年5月2日　Eurofood IFSC Ltd, [2006] ECR I-3813 ······················ 425〔40事件〕, 437, 441, 442, 447, 450, 451, 454
Case C-473/04	2006年2月9日　Plumex v. Young Sports NV, [2006] ECR I-1417 ··· 359, 364〔33事件〕
Case C-3/05	2006年2月16日　Gaetano Verdoliva v. J. M. Van der Hoeven BV, Banco di Sardegna, San Paolo IMI SpA, with Pubblico Ministero intervening, [2006] ECR I-1579··············· 356〔32事件〕, 366

Case C-103/05	2006年7月13日　Reich/Montage AG v. Kiesel Baumaschienen Handels GmbH, [2006] ECR I-6827 ················ 249, 254
Case C-283/05	2006年12月14日　ASML Netherlands BV v. Semiconductor Industry Services GmbH (SEMIS), [2006] ECR I-12041 ················ 359, 365. 375
Case C-292/05	2007年2月15日　Irini Lechouritou and others v. Dimostorotis Omospondiakis tis Germanias, [2007] ECR I-1519 ················ 73〔2事件〕
Case C-327/05	2007年7月5日　Commission of the European Communities v. Kingdom of Denmark, [2007] ECR I-93 ················ 136
Case C-386/05	2007年5月3日　Color Drack GmbH v. Lexx International Vertriebs GmbH, [2007] ECR I-3699 ················ 167-168, 169, 176, 186, 188, 189, 190, 191
Case C-98/06	2007年10月11日　Freeport plc v Olle Arnoldsson, [2007] ECR I-8319 ················ 242〔19事件〕, 254
Case C-462/06	2008年5月22日　Glaxosmithkline and Laboratoires Glaxosmithkline v. Jean-Pierre Rouard, [2008] ECR I-3965 ················ 251〔20事件〕
Case C-14/07	2008年5月8日　Ingenieurbüro Michael Weiss & Partner GbR v. Industrie- und Handelskammer Berlin, [2008] ECR I-3367 ················ 372〔34事件〕
Case C-185/07	2009年2月10日　Allinaz SpA and Generali Assicurazioni Generali SpA v. West Tankers Inc., [2009] ECR I-663 ················ 91〔4事件〕
Case C-300/07	2009年6月11日　Hans & Christophorus Oymans GbR, Orthopädie Schuhtechnik v. AOK Rheinland/Hamburg, [2009] ECR I-4779 ················ 178
Case C-339/07	2009年2月12日　Christopher Seagen v. Deko Marty Belgium NV, [2009] ECR-I 767 ················ 437, 440, 448
Case C-372/07	2008年10月2日　Nicole Hassett v. South Eastern Health Board and Cheryl Doherty v. North Western Health Board, [2008] ECR I-7403 ················ 281, 285
Case C-444/07	2010年1月21日　MG Probud sp. z o. o., [2010] ECR I-417 ················ 437, 446〔42事件〕
Case C-533/07	2009年4月23日　Falco Privatstiftung and Thomas Rabitsch v. Gisela Weller-Lindhorst, [2009] ECR I-3717 ················ 176, 180
Case C-111/08	2009年7月2日　SCT Industri AB i likvidation v. Alpenblu-

判例等索引

	me AB, [2009] ECR I-5655 ··· 437, 448
Case C-189/08	2009 年 7 月 16 日　Zuid-Chemie BV v. Philippo's Mineralenfabriek NV/SA, [2009] ECR I-6907 ···························· 227〔17 事件〕
Case C-204/08	2009 年 7 月 9 日　Peter Rehder v. Air Baltic Corporation, [2009] ECR I-6073································· 166〔11 事件〕, 176, 188, 191
Case C-292/08	2009 年 9 月 10 日　German Graphics Graphische Maschienen GmBH v. Alice van der Schee, acting as liquidator for Holland Binding BV, [2009] ECR I-8421 ································· 437, 449, 450
Case C-358/08	2009 年 12 月 2 日　Aventis Pasteur SA v. OB, [2009] ECR I-11305 ·· 126〔7 事件〕
Case C-381/08	2010 年 2 月 25 日　Car Trim GmbH v. KeySafty Systems Srl, [2010] ECR I-1255·· 174〔12 事件〕, 188
Case C-19/09	2010 年 3 月 11 日　Wood Floor Solutions Andreas Domberger GmbH v. Silva Trade SA, [2010] ECR I-2121 ··· 177, 185〔13 事件〕
Case C-256/09	2010 年 7 月 15 日　Bianca Purrucker v. Guillermo Vallés Pérez, [2010] ECR I-7353 ·· 332〔29 事件〕
Case C-396/09	2011 年 10 月 21 日　Interedil Srl, in Liquidation v. Fallimento Interedil Srl, Intesa Gestione Crediti SpA, [2011] ECR I-2011 ·· 438, 442
Case C-403/09 ppu	2009 年 12 月 3 日　Jasna Detiček v. Maurizio Sgueglia, PPU, [2009] ECR I-12193 ··· 337
Case C-112/10	2011 年 11 月 17 日　Procureur-generaal bij het hof van beroep te Antwerpen v. Zaza Retail BV, [2011] ECR I-00000 nyr (Celex No. 62010CJ0112)·· 438
Case C-144/10	2011 年 5 月 12 日　Berliner Verkehrsbetriebe (BVG) v. JPMorgan Chase Bank NA, Frankfurt Branch, [2011] ECR I-3961 ·· 278〔23 事件〕
Case C-191/10	2011 年 12 月 15 日　Rastelli Davide e C. Snc v. Jean-Charles Hidoux, [2011] ECR I-00000 nyr (Celex No. 62010CJ 0191) ·· 436〔41 事件〕

1999 年 7 月 8 日	Commission Decision on State aid granted by Germany to Gröditzer Stahlwerke　GmbH and its subsidiary Walzwerk Burg GmbH, 1999 O. J. No. L292/ 27················ 405, 407, 411
2000 年 4 月 11 日	Commission Decision on the State aid implemented by the Federal Republic Germany for System Microelectronic In-

	novation GmbH, Frankfurt/Oder (Brandenburg), 2000 O. J. No. L238/50 ··· 399〔37 事件〕, 410
2000 年 6 月 21 日	Commission Decision on State aid granted by Germany to CDA Compact Disc Albrechts GmbH, Thüringen, 2000 O. J. No. L318/62 ·· 407, 411

《編著者紹介》

野村 秀敏（のむら・ひでとし）
　　1950年生まれ。1978年 一橋大学大学院法学研究科博士課程単位取得退学
　　成城大学教授，横浜国立大学教授等を経て，現在，専修大学教授・法学博士
　　〈主著・主論文〉
　　『保全訴訟と本案訴訟』（千倉書房・1981年）
　　『予防的権利保護の研究』（千倉書房・1995年）
　　『破産と会計』（信山社・1999年）
　　『民事保全法研究』（弘文堂・2001年）
　　『民事訴訟法判例研究』（信山社・2002年）
　　『教材倒産法ⅠⅡ』（共編著，信山社・2010年）
　　「仮処分・間接強制決定と仮執行宣言の失効に伴う若干の問題点」専修ロージャーナル6号（2011年）
　　「判決の反射的効力」新堂幸司監修『実務民事訴訟講座〔第3期〕』第3巻（日本評論社・2013年）

安達 栄司（あだち・えいじ）
　　1965年生まれ。1995年 早稲田大学大学院法学研究科博士後期課程単位取得退学
　　静岡大学助教授，成城大学教授等を経て，現在，立教大学教授・博士（法学）
　　〈主著・主論文〉
　　『国際民事訴訟法の展開』（成文堂・2000年）
　　『民事手続法の革新と国際化』（成文堂・2006年）
　　「国際的訴訟競合論」成城法学75号（2007年）
　　「合意，応訴，反訴および併合による国際裁判管轄」国際私法年報10号（2008年）

〈著者紹介〉

桑原 康行（くわはら・やすゆき）
　　1957年生まれ。1984年 一橋大学大学院法学研究科博士後期課程単位取得退学
　　現在，成城大学教授

亀岡 倫史（かめおか・みちふみ）
　　1964年生まれ。1996年 京都大学大学院法学研究科博士後期課程単位取得退学
　　現在，成城大学准教授

中村　肇（なかむら・はじめ）
　　1968年生まれ。1996年 一橋大学大学院法学研究科博士後期課程単位取得退学
　　現在，明治大学教授

最新 EU 民事訴訟法 判例研究 I

2013年(平成25年) 5 月20日　第 1 版第 1 刷発行
8594:P488 ￥9800E-012:040-120

著　者　野　村　秀　敏
　　　　安　達　栄　司
発行者　今井　貴・稲葉文子
発行所　株式会社　信　山　社
　　　　　　　　編集第 2 部
〒113-0033　東京都文京区本郷 6-2-9-102
Tel 03-3818-1019　Fax 03-3818-0344
henshu@shinzansha.co.jp
笠間才木支店　〒309-1611 茨城県笠間市笠間 515-3
Tel 0296-71-9081　Fax 0296-71-9082
笠間来栖支店　〒309-1625 茨城県笠間市来栖 2345-1
Tel 0296-71-0215　Fax 0296-72-5410
出版契約 No.2013-8594-9-01011　Printed in Japan

Ⓒ野村秀敏・安達栄司, 2013　印刷・製本／ワイズ書籍・渋谷文泉閣
ISBN978-4-7972-8594-9 C3332　分類327.200-a013 民事訴訟法

JCOPY 《(社)出版者著作権管理機構 委託出版物》
本書の無断複写は著作権法上での例外を除き禁じられています。複写される場合は、そのつど事前に、(社)出版者著作権管理機構(電話 03-3513-6969、FAX 03-3513-6979、e-mail: info@jcopy.or.jp)の許諾を得てください。

◆フランスの憲法判例
　　フランス憲法判例研究会 編　辻村みよ子編集代表
・フランス憲法院(1958～2001年)の重要判例67件を、体系的に整理・配列して理論的に解説。フランス憲法研究の基本文献として最適な一冊。
◆フランスの憲法判例Ⅱ
　　フランス憲法判例研究会 編　辻村みよ子編集代表
・政治的機関から裁判的機関へと揺れ動くフランス憲法院の代表的な判例を体系的に分類して収録。『フランスの憲法判例』刊行以降に出されたDC判決のみならず、2008年憲法改正により導入されたQPC（合憲性優先問題）判決をもあわせて掲載。

◆ヨーロッパ人権裁判所の判例
　　戸波江二・北村泰三・建石真公子・小畑郁・江島晶子 編集代表
・ボーダーレスな人権保障の理論と実際。解説判例80件に加え、概説・資料も充実。来たるべき国際人権法学の最先端。
◆ドイツの憲法判例〔第2版〕
　　ドイツ憲法判例研究会 編　栗城壽夫・戸波江二・根森健 編集代表
・ドイツ憲法判例研究会による、1990年頃までのドイツ憲法判例の研究成果94選を収録。ドイツの主要憲法判例の分析・解説、現代ドイツ公法学者系譜図などの参考資料を付し、ドイツ憲法を概観する。
◆ドイツの憲法判例Ⅱ〔第2版〕
　　ドイツ憲法判例研究会 編　栗城壽夫・戸波江二・石村修 編集代表
・1985～1995年の75にのぼるドイツ憲法重要判決の解説。好評を博した『ドイツの最新憲法判例』を加筆補正し、新規判例を多数追加。
◆ドイツの憲法判例Ⅲ
　　ドイツ憲法判例研究会 編　栗城壽夫・戸波江二・嶋崎健太郎 編集代表
・1996～2005年の重要判例86判例を取り上げ、ドイツ憲法解釈と憲法実務を学ぶ。新たに、基本用語集、連邦憲法裁判所関係文献、1～3通巻目次を掲載。

――――――――信山社――――――――